U0458393

上海三联人文经典书库

编委会主任　　陈启甸

主　　　编　　陈　恒　黄　韬

编　委　会　　（以姓氏笔画为序）
　　　　　　　于　沛　　王　旭　　王晋新　　王晓德
　　　　　　　王海利　　王晴佳　　卢汉超　　刘　昶
　　　　　　　刘北成　　刘津渝　　刘新成　　向　荣
　　　　　　　江晓原　　宋立宏　　张绪山　　张　强
　　　　　　　李剑鸣　　杨巨平　　杨熙楠　　汪民安
　　　　　　　范景中　　陈　新　　陈仲丹　　陈志强
　　　　　　　陈　淳　　林子淳　　林在勇　　金寿福
　　　　　　　侯建新　　查常平　　俞金尧　　贺照田
　　　　　　　赵立行　　夏可君　　徐晓旭　　晏绍祥
　　　　　　　高　毅　　郭小凌　　郭长刚　　钱乘旦
　　　　　　　黄　洋　　彭　刚　　彭小瑜　　韩东育
　　　　　　　魏楚雄

国家出版基金项目

上海三联人文经典书库

107

十九世纪德国史

第一卷 帝国的覆灭

[德]海因里希·冯·特赖奇克 著

李 娟 译

DEUTSCHE GESCHICHTE IM NEUNZEHNTEN JAHRHUNDERT

EINLEITUNG: DER UNTERGANG DES REICHS

上海三联书店

"十三五"国家重点图书出版规划项目

国家出版基金资助项目

总　序

陈　恒

　　自百余年前中国学术开始现代转型以来，我国人文社会科学研究历经几代学者不懈努力已取得了可观成就。学术翻译在其中功不可没，严复的开创之功自不必多说，民国时期译介的西方学术著作更大大促进了汉语学术的发展，有助于我国学人开眼看世界，知外域除坚船利器外尚有学问典章可资引进。20世纪80年代以来，中国学术界又开始了一轮至今势头不衰的引介国外学术著作之浪潮，这对中国知识界学术思想的积累和发展乃至对中国社会进步所起到的推动作用，可谓有目共睹。新一轮西学东渐的同时，中国学者在某些领域也进行了开创性研究，出版了不少重要的论著，发表了不少有价值的论文。借此如株苗之嫁接，已生成糅合东西学术精义的果实。我们有充分的理由企盼着，既有着自身深厚的民族传统为根基、呈现出鲜明的本土问题意识，又吸纳了国际学术界多方面成果的学术研究，将会日益滋长繁荣起来。

　　值得注意的是，20世纪80年代以降，西方学术界自身的转型也越来越改变了其传统的学术形态和研究方法，学术史、科学史、考古史、宗教史、性别史、哲学史、艺术史、人类学、语言学、社会学、民俗学等学科的研究日益繁荣。研究方法、手段、内容日新月异，这些领域的变化在很大程度上改变了整个人文社会科学的面貌，也极大地影响了近年来中国学术界的学术取向。不同学科的学者出于深化各自专业研究的需要，对其他学科知识的渴求也越来越迫切，以求能开阔视野，迸发出学术灵感、思想火花。近年来，我们与国外学术界的交往日渐增强，合格的学术翻译队伍也日益扩大，同时我们也深信，学术垃圾的泛滥只是当今学术生产面相之一隅，高质量、原创作的学术著作也在当今的学术中坚和默坐书斋的读书种子中不断产生。然囿于种种原因，人文社会科学各学科的发展并不平衡，学术出版方面也有畸轻畸重的情形（比如国内还鲜有把国人在海外获得博士学位的优秀论文系统地引介到学术界）。

有鉴于此，我们计划组织出版"上海三联人文经典书库"，将从译介西学成果、推出原创精品、整理已有典籍三方面展开。译介西学成果拟从西方近现代经典（自文艺复兴以来，但以二战前后的西学著作为主）、西方古代经典（文艺复兴前的西方原典）两方面着手；原创精品取"汉语思想系列"为范畴，不断向学术界推出汉语世界精品力作；整理已有典籍则以民国时期的翻译著作为主。现阶段我们拟从历史、考古、宗教、哲学、艺术等领域着手，在上述三个方面对学术宝库进行挖掘，从而为人文社会科学的发展作出一些贡献，以求为 21 世纪中国的学术大厦添一砖一瓦。

目　录

英译本导言（1913）

　　德国历史学家海因里希·冯·特赖奇克最重要的著作《十九世纪德国史》的英译本终于面世了，此时距离原著第一卷出版已经过了36年，最后一卷也出版于21年前。我们终于有了英译本，这很好，但在许多人心中，这种喜悦还是被一种懊恼甚至羞愧的心情冲淡了，因为我们居然耽搁了这么久才翻译出版了这部伟大的著作。究其原因，我们不能搪塞说这是一部专业著作，因为还没有哪一部历史名著因其内容和风格如此强烈地吸引着公众。

　　读者们总是渴望读到最新、最奇、最轰动的作品，因此我们翻译出版了无数价值不大的德语作品，但是无论在英国还是美国，《十九世纪德国史》作为德国学界对历史科学最重大的贡献之一，却始终乏人问津，迄今都不过是图书馆馆藏，绝大多数读者不能也不愿去阅读原著。因此这本英译本将帮助我们确定，英语世界如此诡异地疏离特赖奇克的这部著作，到底是因为没有出版商愿意进行商业运作，还是因为公众真的缺乏兴趣。

　　给这样一部名扬四海的杰出作品作序，必须紧扣主题才能避免不敬。可是这篇导言需要把特赖奇克介绍给一群新读者，还要简单说说《十九世纪德国史》的主旨和内容，那样的话就不得不有点离题。

　　《十九世纪德国史》的开头和结束都和特赖奇克的设想不同。当还在艰苦的准备工作阶段，特赖奇克就发现这部作品的计划已经在笔下不断扩展。最初，他只打算写一部德意志邦联的历史。1806年，拿破仑肆意妄为地毁灭了德意志民族神圣罗马帝国，1815年召开的维也纳会议便在帝国的废墟上建立了德意志邦联。我们可以想象，如果特赖奇克紧随最初的设想，那么这部作品会缺少多少学术性和文学性啊！如果特赖奇克日复一日地书写德意志邦联那枯燥、乏味、毫无英雄气概的历史,在这项无休无止的工作中耗尽精力,这场景就好像让委拉斯凯兹(Velasquez)在荷兰装饰画上空耗生命,这种痛苦的命运,本应留给但丁地狱第十层中那些滥用天才的人。特赖奇克是德意志邦联历史的专家,他绝对可以比其他人更好地完成这项工作,可是其他人尽管不及他,但也能完成的足够好。

他并非是因为这项工作太枯燥才放弃书写邦联史。他说工作进行了没多久,就发现这将是一部面向学生和专家的历史作品,但他的理想是书写一部面向德意志民族的德意志历史。因此,他认为必须将研究的范围向前后拓展,于是《威斯特伐利亚和约》就变成了研究起点。这件重大历史事件为他的研究计划提供了宽广的视角,让他从各个重要方面审视现代德国的起点,更重要的是,让他能公允地对待普鲁士国家成长壮大的浪漫故事。他要将这段历史带回他的时代。

特赖奇克最终完成的5卷本《德国十九世纪史》,从《威斯特伐利亚和约》一路讲到1848年革命。这部著作不需要费尽周折才能获得声望,它生来著名。它不断再版,在德国获得的敬意或许时至今日都无人出其右。但它的成功也不是什么神秘事件,特赖奇克在书中呈现的博闻广记和海量研究,他作为教授、政治评论家和国会议员的权威身份,以及他迷人的写作风格,无论哪个都能保证这部作品的成功。但是这些都不是特赖奇克及其著作对现代德国思想产生巨大影响的原因。

我认为,这种巨大影响主要是由于两个特殊原因造成的。首先是因为,特赖奇克所写的绝大多数事件都是他生命中经历的事件,其中许多是他的回忆,甚至是同代人的共同经历。1871年德意志帝国建立,从这时上溯到拿破仑如日中天之时,期间差不多只跨越了两代人,然而就在这么短的一段时间中,德意志却发生了翻天覆地的变化。这段历史开始时,普鲁士还卑贱地屈服于外国统治,精疲力竭、形容萎靡;耶拿战争和莱比锡战争期间,它经历了一个民族所能承受的最大的苦难;在这种巨大的痛苦中,民族的价值和生存权都经受着极为严峻的考验。但是普鲁士拯救了自己,她通过了试炼,重新挺直腰身,保护民族对抗来自内外的威胁。在普鲁士的鞭策下,整个德意志都重新振奋起来了。

拿破仑倒台之后的五十年中,德意志的历史就是一部慢慢发展和重获国际承认的历史。尽管随着德意志国家接连痛苦地从专制主义转化为宪政制度,不可避免地出现从乐观自由到冷漠到故态复萌的摇摆。

随后,在普鲁士爆发了王权和议会之间的"斗争",新旧制度都拼死抵抗,可谁都没有胜算,这场争斗给双方都上了一课,警告他们"不进则亡!"这句话也成了普鲁士议会生活的座右铭。就在这段变迁的历史中,盲目自大的邦联还在继续召开无用的议会,阻碍许多事物的发生,并始终拒绝承认那件唯一重要的事情:德意志的未来是要和奥地利还是普鲁士继续走下去?外交争论根本无法决定这个问题,因此爆发了1864年和1866年的两场战争,以及随之而来的1870年大战。在这场战争中,德意志民族一个世纪以来的渴望和努力终于结出了统一民族和新帝国之果,这场新生也意味着德意志民族政治、精神和物质的发展壮大。

特赖奇克将自己奉献给了德意志的这段历史,《十九世纪德国史》正是写给经历或生活于其中的同代人,写给那些真切感受这些兴衰荣辱的人们。这个民族保持着一流的军事和政治热情、在炫目的成功中不可自拔、因已经展现出的力量和甚至更加强大的潜力而沉醉,它怎么可能拒绝特赖奇克这样一位历史学家,他雄辩生动的笔触下流露出的爱国热情,甚至比民族自身还要强大。

时至今日,特赖奇克隐秘而强大的影响力仍未耗尽。站在德意志的角度,特赖奇克最大的优点在于,他以一种独特的方式表达了现代德国的新生活和自我意识,没有任何政治家、作家、甚至历史学家曾经这样做过。像之前爱国历史学家,如伯恩(Bonn)、恩斯特·莫里茨·阿恩特(Ernst Moritz Arndt),特赖奇克也被称为那个时代"最典型的德意志人",他有能力对德意志民族的过去、现在和未来进行合理判断,规划民族的目标和抱负,确定民族的权益,向全世界解释民族的独特性和前景。在两代人的时间里,欧洲列强出于现实原因,都将德意志清除欧洲地图。德意志似乎也曾经接受命运,几乎不敢坚持被承认的权利,满腹抱歉地斗胆站在傲慢的邻居身旁。即便民族复兴、曾四分五裂的版图变成一个国家,列强的无理傲慢依然没有改变。在这些长期把持大权的古老国家看来,德意志帝国不过是个暴发户,是个圈外人。对于德意志所遭受的怠慢,特赖奇克强烈谴责德意志自身。历史上德意志已经道了太多歉,特赖奇克走到了另一极端。他傲慢地从德语词汇中删去了"道歉"一词,他的角色和使命是民族的辩护人。

《十九世纪德国史》不仅为德意志统一、拥有合法地位提供辩护,也

3

试图证明普鲁士的历史使命就是领导德意志走向渴望的应许之地，普鲁士就是完成德意志民族命运的人。在特赖奇克看来，德意志注定要按照自己的意愿领导世界，而普鲁士也注定了是德意志的发言人和辩护者，这几乎是不需要证明的。特赖奇克所有的政治作品中都充斥着将德意志视为文明核心的历史观，而且"毒舌"特赖奇克还猛烈抨击那些拒不接受这种秩序观念的民族。但是特赖奇克的祖上根本不是德国人，就连他本人都是萨克森人，后来才改籍普鲁士，这让他拥护普鲁士的态度和立场变得更加引人注目。

"我为德意志而写"，"我们比其他任何民族都更有理由去记住父辈艰苦奋斗的历史，记住是他们的血泪、他们的头脑和双手，才换来了民族统一"。"德意志历史的叙述者如果只是指出事件之间的联系，诚实表达观点，那么只完成了一半工作，他还应该知道如何唤醒读者生于祖国的幸福感"。

在这样的语句中，我们就能发现特赖奇克的秘密，他如何展现了历史，又是如何让同胞对他如此钦佩依恋。按照他的说法，《十九世纪德国史》就是唤起民族意识的号角，就是激发民族热情的马刺。他让同胞的民族精神焕然一新，充满阳刚之气，让种族骄傲变成种族激情，让爱国主义变成宗教，让效忠变成崇拜。

由于过分强调民族性和民族立场，特赖奇克远离了客观超然的研究态度，走向党派性，成为特殊利益的鼓吹者，并开始肆意表达歧视，也因此违背了历史科学最珍贵的原则。他的确也说过，他一贯的目标就是"言辞清晰不刺耳，公正无暧昧。"这句话是一个完美的忠告，他颇为正式地将其贴在自己的墨水瓶上，就像新年决心一样，打算尽可能遵从它，但实际上总是视而不见。因为特赖奇克不是温和克制之辈，也非天性公正。公平冷静并非人类唯一的美德，但却是历史学家赖以为生的品质，如果历史学家缺乏公平冷静，即便是最伟大的作品也会有缺憾。在我们阅读、重视、赞扬《十九世纪德国史》的时候，必须对这一点有所觉察。

"历史写作无定法，不管哪种风格，只要严格贯彻到底都是可以的。"这句话是特赖奇克指导自己写作的格言，而《十九世纪德国史》也的确遵守了这个规则。书中的材料考证必定涉及在众多领域进行大量研究，但是文中却没有显示博学好古研究的迹象。历史对他而言，不止是表达事实和已完结的事件（如果在人类生活的无缝之网中有哪件事可以说完结了的话）。特赖奇克将历史视为生命，并力图重演民族历史大戏：将演员放在舞台之上，让他们不再像牵线木偶一样，而是像真正的男男女女一样本色演出。就这样，他有时从凡人中打造出英雄，有时将英雄变成半神，但是这也只是他深思熟虑的计划中的一部分，而最终的目标是唱出一首国家礼赞。《十九世纪德国史》的写作基础并非凭空出现，特赖奇克根据大量前所未见的材料，建立起全新的事件关系，从新鲜原创的角度讨论历史事件，挑战固有结论，并因此赋予那些最无趣的插曲以全新的意义。

作为历史学家，特赖奇克的性情受到了诸多批评，但是他的文学风格却广受好评，而且也的确实至名归。《十九世纪德国史》的行文结构上，特赖奇克结合了历史的沉重感同令人炫目的大量花边细节，行文浓烈华丽，壮美高贵，严肃优雅。语句易懂且有节奏，用词总是自负冲动：因为紧张的笔触只有回应激情点燃的想象冲动时，语句才能突破边界。一旦写到义愤填膺之时，特赖奇克马上变得滔滔不绝、咄咄逼人。但是这种语言影响力从未被任何言不由衷的修辞所败坏，这种激情也许被夸大、甚至错置，但它是真诚的、一点也不虚伪。在文学上追求纯粹的人，无疑会发现风格偶尔跑偏之处，这要归咎于他的火爆脾气——这脾气无疑是他身上斯拉夫遗产的一部分，当然也并非无关紧要——还要归咎于他无法控制自己的偏见，但是瑕不掩瑜，这些缺陷无法从根本上掩盖整部作品的光芒。

62岁那年，特赖奇克含恨而终，他一定懊悔没能完成这部伟大的作品，只能将德意志十九世纪的历史讲到40年代。因此，《十九世纪德国史》终结于他特别讨厌的节点——1848年革命。他不能不叙述这场革命，但这却是他心目中德意志、尤其是普鲁士历史上最屈辱、最可恨的事件。因此，未完成的不仅是特赖奇克正在重建的民族大戏，还有一系列辉煌往事，对他这样一位热情的爱国者而言，其中最伟大的事件是1864年和1866年战争，这两场战争让普鲁士获得了一系列新省份，让普奥两国各归其位——普鲁士领导德意志，奥地利则丧失帝国继承权；北德意志邦联的建立，还有1870年战争——摧毁了一个帝国，建立了另一个，让新德意志帝国站在一条史无前例的进步与繁荣之路上，然而也像后来的历史证明的那样，也播下了未来无数灾难的种子。不过，这

5

部《十九世纪德国史》还是涵盖了民族历史上一切重要方面。特赖奇克首先关注的自然是十九世纪的政治史,但是他也讨论了影响国家之后发展的经济运动、智力觉醒、率先表现在哲学、文学、科学和艺术上的特殊趋势。

学术史上最讽刺的事件之一,大概就是特赖奇克最后、最重要的任务居然没有完成。他所叙述的那些开启帝国的事件本不是完美的、终结的,而他的叙述却成为历史写作中最优秀的篇章之一。他痛苦地问友人豪斯拉思(Hausrath,后来是特赖奇克的传记作者),"谁能写完《十九世纪德国史》?"他本人给出的答案是,没有人能完成。在他身后,许多杰出的德意志作家都书写了民族统一历史上最激动人心的最后一章,他们中有人知识渊博,有人目光敏锐,有人细致,有人真诚。

但是他们都只是续写,却无法替代特赖奇克。因为特赖奇克身上不仅结合了这些优点,而且还有另一个他们所没有的优点,而正是这个优点让《十九世纪德国史》卓尔不凡——作品中深深的个人因素,源于作者与研究主题之间的密切认同,源于作者个人生活和国家生活的密切认同。正因如此,《十九世纪德国史》最真实地反应了特赖奇克的精魂。感受深刻,下笔方能激情澎湃。如果说特赖奇克充满偏见,对待其他民族有时甚至偏狭不公,这种缺陷并不是因为他刚愎自用,而是被狭隘的爱国主义蒙蔽了双眼,看不见整个世界,甚至看不清自己的祖国,无法"如实全面地看待整个民族"。如果正是这种个人因素让特赖奇克成为强大的政治家,那么这也是他身为历史学家的缺陷,但是他的作品中还有无数闪光点,因此我们与其谴责缺陷,不如宽恕。

威廉·哈伯特·道森(William Harbutt Dawson)

致马克斯·东克尔^①

谨以这篇献词纪念我们漫长的友谊。在漫长的前期准备工作中，你时常热情地鼓励我；很高兴你是我第一个读者，倾听我的写作计划和目标。

我最初仅仅计划书写德意志邦联史，简单介绍之后马上开始反思维也纳会议。但是，我很快发现如果这本书不是为专家而写，就必须向前追溯。德意志邦联是奥地利宫廷和新兴德意志国家之间两百年斗争的结果，如果读者不了解普鲁士王国的源起和神圣罗马帝国的崩溃，就无法理解这场斗争。而在我们这个刚刚统一起来的国家中，有教养阶层还未形成一种普遍的民族历史传统。古老民族对于政治英雄人物那种喜悦感激，我们德意志人只对伟大的艺术家和科学家才有。同时，在我们混乱的近代史中，究竟哪些事件具有真正的决定意义，人们的看法依然存在巨大分歧。

因此我决定，在导言性的第一卷中简要描述新德意志是如何从《威斯特伐利亚和约》后一步步形成的。你也是个行家里手，必然了解要从如此繁杂的材料总结出一个简明的观点是多么艰难。光是充斥大量细节的描述风格，就足以展现历史生活丰富的多样性和事件之间的彼此牵绊。字里行间，你都能发现我时常用一句话表达对某个有争议的难题的看法，发现我时常字斟句酌，以求言辞清晰不刺耳，公正无暧昧。豪泽尔（Häusser）的《德意志史》全面描述了神圣罗马帝国最后十年的光景，那本书从一诞生就是一项伟大的政治成就，而且将永远是历史著作的精品，而我的这项工作甚至比它还要大胆。自从名垂青史的豪泽

---

① 马克西米利安·沃尔夫冈·东克尔（Maximilian Wolfgang Duncker，1811—1886），德国历史学家、政治家。——译注

1

尔逝世后,除了你的作品还诞生了许多著作,这大大扩充了我们对于拿破仑时代的知识。但是历史批评的角度也发生了变化,今天如果有谁希望通过描述拿破仑时代来增进对当下的理解,他就必须将重头戏放在普鲁士国家的发展和精神生活的巨大转变上。

在介绍性第一卷中,我并不打算叙述什么新故事,不过也不害怕老调重弹。如果历史学家的理想是猎奇,那么他必然远离真相。我的目标是从纠缠的事件中抽取最重要的观点,生动地展现那些塑造我们这个新民族的人物和制度、观念和命运转折。因此我也会非常简单地处理德意志小国的内政。第二卷将描述南德意志宪法之争,我会详述这些小国之间的关系。我相信,你和那些宽容的读者们,一定会在我的研究中发现,我对摧毁中世纪国家结构的观念和为新世纪世俗政治铺平道路的观念进行了类比。不过在这么有限的篇幅中,我只能简单勾勒出这幅历史画面。

叙述完古老帝国的毁灭之后,行文会越来越细致,第二卷从巴黎和会第一天展开叙述,计划一直讲到1830年。感谢首相和冯·罗根巴赫男爵(Baron von Roggenbach)允许我使用柏林档案馆和卡尔斯鲁厄(Karlsruhe)外交档案馆中的材料。这些档案馆先后由你和海因里希·冯·西贝尔管理,我从中获得了诸多便利和热情帮助,感激之情难以言表。我从来没有,也永远不可能辜负你们对我的信任。普鲁士历史中没什么好遮遮掩掩的内容。由于邻人对我们的厌恶以及我们自己人吹毛求疵的性格,普鲁士曾犯下的一切错误和罪孽早就举世皆知。一项诚实正直的研究应当引导人们认识到,普鲁士即便有如此这般不堪之处,它的治国之术也强过它的名声。

历史写作无定法,不管哪种风格,只要严格一以贯之都是可以的。这本书的目的只是叙述和评判。如果我不想提供一种模糊无形的叙述,就只能给读者看研究结果,而不是整个研究过程,或者那些彼此争论的文章。

当我研究和书写本卷中一个半世纪的历史时,我时常感受到祖国历史的厚重和单纯伟大。我们比其他任何民族都更有理由去记住父辈艰苦奋斗的历史,记住是他们的血泪、他们的头脑和双手,才换来了民族统一。我的朋友,你曾在圣保罗教堂梦见德意志民族的普鲁士帝国,你在心灵上比早熟的年轻一代还要年轻,因为你知道,相比帝国尚未存在时我们遭受的痛苦,眼下的困难简直是小儿科。在我平静的历史叙述之外,偶尔也会高调一下,我想你也不会因此责备我。作为德意志历史的叙述者,如果只是指出了事件之间的联系,诚实表达了观点,那么只完成了一半工作,我觉得还应该知道如何唤醒读者生于祖国的幸福感——在当下的争论和困难中,多少同胞已然忘却了这件事。

海因里希·冯·特赖奇克
1879 年 2 月 10 日于柏林

第五版序言①

尽管马克斯·东克尔已经逝世②,但为表感激之情,这一版我仍保留那篇献辞。在修订过程中,我使用了大量新材料,以求在档案新探的基础上,对解放战争的起源予以独立判断,不过并没有因此对旧版本进行大量的补充和修改。

海因里希·冯·特赖奇克
1894 年 8 月 25 日于柏林

---

① 《十九世纪德国史》第五版出版于 1894 年,这是特赖奇克生前修订的最后一版,此后基本为翻印出版,再无内容改动。1913 年英文版根据第五版翻译,中文本亦根据该版本译出。——译注
② 东克尔逝世于 1886 年。——译注

第一卷
帝国的覆灭

第一章 《威斯特伐利亚和约》签订后的德意志

第一节 帝国制度

德意志古史悠久,德意志民族却是欧洲伟大民族之中最年轻的一个。它曾两次为民族权力和自由精神而战,从而获得了两段生机勃勃的历史。神圣的德意志国家建立于一千年以前,八百年后它又必须在一个全新的基础上重建这个国家。直到十九世纪,德意志才首次团结一致,在民族之林中站稳脚跟。

很久以前,德意志民族受形势所迫,不得不同天主教的帝国皇冠捆绑在一起。它的生命闪耀着辉煌的骑士艺术和文化,从未在任何风险和牺牲面前退缩,始终引领西方世界。但就在这些伟大皇帝的南征北战中,德意志国家的力量消亡了。旧王国的废墟上迅速生长出了一种新的政治结构:教会诸侯和世俗诸侯、自由城市、伯爵和骑士——各种模糊的体系混合在一起,无序却生机勃勃。随着帝国光辉的陨落,下萨克森公爵、条顿骑士团以及汉萨同盟的市民们,开始竞相用武器和犁头进行拓殖,这是一项从罗马时代流传至今的伟大事业:德意志人逐步占领了易北河和涅曼河(Memel)之间的地区并定居下来;经历数个世纪的发展,斯堪的纳维亚人和斯拉夫人也臣服于德意志及其文化。但是诸侯和贵族、市民和农民却走上了不同的发展道路;各个阶层之间相互的憎恨无益于这个拥有蓬勃创造力的民族形成政治秩序,也无法恢复已经消逝的封建形式下的统一国家。

马丁·路德将分裂的民族中有才干的人团结在一起共创大业。

已经世俗化的教会在德意志虔敬精神的领导下，重返福音派①倡导的高尚朴素，也是在这种精神的鼓舞下，国家脱离教会统治的理想迅速增长。德意志人再次抵达民族文明的巅峰，开始进行前所未有的最冒险的改革运动。新教在它的诞生地仅仅消解了旧的政治秩序；在其他日耳曼民族地区，新教强化了民族国家的权力，终结了中世纪教会和王权的共同统治模式。就在这些充满喜悦和期待的岁月中，德意志民族欢迎那位来自维滕贝格（Wittenberg）的教士，并且在精神深处激动地期待着帝国的彻底变革；同时一个外国人戴上了德意志的皇冠，这对国家的未来产生了决定性的影响。在德意志与教皇的斗争中，皇权一度是德意志的领袖，但此时却拒绝参与教会和政治改革。哈布斯堡帝国站在了天主教阵营一边，命令南欧地区的拉丁民族对抗德意志异端，并且一直到帝国屈辱落幕之前，都与德意志势同水火。

新教转而向世俗诸侯寻求庇护。因此这些世俗诸侯作为德意志信仰保护者，其身份具有了合法性。然而德意志民族在自己的土地上，非但无法保住其特殊事业，即宗教改革的普遍胜利，也不能以新时代的世俗理想振奋民族精神。因为德意志精神始终倾向一种过度的唯心主义，沉浸于深奥的新神学而远离了政治斗争；狂热的新教徒们不懂得如何利用这个良机以实现自由之功业。德意志兵强马壮，却在施马尔卡登之战②中一败涂地，首次向外族低头。后来萨克森的摩里茨公爵（Moritz von Sachsen）奋起抗争，解救德意志新教于水火，摧毁了西班牙统治，但他也扯断了帝国维系统治秩序统一的最后纽带；帝国邦（Reichsstände）③在无拘无束中获得了自

---

① 福音派（evangelicalism）：十六世纪的宗教改革者以此名称呼表明反对罗马天主教的立场。在宗教改革时期专指路德宗新教教会，以便与信奉加尔文主义的归正宗相区别。——译注

② 施马尔卡尔登战争：1546—1548年神圣罗马皇帝查理五世与施马尔卡尔登同盟之间进行的战争，后者是德意志新教诸侯与帝国城市结成的同盟。同盟战败，1548年天主教徒与新教徒签订《奥格斯堡宗教协议》，同意恢复天主教在宗教改革前所享有的地位。——译注

③ 帝国邦（Reichsstände）：神圣罗马帝国中有权在帝国议会上投票的邦国，比如七大选帝侯国，这些地区的统治者拥有相当高的自治权，并且直接对神圣罗马帝国皇帝负责。——译注

由。在一段快速的胜负交替之后,筋疲力尽的党派缔结了《奥格斯堡宗教协议》,德意志进入了有史以来最糟糕的时代。帝国主动退出权力圈子,放弃参与欧洲政治。两代人的时光中,一盘散沙的天主教徒、新教徒和加尔文教徒,死气沉沉却又不曾和解,整日昏梦,而就在我们的大门口,天主教世界帝国的军队正在剥夺尼德兰异教徒的信仰自由,其海军正在要求海权。

　　随后帝国爆发宗教战争,它是这个时代最后也是最重要的战争。新教的故乡变成了战场,整个欧洲都深陷其中,各个民族的败类都来到了德意志。在这场史无前例的大混乱中,老德意志消亡了。那些曾梦想着统治世界的人们,被无情的历史置于外国的铁蹄之下。莱茵河、埃姆斯河、易北河、威悉河、奥得河和维斯图拉河,所有的入海口都被外族占据;法国在上莱茵河建立哨卡,哈布斯堡和耶稣会占据了东南。三分之二民族都卷入了这场恐怖的战争;贫困交加之中,这个野性部族意志消沉,再也无法展示出德意志古老的伟大品质,先祖的自由精神和沉着的英雄主义也不再闪耀。那曾使民族熠熠生辉的古老文明湮灭了;就连行会的手工业秘技也被遗忘。这个曾高唱《克琳希德的复仇》(Krimhilds Rache)[1]的民族,这个曾以路德教圣歌获得信心的民族,如今只能靠着浮华的外国辞藻装饰自己贫乏的语言,那些尚能思考的人们也只用法语或拉丁语进行写作。整个德意志生活都对优越的外来文明毫无招架之力。瑞典王国的惨败[2]、贫困生活中琐碎的伤痛,让人们忘记了辉煌岁月中的所有荣耀;在这个已然变形的世界中,曾经目睹了德意志市民富足生活的古代教堂,似乎都变得陌生且面目可憎。直到一个半世纪之后,一些学者才通过辛勤研究寻回了德意志古典诗歌的光芒,民族宝藏的富饶令世人震惊。再没有哪个民族曾被迫如此远离自己的灵魂和历史,就算是被大革命割断旧统治的现代法国也不曾如是。

5

---

① 《克琳希德的复仇》,是史诗《尼伯龙根之歌》的第二部分。——译注
② 三十年战争中,新教国家瑞典在国王古斯塔夫二世的带领下进军神圣罗马帝国,一度取得胜利,但随着 1631 年 11 月国王阵亡,瑞典军情告急,以失败告终。——译注

　　这可怕的毁灭似乎预示着德意志的衰亡，但同时也证明了新生的开始。在《威斯特伐利亚和约》签订后的悲惨岁月中，德意志踏上了新的历史征程。是宗教自由和普鲁士，将民族从衰亡的深渊中解救出来，在这段不堪回首的岁月中，改变了民族的政治、经济、信仰、艺术和科学，赋予了民族更加蓬勃和强悍的生命力。

6　　　经历三十年战争的痛苦挣扎，德意志保住了新教在西方世界的未来，同时也为民族文明打下了坚不可摧的基础。德意志最南部的地区依附于罗马天主教，北部地区深受坚定的斯堪的纳维亚新教影响，而中部却是三种教派混杂之地。在所有民族中，只有德意志允许这些教派平等竞争，因此它只好在家庭和教育、国家和社会之中，逐步强化这个历经艰难险阻、流血牺牲才换来的宗教和平。当罗马教会还是普世性教会的时候，天主教的确教化了民众，孕育了艺术和科学，彼时新教的种子不过深埋于胸。但是后来天主教驱逐一切自由力量，并在拉丁民族的协助下蜕变成了一个制度森严的宗教派别。它确实可以利用哈布斯堡家族的治国才干重新征服部分德意志，但我们的民族却始终对耶稣会心存敌意。新罗马教会的精神力量可以在其拉丁故乡繁盛，却无法在诞生异教徒的德意志生根。这里不吟唱塔索（Tasso）①或卡尔德隆（Calderon）②的作品，也不描摹鲁本斯（Rubens）③或牟利罗（Murillo）④的画作；德意志迟钝的教士们也不能在学习的热忱上同勤奋的莫尔会修士一较高下。耶稣会确实在德意志人中培养了不少虔诚的教士和能干的政治家，也产生了一些粗鄙的狂热分子，比如布森鲍姆神父（Busenbaum），他用德意志式的粗俗直白，向世界揭示了一个秘密：成王败寇。罗马教会创造了耶稣会的一切，也创造了其具有麻痹性的文化形式。新天主教在德意志的作用只有阻碍和干扰，其精神进程相比新教的思想世界，就如同德意志首位耶稣会士——圣加

① 托尔夸托·塔索（Torquato Tasso），意大利十六世纪诗人。——译注
② 卡尔德隆·德·拉·巴尔卡（Caldern de la Barca），十七世纪西班牙黄金世纪最著名的剧作家之一。——译注
③ 鲁本斯（Peter Paul Rubens，1577—1640），十七世纪佛兰德斯画家，早期巴洛克艺术杰出代表，西班牙哈布斯堡王朝外交使节。——译注
④ 牟利罗（Murillo，1617—1682），十七世纪巴洛克时期西班牙画家。——译注

尼修（Canisius）——苍白的经院哲学相比路德充满智慧的著作。尽管出现了大批反宗教改革人士，但罗马教会心知肚明，德意志始终是异端的大本营。新教是德意志精神的标志。

宗教宽容尽管代价高昂，却提供了有限的自由和谨慎的冒险精神，而这些在教会独裁的土地上不可能繁盛。一旦德意志土地上精疲力竭的人们之中能再次出现天才，新的科学和诗歌、现代历史上最有生命力的文学作品就会马上涌现，它们以新教为灵魂，裹挟着自由而温和的世俗精神扑面而来。对于我们灾难深重的民族来说，这些作品是伟大的馈赠，恢复了人文主义精神，再次唤醒了民族沉睡的自信心。因此，就算是宗教改革的失败，于我们而言，都算是某种祝福。德意志曾被迫接受欧洲多个民族的不同文化，这让我们能够理解它们，并以思想之力控制它们。人性之声在德意志灵魂中回响，让德意志古典文学变得更加多样、大胆和自由，超出了周边民族早熟文化所能达到的程度。因此在古代德意志文明衰落一个半世纪以后，荷尔德林才会这样说起新德意志："各族人民的神圣心脏，祖国呵，你忍辱负重，好似沉默的大地母亲，你受尽曲解，面对外族想从你的腹地获得最佳渔利。"[①]

与此同时，德意志民族的整体力量再次苏醒。陈腐的帝国统治分崩离析，年轻的普鲁士崛起于偏远之地，成为德意志政治生命的核心。就像一千年之前，韦塞克斯（Wessex）的国王曾统一所有撒克逊王国建立了英格兰；也如同法兰克王国，起于法兰西岛，在中世纪不断扩大领土，直至占领和统一所有独立的贵族领地和乡镇；因此，勃兰登堡-普鲁士也终能为四分五裂的德意志民族再造一个祖国。一般说来，只有年轻男性的力量能够在激烈的斗争中成功开始民族的统一大业，但当面对整个欧洲的反对时、在同神圣罗马帝国争论立法权时、在对抗国内无数反动力量时，是德意志悠久的历史传统给予民族以斗志。德意志的统一是欧洲历史上最艰辛的历程，这曾被视为不可能完成的任务，但德意志最终用彻底、完全和辉煌的成功，迫使整个世界接受它的成功。

---

① 荷尔德林：《德意志人的歌》选段，译文选自《荷尔德林诗选》，顾正祥译注，北京大学出版社，1994年，第107页。——译注

德意志已经不可能通过皇帝和帝国进行重建。随着新教的兴起，早已病入膏肓的帝国体制变得更加令人难以忍受。实干家们不会预知伟大事业的最终结果，比如马丁·路德弃绝中世纪教会时，并不知道自己正在打开一扇通往当今世俗科学的大门，而这恰恰违背了他的宗教虔诚；又好像当他将国家从教会统治中解放出来时，也不知道自己已经向信仰所归的罗马帝国，射出了致命一箭。帝国的主要支持来自教会诸侯，一旦多数民众投向新教，这根支柱就会同帝国神权政治的尊严一道变得脆弱，因为教会诸侯和天主教的主教们无法统治一个异端民族。所以宗教改革一开始，1525 年的帝国议会就明确提出，教会特权应该受制于世俗统治者。在接下来统治政策所有重大转折中，这种世俗化的观念都不断显现，因为它符合事物的本质。但是支持与反对力量之间的平衡状态并不令人满意，这种张力时刻干扰着帝国，甚至让宗教改革运动无可辩驳的成果变成虚无。因此，尽管头戴罗马帝国皇冠的德意志君主早已权威扫地，所有古代王朝的主权也已落入领土贵族之手，但大多数教会诸侯和神圣罗马皇帝——这不切实际的头衔，却仍旧被保留了下来。

在帝国世袭领地之外，三分之二的德意志人皈依新教，除了维特尔斯巴赫家族（Wittelsbachs）和阿尔伯特家族（Albertines），几乎所有诸侯家族也都转信新教。但是德意志在官方依旧是天主教成员，选举院和诸侯院①的大多数成员依然追随古老的宗教信仰，帝国统治也继续保持着半宗教的性质。皇帝一经加冕就成为"神圣事业的参与者"，同教皇和教会拥有同样的理由，向上帝证明自己有资格拥有宗教的荣光；从职权上来说，他也是无数天主教神甫之一，同样领受圣餐礼。在罗马的神权政体之下，异端是非法的。德国路德宗首个重大政治动作就是在斯拜尔会议上表示抗议，并从此获得"抗议者"这个新名字；这个名字表明新教不屈服于帝国中大多数人的意见。在此后与帝国的斗争中，新教一直都是持续的不稳定因素。新教迫使宗教和约的签订，这些和约违背了古老帝

---

① 1489 年，帝国议会分为三院：选举院，由 7 名世俗和教会诸侯组成；诸侯院；城市院。——译注

国的誓言和神圣帝国的基本理念；新教还要在这个国家中再建一
个国家，以对抗帝国议会的高压，保卫来之不易的宗教自由。福音
会尽管在形式上比波兰第一共和国温和一些，但只是一个无政府
主义的应急之策，在根本上与国家的概念相抵触。

　　只有彻底的革命，只有神圣帝国转化为世俗国家联邦，方能将
德意志民族从扭曲的政治生活中拯救出来；德意志民族只有光明
正大地承认自己的世俗品质，才能在平等的法律基础上，公平对待
天主教和新教。十七世纪德意志的公共宣传也表达出了这一观
念；亲瑞典的一位发言人伊波利特·阿·拉皮德（Hippolytus a
Lapide）就狂热支持消灭帝国统治的战争；萨穆埃尔·普芬多夫
（Samuel Puffendorf）也认为帝国正“随着滚动的巨石”加速蜕变为
联邦国家。就连德意志官方也隐约认识到，旧式统治在新时代已
经非常不合时宜。宗教和约不过是缓兵之计，鼓励德意志继续期
待更好的时代，“上帝终将保佑信仰一致”。《威斯特伐利亚和约》
规定下一次帝国议会将全面修正帝国宪法，使帝国邦新获得的权
力同帝国古老权利协调一致。但是奥地利家族阻挠变革，1654 年
的帝国大会未能达成协议，一个半世纪之后在雷根斯堡
（Regensburg）召开的帝国议会甚至不再期待解决这个最重要的问
题，因此德意志国家实际上仍没有宪法。帝国法明确显现出三种
根本不同的国家形式的碎片，它们混乱无序地交织在一起：古老统
一国家残存的阴影；新联邦国家并不完美的开端；最后也即最重要
的因素是，各个邦国的地方主义。

　　尽管经历时代变迁，但古老帝国统治还是拥有绝对权力，也从
不允许通过一部帝国法限制其权力范围。帝国统治者继续享受臣
下的效忠，身居高位闭目塞听。一旦他能力可及，便会通过帝国枢
密院会议（Reichshofrat）实施司法权威，就像在《萨克森之镜》
（*Sachsenspiegel*）[①]中规定的那样，他对于财产、采邑、生死拥有至高
无上的裁判权。整个基督教世界都臣服在这只双头鹰之下，因此
神圣帝国皇帝的加冕礼上，使者还是向四面八方挥舞帝国宝剑。

——————————

[①]　《萨克森之镜》（Sachsenspiegel）：是德意志中世纪最重要的法律和习俗书籍，创
　　作于 1220 年左右，记录了当时已知的德意志习惯法。——译注

帝国法律还在庄严地宣称,帝国的封地沿着里维埃拉(Riviera),穿越热那亚(Genoa),远达托斯卡纳(Tuscany);派驻德意志、意大利和阿莱拉特(Arelate)的帝国首相(Reichskanzleramt)依然存在;诺门尼(Nomeny)、比桑兹(Bisanz)以及无数领土尽管已经落于外国之手,但帝国议会还是召集其投票决议;萨伏依公爵甚至曾被任命为意大利沃尔什地区(Wälschland)的帝国代理人(Reichsvikar);但是没有人知道神圣罗马帝国的界碑到底立在何处。从青年歌德那诗人的眼睛看去,帝国加冕仪式中古老法兰克的仪式,让人想起旧帝国的光芒万丈;但是对一个冷静务实的人来说,比如里特尔·冯·朗(Ritter von Lang),帝国那衰微的回忆和无止境的要求都是荒谬可笑的,就像镶刻着波西米亚雄狮的查理曼大帝宝剑一样可笑,就像圣巴托罗麦大教堂(St. Bartholomäi)的男童唱诗班,明亮整齐地说出"fiat"(准),以德意志民族的名义,批准上帝的选民一样荒谬。

10   对于西欧大多数民族来说,古代日耳曼选举制国家转变成世袭王朝,确保了民族的统一。但德意志仍然是个选举制国家,德意志皇冠和奥地利家族近三个世纪的结合,只唤起了新的离心力,因为哈布斯堡的皇帝并非德意志人。老德意志的东南边疆地区,由于强大的波西米亚斯拉夫王国而脱离了德意志中部地区,中世纪早期便走上了独立发展的道路,而且必然卷入下多瑙河地区匈牙利-斯拉夫-瓦拉几亚种族杂居的混乱政治之中。哈布斯堡家族统治时期,该地区成为这一多语言帝国的核心地带,被真真假假的特权免除了对德意志国家的所有义务。早在十六世纪,该地区的独立地位已经非常稳固,以至于迫使哈布斯堡计划将其与帝国的德意志世袭领地统一在一起,形成一个奥地利王国。但是阿尔卑斯和上多瑙河那些英勇的部落,却在外族的包围中坚守了德意志艺术;中世纪的文学创作浓墨重彩地描绘了他们纯净而充满生机的品质。充满骑士精神的艺术绽放在欢乐的巴本贝格(Babenberg)宫廷中;霍亨斯陶芬家族诸皇时期,最伟大的诗人是一位阿尔卑斯山的蒂罗尔人(Tiroler)之子;圣斯蒂芬大教堂(St. Stephan)和圣玛丽亚大教堂(St. Marien)漂亮的大厅记录了下奥地利地区德意志市民的骄傲和艺术追求。也就是在这片土地上,德意志精神同觉醒的新教教义融为一体；在波西米亚，胡斯派重新变得活跃；宗教改革一开始，德意志-奥地利的大部分王室领地已经倒向新教。然而帝国统治者的宗教偏执让整个奥地利陷入宗教屠杀的恐惧中，并用令人发指的恶行恢复了罗马教会的统治。那些真正的德意志人、那些不愿向外族卑躬屈膝的人、那些最棒的波西米亚人，成群结队离开故土，前往新教国度寻找家园；而那些留下的人，则在耶稣会的驯养下失去了德意志精神的蓬勃生机，失去了坚守的品质，失去了道德理想。教会的压迫破坏了民族生命的根基。奥地利的德意志种族的乐天知命堕落成愚蠢的享乐主义，思想轻浮的人们很快就适应了宗教统治的伪善，但这种温和与纵容背后隐藏着对人性的冷酷蔑视。

《威斯特伐利亚和约》以法令的形式确认了反宗教改革运动的成功。皇帝承认三个教派地位平等，但条件是并不在他的家族统治时期内实施。从那时开始，奥地利和德意志就永远分开了。哈布斯堡家族不承认宗教信仰自由，但唯有这种自由才能赋予摇摇欲坠的帝国制度以存在的理由；正当德意志庆祝和平的到来，为最终的宗教和谐而欢呼时，帝国却在维也纳、布拉格、格拉茨和因斯布鲁克的教会大门上，张贴教皇诏书，谴责缔结和约。和约签订后，帝国皇室依旧热衷于消灭异端。一个世纪以后，直到查理六世驾崩，从奥地利向德意志北部的新教移民浪潮还在持续，尽管随着时间的推移，移民规模逐渐变小，最终帝国所有世袭领地都实现了死气沉沉的宗教统一。三十年战争伊始，波西米亚的格拉兹伯爵领地（Graffchaft Glatz）除了一个天主教区以外，全部皈依新教。当腓特烈大帝的精兵强将进入这里时，这里的人们又全成了天主教，在这片刚刚改宗的土地上，矗立起了阿尔本多夫朝圣教堂（Wallfahrtskirche von Albendorf），这是为纪念白山战役（Schlacht am weißen Berge）①胜利而建。从此，天主教巴伐利亚因为部落仇

---

① 白山战役：三十年战争第一阶段的一次战役。1619 年，布拉格市民反抗耶稣会修士、国王斐迪南二世的反宗教改革政策，国王联合哈布斯堡王朝镇压。1620 年 11 月 8 日，新教联军与哈布斯堡军队在布拉格以西的白山决斗，新教战败。——译注

恨、古老的政治恩怨和对北德异端根深蒂固的怀疑而心生敌意，这块德-奥地区走上了一条完全不同的生活方式。中世纪，波西米亚和下易北河之间的联系非常密切，皇帝查理四世甚至想要建立一个大易北河帝国，从布拉格一直到坦哲明德（Tangermünde），但是现在这种联系结束了；德意志东北和西南之间所有积极的相互影响都消失了；萨克森和波西米亚之间的地区甚至逐步展现出了民族性、基本观念和习俗上的巨大分歧。在这个不一样的南方世界中，德意志诗歌复兴所带来的精神张力，或者新兴科学展开的自由对话，都悄无声息。德意志的年轻人在为《少年维特的烦恼》而哭泣时，他们在《强盗》中感受到对于穷人的强烈蔑视时，歌舞升平的维也纳还在赞扬布鲁茂尔（Blumauer）模仿《埃涅伊德》（*Aeneid*）的拙劣作品。奥地利伟大作曲家们的作品无非证明了，德意志伟大的创造力在游吟诗人瓦尔特·冯·福格韦德（Walther von der Vogelweide）的美丽故乡尚未丧失殆尽。直到十九世纪，与世隔绝的西南德意志才能重新理解德意志生机勃勃的现代文明。

12　　长久以来，天主教统一信仰的政策让多瑙河地区疏远了德意志民族。这项政策将旧德意志国家一分为二，造就了一种更加可悲的德意志二元性。只要德意志不愿放弃自己，就必须抵抗哈布斯堡的外国统治。随着岁月流逝，奥地利同罗马帝国皇冠之间的关系愈加密切，在一般人看来，这两者似乎已然合为一体。在最近这几个世纪中，戴上帝国皇冠的唯一非奥地利人，是查理七世，而在同时代人看来，他几乎是皇帝的敌人①。一种更加深层的关系，将这个去德意志化的帝国同教皇——他昔日的对手——联合了起来。维也纳的政治就像是罗马的虚情假意的涂油礼，让这个神权政治成为最不道德的国家形式；维也纳同罗马一样无法理解反对者拥有的权利。哈布斯堡家族的所有成员，包括开朗和蔼的玛丽亚·特蕾西亚（Maria Theresa），以及愚蠢而傲慢的利奥波德一世，都在

---

① 查理七世（1742—1745 年在位）曾反对玛丽亚·特蕾西亚继承奥地利王位，卷入了奥地利王位继承战，但他实力弱小，只是诸侯们利用反对玛丽亚·特蕾西亚的旗帜。去世后，其子被迫放弃对皇位的继承权。皇帝的称号被玛丽亚·特蕾西亚转移给自己的丈夫——洛林家族的弗兰茨一世。——译注

命运的打击中坚信哈布斯堡家族得到了上帝的眷顾，坚信只有邪恶和违抗上帝的人，才会反对这个虔诚的家族。数个世纪的风雨中，他们时时处处表现出这种坚信：哈布斯堡有所保留地签署了历史强加给古老帝国家族的耻辱宗教和约，一旦时机成熟，帝国不可剥夺的权力将再次发挥作用。这种无耻的神权谎言和扭曲的权力无处不在。玛丽亚·特蕾西亚反对皇帝查理七世的合法统治，却表现得像是因为皇权受到损害而义愤填膺；当腓特烈大王正估计她可能发动的攻击时，她的丈夫，这个至今在她的宫廷中游手好闲的人，却拿着帝国权杖宣称匈牙利女王的敌人就是皇帝本人和帝国的敌人；就连小家族洛林（Lothring）也自信满满地宣布，将收回所有在查理曼帝国时代拥有的领土；就像教皇们认为自己是圣彼得的继承人一样，洛林家族的举止就好像觉得哈布斯堡家族永不消亡。和罗马同样冷血的维也纳宫廷并不顾及人们的福祉；一旦宗教统一，臣民被迫屈从，奥地利的真正力量就会烟消云散。奥地利是欧洲政治的中心，然而这个古老的政治体却依然身着过时的外衣闲庭信步。奥地利在政体发展上毫无建树，也不关注大众福利或文化事业，更没有人致力于内政——这项任务尽管琐碎繁杂，但却是国家健康最重要的保障。数个世纪以来，奥地利能够数出不少能干的外交家和将领，却说不出一位伟大的首相。直到玛丽亚·特蕾西亚当政时，帝国才意识到这个最重要的任务。

在哈布斯堡-勃艮第庞大复杂的领土上，催生现代国家的历史因素也开始发酵，巩固领土的要求不断加强。就像新德意志的历史始于选帝侯时代一样，自从利奥波德一世将匈牙利王冠收入奥地利家族囊中，新奥地利帝国就走上强国之路。哈布斯堡家族领地成为一个地理统一体，好战的匈牙利人是这个多瑙河帝国的兵源。从此由于强大的经济和政治利益，这块德意志世袭领地同民族复杂的南部世界捆绑在一起，在那里德意志精神只能艰难地维持精神优势。在旷日长久的奥土战争中，同一阵营的德意志人、匈牙利人和斯拉夫人建立起了共同的情感，因此占领匈牙利使得奥地利和德意志彻底分道扬镳，尽管他们之间的分裂早在反宗教改革时就开始了。当土耳其大军集结在柯尼斯堡（Königsburg），奥地利才代表德意志文明与同东边的蛮族拼搏；正是在德意志的帮助

13

下，在马克伯爵领地、萨克森和巴伐利亚正义之师的支持下，土耳其人才被赶出匈牙利。但是随着奥斯曼帝国衰落，没有了共同的敌人，德意志和奥利地帝国之间最后一根纽带也消失了，从此成为彼此独立的国家，仅仅在法律形式上还保持着某种虚假的关系。在接下来的几十年中，德意志的首要任务便是彻底摧毁这些虚假的关系。

新奥地利的民族统一大业稳步推进，《国事诏书》（Pragmatische Sanktion）①正式宣布帝国领土神圣不可分割。哈布斯堡有史以来最伟大的统治者实现了统一，直到今天，皇室、神职人员、贵族、军队和具有缺陷的制度始终统一在一起。玛丽亚·特蕾西亚奠定了奥匈二元体系。设波西米亚-奥地利办公厅（Hofkanzlei），作为最高行政机构治理莱塔河（leitha）这一侧的王室领地，同时让匈牙利王室领土保有传统的合法权利。只有这样才能将民族性极为不同的地区统一起来。此后，在经历了数次打造统一国家或者联邦国家的徒劳努力之后，奥-匈帝国最终还是回到了玛丽亚·特蕾西亚的治国理念上。玛丽亚·特蕾西亚时代创下的功业维持了帝国的稳定。八年艰苦战争中，这位勇敢的女王在忠心臣民的支持下，使家族的领地免于被吞并的命运；七年战争期间，尽管腓特烈大帝光芒四射，就连那些被征服的人都对他心生敬佩，但帝国军队仍在科林（Kolin）和霍赫基尔希（Hochkirch）取得胜利，自信地走出了激烈的战场。甚至早在奥地利帝国存在之前，奥地利国家及其军队就已经引起了整个欧洲的注意。

拥有匈牙利王国，使帝国无法在欧洲政策上目标一致。匈牙利征服者，萨伏依的欧根亲王为帝国指出了通向黑海的可靠路线。现在，向多瑙河入海口挺近，并征服两岸的斯拉夫-瓦拉几亚人民，变成了这个多瑙河帝国的天然目标。遥远的比利时始终有可能将匈牙利卷入西欧事务，因此它是个大麻烦，早在西里西亚战争伊

---

① 国事诏书：1713 年 4 月 19 日，神圣罗马帝国皇帝查理六世颁布诏书，规定哈布斯堡家族领地不可分割和分离。如果哈布斯堡男系绝嗣，则由其女儿玛丽亚·特蕾西亚及其后人继承。但 1740 年查理六世去世后，巴伐利亚选帝侯和普鲁士不承认玛丽亚·特蕾西亚的继承权，遂引发奥地利王位继承战争。——译注

始,就不断有人提议用这块遥远难守的领土交换几个较近的省份,但是帝国从未认真明智地考虑将力量转向东南。在这块民族冲突严重的地区,仅仅实施一种民族政策是不现实的;在专制体制下,民意从来不能影响奥地利的外交政策,统治者的个人意愿才是指导奥地利对欧洲事务政策的唯一根据。哈布斯堡的力量建立在一种大胆而狡猾的家族政策上,他们贪婪地想在各个方向施加影响力,但是却没有明确的计划,对于被占领地区的特质及其世界地位也没有明确的认识。在这个新的多瑙河帝国中,过去王朝的治国之术和世界帝国的辉煌记忆依然清晰。奥地利宫廷坚定地强调自己在德意志帝国中的统治地位;通过占领巴伐利亚,奥地利努力将上奥地利的莱茵河地区同帝国核心地区连接起来;从查理六世时起,奥地利恢复了西班牙哈布斯堡的意大利政策,极力保持它在阿尔卑斯山那边的优势地位,发动了一连串对波兰和土耳其的野蛮进攻——正是这种对领土极端而变态的贪欲,让强大的奥地利从失败走向失败。

15

奥地利帝国敌视新教德意志的文化,不关心德意志在欧洲的使命,并且带着一种内陆国家的凌傲看待德意志在沿海的经济利益。对于哈布斯堡-洛林家族来说,帝国统治中界限不明的权力是个好工具,他们可以借此尽情利用德意志民族的战斗力完成奥地利的目标,并且通过滥用帝国法来解决家族政策的权力问题。这让享有古老声誉的帝国司法成了讼棍的舞台,德意志的外交政策也成了一场胜负难料的游戏。哈布斯堡让帝国深陷外敌入侵,卷入了非德意志纷争,帝国为奥地利的失误付出了极大代价:荷兰、瑞士、石勒苏益格-霍尔施坦因、波美拉尼亚和条顿骑士团国家、阿尔萨斯和洛林地区,不再属于德意志。这些损失无法挽回,半外国血统的奥地利并不想将帝国义务同家族的利益连接起来,这对于他们来说不算什么耻辱,但是这伤害了德意志民族,这场灾难让他们失去了摆脱奥地利的能力。

帝国统治的历史基础已经消逝了,因此自然与世俗诸侯为敌,因为这些力量不断增长的诸侯正是从帝国腐烂堕落的部分获得了支持。奥地利还是将德意志视为"钱袋子":反宗教改革的胜利将富足的德意志教会省份重新纳为罗马教会管辖,从此这些地区就在比较温和的主教权威下懒散地生活，享受帝国中的各种裙带关系和奢靡生活。但是这些被新教包围或者分割的天主教地区，不可能像帝国世袭领地一样，彻底远离民族生活。不少温和有学识的教会诸侯也欢迎启蒙思想。但是教会国家的政治力量还是无望恢复，在科隆、美因茨和特里尔，大批民众还远没有接受新时代的观念，因此后来丧失莱茵河左岸领土并没有给德意志精神生活带来严重创伤。强大的天主教贵族依然依附于皇帝，他们通过大教堂教士咨议会（Domkapitel）控制三大教会选帝侯以及帝国的诸多王冠，并且为子嗣在奥地利公国的寻求舒适闲差。甚至当世俗诸侯议会希望在新生君主国的普遍权利面前维护自身特权时，也会向皇帝寻求帮助。毫无疑问，大多数天主教徒都对帝国宫廷青睐有加，但是派系之间彼此争斗和相互猜忌让改革成为妄想，任何可能威胁到帝国统治的力量都受到其对手的监视盘查。小国家对于奥地利公国的传统敬意、他们相互的妒意、告解神父对于诸侯信徒的影响，以及奥地利皇廷为奖励忠诚而赏赐的荣誉和特权，在这个时代依然维持着各个国家，甚至是新教诸侯对帝国的支持；许多诸侯的枢密顾问也同时是帝国官员，在自己的宫廷代表奥地利。无论帝国法和德意志的政治责任是怎样，这些控制德意志诸侯间接方式运用广泛，帝国宫廷的强硬派拜伦·冯·格明根（Baron von Gemmingen）曾在不经意间说："对德意志来说，奥地利要么是主子要么是敌人。"

为了实现奥地利的目标，帝国的权威不断丧失终于碎落一地，但是帝国宪法中也蕴含着联邦制的开始：这种转变则源自美因茨的贝特霍尔德（Berthold）、萨克森的腓特烈、霍亨索伦的埃特弗里茨（Eitelfritz），这些诸侯实施了伟大改革，想把德意志转化为一个强有力的联邦国家。地方政府组织就诞生于此，帝国邦还产生了联邦法院和帝国最高法院。但是因为皇帝凭借在枢密院（Reichshofrat）中相当大的权力，削弱了等级法院的作用，因此帝国中多数大诸侯也成功地让其领地不属于帝国最高法院的司法权管辖。在士瓦本、法兰克以及莱茵地区，大批主教和帝国骑士、诸侯和自由城市、修道院长和伯爵，无序地混杂在一起，但县长和县议会的声望尚足以勉强维持等级秩序,并且能够将这些各等级的小队人马联合成更大的贵族集体。在北部和东部地区,地方政府从未站稳脚跟。在这些地方,自从《威斯特伐利亚和约》签订以后,教会特权几乎被全盘摧毁,强大的世俗诸侯也仅能自保。北德就像从一个光明的现代世界,轻蔑地看待西南地区小国林立的混乱,讽刺地称之为"那个帝国"。老德意志国家中一切年轻强大的力量,都起来反抗僵硬压迫的帝国宪法。

世俗诸侯奉行的地方主义仍然是帝国中最活跃的政治力量。就像腓特烈大帝所说,帝国实际上是德意志诸侯的辉煌共和国。《威斯特伐利亚和约》签订以后,帝国邦国就拥有了缔结联盟的权利,虽无主权之名,却在教会和世俗事务中拥有主权之实。诸侯们无视帝国权威,就像生者不见亡灵。没有任何一个起于古代部落国家废墟之上的世俗国家拥有界限分明的领土,也没有一个可以完全代表德意志种族;所有世俗国家的存在都只能归功于帝国的治国之术,是战争和联姻、领土的保有和置换、忠诚和背叛,将这些各自孤立的地方联接成一个不可分割的大帝国。帝国宪法必然产生这样的内政。德意志民族被降格为帝国的附属物,只有统治帝国的家族才直接代表帝国本身;出席帝国议会的不是国家而是统治家族;一个帝国邦应该算作新教区还是天主教区,判断的标准不是人民的意愿而是统治家族的信仰。换言之,帝国法不知道什么是国家,只承认诸侯王公们的领地和继承人。动荡岁月中的世事变迁,使得领土之间的疆界变得极为混乱,也摧毁了德意志诸侯之间的手足之情以及对他人领地的尊重。所有人都垂涎邻人的地盘,甚至企图借外国之力占为己有。大诸侯家族的傲慢和对土地的贪婪,将帝国拖向了彻底崩溃的深渊边缘。长久以来,萨克森和巴伐利亚一直在争夺王冠;普法尔茨选帝侯渴望将他的下莱茵地区晋升为王国,并且成为帝国中的主权国家。

然而,就是在这些世俗国家之中,包含着我们今天称为德意志政治的一切因素。德意志诸侯不同于波兰巨头,后者窃取波兰王朝的力量来提高自己家族的声望,而德意志人则在自己极为有限的时机中,努力承担着帝国放弃的政治使命,这就是德意志大贵族的历史光荣。帝国皇族一心追求自己的欧洲计划,帝国议会则为空洞的形式问题争吵不休，但是世俗国家出现了政府。只有在这里，才有对法律、人民福祉以及德意志文化的关心和保护。从前，德意志诸侯在同哈布斯堡家族斗争中保住了宝贵的德意志自由精神。在接下来这段漫长疲倦的和平岁月中，选帝侯政策大行其道，它让所有伟大的理想成为虚妄，从危险的欧洲纷争中迅速退却，尽心竭力地治理内政。四分五裂的领土居然奇迹般地逐渐形成了一个发育不全的政治统一体。诸侯领地成为国家。在各自狭隘的生活中，一种新的地方主义兴起。萨克森选帝侯、普法尔茨选帝侯、布伦瑞克-吕纳堡的人民（Braunschweig-Lüneburger），都忠诚于各自的统治家族，这些家族长久以来也同自己的臣民同甘共苦。臣民及其后代的幸福都掌握在统治者手中，伟大的祖国只是个模糊的传说。三十年战争之后，又是这些诸侯帮助市民和农民重建家园，从一片狼藉中拯救社稷，而皇帝和帝国都无所作为；普法尔茨能够重获幸福生活，要归功于卡尔·路德维希（Karl Ludwig）。尽管世俗国家的自私放纵有可能破坏民族统一的纽带，但仍然是民族生命中活跃积极的力量。重建德意志的可能，就存在于这些地方权威之中。

在矛盾纷争之中，所有帝国机构丧失了作用，法律也成了一纸空文。帝国家族以德意志为代价扩张家族领土。光荣的帝国首相曾在每次宪法斗争中担任民族领袖，如今在美因茨大主教手中逐渐变成了奥地利－天主教集团的趁手工具。选帝约（Wahlkapitulation）①原本是用来防止任何王朝滥用帝国权力，现在却解放了诸侯们的野心。如同尼德兰国会一样，帝国议会也进行了从等级议会到联邦议会的转变，但是却始终无法像尼德兰国会那样形成健康的联邦生活。法律的形式与生机勃勃的历史力量格格不入。帝国宪法将多数权利赋予最软弱的邦国；迫使更强大的邦国相信，他们是自发的向帝国有所贡献。古老帝国统治中的哥

19

———————

① 选帝约：神圣罗马帝国中选帝侯在选举皇帝时所签署的书面条约，以限制皇帝的权力，保证德意志各邦国选帝侯的政治地位以及对未来皇帝的要求。1519年卡尔五世在选举时首次同意了选帝约，1711年则形成了固定形式。——译注

特式装饰品,包裹在各式谎言的迷雾之中,没有一个现代世界的国家存在如此固执和郑重其事的荒谬。非德意志的皇帝虔诚慈爱的劝诫,里通外国的帝国邦热情的爱国誓言,有关德意志自由和民族不屈的高谈阔论,在雷根斯堡议会上演的这一切,都是巨大的谎言。

《奥格斯堡宗教和约》签订后的乏味岁月中,古老的德意志骄傲变成了胆怯的平庸,随后德意志民族产生出了一种懦弱的倾向,寻找理由来安慰这种恶劣和可耻;宽容的德意志始终坚持科学地解释并维护帝国宪法的荒谬。普芬道夫徒劳地发出警告,并将帝国描述为一个政治怪兽。随着宗教战争的热忱减退,日常生活中也慢慢感受不到帝国神权政治的荒谬,法学家也就沉湎于恭顺的幸福平静之中。赖因金克学派(Reinkingk)中一些帝制的拥护者,依然认为神圣帝国应该是一个君主制国家,皇帝就是奥古斯都的继承人。还有些人,将帝国的软弱和它那些放荡的成员视为德意志自由的保护神。大多数人认为在被祝福的德意志土地上,复合式国家的理想已经实现,集所有国家形式的优点于一身。就连莱布尼茨也不愿逃离这个梦想般的世界。

在这种懒怠的国家生活中,民族性格中良好的分寸感开始消散。承受巨大痛苦的一代人中,市民失去勇气,普通民众习惯了顺服强权。自由言论沦为谄媚之语,那些瑟缩阿谀之词到现在还没有清除干净。毫无道理的"国家理性"毒害了市民生活。贪婪的家族为追逐最大利益不择手段;就算在平静的日常生活中,也罕见真情实意。王权日益强大,贵族们已经无法再在议会上保持与之抗衡的统治地位,于是他们通过其他方式做到这一点,比如通过宫廷影响或者虐待农民。在德意志民族的历史上,贵族的权力从来没有这么强大,更没有这样有害于民族。波旁王室的辉煌欺骗了德意志小统治者,诸侯忘记了爱民如子的古训。大一些的宫廷滥用新获得的联盟权,便卷入了欧洲波谲云诡的事务之中,组建大批军队,设立元帅和将军;普法尔茨选帝侯尤为突出,他任命一名海军将领负责莱茵河上的税收船。所有这些或大或小的政权,都在竭尽全力在奢华程度上同路易十四竞争;西欧最贫穷的国家很快拥有了远超邻国的大量壮丽王室城堡。每个帝国伯爵都有自己的凡

20

19

尔赛和特里亚农宫；魏克尔斯海姆（Weikersheim）的宫廷花园中，世界征服者尼弩斯王（Ninus）、居鲁士（Cyrus）、亚历山大大帝和凯撒的雕像，保卫着霍恩洛亚家族（Hohenlohe）领地的门户。德意志小诸侯们既没有对君主的义务感，也没有贵族等级的责任感，那又有什么道德限制可以约束他们呢？不少人将自己空虚无意义的生命视为一种诅咒，不少人在放浪形骸中虚耗人生。

老德意志国家不可能建立一个英国下议院式的机构，让贵族和市民得以合作。随着西方民族联合起来占领了东西印度群岛，汉萨同盟也走向衰败；中世纪曾飘扬在北部海洋的旗帜，也不见于横跨大西洋的新舰队之中。德意志民族就像其皇室家族一样，已经完全远离了海洋。十八世纪所有的德意志作家中，只有莫泽尔（Eustace Möser）高唱对海洋的热爱，歌颂连接各民族的自由贸易。关于不莱梅的航海世家，有句话是"航行有尽头，生命无止息"，诸如此类与大海有关的谚语，似乎是在讽刺我们风平浪静的陆地生活。英国和丹麦的船只在莱茵河和易北河上展开贸易战争，而德意志在世界市场上似乎只有亚麻和金属制品。古代颇受赞誉的帝国城市失去了历史光芒；特拉沃河（Trave）上空空荡荡，陆上贸易下滑；吕贝克（Lübeck）的建筑停留在哥特式风格，奥格斯堡的建筑则停滞于文艺复兴。只有在汉堡和莱比锡这种新兴的贸易中心，新的贸易才缓慢形成。古老的帝国城市将自己封闭在围墙之内，紧紧握着自治特权和行会传统，在帝国议会上沉默，完全不信任快速发展的邻邦；从数十年的记录中，甚至没有蛛丝马迹表明这些曾经骄傲的城市还活着。在新诸侯都城卑颜屈膝的氛围中，市民阶层的骄傲荡然无存，汉萨同盟的英雄曾经拥有斯堪的纳维亚人的王冠，而如今本身就成了贫瘠可怜小城的代名词。德意志成了一个没有大城市的古老民族，这在历史上前所未有。周围的民族都有个中心，比如伦敦、巴黎、马德里，甚至哥本哈根、斯德哥尔摩和阿姆斯特丹，德意志却没有。也没有一个地方可以让政治贵族的党争和自我觉醒的市民阶层的文化与财富彼此接触，互相滋养。德意志民族的力量消逝于不断的分裂，就像德意志河流成千上万的支流：每个等级、每个城市、每片领地都自成王国。

这种分裂带来的耻辱，在帝国的虚弱中暴露无遗。强大的时候,德意志保卫易受威胁的东部边界,时刻秣马厉兵,严阵以待。如今西边攻击日益临近,帝国最软弱、最手无寸铁的领地很快落入法国之手。莱茵河流域漫长的教会走廊(Pfaffengasse)①,明斯特和奥斯纳布吕克以下,康斯坦茨湖(Constance)以上的地区,完全是小国林立的状态,根本无法组织正规军备,由于意识到自己的弱小而选择了背叛。几乎莱茵河上所有的宫廷都受凡尔赛宫的恩泽;第一次莱茵同盟形成于1658年,一群狂热的爱国者认为它承担着保卫德意志自由的光辉使命。在这块将近3600平方英里的土地上有众多小型国家,其中没有一个面积超过130平方英里。民间流传着对科隆士兵的嘲笑,说他们自己织袜子;还讽刺希尔德斯海姆(Hildesheim)主教身边狂热好战的勇士,说他们的头盔上刻着"主啊,赐予我们和平!"这块占据德意志三分之一土地,也是其最富饶的地区,在帝国战争时反而成了沉重的负担。然而这也极好地证明了德意志人的勇敢无畏,因为就是在这样自我破坏的情况下,德意志也从未完全为法国或者瑞典人所征服。帝国整体上几乎算不上二流国家,但一些成员的力量却比它强大,在欧洲政治事务中扮演独立角色。

帝国宪法有其精心构造的一面,尤其致力于限制最好战的民族。实际上,这种不自然的状态只有凭靠整个欧洲大陆的警惕才能保持。神圣帝国一直都是欧洲国家体系的核心与基础,过去是因为帝国强大,现在是因为衰弱。由于德意志和意大利的无能,奥地利、法国、瑞典、丹麦和波兰这些新兴势力崛起;英国的海权要求、瑞士和尼德兰的独立也因此产生。所有其他民族心照不宣地合谋封锁了欧陆中心。外国人嘲笑德意志的纷争和苦难,法国人布乌尔(Bouhours)甚至挖苦道,德意志人可能拥有灵魂吗?从来没有一个民族像德意志这样为邻国所轻视;人们记得的只有古代德意志战士的声名。但是,应该为德意志遭受的普遍轻蔑承担责任的政治状态,却处处被当成欧洲和平最重要的守卫者;德意志人民曾像如今的英国一样颇有民族傲气,现在却鹦鹉学舌般地重复着

22

---

① 教会走廊(Pfaffengasse)指沿莱茵河左岸及其天主教主教辖区的狭长地理区域。——译注

邻国嫉妒的诅咒，也习惯了用外人的眼光打量自己的祖国。十八世纪德意志的国家科学丰富了德意志自由的古老幻想，同时全欧洲也在为自由振臂高呼。所有的政治评论家们，包括皮特尔（Johann Stephan Pütter）和缪勒（Johannes Müller），都警告这个爱好和平的世界，统一的德意志将拥有毁灭性的的力量；结尾处还热切地规劝备受赞扬的神圣帝国：一旦德意志成千上万的枪杆子听命于一人，欧洲自由的终结将指日可待！

一种神秘智慧的统治力将用天赋惩罚曾滥用这些天赋的民族。德意志民族凭借其世界地位、天性和历史，很早就获得了一种兼容并包的世界主义观念。这个民族对于拉丁世界有着天生的理解力；德意志占领者在罗马文明的废墟上重建了罗马的民族性；德意志人在血缘上非常接近英国人和斯堪的纳维亚人，并且由于战争和贸易，很早就同斯拉夫人来往密切；中世纪里，这个中欧民族接受来自南方和西方的文明，再向北方和东方传播。因此，德意志成为了最具世界主义的民族，甚至比与之命运相似的意大利人，更善于接受外来理念。德意志人向更远处追寻的冲动，塑造了不幸与伟大并存的民族命运。德意志人计划征服世界的时代之后，是一个不健康的世界主义时代。全世界都在向德意志提出要求。欧陆所有的强大君主，要么作为帝国邦统治者，要么是和约担保人，都属于且控制着德意志帝国。但是德意志民族却越来越习惯于外国统治，向他们奉献忠诚。还没有哪个地方像外国君主统治的德意志省份一样，笼罩在浓重的地方主义阴影下，更加青睐外族而非有着血缘联系的国家。荷尔斯泰因人以丹麦国旗为荣；施特拉尔松德人（Stralsunder）不仅为三顶王冠而自豪，还同情勃兰登堡的波美拉尼亚人，因为他们的统治者只有一顶选帝侯冠；维斯图拉河流域征服者的继承人们，骄傲的胡滕家族（Hutten）、奥彭家族（Oppen）和罗森贝格家族（Rosenberg），接受了波兰名字，自豪于萨尔马提亚贵族的自由，嘲笑普鲁士公国的专制统治。

但是在这个精力旺盛的种族中，热爱冒险开拓的古老精神永远活跃。整整三个世纪，只要还有雇佣兵这种职业，德意志士兵就会涌入任何地方。德意志战鼓曾响彻每个欧洲战场，从雅典城墙下到爱尔兰绿岛。人们认为，服务于法国、瑞典、荷兰和非德意志帝国的军队，都要比故乡那沉闷乏味的守备生涯更加光荣：德高望重的老兵会在临终前，要求他的儿子参加外籍军队，光耀门楣、获取财富。蒂雷纳(Turenne)和孔戴(Condé)曾领导德意志军队不断取得胜利，而魏玛伯恩哈德(Bernhard)的军团是这支不可征服的军队之核心；正是在德意志人的学校中，我们的邻人学会了如何击败我们。许多德意志政治家、医生、商人和学者都远走他乡：他们是从德意志主动脉上分出的毛细血管，却将巨大的精力输送给外族。这幅景象多么凄凉，又多么让人震惊！任何书写德国历史的作品，如果不重视这些德意志精英和军队散落在全世界的功业，这部作品始终是有缺陷的。就在法国占领神圣帝国西部马克的时候，彼得大帝正在德意志的帮助下打造一个全新的俄国。诸侯家族也被卷入了移民的浪潮；每个有野心的德意志宫廷都追逐外国王冠，帝国皇室支持这样的行为，以此将棘手的对头驱逐出帝国。最终，欧洲所有王位，除了皮埃蒙特和波旁国家，都落入了德意志诸侯之手；但德意志高等贵族的辉煌统治只是加强了帝国的离心力，让德意志国家更受制于外国的意愿。

就在腐朽的社会生活之上，千年历史魔力仍在运作。一种从未断绝的传统将过去和现在连为一体。熟知帝国历史的人都能在现代法律事务上游刃有余；青年律师歌德从达特(Datt)的作品中了解了《尘世和平》(Landfriede)①和帝国最高法院，才能理解坐在忏悔席上的葛茨·冯·贝利欣根(Ritter Goetz von Berlichingen)②拥有最诚实的品质。对于这个四分五裂的民族来说，帝国宪法仍旧是维系政治统一的唯一纽带。帝国终结的那一年，汉堡政治评论家加斯帕里(Gaspari)写道："只有凭靠皇帝，我们方才自由；没有皇帝，我们也不再是德意志人。"在帝国笨拙的外衣下有着古代日耳曼的国家理念，它从我们的历史开端就展示着德意志人严肃的道德和对自由的热爱：帝国权威是和平的保护神，即便衰落亦有荣

24

---

① 《尘世和平》：是一项中世纪由教会或国家颁布的法令，意在制止私人以暴力进行的报复行为。——译注
② 《铁手骑士葛茨·冯·贝利欣根》(*Goetz von Berlichingen mit der Eiserenen Hand*)是歌德于1773年创作的剧本，塑造了一个以暴力反抗现存秩序的高尚德国人，被誉为狂飙突进时期第一个重要文学成果。——译注

光。只要人们生活在普遍法之下，只要法学作品和法庭上还有尊重法治的民族精神，那么统一的意识就永远不会消失；即使普遍法由于各种地方法的出现显得过时，但是民族司法程序还是建立了起来，而且帝国也保证法官具有独立的高层地位。帝国中的每一项权利最终都依赖皇权；那些反抗帝国权威的人，其实挖了自己的墙角。勃兰登堡犹豫不决的乔治·威廉都曾这样说："我忠于皇帝，我和我的子孙就依然是选帝侯！"并拒绝了古斯塔夫·阿道夫的提议。在接下来的整整一个世纪中，每当革命思想出现时，每当人们想从过度庞大、自然又不自然的帝国法体系中开辟新路的时候，类似的顾虑都阻碍着每一个大胆的决定。外族和哈布斯堡家族的政策，小宫廷的自私和相互妒忌，政治力量之间的平衡，一种加速崩坏的社会秩序带来的利益，世界主义和德意志自由之梦，正义感和传统习俗，惰性和德意志人的忠诚——这些融合在一起维持了现存的混乱。十八世纪中叶，全世界还都认为神圣帝国必定千秋万代。

第二节　普鲁士

25　　普鲁士的存在以帝国法律及其国家体系为基础，但又与这两者有着深刻的区别。相比更为温和富足的南德意志，北德意志诸部落从很早时候起，就拥有更加强大国家建设力。只要萨克森人获得了德意志王冠，德意志就是一个积极进取的王国；而当王座落入法兰克人或士瓦本人之手，在桀骜不驯的萨克森诸侯影响下，德意志就走向衰败。中世纪晚期，低地德语区（Niederdeutschland）①形成了两个强大的政治实体——汉萨同盟和条顿骑士团，它们不仅独立于帝国统治，甚至时常与之为敌。北德意志是宗教改革的摇篮，其反抗运动粉碎了西班牙统治；哈布斯堡家族的非德意志政策在帝国内造成分裂之后，北德意志就成了反抗帝国的大本营。

---

① 低地德语：是北德方言的总称，主要使用人群分布在德国北部和尼德兰东部部分地区；相对应的还有高地德语（Oberdeutsch），是南德方言的总称，主要适用人群分布在巴伐利亚、巴登、符腾堡等地。——译注

17世纪中,霍亨索伦家族从软弱的韦廷家族(Wettin)手中,接过了领导德意志反抗运动的大旗,从此德意志政治中心转移到了东北部。

在远离易北河的地区,出现了一支新的北德意志部落,他们由一部分下萨克森的征服者、一部分来自各个德语区的移民,还有很小一部分古老文德人(Wendenvolk)①的混血后裔组成。贫瘠的耕地,边缘地区永无休止的战争,让他们变得强悍坚韧;这些殖民者能干而独立,习惯了用一种统治者的倨傲看待斯拉夫邻人;他们是如此粗俗活泼,就像亲切粗鲁的低地德语一样。在这块饱经磨难的土地上,文明开化的艰巨事业已经进行了三次:首先,阿斯卡尼亚(Ascania)征服者们清除了哈弗尔湖(Havelseen)周围的松林,在文德人的地盘上建立起城镇、堡垒和修道院;接下来,在十五世纪伊始,第一批霍亨索伦人再次辛苦重建了被巴伐利亚-卢森堡统治者摧毁的和平幸福;如今,三十年战争给勃兰登堡家族造成的苦难,远远深重于德意志其他地区,因此它必须重建文明。

整个中世纪,这块贫瘠边地上的粗鄙风俗让其在帝国中声名狼藉。这里从未诞生过一位天主教会的圣徒,阿斯卡尼亚侯爵简陋的宫廷也罕闻乐舞之声。莱宁(Lehnin)勤奋的西多会修士与其说工于艺术和学术,倒不如说勤于农事;城镇上坚忍的市民过着辛劳平凡的生活,只有普伦茨劳(Prenzlau)的圣母大教堂才能和波罗的海诸国富裕城镇上的建筑相媲美。勃兰登堡能傲视四邻的只有战斗力和雄心;在阿斯卡尼亚和卢森堡执政时,就数次计划根据易北河与奥得河之间、梅克伦堡(Mecklenburg)、波美拉尼亚和西里西亚间的有利地形,在东北地区打造一支强大的军队。直到纽伦堡伯爵成为选帝侯,这块边地才获得了声望;在帝国和教会的改革运动中,腓特烈一世②是德意志诸侯的领袖;阿尔布雷希特·阿基尔

---

① 文德人,斯拉夫部落集团的统称,五世纪时已经定居在今德国东部。德意志移民定居在文德人地区,文德人则逐渐为德意志人同化。今天仍有少数文德人生活在德国东部,或称为索布人(Sorb),是德国的一个少数民族。——译注

② 勃兰登堡选帝侯腓特烈一世(1371—1440),曾是纽伦堡伯爵腓特烈六世(1397—1427在位),1415年起成为选帝侯,也是霍亨索伦家族在勃兰登堡的第一个统治者。——译注

（Albrecht Achill）[1]也是骑士贵族钦佩的英雄，领导了多场同城镇的战斗。与此同时，勃兰登堡开始推行一种大胆而稳定的王朝政治。腓特烈一世当政时推行《尘世和平》，让勃兰登堡在神圣罗马帝国之前享受到了这项法令的好处；阿尔布雷希特·阿基尔的法令，也早于帝国其他地区，用法律形式表达了国家的不可分割性。在霍亨索伦家族前三位统治者的治理下，贵族和平民纷纷低下了骄傲的头颅。但是先前的承诺在随后并没有兑现。目标远大的英雄的继承者们，很快又滑落回选帝侯政策的温柔乡中。他们丧失了刚才勉强获得的君主权威，其中大部分再次被等级议会（Landtag）收回；他们和强大的领地贵族达成了协议，但是这样做的后果吉凶难料；像帝国中那些更加强大的诸侯一样，他们在帝国强权的每一次掠夺面前，竭力捍卫国家的行政和司法权力，同时对皇室表示亲和忠诚；后来他们在犹豫不决中皈依路德教，却将领导新教阵营的权力拱手让给萨克森和普法尔茨选侯。

腓特烈大帝曾在家族回忆录中合理地评论说，一条河流只有适于航行的时候才是有价值的。同样，勃兰登堡的历史也正是在十七世纪初才开始变得重要。选帝侯约翰-西杰斯蒙德（John Sigismund）当政时期，发生了三件大事：勃兰登堡兼并世俗化的条顿骑士团国家；选帝侯家族皈依加尔文归正宗；获得下莱茵地区。这三件事让勃兰登堡踏上了光明且有别于帝国其他地区的独立发展轨迹。

帝国中其他新教和天主教诸侯，都通过获得古老教会财产扩大了自己的实力。但是在条顿骑士团国家，德意志的新教徒们发动了最大胆的财产没收行动；在马丁·路德的建议下，霍亨索伦的阿尔布雷希特夺取了罗马教会最大的教会领地。新普鲁士公国的整个领土都来自教会。这些反叛的诸侯们遭到了教皇和皇帝的驱逐。罗马教廷从未承认这些掠夺行径。当勃兰登堡的霍亨索伦家族同时拥有了普鲁士表亲的王冠和他们自己的选帝侯冠时，就同罗马教廷永远决裂了，从此与新教共存亡。同时约翰-西杰斯蒙德

---

27   ①   阿尔布雷希特·阿基尔（Albrecht Achill，1414—1486），是勃兰登堡选帝侯和藩侯，统治期间积极阻止城镇获得自治权。——译注

本人也皈依加尔文教。他因此奠定了家族同奥兰治(Oranier)①英
雄家族联合的基础,从此霍亨索伦家族走出了迟钝的路德教造成
的麻木懒散,加入加尔文教阵营,斗志满满地去实现宗教改革的政
治理想。在勃兰登堡,一位加尔文教统治者治理着一群顽固的路
德教人民;在普鲁士,路德教徒和天主教徒共存;在下莱茵地区,德
意志三大教派各自的拥护者们杂居而处。民众间的宗教仇恨会威
胁霍亨索伦家族的统治,这让他们不得不平等对待所有教派。因
此,霍亨索伦家族在宗教问题上产生了一种特殊的二元态度:随着
普法尔茨势力衰落,他们不仅是帝国中英勇新教徒的领袖,也拥护
新德意志文明的基本观念——信仰自由。早在约翰·西杰斯蒙德
统治时期,一些帝国政治家就愤怒地宣称,如果勃兰登堡成为整个
新教的领袖,那将是一件极为恐怖的事情。

霍亨索伦家族获得了普鲁士公国的王冠,也就获得了这块德意
志的骄傲殖民地,在这里生活的德意志部落甚至比勃兰登堡还要
多,也拥有一段比帝国其他任何地区更加英勇壮阔的历史:就在这
块"新德意志"的土地上,条顿骑士团曾建立起中世纪波罗的海强
国。普鲁士这块遥远的边地,始终面临着周围波兰贵族、斯堪的纳
维亚人和俄国人的敌意,也将霍亨索伦家族的国家卷入了北部国
家的复杂斗争之中。因此,当约翰·西杰斯蒙德刚在波罗的海沿
岸站稳脚跟,就马上兼并了克莱沃公国(Herzogtum Kleve)②、马克
伯爵领地(Grafschaft Mark)③和拉文斯堡(Ravensberg),所获地盘
并不大,但却关乎德意志国家的内政和外交:自耕农和城市自由民
忠诚地保卫着这些古老的地区,比东部的贫瘠殖民地更加富饶开
化,是德意志边境最薄弱环节上无价的边防要塞。在奥地利和西

---

① 奥兰治-拿骚家族是荷兰王族,普鲁士王国1701年成立后的第一位国王腓特烈
一世(Friedrich I, 1657—1713),便是勃兰登堡大选帝侯腓特烈·威廉
(Friedrich Wilhelm, 1620—1688)与奥兰治亲王之女所出。——译注
② 克莱沃公国:神圣罗马帝国国家,位于莱茵兰北部,跨下莱茵河两岸,1417年从
伯爵领地成为公国,1614年连同马克伯爵领地和拉文斯堡并入勃兰登堡侯
国。——译注
③ 马克伯爵领地:是神圣罗马帝国下莱茵-威斯特伐利亚区的一个伯爵领
地。——译注

班牙看来,让这个全新的新教国家在下莱茵、在科隆大门前立足将是个严重失误,因为西班牙人和尼德兰人正在下莱茵为了新教的生死存亡而战,而科隆正是帝国天主教的大本营。这个年轻国家占地1500平方英里,其中包含着所有在神圣罗马帝国造成冲突的宗教、领土和采邑:这个国家就像罗德岛跨立的太阳神巨像一样,两脚深陷莱茵河和涅曼河的危险地区。

28　　在这种情况下,勃兰登堡不可能继续深陷德意志领土政策的狭隘范围,它力图将分散的领地完善成一块更加可靠的版图;它也被迫为帝国利益而妥协并出战,因为每一次外敌攻击德意志,对它都是切肤之痛。这个只拥有德意土地的国家,幸运地在帝国面前获得了独立地位。那些领地限于帝国边界之内的诸侯,很难拥有独立的欧洲政策。另外一些获得外国王冠的诸侯尽管挣脱了帝国体制的枷锁,同时也脱离了德意志。勃兰登堡也面对着不少外来诱惑:有机会统治瑞士、波兰、尼德兰和英国。但是周遭的环境让勃兰登堡每次都能理智谨慎地抗拒这些危险的引诱。是天意将霍亨索伦留在德意志,从理性的角度来看,这也不可能是一种巧合。普鲁士是德意志的核心地区,与祖国有着千丝万缕的联系,同时又独立于帝国的法律体系,勃兰登堡拥有了普鲁士公国,也就拥有了帝国内的独立地位,因此它无需外国王位。普鲁士公国同时立足帝国内外的地位,让它可以独立实施以德意志目标为核心的外交政策,而不必为帝国及其腐朽形式所困。

　　历史学家不能依据自然哲学家的简单方式,从当下推论出过去,从未来推论出当下。人创造了历史。只有那些拥有自觉意识、知道如何利用优势的人,才能在民族生活中发挥作用。约翰·西杰斯蒙德的继承者乔治·威廉(Georg Wilhelm)对局势迟钝失察,国家面临毁灭,霍亨索伦家族再次从艰难获得的强大地位上跌落。就像在韦尔夫家族、韦廷家族、普法尔茨伯爵时代一样,他们势力的上升都曾一度预示着好兆头,但重建德意志国家的尝试,似乎又在狭隘的地方主义中走到了尽头。乔治·威廉之后是选帝侯腓特烈·威廉(Kurfürst Friedrich Wilhelm),一个无地之主,

29　也是那个时代最优秀的德意志人,他满怀热情深入德意志生命之荒漠,用强大的意志力唤醒了这个沉睡的国度。从此以后,德意

志王朝的进取心就再未衰退。我们可以理解没有威廉三世的英国史,没有黎塞留(Richelieu)的法国史,但普鲁士国家则是其统治者一手打造的。普鲁士始终保持着两种伟大的品质:勇敢而远大的理想主义——为明日的成功牺牲今天的安逸;强烈的正义感——为集体限制私利。这两种品质是国家强大的基础,很少有国家还保有这样的品质。只有远大目光才能从贫弱边远之地发现新力量的基石,也只有在对王权的责任感和君主国家的理想中,德意志生命中那些彼此敌对的部落、阶层、党派和教会,才能找到庇护与和平。

大选帝侯执政初期,这个德意志新国家的独特之处就已经相当明显。古斯塔夫·阿道夫的侄子,曾高喊着新教的古老宣言"与主同在",率领自己年轻的军队奔赴战场,如今也继承了其叔叔的宗教政策。他最先发现了解决教会争端的方法,那就是对三个教派实施一视同仁、无条件的宽赦,这也是《威斯特伐利亚和约》的计划。但是霍亨索伦家族在领地内实施宗教宽容的程度,远远超出了和约的要求。根据帝国法,勃兰登堡是新教国家,然而它也是欧洲范围内首个实现完全宗教自由的国家。在尼德兰,这些互无联系的教派能够共存,仅仅是因为国家软弱且无政府的状态;但是在勃兰登堡,自由意识依赖于强有力的国家法律,它决不允许自己丧失监管教会的权力。其他德意志地区还存在着一个占统治地位的教会,只是在无法阻止其他教会宗教活动的情况下,它的权力才会受到制约;但是在勃兰登堡,王权凌驾于所有教会之上,并对它们一视同仁。正当奥地利激烈地驱逐最优秀的德意志人时,勃兰登堡却以无比的友善,为所有信仰敞开大门。波西米亚流亡者无数次在这里唱起感激的赞歌:"在别处,我们曾身处黑暗,被谬误包围;在这里,我们获得保护,拥有自由!"路易十四撤销《南特敕令》(Edikt von Nantes)①,勃兰登堡君主则作为新教世界的发言人,手

---

① 《南特敕令》:1598 年法王亨利四世颁布的法令,给予信奉新教的臣民(胡格诺派教徒)宗教自由和充分的公民权。1685 年路易十四撤销了整个法令。——译注

持《波茨坦敕令》（Potsdamer Edikt）①为逃亡新教徒提供庇护。只要宗教仇恨的古老火焰还在德意志人之中肆虐，霍亨索伦就肩负着守卫和调解的重任。他们将维也纳的犹太人召集在施普雷河（Spree）；在未获帝国允许的情况下，保护海德堡新教教会的财产；为萨尔茨堡（Salzburg）的新教徒在东普鲁士建设了一个新家园。因此，大量年轻人逐年涌入人烟稀少的东部边境；被哈布斯堡抛弃的德意志人民滋养了对手的领地。到腓特烈二世逝世时，约有三分之一人口是移民后裔，他们从大选帝侯时代就迁入这里了。

霍亨索伦家族的宗教政策结束了宗教战争，最终迫使世俗诸侯中最优秀的成员也跟上了勃兰登堡的脚步，同时剥夺了教会诸侯得以存在的最后一项合法性：既然普鲁士双头鹰羽翼之下的天主教已经获得了自由，那么还要教会诸侯做什么？根据《威斯特伐利亚和约》，腓特烈·威廉获得了马格德堡（Magdeburg）、哈尔伯施塔特（Halberstadt）、明登（Minden）和卡缅（Kammin）的大型教会机构。德意志境内再没有那个国家像勃兰登堡一样从罗马教会获得如此多的财富，但是这种财富的占有是合法的，因为它同时也接过了文明开化的伟大使命——救苦济贫、教化民众，而这恰恰是中世纪教会为当时尚未成熟的国家所做的事。霍亨索伦家族出于自保，不得不维持天主教和新教之间的和平，而这也促使他们努力调停新教内部的矛盾斗争。约翰·西杰斯蒙德当政时期，就首先禁止路德教狂热分子挑衅激怒加尔文教徒，从此新教联盟的理念就成了普鲁士国家的一大特色，而这种为所迫形势的举动，最终变成一项政治传统，变成霍亨索伦家族的重要原则。

普鲁士保卫着德意志的宗教和平，使德意志人能够再次参与文明民族的活动，它同样也恢复了宗教纷争起初就缺失的事物——一致对外的向心力。德意志人蓬勃的生命力在这个狭小的空间内寻不到出口，因此有野心的人积极出走外国；腓特烈·威廉紧紧抓住德意志最贫瘠的地区中极为稀少的资源，要求人民服务祖国，再次

---

① 《波茨坦敕令》：1685年勃兰登堡选帝侯腓特烈·威廉颁布，针对法王路易十四废除《南特敕令》，允许法国胡格诺教徒在勃兰登堡-普鲁士自由选择居民点、地产，并自由从事宗教活动。——译注

向欧洲展现了德意志之剑的威力。神圣罗马帝国生活在古老的回忆上,在新欧洲保持着中世纪的政治形式;但是这个北德意志国家却深深植根于现代世界;它强大的国家主权产生在旧教会统治的废墟上,产生在各个领地的古老权利之上;它克服当下的种种困难而着眼于伟大的未来。华沙之战中,腓特烈·威廉一战成名,这让他备受轻视的小地盘跻身欧洲列强,勃兰登堡从此同许多老牌军事强国比肩。这支团结善战的力量似乎是一夜之间崛起的,像一个新的火山岛,崛起于德意志各种势力明争暗斗的海洋之中,它的出现也震惊了德意志人,因为他们早已不相信谁能够迅速解决问题、付出巨大努力。一种生机勃勃、富于进取心的政治意志贯穿了新普鲁士国家的全部历史,国民们是如此紧张而全情地投入工作,而野心和手段之间又是如此不匹配,以至于在几乎一个半世纪的时光中,无论敌友都认为普鲁士不过是个人为创造的国家。全世界都认为这个幸运的宠儿正在肆意冒险,事实却是,它正在重建德意志古老的民族国家。

相比德意志内部的宗教争端,欧洲列强之间的争斗也不少,普鲁士艰难地居中调解着。只要新教德意志软弱堕落,欧洲就分化成两个彼此孤立的国家体系:南欧和西欧国家争夺对意大利和莱茵-勃艮第的统治,北欧和东欧则在争论条顿骑士团国家的破碎领土、汉萨同盟的遗产,以及波罗的海统治权的问题。东西欧之间只有一个共同的愿望,就是继续保持中欧的巨大分裂。现在德意志最年轻的力量崛起,它曾被讥笑为"边界漫长之地"。普鲁士分散的领地几乎和所有欧洲大国接壤。因此一旦普鲁士开始以独立意愿采取行动,西欧将马上干涉东欧事务,东西两种国家体系的利益也将更加频繁和密切地联系起来。

普鲁士是欧洲旧制度的天敌,却诞生在德意志的薄弱之处,面临一个强敌环伺的世界,但正是它们的嫉妒成全了普鲁士;普鲁士没有天然同盟,因为其他德意志国家还不能理解这个年轻国家的意义;在那个时代盛行一种强硬的治国理念:国家即强权,摧毁邻国是一个国家天然使命。就像萨伏依家族曾战胜了强大的哈布斯堡和波旁家族,普鲁士也要如此,甚至是在一个更加艰难的环境中,在奥地利和法国之间、瑞典和波兰之间、德意志帝国的海洋之

31

力和麻木大众之间，开辟出一条道路，用那所谓无耻的自我主义，不择手段地强大起来，同时做好双线作战的准备。

32　　勃兰登堡选帝侯已经从内心深处意识到，在很大程度上，外国势力已经吞噬了他们进入德意志的道路。那些自由放纵的人，因为反对新王权的严苛统治，竟然寻求外国帮助。荷兰人沿下莱茵河驻扎军队，帮助克莱沃反对德意志的宗主权。马格德堡和库尔马克（Kurmark）的议会向奥地利求援；柯尼斯堡的贵族们，请求同情他们的波兰君主对抗普鲁士专制统治。正是在同外国统治的斗争中，勃兰登堡统一起了这些分裂地区，统治者也建立起了名望。腓特烈·威廉摧毁了尼德兰在德意志西北设置的障碍，将荷兰军队驱逐出克莱沃和东弗里斯兰（Ostfriesland）；将老普鲁士从波兰的统治下解放，强迫柯尼斯堡议会接受其统治。随后，威廉努力驱逐瑞士人，并向昏盲德意志提出了这样的要求："记住，你们是德意志人！"法国和奥地利两次要花招夺走了勃兰登堡的胜利果实，骗取了对波美拉尼亚的统治，但是从未夺走它在费尔贝林（Fehrbellin）战役中的光芒。数十年的屈辱之后，德意志迎来了军事上的光辉胜利，它击败了当时最强大的军事力量之一，这个世界终于认识到，德意志将再次获得应有的权利。瑞典国王古斯塔夫·阿道夫的宗教政策在德意志的继承人，摧毁了这个用武力打造的帝国——斯堪的纳维亚-波罗的海帝国。十七世纪这两个人为形成的国家——瑞典和荷兰，都开始从其天然疆界中萎缩，而在其领土上崛起的新国家既没有表现出瑞典军事力量放肆的占有欲，也没有尼德兰重商主义精神对垄断的追求。这便是德意志，它满足于保护自己的领地；面对波旁王朝统治世界的野心，它支持欧洲均势和民族自由。正当尼德兰共和国即将屈服于路易十四的铁骑时，勃兰登堡愤然攻击这个入侵者。当帝国试图冒险收复阿尔萨斯（Elsass）时，是腓特烈·威廉领导了这次战役。在他逝世前，还同奥兰治家族的侄子商议，要将新教徒和英国国会从路易十四的奴仆、斯图亚特王朝的专制统治中解放出来。无论何时何地，年轻的普鲁士只要为自己而战，就总能取得胜利；一旦卷入帝国军事的
33　混乱局面，不幸就总是如影相随。

　　这个新生的国家从一开始就证明了自己是欧洲不可或缺的一

部分,德意志也终于找到了能够扩大帝国的人。普鲁士的崛起,承担着将德意志从外国统治中解放出来的漫长而残酷的使命。帝国曾在数个世纪中忍受着外邻掠夺之苦,直到现在才第一次收回少数失地。在这个再次觉醒的国家中,德意志祖国的古老骄傲、勇敢尽管依然沉寂,但已经逐渐恢复清明,就像从一场宿醉中慢慢清醒。马克伯爵领地上忠诚的农民开始对法国发动小规模战争;东普鲁士的农民则像狩猎一样追踪四处逃窜的瑞典人。阿尔特马克(Altmark)的农民后备军防守易北河堤、抵御瑞士人,他们在旗帜上写下"我们是贫农,用财产和鲜血供养选帝侯和君主",这些不连贯的词句同那句古老的口号散发着同样的英雄主义气息,那句战斗口号曾响彻伟大的自由岁月:"上帝与国王和祖国同在。"

正当哈布斯堡的扩张超出了德意志范围时,霍亨索伦家族却在命运的一连串安排下,越来越深入德意志生命的核心,还数次违抗帝国命令。腓特烈·威廉一直懊悔自己没能坚决反对奥地利和瑞典,没能在《威斯特伐利亚和约》中保住对波美拉尼亚的继承权。他像汪达尔人(Vandal)的国王一样,希望从切什青(Stettin)海港统治波罗的海,但是却只能接受萨克森-威斯特伐利亚教会领地,作为奥得河入海口的替代品。这个外交置换实际上有利于普鲁士,保护其远离了波罗的海地区半德意志的分裂生活,由此加强了国家核心地区的力量,以参与德意志的各种内政斡旋。更重要的是,目光远大的霍亨索伦家族苦心经营数个世纪之后,整个北德意志都身处家族联姻的巨网之中;其他每个统治者的死亡都可能为这个野心勃勃的家族带来新的领地。

哈布斯堡甚至比霍亨索伦更早就意识到,北德意志现代国家力量的增长,将严重威胁神圣罗马帝国体制。尽管萨克森选帝侯依然管理"新教联盟",但普鲁士才是德意志新教真正的领袖。普鲁士王权统治将破坏支撑帝国皇冠的整个采邑和神权体系;它的强大军力和在帝国中的独立地位,将威胁帝国传统内政体制。在西里西亚和波美拉尼亚、尤里希-克莱沃(Jülich-Cleves)的继承纷争中,在任何帝国忧虑的地方,都有普鲁士这个危险对手的身影。其他帝国诸侯同奥地利一样,用怀疑的眼光打量这个不停折腾、可能将整个德意志北部收入囊中的国家。无论何时,只要它有大胆行动，整个德意志就会敲起警钟："勃兰登堡的势力又深入了。"当勃兰登堡选帝侯将瑞典人赶出杜佩（Düppel）和阿尔森（Alsen）时，西部诸侯竟然和法王组成第一莱茵联邦（Rheinbund）保护瑞典领地。哈布斯堡家族通过在布赖斯高（Breisgau）和上士瓦本地区驻军，控制着整个南德意志，因此南德意志诸侯对奥地利垂涎领土的恐惧，有时甚至超过了对遥远勃兰登堡的紧张；但是所有的小诸侯最终还是认为哈布斯堡是一个强大的传统力量，北部的新进者反而同德意志传统秩序之间，存在着难以调和的深层对立。

因此，德意志民族就如同仇恨罗马征服者的意大利诸部落一样，充满憎恨和警惕地看着霍亨索伦家族崛起。时代的风向已经开始转向现代专制主义，但大众还是依恋古老的封建制度，废除这一制度正是勃兰登堡的使命。腓特烈·威廉的战绩确实让他的同辈人羡慕，在他大胆从德意志莱茵兰（Rhineland）①向法国莱茵地区（Rhyn）行军之后，首次在阿尔萨斯人（Elsass）的民歌中被冠以"伟大"之名。这种高昂情绪转瞬即逝。尽管这个骄傲的帝国成员将自己置于帝国的对立面，却也无法给正在崩坏的德意志民族的古老秩序提供替代品，仍被愤怒和仇恨所包围；热爱帝国的莱布尼茨曾在一段正义凛然的言论中宣称，必须惩罚勃兰登堡私自带领军队对抗法国解救荷兰的行为。在政治形式松散的德意志民族中，没有人预见到，只有能承担整体使命的人，才能领导这个分裂民族。面对如此强烈的不安，勃兰登堡要么壮大要么灭亡。早在中世纪，老百姓就憎恨那些打算统一德意志民族的部落，因此现如今恐惧而自满的地方主义才敢放肆嘲弄勃兰登堡。

人们讥笑神圣罗马帝国的"沙盒"一贫如洗，讥笑勃兰登堡的独裁统治；切什青市民拼命抵抗，既为了在他们优秀的城镇中保留瑞典式自由的优势，也为了远离勃兰登堡的统治。勃兰登堡大选帝侯让他的臣民们像"一个整体"一样生活；并且在由各个地方议会分别管理的领土上，强加了一个最高权力中央；此外还将王权统治建立在两块基石之上：常备军（miles perpetuus）和固定税收。当

35

---

① 莱茵兰（Rhineland）：德国莱茵河以西地区，主要城市是科隆，是十九世纪德意志最繁荣地区。——译注

奉行地方主义的地区得知这些的时候，都感到万分恐惧。从当时的普遍意见来看，军队和税收都是防备不时之需的特殊措施。腓特烈·威廉却将军队设为常备机构，并且通过征收两种普遍税收——农村的土地税（Generalhufenschoß）和城市的消费税（Akzise）——削弱了领地内独立政权的力量；这种复合税收体系，由直接和间接的小笔税收组成，适合这个经济窘迫的民族，并且能够尽量掌握更大范围内的税收。整个帝国都对这种现代军事和财政体系的初次尝试颇有微词。普鲁士自从走上独立历史，就激起了整个德意志的嫉恨；普鲁士控制下的帝国领土都走进了一种新国家体制，尽管每次融合都经历了抱怨和暴力抵抗，但是这些地区很快就会庆幸自己的好运气。

德意志身处令人绝望的混乱之中，但是霍亨索伦家族对帝国传统的尊重、国家内部的各种需要，以及被外敌围困的境况，使得数十年中新旧德意志之间没有爆发公开冲突。腓特烈·威廉一生都对帝国改革充满希望，在《威斯特伐利亚和约》签订后的第一次帝国议会上，在冲动的英雄主义情结驱使下，他要求帝国根据在奥斯纳布吕克（Osnabrück）作出的承诺，重新起草帝国宪法①。这个计划落空后，瓦尔德克（Waldeck）的乔治·腓特烈就提出了一个有些冒险的主意：由霍亨索伦家族为帝国构建新秩序。他建议德意志诸侯在已然壮大的勃兰登堡领导下形成一个联盟。但是时机尚未成熟，大选帝侯突然背离了这位大胆的建议者，因为他必须马上同皇帝结成联盟对抗瑞典；后来他甚至放弃了酝酿已久的西里西亚征服计划，以求在同法国的斗争中获得奥地利的帮助。帝国改革已成死局，此后德意志的每一次动乱都让普鲁士想起两件事：领土扩张和联邦霸权。

大选帝侯的继承人腓特烈一世让家族跻身欧洲列强，并且给了人民一个共同的名字——普鲁士人。正是对普鲁士武装的需要和渴望，迫使帝国将这一新荣誉赋予其敌手。神权世界因此遭受巨

---

① 帝国宪法（Reichsverfassung）指三十年战争后，为了确保诸侯在德意志帝国内的地位和权利，由皇帝和诸侯拟定的法律条文，部分内容被后来的法兰克福帝国宪法（1848—1849）、俾斯麦帝国宪法（1871）所吸收。——译注

大震动：美因茨选帝侯抗议道，条顿骑士团要求恢复其被异教王国占据的古老领地；在接下来的一个世纪，《圣座年鉴》（der Staatskalender des Papstes）始终只承认勃兰登堡的"侯爵"头衔。对于腓特烈一世的孙子腓特烈二世来说，王权的首要责任就是不断强化国家权力和独立地位。但是精神软弱的腓特烈一世却缺少这种精神，他是一位忠诚的帝国诸侯，效忠皇室，以骑士精神奋战于莱茵河，真诚地希望皇帝可以收复斯特拉斯堡要塞；他的军队不计回报地服务奥地利，协助他们击退土耳其人，海军还参与了西班牙王位继承战争。就是在西班牙王位继承战中，普鲁士军队作为德意志核心军力，第一次让法国人感到恐惧，但是柏林宫廷并没有参与指挥战争的政治路线。当普鲁士的强兵悍将在对匈牙利、尼德兰、南德意志和意大利的战争中获得那无意义的名望时，瑞典人正破釜沉舟地抵抗北方列强，但是普鲁士没有好好利用它所处的中部地理位置，最后只能冒险将莱茵河的兵力分至奥得河，才结束了北方的战局。后来，腓特烈·威廉一世为他父亲的错误付出了极大代价，才从瑞典帝国的废墟之中，为德意志至少保住了奥得河入海口。

按照德意志诸侯的优良传统，霍亨索伦王朝自古就非常关注国家的理想使命；他们建立了法兰克福大学和柯尼斯堡大学，重建了杜伊斯堡（Duisburg）大学。如今，在宽容的腓特烈一世及其具有哲学气质的王后的开明治理下，德意志觉醒的艺术和科学似乎都在粗俗的勃兰登堡找到了家园。这个时代四位伟大的思想家：莱布尼茨、普芬多夫、托马修斯（Thomasius）和斯宾塞（Spener）都转向了普鲁士国家。位于哈雷（Halle）的新大学成为了自由研究中心，领导新教科学发展数十年，填补了因老海德堡大学遭损毁而留下的巨大学术断裂。这个贫瘠的首都如今也装饰着施吕特（Schlüter）华丽的建筑作品；宫廷渴望荣誉就像赞助人渴望艺术杰作，竭尽全力超越令人憎恨的波旁王朝。但是霍亨索伦家族还未熟悉专制王朝那种浮夸的自命不凡，腓特烈一世的奢侈程度远远不及萨克森选帝侯奥古斯特（Augustus）。严肃的低地德语区人民从不受邪恶的诱惑；认真清醒的北方人一次次，时常在荒唐的反差中，看穿凡尔赛宫廷的矫揉造作。对于一个可以依靠意志力超越本性的集体而言,最难以忍受的就是温顺平庸;宫廷的挥霍还是会耗尽这个贫瘠国家的财力。吝啬的威廉一世迅速终结了父亲在位时的愉悦辉煌,这对于德意志来说是一件幸运的事。

这个不成熟的国家孕育着多种多样的生命,而它的力量又是如此微弱以至于无法完成肩负的任务;普鲁士王子中很少直接继承其父辈的事业,相反,一旦即位,继承者就全力以赴投入民族生活中被前辈忽略的部分。大选帝侯与虎视眈眈的四邻抗争了一生,在欧洲政治的重大举措中也没有丧失先祖节俭务实的作风。在霍亨索伦家族的早期岁月,许多成员甚至因此而获得"管家"(oeconomus)的称号;大选帝侯竭尽所能地恢复国家健康,培育国家官僚体系的基础,并且开始根据现代货币体系的需要实施民族经济转型。但是在这个战事频繁的国度中,不可能进行全面的行政体系改革;地方统治者的个人声望以及笨拙古老的私人法庭,勉强维系着地区间的残缺羁绊。直到大选帝侯的孙子腓特烈·威廉一世当政,这种古老的国家体系才寿终正寝。

威廉一世为普鲁士国家内部秩序设立了坚实的基本理念,即便是施泰因(Stein)和沙恩霍斯特(Scharnhorst)的法律,以及今天的改革,都只是发展而非破坏他的成就。威廉一世创造了全新的德意志行政、官僚和军事制度;他的工作平凡而费力,但是为德意志带来的好处却丝毫不逊于大选帝侯的军事行动,因为正是他为德意志引进了一种全新的政权形式,即现代君主国家统治下的民族统一体,是他赋予了普鲁士这个新名称以意义和内容,将人民团结起来完成政治使命,将责任的观念永远镌刻在国家的意识之中。只有熟知低地德语民族性格中那种粗糙不平、棱角分明的形态,才能理解威廉一世严格的纪律性,理解他气喘吁吁地度过了多么艰难的一生,永远面对同辈人的嘲讽战栗、粗暴无礼、斥责争吵。他迫使人民同自己一起努力劳作,他是一个纯粹的老德意志人,有着孩子般坦率仁慈的心肠和深厚的责任感,这就是德意志人的本质,就算在他暴跳如雷、情绪不受控制的时候,这些品质依然存在。在威廉一世身上,北德意志人对于流行的法国式精致生活的仇恨,融入了血脉之中,就像劳雷贝格(Lauremberg)的低地德语讽刺诗中表达的那样;威廉一世对妻子儿女的严厉,证明他的确是古代德意志家庭暴君的后人——那时因为公共生活受到限制，男性的精力只能发泄在家庭狭窄的范围内。这位严厉统治者，让生活变得刻板严肃、单调贫乏。威廉一世性格偏执，只看重那些单纯的、有利于民族团结的道德戒律和经济力量；他全力以赴地投入行政领域，在那里展现出了巨大的创造性。如同征服者威廉坚定地征服英国一样，威廉一世也坚决地将四分五裂的领土整合成了一个统一的国家。但是与征服者威廉不同的是，这个统一的国家对于威廉一世并非只是一块家族领地。这位君主受教育程度不高，但在他心中，符合新自然法、清晰明确的国家观念应该是：国家是一切善的总和，国王是行政首脑，公正地对待所有领地，排除一切私人特权为大众谋福利。他不断地实践发展这一理念；如果说他摧毁了父辈宫廷中的不正之风，那他也同时践踏了从腓特烈一世时开始发展的更为丰富的文化因素，但他只是做了他必须做的事。因为对于普鲁士所肩负的更高使命来说，让善战而勤劳的人民拥有刚毅的纪律性，比拥有早熟的艺术科学，更为重要。

比威廉一世更加绅士的人，不可能将古代自由不羁的封建领地纳入一部普遍法的掌控之下；比腓特烈·威廉和利奥波德·冯·德绍（Leopold von Dessau）更加温和的人，也不可能勇敢面对从法国吹遍整个德意志宫廷的风暴。现代历史上所有的政治家，只有两位作为行政事务的组织者可以同兵王威廉一世一较高下：拿破仑和冯·施泰因。威廉一世融合了革新者的大胆以及节俭管家精准的秩序感——就连装订官方文献的黑白线和士兵绑腿的纽扣都要仔细计算；他构想出了只有在十九世纪才可能实现的大胆计划，但是所有的行动却都严格限制在可能实现的界限内。威廉一世是个乏味直率的人，喜欢直接有效的方式，走上了于精力充沛的英雄祖父完全不同的道路，尽管他总是关心细节和眼前，但却始终牢记国家的使命：他明白自己正在为未来的决定时刻积攒和塑造力量，他说："我知道，在维也纳和德累斯顿，他们说我是一毛不拔的榆木脑袋，但是我的儿孙将收获胜利！"

军队让普鲁士进阶欧洲强国，但也首次造成了国家旧行政体系的断裂。大选帝侯用新税收支持军队建设，为了管理这些税收他成立了一个中间部门——军事专署（Kriegskommissariate）；因此在之后的数十年中,这个发展中的现代国家的税收经济就同王室领地的行政统治并存,而后者是中世纪自然经济的最后残留。威廉一世结束了这种二元体制。他给总执行局(Generaldirektorium)①设立了最高长官,下设军事与王室领地管理委员会局(Kriegs-und Domänenkammern)②,同时赋予这些部门以司法权力裁决公众法律问题。他统治的地区多种多样,因此必须在地方和中央行政之间建立调节机构;他还将地方行政长官安置在总理部门各分部的最高层,这些官员同时还必须代表整个国家管理一些行政分支机构。一般来说,普鲁士比欧洲大陆其他国家更早建立起了中央集权化的行政体制。古代封建权威的残余,不是被取缔,就是被纳入到国家官僚体制的控制之下;一股冷峻的改革风潮吹透了腐朽入骨的地方行政体制,割断裙带关系,强制推行一种全新且更加公正的税收体系;将柯尼斯堡的三个市、勃兰登堡的两个哈弗尔河畔城市,合并成一个行政区,由御前军事会议(Kriegsräte)严格监管整个地方行政体系。

每个阶层、地区和乡镇上的地方主义,都对这种新的普适秩序表现出敌意。土地贵族们对国家公务员颇有微词。骄傲的东普鲁士抱怨古老的自由特许状(Freiheitsbrief)受到了侵犯,以至于波美拉尼亚人和莱茵兰人都可以在公国中担任官职。在旧封建国家的观念中,法庭就像法国国会一样,几乎永远支持部分人的腐朽权利,反对所有人的鲜活权利。正是在捍卫国家统一和法律平等的光辉斗争中,王权领导下的普鲁士新官僚阶层得到了锻炼。17世纪,这些无家无业的仆从们辗转于各个宫廷之间,因而逐渐形成了一个普鲁士人团体,将自己的一生奉献给王权,从王权的荣耀中获得荣耀,像他们的君主一样严谨、积极而认真。他们并不像旧时的封建贵族,在有限的领地利益和裙带关系中不断堕落;他们属于国

40

---

① 总执行局(Generaldirektorium,全称为 General-Ober-Finanz-Kriegs-und-Domänenkammern),威廉一世创立于1723年,是普鲁士中央政府,总揽全国内政、财政、农业和工商业等部门工作。——译注

② 战争与领地事务局(Kriegs-und Domänenkammern),相当于省一级行政机构,由合并军事专署(Kriegskommissariate)和财政局(Amtskammern)组成,前者征收地方税收以供养军队,后者管理王室领地税收。——译注

家，他们学着将克莱沃和柯尼斯堡同样视为故乡；在社会阶级斗争中，他们坚持法律面前人人平等。国王让官僚阶层拥有了秩序上的优越性以及有保障的社会地位，他们因此在社会生活中获得了尊重；国王要求每一位公职申请人都懂得科学知识，从而在传统血缘贵族之外打造出了新的文化贵族。这些都表明国王本人充分尊重德意志社会的活跃力量；贵族和市民阶层中的精英人士，都涌入了这个新的官僚阶层。在很长一段时间中，普鲁士官僚阶层都是支持民族统一的中坚力量，就像之前法王公正的菲利普（Legisten Philip）的法学家们是法兰西民族统一的先驱者一样。

大选帝侯要求臣民履行纳税义务；威廉一世补充了普遍兵役和强制教育政策，这样就形成了三大公民义务，由此普鲁士人培养起了爱国情操。无疑，一条通往类似古代公民意识的强大国家观念之路已经形成了。在熟悉战争的德意志东部马克（Ostmark），所有身体状况适合的男子都要参军的古老观念，甚至在雇佣兵时代也从未完全丧失。在东普鲁士，古老波兰后备军（Landwehr）的痕迹一直存续到十八世纪，腓特烈一世也为全国建立了一支国民兵（Landmiliz）。但是拥有军人眼光的威廉一世，并不青睐这些无纪律的民间武装。他懂得训练有素的常备军所具有的优势；他明白，只有动用一切能量，这个国家才能存活，但是却无法长期承受征兵费用。他认为一切考虑都要服从政治义务的需求，因此提出了大胆的解决方法：普鲁士人都必须在常备军中经受训练。在过去几个世纪中，出现了两位政治思想家：马基雅维利和斯宾诺莎，他们都曾大胆地为普遍兵役这一简单而伟大的观念辩护；他们从古典时期的历史中复兴了这一观念，但没能获得同代人的理解。如今的普鲁士国王是一位粗鲁但现实的人，虽然没有过多考虑到民族军队所具有的道德力量，但他出于国内经济的需要和对国家本质的本能理解，接受了这种军事观念。在新欧洲的政治家中，他率先提出了这样一条原则："每个臣民都是天生的军人。"为国家建立一支子弟兵是他毕生的理想。1733年《征兵区规章》（Kantonreglement）宣布了普遍兵役的规定。

然而普遍兵役还只是一种原则。这一观念尚不成熟，因为当时的长期兵役与其背道而驰。国家的贫穷以及等级偏见，迫使国王做出许多豁免,最终强制兵役的任务实际只落在农民的肩上;甚至在这样有限的范围,都无法彻底执行。很难改变人民对于这种全新事物的无声抵制以及对长期严格义务的反感。国内征兵区征召的人数几乎不到总数的一半,因此不足的部分只能通过公开招募补足。许多无主的德意志雇佣兵曾在威尼斯、尼德兰、法国和瑞典卖命,如今也聚集在北德意志的旗帜之下;帝国南部和西部是普鲁士最重要的兵源地。就是通过如此激动人心和迂回曲折的道路,我们的国家才走向强大统一。三分之一德意志人都手无寸铁,其政府从未动用一兵一卒捍卫帝国,但他们成千上万的子孙却受雇于普鲁士军队,为祖国浴血沙场;士瓦本和莱茵河上的小公国们,一直将普鲁士视为最可怕的敌人,却增强了对手的战斗力。一旦普鲁士军队形成,就逐渐不再从帝国招募兵力;并且随着军力增强,德意志也不再是其他民族的战场。

正是在军队中,国王找到了在地方贵族和国家秩序之间进行调节的方法。从大选帝侯时代起,军功贵族的地位得到了极大提高,但是直到威廉一世才成功掌控了所有军官的任命权,也因此组建了现代历史上第一支真正的国家军队。威廉一世有卓越的组织能力,并且懂得如何根据现有社会条件实施政治改革,他马上意识到,东部无数落魄贵族家庭吃苦耐劳的子孙,正是服兵役的农村青年的天然领袖。威廉一世将军官团体打造成一个少数人组成的贵族圈子,并将其置于平民阶层之上;建立军校训练军官;向所有佩戴军官肩章的人开放获得最高军衔的机会;严格监控军事荣誉;利用一切可能的方式招募贵族进入军队,同时准备引导有教养的市民进入国家行政体系。威廉一世时常使用恳求或威胁的方式,让东普鲁士傲慢的贵族家庭将子孙送入军校学习,他自己也遵守这一规定,将所有的王子送进军队。莫泽尔(Moser)曾不无羡慕地提及:"让贵族适应王权下的军事和财政体系,是普鲁士家族的家训。"通过这些方式,威廉一世成功地从半野蛮的容克贵族中,打造出一群勇敢且忠于王权的贵族,随时准备为祖国攻城略地、战死沙场,他们像英国的上议院贵族一样,同国家的命运紧密相连。然而在整个波罗的海世界——包括瑞典、瑞典属波美拉尼亚、梅克伦堡、波兰属普鲁士和利沃尼亚(Livonia),高级贵族中的无序局面依

42

41

旧持续;只有普鲁士在现代国家义务问题上赢得了贵族的支持。军队就像国中之国,拥有自己的法庭、教会和学校;军纪的严苛严格让公民们厌恶,但正是凭借军纪严明,这些乌合之众才被强制联合在一起;威廉一世不得不忍受士官们傲慢的咆哮,以及他们对于文官恃才自负的愤恨。早在暴脾气的卡尔·埃米尔亲王(Karl Emil)时期,以及老德绍尔(Dessauer)[①]的野蛮狂躁中,军官圈子中的这种愤恨就已经非常明显。这支军队不仅是当时最为训练有素和装备精良的部队,而且在现代国家所有重要军队中,最富公民精神,是唯一一支始终忠诚于军事首领的部队,也从未像罗马禁卫军一样企图对抗国家法律。

对于德意志人来说,普鲁士的义务教育体系比军队更令人厌恶。当时的统治阶层依然将愚民政策视为公共秩序的重要保障,但威廉一世却如同其祖父一般,钦慕新教尼德兰这块保障公民福利的乐土;他从那里理解了完善的学校教育体系所带来的道德和经济利益,并且隐约感觉到,新教文化的巨大活力将从初级教育中涌现。他确信只有通过国家强制行为,才能消除东北部受压迫奴役的人们身上天生的粗陋,因此果断地领先其他大国开始立法——1717年颁布的《教育法》明确要求所有家长将孩子送进学校。在这项法律的基础上,普鲁士教育体系逐渐形成。但一些困难也随之而来,部分由于人民的贫困和愚钝,因为大众教育的发展必然依赖独立研究和创造性艺术的繁荣;部分由于国王本人的错误,因为他总对这些文化作品报以蛮族式的嘲讽。

因此,通过形成繁重的公民义务,合并官僚和军事系统,马格德堡人和波美拉尼亚人、勃兰登堡人和威斯特伐利亚人,共同形成了普鲁士人;当腓特烈二世赋予他所有的臣民以普鲁士身份时,只不过是用法律形式确认了父亲的成就。尽管普鲁士王权可以蛮横地显示对所有反对力量的统治权,但是它的统一进程却比邻国要体贴周到得多,比如法国蛮横地"平整领土"。这个国家没有否认

---

① 老德绍尔(der alte Dessauer):安特哈尔-德绍的利奥波德一世(Leopold I, Prince of Anhalt-Dessau, 1676年7月3日—1747年4月7日)的外号,普鲁士军队陆军元帅,出色的军事教官,对普鲁士步兵进行了现代化改造。——译注

自己的条顿本性,一种古老的虔敬因素深藏其中。普鲁士曾经努力调和教会纷争,同样也被迫在政治生活中采取调停立场,以抵消强大的离心力。这里的古老传统处处呈现出宽容尊重的态度;即便如今,奥地利的双头鹰仍出现在几乎所有西里西亚城镇市集之上,波西米亚的守护神(Schutzheiliger)依旧从格兰茨(Glatz)的堡垒俯瞰这块美丽的土地。一些傲慢的贵族曾阻止大选帝侯以加尔文教仪式埋葬自己的父亲,在经过激烈的斗争之后,他们被贬为庶民。议会丧失了古老的统治权,对财政和军事的所有影响力都被剥夺;但是在这些变革结束之后,却被允许在形式上予以保留。

直到神圣罗马帝国终结之前,普鲁士君主在所有逐步获得的领土上,只有三次正式废除地方宪法:分别在西里西亚、西普鲁士和明斯特,因为这些地方一度是反对中央政府的核心地带,严重威胁到了政府权威。它们所代表的是一种古代痕迹,那时德意志北部还是小国林立的局面,而现在这种情况已经极为罕见,其他地方的议会都已经进入了一个新时代。雏鹰冲破蛋壳而生:这些地方势力代表着国家的过去;王权、官僚和军队则代表现在。前者代表地方主义和封建特权,反对国家统一和普遍法律;它们的力量仍然强大,有时会给国家法制进程带来巨大困难,但是不可能完全遏制这一进程。地方议会委员会仍然有权分配一些税收和管理地区债务;裙带关系、消极散漫和旧封建秩序空洞的形式主义,依然盛行于地方的狭隘氛围内;勃兰登堡贵族还是更愿意将勃兰登堡说成普鲁士统治下的一个独立国家。封建官职县长(Landrat)①并没有被废除,而是在国家官僚体制中又为其安排了一个位置;县长经地区提名后由国王任命,由此也是骑士阶层的代表,同时也是王室官僚,隶属于军事与王室领地管理委员会。国王同公民一样不信任飞扬跋扈的容克贵族,但是他需要贵族支持,来打造全新的军事体系。因此他试图平息贵族们由于荣誉和尊严受损滋生的不满,他允许地主们保留部分古老税收特权和一些领主权,但是将其置于王室官僚的监督之下。

44

---

① 县长(Landrat)是掌管县级事务的长官,从地方等级中选派,听从国王命令,其职责包括税收、地方军事和治安。——译注

正是由于政策的审慎宽容,国王才得以实施伟大的经济改革。他建立了一种特殊的君主国家组织体系,该体系在两代人的时间里,使传统社会阶层适应了全新的国家使命。每个省份和阶层都要为王权承担一定的经济和政治任务。除了农业(国家支柱产业),还要开展库尔马克(Kurmark)①和威斯特伐里亚省的手工业、沿海地区的商业、马格德堡地区的矿业。贵族依然是最主要的土地所有者,几乎垄断了成为军官的权利;农民负责农业生产并承担兵役;市民们从事商业和工业,是主要的税收来源。

人们认为王室的首要责任之一是确保地方和阶级特权免受任何可能的攻击,但是在那些古老的殖民土地上,王权履行这项职责异常困难,那里的地方统治者权力极大,对王权和国内和平同样构成威胁。但是对于霍亨索伦家族来说,王室最人道的职责,即保护穷人和受压迫者,首先是为了自保;法国人因此嘲笑他们是"乞丐之王",他们也骄傲地接受了这个绰号。国王禁止收购农民土地,在梅克伦堡和瑞典属波美拉尼亚,贵族通过土地收购而拥有了绝对的乡村统治权,这项禁令因而挽救农村中间阶层免于破产;并且从威廉一世起,君主们就力图颁布一项经过慎重考虑的致力于解放农民的农业立法。国王渴望废除世袭农奴制,并且希望将所有农村土地转化为自由地产;早在1719年他就说过:"如果我的臣民都是自由民而非农奴,那将是一件好事,这样他们就能更好地享用属于自己的东西,以极高的热情和勤奋承担起自己的工作,因为他们是在为自己的财富而努力。"的确,对于国王来说,很长一段时间内,这只能是个无法实现的梦想。国王不仅要面对大贵族们的强烈反对——废除封建制度让他们心生怨恨;还要承受来自乡野村夫的消极抵抗——他们对于任何改变传统秩序的行为都心怀疑虑。然而,国王却坚定地朝向这个目标前进。他的"鞭打法令"(Prügelmandat)保护农奴不受虐待;农民所承担的劳役和赋税减轻了;公地划分和地产合并开始进行;土地和劳动力的解放在全国范

① 库尔马克(Kurmark)是由勃兰登堡选帝侯所统治的地区,包括阿尔特马克(Altmark)和米特尔马克(Mittelmark)。现代早期,库尔马克特指勃兰登堡侯国西部领土,不包括后来获得的领土。——译注

围内开展。施泰因和哈登贝格（Hardenberg）的改革能够取得惊人的成功，仅仅是因为经过三代人的时间，他们所需要的所有法律准备都已经完成了。在国家官僚体系中，小人物可以在官僚体制庇护下对抗傲慢贵族，咨询专家意见，寻求极端严格的监管；对于这位勤俭的国王来说，只要是为了农民的福祉，没有什么牺牲是不值得的；他用整整一年的税收来恢复被瘟疫和战争摧毁的东普鲁士文明，并将勤劳的工人重新安置在涅曼河与普雷格尔河（Pregel）地区的宽广荒漠上。

　　普鲁士人民在一切困境和诱惑中，都对君主有着不可动摇的信心，霍亨索伦家族认为这是因为他们一心一意为人民谋福利，而非赫赫战功。普鲁士也像其他国家一样，有过麻木疲惫的岁月；实际上，普鲁士历史上这样的时期更加悲凉，因为曾有成千上万双眼睛虎视眈眈地寻找普鲁士的弱点，想兵不血刃地摧毁这个国家。但是，任何一个人如果平心静气地观察这段时期，就会承认普鲁士在民族统一和依法建立公平体制方面，取得了平稳进步。霍亨索伦家族的肖像尽管不像哈布斯堡家族的那样死板而程式化，却体现出了一种清晰的家族相似性；他们的政治活动也体现出了这种家族性。无论强弱贤愚，他们都展现出对于残酷现实的清醒理解；他们高度重视自己的王室使命，从不轻视细节中的伟大。

　　第一代霍亨索伦家族的统治者将自己称为"上帝置于君主行列的小兵"，这种情操遗传给了所有的后代；大选帝侯的座右铭是："为了上帝和人民"；那位以狂热感情服务国家的战士国王，时刻感觉到必须通过让人民幸福来救赎的自己灵魂；最终，我们看到这种情操在腓特烈大帝那里得到了更加深刻和自由的表达："国王是国家首仆。"许多霍亨索伦人都曾战败，因为战争是一种很难进行精确科学计算的恐怖游戏，但很少有人败在对战争无准备的贪婪；在霍亨索伦家族的传统中，统治者的荣耀在于维护法律与和平；但是偶尔，在某些重大历史时刻，他们也用精心培育的国力抗击敌人，因此与哈布斯堡家族完全相反，后者所有的治国之术都致力于欧洲问题。像古老的法兰克诸王一样，霍亨索伦王朝早就将王族财产交给了国家；王室为所有人的福祉而生。当帝国中其他领地都承受皇室之名和盾形纹章时，霍亨索伦家族的旗帜上却飘扬着霍

46

亨斯陶芬家族古老的帝国之鹰,这面旗帜曾在数个世纪中守护着遥远的东部边境,并染上了条顿骑士团的颜色。这种强硬的王权统治,教给这个遭受虐待和奴役的民族什么是国家公民权利和义务。我们可以对比那些德意志领土进入普鲁士国家前后的不同,比如波美拉尼亚、东普鲁士、克莱沃或者马克伯爵领地:普鲁士战鼓敲响,为当地人送去了自由,将他们从外国统治者和封建独裁者的暴政中解放了出来。普遍法的确立尽管经历了艰苦的奋斗,但却符合必然的发展趋势,在此基础上形成了一种全新且更加成熟的政治自由形式,使公民们有序地参与到国家管理之中。这种并非独创但富有特色的坚实原则,让国家拥有了崇高道德;同时国家的权力并不依赖于资源富足,而是源于秩序和灵活应对。

47　　但是,德意志民族现在最不可能理解这个陌生的军事化国家,它年轻而稚嫩,强壮却笨拙,衣衫褴褛,缺乏优雅和高贵的气质。经过威廉一世的粗暴统治,德意志对于暴发户勃兰登堡古老敌意变成了刻骨仇恨。历史学家们不应该为现代历史上这段痛苦的岁月染上柔和的色彩;这股仇恨也不可能是一份被掩饰的关爱。关于普鲁士国家本质的一般观念,也是在这一时期产生的,这种正误参半的观念,在一个世纪中引导着德国半开化阶层,甚至在外国人书写的德国历史中,这种观念也占据上风。对于德意志来说,这个全副武装的国家不过是个巨大的兵营。在帝国监牢般的沉闷平静中,传出了波兹坦军队震耳欲聋的脚步声、军官严厉的训令声、街道上被追捕的叛徒发出的哀嚎声;虔诚的立陶宛农民祈祷上帝赐福给他们严厉的君主,这种祈祷德意志从未听闻。帝国贵族在黄金时代走向堕落。汉诺威选帝侯生活在遥远的英国,因此各领主的统治便失去了约束;萨克森的容克地主利用他们的波兰国王皈依罗马教会的机会,争取到了新的封建特权,他们的统治者正忙着摧毁自己国家,而他们却在他寡廉鲜耻的宫廷中,过着骄奢淫逸的生活。邻国那些傲慢的种族,带着愤怒和轻蔑,打量着霍亨索伦王朝的公民-战士式的专制统治,正是它毁了贵族统治的好日子。

　　市民们曾经对普鲁士体制并不热心。现在他们以些许讽刺的同情和恐惧,看待勤奋刚毅的普鲁士官僚;他们看见新的行政体制挑战旧法庭,冷酷地跨过所有领土和乡镇的古老自由特许状,对他们而言,这似乎威胁到了整个法律的神圣性;他们并不明白,这种被破坏的旧式生活不过是腐败的温床。有教养人群更容易被激怒,当粗鲁的国王向勇敢的莫泽尔以及法兰克福的教授们玩弄他那小丑般的伎俩时,整个学术界都觉得受到了侮辱。这些当时最伟大的普鲁士人对他们的祖国怀恨在心,于是夸大了死板僵硬的军事化管理对艺术精神产生的影响。温克尔曼多么渴望可以逃离这块受诅咒的土地上沉闷窒息的空气,当他终于离开阿尔特马克学院,无比欢欣地沉浸于德累斯顿美术馆的艺术佳作时,仍不忘用一种异教徒式的直白诅咒祖国:"我为这个国家哀叹,它在前所未闻的专制压迫下痛苦呻吟。当一个受割礼的土耳其人都比当普鲁士人强。在这斯巴达式的国家里(极好地描述了实施体罚的统治!),艺术不会繁荣,只能走向堕落。"这两种创造性力量的分歧是如此巨大,然而正是在一种无意识的结合中它们共同创造了新德意志。普鲁士国王招募士兵造成的不幸,激怒了帝国中的普通人。一位士瓦本的母亲忧心忡忡地对儿子说:"别再长个子了,不然会被抓去当兵的。"莱茵河地区的所有人都听过上百个发生在法兰克福旅馆中的邪恶故事,那里是普鲁士征兵总部;人们相信这些野蛮的年轻人什么恶行都做得出。

从帝国的角度来看,所有这些诡计和权力,花费普鲁士五分之四岁入供养的军队,都不过是一位榆木脑袋的暴君毫无目的的"扮士兵游戏"。卡萨诺战役已经过去了一代人的时间,当时来自勃兰登堡的精兵良将用鲜血染红了里托尔托湖(Ritorto),充满感激的伦巴第人(Lombards)首次用德绍尔进行曲(Der Dessauer Marsch)的欢快曲调,向英勇的普鲁士人致敬;一种粗野而激动人心的口号响彻平静的训练场,德意志人却讥笑那是"普鲁士咆哮"。《乌得勒支和约》(Utrechter Frieden)①签订后,威廉一世的统治进入了一个缺乏理想的贫瘠时期;弗勒里(Fleury)、阿尔贝罗尼(Alberoni)和沃波尔(Walpole)等人目光短浅的政策统治着整个欧洲政治。头脑简

---

① 《乌得勒支和约》:1700年西班牙王位继承战争卷入了欧洲各列强,最终英法于1713年在荷兰签订该和约,各国瓜分西班牙,承认法王路易十四的孙子腓力五世为西班牙国王。——译注

单的君王在风谲云诡的外交漩涡中不知所措，只能凭古老的德意志忠诚紧紧追随皇帝；他甚至打算在孩子们的摇篮里放上军刀和手枪，这样他们也可以帮忙将外国侵略者赶出帝国；他无数次手持德意志大杯啤酒高喊："德意志民族万岁！"现在这位正直的君王一定知道了，维也纳宫廷如何同汉诺威和萨克森，这两个普鲁士野心勃勃的近邻联合，密谋瓜分普鲁士；也目睹了他们如何协助阿尔伯特家族获得波兰王位，还将洛林割让给法国；也看见了他们是如何传播不和，企图离间自己的父子关系；最后他们还背信弃义地打算剥夺他对贝尔格（Berg）和东弗里西亚（East Frisia）的合法继承权。威廉一世一生都徘徊在劲敌和损友之间；直到生命的最后，他才终于看清奥地利的诡计，要求儿子报仇雪恨。外国宫廷流传着这样的说法：普鲁士国王总给手枪上满子弹，却从未扣动扳机；帝国中的其他德意志人对于波兹坦阅兵感到忧虑时，也会安慰自己道："还好普鲁士人射速非常慢！"

当普鲁士终于遇到一位明君，这个笑话本身就成了个笑话。这位统治者身上集合了务实的态度和霍亨索伦家族的冷静头脑，拥有勇气和天才般的洞察力。在历经如此长一段时间的休眠后，德意志世界的麻木民众终于再次活跃起来，德意志人强烈的反抗精神终于爆发出不可避免的冲突，腓特烈王朝的开端弥漫着青春的激情。自从北方雄狮古斯塔夫·阿道夫之后，德意志人就再也没有看见一位让全民族钦佩的英雄人物。如今英雄再次降临，而且是个德意志人，他拥有骄傲的自由意志，独步列强，迫使德意志人再次相信英雄时代的奇迹即将出现。

腓特烈大帝的本性是无情和冷酷的德意志现实主义，他为人不加掩饰，能看穿事物的本质。就像在他一系列的书信、作品以及政治才华中所表现的那样，从不试图美化自己行为，或者为后代的利益而装饰自己的形象。尽管他并不蔑视当时盛行的一些雕虫小技，将其视为达到目的的手段，但是仍不失家族的坦诚直率。每当他抽出佩剑，总会明白无误地向敌人解释自己的要求，并且不达目的绝不放下武器。他的自我意识觉醒时，就为自己生在这样一个时代而无比骄傲：理性的火炬在那时被高高举起，照亮充满古代偏见和陈腐观念的世界中那些蒙尘的角落；在他位于莱茵斯贝格

(Rheinsberg)的宫廷里,明亮大厅的天花板上,太阳神从阴沉的乌云中光彩夺目地升起。他以启蒙运动学徒般的自信研究历史,用敏锐的理性逐一进行判断。在国家权力的争夺中,他只关心那些实际存在的事物,以及那些在实际行动中迅速巧妙产生作用的力量。他承认"没有武力的谈判,就像没有乐器的音乐"。当得知最后一位哈布斯堡成员的死讯时,他问大臣:"一个有优势的人应该利用他的优势吗?"从未有人如此傲慢地蔑视那些外强中干的人;蔑视那些宣称建立在历史神圣权利之上的不道德的特权;蔑视那些用空洞形式隐藏胆怯的恐怖行动。这种无情的现实主义,在神圣帝国这个幻想世界中显得无比清晰、具有破坏性和革命性。腓特烈大帝无比冷酷地讥笑皇帝弗兰茨一世(Franz),说他拴在皇后的裙带子上,是一位可敬的耶路撒冷国王,为匈牙利女王的军队展开有利可图的期货交易;他还无情嘲弄帝国军队的"幻觉"、小宫廷的虚无、"戴假发受诅咒的汉诺威人"表面的商业精神、萨克森和梅克伦堡无土地容克贵族空洞的骄傲,以及"包括王公和平民的整个奥地利种族"。世界上没有什么大人物可以让他卑躬屈膝。

50

腓特烈大帝相信普鲁士国家的健康现状一定胜过帝国法之下的阴暗图景;他在一封信里幸灾乐祸地说,自己让雷根斯堡那些空谈战争的人感到了战争的必然性。他将数个世纪前那些好争论的政治家们,如希波吕托斯(Hippolytus)和赛维林(Severinus)仅仅用语言表达的事物,带入了现实;他在"德意志死尸一样令人厌恶的面容前"竖起了一面镜子,让全世界看见神圣帝国已经腐败到了不可救药的地步。好心的同代人责备他肆无忌惮地嘲弄古老尊严的帝国,但是子孙后代感谢他在德意志国家治理中恢复了真理的荣耀,就像马丁·路德曾经为德意志精神和信仰所做的一样。

腓特烈大帝从年轻时候起,就学会了用严肃的新教观点看待德意志历史和帝国政治,而这种观点从普芬多夫和托马西乌斯(Thomasius)时候起就引导着普鲁士的自由精神;就在艰难乏味的青年生活中,他用犀利的独立思想重塑了这一观点。纵观施马尔卡登之战、三十年战争等过去两个世纪中令人困扰的历史事件,他只看到了德意志自由精神无休止地反抗奥地利家族专制统治,那个家族联合强大的诸侯,手执铁鞭,像对待奴隶一样统治弱小的诸侯。他的确骄傲地以如此片面的观点解释历史事件，在他看来，得出这种片面的观点并将其引入生活，是开创性英雄的特权；他也认为取得这场古老斗争的最终胜利，是普鲁士的使命。腓特烈大帝年轻时是虔诚的新教徒，将"为全德意志帝国和欧洲范围内的新教谋福利"视为勃兰登堡家族的光荣使命；他忧心忡忡地看待海德堡，因为在那个古老的新教大本营里，罗马天主教会的僧侣和神甫们还十分活跃。尽管在后来的岁月中，他逐渐疏远了宗教信仰，并且由于他独立的哲学思想，对普通路德教和加尔文教牧师产生了敌意，但是他仍然清楚地知道，普鲁士必须植根新教世界。他知道罗马教廷的所有帮凶正在密谋摧毁新教，也知道要实现信仰自由，让人人都有权利根据自己的方式完成救赎，这些人道主义理想只能在新教的土壤中完成；他明白自己正在以一种全新而世俗的方式，继续着十六世纪的那些斗争；他最后的一项工作是计划组建德意志诸侯同盟，在计划中他附上了这样一句醒目的话——"以施马卡尔登同盟为榜样"。

腓特烈最早的政治著作显示出，这个 18 岁青年人的眼光已经指向了国家生活方面，他将在这个宏大政治问题上发挥他最伟大最天才的力量。年轻的王储思考了他的国家在世界上的地位，发现领地的四分五裂是一个极其危险的问题，因此以半认真半玩笑的态度，为周边的遥远省份起草计划，以使它们不再处于孤立隔绝的地位。不久之后，这些年轻人不成熟的提议就变成了影响深远的理念；即位三年前，他就已经以一种伟大预言般的清晰，理解了自己所要走上的光辉道路。他写道："国王似乎注定在战争爆发以前，就能深谋远虑地做好一切准备。谁知道是否天命要我有朝一日好好利用这些战争资源，实现父王早已明确预见的伟大计划！"他观察到普鲁士处于非常不稳定的地位，在各个地区和列强之间游移不定，因此下决心结束这一局面。如果普鲁士想要站稳脚跟、恢复祖先的名誉，就必须扩大领土，改头换面。

一代代先祖对奥地利家族尽忠职守，极力避免从邻国的困境中渔利，然而却被报以背叛和轻蔑。腓特烈本人在他不幸的青年时代，觉得"维也纳宫廷的傲慢、自负以及无耻"简直难以忍受；对于"帝国纽带"的仇恨腐蚀了他的心灵，帝国的欺骗和谎言也伤透了他父亲的心。当父亲宫廷中竟然没有人反对奥利地的过分要求时,这个骄傲不羁的年轻人开始反叛;他气愤地写道,普鲁士国王应该像高贵的棕榈树一样,像诗歌里那样"南方有嘉木,柯叶自载张。一树方欲折,傲首更昂昂"(wenn du ihn Fällen willst, so hebt er seinen Stolzen wipfel.)。他审慎地注视着欧洲国家体系的国运变化,得出这样的结论:旧的权力制衡政策已然过时。在西班牙王位继承战中获胜之后,联合奥地利和英国打击波旁王朝就已经不合时宜;现在,这个全新的德意志国家可以凭借"武力威慑"提高自己的权力地位,维护自身的自由意志,不屈服于帝国和任何强邻。

因此在腓特烈大帝的口中,"德意志自由"这个古老且被误用的表达就有了全新而高贵的意义。"德意志自由"不再指那些小诸侯引入外敌对抗皇帝,让帝国领地落入敌手的无耻政策;而是指一种伟大的德意志力量,用强大的东西两翼保卫祖国,脱离帝国权威,根据自己的意愿从事。几个世纪以来似乎形成了某种定理:一个人如果不是一个优秀的奥地利人,就必然是个优秀的瑞典人(像普芬多夫),或者优秀的法国人(像莱茵联邦的诸侯),或者优秀的英国人(像维尔夫家族的子孙)。就连大选帝侯,处于四周强邻的压力下,也只能间歇性地保持独立。腓特烈大帝的功业是,避免了毁灭国家的、隐蔽或者公开的外国统治;同时制定了普鲁士政策:只由普鲁士进行统治。德意志的未来属于普鲁士。

腓特烈大帝并没有过多地谈论他的祖国,但在灵魂深处,一种敏感强烈的民族骄傲确实同强大的自我意识以及君王自豪感,紧紧缠绕在一起。外族在德意志的土地上作威作福,就是对他个人尊严和高贵血统的侮辱,而这些是这位天真善变的哲学王极为看重的东西。就算德意志的麻烦局面迫使他必须时不时同外国结盟,他也从未远离国家,也从不允许国家为外人所滥用。腓特烈大帝的一生都被指控狡诈不忠,因为任何条约和联盟都无法让他放弃民族自决的权利。欧洲其他宫廷谈起"普鲁士国王的所作所为",都满怀愤懑;他们早已习惯了过去对德意志的控制,如今却发现几乎不可能掌控普鲁士,更无法理解这个信奉利己主义的新德意志独立国家,如何成功地违抗了他们的意愿。就连与伏尔泰齐名的莱辛,也用诗歌赞颂了这位伏尔泰的门生为德意志开展的解

53

放事业。腓特烈大帝在他早年的作品中,强烈谴责神圣帝国的孱弱,以至于使"温泉关"(Thermopylae),即阿尔萨斯的门户大开;极力反对维也纳宫廷将洛林地区割让给法国;他可能也从未原谅匈牙利女王让"东部优雅的"野蛮暴民——埃阿热格人(Jazyg),克罗地亚人(Rroat)和托尔帕什人(Tolpatsch)——在德意志帝国中肆虐,还首次让莫斯科的野蛮人参与德意志内政。七年战争期间,他常常用冷酷嘲讽的语句表达作为德意志人的骄傲和仇恨。他问候那些经常掠夺东勃兰登堡农民的俄国人:"哦,等他们轻轻一跃沉入黑海,就会同他们的所有记忆永远沉没。"法国人越过莱茵河时,他用法语作了一首诗,让我们想起解放战争的紧张:"古老的莱茵河,从最深处泛起仇恨的泡沫,诅咒这奇耻大辱,让河水都带上镣铐!"

"谨慎教会我们如何捍卫已拥有的,勇气则让我们学会如何拥有更多"——诸如此类的语句,是腓特烈在莱茵斯贝格时所说,泄露出他内心深处的渴望正催促他下定决心,大胆前行。他认为国民的首要义务是避免做事半途而废;在所有能想到的方法中,最糟糕的就是无所作为。不过作为德意志人,他也知道如何以冷静的思考控制行动的狂热。一个感到自己拥有亚历山大大帝般神力的人,终于决定接受命运的安排,一劳永逸地解决这个狭小世界中的所有纷争。有时候他在战争中过于狂热,下达不可能完成的命令,骄兵而败;但是作为国民,他保留了完美的适度,拥有一种明智的克制,这让他能够拒绝所有过于激进的建议。有一种思想要求普鲁士摆脱堕落的德意志共同体,但是腓特烈从未被这种想法所愚弄;他在帝国中的位置无碍于在欧洲政策上的行动自由,反而让他有权干预帝国的命运,因此他也愿意牢牢骑在德意志这匹战马之上。但是他对于帝座却没什么渴望。大选帝侯时代宫廷占星师的预言至今还在霍亨索伦家族中流传,隐约预示着这个家族注定掌握神圣帝国的宝剑和权杖;温特菲尔德和德绍尔的利奥波德甚至大胆地将这位英雄国王叫作德意志的奥古斯都。但是腓特烈深知他的世俗国家无法承接神圣帝国的皇冠,而且这种想法本身就会为这个阴谋重重的圈子引来新的玩家,于是干脆说:"那只会成为我们的羁绊。"

就在腓特烈快要登上王位的时候,德意志命运中的重大危机降临,普芬多夫这位观察家早就指出,这场危机很有可能是帝国全面改革唯一的机会。古老的帝国家族行将就木,年轻国王的手中掌握着德意志唯一一支训练有素的军队,一个满是诱惑的世界正在他热切的注视下打开大门,任何缺乏远见和坚定信念的人,都必然会被这些诱惑引上歧途,追逐狂妄自大的美梦。腓特烈大帝感到这是个无比重大的时刻,他写道:"日日夜夜,帝国的命运都占据着我的思想,我只想用意志和权力去捍卫它。"他确信在这个伟大的时刻,普鲁士国家必将实现完全的自由,也必将在列强之中获得一席之地;他也意识到,一旦哈布斯堡王朝崩塌,由于邻国的贪婪和帝国令人绝望的内部纷争,德意志必将永无宁日。他因而想要保护奥地利,而对于家族所有的古老权力,却只要求满足最重要的几项。他单枪匹马,对围观的外国势力不置一词,在狂风暴雪中突降西里西亚。德意志人早已熟知帝国法学家们审慎和反对的意见,但是还是极为震惊地听到这样的规定:国家的权力只能由现存力量掌握。胜利者将帝国皇冠交给玛丽·特蕾西亚的丈夫,并承诺为奥地利的利益攻打法国。正是霍夫堡(Hofburg)的抵抗,才让腓特烈继续推进全面的帝国改革计划,这让我们想起瓦尔德克的大胆梦想。

腓特烈确实没有造成德意志二元性,但是他却为此饱受同代和后代的指责;这种二元性在查理五世时期就已经存在,腓特烈则是首个打算摧毁它的人。当他终于明白根本无法同维也纳达成共识,便马上构想了这个大胆的想法——将帝国皇冠从奥地利家族头上永远摘下,借此割断哈布斯堡王朝同德意志之间的最后牵绊。他照会巴伐利亚的维特尔斯巴赫家族,这是德意志大诸侯中,唯一一个在统治领土方面与霍亨索伦家族类似的家族,也同样将奥地利视为天敌;腓特烈首次在两个最强大的纯粹德意志血统国家之间建立起联盟,从此之后它们都获得了新生,为祖国利益而奋斗。巴伐利亚选帝侯接过了帝国的荣耀,腓特烈也希望这个由他"促成"的新皇帝,能够坚定支持他拥有波西米亚王冠。

一旦具有治愈魔力的手放在帝国重病的躯体之上,世俗化理想就马上在柏林和慕尼黑再次觉醒。世俗化旨在通过削弱神权和共

55

和政体地区，加强帝国中世俗领地的力量，在腓特烈看来，后者才是真正的帝国成员；一个纯粹的世俗国家就要努力实现宗教改革的政治理想。高地德语区（Oberdeutschland）的一些教会省份将被世俗化，不少帝国城镇将被并入临近诸侯领地。奥地利方面确实有理由谴责，普鲁士保护下的巴伐利亚王权严重伤害了贵族和天主教会。如果这些方兴未艾的观念能够被彻底实现，那么德意志二元性将确实被终结，而且帝国体制即使在形式上得以保存，其本质也必将被深刻改变；德意志将成为普鲁士领导下的世俗诸侯国联盟；教会国家、帝国城镇、小诸侯的拥趸以及失去支持的哈布斯堡，都将陷入崩溃，而条顿文明将占据德意志在帝国心脏的堡垒——波西米亚。因此德意志本来可以自发独立地完成这些重大改革，但是却在两代人之后，才在外国的逼迫下耻辱地进行。维特尔斯巴赫家族因为世袭领地同法国毗邻，加之身处僵硬的天主教联盟，已经远离了德意志生活，因此在这个重大机遇面前实在是有心无力；德意志民族也没能明白这个时刻的重大价值。在一次穿越帝国的旅程中，腓特烈大帝感到非常沮丧，因为他看到了倾轧、贪婪和小宫廷令人忧虑的奴性，于是他决定永远搁置对德意志的所有希望；此外，他的力量也尚不足以征服匈牙利女王的顽强抵

56 抗。尽管普鲁士在霍亨弗里德堡（Hohenfriedberg）和凯瑟尔斯多夫（Kesselsdorf）取得了胜利，但是第二次西里西亚战争却以奥地利皇权的复辟结束。帝国仍旧深陷混乱的泥潭，洛林家族的弗兰茨在查理七世逝世后继任帝位，并重建了帝国议会中奥地利同大多数天主教国家的旧联盟。

消除德意志二元性的努力失败了；帝国中的党争比以往更加激烈。但是腓特烈保住了一项永久性成果——普鲁士成为列强之一。他使巴伐利亚免于崩溃，并将普鲁士的国力至少提高了三分之一；坚定地扯断了在东部和南部围困普鲁士的哈布斯堡-韦廷领地锁链；骄傲的帝国皇室首次受辱于一个诸侯国。腓特烈大帝的胜利完全归功于他自己，在所有旧势力面前身先士卒，以至于霍勒斯·沃波尔（Horace Walpole）都不得不承认普鲁士国王现在掌控着欧洲平衡。萨克森、巴伐利亚和汉诺威这些曾争夺普鲁士王冠的中部国家，如今却因为西里西亚战争永远沦为二等国家。帝国中数

不清的反对者们，提出了一个关于统治权的问题：奥地利还是普鲁士？这是个明确有关德意志未来的问题。腓特烈大帝现在俯视着这个德意志帝国上的领地纷争；只有那些将他误视为哥达公爵或者莱茵诸侯的人，才会提出侮辱性要求，而他对此都一笑了之。他将自己视为弱小邻邦仁慈的资助人和保护人，曾在《反马基雅维利》(Anti-Machiavel)中指出，这才是强大者的崇高使命；一个普鲁士党派正在帝国议会中形成，北德意志王公纷纷将子嗣送进腓特烈的军队。

同时，这些新领地也非常迅速地与王国相融合。普鲁士国家首次在相当大的范围内展现出了强大的吸引力和教化力，而且这些力量从那时起便体现在所有德意志和半德意志的土地上。现代世界的新能量终于进入了那些被遗忘的省份，那些深受封建制度和宗教压迫的地方；普鲁士官僚体系推翻了贵族统治，法治力量终结了裙带关系，道德宽容代替了压迫，德意志学校系统取代了那令精神昏聩的僧侣教育。懒散卑屈的农民也再次拥有了希望，国王不允许他们在官员面前卑躬屈膝，不用跪下亲吻官员的袍边。

在争夺权力的岁月里，除了普鲁士之外，没有哪个国家的成就对人类事务产生了如此多方面的影响。正是行政部门的默默工作首次为占领西里西亚提供了道德合法性，证明了这个饱受谴责的行为，实际上只是德意志自己的事务。正是依靠普鲁士的统治，那些快被外国势力压倒的边界地区，才重新回归德意志。在德意志-奥地利的世袭领地中，西里西亚是唯一一块宗教统一政策无法取得全面胜利的地区。在巨人山(Riesengebirge)的峡谷中，平静逍遥的德意志种族凭借无比的坚韧，抵抗住了利希滕施泰因龙骑兵团(Liechtensteinschen Dragon)的暴力行径和耶稣会的花言巧语。大多数德意志人仍旧是虔诚的新教徒。新教教会遭受了压迫、轻视和剥削，贫困交加；只有在瑞典王权的威慑下，才保住了新教的几个圣殿及其中的财产。上西里西亚的天主教徒和捷克殖民者都支持帝国统治，后者早就被帝国召集于此对抗德意志异端。随着普鲁士军队挺进，各种德意志品质都活跃起来；对君主的赞美响彻教堂圣殿，这位严苛的君主如今成了人民追随的旗帜。在普鲁士宗教宽容政策的保护下，新教重拾了精神上的优越性，波兰精神明显

57

失去阵地,几十年以后,普鲁士属西里西亚无论是观念还是习俗,都与北德意志邻人别无二致,完全不同于边界另一边的西里西亚人。新教征服者任凭天主教会占有几乎所有新教财产,但英国却强迫爱尔兰天主教缴纳税款支持安立甘教会,而在西里西亚,新教则一如既往地向天主教缴纳税金。七年战争期间,只有罗马教士的背叛才迫使腓特烈放弃这种过分的宽容;即使这样,普鲁士属西里西亚天主教会的处境仍然好过其他新教国家。

普鲁士统治下的西里西亚繁荣发展,足以证明谁才是西里西亚真正的主人,也说明德意志东部的命运已经发生了不可逆转的改变。但是维也纳宫廷依然幻想着一雪前耻,像对待曾经冒险对抗帝国权威的狂妄之徒那样,将西里西亚征服者的身份再次降至普通德意志诸侯。腓特烈大帝也知道,决战已经迫在眉睫。他希望在这短暂的和平年代,有机会将玛丽·特蕾西亚的儿子排除在皇位继承之外,这样将来帝国至少可以脱离奥地利家族的控制,但是这个计划由于天主教诸宫廷的敌意而失败。德意志民族两大势力之间不可调和的矛盾,决定了很长一段时间内欧洲政治的进程,也耗尽了神圣罗马帝国最后的气力。在痛苦的期待中,德意志民族似乎预见一场新的三十年战争正在逼近。数十年辛劳而平静的劳作所缓慢积攒起来的东西,似乎只是为下一代人准备了资粮,以完成天才精神的伟大冒险。当时的外交通信中,丹麦的贝恩斯托夫(Bernstorff)极具远见的话语显得相当特立独行,他在1759年写给舒瓦瑟尔公爵(Choiseul)的信中伤感地说:"阁下今天的一切努力,都是希望阻止一个好斗的王国崛起于德意志中部,它的铁臂将很快粉碎诸多弱小诸侯——但是所有的努力终将付诸东流!"东西部强邻都将怒火发泄在幸运者的头上,他在奥地利王位继承战中,趁乱攫取了胜利的果实,因此并不单纯是一位女强人为了泄私愤,才编织出一个让腓特烈深陷其中的阴谋。当时欧洲的共识是,中欧崛起的任何强大势力,都会破坏古老传统的国家体系。罗马教皇密切注意这个令人厌恶的异端故乡将如何再次表达其自己的意愿;只有在罗马教会的配合下,奥地利和法国这两大天主教世仇国家,才有可能团结起来对抗普鲁士。他们的目标是让德意志永久虚弱下去。

腓特烈凭借一次大胆的突袭保住了自己几乎毁灭的王座。经历七年悲惨岁月,他在莱茵河、普雷格尔河、佩内河(Peene)和巨人山抗击外国和半外国军队,守护了普鲁士,并且在接下来的和平岁月里,将权力延伸至最远的城镇;但是此后,普鲁士却发现自己似乎又站在了一场残酷战争的门口。普鲁士未增方寸领土,半个国家却已遭受重创,三代人的和平功业被彻底摧毁,不幸的诺伊马克(Neumark)开始第四次重建文明。国王不是没有想到这些噩梦般的劫难,邪恶的命运已经在他肩上施加了一个男人所能承受的所有不幸——甚至比这更多;他所遭受的一切,似乎是无常命运的恶意嘲弄,是一场没有公正、永不谢幕的悲剧。然而,这场表面上徒劳无获的争斗,实际上带来了一个巨大的成功:尽管随着普鲁士国家的建立,德意志的新秩序已经完成,但是却在这最严厉的考验面前,证明了自己不可替代的重要性。德意志在一个世纪以前,凭借一代人的艰苦斗争,从哈布斯堡的统治下获得解放,为此甚至被迫向外国同盟缴纳可耻的资金。如今帝国中这个最贫穷的国家,在七年战争期间却击退了全世界的攻击,就连唯一帮助普鲁士的国家也临阵脱逃,因此胜利仅仅属于普鲁士。德意志之星再次升起;普鲁士所有教堂在感恩节都愉悦地吟诵:"从我幼年以来,敌人屡次苦害我,却没有胜了我。"①

　　七年战争伊始,腓特烈骄傲地希望对奥地利打一场法尔萨拉斯(Pharsalus)②式的战争,在维也纳城下签署和约。因为在这个风起云涌的时代,处处展现出一种伟大的、将在遥远未来形成的新国际结构的雏形,同时普鲁士和奥地利另一宿敌——皮埃蒙特(Piemont)——之间的联盟计划也开始启动。但是科林战役(Kollin)又让腓特烈陷入绝望,他现在只求自保。腓特烈本来打算组织一个反帝国议会的北德意志联盟,以对抗帝国同盟,但是小宫廷难以抑制的妒忌,尤其是盟友韦尔夫家族的傲慢对抗,让他白费心力。尽管废除德意志二元性、重组帝国的时机尚未成熟,但是这场残酷的战争却从道德上彻底破坏了过时的德意志联盟形式,撕

---

① 《圣经·诗篇》129:2。——译注
② 法尔萨拉萨战役:公元前48年,凯撒在此战中彻底击败庞培,并追击其至埃及。——译注

下了神圣罗马帝国巨大谎言的最后一层面纱。还从来没有一位皇帝像这位洛林家族的皇帝一样，对祖国犯下如此愚蠢的罪行，竟然将德意志的所有大门向外国侵略者敞开，把尼德兰割让给波旁家族，把东部边区送给俄国。与此同时，皇帝还践踏自己的誓言，亲自剥夺了家族继承德意志王位的权利，在雷根斯堡上演了帝国法刑事诉讼的无耻闹剧。帝国议会高呼，西里西亚的占领者："他，选帝侯，从此将随心所欲"；勃兰登堡的特使将帝国议会的信使踢下楼梯；迅速而不幸的帝国军队集结在帝国之敌波旁王朝的旗帜之下，却在塞德利茨（Seydlitz）骑兵队伍前四散溃逃。但是德意志民族却为罗斯巴赫会战（Rossbach）的胜利者、为皇帝与帝国的叛徒而欢呼。伴随着这幕空洞的讽刺喜剧，帝国历史的伟大悲剧终于进入尾声；从此之后，旧德意志社会的迹象甚至在民族生活的表面都难觅其踪。

但是，在炮火轰鸣中推翻了古老神权政治的胜利者，却变成了新教保护人。尽管启蒙时代，教会的反对力量已经疲态尽露，但是腓特烈还是意识到，一旦天主教两大国获胜，《威斯特伐利亚和约》的主要内容，即帝国中宗教信仰的平等地位，就变得摇摇欲坠；他只能凭借新教的共同事业，激励犹豫不决的小诸侯共同对抗奥地利。但是他同时谨慎地监视新教宫廷中"臭牧师"（prêtraille）的阴谋诡计；当符腾堡和黑森的统治者皈依罗马教廷时，正是腓特烈的豪言壮语保护了那里新教的自由。他的北德意志小盟友们甚至比他更清楚这场战争的宗教意义。黑森大臣冯·哈登贝格（F. A. von Hardenberg）在信中，总是将普鲁士联盟直接称为"新教圈子"（die evangelischen Stände），并认为坚定支持普鲁士联盟是帝国内所有新教国家的天然政策。普鲁士军队在路德教圣歌声中奔赴战场；士瓦本的新教士兵拒绝与教友为敌，于是咒骂着四散；在英国非国教派[1]的非法集会上，虔诚的大臣们为腓特烈这位新教的马加比[2]

---

[1] 不服从国教者（Dissenter），拒绝接受已有的教义或国教者，尤指不服从英国国教的新教徒。——译注

[2] 犹大·马加比（Judas Maccabeus）：公元前二世纪的犹太教英雄，反抗塞琉古王朝的统治，并夺回耶路撒冷圣殿。犹太教的马加比节，就是为纪念他夺回圣殿的壮举。——译注

(Makkabäer)祈祷。另一方面,教皇则将象征神圣的冠冕和宝剑赐予匈牙利女王的陆军元帅,普鲁士的每一次胜利都引发了梵蒂冈的憎恶与恐惧。一百二十年以前,那时华伦斯坦(Wallenstein)[①]的旗帜正在波罗的海沿岸飘扬,斯图亚特家族也正努力让国会接受其罗马式治国术,新教世界则在罗马天主教的脚下遭受践踏和毁灭。如今新教强权给予神圣帝国致命一击,俄亥俄河(Ohio)和恒河(Ganges)上的战争,决定性地将统治海洋和殖民地的权力,永远置于新教德意志的统治之下。

普鲁士为生存而打响的战争,是第一场真正的欧洲战争;这场战争塑造了全新的国家体系,并给予该体系以五巨头的贵族统治形式。中欧的新兴强国迫使邻国承认,要将古老的东西国家体系合二为一;与此同时,力量相对弱小的国家地位下降,以前它们可以通过加入联盟参与重大战争决策,而现在已经无法满足宏大新型战争的需要;第二梯队的国家从此必须放弃对欧洲事务的指导,将其留给海陆势力更加强大的国家。在这五巨头中,两个是新教国家,一个持宗教分裂主义,因此欧洲仍然无望回归一个加冕教士的统治之下。自马丁·路德之后,新教德意志国家的崛起是罗马教皇最棘手的问题。正如英国大使米切尔(Mitchell)所说,腓特烈大帝真的在为解放人类而斗争。

普鲁士人民在战争和苦难中形成了清晰的民族意识,因此君主有理由将其称作"普鲁士民族"(nation prussienne)。在此之前,拥有普鲁士身份曾意味着繁重的义务,但如今这是一种荣耀。无数人心中的国家与故土的观念受到激励和强化。即使是普通人备受压抑的心灵,也激赏古典时代的公民意识,用腓特烈国王直白的话语来说就是:"活着并非必要,但恪尽职守、为国而战却是第一要务。"整个普鲁士都置于绝对君主制的强大体制之下,到处都涌现出自我牺牲和人民战争的激情。腓特烈大帝的最后几战,因为时间紧迫无法从外国招募士兵,就使用了一支民族军队。勃兰登堡

61

---

① 阿尔伯莱希特·华伦斯坦(Albrecht Wallenstein, 1583—1634),天主教徒,三十年战争(1618—1648)中任神圣罗马帝国的军事统帅。——译注

的特权阶层（Stände）①自愿加入军队，保卫马格德堡、切什青和昆斯特林（Küstrin）要塞；波美拉尼亚的水手们也集合他们的小舰队守住奥得河口，防卫瑞典。政府官员六年没有领薪金，他们默默地完成自己的工作，仿佛这是理所当然的事。所有的省份都争先完成他们承诺过的责任和义务，按照普鲁士的方式可以说：从莱茵伯爵领地勇敢的农夫到不幸的东普鲁士人，都坚决抵抗俄罗斯占领，始终忠心耿耿，即使这位冷血国王曾指责他们的背叛，并对他们满是嫌弃。

正是战争这种打造民族的力量，首先在北德意志诸部落中唤醒了那种坚定的骄傲，它曾激励了罗马帝国时代的日耳曼入侵者和中世纪的斯拉夫征服者；普鲁士人的积极自信同其他德意志人无害的温和谦逊形成古怪对比。海兹伯格（Hertzberg）伯爵坚定地反对孟德斯鸠所提出的共和国道德原则。他质问道，在哪一个共和国可以找到比北方铁色天空下更美好、更茁壮的公民道德？那里的人民是英雄的哥特人和汪达尔人的后裔，很久以前粉碎了罗马帝国。这种情感也激励着民众，展现在近乎无耻的吹嘘中，表现在千万描述帝国愚笨和普鲁士军队狡猾的轶事中，也体现在忠诚不贰的动人容颜上。年轻水手约阿希姆·耐特尔贝克（Joachim Nettelbeck）前往但泽（Danzig），护送波兰国王穿越海港；他要戴上绣着"奥古斯特国王"字母组合的帽子，很长一段时间他拒绝如此，因为佩戴有外国统治者符号的服饰，似乎是对普鲁士国王的背叛；尽管他最终屈服了，但挣到的钱好像很烫手，他返回波美拉尼亚后，就马上将这笔有罪的收入捐给了遇到的第一个普鲁士伤兵。几十年以前，不少这样人还只关心自己的小家庭，而如今他们的政治骄傲已经变得如此敏感。

让我们记住，现在有一个普鲁士人加入了凯撒和亚历山大大帝这两位伟大军事领袖的行列。北德意志人的性格中，不仅有异于常人的坚持，还有不顾一切的鲁莽，这让他们喜欢与危险为伍，普鲁士人发现这种特质在腓特烈大帝身上被放大成一种天赋。在经

①　构成特权阶层（Stände）的是人民中拥有政治特权的人，在勃兰登堡主要指拥有土地的贵族，其次是城市行政官。——译注

历了艰苦的学徒期后,他迅速成长为战争大师,抛弃了古代战争艺术中所有的繁文缛节,亲自向敌人"宣告战争法则",在战场上伺机而动。他重组了骑兵——军队中最迅速力量,恢复其古老、适合指挥战争的位置。不管是胜利还是战败(三次),他都始终保持着"先发制人的骄傲特权"。战争的结果证明国王和人民愉快地达成了互相理解。腓特烈周围环绕着一个英雄群体,他们在军队各级传播热爱冒险和勇于进攻的精神,这让普鲁士军队在历史上各个时期保持强盛。腓特烈从勃兰登堡的容克贵族和波美拉尼亚的青年农夫之中,组建了令人闻风丧胆的安斯巴赫-拜罗伊特龙骑兵团(Ansbach-Bayreuth-Dragoner)以及齐滕轻骑兵团(Zieten-Husaren),这些军队斗志高昂、进攻猛烈,野蛮的匈牙利骑兵很快就难以招架。腓特烈曾骄傲地说,这些士兵从来不知危险为何物:"我们的军中恪尽职守的将军,在其他部队里会被当做疯子。"腓特烈大帝时代的 12 场战争,在普鲁士人民和军队的战争精神中,打上了深深的烙印;直到今天,北德意志人在讨论战争的时候,依然会不自觉使用那个英雄年代的说法,比如腓特烈所说的"辉煌战役"和"怒攻"。

普鲁士以外那些善良和蔼的德意志人,还需要很长一段时间才能不再厌恶腓特烈政策中冷酷的现实主义——他会选择在最不受欢迎、最不具骑士精神,但却是最合适的时机发起进攻。但是在壮阔的 1757 年,胜利进攻和惨重失败、鲁莽的新起义与炫目的新胜利,以令人炫目的速度彼此交替上演,汹涌时事之上,腓特烈大帝的形象却越发伟岸鲜明,人民从灵魂深处被这位伟人所撼动。那经由无情命运塑造的,饱经风霜却无比坚毅的"弗里茨"(Fritz)①,对无数忠诚之心产生了巨大的魔力,他们拘谨胆怯地仰望着这位霍亨弗里德堡(Hohenfriedberg)的青年英雄那明亮的面庞。歌德曾问自己的法兰克福同胞"跟普鲁士人究竟有什么关系?"答案就是德意志人确实倾心这位弗里茨。他们屏住呼吸,紧张地注视这个不可战胜的男人如何年复一年地免于毁灭。德意志人彼此不能分

63

---

① "弗里茨"(Fritz)、"老弗里茨"(alter Fritz)是民众对腓特烈二世的爱称。——译注

离的爱形成了一种无法破坏的和谐,它像一束金色的光芒,照亮了这个幸运民族的历史,也阻止了德意志的分裂。就像马丁·路德和古斯塔夫·阿道夫这两位英雄人物的形象,在人民的记忆中已经不可磨灭;就连服从教会权威的莱茵河和美因河地区,腓特烈也作为恐怖的敌人被牢记。腓特烈热情的追随者中,不仅有众多的新教徒,还有不少天主教徒,尤其是时代新生科学和艺术的拥护者。人们回味他机智的话语,讲述他的精锐部队创造的奇迹。但是,腓特烈饱受惊吓的同辈人,还远远没有意识到他是那个时代的第一人,其名声已经远达摩洛哥和美利坚。

但是很少有人知道,普鲁士在战场上的声名,不过是德意志民族古老战争荣耀的生机重现;即便莱辛也时常认为普鲁士人有一半外国血统,惊奇地说他们似乎像斯巴达人一样,拥有与生俱来的英雄气魄。但是,民众也逐渐感到,腓特烈大帝是在为德意志而战。腓特烈轻蔑地将罗斯巴赫战役①称为"温柔战争"(bataille en douceur),但这场战役却在他的所有胜利之中对德意志民族影响最大。如果说这个个人主义占据上风的民族中还保有任何政治激情的话,那就是面对法国的傲慢时那种平静的愤怒。德意志曾数次惩罚法国,但它依然如故,还再次占据浸透血泪的莱茵兰。但是现在腓特烈大帝率正义之师抗击法国,将其淹没在耻辱之中;德意志各地欢欣雀跃,士瓦本的舒伯特(Schubart)高呼:"我抓紧金色的竖琴,赞颂腓特烈大帝的荣耀。"帝国内的德意志人再次感受到一种类似民族骄傲的情绪,他们同老路德维希·格赖姆(Ludwig Gleim)一同欢唱:"让我们成为德意志人,让我们永远是德意志人!"那些从德意志战场返回巴黎的法国军官还在公开赞颂他们在罗斯巴赫战役中的胜利,因为骄傲如法国,无法接受普鲁士这弹丸之地已经如此严重地影响到了法国的地位;但是在德意志的滑稽戏中,曾令人丧胆的法国人,现在却变成了滑稽和见风使舵的形象。

德意志民族确实还不能从政治上理解普鲁士的本质。这些见多识广的人对普鲁士近代史的大事及其国家制度,根本一无所知。

---

① 罗斯巴赫战役:七年战争中,普鲁士与法国-神圣罗马帝国联军于 1757 年 11 月 5 日进行的战役,以普军大胜作结。——译注

腓特烈大帝的胜利在一定程度上减轻了对普鲁士的古老敌意,但是就连帝国新教地区的市民也依然庆幸自己不是普鲁士人。亲奥地利党派的勤勉故事到处都有心甘情愿的听众,1780 年弗里德里希·尼古拉(Frederick Nicolai)在士瓦本写道:"这些自由人视我们贫穷的勃兰登堡人为奴。"普鲁士只对那些强大且胸怀大志的人才有吸引力。自从腓特烈时代起,出现了一种稳定的潮流——年轻有天分的人持续从帝国涌入普鲁士:一些是出于对腓特烈的钦慕,一些是渴望在更广阔的天地中有所作为;但是许多人都隐约感受到了普鲁士的重要意义。这个君主国已经远远超出了地方统治的狭隘意识,愉快地吸收着帝国中一切健康的能量,在移民圈子中寻找到了许多最忠诚、最能干的人,尤其是找到了救世主——施泰因。

《胡贝图斯堡条约》(*Hubertusburger Verträgen*)签订后,德意志北部维持了四十年和平,年迈的歌德都心怀感激地回忆这段美好的岁月。关于贫瘠普鲁士的传说,似乎也成了无稽笑谈。人们认为普鲁士的社会生活富足自由,在首都更是如此。大众福利明显提高,德意志文学的辉煌岁月开始了。战争既恶化也简化了帝国局势。旧秩序中唯一剩下的就是水火不容的普奥关系。德意志世界预感到痛苦抉择的时刻即将到来;较小的宫廷陷入忙碌的谈判,希望通过结成小国联盟,避免在"德意志两大巨人"碰撞中受到伤害。但是腓特烈大帝却好像被古老帝国永不消失的惰性所影响,只满足于重建筋疲力尽的普鲁士;他的德意志政策一贯如是:避免任何外国势力影响帝国,维持同奥地利的力量平衡。

自东方而来的重大危险打乱了腓特烈的和平计划。战后波兰共和国臣服于女沙皇叶卡捷琳娜,因此俄国正式吞并混乱的波兰似乎就只是个时间问题。于是腓特烈构想了瓜分波兰的计划,以此对抗沙俄,限制其野心。这是德意志外交上的一次胜利,战胜了沙俄对领土无休止的贪婪,克服了由于东方国家的西进而使西方国家陷于被动的局面。瓜分波兰无疑将使局势变得极为复杂,因为萨尔玛提亚贵族的腐朽统治终会将他们引上毁灭之路;但是这也势在必行,因为这将从沙俄统治下收复忠诚的东普鲁士领土,为普鲁士保住普雷格尔河与奥得河之间的领土,还是王储时的腓特

65

烈就认为这里是普鲁士不可分割的一部分。他再次扩大了帝国领土，收复了条顿骑士团国家的核心领地——美丽的维斯图拉河谷，很久以前德意志骑士就从蛮族手中获得了这里，德意志农民在严峻的自然环境中耕耘着这片土地。在马林堡（Marienburg）领主城堡的大厅里，西普鲁士特权阶层"宣誓效忠重新建立的普鲁士统治"（这句誓词引自纪念章），这块土地需要获得赔偿，因为三百年以来，它由于波兰人的野心和特权阶层的背叛而饱受伤害。德意志人和波兰人争夺波罗的海沿岸控制权的战争持续了五个世纪，最终以德意志的胜利告终。

尽管上次战争造成的伤口还在流血，但是普鲁士已经开始进行和平收复失地的艰苦工作。萨尔玛提亚贵族恶劣地骚扰维斯图拉河地区，这显示出波兰民族蔑视其他民族权利和民族性，欧洲其他民族都不是这样的。西里西亚地区变得比以前更加充满生机，新的统治者必须在这些享有德意志战争和勤劳声誉的古老城市，在施韦茨（Schwetz）、库尔姆（Kulm）和马林堡，恢复德意志精神的声望；重建这片被摧毁的土地上的经济。最初的德意志征服者曾在河间地开辟出农田，如今第二批征服者也在繁荣的布龙贝格（bromberg）附近的沼泽之地上，建起了勤劳的内策高（Netzegau）地区。但是腓特烈大帝本人却不太理解收复骑士团国家领地对德意志历史进程的重大意义，同时由于整个德意志民族都对自己的历史感到陌生，因此几乎没有人意识到这些地区本来就属于德意志。还有一些人，带着卫道士般的尖酸阴暗，指责国家用外交阴谋瓜分了这片土地；还有一些人轻信了波兰的古老盟友法国人编造的故事，认为瓜分行为让德意志蒙羞；大多数人仍然是冷漠疏离的，他们接受了一种流行的观点，认为"老弗里茨"已经变得邪恶。帝国中没有人感谢腓特烈的为他们带来的好处。

皇帝约瑟夫二世的野心永无休止，这让腓特烈在暮年时再次思考年轻时盘踞心中的帝国政策。帝国宫廷已经放弃了仅仅保护皇室在帝国中声誉的保守态度，打算从巴伐利亚攫取利益以弥补西里西亚的损失；于是，两个世纪以来奥地利的历史进程——其不断超出德意志范围的发展趋势，都被一场突如其来的内乱打断了。腓特烈大帝再次与维特尔斯巴赫家族结盟，以武力制止奥地利家族的权力在德意志土地上扩大；普奥这对宿敌间的冲突，进入了前所未有的白热化程度。巴伐利亚王位继承战无论在军事方面还是政治目标上，都与1866年决战非常相似；但前者只是为了抵御奥地利的野心，保持现状，并非是要将德意志从奥地利的统治下解放出来，这要等到三代普鲁士人之后才有能力进行。尽管年老的英雄已经无法大胆实现他以前所构想的宏大战争计划，但普鲁士人还是能迫使维也纳宫廷放弃野心。巴伐利亚第二次获得拯救，而骄傲的帝国宫廷也必须卑躬屈膝地"在柏林法庭为自己辩护"；饱受苦难的考尼茨（Kaunitz）在克尼格雷茨战役（Königgratz）中做出的预言，以完全相反的形式实现了：如果奥普再次交战，就一定会打到"胜负结果分明、彻底、无可逆转"。但是，帝国中剧烈的思想革命比眼下战争的结果更重要。曾经破坏和平、背叛帝国与皇帝的人，如今却成了德意志民族的法律守护者；诸多小宫廷曾在普鲁士大军面前颤栗，如今却惊怖于约瑟夫皇帝无休止的野心，转而向无忧宫（Sanssouci Palace）①里的仲裁人寻求庇护。在巴伐利亚阿尔卑斯山的农场中，并排悬挂着戴三角头盔的古代战士与圣科比尼亚诺（Corbinian）的肖像。士瓦本和北德意志颂扬普鲁士国王的诗歌中，也混入了一些来自宿敌萨克森选帝侯国的声音。游吟诗人凌格尔夫（Ringulph）在一首狂热的诗歌中赞颂道："於皇上帝，明明在下。畀我腓王，无竞维烈。"不久之前，莫泽尔曾说，普通人根本跟不上腓特烈这只翱翔于天际的雄鹰，也许有一天会出现一位政治科学领域的牛顿，能全面理解腓特烈的政治道路。但是现在德意志人开始明白，原来谜一样的国家政治其实无比简单；也理解了作为政治家的腓特烈，已经摆脱了个人的好恶，所做的一切都以国家需要为准。

当北美独立战争爆发，启蒙世界为这个西方升起的新太阳而欢呼时，腓特烈大帝也无法抑制他的喜悦。伟大而年轻的普鲁士，衷心欢迎这个新生国家进入古老的权力圈子。英国曾在上一次战争中可耻地背叛了普鲁士，在瓜分波兰的谈判中，也阻止腓特烈获得

67

---

① 无忧宫：十八世纪德意志王宫和园林，位于波兹坦，是最著名的霍亨索伦家族宫殿。——译注

但泽，如今腓特烈很高兴看见它陷入痛苦的麻烦。他公开宣布，将不再为背信弃义的英国保卫汉诺威；他甚至一度禁止英国在德意志收买佣兵，不仅是因为这种肮脏的交易激怒了他，更是因为他需要这些年轻人为他的军队服务。他利用海上女王的需要，通过建立军事中立国家联盟，保护了第二等级海军国家的权利。签订和约之后，腓特烈在欧洲君主中最先同这个年轻共和国签订贸易条约；这展现出了一种人道自由的国际法观念，而这正是普鲁士国家的传统特征。该行为超出了普鲁士国家利益的需要，但腓特烈之所以如此，并非是由于厌恶那个"该死的政府"，也不是因为殖民地人民对他强烈的偏爱。他的宿敌考尼茨伯爵，总是将腓特烈政策的光辉路线解释为魔鬼天性生出的无数阴谋诡计。但是在帝国中，对普鲁士的不信任逐渐消散了；德意志民族发现，再没有哪里像无忧宫一样，镇静而专注地思考民族事务。

因此，帝国中的高等贵族开始自愿听从腓特烈大帝的调遣，这真是前所未有的事。皇帝约瑟夫重拾巴伐利亚计划，试图粉碎普鲁士的力量；同时，他还通过一个仓促的世俗化计划，威胁到了相邻教会国家的现状。小国家里警钟乍鸣，发现曾经的保护人变成了敌人。人们讨论建立中间国家联盟和教会诸侯联盟，但是最后他们都不得不承认，没有普鲁士的帮助，他们将一事无成。年迈的国王以青年人的热情，再次投入战斗。他面临着许多诱惑，让他同皇帝结盟，分割对德意志的所有权，但是都被他斥之以"世俗贪婪"而轻蔑回绝；他也控制着自己对小宫廷的轻蔑，因为他知道只有公正无私才能得民心。他成功地让选帝侯会议以及大多数大诸侯加入他的德意志诸侯联盟，对抗皇帝，维护古老的帝国法和帝国邦的现状。腓特烈写道："正是对祖国的热爱以及作为好公民的义务，促使我在暮年投入这场新事业。"他青年时代的梦想在老年实现了：那曾在西里西亚战争中隐藏在巴伐利亚傀儡皇帝身后的普鲁士国王，如今已如德意志保护者般公开行事。所有的邻国都算计着德意志的弱点，警觉地发现德意志事务中出现的意外危机：法国和俄国向维也纳宫廷靠拢，有重建 1756 年同盟的危险。不过，意大利内阁却欢迎诸侯联盟，称其为"意大利诸国的保护神"。

历经两个世纪，联邦政策却从未超越起步阶段，如今却在普鲁士的支持下取得了巨大进展。马克西米利安一世时期的记忆,以及选帝侯贝特霍尔德(Berthold)的改革建议,再次变得鲜活。德意志诸侯联盟决定保留古老的帝国-封建-神权(reichsstandisch-theokratische)形式的德意志。但是如果随着事态进展,普鲁士成为帝国中各个国家的领袖,那么帝国法律的古老形式必定失去意义。全面放弃奥地利体系的时刻已经到来。就像赫茨贝格伯爵(Hertzberg)愉快地声称,如果有希望将奥地利大公排挤出德意志,帝国皇冠就可能在下一轮选帝中降临到其他家族头上,帝国领导权也将落在最强大的诸侯手中。魏玛年轻的卡尔·奥古斯特(Karl Augustus)提议,一切保证奥地利家族特殊地位的古老特权,都要经受帝国的检验。关乎德意志未来的重大问题,似乎找到了和平的解决方案。但是诸侯联盟无法持久,老腓特烈清醒地意识到了这个残酷的事实。德意志小诸侯能够投入腓特烈的怀抱,完全是一系列意外事件的结果,是约瑟夫皇帝脱离奥地利传统治国策略的结果;他们信任普鲁士仅仅是迫于奥地利的威慑。因此萨克森选帝侯极不情愿地接受了更年轻、声望不高的勃兰登堡家族领导;汉诺威几乎完全不信任普鲁士;根据歌德所说,甚至联盟国家中最热心、最弱小的魏玛和德绍,都秘密采纳了一些措施,以求在监护人普鲁士的统治下保护自己。一旦霍夫堡放弃了那个贪婪的计划,旧时和自然的党派划分必然重建,现在正向柏林寻求帮助的教会诸侯,将再次视新教普鲁士为死敌。腓特烈深知这一切,也深深地了解他的盟友,因此对于事态发展并不抱有幻想,他明白这个所谓的新施马卡尔登联盟,不过是个权宜之计,只能维持一时的平静。卡尔·奥古斯特狂热地为新帝国的结构起草了一份大胆计划,设想了关税同盟、军事协议以及一部德意志法典;约翰尼斯·穆勒(Johannes Müller)在满是溢美之词的小册子上赞颂诸侯联盟,诗人舒拔特(Schubart)用热情洋溢词句抒发颂扬;多姆(Dohm)在一部优秀的回忆录中得出了这样的结论:"德意志和普鲁士之间从未有过任何利益冲突。"但冷静理智的腓特烈从未被这些幻想迷惑,他深知只有一场大战方能推翻奥地利在帝国中的统治;但因为他的国家需要和平,所以他只能满足于阻止奥地利的野心超出合法范围。

69

70　　　　帝国大改革的必要条件尚未齐备，其中最紧要的是缺乏民族意愿。诸侯联盟中亲帝国的主角还没有走出德意志自由的古老幻想。海兹伯格言辞激动地向我们保证，约瑟夫皇帝的政策会将德意志所有力量集合在一起，形成一个共同体，使整个自由的欧洲处于一个普世君主国的统治下；同时，在多姆看来，新同盟保持奥地利西部边界的开放状态值得嘉奖，因为这样一来，法国就可以随时进来协助德意志。但是人民已经暗地里觉得现行秩序不值得存在；在舒拔特的作品中，小小的士瓦本时常被描述成一个门户洞开的鸽舍，处于诸侯们貂鼠般的利爪之下。但是所有这些观点和暗示都被一种绝望感所压抑，我们今天的活跃头脑很难理解这种感情：对于德意志人来说，似乎存在一种无法捉摸的命运，注定所有人将永远生活在一个贫乏空虚、早已失去存在权的国家中。腓特烈大帝身后，确实留下了一代比父辈更加欢愉骄傲的人，国力也迅速增长，这使普鲁士能在未来的某个时候，带领德意志走向明天。但是应该以何种方式和途径为德意志社会制造一个充满生机的秩序？这个问题从腓特烈登基到逝世一直困扰着他；实际上，大多数德意志人也并未认真寻找答案。德意志民族中甚至不见组建任何民族党派的端倪；似乎只能指望天降奇迹了。一切都陷入混乱，其中最显著的表现，莫过于这样一个简单的事实：普鲁士英雄曾经用正义之师证明了帝国制度的无效，如今却必须枕戈待旦地保护这枯朽的形式，以对抗帝国首脑。

　　　　如果说腓特烈无法彻底解决德意志的体制问题，只能为解决问题做出准备，但是他的作为确实对德意志国家的内政产生了深远持续的影响，让民族获得了高贵的国家意识，对于国家的本质也产生了更有价值的观点。腓特烈最终建立了绝对君主制国家，对于同代人来说，他代表着"开明专制"这种新国家概念。宣传力是精英特有的能力，也只有精英可以将这个首鼠两端的世界纳入新观念的引导之下。拿破仑首次有效传播了革命观念，而经由腓特烈人们才对君主义务的严肃认知形成共识，不过这个观念早在大选
71　帝侯时代就盛行于普鲁士。西里西亚战争的辉煌战果，让整个世界都开始沉思霍亨索伦家族的朴素王冠的意义，而在此之前，人们还无比钦羡凡尔赛宫廷的雍容华贵。腓特烈大帝在战争和外交上

展现出无与伦比的创造力,但是在内政上却追随父亲的脚步。他用天才般的力量振兴了国家的传统形式,大胆出色地完成了父辈未竟的事业;却没有什么新成就。但是腓特烈使王权政治的观念同时代文化相吻合,而正是这种观念让他的父亲成为一个强硬的实干家;他不停地对自己和他人展现着行动力。腓特烈以君主的身份在当时的政治思想家中获得一席之地,《反马基雅维利》中尽管有一些不成熟之处,但仍然是一部卓越而影响深远的作品,关注在绝对君主制国家中官僚系统的责任。在第一次胜利的喜悦中,他为年轻的符腾堡公爵写下了《君主规范》(Fürstenspiegel)。然而他的功业超过一切理论,在那些上天考验他的岁月中,他遵循自己的原则,向世界展示了什么叫做"如国王一般思考、生活和死去"。最终他从命运手中接过了奖赏,就算是天才,如果想在一整代人心中留下印记,也需要这个奖赏:他幸运地活到了硕果累累的暮年。如今他是涅斯托尔(Nestor)①,是欧洲诸侯公认的领袖;他的声望盖过所有王冠的光芒,其他王侯都要从他的言行中学习如何思考自己的使命。

　　小诸侯国的传统观念认为,领地内的土地和人民都是诸侯家族的私产,但是腓特烈大帝批评这是一种可耻的观念:"王侯最亲近的应该是他的国家,国家的利益必须居于家族利益之上。"波旁王朝过分骄傲的自我主义展现在其所有的虚荣心之中,但腓特烈大帝继承王位时,便放弃了轻松愉悦的生活:"责任是我唯一的上帝",半个世纪以来他始终全身心地服务于这个上帝,每当面对臣民的感激之词,他都回答:"使命所在。"从未有君主像这位独裁者一样,如此开诚布公地讨论王侯的尊严,他毫不迟疑地承认共和制和君主立宪制存在的权利,并且认为绝对君主制的伟大正在于其艰巨使命:"国王必须是国家的首脑,是国民信仰的最高领袖。"

　　新一代的高等贵族以腓特烈为榜样,并追随启蒙运动的博爱思想。威廉一世时代的小诸侯们,像巴登的查理·腓特烈和萨克森的腓特烈·克里斯蒂安(Frederick Christian),现在也迈入了忠诚仁慈的国父行列。诸侯们普遍地按照普鲁士方法接受军事教育;实

① 涅斯托尔(Nestor):希腊神话人物,用来指睿智、阅历丰富的长者。——译注

施宗教宽容、提高公众福利、促进学校教育，成为王权的责任；在一些更小的国家中，比如布伦瑞克（Braunschweig），出版自由程度甚至超过普鲁士。甚至一些教会领地也呈现出进步趋势，明斯特（Münster）也赞颂福斯坦堡（Fürstenberg）温和谨慎的行政管理。但是小宫廷根深蒂固的专制主义症结不可能一时间全部根除；美国独立战争期间，雇佣兵的古老陋习达到了邪恶顶峰，尽显德意志二流诸侯的无耻嘴脸。腓特烈体系致力于为人民谋福利，而这在领土更小的国家中要么只是儿戏，要么成为专制。巴登侯爵说自己的宫廷议会（Hofkammer）是"臣民的天然守护者"；一些善良的小老爷们，根据新近流行的重农主义税收体系加税，或者进行各种不成熟的博爱主义实验，反而加重了臣民负担；厄廷根-厄廷根家族（Oettingen-Oettingen）的行政部门必须为其喜欢刨根问底的统治者提供详细的信息，说明其领地上所有犬类的"名称、种类、用途和外在特征"，以及不计其数态度恭顺的意见。但是总的说来，德意志已是耄耋之年的这代诸侯仍然十分值得尊敬。无论身处何地，君主都反对滥用民力，释放了年迈的莫泽尔，支持符腾堡人民保留其议会。尽管帝国在整体上已是积重难返，但是许多成员国已经开始了全新而充满希望的生活。

腓特烈的榜样力量也影响到了德意志之外。玛丽·特蕾西亚是他最好的学生，她在天主教世界中传播了腓特烈的国家观念。古老的奥地利由于邻国弱小，因而一直在昏睡中打发时间，直到野心勃勃的北部国家实力增长，才被迫积极发展力量。北德意志人豪格维茨（Haugwitz）根据普鲁士模式改革了奥地利行政体系，这些奥地利的改革，启发了其他地方的开明专制，因此所有拉丁文化国家，比如那不勒斯和托斯卡纳、西班牙和葡萄牙，都开始不知疲倦地为人民谋福利。骄傲的波旁王朝对这种新的王权观念最为抵触，他们提及凡尔赛宫的时候，会带着嘲弄的口吻说，在波兹坦宫，宫廷管家从来不给国王递衬衫。直到大革命迫在眉睫，法国王室才略微感到自己的责任，但是为时已晚。波旁王朝从未摆脱自我神化的王室虚荣感，始终蔑视人民，这才导致了垮台。但是德意志人对王权的感情已经深入血脉，即便在封建时代也未曾消亡，腓特烈大帝重振了这种感情。再没有哪个民族的现代史像普鲁士一样,可以在如此伟大深远的意义上理解王权的责任,正因如此,即使到了议会斗争的时代,德意志人民对于王权的感情,依然是所有文明民族中最深厚的。

即便是在最好战的国王统治期间,霍亨索伦家族依然热爱和平。腓特烈大帝赞扬武力,仅仅是因为武力是保卫民族利益、传播文明的工具。他并不认为权力本身便是目的,为获取权力进行的斗争具有历史光荣,相反,这些观点侮辱了王权。他因此写作了义愤填膺的《反马基雅维利》,其中一遍遍回顾瑞典国王卡尔十二世①例子。或许他也隐约觉得,胸中激荡的力量可能将他引上同样的错误道路,才不知疲倦地描述无目标的好战名声带来的虚荣,并且在无忧宫的圆形大厅中,将瑞典国王的半身像轻蔑地置于缪斯脚下。甚至在少不更事时,腓特烈就明白权力的道德目标。那时他写道:"这个国家必须强大,这样才有能力扮演好维护和平的角色,和平依靠的是对正义的热爱,而非对权力的恐惧。但是如果说在普鲁士,上层人士都不讲道义、结党营私、横行霸道,那么我宁愿看到勃兰登堡家族的覆灭。"七年战争结束时,腓特烈认为自己已经足够强大,可以用正义维持和平,便满怀热情地致力于恢复大众福利,因此却使军队遭受重创。

的确,这位军队统帅给普鲁士戴上了众多胜利桂冠,但军队的状况却比他即位创建时更加糟糕,作为一位军事管理者,他比不上他性格粗暴的父王。腓特烈需要勤勉的工人重建被摧毁的国家,因此他在原则上宁愿招募外籍士兵充实军队。军队的指挥官必须根据土地和税收比例提交征兵区名单,自此之后的每年,军事需求和公民利益之间都会产生矛盾,这种矛盾以各种形式在普鲁士历史上重复上演。这一次的争论中,经济发展的要求占据上风,于是地方政府努力将每一个能干或富有的年轻人从征兵名单上划掉。腓特烈本人也插手了这项工作,他免除了许多社会阶层的兵役,比如移民、手工业家族、领主的仆从;许多城镇,甚至一些省份,比如

74

---

① 卡尔十二世(1682年—1718年):瑞典国王,积极进行对外扩张,1708—1711年东征俄国,以战败告终。1718年进攻挪威,在作战中死去,瑞典也因此丧失了波罗的海的霸主地位。——译注

东弗里西亚，都获得了赦免。很快，普鲁士军队中外籍军人的人数就已过半。腓特烈高度赞扬这支军队，称其是巨人阿特拉斯①（Atlas），将整个国家扛在肩上；七年战争的影响依然在发挥作用，因此即便是在普鲁士，服兵役也被视为一种不幸，但是并不像帝国中其他地区那样，被视为一种耻辱。腓特烈在默克尔劳（Mockerau）平原上展开的夏季军演，其军事策略几乎达到了无人能及的完美境界；他不厌其烦地告诫军官们"细枝末节的工作也很伟大"；他为军事指挥编写的《军事教令》是他最成熟的作品。军事上没有任何行动能逃过他的眼睛；人到暮年他还仿效美式步兵打造了一支配备轻滑膛枪的新步兵团——绿营（die grünen Füsiliere）。波茨坦宫练兵场吸引了来自各个国家的观察家；在都灵，维克多·阿玛迪斯（Victor Amadeus）和他的将军们认真模仿普鲁士教官的每个动作，甚至是头部倾斜的角度；年轻的格奈泽瑙（Gneisenau）中尉在阅兵式上，看见普鲁士精兵的尖顶头盔在阳光下熠熠生辉，他激动地呼叫道："普天之下还有谁能如此光彩夺目？"

但是在腓特烈晚年，军队确实有所衰落。战场上掩埋阵亡军人之处已然芳草萋萋；在七年战争这场史无前例的争斗中，除了极个别侥幸者，几乎所有的重要将领要么阵亡，要么终生残疾。目前要上前线的这些下级军官都是新手，只能从军事训练手册中寻找腓特烈大帝获胜的秘密。在外籍军官中，许多人都是性格多疑的冒险家，冲锋陷阵只是为了追求利益，而非出于容克贵族或者布吕歇尔（Blücher）②式的骄傲勇敢。腓特烈大帝比他的父亲更不喜欢平民阶级，认为只有贵族才是忠臣，因此开除了许多出身平民的军官。贵族将领之中产生了一种容克精神，它比昔日那种不羁粗野更让人民难以忍受。被招募而来的老兵最终在城里找到工作，和妻儿过上了舒适的生活，由于在这里他们始终是外国人，因此不愿为这片土地卖命。在接下来的巴伐利亚战争中，腓特烈惊诧地发

---

① 阿特拉斯（Altlas）：希腊神话提坦巨人之一，以肩顶天的壮汉。——译注
② 格布哈德·列博莱希特·冯·布吕歇尔（Gebhard von, Blücher, 1742—1819）：普鲁士军事领袖。1813年在瓦尔施塔特战役中击败法军。1815年配合威灵顿公爵在滑铁卢战役中大败拿破仑率领的法军。——译注

现,这支军队能力极为有限,但是他并没有理解失败的原因。他所在时代的幸福论(Eudämonismus)①让他误解了军队的精神力量。他根据习俗,用奥地利和萨克森战俘组建普鲁士军团,但战俘的大量逃亡都没让他意识到自己的错误。在战争最后几年,他已经充分认识到打造子弟兵的重大意义,但仍然认为组建一支集全民之力的强大军队,只是特殊时期的权宜之计:"现在祖国受到威胁,灾难迫在眉睫。"腓特烈的政治家之中,只有海兹伯格坚持威廉一世的大胆设想,希望能够逐步驱逐所有外籍军人,"到那时普鲁士将像希腊人和罗马人一样不可战胜"。但是老国王更乐意看见这个并不富裕的国家取得经济进步,并且将自己的军事理想形容为:"爱好和平的市民完全不应该理解什么是战争。"因此国家的支柱之一——普遍兵役,慢慢开始动摇。

　　腓特烈大帝比其父更加严格地维持了国家的阶级分化,以及在其之上建立起来的劳动分工;一旦农民、市民和贵族无法完成在国民经济中被指定的角色,腓特烈都会通过教导、压制、赠礼和放贷等方式给予帮助。贵族必须是第一等级,因为"军队和行政体系需要他们"。依靠抵押机构(Pfandbriefsanstalten)和贵族们的现金支持,腓特烈成功地在战争后"保住"了贵族的地产。因此,他和父亲一样,不敢完全解除对农民的奴役。《基本法》(Allgemeines Landrecht)②在形式上废除了农奴制,但是那种同样具有压迫性且世代相传的主从关系却依然广泛存在。行政部门只满足于在特定细节上缓和现存阶级统治的严酷。老国王没有注意到,也不希望看到,社会权力关系正在发生明显的变化。新文化塑造出了一批来自各阶级的有教养民众;大城市里的商人和手工业者,广袤王室领土上的租赁者,已经逐步获得了有保障的财富和强烈的自我意识,因而不可能永远容忍贵族特权。贵族一点点失去了其统治地位的道德和经济基础。古老的阶级分化在难以察觉的情况下被破

76

---

① 幸福论(Eudämonismus):是一种伦理学体系,认为能否获得幸福是衡量一切行为正确与否的标准。——译注

② 《基本法》(Allgemeines Landrecht),全称为《普鲁士国家基本法》(Allgemeines Landrecht für die Preußischen Staaten),颁布于 1794 年 7 月 1 日,是普鲁士范围内首部统一法典。——译注

坏了。

　　腓特烈大帝总体上保留了其父亲建立的行政组织，唯一的不同是在总执行局增加了四个新部门，分管军事、商业、矿业和林业，进一步走向统一国家。国王比人民目光远大，指示龙骑兵监督农民种植所发放的马铃薯种子；通过县长和议会的命令，克服参与者顽固的消极抵抗，推进公地划分（Gemeinheitsteilung），修建灌溉系统、促进农业技术进步。强制性的贸易保护政策重振了城市工商业已然消沉的进取之心。腓特烈大帝时期国民经济政策的缺陷，并不在于政府造福人民的热忱（这种热情无惧阻碍，但时机不成熟），而在于国王为满足财政需要而被迫使用的财政手段。他被迫将四分之三的例行开支用于军队，还努力依靠垄断和间接税平衡预算。这种缺乏弹性的财政体系仍然像是一个巨大的私人家庭开支。近一半的岁入来自王室领地和森林；只有富饶领地能够满足国王的大笔支出，包括为农民提供的技术教育。法律规定了主要税收的总额；面对殖民和开垦活动的巨大开支，必须利用管理机构（Regie）的灵活收入。仔细积攒下的财富足够支付几次短期战役，但是由于议会的权限、官僚体制的传统观点，以及国民经济的不成熟，不允许发放国债，因此如果没有外国资助，普鲁士很难发动一场长期而艰巨的战争。尽管普鲁士公民福利的增长已经如此迅速，但还是赶不上位置更优越的周边国家。普鲁士依旧是西方列强中最贫穷的国家，而且主要是一个农业国家，尽管腓特烈大帝获得了东弗里西亚，打开了通往北海的门户，但在世界贸易中的作用依然有限。埃姆斯河和奥得河的港口缺少一个工商业发达的富饶内陆。

　　腓特烈大帝作为一名改革家，在内政方面颇有作为，而他的先辈对这一领域缺乏理解。在司法领域，威廉一世唯一的贡献就是对抵押制度的合理改革。他的儿子建立了全新的普鲁士司法制度，就像其父培养起了德意志现代官僚行政体制。腓特烈大帝知道司法是国家不可分割的政治职责；他让所有领地完全独立于帝国法庭，拒绝接受法学家的意见，创建与总执行局并行的司法部（Justizministerium），将整个司法系统交给一个级别有序的国家官僚体系，让他们自己培养接班人，并严格监管仍存于最低级地方长官身上的私人司法权威。法庭被承诺无条件独立于行政系统，也得到了坚决实施,除了在个别情况下,政府出于好意进行司法干涉。这个新司法体系尽管收入有限,但是却保持着光荣的使命感;因此当帝国法庭腐败不公时,唯有普鲁士有资格骄傲地说:"柏林才有法官。"对于启蒙时代的年轻一代来说,国家是明确目标的人类意识的产物,自然会产生这样的要求:统治国家的法律不应该是固定和传统的,而是明确和有需要的;腓特烈终其一生都想完成一部包罗万象的法典,这是从查士丁尼时代就流传下来的任务。腓特烈大帝逝世后不久,《基本法》就投入使用,它比同时代的任何作品都清晰地反映了腓特烈大帝"两面神"①的国家观念。一方面,这部法典仔细保存了传统社会的不同特点,因而适应于古代封建制的阶级分化,甚至为贵族保留了同《基本法》存在冲突的封建婚姻法;另一方面,该法典极大地推进了国家主权观念,其中的许多条文的观念都先于法国大革命,这使得米拉波(Mirabeau)②都认为,在司法方面,普鲁士领先欧洲一个世纪。国家的目标是全民幸福,只有在追寻这个目标时,才能对公民的天然自由施加限制,但同时也有权废除所有现存特权。国王只是国家首脑,也只是作为国家首脑时,他才拥有权利和义务。这是当时普鲁士统治者的观念,而比纳(Biener)和其他贵族法学家依然认为,领地和人民是德意志诸侯的私产,这是无可置疑的法律原则。国家权威建立在私人统治权的基础上,对一切私人领域施加教化指导,规定父子、主仆之间的道德义务,凭借匪夷所思的法律观念,他们从开始就丧失了解决将来所有司法争论的机会。

《基本法》标志着古代专制主义的终结:权力受到严格限制,社会上升到法治的高度。同时,由于这部法典推翻了罗马法的统治地位,因而也在不经意间,为德意志人民铺平了通往新的统一法律之路。腓特烈时代机械的国家观念,很快被一种影响更深远、眼光

---

① 两面神(Januskopf),又称雅努斯神,是罗马宗教所信奉的神明,为两面人形象。——译注
② 米拉波(Honoré-Gabriel Riqueti,comte de Mirabeau,1754—1792),法国政治家,曾任法国国民议会议长。1789 年他以第三等级代表的身份入选三级会议,尽管个人反对三个等级联合开会,但他支持新建的国民议会的合法性,并于法国大革命初期成为核心人物。——译注

更长远的哲学所取代，历史法学派的作品也代替了卡默（Carmer）和苏亚雷斯（Suarez）并不完善的法学文化；但之后的数十年，《基本法》还是为普鲁士的所有改革提供了坚实的基础。信仰法治是一切政治自由的前提，这种信仰在官员和人民之中变成了活跃的力量。如果国家存在的目的就是保护大众福利，那么必然要取消统治阶级特权，国家也势必参与对公共事务的指导（腓特烈本人并没有意识到这一点）。这种局面迟早将成为现实，即便是现在，在扩大的国家活动领域中，具有创造性的民众力量就足够完成王权所承担的艰巨任务。

腓特烈大帝在教化民众方面成效不大。从歌德的回忆录中我们得知：七年战争的英雄岁月是如何丰富并解放了德意志文化；军营中的民族意识、不断膨胀的生命力，是如何激活了一片死寂的诗歌王国；苍白贫乏的民族语言曾一度结结巴巴地表达丰富的感受，如今也已摆脱了空洞笨拙，找到了表达伟大思想的方式。普鲁士战地鼓声中诞生了第一部德意志喜剧——《明娜·冯·巴恩赫姆》（*Minna von Barnhelm*）①。普鲁士民族在伟大的精神觉醒中，出现了许多文化运动的先驱，从温克尔曼（Winckelmann）到哈曼（Hamann）和赫德尔（Herder）。康德的伦理学，这种全新而成熟的新教思想，终于在萌芽岁月的思想斗争中胜出，成为北德意志人民共同的传统，现在渗透在普鲁士精神之中。只有在新教自由的土壤上，绝对律令的观念才能开花结果，也只有在这里，这部关于忠于和放弃责任的作品才能获得理解。从前人们被迫默默服从粗暴的命令；现在因为君主大胆依赖具有探究精神的头脑，并坦言"智者无疆"，这些简单的指令受到了挑战。腓特烈大帝在最自由的意义上继续推进普鲁士古老的信仰自由政策，将其纳入法典之中："法律不可强制人民对上帝和神圣事物做何种理解。"这位自由思想家也没有放弃先辈们统一宗教的努力，坚持认为新教两大阵营在必要时应该相互团结。腓特烈宣布拥有最高主教权，由此可以战胜任何针对国家的宗教阴谋，甚至宽容对待教皇最近解散的耶

---

① 《明娜·冯·巴恩赫姆》，又称作《士兵的幸运》，是莱辛创作于 1763 年的五幕喜剧。——译注

稣会。他还保护出版自由,使之几乎不受限制,因为"只有不受干涉,报纸才能有趣"。他宣布所有学校都是"国家机构",热情地说道,国家有义务培养具有独立思想和为国牺牲精神的下一代。他曾多次盛赞科学和艺术之光才是王冠上最耀眼的宝石;不同于拿破仑对精确科学的高度评价,他强调古典教育才是所有高级文化的重要源泉,这证明他是一个真正的德意志人,一个热爱和平的君主。除上述以外,腓特烈大帝在推进大众文化方面的直接作用微乎其微。

财政资源有限、缺乏优良小学教师、战火连绵,再加上外敌入侵和国内贫困,让腓特烈很难将他的计划付诸实施,最终也表现出了父亲狭隘的功利主义思想。这位精打细算的国王发现,教化民众是最困难的事。帝国内的其他德意志人嘲笑普鲁士人忍饥挨饿,首先想到的是普鲁士学者。小学严重不足;在广大农村地区,尽管更加严格地督促执行普遍义务教育,但是在现实中仍是一纸空文。普鲁士没有一所大学赶得上新佐治亚(奥古斯塔)大学①。 80 腓特烈大帝统治晚期,康德的朋友策德利茨(Zedlitz)担任教育部长,一股更加自由的风潮吹进教育体系:卓越的修道院院长费尔贝格(Felbiger)开始改良天主教小学,奥地利和帝国其他地方纷纷效仿,这样一来,天主教德意志地区也最终分享了宗教改革的果实。

将德意志第一流的头脑集中在柏林共创大业,似乎并不是一件难事。帝国内所有的青年才俊都希望在这位民族英雄的注视下建功立业。就连温克尔曼这样曾经毅然远离了这块土地的人,如今也感受到祖国和他的儿女永远血脉相连。他写道:"我第一次听见了祖国的召唤。"他热切地想要展示亚里士多德的战争艺术,即一个土生土长的国民应该做一些有价值的事情,并且为在柏林谋得一个职位商讨数年。但是在腓特烈的法式科学院中,却没有德意志思想家的一席之地。人们曾经期待,美第奇家族的艺术之光能重现于这位热爱艺术的君主宫殿中,现在外国鉴赏家只能在无忧

---

① 佐治亚(奥古斯塔)大学(Georgia Augusta):美国第一所公立大学,位于佐治亚州雅典市,创建于1785年。——译注

宫的圆桌会议①上略窥一二。这位法国文化的信徒不愿也不能理解民族正在成长的年轻生命。与此同时，柏林社会也过分陶醉在新文化之中，轻浮的自由思想和精致的享乐正在驱逐古老严肃的朴素道德，普鲁士行政体系也继续保持追求即时效应的片面路线。腓特烈大帝缓和了大兵王引入的那种令人难以忍受、僵硬、平淡的精神，但是并未完全消灭；只有巴洛克式富丽堂皇的新宫殿和御林广场上穿顶高耸的大教堂，才展示出三十多年以来对于文化的野蛮仇视正在逐步得到修正。

普鲁士只展现出了德意志民族生活的一个方面；德意志精神中的温柔与渴望、深沉与狂热，在这样一个理智清醒的世界中很难得以表达。德意志政策的核心并没有成为民族的精神家园；诗歌的古典时代只能在小国家中发展。这个重大事实是解开现代德意志历史上诸多谜题的钥匙。无与伦比的自由是我们最宝贵的文化财富，这要归功于腓特烈大帝冷静超然的态度；但是在现代德意志文化特征形成的重要时期，这种态度让德意志思想家在很长一段时期内，都很难理解这个生机勃勃的国家。腓特烈大帝逝世后，普鲁士花了二十多年才接受了新德意志的文化力量；德意志科学也用了相当长的时间，才承认它与普鲁士国家同脉相连：普鲁士建构国家的力量植根于一种活跃的唯心主义，正是它激发了德意志人的科学和艺术冒险。

毫无疑问，腓特烈大帝对于德意志文化的冷漠，是新德意志充满热情的漫长历史中，最可悲、最不自然的现象。他是这个民族的第一人，唤醒了德意志人的自信勇敢，外国人都承认他是最优秀、最典型的民族代表；他用无比生动、震撼人心的方式宣布，普鲁士人是如何缓慢艰难地摆脱了三十年战争的糟糕遗产和外国列强的恶劣影响。但是腓特烈并不像法王亨利四世那样，忠诚拥护民族的优缺点，理解民族情绪的方方面面。他的身上有两种天性在斗争：一方面，他是个哲学家，喜欢音乐和法语诗歌的温柔腔调，觉得

---

① 圆桌会议（Tafelrunde）：是腓特烈大帝从 1747 年开始在无忧宫中举办的定期聚会，主要由社会各界名流和欧洲其他国家的知识精英参加，类似于其父召开的烟草聚会。——译注

做个诗人才是这世上最幸福的事,承认自己非常羡慕伏尔泰:"生命给予我的礼物只是空洞的外表,却赋予您各种天才,比给我的好。"另一方面,腓特烈大帝也是精力充沛的北德意志人,他用粗鲁的方言大声呵斥勃兰登堡的大老粗们,这个强硬派有着英勇善战、永不倦怠、坚如铁石的形象。十八世纪法国启蒙思想中存在一种深刻的虚伪,其实它并不渴望、也无力调和现实生活与理想的冲突。人们醉心于大自然单纯的神圣本质,同时又愉快地参与欧洲有史以来最不自然的实践活动;他们嘲笑生命不过是荒谬的偶然事件,幻想原始人类的自由平等,同时沉浸在对人性最难以控制的蔑视以及旧式宫廷所有的甜蜜罪孽之中不可自拔,却又希望在遥远的未来,理性终能在当下世界的废墟之上建立统治。普鲁士宫廷中聪明阴险的海因里希亲王(Heinrich)就深受这种文化影响:理论上,他蔑视一切被乌合之众称为光荣伟大的无常之物;实践中,他却是一个无所顾忌的国家理性主义者,一个阴谋诡计的大师。

　　腓特烈大帝也以自己的方式过着法国启蒙主义者的双重生活。其命运的悲剧性在于,必须用两种都不精通的语言进行思考和交流。这位醉心于美学的年轻人,厌恶父亲烟草聚会(Tabakskollegium)上的那些胡言乱语,也反感死脑筋神学家的作品中迂腐笨拙的书面德语;但是无论愿不愿意,他都必须用这种粗笨的语言,以粗糙的方言和僵硬的公文体处理事务。随着头脑中理念世界的发酵,他发现有价值的表达只存在于世界主义文化中。腓特烈时常承认,他那粗鲁古怪的缪斯女神说着野蛮的法语,由于承认这些缺陷,他总是低估自己文学作品的艺术价值和语言纯净性。成为诗人至少需要一种敏感善变的天分,腓特烈并不缺乏这一点。他的缪斯女神掌控着所有的情绪:她时而严肃认真地歌颂伟大高尚的事物,时而以精灵般的邪恶——或者如实地说:以柏林街头混混的肆意张狂——讽刺挖苦她的祭品。但是他也确实感觉到,诗歌创作无法像长笛演奏一样,表达出他丰富的灵魂;德语表达仍旧无法像法语那样优美和深邃。

　　无忧宫里的这位哲学家最终没有完全融入他无比倾慕的文化,他严肃的世界观与道德观尤其同法国文化差异巨大。新教精神的伟大之处正在于:要求高度统一思想和意志、宗教和道德。腓特烈

82

79

大帝植根于德意志新教精神的道德思想,使他避免了法国哲学里一种隐秘的弱点。因此他可以比天主教徒伏尔泰更加冷静地对待教会,后者则在新自由主义的福音书——《亨利亚德》(Henriade)——中得出了这样的结论:所有高尚的人都必然属于罗马教会。与伏尔泰不同,腓特烈大帝从未屈服于任何宗教形式,并且以一种天生异教徒的冷漠,忍受着教会法庭将他的作品列入禁毁书目。有时他会谦卑地表示自己热爱哲学,但是我们也要明白,对于他来说,生存的问题远比偶然的消遣重要;他效仿古人,在不断地思索中寻获灵魂的宁静,超然于流转的命运之上。青春叛逆之后,他清楚地学会了控制自己艺术家般柔软敏感的心灵,不沉溺于安逸享乐。尽管在他的头脑中,经常出现大胆放肆的怀疑和嘲讽,但是他始终坚持世界道德秩序观念和责任意识。他严肃认真地对待责任,这让他同巴黎启蒙主义中松散易碎的道德观,有了天壤之别。他的作品清晰简洁,有时有些琐碎但从不混乱,始终在连续意识的指引下,得出明确的结论;同样地,他也渴望让生活变得规律并符合已知真理。即使在面对蛮族的抵抗时,他也极力保持着人道主义,他认为这是所有国家和社会,以及所有会思考生物的核心品质;他相信"自己为这个世界做出了巨大贡献",并带着这样信念离开了人世。

即便如此,腓特烈大帝也始终无法完全克服灵魂的分裂。这种内部的冲突首先表现在他尖酸刻薄的幽默上,他对此毫不掩饰,是因为他诚实到根本不想隐藏。这位天纵之才的生活充满神秘,就像他分裂而丰富的精神世界一样令人难以理解。腓特烈大帝蔑视讥讽勃兰登堡贵族的浅薄无知;当他在一个人的陪伴下挣脱了这个精神空洞贫乏的社会时,他松了一口气,羡慕地仰望这位法语大师;与此同时,他又感到需要感谢这个粗俗种族的强壮有力,找不到足够的词汇褒奖贵族们的勇敢、忠诚和高尚,控制自己不要嘲笑老齐滕(Zieten)[1]坚定的基督信仰。腓特烈大帝欢迎法国人共进晚餐,却把尊敬留给了德意志人。没有哪个外国友人可以像他的"灵

---

[1] 汉斯·恩斯特·卡尔·格拉夫·冯·齐腾((Hans Ernst Karl Graf von Zieten,1699—1786),腓特烈大帝时期的普鲁士元帅,著名骑兵将领。——译注

魂伴侣"温特菲尔德（Winterfeldt）①一样，接近腓特烈的心灵，后者即使在面对国王时，也保持着德意志脾气。腓特烈大帝经常在信件中表达自己对于塞纳河畔新雅典的向往之情，也哀叹善妒的神明将缪斯之子判罚到辛梅里安人（Kimmerisch）②的苦寒之地管理奴隶；但是他跟父亲一样从不抱怨，与人民同甘共苦；看到美好新生活在勤劳农夫的手下开始绽放，他从心底感到高兴，骄傲地说："我宁愿我们生活朴素，甚至贫穷，也不要那些会摧毁这个民族的该死财富。"胆敢向国王提出政治建议的外国诗人遭殃了，腓特烈严肃而轻蔑地让他们回归自己的艺术领域。

尽管如此，全新的法国观念还是占据了腓特烈的头脑，只有用 84 法语表达德意志思想，像一个德意志诸侯和将军一样，在政治、军事和历史著作中发表看法时，他才是一位伟大的作家。腓特烈大帝并非出身外国学府，却通过全副精力和毕生经验，成为了十八世纪首位政治评论家，他凭借创造性的批判才能研究国家，以磅礴的文风讨论公民义务。在这个四分五裂的民族中，还从未有人像《爱国书简》(Die Briefe des Philopatros) 的作者那样，如此热情深刻地书写国家之爱。暮年的国王认为，不值得从法国艺术的高峰落入德意志艺术的低谷，也不值得亲自检验德意志人民的诗歌创造力是否觉醒。在他去世六年前写作的关于德意志文学的论文中，他重申了一般巴黎评论家针对德语的粗鄙所做的古老谴责，并且以轻蔑的词句批评《铁手骑士葛茨·冯·贝利欣根》的迂腐之味——这部作品他几乎没有读过。但是这篇文章却明确展现出了这位英雄的民族骄傲情绪。他预言将出现一个德意志精神大放异彩的时代，精神之光终将驱散黑暗。同莫泽一样，腓特烈大帝看到那应许之地就在远方，充满希望地推测："也许最后的抵达者将驱赶所有先到之人！"至远至近、至亲至疏，这就是腓特烈大帝。

属于先王的伟大时代即将落幕。老弗里茨身边日益安静，那些

---

① 汉斯·卡尔·冯·温特菲尔德（Hans Karl von Winterfeldt，1707—1757），腓特烈大帝时期的普鲁士军事将领。——译注
② 辛梅里安人：荷马史诗《奥德赛》中所载公元前 12 世纪，生活在黑海沿岸的民族，永远处于黑暗之中。——译注

曾为他征战的英雄们，那些曾与他一同嬉笑怒骂的朋友们，一个个离开了人世；孤独将他击倒，这是命运对伟人的诅咒。因为年轻时所有斑斓的梦想都被父亲无情地碾碎，他也就习惯了不受人类情感的伤害。老年时，他这种不考虑他人的脾气更是变得执拗无比。在无忧宫的廊画中，这位严肃的老人在他为数不多的闲暇时光里，只有爱犬为伴；或者在公园的亭子里，思考去世姐姐的回忆录，目光深沉地望着脚下活蹦乱跳的小孩子们，他们害怕他、服从他，却不爱他。老国王巨大的权威给人们造成了极大的压力。有时他也会去看看歌剧，可演员们在他面前都战战兢兢，每个人都盯着这个目光严肃的孤独老人所坐的位置。当他逝世的消息传来，一个士瓦本农民说出了无数德意志人内心深处的话："现在由谁统治天下？"直到咽下最后一口气，身上还散发着普鲁士王朝的所有意志力，离世这天是他第一个休息日。他的遗嘱再次向民族展现了，具有政治意识的霍亨索伦王朝，在对王室责任的理解上，同德意志众多小诸侯有着云泥之别："我死前最后的愿望，是希望国家昌盛；通过温和的法律，成为最幸福的国家；成为内政方面最公正的国家；通过一支只为荣誉而生的军队，成为最勇于抵御外辱的国家；愿它繁荣富强，千秋万代！"

　　自从腓特烈·威廉在老帝国的废墟之上找到打造新国家的第一批材料，已经过去了一个半世纪。十万普鲁士人英勇阵亡，为保护新生的德意志王朝付出了巨大的代价，这场惨烈争斗对于帝国至少有一个好处：德意志民族越来越觉得，自己才是这块土地的主人。对于帝国内的德意志人来说，生活曾经赋予他们的安全感消失已久，现在能保护民族和平、抗击外来侵略的，似乎注定是普鲁士人；如果没有强烈的安全感，德意志文学不可能有心情进行伟大创作。人民也开始同违背公众意愿的国家和解；他们已经接受国家作为德意志生活中必要的组成部分，却没有许多人关心国家的未来。一个如此大胆进取的国家，如何在没有天赐神力的情况下保存自身？像这样棘手的问题，只有善思的米拉波对其进行了相当严肃的思索。腓特烈大帝逝世前不久，即将爆发的法国大革命的领袖还在无忧宫作客一小时，那时新旧两个时代还彼此友好。米拉波用精致的词句描述了他所见过的腓特烈，称赞腓特烈的国家是一件真正美丽的艺术品。普鲁士确实吸引了这个天才,但他也发现,这个国家的基础实在太薄弱了。那个时候的普鲁士人很难理解这种顾虑,腓特烈时代的光芒似乎让欧洲最挑剔的批评家都变得盲目。但是腓特烈大帝的荣耀将对下一代人产生破坏性的影响;人民躺在虚有其表的功绩之上,忘记了只有艰苦工作才能保住来之不易的成果。当耻辱和考验的日子再次降临,普鲁士将再一次感受到天赋之力缓慢地发挥作用、造福于人;对罗斯巴赫和鲁腾战役(Leuthen)的记忆,将提供最终的精神力量,使德意志王朝这艘有漏洞的船,免于倾覆的命运;当国人再一次拿起武器殊死搏斗时,一位南德意志诗人看见腓特烈大帝从云端走下,向人民高呼:"起来,普鲁士人,集合在我的旗帜下,你们将比先祖更强大!"

第三节 新文化

在古代民族漫长的历史发展中,德意志蓬勃迅速地完成了精神 革命;尽管三十年战争让民族堕入令人绝望的野蛮状态,但就在四代人之后,德意志便迎来了科学与艺术的黎明。一种全新的世俗自由文化从信仰自由的根基上绽放,与德意志僵化的社会形式针锋相对,就如同普鲁士同神圣罗马帝国的关系一样。其他民族的古典文化是权力和财富的产物,是发达民族文明的成熟果实;而德意志却是被其古典诗歌再次引入文明民族之列,走上了通往更纯净文明的道路。德意志是史上最缺乏有利外部条件的伟大文明:那里没有宫廷将艺术珍视为王冠上的宝石;也没有哪个大城市的民众既鼓励诗人进行创作,又能将其限制在传统艺术形式的框架内;没有兴旺的工商业,就无法向自然哲学家提供大量研究课题;没有自由的国家生活,历史学家也就无法从中得出经验教训。直到腓特烈大帝,德意志民族才首次从其壮丽事业中感受到伟大。就像宗教改革诞生于德意志民族的良知,新诗歌也从这个有理想的民族心中产生。中间阶层的生活似乎完全脱离了国家引导,被封闭在小城市无聊、受压迫和贫困的生活中,不过由于经济情况尚可,因此生存并非是第一要务,他们过着风平浪静的生活,还不会野蛮地追逐利益与享受。这群知足常乐的人中,却兴起了对真理

87 　　和美的狂热向往。优秀的人觉得自己就是上帝的自由之子，超脱琐碎的现实，翱翔于纯粹的理念世界。伟大的天才谱写曲调，就会有无数声音共奏华章。每个人都发出心声，满怀信心地追随年轻歌德："内心的渴望就是责任！"所有人都全力以赴，就好像对于灵魂自由的人来说，思想家和诗人的创造性活动才是世上唯一有价值工作。他们享受自己幸福的生活，很少索取物质回报，完全沉浸在他们的诗歌、沉思和研究之中，为挚友的认可而欢欣，因亲见神圣之物而雀跃。

　　1750 年之后的三代德意志人，坚持不懈地创作，时常爆发激烈的争论，由此诞生了欧洲最年轻的伟大文学。很长一段时间中，这种新文学并不闻名于德意志之外，它带着上天赋予的无限感受力，以一种全新的创造力，重塑了英、法、西班牙和意大利诗歌中经久不衰的内容。歌德这位最多才多艺的诗人，是这种新文学最杰出的代表。这场自发自由的文学运动产自灵感满溢的内心，最终在费希特大胆的唯心论中达到顶峰：道德意志是唯一的实在，整个外部世界不过是思考中的自我的产物，然而这一进程却是必然而自然的。德意志精神的创造性力量如同一枚沉睡良久的茧蛹，就像一位诗人所言："时机成熟，破茧成蝶。"一种高尚的理想在德意志青年心中油然而生，他们为真而求真，为美而求美。还没有其他现代民族像德意志一样，如此热情和专注地投入理念世界；也没有几个古典文学领袖身上体现出如此精致、人道和可爱的品质。因此，对于德意志民族来说，每当星光暗淡的时候，魏玛时代的记忆就是取之不尽的信心与希望之源。艺术和科学是德意志人民的头等大事，绝不可能像古罗马一样，变成上流社会消磨时光的精致游戏。并不是宫廷培育了这种新文化，反而是这种兴起于民族自由创作的新文化教育了宫廷，将宫廷从矫揉造作的外国风尚中解放，逐步接受了这种更加文雅和人道的文化。

88 　　这种新文化也成为了德意志的核心。当政治生活四分五裂时，民族统一的自然力量却掌控着精神世界，从未有过分裂领土的念头。我们古典文化的所有精英，都是在故乡无用武之地的移民，包括特立独行的康德。他们被德意志的团结精神和创造力所鼓舞，热切希望恢复德意志在民族之林中应有的荣誉；他们知道，现在整个德意志都在倾听他们的声音；他们感到，只有诗人和思想家才骄傲地拥有对民族演说、为民族创作的特权。在数十年中，这种新文学和新科学联接着四分五裂的民族，最终确立了新教精神在德意志生活中的胜利。伟大的新教精神发源于新教德意志，并逐步将帝国中的天主教地区也拖入它的轨道。哲学家们为世界秩序提供了一种新的道德视角，一种新的人道主义原则，这种原则虽然不限于任何死板教条，却深深植根于新教精神土壤，最终成为了所有有理性的德意志人、天主教和新教人士的共同思想遗产，新德意志土地上没有人不了解这种新人道主义。

　　承载这种新文化的社会中间阶层占据了德意志民族生活的前沿阵地，因此在德意志，中间阶层比其他任何国家都重要；该阶层的道德判断和艺术品位决定了大众观点。古典教育曾经是培养律师和神职人员的工具，如今也变成了普通大众教育的基础；在血统贵族制的废墟上，成长起了一种由有教养人群构成的新贵族制度，并在之后的一个世纪中领导德意志民族。这场新文化运动对社会各个方面都影响深远：它尊重教养，恢复了女性在社会交往中应有的地位；让饱受压迫恐惧的一代人再次呼吸到自由的空气。在马丁·路德的讲稿基础上，发展出了德意志人共同的口语；到十八世纪最后三十年，有教养阶层在日常生活中也开始使用这种纯净的高地德语。德意志诗歌由于没有受到外界喧嚣浮躁的影响，因而长期保持了天真愉悦、善于反思及热爱存在的年轻品质。魏玛艺术兴盛时，这种氛围迷住了斯塔尔夫人（Frau von Staël）[1]；她觉得身处伊尔姆河畔（Ilm）高度有教养的德意志人中，似乎正畅饮原始生活的森林气息，同时又呼吸着出生地那国际都市的蒸汽和尘埃。就像年轻人有权许下无限誓言、不断追逐荣誉，德意志民族在其诗歌复兴的岁月中也异常活跃：永不倦息地提出新问题，发现新的艺术表现形式，将所有力量用于除政治科学以外的各种科学研究。 89

　　必须承认，这种具有天生优势的新文化运动也有特殊的弱点。由于诗人并不凭借公共生活的巨大热情进行创作，因此批判成了

---

[1] 斯塔尔夫人（Frau von Staël，1766—1817），法国评论家和小说家，法国浪漫主义文学前驱。——译注

主要表达方式，而这对于天真的艺术创作力有害无益，我们古典艺术中的大多数戏剧大师，都展现出一种颓败和恐惧行动的病态倾向。自由不羁的创造力确实能轻而易举地让诗人任性妄为、矫揉造作、充满野心却半途而废；在历史上所有伟大艺术家之中，我们最伟大的诗人留下的作品碎片最多，这并非偶然。个人天才确实可以不受干扰地展现其原始力量，无法全然受政党生活的控制。爱情变得激烈，友情变得阴柔，每一种情感都在寻找极端表达方式；令人钦慕的丰富思想交流培养出了具有全面文化教养的人，这在文艺复兴以来的欧洲还前所未闻。但是在纯粹私人生活的平静氛围中，自由个人主义的缺陷也暴露无遗。"深入骨髓的爱、恨、恐惧、战栗、希望和胆怯。"——这是新狂飙突进运动的口号；年轻一代产生了无比强大的自信，反抗缺乏自由的公共事务。反复无常的情绪和个人恩怨都被无拘无束地表达出来；今天只有那些熟悉作者书信和日记的人，才能理解那个时代的很多作品。

拥有如此源头和特征的文学不可能全面流行，但却能缓慢间接地对大众施以影响。有教养的人倾心于古典时代的纯粹形式，但普罗大众尽管受到了良好教育，其审美能力依然远远迟钝于法国和意大利人。只有北部人民才有一种勉强尚可的审美感受：早在霍亨斯陶芬王朝时期，那里就建造了晚期罗马风格的宫殿与大教堂，莱茵河和美因河沿岸村庄中的农民都能理解我们古典诗歌的美妙庄严。也是从那时起，在德意志文化的每个发展阶段，都能看到一种野蛮人的丑陋特征。当奥图·海因里希（Otto Heinrich）在海德堡打造华美的文艺复兴风格时，德意志的诗歌艺术正陷入消沉，其高贵风骨正被滑稽的打油诗所破坏。同样，当德意志第二次古典文学复兴时，这种只能在富裕阶层闲适氛围中繁荣的精致艺术，就很难被新时代的新鲜气息所影响，歌德也在一些可笑的建筑物上浪费了许多华美诗句，比如魏玛的罗马式房屋，它的仿古形式让人感到陌生，单调空虚的风格更是对有教养阶层的侮辱。实际上，唯心主义的英雄一代有着令人感动的理想，他们身处小诸侯贫穷朴素的宫殿中，却依然对人类的最高福祉念念不忘；但是丰满的理想和骨感的现实之间、有教养阶层勇敢的思想飞跃和普罗大众乏味的日常生活之间，依然存在着不正常的断裂。那种在意大利达芬奇时代带来幸福的和谐发达的文明,仍没有在德意志取得成功。

这场文学革命尽管存在诸多缺陷与错误,但仍然决定了新德意志文化的特性。从宗教改革的基本精神中发展出了绝无偏见的自由研究权,因此德意志再次成为异端的大本营。这场革命不仅唤醒了一种纯粹的人道主义文化,也唤醒了民族自豪感。尽管此时德意志的政治文化尚不成熟,还执著于世界主义梦想,但是这场运动中的领袖们都怀有一种高贵的野心,如赫尔德所说,要向世界证明"德意志这个名字本身就代表着坚毅、牢靠和伟大"。德意志民族对解放战争的热情,并非伴随人道主义斗争而生,而是出于人道主义本质。命运残酷的打击再次提醒那些飞翔在云端的德意志天才们,什么才是存在的第一要务;德意志民族也经由同样必然的历程,终于认识到:只有在一个有尊严的独立国家中,新的精神自由才能存在;从康德的思想和席勒的戏剧中迸发的理想主义,终于在1813年的英雄之怒中改头换面。就这样,我们的古典文学终于同普鲁士王朝的政治事业殊途同归。正是这两种教化之力让德意志 跻身民族之林,并获得了近代史上最好的东西。令人惊讶的是,在一个世纪里,这两者始终保持着相同的发展节奏:因为它们之间很少发生直接的相互作用,因此一定存在一种必然的深层联系。正当大选帝侯创建德意志世俗国家之时,文化世界也发生了决定性转折——科学从神学的桎梏中解放。紧接着,威廉一世时,普鲁士正通过平静的劳作积攒力量,精神生活也进入内省状态:沃尔夫(Wolff)枯燥的哲学文章教会了中间阶层如何逻辑地思考和写作。最后到1750年,伴随着腓特烈大帝的赫赫功绩,创造性的文化力量觉醒,新诗歌中最早的传世之作诞生。

中世纪似乎将道德世界视为一个可见的封闭统一体;国家与教会、艺术和科学,都从教皇手中接受道德法则。宗教改革的目标就是要摧毁教会权威,为国家以及科学赢回拥有独立道德的权利。但是宗教改革只成功了一半:神圣罗马帝国的神权政体依然矗立,所有世俗国家仍旧支持教会的宗教狂热;知识也再次陷入神学牢笼,科学的老女皇继续身居王座,大学教授被迫必须承认某种教义。然后,首先在德意志文化程度更高的邻国中,数学的时代降临；在一种自由的世俗精神引导下，通过严谨而清醒的研究阐释出大自然的秘密；到十七世纪末，随着牛顿发现天体力学法则，我们对于世界秩序的认识也逐步发生了深层改变。人们曾一直认为宗教信仰保护着充满风险的思想领域，但是如今知识似乎比信仰提供了更多保障。人民将永远记住，三十年战争中饱受摧残的一代人，是多么勇敢而自发地参与了这场伟大运动，最初他们是谦逊的学徒（莱布尼茨曾指出，勤奋是德意志唯一的天赋），随后便发展出活跃的独立精神。在长期而激烈的斗争后，普芬多夫将神学驱逐出政治科学，并且为德意志建立了国家的真正法则。其他科学领域紧追其后，也完成了独立；海德堡大学最早拒绝了信仰统一的原则。伟大的思想家莱布尼茨，他审慎的中立精神已经完全挣脱了独断教条，为德意志哲学打开了通往公正研究的道路；不久托马西乌斯（Thomasius）[①]就愉快地宣布："只有不受拘束的自由才能赋予精神真正的生命力。"随着科学领域的世俗化，教会的政治权力开始从内向外逐步崩坏。到十八世纪中期，帝国新教国家中，最高宫廷教士（Oberhofprediger）和宗教法庭所拥有的权力，已经所剩无几；新的官僚体系迅速掌握了国家权力。在此期间，托马西乌斯大胆将德语引入学术领域，随后所有的新教大学纷纷仿效，耶稣会的拉丁语学术再也无法同新教科学相抗衡；每一个渴慕这种活跃文化的德意志人，都争先进入新教大学学习。尽管教授们的行业傲慢和青年学者的粗糙还没有被完全克服，但是科学和民族生活之间的第一道桥梁已经建成了。

同时，以年轻的哈雷大学为中心，在普鲁士宽容的宗教政策的影响下，新教教会也迎来了新时代。对于宗教战争期间那些激烈的教义争论，德意志民族已经厌恶至极。圣杯派（Calixtiner）[②]统一宗教的努力、虔敬派的"内在信仰"，托马西乌斯的理性批判，发现自己都在同拘泥于圣经字句的专制神学作斗争。当弗兰克

① 克里斯蒂安·托马西乌斯（Christian Thomasius，1655—1728），德意志法学家、哲学家。——译注

② 圣杯派（Calixtiner），十五世纪胡斯派的一个分支，主张平教徒在领圣餐时也可以酒饼同领。——译注

（Francke）和斯彭内尔（Spener）①敦促信众们要以兄弟般的友爱传播福音时，在嘈杂的宗教争论中丧失道德本质的基督教，再次回归虔诚。虔诚基督徒的现实精神表现在建设哈雷孤儿院和其他慈善事业上；虔敬派教义直指人心，就连妇女都感到自己再次成为了教会中的活跃分子。德意志新教的复兴，并不像荷兰的亚米纽斯主义（Arminian）②和英国的宗教自由主义（Latitudinarian）那样建立了新的教派；相反，它促成了新教大联盟，再次将原始基督教的精神渗入整个教会，实现了《圣经》所言："在我父的家里有许多住处；若是没有，我就早已告诉你们了；我去原是为你们预备地方去。"③在经历诸多斗争曲折之后，德意志新教最终成为最温和、自由与包容的基督教派别，公然允许最大胆的哲学冒险，宗教宽容也日益走进德意志人的日常生活，不计其数的联姻和混合学校，为宗教和平打下了永恒的印记。

大多数非条顿民族，甚至英国人，都很难理解新德意志文化中的一些特殊趋势，而这些只有通过德意志新教复兴才能解释清楚。新教让德意志人有可能同时保持虔敬和自由，德意志文化是新教的，也是非教派的。英法启蒙运动高举的旗号表明，它诞生于反对教会压迫、抵抗群氓的可疑的宗教狂热；英国的自然神论本身是非宗教的，因为自然神论的上帝并非诉诸人们的良知，只是充斥在世界这个大机械之中。但是德意志的启蒙运动却植根于新教，运用比邻国哲学更加锋利的武器攻击教会传统，但是批判的锋芒却因宗教虔诚而变得柔和。德意志启蒙运动唤醒了被英法唯物主义重伤的良知；保留了对上帝，以及对完美世界的终极目的，即人类灵魂不朽的信仰。法国哲学的特征——对教会疯狂的恨意和对世界秩序的机械化观点，在德意志人看来，都标志着他们仍不自由；莱辛心怀厌恶地远离了伏尔泰的冷嘲热讽，还是学生的歌德就以青年人对未来的乐观自信，嘲笑霍尔巴赫迂腐的《自然的体系》

93

---

① 弗兰克（A. H. Francke，663—1727）和斯彭内尔（Philipp Jakob Spener，1635—1705）都是德国虔敬派代表人物。——译注

② 亚米纽斯主义（Arminian），荷兰改革宗亚神学家亚米纽斯（Jacobus Arminius，1560—1609）的学说，否定加尔文的"绝对预定论"。——译注

③ 《圣经·约翰福音》14：2。——译注

(*Systéme de la Nature*)。整个十八世纪，新教牧师都不断对德意志生活施加有益影响，也积极参与缔造新文化。即使我们的艺术无法成为全民共有的财富，我们仍然感谢德意志新教的复兴，因为正是它使最文明的道德观念进入大众意识，并且最终让康德的伦理学走上新教布道坛，并因此深入到北德意志最低下的社会阶层。因此德意志上层和下层社会之间的道德鸿沟要小于西方其他国家。

现代德意志文化最初也非常平庸。有学问的人是文化运动的领袖；新时代精神尚未触及艺术领域；只有施吕特尔（Andreas Schlüter）的建筑和雕塑，以及巴赫和亨德尔（Handel）的乐曲，才完美而自由地表达了新时代的英雄精神。如今看来，同耶稣会以及逐渐僵化的路德教之间的斗争，就如同大选帝侯政治事业一样具有开创性和和激进性。它们为我们今天称为德意志精神自由的一切，打下了坚实基础。无论是莱布尼茨和托马西乌斯的成熟著作，还是普芬多夫对国家与教会关系的探讨，都在诉说着无条件的宽容精神，而这种精神在外国，即便是洛克和培尔（Bayle）[1]都无法衷心拥护。

但是在接下来的一代中，这种创造性力量几乎完全停滞。正是在这些空洞的岁月中，王储腓特烈经历了对他的青年时代具有决定意义的事。一群腐朽的老学究掌控学界，他们冗长乏味的作品缺乏莱茵斯堡艺术之宫所重视的一切品质：讲究、精准和明确的表达。戈特舍德（Gottsched）[2]的诗歌亦步亦趋地追随法国诗歌的刻板规则，从未超越平庸自大而抵达浪漫主义的激情昂扬。在诸德意志国家中，只有萨克森拥有可以炫耀的文化品位和蓬勃的艺术活力；但是德累斯顿宫廷繁荣的歌剧和精致的巴洛克建筑，只不过是法国艺术晚期成就的表现，与德意志民族生活的进程毫无关系。但德意志的精神发展并未受到遏制，上一代人清晰明了的天才之

---

① 皮耶尔·培尔（Pierre Bayle，1647—1706），法国哲学家，著有《历史与批判词典》（*Historical and Critical Dictionary*）。——译注

② 戈特舍德（Johann Christoph Gottsched，1700—1766）：德国文学理论家，作家。——译注

作逐渐在大众中流行,沃尔夫的哲学实现了信仰和知识之间的调和,这是时代的需要,也为下一代人提供了一种融贯和谐的世界观。中间阶层所受的平均教养水平使他们相信,上帝与自然法则同在,由此获得了心灵的宁静。沃尔夫有意超越有教养阶层的圈子,唤醒更多人的思考和写作热情,使学者们习惯于为启蒙大众献智献策。与此同时,虔敬派也影响着社会,家庭生活中暴君式的蛮横口吻消失了。在这种充满情感的美丽精神世界中,个性化文化开始发展。每个人的生命都获得了一种出乎意料的全新价值和内容;德意志人再一次意识到,他们的心灵世界是如此的富饶,能够理解构思精巧的艺术作品。

现如今,经历了漫长发展岁月而慢慢成熟的德意志天赋之力,如同腓特烈国家一样,声势浩大地突然降临。1747 年,克洛普施托克(Klopstock)①创作出了《弥赛亚》(Messia)的第一章。那种温暖而真挚的情感,曾经在宗教振兴者的祈祷文和日记中显得青涩,甚至滑稽,终于在《弥赛亚》中获得了有价值的诗歌表达形式;贫瘠的话语变得活泼、高贵而勇敢;这个崇高的世界再次向德意志人的想象力敞开了大门。德意志民族迅速明白新文化的时代已经降临。克洛普施托克表现出了新艺术的高贵,一大批青年才俊围绕着这位诗人;他的钦慕者们,带着所有上升时代特有的天真自负,认为这位德意志史诗大师胜过荷马,他的颂歌超越品达。整个艺术界陶醉于狂热的爱国之情,这种感情传播缓慢却蓬勃有力,感染了整个德意志中间阶层。每个民族发展到历史转折点时,都会从对故土的伟大记忆中寻找新鲜的热爱之源,于是德意志民族将渴望投向条顿民族原始时代的朴素伟大:只有德意志橡树林的阴影下,只有阿米尼乌斯(Arminius)②和游吟诗人的土地,才是真理与忠诚、力量与热情的故乡。当《弥赛亚》的演唱者鼓励这位年轻的斗士、德意志的缪斯,与英国诗歌一较高下的时候,整个新德意志都沸

95

① 弗里德里希·戈特利普·克洛普施托克(Friedrich Gottlieb Klopstock,1724—1803),德国诗人,作品包括史诗、抒情诗和戏剧。主要作品是史诗《弥赛亚》。——译注

② 阿米尼乌斯(Arminius),公元九年,带领日耳曼部落在条顿堡森林战役中击败罗马三个军团。——译注

腾了。

与此同时，温克尔曼让德意志人熟悉了古代艺术，重新揭示出"艺术是美的表现"这一简单伟大的真理。他还创作了第一部在形式上堪称完美的新德语散文。这位美的布道者发出清晰、有力、庄严的声音，将巨大的狂热和宏伟的思想糅合在一种简洁克制的结构之中；正是这种"清晰简洁"的风格，克服了迂腐学究们的冗长无序。他的作品为年轻作家们指出了通往古典理想的方向。在愉悦热烈的竞争中，文学与科学争相吸收古典精神，并且由于人们只会重视那些他重视的事物，因此对美感颇有感受、陶醉于首次觉醒的喜悦的一代人，在古典文明中就只能看见纯粹的人性、健康和自然。只有罗马人才真正贴近古代罗马世界，而德意志人却对希腊天才更加亲近。德意志在现代各民族中首先全面理解了希腊生活，并且随着德意志新文化的成熟，它终于可以用诗歌兴奋地呼喊："我们同荷马沐浴同样的阳光！"由于深入古代世界，那曾经一度贫瘠粗俗的德语获得了相当可观的古代财富，出人意料地变得柔软可塑、富有弹性。只有使用这种新的文明语言，德意志人才能忠诚而生动地运用希腊语的韵律；就像沃斯（Voss），这位德意志的荷马所指出的那样，德语可以成为世界上首个翻译性语言，为所有民族和时代的诗歌提供另一个栖息地。然而这种迷人的包容性并不意味着德语缺乏独立性：古典文化的德意志学徒们，保留了自身的精神自由，决不允许自己像十五世纪末的人文主义学者一样，被古典世界的道德观念引上歧途，偏离了自己原本稳固的生命轨道。温克尔曼确实在某些方面让我们想起文艺复兴运动中放荡不羁的英雄人物，但是追随他的大多数诗人和思想家到底是德意志人，他们仅仅吸收希腊文化中那些同德意志本质相协调的事物；在所有现代艺术作品中，歌德的《陶里斯的伊菲格尼亚》（*Iphigenia*）最接近古典精神，尽管如此，这部作品中洋溢着的深情温柔，是那些硬心肠的古代异教徒们所无法理解的。

莱辛所走的道路独立于以上两种趋势（戏剧与艺术），但却同它们一样为艺术家的自由精神而战；作为有史以来最多产的批评家，面对肃穆大气的洛普施托克作品，莱辛克的赞扬兼具批评与补充，就像普芬多夫和托马西乌斯对虔敬主义的评论。他创造性的批评成功地抵达了新抒情诗的激情从未独立达到的高度,进一步消灭了戈特舍德的诗艺中蔓延的矫揉造作,将用意不纯的劝世歌驱逐出德意志诗坛,从布瓦洛(Boileau)①的规则下解放了民族艺术。正是莱辛将爱国主义解释为一种伟大的弱点,我们今天才拥有如此清醒的祖国意识,但我们很少将这归功于他:他的每一篇论战文章,都让伏尔泰的戏剧成为德意志人的笑柄,他就像英雄的腓特烈大帝一样,也走上了强化民族生命的伟大道路。莱辛的文艺批评让德意志诗人走出波旁王朝的宫廷诗,走向被正确理解的亚里士多德诗学,走向古典诗歌的简洁典范;他教会了诗人尊重真理,真理高于一切。莱辛的戏剧批评指出莎士比亚戏剧中的原始日耳曼生命之源,而这就是德意志艺术的青春泉;莎士比亚的故乡已经因清教主义而僵化,德意志的自由世俗思想却更加理解这位快乐的不列颠诗人。最重要的是,莱辛培养出了新大众;他是第一位德意志文学家,凭借自身声望,首次使自由作家成为一种光荣的职业;也最先领悟到如何向民族有教养人士进行有效宣传。在他用轻快的上萨克森腔调发表的演说中,在每一篇艺术感十足却简洁的散文中,那些最晦涩的神学、美学和建筑学问题似乎都变得简单,无一不反映着他最内在的本质和明晰的领悟力。

早期德意志古典散文就已经表明,我们自由的语言似乎适用于所有个人风格,允许每个具有创造力的头脑根据自己的风格进行创作。虽然莱辛的风格明显模仿法国,但同温克尔曼的伟大作品一样,都是德意志式的,因为他们都按照自己必须书写的方式进行创作。直到这位伟大的批评家展现出原创性艺术才华,德意志人才首次对自己的文学充满信心,莱辛创作出了一批不愧对兴旺的腓特烈时代、可以同外国戏剧相媲美的作品。这些作品展现出最敏锐的艺术理解,充满激烈的戏剧性变化;既适于上演又不失自由;作品中的形象既来自人类永恒的话题,又能够在当下变动的生活中找到原型。莱辛愈飞愈高,到处传播自由文化的种子。所有的青年作家都通过《爱米丽雅·迦洛蒂》(Emilia)获得勇气,放声

97

----

① 尼古拉·布瓦洛(Nicolas Boileau Despreaux, 1636—1711),法国诗人、文学理论家。——译注

93

抵抗国家和社会对自由的压迫。他的神学作品成为新时代神学研究——十九世纪圣经批评的基础。莱辛最后的诗作确定了高雅戏剧艺术的形式，这种形式后来通过席勒之手进一步发展，并同时宣告了德意志启蒙思想的信条，而其他民族要在法国大革命之后，才能理解这种宁静温和的形式。

七十年代，更加富有的新一代粉墨登场。赫尔德的普世精神统一了莱辛敏锐的理解力和克洛普施托克的丰富情感。赫尔德再次揭示出漫长时光中被野蛮所覆盖的真理，指出真理并不是特殊人物或时代的私物，而是属于所有民族和时代的财富；他将德意志抒情诗引回古老民歌的形式和内容：德语诗句的动人声调再现，诗歌和民谣温暖、深邃、自然地表达着奔放的情感。这个时代本无视历史，更要摧毁历史废墟之上的腐朽世界，却在赫尔德的教诲下理解了历史。他自由的精神蔑视那种自鸣得意的幻觉，即相信所有人都仅仅是"我们所谓的文明"的产物。赫尔德意识到，每个民族都有各自的黄金时代与衡量幸福的标准；他还以杰出的洞察力辨识出了人类精神生活的诸多特殊品质。他的作品第一次明确揭示了古代文化的淳朴和现代文化的细腻。他有预见性的眼光已经指出了自然与历史之间的内在关联；他构思出了一个伟大的观念："跟随造物主的脚步，以他的方式进行思考"，在整个世界的建构性力量和人类历史的变迁中，寻找上帝的显现；他认为人类是"造物之歌中的一首曲调，是大自然运转的一个轮子"，人文主义因此拥有了更深刻的理念。在十八世纪的思想家中，赫尔德对天主教晚期表现的批评最为激烈，但这位本质上的教徒对信仰的理解也最为深刻，他的最高目标是净化被剥夺了精神内涵和自由的宗教。赫尔德的所有作品中都洋溢着虔诚的气息，从内心深处愉悦地信仰着上帝的智慧与仁慈，这种信仰终将克服所有由于自我折磨、容易偏颇的本质造成的无常情绪。因此，尽管他毫不留情地正面抨击教会的错误，但仍然是一位高级牧师和神职人员——这恰好有力地证明了这个时代自由思想的清醒节制。

赫尔德的大胆预测和暗示仅仅为那种普世主义文化铺平了道路，如今作为语言大师的诗人歌德，终于赋予了它纯粹的艺术形式。是上帝赐予他诉说感受的力量，这是一种迅速产生灵感的神秘力量,人们在年轻的歌德身上第一次领略了它的魅力。很快人们就被他无止境的爱、对一切人类事物超乎寻常的感受力,所深深打动。歌德曾借耶稣之口说:"啊,我的孩子,我多么想念你! 而心存悲悯的你,也在深深的悲痛中向我祈祷。"[1]这也是他自己的心声。就像淳朴的古代游吟诗人一样,他只吟唱自己所经历的;但他的精神却是如此丰富,这使他的诗歌逐渐囊括了德意志生活的广大领域。数十年之后,这个创造大爆发的时代所构建的所有新观念,都能在歌德的作品中找到最深邃有力的表达;最终,整个自然和人类世界都倒映在这位老人平静的眼眸中;所以他变成了自己所渴望的事物,今天的人们仍然哀悼他,感怀他的渴望和爱。这位非凡的天才自信地创作,高呼:"御者啊,请吹起号角来,好让冥府听见:王者降临! 飓风从他座下涌出。"[2]尽管这仍是王侯颂歌,但他早年的诗歌确实赋予了德意志抒情诗以新生命,而赫尔德只是预感到了那种生命力。德意志的迷人与温柔、甜美与渴望,这些在克洛普施托克史诗的悲剧氛围中暧昧不明的情愫,在歌德的诗歌中被表现得淋漓尽致;歌德从牧人和猎人那里听到了《野玫瑰》(*Röslein auf der Heide*)这首古老的歌谣,用他的生花妙笔将其变得简洁高贵,打动了今天有教养的年青一代。在他欢快的诗歌中,德意志人再次从心底感到喜悦,不知不觉中体验到步入天堂的瞬间。《铁手骑士葛兹·冯·贝利欣根》为民族再现了古代德意志的伟大和野性不羁的力量;《少年维特的烦恼》则释放出狂飙突进运动中年轻人的狂热情绪。在这样一个四分五裂的民族中,一位诗人可以取得如塞万提斯一样巨大的成功,所有具有青春活力的事物都以极大的热情汇聚起来,这本身就极具政治意义。心灵备受折磨的歌德创作了最美的德语情诗,到腓特烈时代末期,他终于挣脱心魔,在享受工作和娱乐的十年宫廷生涯后,再次成为一位艺术家。他急切地走向"所有宽广的胸怀都向往的,最特别的文化的发源地"。在南德意志,他学会了将北部的热爱与深沉同古典的纯粹形式协调起来。

99

---

[1] 此句引自《永远流浪的犹太人》(*Der ewige Jude*)(1774)。——译注
[2] 此句引自《致御者克罗诺斯》(*An Schwager Kronos*)(1774)。——译注

尽管伟大的歌德具有如此强大的影响力，但他从未宣称统治诗歌领域，德意志自由也不会允许这样的事情。即便是这位全能型的天才出现以后，德意志文化运动依然按照自己的轨迹自行发展。数以百计的独立头脑仍然按照自己的风格进行创作。在诗人联盟（Dichterbünden）和共济会分会（Freimaurerlogen）中，人们孜孜不倦地追寻纯粹人性和永恒真理；如此充满活力的生活，预示着一个伟大的未来。这一代人觉得自己超越了事物的表象，正乘着风的翅膀，飞向黎明，飞向人性的完善。的确，任何时代的无知大众都只追求舒适享乐。相比克洛普施托克的悲怆，他们更能欣赏维兰德（Wieland）[1]的无赖淘气，就像后来的科策布（Kotzebue）[2]比席勒或歌德更受欢迎。但是在最优秀的社会圈子里流行着的乐观唯心主义，才是这个时代文化的真正标志。

100　　此时，德意志民族发现，它不仅拥有最棒的诗人，还有当代最伟大的哲学家。歌德用简单的语言描述了德法在世界观上的对立："除非外国人告诉他们，否则法国人不理解任何关于人的事情。"而德意志唯心主义要解决的，正好就是这个问题：外在事物究竟是如何进入思想的？西方启蒙思想并不认为感官经验是无可辩驳的事实。康德正是从这里出发研究人类认知，提出了一个重大问题：自然科学的认知如何是可能的？这是新哲学的伟大转折点。康德像歌德一样自信地开始自己的学术生涯："没有什么能阻碍我前进的道路。"他从数学世纪中的观念开始，以独立思想观察近数十年中所有发展变化。腓特烈时代末期，康德的作品为成熟的新教思想奠定了基本道德理念。他比百科全书派的任何无神论者都勇敢，指出任何科学都不可能来自超验领域，但是在实践理性中，他又再次发现了自由观念。他从道德律中得出了一个伟大的概念（不是以神学为依据，却取得完全胜利），即最深奥的事物也是最确

---

① 克里斯多夫·马丁·维兰德（Christoph Martin Wieland，1733—1813），德意志诗人、作家，主要作品有《阿迦通的故事》（*Geschichte des Agathon*）、史诗《奥伯龙》（*Oberon*）。——译注

② 奥古斯特·弗雷德里希·费迪南德·冯·科策布（August Friedrich Ferdinand von Kotzebue，1761—1819），德国剧作家，以他对浪漫主义的嘲讽、两百多部生动的戏剧，以及他与歌德的争吵而闻名。——译注

定的：经验的自我服从因果律的法则，理性自我则自由行事。他为自由行为设定了律令，最天真和最高级的文化都可以从中得到社会安定：要只按照你同时能够愿意它成为普遍法则的那个准则去行动。① 此外，康德的理念，如同这个繁盛时代的所有著作一样，首次通过个人之力取得了累累硕果。这位沉静智慧的柯尼斯堡思想家，要求人们应该安然辞世，他朴素而充满理想的一生深远地影响了同代人。康德是老普鲁士故乡的缔造者，他再次指出遥远的东部马克也是德意志知识群体中的活跃成员，1813 年起义展示出这个勇敢的民族多么深刻地铭记：这个世界上只有善意值得尊重。

接下来登场的一位年轻诗人，注定要将康德伦理学的思想传播给整个民族。席勒早年的作品有些粗糙，以强大的意志力同狭隘束缚的压抑环境相抗争；但是他大胆的故事构想，沉重的悲怆，持久的热情以及不断进步的技巧，足以让他成为德意志最伟大的戏剧家。他精神独立，是天生的大师和胜利者，年轻时候不可避免地让观众感到野蛮和恐惧，但是随着作品的成熟和精致，他帮助千万人从日常生活的不幸中超脱。在他那些悲剧的华丽辞藻之外，充斥着大量新观念、对自由的渴望以及一个伟大灵魂对古代社会僵硬形式的憎恨。卢梭的著作和邻国发生的政治运动已经将星火投向了德意志。席勒，这个憎恶一切愚蠢、狭隘和庸俗事物的人，这个士瓦本小市民之子，迈入了历史世界的大战之中；他最先给我们的戏剧穿上古希腊悲剧的外衣，在诸王和贵族的环绕下，展现人性至善。

相比如此丰富的艺术和科学财富，纯粹的政治文化似乎显得乏善可陈。德意志精神的每一次伟大转型，都反映在德意志大学的命运之中，比如古典文化的开端就同哥廷根大学初次兴盛之间存在密切关联。从哥廷根大学延续下来的法理学和国家科学研究热情，也同该世纪的伟大思想潮流互相影响，这股潮流避开精确科学，朝向历史世界的自由前进。哥廷根大学的政治学家们研究的，是活生生的法律；反对暧昧不明皇权，捍卫新教和帝国中世俗国家

101

---

① 出自《道德形而上学基础》，译文选自《康德著作全集》（第 4 卷），李秋零主编，中国人民大学出版社，2005 年，第 428 页。——译注

的权利,这是韦尔夫派（Welf）[1]教授们的光荣义务。但无论是粗俗直白的施洛塞尔（Schlözer）[2]或勤奋的皮特（Pütter）[3],还是两位博学的莫泽尔,或是那个时代政治科学的任何突出人物,都没有被打上天才标签。政治科学中没有普芬多夫的远见,也没有创造性的批判,而这些正是诗人用热情的气息所表达的;更没有时代文艺作品中迷人的精致简洁:相比莱辛和歌德的散文银铃般的音色,皮特的文字就如同破锣作响。

102　　德意志诗歌和哲学远超邻国,政治科学方面却要唯英国和法国马首是瞻。腓特烈大帝未受德意志文学复兴的影响,只有在他的行动与作品中,德意志才能在当时伟大的政治思想运动中占据一席之地。赫尔德的《人类历史哲学的概念》（*Ideen zur Philosophie der Geschichte der Menschheit*）中,政治部分比文明史部分薄弱许多。尤斯图斯·莫泽尔（Justus Möser）[4]这位生活在德意志新文化之中,精力充沛、才能卓著的政治思想家,却因为对古代德意志的精彩描述,仅仅从美学方面影响了同代人;而他对于国家的深刻历史性观念,要等到很久以后,历史法学研究兴盛时,才能为德意志民族所理解。相比英国和法国,德意志读者为政治学家提供了大量历史知识,但是他们丝毫没有政治热情或政治理解力。这个完全非政治的时代能够在不理智的氛围中感受艺术。德意志思想家已经大胆走向宇宙中最隐晦的谜题,但是即便经历七年战争的惨痛教训,仍无人涉足德意志国家的伤痕,或者以大无畏的勇气追问这个重大问题:新德意志伟大力量的崛起,对我们的未来有何意义?

---

① 韦尔夫派（Welf 或 Guelphs）,又称"归尔甫派"或"教皇派",同皇帝派（吉伯林派,Ghibellines）相对立。两个用语的含义源自意大利在霍亨斯陶芬王朝腓特烈一世统治时期,腓特烈一世试图维护对意大利北部的权力,却遭到教皇亚历山大三世反对。韦尔夫派（支持教皇）与吉伯林派（支持皇帝）之间的分裂造成十三至十四世纪意大利北部城市的长期争斗。——译注

② 奥古斯特·路德维希·冯·施洛塞尔（August Ludwig von Schlözer,1735—1809）,德意志历史学家,哥廷根学派成员。——译注

③ 约翰·斯特凡·皮特（Johann Stephan Pütter,1725—1807）德意志法学家,哥廷根历史法学派代表人物。——译注

④ 尤斯图斯·莫泽尔（Justus Möser,1720—1794）,德意志史学家、法学家、社会理论家。——译注

无论在丰富的文学理念中,还是普鲁士国家的行动中,德意志生命都没有得到完全展现。确实有那么一些时刻,德意志新历史的两股创造性力量彼此接触、相互理解。比如腓特烈军队中暴脾气的军官,在莱比锡向虔诚者盖勒特(Gellert)寻求建议和教导,这深深打动了我们这些后辈;春天的诗人、普鲁士征兵官,埃瓦尔德·克莱斯特(Ewald Kleist),在苏黎世加入了克洛普施托克的艺术生组成的圈子,以此摆脱了辛苦的征兵生涯并获得新生,随后还在昆内斯多夫(Kunnersdorf)找到了一名死亡的士兵,在我们今天看来,他可能比许多有天分的诗人更加重要,因为他将这个繁盛时代诗人的渴望和英雄意识融为一炉。但是在整体上,普鲁士的非艺术程度,同德意志文学的非政治程度一样深。莱辛在世时,普鲁士的首都一度是德意志批评家的圣地;七十年代以后,普鲁士拥有德意志最具艺术感的民众以及精致有修养的社交文化,但却没什么创造力,一种肤浅的幸福理论甚嚣尘上。相对于尼古拉(Nicolai)迟钝的理解力,德意志新诗歌飞得太高了;在柏林批评家的悲叹声中,新德意志文化大战已经在帝国其他地方打响。我们的古典文化缺少坚实的民族力量作为基础。这种文化已经向未来证明,诗歌的骄傲自由不需要福星高照,新的思想一旦融入民族精神,就一定会找到完美的形式和表达。但是如果因为文化生活远比政治生活美妙,就病态地重视文化财富,会让我们的民族面临危险。诗人的爱国主义太过内在,无法直接影响普通民众。高贵的世界主义曾鼓舞了十八世纪的整个文学创作,但在德意志却无法像在法国一样,在高度发达的民族骄傲中找到配衡,还会造成德意志人疏离自己国家的危险。

自从路德时代之后,德意志从没有像今天一样在欧洲占据如此重要的位置,时代最伟大的英雄和诗人都属于德意志民族。瑞典悲剧刚过去一个世纪,我们就实现了富足的生活。如果现在任何人进行一场穿越中德和北德主要国家的旅行,都会留下这样的印象:这里有一个高贵的民族正在和平崛起,走向美丽未来。人道主义文化活跃在无数的公益机构中;古老的乞讨行为从路边消失;大一些的城镇免费为穷人提供居所和医疗;热情的教师们根据新的原则改革青少年教育体系,不从他们身上剥夺卢梭所谓的"自然人"的天真。启蒙世界四处动摇古老阶级秩序设下的界限；贵族自愿释放农奴；哲学家满意地看到，屠户的儿子在莱比锡当医生，一位年轻的法兰克福博士在等级森严的魏玛，超过本地贵族当选部长。对于自然的热爱代替了对新鲜空气的古老焦虑，终结了小市民紧闭家门的生活习惯：学者们开始在上帝的地球上再次感到自在舒适。但是我们的民族依然有隐疾。帝国法的巨大谎言同德意志新文化、新国家之间的冲突愈演愈烈、不可调和；在南部和西部的诸小国，德意志生命中的腐败卑鄙就像一堆巨大的柴火垛，等待着纷争不断的邻国投来火把。当神圣罗马帝国耻辱落幕之时，腓特烈时代的光芒也开始衰弱。

第二章　大革命与外国统治

第一节　从大革命战争到《巴塞尔和约》

腓特烈大帝的遗产，只有威严的君主或具有革新精神的立法者才能保全。腓特烈王朝的旧体制依靠个人力量统治，因此如果它无法动员民族战斗力实施大胆冒险，或者用普鲁士军队迫使神圣罗马帝国接受新宪法，就不可能永远将国家权威强制集中在一个人手中。扩大的领土、对国家效率不断提高的要求以及富裕阶层的强大自信，都迫切要求实施全面改革：建立更有弹性的国民经济，废除荒谬的古老阶级分化，允许国民积极参与地方行政事务。如果不能完成改革，国家将变得病态而僵硬；而腓特烈唤醒的批判精神轻易破坏了国家的道德支柱，即普鲁士人自古以来的忠诚和纪律，尽管他本人出于本能的恐惧将其限制在一定范围内。

国家不幸，腓特烈的继承人并不适合承担以上所有任务。威廉二世拥有祖先的骑士勇气，对于自己的王室职责和国家地位也有清晰的认知，但他缺乏成为一个好国王所必须的专业知识、持久的毅力、可靠的判断力和坚韧的意志。威廉二世像他暮年时的叔父一样温和仁慈、厌世敏感，有许多好想法，善于接纳意见；但是一旦遇到困难，或者狡猾的对手玩弄他的慷慨，他就会厌弃曾经的努力。强硬的腓特烈大帝离世，没人觉得如释重负，这个爱民如子的君王获得了无数赞颂。人民同样拥戴勤政的威廉二世，经常说起美好的 1787 年和当年的叙爵文书①。他废止了腓特烈统治中的诸

---

① 叙爵文书（Adelsbrief），是证明贵族等级提高的文书。——译注

多苛政，撤消了公共事务中备受厌恶的行政部门，并命令征兵官员"以大众福祉为重"，工作态度尽量温和。但由于他缺乏刺激改革的统治魄力，依然未能从本质上触动旧体制。军官老化造成军事衰退，但国王不愿冒险解散那些戴着七年战争勋章的老兵。时代的博爱精神，以及对公民利益善意却软弱的服从，使国家远离了威廉一世时代斯巴达式的严格管理。尽管根据 1792 年的征兵区规章保留了普遍兵役，但依然有大量人员合法地免除兵役，而且人数不断上升，承担兵役的责任几乎全部压在了农民子弟身上。

热爱生活的宫廷其实并不挥霍：平均每年的花销也只有 58 万塔勒（Taler）①，其中还包括对艺术家和学者的资助，开销并不比节俭的腓特烈大帝多；威廉二世的挥霍仅仅体现在轻率地浪费国家财物上，而且更具灾难性的是，他的善良让他无法坚决地以新型的公平税收取代已经失效的强制性税收。于是国民经济不可或缺的盈余很快被耗尽了。等级制度设下重重障碍反对加税，但国王没有勇气克服这些困难，却十分愿意看到自己减轻了子民的负担。一次战时动员和两次战役几乎耗尽了腓特烈时代积攒的战争储备，为了保持力量，必须屈辱地寻求外国资金的援助。以宫廷为榜样，大城市中的道德腐败开始肆虐；而且随着腓特烈时代肤浅自由思想的必然恶化，以及宫廷圈子中病态的神秘主义虔敬盛行，这种放荡的生活方式大有愈演愈烈之势。新唯心主义文化的非凡力量表现在自此以后大众会依据教会和教育系统中占据优势的指导精神，判断普鲁士统治秩序。当德高望重的策德利茨被免除公职，愚蠢伪善的沃尔纳（Wöllner）②试图根据他制定的《宗教与出版物审查法令》压制自由思想时，德意志人都义愤填膺。这也证明了面对宫廷中狂热分子的顽固抵抗，《基本法》很难实施。尽管官僚体系的健康核心未受损害，但是行政部门的冗长程序已经跟不上快速发展的公民生活；法纪废弛，因此上两任君主治下难以想象的挪用

---

① 塔勒（Taler）：是十五世纪末以来一系列大型银币的总称，主要铸造和流通于德意志等中欧地区。——译注

② 约翰·克里斯托福·冯·沃尔纳（Johann Christoph von Wöllner，1732—1800），威廉二世时期的普鲁士政治家、宗教神秘主义者。——译注

公款和贪污事件，现在也屡见不鲜。

在这些名誉扫地的日子里，可以很清楚地看到，腓特烈大帝所唤醒的国家意识赖以存在的基础是多么薄弱。普鲁士的民族骄傲主要源于对伟大君主的崇拜，自然也随着伟人逝世而低沉。对于东普鲁士和西里西亚的民众而言，柏林根本就是另一个世界；地方主义在柯尼斯堡、布雷斯劳和马格德堡找到了自己的利益焦点。只有很小范围内的人才认真全面地参与国家事务。在这个官僚化的国家中，政治热情由于无法造福公共福利，只好投身文学艺术。所有高声说话的人都在发表批评，于是德意志涌现了大量讽刺文学，向没有判断力的读者讲述关于荒淫的"迦南地之王、扫罗二世"耸人听闻的传说。但这是一种不健康甚至危险的潮流，因为在这样一个专制君主国家，所有的谴责都会直接针对国王本人，而且更危险的是在大量涌现的批评声中，没有任何有价值的成果，更没有涉及政治体制中的真正缺陷。这是时代的一幕悲剧：世界还在流传无忧宫圆桌会议上的才华横溢的言论，但就在夏洛腾堡（Charlottenburg）和圣湖（Heilige See）之畔的大理石宫，男仆雷茨（Reitz）正在和利希滕奥（Lichtenau）伯爵夫人讨论庸俗话题，威廉二世则虔诚地注视着魔镜中毕雪夫沃德（Bischofswerder）[1]将军显灵。

腓特烈大帝最后的功绩——德意志诸侯联盟，也在威廉二世的手中土崩瓦解。先王确实了解联盟小伙伴的真实想法，也从不信任汉诺威和萨克森的友谊，曾轻蔑地说"跟这些家伙不相为谋"，但是他的确将联盟当做遗产留给后世。一旦形势长期有利，一旦奥地利的威慑迫使德意志高等贵族汇聚在普鲁士大旗之下，一个意志强大的人必然知道如何利用诸侯联盟领袖这个有利地位，不断增长实力。皇帝约瑟夫病重，皇位逐步走向空虚。根据诸侯同盟会议的一份秘密文件，与会诸侯都同意应该共同决议确定新的选帝活动。普鲁士控制了选帝会议中的大多数席位；就连教会诸侯

107

————————

[1]　约翰·鲁道夫·冯·毕雪夫沃德（Johann Rudolf von Bischoffwerder），将玫瑰十字会这一神秘主义组织介绍给威廉二世。玫瑰十字会是十六至十八世纪的秘密社团，宣扬通神和炼金，也是许多1760年建立的共济会教团名称。——译注

中最重要的美因茨选帝侯，其助理主教的选择权也掌握在普鲁士手中。形势一片大好，至少应该尝试恢复第二次西里西亚战争后的局面，同时在普鲁士的领导下，让死气沉沉的德意志中部国家发挥作用，这样才有可能再次将德意志皇冠交给一个德意志家族，或者彻底废除帝国体制，根据封建形式重造辉煌的德意志诸侯共和国。联盟中的小国家就算不情愿，到时也必须追随胜利的普鲁士。然而天性乐观的威廉二世容易相信他人，根本没有老辣先王的怀疑精神。未即位时，他还对诸侯联盟抱有极大希望，但现在却将德意志政策导向任务交给了魏玛的卡尔·奥古斯特。

这位爱国者构思了大胆卓越的改革计划。作为诸侯联盟的信使，奥古斯特不厌其烦地穿梭在各个宫廷之间。他认为这个防御性联盟应该是一个永久性机构，而且是新帝国体制的坚实核心；他思考着要为联盟打造一支常备军，并在美因茨建设一个大型练兵场；在美因茨召开的联盟议会，将承担起改革帝国的重任，消除现存法律中虚假无效的部分。想法似乎很美好。欧洲诸小国感到了奥地利大胆进攻计划的威胁，因此将普鲁士视为欧洲均衡的保护神。在皮埃蒙特和瑞士，人们曾一度争论，是否应该加入诸侯联盟以抵抗奥地利。当比利时起兵反抗约瑟夫皇帝的革新时，产生了一个提议，即帝国的皇室领地也应该被允许作为独立国家，加入诸侯联盟。

同时，普鲁士也再次自觉承担起了领导中欧国家的角色。赫兹伯格伯爵还出了个好主意：把深陷内乱的尼德兰共和国从爱国党派的统治，或者说从法国的影响下解放出来。于是普军进入荷兰，轻而易举地战胜了爱国党派，恢复了奥兰治家族的荣誉。现在本应是普鲁士享受胜利果实的时候，依靠武力将这个有血缘关系的王室重新纳入普鲁士体系。卡尔·奥古斯特还建议，应该让尼德兰共和国加入诸侯联盟，而且通过提供定期资助，让小诸侯国可以维持常备军。但是就在此时，威廉二世性格中灾难性的不稳定因素开始显现，他无法将任何好想法付诸实践，对于诸侯联盟的热情也早已冷却。他是个性格温和的人，以帝国诸侯的热情尊重德意志体制的古老神圣形式，因此彻底的改革思想与他的虔诚发生剧烈冲突。柏林市民几乎难以隐藏对德意志小诸侯联盟的蔑视，赫

108

兹伯格伯爵也经常称之为"上层政治的大麻烦"。由于萨克森和汉诺威的反对,应该在美因茨召开的联盟议会从未进行。卡尔·奥古斯特的所有提议都没有实现,而且腓特烈大帝逝世刚两年,就不再讨论发展和稳定诸侯联盟的问题。普鲁士军队撤离尼德兰后,性格轻率慷慨的威廉二世还免除了这个富裕邻国的战争赔款,一项如此辉煌的军事行动以外交失败拉下了帷幕:最终是英国而非普鲁士赢得了海牙上层支持,两大海上强国重建古老联盟。此次军事行动的花费超过 600 万塔勒,自此普鲁士政府开始陷入财政危机。更糟糕的是,兵不血刃的荷兰之战在军队中加剧了危险,职业军人开始严重轻视全民武装的思想。

　　好在普鲁士气数未尽,威廉二世马上获得了另一个在德意志和欧洲增强实力的机会。约瑟夫皇帝无法接受西里西亚和巴伐利亚战争的失败,急切地渴望报复普鲁士,重拾家族荣誉,重振他在帝国的统治,因此放弃了奥地利在东方的利益,同沙俄达成共识,同意了叶卡捷琳娜女皇的君士坦丁堡计划;作为回报,奥地利可以在巴伐利亚、意大利和土耳其边境地区进行大规模扩张。在多瑙河地区,俄奥军队同土耳其展开了艰苦斗争;同时在奥地利家族的世袭领地上,到处都在反抗皇帝的仓促改革和加强中央集权的企图。比利时公开造反,马扎尔人的不臣之心昭然若揭,匈牙利贵族甚至请求普鲁士国王为其委派一位新国王。当帝国宫廷的扩张计划显露,朝野骚动。威廉二世结成三国海军同盟以维持普鲁士在东方的现状。瑞典已向俄国宣战;就连波兰人也想着同普鲁士结盟,武力反抗叶卡捷琳娜女皇。尽管在舒瓦瑟尔公爵时代,法国就已经同奥地利结盟,但现在由于大革命爆发,也被迫放弃所有旧时的大胆外交政策;柏林宫廷欢迎法国大革命,因为它威胁到了法奥同盟;普鲁士外交官小心地维护同佩蒂翁(Pétion)及其他国民议会发言人的友好关系。这是同奥地利开战的最好时机。由于皇帝的全部军力都投入了遥远的土耳其战争,如果驻扎在西里西亚前线的普鲁士军队能直插奥地利心脏,维也纳将毫无招架之力。目前是以武力解决德意志二元性的唯一机会;腓特烈大帝身处敌人与损友之间时,曾提过一个生死攸关的问题:"普鲁士还是奥地利?"现在是时候回答了。

　　但无论是威廉二世本人，还是赫兹伯格伯爵，都没有完全明白眼下这个时机对德意志未来的重大意义。伯爵是个恪守原则的学究、伟大的普鲁士人、忠诚的爱国者，完全相信普鲁士和奥地利之间不可调和的对立是地理因素的必然结果。他一直是腓特烈大帝的得力助手，活跃在从七年战争到诸侯联盟建立之间所有的外交谈判中，担任国际法专家并书写公函；但他没有能力独立推行腓特烈大帝简单强硬的政策。尽管腓特烈大帝只当他是趁手工具，也从不听取他的意见，但他却自认为是腓特烈以及整个"古老而强大的勃兰登堡体系"的真正继承者，作为专业人士领导欧洲外交关系。赫兹伯格觉得，只要自己掌舵，就绝对不会出错，普鲁士将继续扮演欧洲事务的领头羊。腓特烈大帝喜欢简单粗暴的计划，他的这位学徒却偏爱以精致造作的联盟维持势力平衡；他觉得尽管普鲁士、英国和俄国结盟的条件尚不充分，但这三个北方国家结成的同盟，就是解决当下问题的魔法石。腓特烈大帝曾清醒地认识到，在这个世界上普鲁士只有敌人，公开或者隐藏的敌人；但是赫兹伯格却自大地仅凭自己的逻辑而建立联盟。他梦想能找到一种可靠的方式解决东部问题：割让土耳其北部省份，将加利西亚（Galicia）重新纳入波兰，这样就能实现东欧领土的全面重新分配，而且会受到东欧各国的欢迎；普鲁士获得的调停费用，则是瑞典属波美拉尼亚、但泽、托伦（Thorn）、卡利什（Kalisz）和波兹南（Posen），即普鲁士北部和东部领土之间的所有地区。赫兹伯格认为无需刀兵，只要外交文书就能实现这一切。

　　让赫兹伯格感到震惊的是，不仅两大帝国拒绝这个过分精致的计划，就连普鲁士的盟国也提出否决。海上强国害怕失去同俄国的有利贸易，因而不敢同帝国宫廷爆发公开冲突。也正是因为这个原因，英国在七年战争中，身为盟友却拒绝向普鲁士提供有价值的帮助，即向波罗的海输送一支强大舰队。波兰也看不到任何从但泽和波兹南撤兵的理由，但是这本有可能延续波兰共和国的存在。土耳其军队有效抵抗了帝国进攻，因此其领土并未缩小。在这样的紧急情况下，普鲁士放弃其他要求，只希望恢复东部原状。即便事到如今，如果普鲁士不断要求奥地利开战，那么还是有可能通过谈判实现同奥地利的彻底清算。国王明智地要求在战场上同

110

奥利地一决高下,但是赫兹伯格错失良机。就在这个重大时刻,皇帝约瑟夫逝世,赫兹伯格现在必须为他对诸侯联盟的狂妄蔑视付出代价。联盟已然衰弱,因为诸小宫廷的情绪极为不稳定,对他们来说选帝问题不再是当务之急。一贯无常的威廉二世很快就放弃了战争计划,安慰自己道,即便是叔父腓特烈大帝也从未希望获得帝位;并且当约瑟夫的继承人,利奥波德二世(Leopold Ⅱ)态度顺从地迎合他时,他毫不犹豫地承认了其帝位。威廉二世对这个半途而废的胜利很满意,并在1790年7月26日签订了倒霉的《赖兴巴赫条约》(Reichenbach Vertrag),只要求恢复东方战争之前的国家状态。

到目前为止,普鲁士所取得的成功是,以强硬态度迫使洛林家族放弃占领贝尔格莱德,极为不光彩地结束了野心勃勃且耗资巨大的土耳其战争。清楚时局的利奥波德二世在长舒一口气后写道:"这是我们可以希望的最不坏的和平。"就像查理七世的逝世一样,约瑟夫二世的逝世,给普鲁士的德意志政策带来了灾难。精明谨慎的利奥波德二世放弃了兄长的整个东方计划,因而保住奥地利在帝国中的地位。就像他本人所承认的那样,帝国皇冠是普鲁士国王的慷慨礼物,他只有无条件接受。奥地利的外交失败只便宜了土耳其和英国:普鲁士的插手使土耳其摆脱了一个危险的敌人;由于赫兹伯格的过分谨慎,英国相当保守的东方政策轻易便取得了胜利。但是很快,柏林宫廷就看见世界形势转向不利:利奥波德二世有技巧的安抚政策使叛乱的王室领地再次臣服,在佛罗伦萨秘密警察的监控下保持平静;在波兰,奥地利很快具有了决定性影响力;瑞典结束了同俄国的不利和约;英国公开否认参与赫兹伯格的波兰计划。最重要的是,《赖兴巴赫条约》宣告了诸侯联盟的死亡,终结了腓特烈大帝的德意志政策。小诸侯们看到柏林现在失去了骄傲的领袖意志,而温和的利奥波德二世似乎也没什么可怕,因此他们一个接一个再次回到其天然阵营之中,重新同奥地利达成和解;诸侯联盟甚至连《选帝约》都没有认真改革,就彻底瓦解了。

普鲁士挽救帝国政治绝望混乱的最后时机已经一去不返;失去领袖、混乱的德意志社会,蹒跚走向外国带来的毁灭。卡尔·奥古

111

斯特辛辣谴责德意志人竟然昏庸到把如此混乱的局面，视为一个优秀体制的神圣理想。然而在西方，风暴正在集结，将摧毁整个欧洲的所有古老制度。善良的科隆选帝侯曾这样表达德意志高级贵族对祖国未来的衷心愿望："我们想要一个爱好和平、维持德意志体制的皇帝，但是我们必须让那些侏儒保持君临天下的幻觉。"人们还根本不理解这个危机时刻。个别优秀的政论家，如乔治·福斯特（George Forster）高度评价普鲁士政治的胜利，但却未留意其疏失之处。民众欢呼重获和平。《赖兴巴赫条约》签订期间，威廉二世为了表示尊重流行的自然崇拜，还登顶桌山（Heuscheuergebirge），忠诚的西里西亚人为他在边境山区建造了一座纪念碑，上面刻着"国王佑我和平"。

112　　如此令人沮丧的和平局面造成的必然后果之一，是赫兹伯格很快就被势头正盛的毕雪夫沃德排挤出局。尽管赫兹伯格不幸地选错了方法，但是他至少没有放弃腓特烈政策的任何基本原则，始终努力保持普鲁士政治不受控于奥地利。但是随着毕雪夫沃德用事，一种全新趋势——和平二元方针——开始运作。现在普鲁士指望同奥地利结成反俄同盟来保卫国家安全，这和刚刚过去的辉煌五十年形成了强烈对比。改革帝国的想法被彻底放弃了，德意志事务最大的希望在于同皇室意见一致。1791 年春天，毕雪夫沃德开始就普奥同盟展开谈判，这是德意志命运中最不幸的事件。这两个不共戴天的敌人之间的联盟注定是彻头彻尾的错误，双方对联盟都没有任何信心。大多数普鲁士人依然坚定地追随腓特烈时期的政治传统，满腹狐疑地盯着维也纳方面的一举一动；而霍夫堡也没有忘记普鲁士占领西里西亚以及屈辱的《赖兴巴赫条约》，根本不打算将这位北方新人视为平等伙伴。普奥之间一切权利问题争端，都没有得到解决。而且与柏林的期待相反，眼下奥俄联盟却相当稳固。威廉二世的顺从态度并没有改变皇帝心中根深蒂固的观念：普鲁士每一次力量增长都给帝国带来了灾难；普鲁士将霍亨索伦王朝的旧领土安斯巴赫-拜罗伊特（Ansbach-Bayreuth）纳入囊中，由此首次稳步插足南德意志地区，并在波西米亚侧翼获得一个相当具有威胁性的位置，这些都让维也纳非常焦虑。此外，普奥在波兰问题上的利益冲突仍旧相当激烈。

普奥双方都希望保留波兰贵族共和国,作为壁垒抵抗女沙皇无休止的占领政策。当时机械式的国家概念偏爱矫揉造作的行事方式:尽管内政健康有活力的民族国家就能保证和平局面,但人们非要通过精心设计的平衡体系来实现,还为此随意建设一些小国家,作为大国之间的缓冲带。维也纳和柏林都还不明白,不羁的容克贵族统治的波兰注定毁灭,波兰自由不过是萨尔玛提亚贵族和大地主实施的外国统治,治下数百万的斯拉夫人、立陶宛人、德意志人、犹太人和瓦拉几亚人(Wallachia),没有任何权利,同残忍的统治者之间也没共同情感。奥地利同这个天主教贵族国家有血缘关系,在过去的数百年中始终是盟友,因此根本不想从重新瓜分波兰中得到任何实际好处,反而希望一个强大的波兰可以成为抵抗普俄的屏障。相反,普鲁士却在同萨尔玛提亚贵族之间的争斗中获得好处,因此担心波兰复苏会给德意志维斯图拉河地区造成极大威胁。如果波兰保持作为中间国家的无害性质,并且至少将托伦和但泽划给西普鲁士,那么普鲁士将满意于第一次瓜分波兰的结果。既然德意志维斯图拉河地区最重要的两块领土,已经被普鲁士领土包围,那么它们就不可能永远留在已经无法保有占领地的外国侵略者手中。在种种审慎考虑下,波兰贵族顺从地接受了普鲁士的友谊。但是 1772 年的悲剧①并没有让愚蠢而傲慢的波兰贵族恢复理智,如今这个不幸的民族又陷入党争之中。然而在华沙,人们仍然希望白鹰可以再次从柯尼斯堡的绿桥上展翅翱翔。

短暂的睦邻友好之后,波兰开始敌视西邻普鲁士,对德意志、新教和维斯图拉河口占领者的古老仇恨再次爆发。1791 年 5 月 3日,波兰获胜党派发动政变,建立新宪法,这对于普鲁士来说形同宣战;波兰王室权力增强,并且由阿尔伯特家族世袭。萨克森同波兰之间的非天然联盟,很早以前就被威廉一世称为囚禁普鲁士的"笼子",如今真的实现了。这个斯拉夫-天主教国家拥有普鲁士两倍的人口,在种族、宗教和古代历史上都与德意志民族仇恨深重,现在其王室受到罗马教廷和奥地利大使的影响,很可能插手中欧

113

---

① 1772 年,俄、普、奥三国在彼得堡签订条约,第一次瓜分波兰。——译注

事务,从南部和东部封锁普鲁士。此事事关普鲁士生死存亡,以及自大选帝侯时代起霍亨索伦家族的宏图伟业,却得到了威廉二世的盟友、利奥波德二世的热烈支持。我们这位慷慨而浮躁的国王,尽管接受了波兰的新宪法,但很快就意识到了自己的错误,并发现霍夫堡的政策确实威胁着普鲁士在波兰和德意志的利益。

事已至此,神圣帝国宪法已经彻底被破坏,从内到外的所有改革时机都丧失殆尽;普奥表面结盟,内里的冲突却由于古老仇恨和利益争夺而加剧。在这种情形下,那场直击法国要害的运动,也影响到了德意志。歌德描述了我们这个天真的民族,毫不嫉妒地赞美外国的伟大事迹,欢呼着:"新生的太阳射出第一道光芒,我们听到了人权,这属于所有人的权利。"相信人类的进步永不休止,是这个时代的哲学所秉承的观念,好像"人类所能构想出的最高境界已经近在咫尺"。美学上渴望自由的年轻诗人久久陶醉于个体自由的观念——推翻所有压迫,只听从自己内心的声音。从不循规蹈矩,打破所有传统道德,甚至是家庭忠诚的纽带;在艺术圈子里,出轨和草率离婚变得极为寻常,自由精神可以微笑着宽容这一切。8月4日夜之后,令人厌恶的国家权力机构似乎也不过是人类任意创造的产物,不过是自由人可以任意捏造的柔软陶土。渴望从国家获得自由的艺术家们,发现《人权宣言》完全实现了他们最宝贵的梦想;持有美学主义世界观的一代人,不会在国家之中寻找自由,也不追问联系公民与社会的责任意识。现存政治制度中的各阶级法律不平等,在文化圈子中激起了最强烈的敌意,而它之所以遭到如此愤恨,是因为在有教养阶层的自由社会交往之中,这种不平等实际上已经被克服了。法国宣布人人平等,卢梭比任何法国人都更多地求助于德意志狂热的唯心主义,而他的预言此时似乎成真了,这是多令人高兴的事。时代的所有渴望,承认人类尊严的高贵冲动,以及独立的自我那种爆棚的自信心,都在这位日内瓦哲学家大胆的谬论中找到了自己:在一个完全平等的国度,每个人都只服从自己。

对于善良的德意志旁观者来说,大革命的罪恶和伟大同样具有吸引力。受普鲁塔克《希腊罗马名人传》熏陶的人们,真诚地向往着新自由的鼓吹者所宣扬的加图主义①；他们关于国家的非历史抽象概念迎合了当时的哲学。这些热情的青年人脑子里回荡着强盗莫尔②振聋发聩的话语，被法国人的慷慨激昂所感动，天真地倾慕吉伦特派宣扬的共和国美德，而就在此时，吉伦特派正想轻率地发动对德战争。最近几年中，对古老帝国的浪漫颂扬曾在士瓦本诗人中非常流行，现在也销声匿迹了。就连克洛普施托克也将注意力从切鲁西(Cheruscan)③的橡树林转向世界的新首都，歌颂这位百手百眼巨人："如果没有上帝之声，即使千百种美妙声音，也无法赞颂高卢的自由。"热情向往自由的世界主义者，梦想四海之内皆兄弟，用诗歌散文激烈地抨击暴君和奴隶"身披金子枷锁"。汉堡和其他城市，在攻占巴士底狱的周年纪念日上，纷纷庆祝这个邻邦的节日，种起自由之树。以克洛普施托克为中心的整个圈子都沉醉在这种新精神里，这个圈子中有代表时代精神的亨宁(Henning)、赖马鲁斯(Reimarus)夫人，以及施托尔贝格家族(Stolberg)。坎佩(Campe)和其他新教育观念的拥护者，很高兴地看到这个被过度教育的世界再次回归原始人类的天真纯洁。斯特拉斯堡是高地德语区的革命思想中心，来自士瓦本的热血青年们匆忙赶到那里学习新的法国福音。在图林根、美因茨和耶拿传统的学生集会上，时时能听见政治呼吁；到处都有人同法国流亡者爆发冲突，这些叛国者傲慢无教养的行为，似乎为大革命中的暴力行为找到了理由。柏林上层社会的女性都会佩戴三色旗缎带，就连约阿希姆斯塔尔文理高级中学(Joachimsthaler Gymnasium)的校长，也会在国王的生日上，在赫兹伯格的首肯下，不失时机地赞颂大革命的光辉。

---

① 老加图主义：罗马共和国时期的政治家、国务活动家、演说家，公元前195年的执政官加图(Marcus Porcius Cato，前234年—前149年)，在其著作《农业志》中表达的观念，即回归田野，厌恶都市，尊重传统，主张维持罗马原有的简朴生活，防止社会分化。——译注
② 强盗莫尔是席勒《强盗》中的主要人物。——译注
③ 切鲁西(Cherusci)是一支日耳曼部落，公元前一世纪到公元一世纪定居在德意志西北部平原和森林地带，接近今天的汉诺威。公元9年，切鲁西部落首领海尔曼(Hermann，拉丁文名为Arminius)，在条顿堡森林伏击罗马军团三个军团，两万余罗马士兵只有不足百人生还。史称条顿堡森林伏击战，是日耳曼人的立国之战。——译注

116 　　在民族领袖中，康德受法国大革命的影响最为深远。他以自己安静的方式亦步亦趋地跟随着时代的政治思想运动。更确切地说，康德熟悉卢梭和亚当·斯密的作品，并且以科学的语句总结了这个世纪形而上学的关于自由的争论：人就是人，并不是达到任何目的的工具。康德发现，自己在独居反思的生涯中发现的事物，在法国变成了现实，但他在平静生活中根本没有预料到法国民众的魔鬼力量，因此恐怖统治也没有妨碍他对大革命的钦慕，似乎就连断头台上的鲜血，都证明了理性的权利。康德学派最忠实地揭示了这个时代革命思想的真实内容。

　　尽管如此，德意志知识界对于法国大革命的狂热仍然是纯理论的。比如哥廷根大学和哈雷大学的法学家们，会在讲座的概论部分，先依据理念构造出一个理性法律体系，然后在特别篇章冷静描绘理性国家的对立面，即迷宫般的德意志帝国宪法，因此即便是向往法国大革命的德意志人，也不会询问如何以流血牺牲的形式实现理想。柯尼斯堡的那位智者无条件地拒绝承认任何对抗的合法性。费希特是康德最激进的学生，在罗伯斯庇尔当政期间甚至打算冒险保卫法兰西自由，也曾公开声明，反对将他的理念贯彻进现实；他认为在"自然权利的康庄大道"和"半野蛮政策的羊肠小路"之间存在不可逾越的鸿沟，并且得出结论："自由的价值只能自下而上获得，但不造成混乱的解放却只能自上而下地实现。"只要大革命仅仅打击贵族和旧教会，德意志这些理论爱好者就岿然不动；他们天真地相信，雅各宾派不过是在一伙危险的叛徒面前进行正当防卫，而且"已经失去了合法性的人才会垮台"。但是当党争进入白热化，对平等的狂热追求要彻底消灭贵族阶级时，忠诚而严肃的德意志人就不再继续追随法国变幻莫测的局势发展。德意志狂热分子们含泪离开了那些亵渎其圣殿的野蛮人。克洛普施托克抱怨"我们的美梦破碎了"。人们恐惧而愤怒。一个政治成熟的民族必然冷眼鄙视恐怖统治，但天性纯良的德意志人并没有这样；他们并没有发觉，公共安全委员会犯下的累累杀孽罪行，是由极小一撮人施加在一群奴隶般顺从的人民身上。理想幻灭的人再次回到古

117 老的政治冷漠状态，全身心投入艺术和科学。歌德谴责法国的今天如同路德时代一样，破坏了宁静的文化；席勒也在介绍他的《时

序》(Horen)①时说:诗人和哲人属于他们生活的时代,但精神属于所有时代。这些也是大多数有教养德意志人的真实想法。

大革命在德意志催生的最重要的文学作品来自反革命阵营。保守主义势必要集结起来反对革命理想。法军的背信弃义在普鲁士军官中激起了强烈厌恶;由此成立了一个忠诚俱乐部,成员必须牢记自己的入伍誓言。布兰德斯(Brandes)和雷贝格(Rehberg)用温和博识的作品表达了旧社会情感,但缺乏力量和深度;施皮特勒(Spittler)以历史学家的公正可靠判断大革命的祝福和诅咒。早在1790年,格奈泽瑙元帅就以其敏锐的洞察力认识到,法国已经准备好了接受奴役,并预言一场史无前例的革命将威胁所有民族。然而直到弗雷德里克·根茨(Frederick Gentz),人们才全面理解了这个时代的信号。1791年4月,根茨还不同意伯克(Burke)对大革命的攻击;但是一年半以后他便将这个英国人的《法国革命论》翻译成了德语,并且附录了一些有价值的文章,这造就了德意志政治文化史的转折。人们第一次认识到,德意志文化的伟大时代注定要复兴和启蒙民族的政治思想。根茨这位新文化的学徒,有着康德哲学般丰富的观念,也拥有古典诗歌的纯净意识。他首次展现出源自艺术和科学批判精神的巨大能量,没有投入对自然法的抽象思考,而是转向对当代历史现实的批判。他知道如何看待现实,如何从事物起始的模糊构造中预判未来走势。在一次内容丰富的有力演讲中,他谴责那些以愚蠢为特征的暴民,并且预言"法国将从形式走向形式,从灾难走向灾难"。的确,作为当时首席政论家,根茨的性格确实同他的天分不相匹配;他对大革命的愤恨依然包含紧张焦虑的成分;他为过多的知识而恐慌,在"这个需要束缚的野蛮时代"面前战栗,但是他的作品却清晰呈现出一种新国家观的基本理念,这种国家观念同德意志科学中历史意识的觉醒密切相关。德意志历史学就站在大革命激进普世主义的对立面上;攻击那些头脑简单、为幻象所迷的人,这些人希望将唯一能救世的教会引入政治,并且根据有关自然权利的教义问答手册,抑制民族文化、政治和法律的多样性。德意志历史学驱散了"多数原则"的迷信,斩

118

---

① 《时序》,席勒于1795—1797年主编的文艺杂志。——译注

钉截铁地说："自然权利并不是少数服从多数，而是自由否决权（liberum veto）。"它保护国家权力免受当时极端个人主义的侵犯，坚持"政治自由是受政治限制的自由"，以此对抗独立自私的贪婪要求。

德意志民族受教育阶层还要经历多年磨难，才能真正理解这句话的意义。然而在此时，他们愉悦的和平生活还未被打破；下层民众中也没有什么危险的政治冲动。德意志的不幸在于小国林立的体系和迟钝的帝国宪法。这些满足于地方主义的平静民众如何能理解德意志社会的混乱本质？大一些的世俗国家的内政深受腓特烈时代精神的影响，因此不会产生狂热的不稳定情绪。今天那些学识浅薄的人所谓"1789 年纲领"中的许多政治理念，在普鲁士都已经实现或者接近实现。伦理自由建立已久；出版自由所受的约束极小；在北部新教地区，所有的教会都服从国家权威，教会资产都世俗化了；仁慈的农业管理部门严格限制贵族的土地权利；腐朽社会制度的残渣逐渐被坚定的改革意愿所清除。只有在那些缺乏国家公正的小国中，还能找到类似旧制度中法国贵族的罪恶。在德意志教会国家，统一的天主教信仰依旧盛行；在那些傲慢高贵的天主教教堂和帝国城市中，腐朽堕落的古老裙带关系还在延续；在王侯、伯爵和帝国骑士的领地上，见不得光的暴政仍然活跃。用当前这个时代的观念来看，那些腐败僵化的体制实在是不堪入目。

几乎只有在帝国中这些不值一提的地方，法国农民获得解放的好消息马上引发了轻微骚动。阿尔布河女子修道院（Frauenalb）的女院长被信众驱逐出境，也不允许她在埃尔腾（Elten）的同仁宣誓。农民的小冲突不时发生在特里尔和一些帝国骑士领地，尤其发生在最声名狼藉的主教辖区施派尔（Speyer），那里自从农民战争时代就实施严格的僧侣统治，为俗世仆从制定的法律法规要求官员将"实现主人的愿望就是至善"，视为最高目标。梅克伦堡饱受虐待的农奴集合起来，威胁处死封建领主。在大多数帝国城市，不愉快的冲突曾是那里生活的重要部分，近来却发出了异常刺耳的声音；讨伐宗主制度的言论变得更加高调恶毒；莱茵河沿岸的教会诸侯扬言要严惩叛乱的臣民，然而这也泄露出他们严重的焦虑。

这些并不重要。实际上，这些都是帝国中政治氛围最沉闷的地区；就连新教德意志的狂飙突进运动都没能打动这些主教权杖下堕落的人们。不过这里也没有下层社会起义的危险，福斯特在他最激进的岁月中也不得不承认，德意志进行革命的时机尚不成熟，手无寸铁的小国和地区无法抵抗外来侵略。帝国中慢慢死去的成员，作为法国的邻人，在过去的两个世纪中，已经习惯了对凡尔赛宫惟命是从；这样的地区散布在更活跃的世俗国家之间。如果革命的法国在德意志莱茵河上，以某种新形势建立波旁王朝统治，那么德意志教会国家将被一举击溃，携同神圣帝国的最后残余一起崩塌。

在大革命最初那些所谓清白无辜的岁月中，这样的危险就已经迫近了。大革命不可避免地超出法国国境，这是这场运动的福音也是诅咒。1789 年夏天可怕的农民战争，以及为承认此次民众运动成果而制定的新法律，不过是将一个理想和观念中的世界变成了现实，而这种理想和观念，在过去的一个世纪中，就已经扩散进了西欧所有民族；可令人讶异的是，法国人却自称是带来自由的救世主。波旁王朝的统治突然崩溃，是因为旧制度在法国比在其他国家蜕化得更严重，但法国人却将其归功给法兰西天生的优越性。在引发大革命的诸多原因中，法国在欧洲地位的严重衰退引发的普遍不满，毫无疑问是个重要理由；既然现在法国人已经辉煌地展现了自己的力量，而外国人又钦慕地将巴黎视作世界之都，那么法国人自然感到他们有责任向全球推广法律。法国习惯于轻视其他民族，梦想其文化会像路易十四时代的文化一样，成为全世界的楷模；但他们却完全不了解已经活跃在德意志生活中原生的新文化。《人权宣言》为所有人树立了榜样，拉法耶特（Lafayette）为新的三色旗喝彩，并预言它将飘扬在全世界。自此，大革命舆论宣传的力量增强了；所有邻国的内乱，比如意大利和西班牙、荷兰和比利时、瑞士和德意志小国，都让法国轻易获得了战利品。一场自宗教战争以来在欧洲闻所未闻的世界战争迫在眉睫，到时波旁王朝统治堆积在法国的各种丑陋腐败现象，上层社会的不道德风气，以及下层社会的粗俗愚蠢，将连同新时代观念带来的强大力量，像潮水一样淹没所有无力抵挡的国家。

对德意志帝国权利的首次进攻开始了：在没有询问帝国和违

120

反公共契约的情况下，剥夺了阿尔萨斯帝国邦的领主权，抢夺了教会诸侯的教会资产。因此德法为莱茵地区展开的永不休止的争斗，这一关于权力的老问题，现在以一种相当复杂的方式再次展现在德意志面前。诉诸武力的必要性不容争辩。阿尔萨斯农民的悲惨境遇众所周知，他们同时要向法王和德意志小领主纳税。大革命的解放行动，使法国赢得了所有德意志善良人民的心。普鲁士和明智的世俗诸侯们，很早以前就清理了教会资产，用心保护领地上农民的自由，现在他们应该以强硬姿态插手保护特里尔和施派尔主教的什一税吗？应该保护沃尔姆斯（Wurms）和赖宁根（Leinigen）大领主的利益吗？应该支持被北德所蔑视、习惯了在帝国议会上对奥地利言听计从的小诸侯和领主群体吗？他们跟法国的战争很容易变成跟大革命的原则性对抗，因为战争激进主义决不容忍妥协。法国流亡者涌入各个宫廷并煽动言论；大革命的死敌获得上层社会的支持，德意志承担起了拯救波旁王朝的疯狂任务，双方剑已出鞘，大战一触即发。但是阿尔萨斯帝国邦的特权形成了一条国家法律纽带，将统治权同神圣帝国捆绑在一起；如果它们无条件地隶属于巴黎国民议会，就意味着帝国要放弃对于阿尔萨斯最后的主权要求；德意志国家还没有沮丧到自愿帮路易十四完成功业的地步，但是现在，当法国散播威胁的时候，德意志既无钱也无兵。

风暴从西方和东方同时迫近，德意志的宿敌观察已久，算计着何时这两股风暴将一起撕碎我们的祖国——波兰灭亡和法国战争同时发生，德意志大国将完全瘫痪。叶卡捷琳娜女皇对普鲁士宫廷怨恨已久，因为腓特烈大帝曾让她的波兰计划付诸流水，威廉二世又有意无意地毁了她的拜占庭帝国之梦。她曾焦虑地看着普奥结盟，但很快就让俄国免受其害。如果她能成功地让德意志大国卷入这场祸福难测的法国战争，就有可能成为波兰的女主人，并按照自己的意愿摧毁这个贵族国家。女皇毫不掩饰自己的野心，向大臣们宣布："要让德意志宫廷深陷法国事务，这样我们就不再被掣肘。"因此，她加紧结束土耳其战争，因为同样的原因，狄德罗的这位女性友人现在狂热反对大革命。她保护外国流亡者，并不断告诫周围国家，帮助法王复辟是君主的共同责任。她希望法王路易的兄弟可以实施反革命运动，并且保证俄国军队将支援保皇党的伟大战役，但是这项保证的言辞极为模糊，这样她就可以掌握主动权随时撤军。彼得堡宫廷的行事作风非常符合沙俄易守难攻的地理位置，就连资质平庸的普鲁士大臣阿尔文斯莱本（Alvensleben）也一眼看穿了女沙皇的计划，并且向威廉二世预言了这个贪婪邻国的政策。

无论是皇帝还是普鲁士政治家，都不清楚在如此复杂的情况下发动战争将带来怎样的危险。很长一段时间内，谨慎的皇帝没有理会妹妹写来的无数求救信，可怜的玛丽·安托瓦内特王后（Marie Antoinette），在受伤自尊和女性激情的驱使下走向了叛国的边缘。普鲁士内阁最初很满意立宪派的行为；普鲁士大使冯·戈尔茨（von der Goltz）诚实地承认，大革命具有合理性，并看着失去理智的宫廷日渐荒唐的行为；流亡者的阴谋在维也纳和柏林都被严厉斥责。直到1791年春天，法王路易因逃跑计划失败而受到野蛮羞辱时，两个宫廷才开始认真计划以武力对抗大革命暴力。这个令人振奋的消息传来的时候，正赶上一个极为重要的时刻：毕雪夫沃德刚刚跨出普奥永久联合的第一步。法王所受的屈辱激起了威廉二世的骑士精神，他要亲自为法王报仇。一些头脑精明的流亡者逐渐秘密影响着普鲁士宫廷，因而此时行政系统中出现非普鲁士的新作风、对腓特烈大帝自由精神的背离、对启蒙领袖的讽刺挖苦、手握权柄的宠臣将关于群众领袖和阴谋家的书籍引入普鲁士，这些都不是偶然事件。1791年夏天，心怀叵测的毕雪夫沃德再次前往奥地利，以巩固普奥双方在当年春天达成的共识，他发现皇帝在米兰情绪高昂，发表威胁性言论：彻底根除大革命罪恶的时机已到，全面打击革命分子，德意志也不例外。不久后，在一封发自帕多瓦的公开信中，皇帝呼吁欧洲各国帮助他受虐待的妹夫，严厉惩罚伤害王权的行为，不承认任何法王非自愿认可的国家法律。7月25日，毕雪夫沃德抗命擅自签署《维也纳协议》，由此普奥彼此担保土地占有状况，并承诺协助对方平定国内动乱。

这样一来，我们在《赖兴巴赫条约》中踏上的险峻道路，终于走到了终点。狡猾的利奥波德二世完全骗过了毕雪夫沃德。普鲁士放弃了腓特烈大帝的独立政策，在没有获得相应好处的情况下协

122

助帝国宫廷；因为现在领土受到威胁的，并不是普鲁士，而是奥地利；在比利时，大众的不满情绪尚在酝酿阶段，而法国的进攻将很快让这种不满公然爆发。签订协约的毕雪夫沃德由于违抗指令，受到了柏林方面的责难，数位部长严正抗议如此重大的政策变革：对抗大革命的最有效方式是认真发展国力，但《维也纳协议》让普鲁士承担的无数责任，将轻而易举地拖垮国家军事和财政。普鲁士公众也一直怀疑奥地利的友谊。七年战争的记忆尚未消散；阿尔萨斯帝国邦的权利以及莱茵河左岸的命运，是如此远离北德意志人的视野，以至于后来帝国战争在莱茵河上爆发一年半以后，当时最具政治智慧的施皮特勒还天真地写道："我们德意志正在享受休憩时光！"但是威廉二世却赞成皇帝的专制措施。不久之后他在皮尔尼茨（Pillnitz）会见皇帝，完全被这个狡猾的佛罗伦萨人身上高贵的气质所吸引，激动地说，普奥同盟必将永垂不朽福泽后世。

但是由于行为失策，法国没有马上受到威胁。普王热切地想镇压法国叛乱者，但他的大臣却像爱好和平的皇帝一样，坚决反对发动公开战争。在皮尔尼茨，普奥忽略了流亡者的战争要求，最后的结果是 8 月 27 日那份无意义的共同宣言：双方都承认法王路易的窘迫现状是欧洲各王室的共同担忧，一旦各国达成共识，将马上插手干预法国内政。这实际上等于什么都没说，因为所有人都知道，英国不可能参与武力干涉。当年秋天法王路易复辟，并自愿接受新宪法，这些模糊的宣言在维也纳更成了一纸空文。大革命似乎平息了。皇帝彻底心安，就连曾经热切地想要发动欧洲战争，收拾法国"狂热傻瓜"的老亲王考尼茨（Kaunitz），都承认战争阴云已经消散。皇帝根据古老的帝国习惯，以一种等同于软弱的温和，对帝国在阿尔萨斯的权益问题展开了谈判，他不考虑任何军事安全因素，也不要求归还被窃取的东西，只要求获得赔偿。普奥双方根据法国的请求，敦促特里尔选帝侯收缴科布伦茨（Koblenz）流亡者的武装，这支军队小得可怜，加上法国对叛国贵族的刻骨仇恨，根本不可能对新法国构成威胁。皇帝还补充道，他会让比利时军队保护特里尔免受法国游击队的攻击，然而他只不过是口头答应承担作为帝国首脑所不可推卸的义务。

正是法国，也只有法国迫使爱好和平的德意志国家面临战争。

立宪君主制的基本原则尚未确立，吉伦特派的教条主义者们却正在进行破坏工作；他们渴望建立共和国，并迅速认识到一旦向法王的姐夫宣战，将不可挽回地破坏王室名誉，只要革命舆论的潮水席卷整个欧洲，必将彻底清除旧君主制的最后残余。光荣而胜利的战争和扩大民族疆域的古老梦想，终将克服大多数国民对于共和国的厌恶；大笔战利品也会极大满足国家财政需要。法国民族情绪敏感骄傲，对外事又完全无知，因此布里索（Brissot）、加代（Guadet）和让索纳（Gensonné）发表的野蛮演讲中，很容易将不幸王室的愚蠢信件、流亡者的公开叛乱、《帕多瓦宣言》与《皮尔尼茨宣言》中的不慎言论糅合在一起，编织出一幅虚实相交的幻想。民众开始相信，一切旧势力正在阴谋倾覆刚获得的自由生活，必须以武力保卫民族自治，摆脱欧洲监护人。立法委员会中的主战情绪日益高涨，因此他们在同皇帝的谈判中表现得极为傲慢，并且没有对阿尔萨斯的帝国邦提出明确赔偿。立法委员会受到吉伦特派煽动性言论的影响，竟然要求皇帝发表正式声明，宣布放弃欧洲联合计划，而且根据同波旁王朝的古老联盟支持法国，否则将马上发动战争。皇帝的回答体面而克制，1792 年 4 月 20 日法国对奥地利宣战。这场战争跟路易十四的强盗行径一样无耻，必将把毫无准备的法国推向耻辱的失败。随后孔多塞的教条言论向世界宣布，共和国自由的原则是对专制主义的反抗。整个旧欧洲都受到了挑战；但是对普鲁士来说，《维也纳协议》开始生效，并且通过一个正式防御联盟被补充完整。

德意志面临战争，几乎与此同时，俄军势如破竹地进入波兰，沙皇的势力范围扩张到了维斯图拉河。中欧诸国再次夹在两个战场之间，于是普鲁士现在又要选择：是坚决抵抗大革命的乌合之军，同时用主力保卫德意志在东方的利益；还是搁置波兰问题，首先迅速有效地结束法国战争，而且因为法国已经宣战并撕毁旧和约，一些人觉得有希望让腓特烈大帝称为德意志温泉关的孚日山重归帝国。但是无论如何选择，时间都已非常紧迫。实际上，无论投入哪一战场，普鲁士都应该全力以赴，这样才能获得主动权。但是腓特烈大帝已经无法再守护普鲁士，宫廷弄臣们环绕着他的继承者，说服他采纳最愚蠢的建议：向法国发动进攻性战争，但是却

125

只投入了一半兵力进行这个风险巨大的事业。

第一次联盟战争因外交错误而失败，而不是输在战场上。在维也纳和柏林，十八世纪贪婪平庸的内阁政策中所有的罪恶和谎言都死灰复燃了，这对于战争进程具有决定性作用，这种政策不理解威廉一世的等级意识，也瞧不起腓特烈大帝的英勇无畏。战争伊始，利奥波德二世逝世。年轻的继承者，思想贫乏头脑固执的弗兰茨二世，坚信老哈布斯堡的格言：奥地利是天下共主，始终简单地认为家族所占有的土地还不够多；他重提约瑟夫的占领计划，希望通过法国战争，实现以比利时交换巴伐利亚的计划。普鲁士的政策也不再像从前那样冷静克制；自从同奥地利结盟，普鲁士也受到哈布斯堡-洛林家族贪婪政策的影响，漫无目的地游移，不再追随古代霍亨索伦家族的优良传统，以钢铁意志完成有限目标。狡猾的阴谋家豪格维茨（Haugwitz）和卢凯西尼（Lucchesini）的格言，就是以最小的牺牲获得最多的土地和人口。他们明白让普鲁士无条件支持皇帝的《维也纳协议》，已经成了一纸荒唐；在奥地利透露巴伐利亚计划之前，他们就提出要获得部分波兰和下莱茵河的普法尔茨地区，作为军事援助的报酬；巴伐利亚属普法尔茨可以在阿尔萨斯获得补偿。他们还期待重新夺回德意志韦斯特马克（Westmark），还梦想从有利于普鲁士的方向，彻底解决尤利希-克莱沃继承问题。不可否认的是，这个计划的核心不错；但是怎么可能在不动用全部国力的情况下，同时获得波兹南和莱茵省份？两个贪婪的宫廷相互讨价还价，这场面多令人恶心。普鲁士为了保证能从波兰获得补偿，于是同意奥地利可以掠夺巴伐利亚以扩大领地。腓特烈大帝政策的首要原则，他时常以笔和剑维持的决心：无论如何都不能允许奥地利家族在帝国内扩大权力；软弱可悲的继承人却放弃了这个原则，就像腓特烈大帝在遇到类似提议时曾说，这都是源自"懦夫的贪婪"。然而最要命的是，两个盟友之间的关系还远远没有稳定。

1792年7月，德意志民族的高等贵族齐聚美因茨，朝见新皇帝弗兰茨二世。这是该末日帝国最后的晚餐。教会选帝侯的金色马车，数以百计的帝国公爵、侯爵、伯爵组成壮丽队伍，再次行进在美因茨的狭窄道路上，这是古老闪光岁月的最后一幕。即将到来的新世纪会用铁蹄扫落主教和诸侯的冠冕——古老莱茵河上的艳俗无用之物。盛大的庆典背后,普奥正在密谋瓜分战利品。巴伐利亚的命运似乎被注定了;普鲁士完全放弃维特尔斯巴赫家族这个旧后卫,并且由于南德意志国家军备不足,奥地利可以毫无顾虑地马上以比利时置换巴伐利亚。但是帝国谈判人员却提出,皇帝不仅需要巴伐利亚,也需要普鲁士刚刚才合法获得的安斯巴赫-拜罗伊特;因此瓜分德意志、征服整个南部才是霍夫堡真正的目的。普鲁士的部长们"震怒",威廉二世将帝国袭击其法兰克故土视为对他本人的羞辱。此外对于波兰问题仍没有达成清晰共识。虽然奥地利并没有完全禁止普鲁士增加在东部的领土,但是谈判双方关于波兰未来的问题仍存在巨大分歧;普鲁士终于相信,维也纳所支持的波兰《五月宪法》,绝对与普鲁士利益背道而驰。

人们沮丧抱怨,对于战争目标也没有清晰共识,普奥就在这样的情况下参战。帝国并不愿意打仗,认为这是一场被迫开展的防御战;普鲁士政治家也不愿意扮演协助者的角色,但是根据协约又不能拒绝;双方都用模糊的希望自我安慰,这场讨厌的战争也许会以这样或那样的方式帮他们扩大领土。只有威廉二世被骑士精神所鼓舞,自视为合法王权的保护者;阿米尼乌斯和其他德意志救世主的形象,不断出现在他的梦中。但是他也不清楚应该以何种秩序管理被攻占的法国。

甚至在军队汇合之前,联盟的分裂就已经昭然若揭,此外,还出现了另一个将深深伤害联盟的邪恶谎言。吉伦特派的喉舌一直在宣扬为共和国的自由而战,他们的敌人也不可能完全避开反革命党派的影响。在巴黎,奥地利被视为所有古代政治观念的保护者和支持者,这些观念在那里都被宽容地称为封建主义;革命发言人情绪激昂地抨击这个黑暗之国。但是让他们感到难以置信的是,眼下以武力守护着旧欧洲的,正是普鲁士,这个皇帝和帝国的反叛者、无忧宫里哲学家的国度;他们无法放弃将普鲁士拉入启蒙一方的希望。同时普鲁士司令部也不可能同行为高调自信的流亡者保持距离。于是总司令布伦瑞克公爵竟一时头脑发热,签署了一份狂热的战争声明,其中充斥着流亡贵族的急切情绪,这引发了普鲁士内阁的恐慌:巴黎国防部刚把革命军的领导权交给法国哲学的优等生,布伦瑞克公爵就言辞激烈地威胁要摧毁革命的法国。吉伦特派欣喜异常,因为这无疑证明了君主联盟的目标就是反对大革命。

愚蠢的政策导致了战争,战争的指挥者也毫不英明。训练有素的奥地利和普鲁士军团,确实在乌合之众组成的革命军面前长期保持优势。法军经常败给腓特烈式军团,也从不敢直面普鲁士骑兵部队,"红王"布吕歇尔上校的红骑兵更是让他们闻风丧胆。此后数年,这位勃兰登堡农民总是讥笑法军的愚蠢,将他们的骑兵戏称为"猫头"(Katzköpfe)。莱茵河三大战役结束时,布吕歇尔出版了他的战时日记,审慎却也满怀自我肯定地描述了他曾多次"粉碎"敌军,不辱使命,荣归故里。然而,普鲁士取得赫赫战功的三大战役,却以一纸合约耻辱收场。一般来说,尤其在这种联盟战争中,作战方针基本上由治国目标决定;伟大的军事将领不会忍受威胁胜利的政策。布伦瑞克公爵的摇摆困惑,实际上反映了普鲁士政策的游移不定。七年战争末,因敌人过于强大,腓特烈大帝被迫小心行事,这违背了他的天性与原则。但是和平岁月的军事领袖们,却将腓特烈大帝被迫接受的事物,视作他军事智慧的结晶。他们认为统帅的任务就是在一个开阔战场排兵布阵,覆盖所有要塞,让兵团和山地互为掩护;腓特烈大帝视为战争之魂的主动精神,已经被这些热爱和平的将领悉数遗忘。保守谨慎的战争策略同布伦瑞克公爵的性情与政治观点一拍即合,在联盟将领之中,只有他恐惧大革命的狂暴力量,不敢在公开战场上冒险。

根据奥地利的古代传统,帝国招募的援兵中只有很少一部分被投入战场。军队统帅首先占领了默兹河(Maas)要塞,然后极不情愿地遵守威廉二世的指令,继续向西朝巴黎推进,但是这支部队人数很少,根本无法占领敌国首都。8月20日,战争结果有了分晓。公爵不敢在瓦尔密(Valmy)高地攻打法军,在法国援军到来之前撤离阵地,功败垂成。歌德以诗人的预言之眼看到了前线变动的后果,他告诉普鲁士军官们:"世界历史的新时代将在今天展开。"8月10日的叛乱推翻了卡佩王朝;法兰西共和国从尸骨累累的八月屠杀中诞生;而腓特烈军团在自由之师面前落荒而逃的消息,很可能会被新法国的统治者当做一份大礼献给国民公会。

　　失控的 1792 年带来的震荡还远未结束；神鬼难测的命运似乎总是在嘲笑人类的预言。一支法国志愿军在一位无能军官领导下，竟然冒险绕过普鲁士军团侧翼直抵美因茨附近，德意志第一要塞门户洞开；小诸侯国组成的莱茵防御体系不堪一击，纷纷瓦解；诸侯和主教们陷入一片混乱。根据维特尔斯巴赫家族一贯的背叛行径，巴伐利亚属普法尔茨马上宣布中立；神圣帝国开始进入末日倒计时。教会领地上意志软弱的人们马上被一群喧嚣热情的人引诱，加入到组建莱茵共和国的闹剧之中，尽管"生性迟钝，只会对法国表示钦佩"，但他们还是敬畏地重复着巴黎狂欢民众的狂言乱语。乔治·福斯特是莱茵地区狂热分子中最有头脑的，这幅自由主义的讽刺画打碎了他原本就不坚定的意志。同时，萨伏伊和比利时也几乎毫无抵抗地落入了共和国散兵游勇之手。这些金光闪闪的成就，足以使一个清醒的人陶醉其中。新共和国的领导者们无比自信，他们要所有向往自由的民族追随法兰西。大革命宣传战役正式打响：打倒王公贵族，造福贫下中农！这种狂热的必胜信念之中隐含着极大的精神力量。此外，尽管共和国军事系统依旧无序混乱，但其军力却不断增长。被国民公会送上战场的大量暴民，根本无法应对训练有素的腓特烈军队，但是这支旧时的小部队也不可能完全扑灭这场民族暴动之火。1792 年的志愿兵里有许多年轻有为的人，后来的法兰西帝国中不少元帅和将军都出自其中；社会平等向所有心怀理想的人提供了道路，吉伦特派的恐怖统治也刺激所有人爬上高位。

　　此时出现了一种全新的战争和治国艺术，既有古老内阁政治对土地的贪婪，又以一种前所未闻的态度蔑视国际法律的所有传统形式。如果神圣帝国要抵抗无数青年力量组成的攻击，那么必须首先为莱茵地区提供一种更加有活力的政治秩序，并赋予其抵抗的能力。因为小宫廷的错失，美因茨要塞落入古斯丁（Custine）之手。经此惨败，帝国也不能给受压迫的土地提供任何帮助，只能哀声抱怨，诉诸惯例，并散布一些狂热的宣传册，鼓励忠诚的臣民奋起推翻"小市民古斯丁"。这些被敌军一击即溃的过时政治权威值得恢复吗？世俗主义的理想再次活跃起来；如果德意志国家能够及时独立地实现它，将会为保留帝国统治提供最后的方法。柏林和巴黎都认真地考虑过废除教会城市的问题，但由于奥地利的否决，普鲁士政治家们不得不放弃这个计划，转而再次可悲沮丧地为"廉价的利益"而谈判。当普鲁士将法国人赶出法兰克福和莱茵地区之后，联盟终于决定在第二年收复比利时和美因茨，同时作为战争赔偿，皇帝将获得巴伐利亚，普鲁士获得波兰。于是普奥将继续这场不幸的战争，只求能够保持各自领土完整。保皇党的反革命计划始终占据着威廉二世的头脑，但是法兰西共和国建立，不久路易十六也倒向吉伦特派，这让保皇党的计划彻底落空。

与此同时，俄国在维斯图拉河获得了支配地位。叶卡捷琳娜女皇签订《雅西和约》并从土耳其战争中脱身，因此可以全力掠夺波兰，并同极具党派热情的萨尔玛提亚贵族再次结为盟友。在塔戈维查联盟（Targowicer Konföderation）的协助下，女沙皇废除了1791年的所有改革，恢复旧制度，或者说恢复了她自己对波兰的统治。在过去的三十年中，女皇一直努力通过占领波兰，让俄国直接接触西方文明社会，现在这个目标似乎实现了：她统治了维斯图拉河地区，可以任意决定在何时、以何种方式将这一被占领地区完全收入囊中。谁能对抗女沙皇呢？随着德意志纷争四起、西欧国家体系崩溃，沙俄势力趁机增长，但是周遭所有国家对它的估计都过高了。没有人察觉，由于女皇无休止的战争，这个人口稀少的国家已经损失了一百万人口，投入侵略战争的资金非常稀少。女沙皇的外交手段让德意志宫廷无法站在波兰爱国者一方。圣彼得堡宫廷言辞激烈地谴责雅各宾派谋杀君主的行为，因此华沙爱国党派向法国寻求援助。所以任何与法国为敌的人，都不可能同波兰结盟。

131　　女沙皇缜密而狂妄的政策，让威廉二世被强敌环伺，就像腓特烈大帝在二十年前面临的情况一样。他必须毫不犹豫地决定，究竟是容忍俄国独占波兰，还是重新瓜分波兰以限制俄国势力的增长。波兰将世袭王位送给韦廷家族，等于自行破坏了普波同盟关系。柏林宫廷最终采取有利于普鲁士的措施：一改前态，假装愤怒地公开反对1791年《五月宪法》。普鲁士将一半兵力安置在东部边界，而叶卡捷琳娜女皇看到波兰的不满情绪正在发酵，认为俄国的地位并不稳固，便于1793年1月勉强同意第二次瓜分波兰。随后整个世界目睹了一个曾经强大民族的自杀行为。巴黎国民议会的恐怖统治,比起格罗德诺(Grodno)帝国议会袖手旁观的可恶行径,显得相当清白无辜:这是一个预先设计好的阴谋,被收买的波兰代表和显贵们,假装在武力胁迫下同意瓜分自己的祖国。普鲁士除了托伦和但泽,还获得了波兹南和格涅兹诺(Gnesen),这些地方构成了连接西里西亚和老普鲁士的天然走廊,七年战争期间这块地方的缺失给腓特烈大帝造成了巨大困扰。这些地方的人口中有相当一部分是德意志人,并且同帝国交往频繁,因此有可能在战争岁月中倒向德意志一边。祖国东部边界上的巨大鸿沟终于被填平了;数个世纪中,波兰贵族对德意志文明的开路先锋们造成的一切伤害,现在都得到了补偿。然而,尽管这场瓜分行为本身是正义的,但手段却暴露出普鲁士的道德衰败:通过背叛信仰、谎言、行贿和欺骗,达到了目的。普鲁士对于边界安全还不满意,于是又非常不必要地将领土扩张至布祖腊河(Bzura),深入纯粹的波兰领土内部。残缺不全的波兰因此无法再继续生存;第二次瓜分行动不可避免地迅速导致波兰最终崩溃,而德意志也不免唇亡齿寒。

　　瓜分协约的直接后果是普奥同盟崩溃。一开始皇帝弗兰茨确实同意普鲁士扩张,因为如果没有北德意志协助,他无法压制比利时;但是看到盟友独自且更早获得了胜利果实,皇帝开始感到忧虑;女沙皇给皇帝的信中说,二次瓜分波兰是他的一大功绩时,皇帝觉得这是对他的讽刺。他气急败坏地解雇了顾问们,让图古特(Thugut)部长掌管外交。图古特是普鲁士最痛恨的敌人,远比柏林政治家狡猾多诈、行事狂放。他希望以叶卡捷琳娜为榜样,利用欧洲混乱局势实施大规模占领计划。他贪婪地想要染指佛兰德斯、阿尔萨斯、巴伐利亚、意大利、多瑙河地区以及波兰。由于巴伐利亚属普法尔茨的继承人茨魏布吕肯公爵(Zweibrücken)坚决抵制巴伐利亚-比利时的交换计划,而且普鲁士最终也承认过去的错误,清楚地宣布如果没有维特尔斯巴赫家族自愿同意,该交换计划无效,图古特就更加憎恨北德意志联盟了。这位奥地利政治家立刻计划攻击在波兰的普鲁士力量。这正中女沙皇下怀,因为她无法接受波兰这个战利品由于普鲁士插足而缩小,于是她灵活利用德意志各国的彼此仇恨,让它们在互相争斗中被削弱。1793年夏

132

125

天，维也纳和圣彼得堡结盟，柏林也丝毫不怀疑这是个针对普鲁士的新联盟。

普奥同盟的瓦解立刻表现在战事上。普军在老普法尔茨附近的科泊（Caub）穿越莱茵河，就在同一地点，二十年后他们又开始了争夺莱茵河的战争。普鲁士将敌军赶出了莱茵左岸，包围并攻下了美因茨。正是在普军的武力保护下，法国流亡贵族才能返回，顺利地重建可恶的小国林立旧体系，尽管柏林方面非常清楚这种腐朽体系已经无可救药。之后普军长期守在普法尔茨的山地，南面阿尔萨斯，敌军处处获胜，但是因为柏林内阁并不信任奥地利盟友的意图，普鲁士并不打算冒险出兵。帝国将军武姆泽（Wurmser）在魏森堡（Weissenburg）前线指挥军队左翼，要求入侵阿尔萨斯，就像在中莱茵河地区所作的那样，恢复帝国贵族在那里的统治，并且公开抗命，挑衅普鲁士总司令的权威。同年底，奥什将军（Hoche）被任命为法军司令，他是共和国最优秀的青年将领。这位天生的指挥官在被普军败于凯泽斯劳滕（Kaiserslautern）后，马上转而猛攻武姆泽，在盖斯贝格（Gaisberg）、沃尔斯（Wörth）和泰莱施韦勒（Fröschweiler）击败帝国军队，并在那些丘陵地带，他从联军的包围中解放了兰道（Landau），迫使武姆泽撤退，随后在这里打响了复仇战争的第一枪。奥地利战败后，普军无法继续守住山地，也就撤离了普法尔茨。在"掠夺之冬"的恐怖气氛中，这块不幸的土地领教了法兰西自由的恩惠。

一般来说，惨烈的失败会唤起一支英勇军队的道德力量，但是这场受他人所累的战败却扰乱了普鲁士军官的纪律。满腹牢骚的军官们大声谴责，要求撤出这场无益的战争。那种曾经使行政陷入瘫痪的非普鲁士精神，也渗透进了军队；军队像是一个军事共和国，以上百种恶毒的方式宣泄着对奥地利的恨意。而在尼德兰战场上，尽管英国的加入使联盟力量增强，但是依然没有逃脱厄运。联盟已经收复了比利时，如果在夏季获得瓦朗谢纳（Valenciennes）和美因茨之后，能统一向前推进，那么通往巴黎的道路将向联军敞开。但是英国的商业政策需要占领敦刻尔克（Dunkirk），而图古特又坚持要攻占皮卡迪（Picardy）；外交争端致使战机贻误，战役尾声军队又再次防守在比利时南部边界。与此同时，共和国的兵力却稳步增长。雅各宾派的恐怖统治迫使整个国家臣服于独裁政治；由于国家经济已经被彻底打乱，因此战争势在必行。革命宣传家的观念变成了恐怖的现实：一张巨大的阴谋之网将大半个欧洲卷入其中，包括华沙和都灵、阿姆斯特丹和冰岛，它要打乱所有国家的边界。在巴黎政府的高压下，人民颤抖着付出了巨大的牺牲。尽管在法国的德语省份、天主教的阿尔萨斯，国民议会委员会的恐怖主义已经唤醒了他们对老奥地利的回忆，但是东部的广大民众还是担心联盟的胜利将恢复什一税和强制劳役。施特拉斯堡的人民高唱革命之歌。天才的卡诺（Carnot）打造了新的军队组织，将正规军和国民军结合成一个半个旅规模的军事单位。他解雇了那些选举出的无用领袖，将波旁王朝和新志愿军中最优秀军官组成有强大的军事指挥体系。对于受过传统谨慎的战争艺术教育的人来说，大革命将领们野蛮的冒进行为，不计伤亡和物力成本的进攻，实在令人厌恶；尽管如此，随着战争进程，法国的军事指挥的确稳步改善。

法军力量增强，普鲁士却在第三次战役一开始，就因为财政枯竭而陷入瘫痪，国库几乎完全空虚。其实早在战争第二年，威廉二世就已经离不开英国的财物援助。全凭他和他的军队，帝国才能夺回在莱茵河的统治地位。他认为，如果那些迄今只投入不到两万人守卫西部领土的帝国邦，能够帮他摆脱财政困境，并在莱茵河支援普军，那么他就可以在未来几年中，继续这场帝国战争。但是秉承地方主义的小宫廷敏锐地意识到，普鲁士的这个提议似乎打算恢复诸侯联盟。人人都自私怯懦；在法国长期影响下，一些小宫廷已经公然叛敌。奥地利更不会赞成这个提议，因为这将让普鲁士国王成为帝国军事领袖，使普军成为帝国军队。哈登贝格努力从西方小国获得的贷款，也只是杯水车薪。孤立无援的威廉二世最终决定将莱茵地区的全部兵力出租给英国。无论如何，对于一个大国来说，这种难以忍受的事态将引发最激烈的纷争，因为这份资助协议极不明确，其中包含太多模糊条款。英方坚持按自己的意愿支配盟国部队，并且希望将联盟全部军力集结在尼德兰，以满足英国商业政策的利益。普鲁士则宣称，自己仍然掌握着战场的选择权，并继续沿莱茵河中部保卫帝国边界。奥地利再次希望保

134

住在佛兰德斯和洛林的占领地。陆军元帅莫伦道夫（Möllendorff）出战，并在凯泽斯劳滕再次获胜。夏季普军被迫从山区撤离后，又于秋季发起进攻，第三次成功占领血染的劳特尔（Lauter）高地。北德意志辅助部队在尼德兰也捷报频传。汉诺威的哈默施泰因将军（Hammerstein）及其副手沙恩霍斯特（Scharnhorst）从曼宁大胆出击，证明老普鲁士雄风犹在。但是个人的勇气无法挽救软弱领袖和摇摆不定的帝国政策造成的灾难。10月，奥地利从比利时撤退，敌军紧随其后占领了直至科布伦茨的莱茵兰；后背受敌的普鲁士也被迫撤离莱茵左岸。

135 　　威廉二世也尝到了信任英国的苦果。英国不满于普鲁士将军们的独立态度，因而拒绝提供资金支持，威廉二世便无力继续战争。英国的自私傲慢，致使联盟最好的军队在欧洲战争中损失严重。临近圣诞，皮舍格吕将军（Pichegru）带兵穿过结冰的河面进入荷兰，这个曾经统治海洋的国家，在一支法国骑兵面前降下了旗帜。巴达维亚共和国（Batavische Republic）宣布成立，法国现在拥有了一群共和国儿女。第三次莱茵战争徒劳无功，次年夏季，法国必然取道荷兰进攻威斯特伐利亚地区。普鲁士被完全孤立了，很快认识到自己同英国之间的决裂，正合圣彼得堡和维也纳的心意。但是普鲁士人民不理解，这种三心二意且目标不明的政策，已经给国家造成了难以估计的损失。首都人民欢呼第三次凯泽斯劳滕大捷，完全陶醉在爱国主义骄傲和保皇主义激情之中。1793、1794年，《向胜利者致敬》（Heil dir im Siegerkranz）首先在柏林唱响，这首歌用亨德尔的旧曲子填上新普鲁士歌词。旧王朝的胜利纪念碑勃兰登堡门揭幕，狂喜的民众聚集起来迎接年轻王储的新娘穿过这座凯旋门。普鲁士作家还用温和迷醉的笔调，对比了忠诚民族的好运连连和弑君国度的混乱软弱。

　　波兰谈判彻底打乱了联盟本就摇摆不定的协议。1794年的复活节周，华沙发生的流血叛乱将俄国人赶出国境。在巴黎的支持下，骚乱范围不断扩大，直抵普属波兰。波兰贵族在最后的绝望挣扎中，还是一如既往地彼此倾轧、毫无底线。但是这个不幸民族远比分裂势力预想得顽强，仁慈的命运已经赋予了波兰新生之力。科希丘什科（Kosciuszko）既没有伟大将领的天分，也没有政治家的高瞻远瞩，但是他有纯粹的精神、骑士的品质、永不屈服的正直，以及对祖国的热爱，而这些已经在波兰消失了几百年。对于粗鲁的波兰农民来说，穿着白色粗呢外套，骑马穿越庄稼人行列，头脑清醒节制的科希丘什科，就像个守护天使。此时的俄国，东正教对天主教、东斯拉夫人对西斯拉夫人的古老仇恨再次燃起；沙俄帝国需要歼灭波兰以补偿遭到的冒犯。对俄国人来说，这是一场最神圣的战争。早在华沙浴血日，波兰的灭亡就进入倒数。普鲁士的当务之急是马上采取行动，赶在俄国从帝国的遥远角落集结的兵力到来之前，凭一己之力镇压叛乱，这样就能在最后不可避免的瓜分行动中，拥有主动权。

威廉二世明白这是千钧一发之时，他将军队送出边境，在拉夫卡河（Rawka）击败波兰人，镇压克拉科夫（Cracow），然后转战华沙，那里没有守军，深陷党派纷争，根本无法抵御普鲁士的进攻。但是那种过分小心细致的策略，曾经摧毁了莱茵河战役，如今又让威廉二世失去了他的波兰战利品。他希望迅速占领布拉格，然后像大选帝侯一样，以占领者的姿态进入波兰首都。但是毕雪夫沃德却提醒他要保留一些实力同俄国进行交涉；女沙皇的代理人之一，拿骚-锡根亲王（Nassau-Siegena）热切地支持这个怯懦的建议。于是普鲁士对布拉格进行了常规围困，并且在几天后中止行动。正当疲惫沮丧的普军撤出华沙时，索沃诺夫（Souvòroff）带着女皇的大军进犯，这是一位谈判天才，莫斯科民族的野蛮性情在他身上体现得淋漓尽致。他像所有俄国农民一样，盲目地热爱沙皇和东正教，但同时也是西方战争艺术的大师、伟大的战士、天生的将领，擅长激励士兵完成不可能的任务，他的座右铭是"子弹是愚蠢的妇人，刺刀才是真正的男人"。他完成了普鲁士将领们没能完成的事业：击败科希丘什科，以残暴战争迅速占领布拉格。华沙拜倒在叶卡捷琳娜脚下，她的军队占据着从布格河（Bug）到维斯图拉河之间的领地。镇压叛乱的不是普鲁士而是沙俄，圣彼得堡宫廷骄傲地宣布"女皇的军队彻底征服了波兰"。

东方三大国齐集圣彼得堡，商讨如何瓜分波兰，普鲁士将领们必将为自己的失职付出代价。普鲁士希望获得维斯图拉河一线，以及华沙、桑多梅日（Sandomierz）和克拉科夫。奥地利几乎没有出

136

129

力镇压波兰叛乱，却对后两块地区垂涎已久，陶恩岑将军
（Tauentzien）的回答充分暴露出联盟已名存实亡："如果这两地落
入普鲁士之手，给奥地利造成的麻烦将比全世界的民主主义加起
来还多。"俄国站在奥地利一边，因为图古特在过去的一年多时间
中，成功获取了女皇陛下的欢心。俄奥两大帝国现在目标一致，就
是动用一切可能的手段限制普鲁士的野心，由于普鲁士不肯让步，
于是在 1795 年 1 月 3 日，俄奥签署了针对普鲁士的秘密协议。根
据这个协议，将以下方式瓜分波兰：俄奥将获得波兰最重要的领
土，而普鲁士则只能获得华沙以及靠近东普鲁士边境的狭窄领土。
此外俄奥还确定了一个大规模占领计划：对于多瑙河诸省，俄国只
享受次子权利，奥地利则可以自由兼并巴伐利亚、波斯尼亚、塞尔
维亚和威尼斯共和国。实际上，女皇赞同盟友进行所有他认为必
要的占领计划。如果普鲁士提出任何抗议，都会被强大的俄奥军
队压制。于是弗兰茨二世所有的狂热渴望都复苏了。图古特打算
将奥地利的势力范围扩展到下多瑙河流域，深入南德意志心脏地
带，君临整个亚得里亚海。女沙皇愉快地同意了这个野心勃勃的
计划，因为在眼下动荡的时局中，她只希望完成第二重大的国家目
标——控制君士坦丁堡。

普鲁士签订《赖兴巴赫条约》的五年以来，英国和德意志帝国
都拒绝让其指挥战争，俄国和奥地利还威胁要进攻它。关于 1 月 3
日的俄奥秘密协议，柏林被蒙在鼓里好几个月，丝毫不怀疑奥地利
的诚意。图古特在波西米亚驻军，随时准备进攻普鲁士。财政枯
竭、盟友如斯的普鲁士，如何可能将法国战争进行到底？而随着外
交争议的升级，这场战争本身的目的也越来越云山雾绕、疑点重
重。威廉二世的顾问们有很长一段时间都在积极促成同法国和谈
或者联盟，就连哈登贝格这位天才官员也是如此，他曾凭借自己高
超 的 行 政 手 段，为 国 家 斩 获 了 法 兰 克 侯 爵 领 地（fränkischen
Markgrafschaften）①，如今也开始对外交事务施加影响。魏玛的卡
尔·奥古斯特一开始就强烈反对同法国开战，现在更是积极促成

---

① Markgraf 也译作边藩伯爵、藩侯、侯爵。法兰克帝国边境地区的最高军政长
官。——译注

和谈。军队方面,即便是英勇的布吕歇尔,现在都反对继续联合奥地利攻打法国:普鲁士已经获得了够多的胜利,呼唤和平之声愈加迫切。年轻的芬克(Vincke)表达了所有清醒普鲁士人的心声,他痛苦地问道:"我们还要为两面三刀的奥地利自愿牺牲多久?"在所有反战的知识分子中,汉斯·冯·黑尔德(Hans von Held)的口气最为尖刻,他也动情地劝告:"威廉陛下,让您英勇善战的军队归来吧!听从命运的指示,同法国人化干戈为玉帛。"同时,帝国也被战争消耗殆尽,反战之声四起。被激怒的图古特则扬言,如果他得不到克拉科夫,就亲自去跟法国协商。奥地利从尼德兰仓促撤兵,加上一系列关于托斯卡纳驻巴黎公使卡莱蒂(Carletti)举动的报告,都让普鲁士对奥地利的怀疑与日俱增。

138

　　法国也迫切要求和平,人们急切地希望至少同普鲁士和解。随着恐怖统治倒台,温和党派控制巴黎,柏林的政治家们满怀希望地期待,如果普鲁士能够率先缔结单边和约,就将为全面和平铺平道路,恢复帝国旧貌也指日可待。威廉二世最终极不情愿地同意进行公开和谈;但在他心底,这位忠诚的帝国诸侯仍然期待在莱茵开战。哈登贝格的确外交技巧高超,可是柏林的官员没胆量以战争威胁对手,因此巴塞尔谈判的进程极不顺利;普鲁士外交官们也不愿意冒险迎合世俗主义风潮,而这股被法国再次带起的思想观念,或许有可能为眼下的困境开辟一条出路。他们只满足于权宜之计,在 1795 年 4 月 5 日签署了《巴塞尔和约》,简单来说就是普鲁士退出联盟,如果法国能够保住自己在莱茵河左岸的地位,普鲁士在这一地区的损失将会获得补偿,谈判双方心照不宣的是,所谓的补偿就是世俗化的教会领地。

　　就普鲁士的现状和民族性格来说,缔结《巴塞尔和约》是将国家从不稳定局势中拯救出来的虽令人沮丧却也是最后的办法。多年的错误和不幸,播下背叛种子的谎言之盟,摇摆于波兰和莱茵河之间的软弱政策,以及缺乏背水一战的勇气决心,注定了今天的结局。责任不在某个人,而在整个民族,这个政治麻木的民族被腓特烈大帝唤醒之后,又做起了白日梦,在懒散的自我满足中,再次尝到了对政治未来感到绝望的痛苦。尽管有那么多的借口和解释,这仍德意志现代史上最严重的错误,是普鲁士对自己的背叛,为此我们承受了二十年的耻辱和压力，付出了史无前例的牺牲与斗争。

139　　　　普鲁士作为帝国版图的开拓者，已经壮大到不适合与小诸侯国组成空洞体系。比起战场上的任何失败，普鲁士最丢脸的都是自作自受：在不受任何强迫的情况下，从德意志西马克地区撤守，将刚刚武力收复的美因茨地区交由未知的命运摆布。普鲁士身处强邻之间，始终应以独立意志自处。同帝国的敌人结盟已是不智，更糟糕的是心态懒散懦弱，坐等奥地利也许能将法国人驱赶出境。骄傲的帝国荣誉感让威廉二世到最后一刻都不愿签署《巴塞尔和约》。从这一点上来说，他确实是腓特烈大帝的继承人，后者也曾被奥地利无耻出卖，却一再为莱茵河地区掀起战端；此外，威廉二世也像勇敢的老首相弗兰肯斯坦（Finkenstein）一样，头脑发热地认为，就普鲁士的世界地位而言，保护帝国的西部疆界要比占领桑多梅日和克拉科夫更重要。现在他被盟友背叛，法国提出体面的和约条款，并承认帝国的旧边界，威廉二世马上就有了撤出联盟的合理理由，但只有在第四次莱茵战争的阴影下，才有可能实现和平。1794年的灾难造成了暂时的困难，好在法国战争并没有触及普鲁士国家的核心，欣欣向荣的景象依然随处可见。但人民的纳税负担确实加重了；国家领土扩大了数千平方英里，而仁慈的威廉二世的岁入却只比腓特烈二世的小国增加了100万塔勒。尽管国家面临财政危机，并且刚刚高举外债进行的事业都失败了，但一个伟大的政治家必须知道，在这种情况下应该想方设法再次发动战争。可惜威廉二世身边并没有这样头脑灵活的人，这位不幸的君主看不到任何出路，只能聊以自慰道，至少和约没有正式割让任何德意志领土。

　　威廉二世那些自诩精明的顾问们所有的算计和期待，到头来都错得离谱。他们期待结束帝国战争；哈登贝格相信法国为了同帝国和解，将自愿退出莱茵河边境，并且天真地希望普鲁士和法兰西共和国能永久和平。他们根本不理解经历了大革命的法国到底是什么！《巴塞尔和约》签订不久，巴黎的主战派再次上位，希望从普鲁士获得武力协助，期待落空后，他们马上公开蔑视这位主张和平的中立邻国。很明显，在一个革命思想肆虐的国度，除非旧欧洲体系彻底崩溃，否则没有和平可谈。豪格维茨和阿尔文斯莱本都希望和约缔结后,就可以腾出手来处理波兰问题,但是最终被迫接受俄奥对瓜分协议的琐碎修改。只有作为法国的盟友,普鲁士才能反抗图古特和叶卡捷琳娜的强大意志;而威廉二世的荣誉感和顾问们一贯的惰性,又让普法不可能公然结盟。但无论如何,通过《巴塞尔和约》,普鲁士已然成为法国占领政策的帮凶和秘密盟友。柏林方面清楚共和国将保留莱茵河左岸领土,希望可以通过与法国的友谊获得克莱沃作为补偿,因此尽管这个主意看起来令人厌恶,但普鲁士还是被拴在了法兰西胜利的战车上。

开弓没有回头箭。1796 年 8 月 5 日,和约的补充协议签订,明确规定了双方所得。如果普鲁士丧失莱茵河左岸,那么将获得明斯特主教辖区作为补偿;同时威廉的姐夫奥兰治亲王也将获得一些帝国内的教会领地作为补偿。因此世俗化的伟大观念丧失了根本意义。腓特烈大帝还将世俗化作为改革帝国的手段,如今却成了德意志掠夺领土的借口。借助和约,普鲁士的实力明显增强了。北德意志的诸多小国纷纷效仿:一条分界线沿莱茵河直接穿过中德意志,中立的北部在普鲁士军队保护下免受战火洗礼。精明的柏林农民欢呼雀跃;经由和平谈判,整个北德意志现在都在黑鹰羽翼保护之下。但这最终不过是黄粱一梦。莱茵河并不是稳定的边界,控制左岸的共和国如果有可能,也会直接或间接控制右岸。战火也不可避免地烧到了高地德语区;法国倡导建立莱茵同盟,所有南德意志国家都签署了臣服法国的条约。北德的南部和西部都被法国及其拥趸所包围,除非法国出于自己的利益,认为有必要维护北德独立,否则它不可能维持独立。热爱和平的惰性让北德意志诸国建立中立联盟,一旦北德的保护者再次同法国开战,这个缺乏道德意识和积极目标的联盟,必将马上分崩离析,小盟国们会很快背叛遭占领的普鲁士。这些自私狭隘的小宫廷甚至从未期待成为普鲁士领导下北德地区的永久附属国。柏林的政策确实乏善可陈:普鲁士已经占领了北德,却没有强烈地想要建立对这一地区的合法统治权;而且只要利用《巴塞尔和约》在北德重建诸侯联盟,那么这个和约就拥有了合理性。

皇帝约瑟夫二世始终希望根据奥地利利益分裂南北德,腓特烈大帝一直强烈反对这一行为,而现在南北分裂却在法国的利益驱使下实现了。由于普鲁士退回北德意志中立国家的闲适状态，目前最好的政治成果——重新将法兰克侯爵领地纳入霍亨索伦家族的计划，将全面落空，强力深入高地德语区的想法也成了泡影。从此南德意志就只存在亲法和亲奥地利两个党派，只要这个精疲力竭的种族还有任何政治意识，这两个党派就会存在。心怀不满的符腾堡地方议会以及巴伐利亚和士瓦本的一些急性子，羡慕作为自由保护神的共和国取得的胜利。普通民众对奥地利的秘密计划一无所知；他们只看到帝国军队已同敌人鏖战数年，普鲁士却袖手旁观；他们将帝国奉为故土最后的保护神。1795年秋，巴伐利亚后备军联合奥地利军队，在陶努斯（Taunus）和韦斯特瓦尔德（Westerwald）攻击无套裤汉（Sansculotte）无原则的烧杀抢掠。年轻的卡尔大公成为奥地利的新英雄，声名狼藉已久的帝国家族终于再次在高地德语区获得尊重。即使在今天，我们仍能在黑森的农田里找到破旧的木刻，纪念那些由帝国总司令领导的战役。在这些岁月中，南部高地最优秀的德意志人形成了一种奥地利历史传统，在接下来的数十年中一直影响重大。那时，塞凯伊人（Szeklers）和克罗地亚人（Kroats）生活在内卡河（Neckar）河谷，年轻的乌兰（Uhland）经受了一生中具有决定性的政治经历。但是，普鲁士从前就没有真正获得高地德语区的信任，如今更是在很长一段时间里都是他们嘲弄的对象。所以签订《巴塞尔和约》完全就是个灾难，哈登贝格曾希望借此条约为一系列国内改革铺平道路，并引入那个看上去很美的大革命理念，但这些希望注定变成失望，而且那些新获得的领土，在数年中都将成为国内改革的障碍。

142　　《巴塞尔和约》本来应该让威廉二世获得欧洲和平调停人的光荣身份，却让普鲁士疏远了整个国际体系。普法签订和约的消息也让俄奥震怒。这个原本愚蠢软弱的决定被俄奥视为肮脏的背叛，实际上普鲁士也只能从共和国的胜利中获得好处。俄奥宫廷都坚信，普鲁士正同法国暗通款曲；认为威廉二世的顾问们出了这个馊主意，而且相信普鲁士正谋划一场侵略战争，同时教唆土耳其和瑞典攻击俄国。图古特陈兵西里西亚边境，刺激俄国内阁急速调兵遣将，一举摧毁他们的"宿敌"。他起草了一个相当大胆的计划，企图剥夺普鲁士占领的所有波兰和西普鲁士省份。索沃诺夫将带领俄军进攻普鲁士首都。由于准备同北德意志开战,因而莱茵河战争停顿了整个夏日。直到秋季,俄奥才确认普鲁士实际上很虚弱,不值得害怕,同时图古特也承认不可能与共和国达成谅解。在图古特追求利益的强硬政策中,维护帝国疆域的观念已经渐行渐远。他已经准备以牺牲莱茵左岸为代价,让奥地利获得巴伐利亚世袭领地。霍夫堡里没有人考虑过皇室责任。圣彼得堡则坚信,俄军可以畅通无阻地进入德意志,以惩罚那些背叛奥地利的国家。唯有在意大利事务方面,俄奥尚未达成一致。图古特打算将伦巴第和威尼斯共和国合并,而法国不希望意大利的心腹之地米兰落入奥地利之手。结果,由于奥地利想要占领威尼斯,1795 年秋战事又起。战争因意大利而起,关键事件也必然在意大利得到解决。此次奥、俄、英之间结成了比以往更为牢固的三国联盟,图古特因此得到了皮特(Pitt)的大笔资金支持,迅速冲进无数冲突之中。人人被贪婪占据,处处都蔑视权利。无论获胜的是法国还是奥地利,古老的国际法惯例都必然被践踏。正当毁灭性战争如火如荼之际,普鲁士依然保持中立,而它"保持欧洲均衡"的豪言壮语,却一再被朋友和敌人以相似的方式重复!

　　所有北德人做梦也想不到,由于这卑鄙的和约,普鲁士的声誉 143 遭到了多么可怕的损害;也不会明白,只要这个真正的德意志国家抛弃帝国,那么整个德意志就必然灾难性地丧失所有善意和正义感。整个北德都赞同缔结和约。商贸繁荣起来,普鲁士的船运和粮食贸易享受着中立带来的好处,并且由于全面海战而获得了前所未有的扩张。在安全有保障的环境中,新文化蓬勃发展,这正是魏玛的黄金时代。文化生活丰富的萨克森,半是蔑视半是冷漠地看着分界线的另一边战火纷飞。签订《巴塞尔和约》的好消息让康德写出了《论永久和平》,他梦想着野蛮战争将很快停止,一个铁与血的新时代将在欧洲启蒙世界中拉开帷幕。一直不愿签订和约的威廉二世,现在也因为看到民众满足而备感安慰。如此一来,他倒满怀自我肯定地给叶卡捷琳娜写信,承认他希望以腓特烈大帝为榜样,扩大并有条不紊地以和平方式经营新领土。

　　实际上,除了约翰·西格斯蒙德和腓特烈二世,没有其他霍亨索伦家族的成员曾如此大地扩张领地;在威廉二世统治的十年中,领土已经从 3500 平方英里扩大到几乎 5600 平方英里。随着获得法兰克侯爵领地，另一块古代文明的乐土也加入了这满是精灵的贫瘠之地。哈登贝格引导普鲁士官员逐渐形成了法兰克学派（fränkische Schule）；亚历山大·洪堡（Alexander Humboldt）主持费希特尔山（Fichtelgebirge）的矿业。阿尔藤施泰因（Altenstein）、科切伊森（Kircheisen）和纳格勒（Nagler）对传统普鲁士律令严苛的行政管理进行了修改，使之适应自由农民和中下层富裕城镇居民习惯的宽松环境。这些法兰克人和具有哲学头脑的东普鲁士人，比如年轻的舍恩（Schön），都曾在柯尼斯堡聆听康德的教诲，也通过卓越的克劳斯了解了亚当·斯密的思想，他们后来成为了行政体制改革的奠基人。从经济和军事角度来看，位于布格河和皮利察（Pilica）的边境地势极为有利，因为它打开了普鲁士港口城市和盛产木材与粮食的波兰内陆之间的交流渠道，同时普鲁士也获得了一个位于维斯图拉河、布格河与纳雷夫河（Narew）之间，易守难攻的地理位置。大波兰和马佐维亚（Masovia）可怜的民众几百年来第一次享受到了公正仁慈的统治。普鲁士宽待起义者，以表达对灾厄的尊重，但俄属波兰却实施严刑峻法。最后贵族也成为臣民，必须尊重法律；农民和犹太人又拥有了可期待的未来，可以全情投入平静的劳作，不必在领主的马鞭下瑟瑟发抖。法律保障的安全，以前从未出现在波兰，如今它吸引着无数民众汇聚成一股潮流，从德意志各省份奔向这块富饶的处女地。农业得到了极大发展；抵押条款使农耕快速发展，新的道路和灌溉水渠也兴建起来；华沙迅速呈现出一个德意志城镇的特色。所有人都感受到了经济的整体繁荣。

但是人们很快就会明白，国家的实力和福祉并不仅仅依赖于军事和经济政治条件。历史命运的正义永远神秘，清晰的只有虔诚的祈祷，因为正义衡量个人和民族的标准并不相同。所有民族和个人中都有命运的宠儿，可以轻而易举地成功；还有另一些民族和个人是用坚硬材料制成的，他们只有通过漫长的努力才能拥有优势。普鲁士迄今所获得的，都是艰苦工作的奖赏；但是通过无益的战役和可耻的协议获得的广大的新地盘，在一个国内秩序井然的国家，造成了靠赌博获胜的不良影响。霍亨索伦家族曾经数次抵抗外国诱惑，这一次却顺从了欲望。在普鲁士 1500 万人口中，现在有 400 万是斯拉夫人,因此国家面临着偏离伟大德意志道路的危险。获取华沙和普图斯克(Pultusk)的确是必要之举,因为从眼下的形势看来,普鲁士绝不可能将东部边界的咽喉之地留给奥地利或俄国。尽管威廉二世没能超越时代关于欧洲均衡的教条主义观点,也没有比同时代人更好地理解民族冲突的力量,但不能将失误归咎于他个人。数千心怀敌意的家族、迷信神甫的愚昧农民,确实不可能同新教德意志国家和谐共处。莱茵战役期间,许多波兰新兵带着镣铐西进,有时甚至会逃离半数。波兰省份削弱了普鲁士的道德力量,而如果没有民众自发的热爱,这个国家将很难存在;波兰省份的内部发展也陷入停滞。瓜分波兰有着多方面的原因,其中可悲的政治麻木是首要原因,而它在接下来的几十年中还将影响行政和军队。在普鲁士统治者看来,这些半开化的土地尚不成熟,而德意志官僚体制几乎无法确保在这里推行的文明生活。如果进行全面改革并引入自治观念,大约五分之二的领土上获益的只有暴虐的波兰容克贵族。此外,如果军队中 40% 都是波兰人,那又如何称得上是一支真正的国民军队?

145

从前,普鲁士会在新获的领土上,马上推行全套有益的严格制度,尤其是税收体系,而现在宫廷中却流行过于温和宽厚的精神,乐意聆听新土地上臣民的心愿,允许各种风气存在,无论合理与否。这些新领地并没有照例被纳入传统普鲁士统治框架之内,反而被给予了一个临时行政系统。哈登贝格管理法兰克侯爵领地,霍伊姆(Hoym)伯爵在南普鲁士任总督之职。古老的税收体系依然运行,杂乱腐朽的波兰税收制度中仅有个别重大缺陷被剔除。令人难以置信的是,这些新获的波兰领地对国家岁入的贡献仅有微不足道的 20 万塔勒,而富饶的法兰克地区甚至还需要国家财政支持。普鲁士似乎已经不再将国家精神输入新领地了。这个时代有着软弱的博爱精神,而冷酷无情地绷紧每一根神经的传统男子汉品质则实在是太残忍了。此外,从波兰没收而来的权贵和教会财产,让国王的慷慨之心蠢蠢欲动;他并没有将这些土地和财产分配给德意志移民,反而随心所欲地处置了其中很大一部分。对南普鲁士王室财富的贪婪竞争,极坏地影响了已然松弛的官僚风纪;至于波兰农民,一旦看见土地被当做礼物送给新领主,马上就忘记了普鲁士统治带来的诸多好处。

疲倦岁月中,许多事情都被忽略了,其中最要命的是疏忽了军队。国王的仁慈、和平时期政策松懈造成的经济困难、波兰士兵沉默的猜忌,使国家无法增强军力。人口几乎翻了一倍,军队却增长了不到 3.5 万人;腓特烈大帝逝世时,军费估计在 1100 万塔勒到 1200 万塔勒之间,现在仅增长到 1400 万塔勒。所有邻国的军队都在大幅增长,而普鲁士在民族之林的处境,则由于东西边境上的扩张而变得比以往更加艰难。

威廉二世逝世时,普鲁士的内外实力都比腓特烈大帝统治末期有所减损。曾经的普鲁士由有活力的天才意志所领导,是一个团结紧密无所不能的德意志国家;如今的普鲁士变成了一块民族混杂难驯的德意志-斯拉夫地区,无论是军事实力还是经济实力,都不足以保卫广阔的领土,还需要很长一段和平岁月重获内部统一。精神软弱之人无法理解历史的惩罚,因为执行历史判决的刽子手本身就深陷党争,没有清白可言。因此,波兰崩溃本来就是咎由自取,但却是由数只黑手实现的。这些黑手的罪行也都得到了惩罚:俄国卷入一连串长期斗争;奥地利深陷法国战争;但是瓜分波兰的三个国家中,普鲁士遭受了最严重的惩罚,因为在占领波兰领土的问题上,普鲁士已经完全偏离了作为一个德意志国家的天然轨道。通过《巴塞尔和约》的怯懦和格罗德诺议会的阴谋,普鲁士助长了一种趋势:从此欧洲信奉强权即真理,对领土的贪婪将主宰政策,这一点将在拿破仑身上登峰造极。德意志方面,由于其所有国家都认识到改革已不可避免,便又回到了古斯塔夫·阿道夫身处的局面;就像那时取得教会平等一样,神圣罗马的世俗化和神权政治的崩溃,都将在外国势力干预下完成。

第二节　腓特烈·威廉三世　最后决议　古典诗歌

以上便是威廉三世即位时所面临的情况。威廉三世认真可靠、虔诚正直、公正诚实,拥有一个真正的德意志人身上所有的优点和缺点;他善良真诚,好像天生就是来领导这个和平年代秩序井然的中等力量国家;他情真意切,注定受臣民爱戴;他的精神世界很小,

138

但是面对所有进入视野的问题,他的判断都清晰合理,显然经过了深思熟虑,而且他天生就幸运地拥有对现实的洞察力。他所经受的教育,让这个高贵但本质上僵硬且缺乏政治意识的君主,没能形成一种自由的世界观。首先,枯燥迂腐的神学家贝尼施(Behnisch)压抑了这个男孩天真爽朗的性格;然后,这个循规蹈矩的王子必须强忍恶心与羞怯,观看父亲宫殿中的轻浮景象。因此他学会了活在内心逃避世界,巨大的自卑使他不敢有所举动,也从未轻松地生活,更无法镇定自若地对待周遭的人,这实在很不幸。每一次在公开场合露脸,或者对人群发表讲话,对他来说都是负担。必须发言的时候,他总是用干瘪生硬的语句表达理智的判断和敏锐的感觉;扁平单调的表达方式,从未真正传递出这位有着美丽诚实蓝眼睛的王子身上优秀的骑士品质。由于从年轻起就习惯与中智之人为伍,所以威廉三世终生都无法克制地厌恶天才、勇者以及一切超出常规的人。每当听到无所顾忌的自由言论,他都会莫名惊恐,可是这正是条顿民族的伟大天性。他身边所有的能仁志士中,只有沙恩霍斯特(Scharnhorst)这个天性纯良、平淡寡欲的伟人跟他真正亲近。

　　威廉三世性格中的坚强和软弱都让人难以忘怀。他总是准备原谅别人,但却从不忘却别人犯下的过错。所有的功劳和滴水之恩他都铭记于心,也因远离忠诚臣民而深感心痛,隐忍很多年后,才鼓足勇气"用流利的德语发表自己的观点";然后这个仁慈的君王在狂怒中,用流利的德语表达着不公、狭隘的想法。他最不能原谅下属们的恣意妄为。因为他希望成为国王,也的确是一位国王。他从不受任何人控制。他做出每一个重大决定都无比艰难;由于对自己的判断缺乏信心,他犹豫拖延,任事态发展,一直容忍那些让他不快的事;然而一旦他被迫作出决定,就会始终跟随自己的良知。在理性的逼迫下,他搁置了大量不能确定之事,但是他从不做任何欠考虑的事。他的精神虽迟钝却坚定有力,因此他只能吸收更优秀的思想中那些符合天性的事物;也没有谁可以说服他放弃珍视的道德和政治原则。威廉三世在漫长的统治期间获得的毁誉,远超出同代人的了解,因为身处星光熠熠的将军和政治家们之中,他实在很不起眼。威廉三世确实要为毁灭旧国家的松懈和平

147

148

政策负主要责任，但他的功绩，是经历过十年痛苦徘徊的岁月，经受过命运的残酷打击之后，终于自觉主动下定决心承担起重建国家的重任，贯彻由官员提出的合理改革措施，并且等到真正的时机来临，才发动准备已久的解放战争。在统治的后半期，普鲁士政策同奥地利的联合、迫害政治活动家、未能颁布准备良久的宪法，他有着不可推卸的责任；但是他也以极大的耐心领导了普鲁士统一国家的重建，同时也以敏锐眼光看到，东方的骚乱和德意志经济政策的冲突，正是普鲁士重新走上独立道路的大好时机。如果没有他和他的坚强信心，根本不可能从无数冲突中重建普鲁士国家并和平建设关税同盟，而正是关税同盟将非奥地利的德意志地区同普鲁士国家融为一体，为新的德意志帝国打下了基础。

不像腓特烈一世和威廉四世，威廉三世没能在国家身上留下自己的印记，但是却从其他更优秀的头脑中获取了丰富的养分。无论好坏与否，普鲁士国家的特性在他统治下得以保留。在贫困、耻辱和挫败中，更自由勇敢的人都会陷入绝望，而他却始终坚守责任，并没有放任自流。因此他的名字始终同我们民族新历史中最光辉纯净的记忆联系在一起。忠于职守、对王权荣誉的天然情感，让他逐步理解了自己的处境。他慢慢学会了重视民族生活中被他谨慎温驯的天性所疏远的方面，也学会了熟练操纵外交政策；威廉三世本来是个乏味无趣的人，年轻时在拉封丹（La Fontaine）[1]无聊的寓言故事中寻找乐趣，最后却成为了霍亨索伦家族的梅塞纳斯（Maecenas）[2]，是家族中最慷慨的艺术和科学资助人。如果谁想看看这位君主可爱亲切的一面，就要去位于帕雷茨（Paretz）的偏僻城堡，那里古树成荫，哈弗尔河碧波荡漾，年轻的王子与他挚爱的伴侣露易丝（Luise）度过了最幸福的时光，一群亚麻色头发的小可爱在他膝下快乐成长；在那里他身心愉悦、妙语连珠，严厉的礼仪监督人沃斯伯爵夫人都时常忍俊不禁。威廉三世天性略微沉重，容

---

[1] 拉封丹（La Fontaine，1621—1695）法国诗人，最有名的作品是《寓言诗》。——译注

[2] 梅塞纳斯［Maecenas，Gaius(Cilnius)，(70? ~8BC)］，罗马外交官和文学赞助人。——译注

易陷入悲观,能够与娴静高贵的妻子尽情享受生活,真的是天赐之福;然而就像许多重情重义的德意志人一样,幸福的婚姻带来的影响更多的是限制而非提升。作为一个年轻的丈夫,他完全沉浸在家庭欢乐之中,对国家不过是尽忠守之职,而不是自愿为国牺牲一切;威廉三世不知不觉成了个自私的人,宁愿留在温馨的家庭里,愉快地远离那些正在吞噬国家和社会的腐败风气,而不是与之血战到底,以尽王室之职。

威廉三世还是王储的时候,就从正直的导师萨克(Sack)那里学到了霍亨索伦家族关于新教统一的传统观念,形成了深邃而自由的基督教信仰观念。他还从恩格尔(Engel)那里学到了启蒙时代的博爱精神;从民法大师苏亚雷斯(Suarez)身上学到了他的政治原则;在莱茵河战役、波兰战役以及和平岁月的军事演习中,他都表现英勇,是一位极有专业素养的军官。但是就像他经常自我批评的那样,他一直尽量远离所有国家事务。当27岁的威廉开始统治的时候,发现自己身处一个完全陌生的世界。他无比崇拜腓特烈大帝,围绕他的一群老顽固发现这个羞涩的年轻人,如同全知全能的腓特烈一样令人难以捉摸。那种幻想中无比高贵的王室尊严根本就不在他的脑子里。随着“国家”这个词汇从腓特烈二世的法律条文逐渐进入日常语言中,每一代普鲁士国王也自然地将王权理解为严肃的政治责任。年轻的威廉三世非常热爱老百姓,像他的曾祖父一样倾向于公民,并不偏爱贵族。他渴望完成先辈们在过去几百年中一直从事的事业——彻底解放农民。像腓特烈一世一样,他也自认为是“共和主义者”。他也曾被法国大革命的理念所迷惑,但是由于生性热爱和平且具有正义感,因而深深厌恶暴民冲突造成的血腥场面。他天生的公平意识、家族传统以及从苏亚雷斯身上获得的政治理念,使他走上了社会改革之路。具有博爱精神的威廉三世支持自由贸易,反对让普通人生活成本高昂、阻碍劳动力收益公平的法律。他很快就发现了这个僵化国家的所有缺陷。当灾难降临普鲁士,他无比清晰地说明了灾难发生的原因,就他所处的环境而言,这种能力的确非同凡响。他经常深深反思改革国家的出路和方法;施泰因和沙恩霍斯特提交的大多数改革建议,他都习惯性地注上一句“该建议朕已思量良久”。但是他没有

150

理解一个根本性的观念——在腓特烈式的国家中,通过小修小补的改革措施,绝无可能实现重大改变。不理解这个,一切都是徒劳。

腓特烈一世和威廉一世打造了君主制国家僵硬的劳动分工体制,该体制的制定经过了慎重考虑,也是老普鲁士君主一头独大的产物。整个体制都像是被夹在一个铁夹子里,从一个模子里锻造出来的;各个零件之间互相支撑;阶级划分同行政分工之间关系密切;只要一个地方出现漏洞,整个大厦都将倾覆。如果要废除贵族在军队中的特权身份,那么就要允许他们从事工商业、收购农民土地。如果要把农民从繁重劳役中解放出来,那么城乡之间、行会制度和消费税之间的区分也就无法延续。传统社会形式已经腐朽不堪,国家需要彻底改革。但是没有普鲁士人具有这样的洞察力,即便是施泰因也没有。

威廉三世统治的头十年,是普鲁士历史上最受诽谤、最默默无闻的时代,是一个充满善意但改革无果的时代。就在几年前,普鲁士还被誉为欧洲大陆上统治最好的国家。从北德的观点来看,普鲁士在同大革命的斗争中保存了生命力。因此直言不讳的北德人也没有注意到国家中的一切都在变糟。新世纪正御风而行;过去数十年中准备成熟的重大历史变化,将在几年中迅速完成;这是个逆水行舟的时代。但是在时代的变迁中,这个爱好和平、躲在国境线背后的堡垒之中,以哲学家般平静眼光观察世界的民族并没有预见到,"两大民族将争端世界控制权"。

德意志民族总是对新君主抱有极大期望,当谦逊的威廉三世即位时,这种夸张的期待达到了顶峰。他严格的道德自律赢得了中间阶层的好感,这些人将越来越成为公众意愿的支持者。在现实中,启蒙时代也许并不限制社交活动,人们因此感受到了充分的感官愉悦,但在理论上仍保留对严肃"道德"的热爱;那时"道德"这个词汇还没有像今天一样沦为某种空洞的陈腔滥调。自从大选帝侯时代起,普鲁士人就未曾看见过君主拥有幸福的婚姻。于是可以想象,当诺瓦利斯(Novalis)热情地歌颂"王座成为圣坛,宫廷变成家庭",无数德意志家庭会有多么兴奋。18世纪两位冷酷强大的君主曾让人民敬而远之;如今王后露易丝的热情真挚,让霍亨索伦家族同臣民亲如一家,而这种关系曾经只出现在小诸侯国平静的生

151

活之中。

　　普鲁士人以骄傲的保皇党人自居，反对大革命。因此当大逆不道的共和国使节西哀士（Sieyès）蓬头垢面、身着三色绶带，出席古老庄严的宣誓效忠仪式时，不光是勃兰登堡年轻暴躁的马威茨（Marwitz），不少贵族和政府官员都对其怒目而视。但是柏林的知识分子圈子却有意识地保持对奥地利和神圣帝国的警惕。他们告诉法国人，威廉三世是个民主主义者，他将按照合理有序的方式取得法国人暴力革命的成就，据说很快就有一位雅各宾党人抱怨"威廉三世抢了我们的风头"。年轻的国王彻底清理了先王朝廷中的可疑分子，并对内阁发表雄辩演说，提出了大量卓越建议和人性化观点，赫兹侯爵高兴地说："国王有着上帝赐予的清醒理智"。柏林的一个作家沙龙出版了《普鲁士年鉴》（*Jahrbücher der preußischen Monarchie*），逐条记录王室改革者的各项举措。这种充满希望的氛围维持了很久。1800 年，胡费兰（Hufeland）被召至柏林，他满意地写道："我将要去一个自由的国度，一个在新政府管理下繁荣富强的国度。"席勒和穆勒衷心支持普鲁士的自由精神，并称赞柏林正在变成德意志艺术和文化的中心。

　　但是威廉三世很快就意识到，他的绝对君主权力其实深受束缚：行政系统的惰性、公众意愿的消极抵抗、封建特权、军队和官僚的等级精神，都是王权的枷锁。在这样一个版图巨大的国家中，即便是腓特烈再世也不可能直接管理所有事务。个人统治已经是明日黄花，但其形式却在某种意义上顽固存在。腓特烈大帝时，内阁议员仅有秘书之权，将君主的命令传达给执行部门主管；但在之后两任君主时期，这些官员获得了危险的权力。由于君主无法直接管理数量庞大的报告，所以秘书变成了顾问。这些内阁议员大多数来自出身公民的法官（Richter），他们只是定期向君主作报告，并很快自视为护民官，代表热爱和平的公民对抗贵族和军队。国王同他的部长们之间拥挤着无数次级官员。这些受信任的议员中，没人能帮助年轻君王摆脱善良温吞的性格，拥有强大的决断力。这些人中最出众的是门肯（Mencken），他的道德和哲学观念深受启蒙运动影响，因此被威廉三世夫妇所青睐。他倾尽全力在大量细节问题上实施改革，但缺乏政治家的高瞻远瞩。之后由拜梅

152

（Beyme）管理重大内政事务，隆巴德（Lombard）负责外交；前者是一个有能力的律师，怀揣人道主义观念，却只擅长处理细节；隆巴德则是一个头脑空洞、举止轻浮的浪荡子。军队行政长官（Generaladjutant）的个性也同周遭环境中琐碎平庸的精神相一致。上校察斯特罗（Zastrow）傲慢地反对一切改革；上校科克里茨（Köckritz）是个庸人，迟钝的好脾气很受年轻君主的喜爱，一整天辛苦工作之后，抽一斗烟或者玩几把纸牌就能让他轻松幸福，但对待下属中海因里希·冯·克莱斯特（Heinrich von Kleist）这样"吟诗作对"的年轻贵族，却非常暴躁。虽然威廉三世的头脑远远超过这些头脑简单的人们，但是他却让自己逐步同他们一样狭隘胆怯。

上一次重建普鲁士国家是从军队开始的，如今新时代对新体制的迫切要求，也首先明显体现在军事上。当法国占领莱茵河左岸，西南部一些新的中型国家建立了自己的小军队，老普鲁士国家就丧失了最重要的兵源地。因此威廉三世上台之初，就"因为帝国其他地方的募兵出现衰退"，而被迫征召更多有参军义务的普鲁士人。这只是第一步，此后部队将完全由普鲁士人组成。如果要获得急需的兵力，那么至少有一部分特权阶级必须服兵役。但是只要官僚阶层还是一个封闭且不对普通人开放的圈子，只要残酷无情的军事纪律依然存在，特权阶级就不可能承担兵役，这种军事纪律极端厌恶软弱博爱的时代价值观念。此外，征召外籍士兵的古老传统已经消亡，因此必须彻底重建军队，这要求完全改变旧的阶层关系，最重要的是，改变贵族在国家和社会中的地位。

人们为改革提出了无数建议。少数进步青年军官，像希佩尔（Hippel）和芬克甚至提出要彻底废除老普鲁士的普遍兵役理念。克内泽贝克（Knesebeck）、吕歇尔（Rüchel）和其他军官则提议建立地方民兵组织。自大愚昧的老军官则敌视一切变化，他们仍旧坚信腓特烈式的军队已经登峰造极。就连厌恶时代温驯精神的根茨，也在一封写给威廉三世的公开信中，劝告他"没有必要改革军队"；无所畏惧的布吕歇尔直到 1806 年春天还坚称"我们的军队战无不胜"。傲慢的陆军老元帅默伦多夫（Möllendorff）咆哮道，所有的改革建议"完全不知所云"，威廉三世并不愿意表现得比这位有声望的老人家更聪明，但是他很快就会为此后悔。与此同时，启蒙世界开始流行起一种对和平幸福的空洞信仰，虽然在新时代残酷的国家实践的衬托下，这种信仰显得无比荒谬，但它却迎合了德意志人的善良天性。"和平年代需要常备军吗？"这个问题出现在众多油印小册子里。现在政府必须考虑公众意见产生的影响，这表明严酷的专制主义已经开始衰落。宫廷方面，门肯强烈支持官僚系统的旧观念，即批评军费过于庞大；威廉三世则迫切想减轻自己所继承的庞大债务，因而希望只行必要之事。最后还有一个严峻的问题摆在面前：心怀不轨的波兰人组成的军团到底有多可靠？

　　由于上述这些彼此矛盾的诉求，因而尽管有无数建议和想法，却并没有实施任何重要改革。军队方面的增长微不足道，总人数只达到 25 万；但是由于国王承诺给予军队更加自由的经费尺度，军队开支明显提高，达到 1600 万或 1700 万塔勒，尽管这仍然相当不足。为了增强本就不足的军队，要在地方组建一支主要由特权阶层组成的 50000 人的后备军；但是 1805 年的战乱突然中止了这个尚未完成的组建计划。1806 年春天，沙恩霍斯特打算组建一支300 万人的民兵部队，但是没有人支持这个卓越计划。就连威廉三世以清晰的军人眼光，提出的削减冗余装备、提高作战技术等必要措施，都遭到了傲慢老将们的顽强抵抗。这位和蔼的君主对将领们的自负感到愤怒，严厉警告他们不要粗暴对待普通公民，"因为维持着军队的不是我，而是这些公民"。但是威廉三世并不明白，只要古老的军队制度依然存在，只要这还是个官本位的社会，他的这些警告就是徒劳的。

　　那支在西里西亚战争中勇猛粗野却团结一致的军队，逐渐发生着变化。极有天分的一代人正在成长；未来解放战争中的所有英雄都参过军，他们中的大部分此时已经担任参谋。一种新鲜的科学意识、对形势的深刻理解，开始在许多官僚圈子中盛行。沙恩霍斯特上校在新军校开设讲座，他本是个下萨克森的农家子，在贵族做主的汉诺威找不到用武之地，最后响应国王的号召来到了柏林。他始终教导学生要"以攻为守"，而在那些谨慎的老派军校教员听来，这无异于歪理邪说。他用腓特烈大帝和拿破仑的战役为例来说明自己的理念，而腓特烈时代的老兵甚至不承认拿破仑是一个出身公民的将军。天才将领格奈泽瑙（Gneisenau）在西里西亚守军

154

中蛰伏时，就在地图上仔细研究拿破仑从意大利战役第一天起采取的每个行动，他努力理解这个新人物的所有特质，似乎预见了自己终有一天将同这个不可征服的男人狭路相逢。这种新精神最终影响到了一直抵制变化的军队。这些年轻军官几乎体现着所有文化的理念，甚至包含康德哲学热爱和平的世界主义：海因里希·克莱斯特中尉曾苦恼地抱怨，自己不得不在莱茵河战役中如此不道德地浪费生命。

155　　　但是占据主流的声音依然极端空洞。大多数老军官仍不懈地表达对文化的憎恨，毫不掩饰对沙恩霍斯特教官的蔑视。每个连队每年只征召四五个新兵，艰巨而光荣的军事教育在现代军队已经成为了军官的主要工作，而当时还不存在；一些勇敢高尚的人已经完全无法忍受由相同的老军官不断重复的陈词滥调。有一次，声名狼藉的宪兵团当街上演喧闹丑陋的化装舞会，卡尔·诺斯蒂茨（Karl Nostitz）还扮成卡塔琳娜·冯·博拉①（Katharina von Bora），扬鞭追逐马丁·路德博士。羞怯的柏林市民都被吓坏了，威廉三世下令严惩。这些热血青年无法忍受日复一日的枯燥训练，就爆发了上述叛逆行为。路易斯·费迪南亲王（Louis Ferdinand）②的悲剧命运便是军队悲剧的具体呈现。这个自由勇敢的青年英雄，本是为所有光荣而生，却因为无法忍受空洞的生活，将生命浪费在声色犬马之中。军队的真正目的逐渐为人遗忘。从前在战场上才颁发的荣誉勋章，现在却用来奖赏和平军演中英雄行为。那些迂腐死板的人监督发辫的长度、干草垛的形状和毛瑟枪发出的声响，但一半的火炮却出于节约而无人拉动。腓特烈式军队最注重庄严而缓慢的推进，于是炮兵部队要用4周时间才能从柏林行进到布雷斯劳。普通士兵在和平岁月的常年休假中经营手工作坊，积累了很多财富，他们不想丢掉熟客，因此就像大多数老将领一样真心爱好和平。普鲁士之剑似乎不会再出鞘了。腓特

---

① 卡塔琳娜·冯·博拉（Katharina von Bora，1499—1552），马丁·路德的妻子。——译注
② 路易斯·费迪南（Louis Ferdinand，1772—1806），普鲁士亲王，腓特烈大帝的侄子。——译注

烈大帝曾经警告"战神的宠儿们"永远不要让倦怠、傲慢和软弱腐蚀了男子气概，而如今他所担心的事全都发生了。

　　行政领域的全面改革也收效甚微。腓特烈大帝一生乾纲独断，威廉三世却不敢仿效。君主绝不认错，这是腓特烈大帝的铁律，这个原则离不开君主的全能，但具有公平意识的威廉三世却在这个原则前退缩了。他会将所有的请求交给合适的部门处理，因此已经不堪重负的官僚体系的工作量又增多了。新获的波兰省份和法兰克最终隶属于总执行局，这个中央权力部门在从前简单环境中非常高效，现在明显力不从心；每个部门都各行其是，权力缺乏集中。普鲁士官僚依然比其他德意志国家的官员具有优越性；他们都活跃、爱国并受过高等教育，虽然个别议长不时要同痛恨文化的军官们一较高下。但是介于中央和地方系统之间的古老权威组织，使得实际上并没有部长或任何人能真正监管行政事务。任何小事都会导致对权限的激烈争论；行政职位的增加只产生了更多弊端。有些古老的官宦家族已经服务国家数十年，一种光荣的身份感世代相传，但同时官僚阶层的傲慢之心也在传续；像施泰因这样从农村生活进入官僚世界的新手，悲哀地发现书写公文变成了工作的目的。由于政治家们没能赋予官僚体系更加积极的职责，即便是王室内阁的温和劝诫都无法让他们放弃冗杂的文字工作。波兰省份的惰性是另一个让人头疼的问题，像压在行政体系上的铅块。最不幸的是，统治阶层没能从广阔的斯拉夫地区获得任何青壮年力量。我们的对手曾嘲笑普鲁士立国纯属巧合，现在看来此言不虚。

　　威廉三世即位不久，就向财政部长施特林泽（Struensee）提出，自己并不赞成实施长期遭违反、脆弱的贸易保护主义。但是直到七年后他才首次打破了旧体制，在施特泽林的继任者施泰因的调停下，全面撤销了国内关税。但是实施统一关税仍被视为一次大胆愚蠢的冒险。内克尔在1781年的预算报告中还指出，几乎不可能取消地方关税这一野蛮制度。法国通过大革命首次建立了统一关税。当普鲁士刚刚大胆废除了国内关税，很快人们就承认此次改革并不完整。因为仍然存在67种不同的消费税，即便的国王签署的内阁令也无法将这笔糊涂账整顿清楚。行业限制造成的城乡

156

147

157 差距依然存在，只有在马克伯爵领地施泰因才取消了这种限制。特权阶级的免税权也应该同地方关税一同废除；对贵族税收特权采取的初次温和行动，马上引发了一个问题：是否还要继续忍受如此不平等的税收。1806 年在库尔马克（Kurmark），城镇居民纳税将近 250 万塔勒，农民 64.4 万塔勒，而所有地主总共缴纳仅 2.1 万塔勒。尽管如此，全面改革国民经济的时机尚未来临，对经济问题的认识也存在严重冲突。像芬克一样明智的青年官员，都是亚当·斯密的狂热追求者，但是地主们却持重农主义观点。

改革最大的阻碍来自等级议会。旧秩序的消极抵制已经一再破坏了十八世纪的农业法，现在面对一个过于温和的政府，这种抵触变得更加激烈。威廉三世的第一步措施是给予东普鲁士的部分农民阶层以代表权。由此东普鲁士议会成为腐朽等级社会中唯一活跃健康的体制；某种程度上它称自己为"国家代表"。但是当威廉三世提议清除贵族世袭司法权时，就连东普鲁士议会也连续公开反对。热爱农民的威廉三世还有另一个重要计划——废除农民劳役，并且将所有从属性的农民土地转变为自由财产——也遭到了贵族的强烈反对。威廉三世的改革思路并不是来自法国大革命，而是百年以来霍亨索伦家族致力于以立法解放农民的必然结果；施泰因和希佩尔这样的官员，以及利奥波德·克鲁格（Leopold Krug）这样的作家，都同时提议废除世袭农奴制（Erbuntertänigkeit）。在东、西普鲁士的王室领地上，奥尔斯瓦尔德（Auerswald）成功废除了徭役（Scharwerk），在任何地方只要有贵族自愿进行同样的改革，威廉三世都给予极大的鼓励；但是还是不敢在全国范围内推行一部全面法律。反对之声不仅来自地主，还有那些粗野的农民，他们极端不信任一切改变旧制度的企图，就连新修筑的道路旁种植的树木都惨遭他们的毒手。

158 威廉三世好心好意改善初等教育、认真推行普遍义务教育的计划，遭遇了同样顽强的敌意。政府依然比人民站得高远。尽管反对派一如既往地散布那些可悲空洞的讽刺文章，但在官僚圈子中，下个世纪所有伟大的社会改革都得到了基本讨论；霍夫曼甚至提议全面废除行会制度（Zunftwesen）。但是政府无力迫使反对派接受这些好建议。为了顺从"民意"，撤消了烟草专卖权，可是这项特权如果管理合理,本来应该是国家收入的重要来源,且对正常的商业贸易影响甚微。反正,当1798年施特林泽提出发行一定数量的纸币,马上引发了柏林商界的轻微不满,所有部长也众口一词地宣布,他们觉得自己不能支持这个令人讨厌的主张。王权的软弱性在柏林的道德氛围中更为明显。宫廷依然遵循古老而简朴的生活方式,但柏林人却追求时髦,完全不以王室为榜样。柏林人口已经达到18.2万;上层社会的交往展示出大都市的自由生活,而中间阶层还是盛行狭隘的郊区精神。社交前所未有地在德意志成为一门精致的艺术。幽默与批判不受抑制地发展;柏林人的放荡和傲慢已经如此明显,就连歌德都曾语带厌恶地谈论这个危险的群体。在这样的氛围中,诞生了像施莱尔马赫(Schleiermacher)这样具有无穷的感受力和敏感性的人,像洪堡和根茨这样懂享乐、有思想的艺术大师;但是也不乏瓦恩哈根(Varnhagens)的圈子里头脑空洞的模仿者和思想掮客,以及女杀手乌尔西努斯(Ursinus)[①]这样的犯罪大师。

总的来说,这十年中一半的新事业和善意企图还是取得了不错成绩。农业取得了很大进步;在腓特烈大帝逝世后的二十年中,粮食价格翻了一倍,土地价格更是有些泡沫地急速上涨。支持自由劳动力的农学家特尔(Thaer),首次将北德意志人的眼光引向了英国农耕。自从他在默格林(Möglin)建立学校,年轻一代农学家的技术眼光和农业知识都有大幅提高。如果没有特尔的影响,施泰因-哈登伯格的法令很难推行。同时,整个帝国内都遭严重忽视的道路和运河又再次得到了重视。在施泰因的努力下,鲁尔河(Ruhr)开航;威廉三世本人极为关注维斯图拉河谷,因为条顿骑士团国家在那里建立的大型堤坝,在波兰统治时期已经彻底腐坏。矿业方面,施泰因的老师海尼茨就曾大力促进其发展,如今在雷登伯爵(Reden)管理上西里西亚矿业时,更是取得了重大进步。克鲁格和霍夫曼积极投入组建新的统计局,将尼布尔从丹麦召来管理银

159

---

① 索菲·夏洛特·伊丽莎白·乌尔西努斯(Sophie Charlotte Elisabeth Ursinus, 1760—1836),毒杀了自己的丈夫、姨妈、情人,并试图毒杀仆人。在对她的审判过程中,形成了判断砒霜中毒的方法。——译注

行业。

从普通人的角度来看,新政府最值得嘉奖的行为就是解雇了声名狼藉的沃尔纳,并撤销了他颁布的《宗教与出版物审查法令》。年轻君主的观点——宗教不能缺少理智和哲学,深得知识界认可,因为每个人都能根据自己的喜好解释这句话的含义。但是当威廉三世根据导师萨克的观念,提议教会权威人士统一新教宗教仪式时,他似乎再次领先于民众。由于他认为要比处理普通国事更加谨慎地对待微妙的宗教政策问题,所以选择推迟这个统一计划,直到时机成熟。同样由于他的过分谨慎,教育体制改革也遭受了暂时失败,尽管改革计划已经在无数备忘录和论文中被详细讨论过;而且人们最终也没有在裴斯泰洛齐(Pestalozzi)[①]时代不断创造的众多教育方法中,做出令人满意的选择。普鲁士爆发出了前所未有的学术热情,最终克服了横亘在老普鲁士与德意志科学之间的隔膜。洪堡、穆勒、胡费兰以及无数优秀的教授齐聚柏林;甚至是被盲信路德教的萨克森选帝侯赶出耶拿的费希特,也在施普雷河边找到了避难所。柏林的学术研究取得了巨大进步。1786年冬天柏林共开设了21门公开课程,自那以后,课程的数量和重要性都在不断增加。施莱格尔(Schlegel)讲授的文学史详尽阐释了浪漫主义学派的理念。威廉三世首次向公众展示王室收藏,尤其是在伊夫兰(Iffland)的管理下,剧院成为国家重要文化机构,这些都活跃了思想交流,也因此产生了一个问题:精神生活的财富是否应以一所大学为中心? 没有任何一所德意志大学像柏林大学一样,如此自然地诞生;它在被正式建立之前就已经存在了。但是此时建立柏林大学的方案尚处在内阁讨论阶段,整个时代好像都被施了魔咒,没有完成任何重大事件。

160　　普鲁士最终克服了对艺术的冷漠,开设了公共美术馆,柏林甚至还建立了一所由热情艺术家们组成的独立学校。现实主义大师沙多(Schadow)完全可以同设计了勃兰登堡门的古典大师朗汉斯(Langhans)相媲美。露易丝王后驾车出游时,年轻的侍从克里斯

---

① 裴斯泰洛齐(Pestalozzi, Johann Heinrich, 1746—1827),瑞士教育改革家。——译注

蒂安·劳赫(Christian Rauch)手持帽子立于车门口；不久仁慈的女主人就为他铺平了通往艺术殿堂之路，他成为了最伟大的艺术家。但是仍然存在一些糟糕的现象：珍贵的能量被闲置，大量的计划被搁置。在经历了众多计划的实施和放弃后，仅完成了一栋伟大公共建筑——新铸币厂，沙多用精美的浮雕对其进行装饰，但这座建筑本身依旧很平淡干瘪，是那个思想荒芜时代的真实写照。

如同所有政治圈子一样，老年人没有彻底退出，年轻人也尚未完全成熟。普鲁士完全丢失了从人道主义温暖中获得的品质，就像一座正在腐朽的哥特式建筑，一只颤抖的手还在它上面四处架设丑陋的小炮楼。就在这样不可思议的环境中，忠诚的人民仍然感到幸福。当国王夫妇出行时，处处能感到子民天真的快乐，古道热肠的法兰克人最是如此，这份感情真心实意，就像后来被割让的省份发出的伤感诀别信一样真诚。

威廉三世的改革理念并没有超出社会改良的范围，就连哈登伯格也只想到以法国为例建立公民平等体制。只有施泰因构想出了大量政治改革计划，作为威斯特伐里亚议会的议长，施泰因十分熟悉马克伯爵领地的古老市政自由，加上个人经验以及对英国历史的研习，他形成了一个想法：只有在人民能亲自学习统治的地方，才可能存在合理的政治秩序。当新获得的明斯特地区废除了等级宪法(ständisch Verfassung)①时，施泰因给威廉三世写信："迄今为止，等级议会仍受到官员及反改革人士的滥用，但是如果管理得当，它将成为社会秩序的支柱，将阻止对宪法和法律秩序的肆意破坏，而地方委员会(Landeskollegien)却迫于事态经常犯这些错误；因为财产和对祖国的依赖，等级议会同地区利益密切相关，外地官员一般不了解这种利益关系，时常不关心，有时还报以怨恨和蔑视。君主们并不害怕有产阶级，但会害怕年轻官员的创新精神，担忧老官员的温吞和唯利是图，恐惧败坏一切道德的软弱，和感染各个阶层的自私。"②实际上，国王不理解这种想法。他确实不赞同宫

---

① 等级宪法(ständisch Verfassung)，建立在地方等级基础上的地方法律制度，代表地方贵族地主利益。——译注
② 给国王的报告，明斯特，1804 年 10 月 30 日。——原注

廷中固执的保皇党对大革命的厌恶,完全承认法国农民的解放运动是正义的;但是由于大革命的流血事件,他始终怀疑任何沾染君主立宪气味的事物。他想知道,既然臣民们普遍感到满足,那么这个曾使国家诞生的绝对君主制,现在怎么就不合时宜了呢? 即便是施泰因都不知道旧制度已经腐败到了何种程度,也不知道制度重建已经迫在眉睫。这种难以置信的幻觉弥漫在所有阶层中。历史研究无法预见,旧王朝其实原本可以避免 1806 年的耻辱。只有残酷的战争才能让盲目的这一代人明白,腓特烈时代的体制已经从内部崩坏,对它古老声望的迷信,已经使所有行动陷入瘫痪;只有战败才能结束德意志统治波兰的反常时代,让国家回到自己的轨道上,恢复德意志本质。

　　一开始,威廉三世并没有准备好承担指导外交政策的王室责任;他的性格缓慢而谨慎,因此需要经过严格的训练,才能让软弱的天性适应残酷的政治权力斗争。无论在心理倾向还是责任意识上,他都是一个爱好和平的人。北德人平静的幸福生活有目共睹,就连根茨也不否认,威廉三世认为在并非绝对必要的情况下,将勤劳的北德卷入战乱是愚蠢的犯罪;他不愿意让这个不堪重负的国家面临新的混乱,认为只有在受到攻击时才能发动防御战争。普鲁士宫廷最强烈地代表了北德意志人对和平的热爱;和平主义几乎成为国策。科克里茨(Köckritz)上校曾对国王说:"君主无权拿国家的生存在战场上冒险;法兰西共和国才如此行事。"威廉三世无疑觉察到了法国的危险意图。他的父亲就始终保持着对共和国的恨意,临终前还拒绝了同法国结盟的提议;当卡亚尔(Caillard)诱惑他争取德意志帝国皇冠时,他也没有受到蛊惑。豪格维茨伯爵也完全不信任巴黎的执政者。结果普法关系冷若冰霜,年轻的君主还宣布,在迫不得已的情况下,将以举国之力同强盗邻居决一死战。很可能他自己都不知道这是否是真心话,或者只是想隐藏自己的和平主义倾向。作为一个优秀的德意志人,威廉三世渴望帝国安宁,恢复古老边界;他不赞成法国在美因茨和下莱茵地区的地位,因为前者已经被普军占领,后者则是他的家族世袭领地。

　　在威廉三世统治下,普鲁士领土发生了史上最重大的变化,而他却从本性上反感任何形式的土地和人口非法交易,甚至厌恶对

162

边界的细微调整。他最终同意割让克莱沃和盖尔登(Geldern),仅仅是因为这些被法军暂时占领的地区还没有向他宣誓效忠。在德意志,君臣之间的关系依然是一种有关个人责任的事;一旦君王驾崩,马上关闭城门,军队立刻向新君宣誓效忠。威廉三世生来谨慎,他的父亲曾宣誓效忠古老高贵的帝国宪法,但他却没有被这种浪漫的忠诚意识所蒙蔽;他承认帝国已经日薄西山,而且作为一个坚定的新教徒,对陷入困境的教会国家也没有多少同情。但由于他尚未认真考虑帝国改革的可能性,因此就他的正义感和和平感而言,简单地恢复德意志国家原状,就是最令人满意的选择。如果这一点无法做到,他希望至少可以保持普奥均衡,通过扩大领土来平衡奥地利的每一次扩张。他对霍夫堡没有任何个人仇恨,重启腓特烈大帝的巴伐利亚政策只是为了帮助维特尔斯巴赫家族对抗皇帝的扩张。他的德意志政策中的主导思想,依然是维持北部和平:在他看来,一旦与法国或奥地利发生冲突,唯有通过外交手段才能保存国家实力。

这位青涩却带着家长意识的君主,即将遭遇在数月内改变世界面貌的撒旦之力。恐怖统治的领袖曾吹嘘,大革命已经犁出了深沟,结果一语成谶。攻占巴士底狱后的九年中,法国总共颁布了22331条新法律;过去和现在之间的所有桥梁都被彻底摧毁;波旁王朝创建的机构中只保留了巴黎科学院。由于巴黎暴民实行的共产政策,法国有三分之一的土地都被粗暴地从原所有者手中剥夺,发行了高达4700万法郎的贬值纸币,所有财产权都陷入混乱,农村长年受到盘剥。法律荒废前的幸福与安全,连同法国文化所有的高贵之处一起消失。在被玷污的教堂圣坛上,供奉着一位理性女神;欧洲最有品位的法国人将犯人头上的红帽子视为自由的象征,并且用猪、驴和土豆等等名称重新命名每一天。[1]吉伦特派自作孽不可活,但是那些针对僧侣和流亡者残酷的刑罚,却连同对他

163

---

[1]　法国大革命时期采取了新的历法,称为共和历或者大革命历法,将1792年9月22日称为"共和国元年元月元日",一年12个月,每月30天,每周10天。冬季雪月以矿物命名,全年每逢周五以动物命名,每周第10天周日以工具命名,其余都以植物命名。——译注

们的仇恨被一同保留了下来。大量财富和数以千计的市民生命仍系于执政党反复无常的仁慈。整整九年的灾难熄灭了政治理想主义的最后一点火星，剥夺了公共生活中所有努力的意义；在法国，党争永远只是为了攫取权力。

　　法兰西民族需要和平，需要法律保障新的财产分配，需要恢复古老教会。如果让法国人自己完成这些事业，那么就必须召回王室，这并不是因为法国人对王朝还有什么感情，而是只有君主国家的制度才能带来一个和平幸福的时代。衰败萧条中，唯有军队还有些气魄和道德感。那些应得和不应得的无数胜利，尤其唤醒了年轻军官的战争野心，他们对战无不胜的三色旗感到无比骄傲。正是通过这支军队，这支共和国唯一有秩序、有热情的力量，国民公会的极端党派才能对抗民族的意愿。1795 年葡月 13 日，拿破仑镇压保皇党起义，强迫国民公会中三分之二成员参加新督政府组建的公民大会（Volksvertretung）。但是这引发了一连串的战争，因为只有在战时，获胜的少数派才有希望保住权力。

164　　1796 年意大利战争爆发，大革命第二阶段拉开帷幕，这也是欧洲历史上至关重要的时期。此时大革命宣传将第一次产生实际效用；一种新秩序将终结旧的领土分配，废除中欧传统的国家和社会形式。拿破仑的胜利让法国军队首次获得了不容否认的至高地位。这位年轻的英雄绕过阿尔卑斯山，从南部入侵北意大利时，运用了一种全新而大胆的战争艺术：以战养战，并无惧被歼灭的危险，突然变换前线，将战场拱手让给敌军——他本人就是这种艺术的大师。战争不再像古老的线型战略时代那样，让两支紧凑的队列努力攻破对方。拿破仑让战争进程有了戏剧性的变化；当前线部队的力量耗尽后，他马上就用小心保留的后备军发起猛烈攻击，制服敌军；没有人比他更会抓住有利时机。他并不像旧时的雇佣兵首领那样，将保存军队视为第一要务，他的首要任务就是摧毁敌人，而所有人员伤亡都可以通过征兵轻松补偿。他的军队会迅速推进，给敌人以致命一击，夺取首都。拿破仑狂热地相信自己和军队，完全被黑暗宏大的战争魅力所折服，教育士兵要无条件地信任他，要将"尊严、荣誉和财富"视为战争的最高目标，要以永无休止、大胆进取的军人精神去获得，要蔑视一切有关大众幸福和自由的空洞言论。他为法国精心挑选了一个新称号——"伟大的国家"（la grande nation），让深陷党争的人们陶醉在对自身和胜利的骄傲信念之中，这种精神逐渐变得强大持久，甚至超越了大革命早期人们对于自由的热情。

拿破仑在蒙特诺特（Montenotte）和里沃利（Rivoli）的胜利对法国外交政策的影响不亚于对战场指挥的影响。共和国尽管仍以世界主义自诩，但其外交政策在本质上已无异于波旁王朝：向东扩张；通过削弱德意志使法国获得在欧洲的优势地位，确保其拉丁民族领头羊的角色；并不谋求直接控制欧洲。但是贪得无厌的拿破仑已经成了一个没有祖国的人，他在意大利建立了自己的拜占庭式宫廷，随心所欲地将被征服地区捏成一个附属国，通过时而威胁时而馈赠大量赃物的方式，战胜了督政府中的所有反对势力。拿破仑年轻时曾一心想要解放他的故乡科西嘉，但他早熟的智慧很快驱散了年轻时的幻想；他毫不愧疚地效忠于科西嘉的征服者，因为只有解散了旧制度的大革命法国才能给一个极具天分的人最大的机会。现在他觉得自己是个天生的占领者，无论是意志力还是将想法付诸实践的能力，都超越所有凡人。他纵情享受这种无所不能的感觉，骄傲地认为自己就是那个替可怕的命运女神执行裁决的人。在他面前的这个旧欧洲，因利益争夺而撕裂，因笨重的军事体系和过时的制度而陷入瘫痪，都是些僵化的国家，只能从历史传统中乞求存在的合法性；而在他身后，却是军事强大的法兰西民族，它已经同自己的过去决裂，自认为肩负着为整个世界立法的重任。

没有祖国的拿破仑不理解什么是民族精神和观念世界，他所想的，是建立一个新世界帝国的可恶理想。罗马帝国和加洛林王朝诸帝的形象，在他脑海中浮现；欧洲的千年历史将被一次巨大的冒险毁灭；欧洲多种多样的文化世界将臣服在一个巨人脚下。这个全新而极端的非法兰西政策，带着无比清晰的目标、没有任何负责任的顾虑，朝着征服世界的方向前进。拿破仑马上意识到，奥地利在德意志的胜利以及在意大利的失败，会迫使它追求暂时和平。他看穿了图古特在亚得里亚海的计划，于是无耻地找了个借口占领威尼斯中立共和国，轻而易举地征服了手无寸铁的威尼斯人；他

165

知道对于奥地利来说，与其保留那些已经丧失且难守的偏远地区，不如征服威尼斯以完善领地，他于是向奥地利提议以威尼斯交换米兰、比利时以及莱茵河左岸。此外还承诺，皇帝本人将获得萨尔茨堡和巴伐利亚直到伊恩河（Inn）的世俗化教会领地，而皇帝被驱逐出摩德纳（Modena）的表兄，将获得布赖斯高。在这些条件下，1797 年 10 月 7 日，法奥签订了《坎波福尔米奥条约》。

166　　神圣帝国将再次为奥地利的错误付出代价；奥地利已经惯于用效忠帝国和祖国这样的言语在帝国议会上掩饰自己的自私政策，这一次的话语听上去比以往更加虚伪。《坎波福尔米奥条约》的秘密条款，已经确定了破坏德意志西部边界、教会领地的世俗化以及由帝国对外国君主进行补偿，但是在公开条文中，却暗示将保持领土完整。帝国宫廷下达命令，邀请帝国邦在拉施塔特（Rastatt）召开大会，"在正直诚实的基础上，巩固德意志体制和社会福祉，为热爱和平的人们谋求长久的幸福生活"。共和国使节作为德意志事务裁定人出席拉施塔特大会。将近 300 位德意志外交官参加了会议，其中不少学识渊博的人热切地想要通过某种惊世骇俗的东西，让帝国法变得更加扑朔迷离。他们争相谄媚贿赂傲慢的法国使节，以获得他们的青睐。法语和法国风俗成为主流，每天晚上当法国演员上演拿手的《傻阿勒芒德》①（les bêtes Allemandes），德意志官员都鼓掌欢呼。奥地利政治家们极力避免德意志使节们了解《坎波福尔米奥条约》的真实意图。这场骗局一度能掩人耳目，是因为皇帝拥有三重身份：皇帝、奥地利大公和匈牙利国王，因此有三个大使代表皇帝，他们就总能互相掩护。

　　但是这个肮脏的秘密最终还是大白于天下。1797 年圣诞，帝国军队撤出美因茨。同一天，法国占领了未被占领的莱茵兰要塞，战败的奥地利人进入圣马克城（St. Mark），这样一来，法奥这两个命运纠缠的国家所面临的混乱局面，终于变得清晰。拉施塔特的法国全权大使马上公开要求获得莱茵河左岸。这是神圣帝国灭亡的第一次官方预告。根据帝国法律关于世袭的规定，有一条不证

---

① 阿勒芒德（allemande）是起源于德国的一种舞曲，此处指法国人嘲笑德意志。——译注

自明的原则,即世俗世袭诸侯在莱茵河左岸的损失必须获得补偿,
而教会选侯(法语文件中所谓的 princes usufruitiers)则可以通过获
得退休金的方式弥补使用权(Nutzniessung)①的丧失。因此,过去
数年一再浮现的普遍世俗化观念,现在似乎成了满足所有德意志
诸侯愿望的最后方法。高级贵族们开始抢夺教会资产,而正是皇
帝本人通过蓄谋吞并萨尔茨堡教会领地打开了这扇大门。在贪婪
的驱使下,诸侯的大使们涌向法国督政府的全权大使,希望获得帝
国之敌的好感,获得一大块教会诸侯的领地。

在这场抢夺教会诸侯领地的活动中,图古特打算让普鲁士空手
而归。《坎波福尔米奥条约》的秘密条款中明确规定,割让从巴塞
尔到内特河(Nette)的莱茵河左岸地区,普鲁士将保留在下莱茵的
领土,因此不会获得任何补偿。这项条约明确违背了 1796 年签署
的《八月条约》(Augustvertrage)②,其中承诺普鲁士将因为割让莱
茵河左岸而获得补偿。法国通过这两份彼此冲突的秘密条约,牢
牢拴住了这两股彼此敌对的势力,它们一个想从法国的失败中获
益,另一个想从法国的懈怠中得利。毫无疑问,军事强大的法国必
将从这些矛盾的条约中谋得暴利。

在这个多事之秋,一项决定性的普鲁士政策即将出台。既然皇
帝已将比利时、美因茨和摩泽尔地区让给了法国,那么普鲁士在下
莱茵河的领土就变得岌岌可危。《坎波福尔米奥条约》让德意志丧
失了整个莱茵河左岸。如果必须接受这些事实,那么至少应该努
力为德意志在莱茵河右岸建立可靠的世俗化宪法。普鲁士是教会
国家的天敌,自然承担起了世俗化神圣帝国的任务:通过消灭奥地
利的教会附属国摧毁其在德意志的权力,并将帝国转化成一个普
鲁士领导下的诸侯联盟。世俗小诸侯必须从普鲁士而非法国手中
获得补偿;因为要将他们争取到普鲁士一边,就必须利用对他们对
国家利益的追求,这对他们近乎神圣。普鲁士派驻拉施塔特的使

---

① 使用权(Nutzniessung),即英文 usufruct,用他人的地产或财产并享受其收益或利
　润的权利。——译注
② 《八月条约》是《巴塞尔和约》的补充条款,签订于 1796 年 8 月 5 日,和约的补充
　协议规定,如果普鲁士丧失莱茵河左岸,那么将以明斯特主教辖区作为补
　偿。——译注

节多姆，曾建议威廉三世不要满足于小小的欲望，而要大刀阔斧地推进世俗化进程，借此在帝国内展开全面改革。但是柏林宫廷单纯无知，不可能勇敢作出决定。在此次战争期间，普鲁士的政策始终以帝国完整的基础上实现法奥和平为目标；但是由于图古特对北德根深蒂固的怀疑，也因为一个怎样都不愿发动攻击的国家无法在战争世界中担任调节人的角色，因此普鲁士提出的调停建议遭到了拒绝。割让莱茵兰尽管违背威廉三世意愿，但已成定局，那么普鲁士驻拉施塔特的使节便打算根据普鲁士的天然政策，尽可能多地补偿世俗诸侯，但维也纳则要限制世俗化的范围，尤其要保护哈布斯堡帝国的三大支柱——三个教会选侯国。奥地利占领巴伐利亚的计划也遭到了柏林的强烈反对。

如同腓特烈大帝时代一样，普鲁士和巴伐利亚此刻再次成为反奥联盟的领袖；不同以往的是，这一次抗争并非出于他们骄傲的国家意识。普鲁士很快发现，自己通过北德中立政策获得的光辉地位是多么靠不住。普鲁士弱小的被保护国也很快明白，要想满足自己的贪欲，只有依靠年轻的共和国寡廉鲜耻的行动，而不是柏林的和平主义。法国大使主导着会议，普鲁士实际上不过在掠夺成性的小诸侯国中扮演领头羊的悲惨角色，甚至不敢提议彻底重建德意志宪法。当拿破仑短暂访问拉施塔特，第一次将目光投向德意志生活时，帝国已经尊严扫地了。就是在这次无果会议的激烈争吵中，拿破仑对我们的祖国作出了判断。他看穿了帝国法的彻底无效，并满意地认为，帝国的坍塌只对法国有利。他像小市民一样幸灾乐祸地看着奴颜婢膝的德意志诸侯。然而他也注意到，由于领土主权的不稳定，德意志已经准备好完成民族统一；他迫切地需要通过满足小宫廷对土地的贪婪，将他们拉拢到法国一边，让分裂的德意志彻底丧失民族性。

重燃的战火打断了拉施塔特会议。图古特极不情愿地接受了《坎波福尔米奥条约》，他本来想除了威尼斯还能获得教皇国。法国拒绝了他的要求，还违反协议，开始推进德意志整体世俗化，这等同于推动旧帝国的灭亡，霍夫堡感到自己的统治根基受到威胁；图古特在给圣彼得堡的信件中写道："不是德意志因意大利而存在，而是意大利因为德意志才存在。"于此同时，法国还专横地将教皇国转变成罗马共和国,并组建瑞士联合国家。传统国家终于明白,在法国无休止的世界占领计划面前,将永无宁日。早在1798年夏,奥地利、英国和新即位的沙皇保罗,就计划组建第二次反法联盟,盟国将全力以赴,从荷兰泰瑟尔岛(Texel)到意大利卡拉布里亚(Calabria),全线同时出动打击这个革命国家及其儿女共和国。因为共和国最优秀的两位将领,奥什将军刚刚过世,而拿破仑正远在埃及,因此庞大的反法联盟军队很可能取得胜利。英国是拿破仑世界占领计划中最危险的敌人,它打算从它在远东的最薄弱环节实施打击。

普鲁士并没有不假思索地加入反法联盟,因为盟国追求的目标都偏离了德意志政策,有的甚至对德意志不利。俄国希望保留在东方的国家现状,然后再根据自己的意愿解决东方问题。在英国议会中,积极的经济政策变得越来越直接和傲慢,就像德国诗人所说,他们"梦想像锁住私宅一样锁住海洋女神安菲特里忒的地盘"。海军实力排第二的奥地利既不愿意看到英国称霸地中海,也不愿意彻底摧毁法国和荷兰的殖民地,最终寄希望于占领意大利,并恢复自己在帝国中的最高统治权。奥地利雇佣的文人再次用费迪南式的傲慢,警告德意志大贵族遵守效忠皇帝的封建义务。总的来说,第二次反法联盟表现得相当反动,同普鲁士的节制态度大相径庭。沙皇保罗还狂热地幻想复辟古代法国王权。一些狂热的宣传册鼓动彻底歼灭渎神的新法国:"欧洲所有的平民都看着巴黎。"战争伊始,拉施塔特惊现的谋杀大使事件,尽管并非受霍夫堡指使,却也显示出传统法律的拥护者有着极为盲目的憎恨。而波旁王朝的暴政在那不勒斯的恐怖复辟,则更明显地说明,雅各宾派的暴政已经唤醒了多么强烈的愤怒,而且一旦反革命同盟中最强大的国家获得胜利,欧洲的局势将会变得多么混乱。

然而,普鲁士仍然有充分的理由加入三国同盟。柏林的政治家马上同三国达成一致目标:阻止拿破仑占领世界的脚步。豪格维茨伯爵最终明确意识到了法国政策的实质。此外,如果其他盟国都以各自当下的目标为先,将有利于普鲁士通过果断行动获得在德意志的支配地位。英国准备登陆荷兰海岸,奥地利则在高地德语区和意大利集结军队。如果普鲁士的东部边界安全,它就可以

170

将全部兵力投向以上两大战场之间的广袤土地,似乎可以预见,威廉三世必定会实现重新占领莱茵兰的光辉梦想,同时胜利的普鲁士也可以真正获得迄今为止虚有其表的北方统治权。但是国王及其老迈将领的过失,白白浪费了这个难得的机会。犹豫不决的威廉三世认为推翻大革命的时机尚未来临,他要养精蓄锐等待最后一击。热爱和平的北德自然同意这个没头脑的决定,北德诸侯及其人民非常乐于回归《巴塞尔和约》规定的中立位置。

因此普鲁士并没有参与这场巨大的战争。阿布基尔湾战役(Aboukir)确立了英国在地中海的统治,并让拿破仑的东方计划付诸流水;苏沃洛夫将军(Suvòrov)和梅拉斯(Melas)成功地从法国手中夺取了意大利;卡尔大公胜利挺近高地德语区,南德意志的农民再次决心同帝国军队生死与共;共和国的土地在联盟军队面前门户洞开,但盟国之间的纷争再一次拯救了法国。奥利地宫廷认为,傲慢的俄国将领就像沙皇的政策一样令人难以忍受,后者要求在意大利恢复合法政府的统治,并将科孚岛(Corfu)和马耳他岛(Malta)收入囊中。同时图古特也力图让意大利半岛臣服奥地利,而苏沃洛夫将军不择手段地让他的每次努力都化为泡影,并且直接拒绝乘胜攻占热那亚,这是法国在意大利最后的堡垒。沙俄根据英国的提议从胜利的康庄大道转向了瑞士,花费大量时间和精力英勇地翻越了阿尔卑斯山,向世界展示了沙俄士兵非同寻常的忍耐力,但是从战争角度来看实在是徒劳无功之举。闪耀着希望之光的 1799 年临近结束时,三国同盟爆发激烈内讧。沙皇召回了军队,不再谈及任何威胁共和国领土之事。

171　　占领世界的观念已经在新法兰西深深扎根,以至于法国民众将丢失意大利视作奇耻大辱,当他们的科西嘉英雄从埃及班师回朝时,民众欢呼救世主归来。雾月政变是法国国内态势的必然结果,拿破仑由此获得了整个国家的统治权,他在过去的三年内,凭借英勇的军队掌控着这场战争游戏;新法国经此政变拥有了一部宪法,除了一些琐碎的修改之外,基本沿用至今。曾经在法国盛行的众多政治理念中,只有两个最终取得了结果:民族统一和社会平等;新的财产分配也得到了认可,并获得了严格法律体系的保护。一个"平民"凌驾于人人平等的普罗大众之上,他是民主制的独裁者,在他不受束缚的权威之下,这个统一的民族找到了一展抱负的方式。活跃的新官僚阶层完全服从独裁者的意愿,因为只要他们服从统治,所有的雄心壮志就能得到满足,官僚阶层为了民众幸福而减轻了被统治者的所有劳苦。下层阶级的广大纳税人盲目地服从拿破仑;军队也愉快地接受了他的征服计划,从本国征收的大批军人以及高效且长期雇佣的兵团,也都听其差遣。另一方面,有产阶级也从强制兵役下被解放;在舒适安全的环境中,享受着三色旗的胜利,谈论令人振奋的战争和胜利新闻,成了他们不可或缺的消遣方式。

最伟大的胜利同人民主权的自我摧毁是同时进行的。这个现代历史上最自大、最精明、最有组织性的专制统治,是自波旁王朝以来法国历史的必然结果。甚至是法国文化中古老的天主教特征也经政教协定①而重建。公民大会和国民公会通过立法已经实现或者准备实现的一切理想,在这个新专制政府的地方行政体系、法典、财政和军事体系中,都被奇迹般地实现了,这相当于实现了社会民主化和中央集权化这两个目标。另一方面,大革命对自由以及全民参政的愿望,仍然是空洞的理想,只虚有议会的形式。拿破仑建立的法国宪法,同波旁王朝一样,实际上只是一种国家统治秩序。过去十年战乱中几乎被完全摧毁的国家经济,如今也迅速恢复,这要归功于法律保障,以及新法律为发展国民经济提供的自由。但是对于大革命的其他悲剧性遗产,即法国精神生活的荒芜,拿破仑既不想也无力进行任何改变。他所拥有的不过是普通人的野心,艺术和科学上的思想自由和独立创造活动,在他眼里不过是空谈,始终半是嘲笑半是怀疑地看待它们。

现在登上历史舞台的波拿巴主义体系,在自我意识、行动效率和组织力量方面,确实远远超过僵化的邻国,但它是一把双刃剑:这个大革命缔造的国家实现了自下而上的民主,是旧欧洲历史性

172

---

① 1801 年政教协定,是拿破仑和教皇庇护七世达成的协议,确定天主教会在法国的地位,并结束法国大革命期间由于进行教会改革而引起的不和。天主教被承认为法国大多数人民的宗教,但未被宣布为国教。拿破仑有权提名主教,但主教的职位由教皇授予。政府同意给教士们发工资,但教会被没收的财产不予归还。该协定直到 1905 年才被废除。——译注

国家权威和社会形式的敌人；但它也实现了自下而上的暴政，与自由为敌，要消灭民族生活中的一切民族性。雾月政变的胜利者必须弥补过去数年中的损失，恢复《坎波福尔米奥条约》规定的国家状态。他错误地希望同北方和南方的海上强国联盟，以撼动英国的海洋霸主地位，但陆战才是他的长项。他戏剧般地穿越圣伯纳隘口的行动，向法国人展示，法军也配得上苏沃洛夫将军的胜利桂冠。马伦哥会战（Marengo）让拿破仑重获意大利；维也纳宫廷解雇了图古特，这意味着奥地利顽强的耐力开始土崩瓦解。但是还差最后一根彻底压垮奥地利的稻草——霍恩林登战役（Hohenlinden）。1801 年 2 月 9 日，精疲力竭的奥利地被迫签订《吕内维尔和约》（Friede von Luneville）。这份合约公开明确指出，根据《坎波福尔米奥条约》秘密条款，自此以后德意志以莱茵河为界。

德意志丧失了 1,150 平方英里的领土及将近 400 万居民，几乎是旧帝国除西里西亚以外，2800 万总人口的七分之一。德意志民族以一种出奇冷漠的态度接受了这个残酷打击。当美因茨和科隆、亚琛（Aachen）和特里尔，以及德意志古代历史上壮丽的家乡悉数割让给外族时，竟没有流露一丝爱国主义的愤怒之情。但是经历三十年战争的一代人，曾为一个斯特拉斯堡流过多少辛酸的泪水！

教权统治的错误让莱茵河左岸远离德意志民族。在腓特烈大帝的丰功伟绩中，在歌德的诗歌里，以及一切充斥新德意志生命的事物中，这块教会领地都无关紧要。如今它默默接受了自己的命运，只有普鲁士的下莱茵省份为离开祖国失声痛哭。在法国漫长的占领岁月中，大革命的宣传机构自然成绩不俗：美因茨的雅各宾派俱乐部成员谦逊地模仿着革命者；年轻人们衷心地希望祖国可以成为法国保护下的独立的共和国之子；在科布伦茨，独立莱茵共和国（Cis-Rhenish Republik）的成员围绕着红白蓝三色的自由之树翩翩起舞；科隆的布鲁图，比尔甘斯（Biergans）勤奋地效仿着马拉（Marat）和德穆兰（Desmoulins）激情澎湃的演说；但是这些模仿都比不上德语的《马赛进行曲》，这首温驯、庸俗的莱茵共和国同盟之歌："欢呼吧，兄弟们，理性已经胜利。"只有年轻的约瑟夫·格雷斯

(Joseph Görres)知道如何演说这些违背德意志人天性的狂热话语。这个体面热情的年轻人狂热而充满幻想,在主教辖区的教会学校中接受了不完整的教育后,全情投入大革命的漩涡,用言论和宣传册赞颂伟大的法兰西自由。奥地利从美因茨撤兵决定了莱茵兰的命运,于是格雷斯为神圣帝国的葬礼发表了悼词:"天赐莱茵之河,为我法国之界,可悲凡夫俗子,胆敢变此疆界,喜以砖石为墙,勾其国境之线。"莱茵河最优秀的孩子就这样心怀嘲讽地背离了祖国;教会统治的经历在这个热血青年心中唤起了这样的情绪,但不久之后,格雷斯就成为了莱茵河上德意志文化最狂热的布道者!

　　对于大多数莱茵人来说,雅各宾派的活动并没有什么影响。他们在沉重的战争负担和不安定的社会环境下苟延残喘,不满地看着外国军队烧杀抢掠,野蛮地摧毁古代纪念碑,砍伐山林,将查理曼大帝陵墓中的支柱运往巴黎。直到吞并活动结束,他们才学着尊重这种新行政体制的优点。对于莱茵兰的教会领地以及意大利来说,法国统治是现代国家生活的先驱;由它开始实践的公民平等观念,在普鲁士和许多邻近的世俗国家已经存在了很久;它还开启了德意志其他地方缺乏的大量政治改革。此外,教会统治下这些无家可归手无寸铁的人们,第一次感受到了战争的光荣,从成为一个伟大共同体的一部分获得了自我满足。

174

　　这块土地上混杂着 97 个主教辖区、修道院领地、侯国、伯爵领地和帝国邦,还有数不清的帝国骑士领地,被分成了完整的 4 大块。严厉的警察扯断了剥削者的枷锁,在艾佛尔(Eifel)和洪斯吕克(Hunsrücken)的山区建立了一个和平安全的国度,这在小诸侯各自为政的时代根本不可能存在。这里的农民自古就是自由民,因此废除世袭农奴制对他们而言并没有什么重要意义,但废除封建劳役和教会什一税,尤其是出售国家资产则影响深远;在古老教会领地的废墟上新兴起一种富裕的小地产所有制。波恩(Bonn)的犹太人聚集区敞开了大门,科隆和亚琛的新教徒建造了第一批新教教堂。刑事陪审法庭(Schwurgerichtshofe)的公开法律流程取代了之前科隆 13 个地方法庭、无数教会和世俗法庭五花八门的司法程序。按照拿破仑的命令行事的地区长官们,取代了议会中被戏称为"科隆党"、具有裙带关系的老爷们,以及曾统治"亚琛帝国"的尊贵明智的贵族。所有的乡镇的独立性都被废除，但是新的官僚政府比起古老的门阀统治，不仅更加温和亲切，而且更加体面公正。

莱茵人确实在法国的高压之下顽强捍卫德语和德意志习俗。以莱茵河划定的新国界武断僵硬，让人牢骚满腹。莱茵河岸边的人们与政府税收人员处处发生小冲突，并且拒绝同莱茵河右岸的同胞断绝来往。人们很快意识到，一个强大的国家维系成员的纽带有多么牢固。同西部广阔内陆地区展开的自由贸易，古老行会权利和专利权（Bannrechte）①的废除，唤醒了新手工业和新交流；自从掠夺战争和拿破仑财政改革时代就在法国流通的优质货币，也完全不同于教会统治时期发行的彼得币（Petermannchen）、卡斯特币（Kastemannchen）等各种各样的货币体系。莱茵河中下游的人民
175 从未像阿尔萨斯的战斗种族一样，从心底变成法国人；尽管解放了工农业，但不断增长的税收和拿破仑战争造成的伤亡，不可能形成真正的经济繁荣。但是在这些地区，人们还是普遍认为自己将永远属于法国。莱茵人切断了同历史的联系，抛弃了所有的古老传统，只带着天主教信仰走进这个新时代，在接下来很长一段时间里，一种血肉相连的情感将把他们同新法国的文化捆绑在一起。旧制度彻底永远湮灭，很快，关于地方主义的记忆也消失了。对于刚成长起来的一代莱茵人而言，有记忆的历史始于法国人进入这里。只有一些天赋异禀的人，比如格雷斯和波瓦塞雷（Boisserée）兄弟，才逐渐发现外族统治的不幸，及其造成的精神生活的萎缩与混乱。于是他们将渴望的目光投向中世纪，那时莱茵兰还是德意志帝国中生机勃勃的成员之一，在泪水与悔恨中，他们找到了失落的故乡。但是对于大多数人来说，已经发生的事似乎已经无法改变，而且帝国现状已经无法激起任何寻求统一的理想。甚至在莱茵河右岸，所有人也都相信新划定的德意志西部边界将永远存在。

神圣帝国的版图缩小，帝国必然要承担起补偿损失的重任。根据《吕内维尔和约》第 7 条，莱茵河左岸的世袭王公可以获得德意

① 专利权（Zwang-und Bannrechte）是封建领主的一项特权，可以强迫农民使用他的磨坊、烤炉等生产工具，从而收取费用。——译注

志内陆领土作为补偿;拉施塔特会议将对此提供指导。在外国武力逼迫下,帝国议会承担起帝国世俗化以及摧毁教会国家的任务。西里西亚战争期间拯救德意志的力量,现在领导德意志走向了分裂。接下来的两年中,巴黎和雷根斯堡,柏林、圣彼得堡和维也纳之间,展开了一系列艰难的谈判,于是拉什塔特会议期间显现的德意志各方势力,再次出现。很长一段时间内,维也纳宫廷都深陷一种幻觉,相信拿破仑不会关心德意志重建,因此竭尽全力保留老帝国的神权统治,尤其是保留教会选帝侯,一份奥地利政府文件中说:"对于德意志体制来说,重要的不是教会选帝侯的岁入,而是他们的存在。"另一方面,普鲁士和巴伐利亚是德意志最强大的世俗国家,他们代表世袭诸侯的普遍利益,赞成帝国世俗化,因此也被当作法国的盟友。

　　尽管事已至此,拿破仑和威廉三世之间仍没有达成无条件的彼此谅解。拿破仑无法忍受同盟中有谁保持独立强大,于是提议建立新的"联盟体系"以取代传统国际社会体系,但是这个体系里只有大权独揽的法国和软弱无力的附庸。拿破仑是所有独立国家的敌人,始终对普鲁士怀有敌意。他从来没有成长,不像历史上的英雄可以从经历中学习,他非常固执,直到生命最后都不放弃占领世界的目标。因此,只有在担任执政官,权力梦想刚刚实现的时候,他才显得最为伟大,那时的拿破仑在四邻国之中担任和平调解人和组织者的角色。他废弃了瑞士古老过时的专制政体,为这个联邦国家建立了合理的联邦宪法,因为他认为"自然已经注定了你是一个联邦国家,没有任何一个理智的人会违背自然的意愿"。依靠同样敏锐的洞察力,他发现荷兰的联邦形式已经过时;他允许巴达维亚共和国(Batavischen Einheitsstaat)继续存在,还强加了一部方便向君主政体过渡的宪法。他唤醒了意大利的辉煌记忆和梦想,让这个古老的国家荣光再现,将这个波河岸边的附属国变成了意大利共和国,同时也为其准备好了通往君主制和傀儡国家的道路。最后在德意志政策上,他始终坚持要将彻底抹除德意志这个名字。如果能够更加缜密筹划,更加积极行动,那么没有什么计划是拿破仑不可能完成的。

　　在演讲和政府文件中,拿破仑都将德意志帝国描述成欧洲势力

176

均衡不可或缺的一部分,那时他想的只是德意志地方主义造成的混乱局面,根本没有考虑帝国宪法的神权政治形式。神圣帝国的加洛林传统强烈抵制拿破仑征服世界的计划,老德意志的中世纪体制也敌视这种新暴政的现代民主特征。就像《政府公报》(*Moniteur*)所说,德意志宪法才是"欧洲所有封建偏见的核心",同时也是奥地利权力的主要支柱之一。但是巴黎将奥地利视为仅次于英国的大革命之敌,很早就决定了在德意志彻底摧毁奥地利的

177 计划。1800 年夏,受雇于塔列朗(Talleyrand)的一名写手创作了《德意志爱国者信札》(*Brief eines deutschen Patrioten*),这是一部真假相杂的邪恶典范,拿破仑用这样的方式误导了我们的民族:这本小册子用流畅雄辩的语言,叙述了奥地利对神圣帝国犯下的长期罪行,激励所有明智的德意志人奋起推翻哈布斯堡的统治。拿破仑重启了 1798 年西哀士在柏林担任大使时提出的计划:三家瓜分德意志;为了将没有抵抗力的小诸侯国完全置于法国统治之下,拿破仑首先打算将普奥两国尽可能推向东方。因此,弗赖堡被分给摩德纳公爵;当哈登贝格大胆建议普鲁士可以从法兰克获得补偿时,法国同维也纳一致坚决反对;巴伐利亚将贪婪的视线投向安斯巴赫-拜罗伊特时,巴黎竟然慷慨地准许了;也因此,拿破仑询问柏林,梅克伦堡是否阻碍了普鲁士完善领土,果真如此的话,古老的梅克伦堡公爵家族可以从普鲁士的莱茵河领地获得补偿。从这个角度看,拿破仑并没有完全成功,因为威廉三世坚定地拒绝了在违背公爵意愿的情况下占领梅克伦堡;但是普鲁士也被禁止扩张法兰克领地,丧失了对南方的影响力,从这一点看来,拿破仑确实获得了成功。

觑视众生的拿破仑现在找到了一种绝对可靠的方法,可以控制德意志南部和西部领土。在拉施塔特会议上,他就已经看透了德意志高级贵族的灵魂。为了永远保持德意志的分裂,拿破仑缔造了众多的中间国家。那些小诸侯、伯爵、帝国骑士对他来说都是麻烦,因为其中大多数属于奥地利阵营,在战争中也指望不上。但另一方面,在教会选帝侯和公爵中,他却看到了足够的利用价值,可以创造出法国的傀儡国。因为这些国家太软弱无法自力更生,又太虚荣不愿屈服于一个民族国家的统治,但是它们的力量却足够

形成若干小军队,在世界征服者的领导下,充分展现古代德意志人的骁勇善战。在最近的一场战争中,它们几乎都同法国缔结和约,偏离了合法道路,背叛了皇帝和帝国,也彻底没了退路。拿破仑将这些生死两难的政治两面派纳入自己的羽翼之下;撕碎同样弱小的邻国满足他们的贪婪;用空洞的头衔和表面的独立煽动它们的虚荣心;将数百块小领土随机整合成十几个没有历史的国家,它们没有存在的合法性,只能在法国的仁慈下苟延残喘;他还诱导这些国家的执政者同祖国开战,不断用新的战利品刺激新的罪孽,让罪孽不断加深——他们向拿破仑出卖了自己的灵魂,从此以后,他可以充满信心地担保,这些国家宁可舔外国人的鞋,也不会再自愿臣服于一个德意志国家。拿破仑可不是一个不求回报的人。他给巴伐利亚选帝侯的信中写道:"法国,只有法国可以保护你",并再次强调"巴伐利亚的扩张完全要感谢法国,只有我们才能保护它"。

如此看来,拿破仑的德意志政策似乎不过是旧法国对外政策的进一步发展,从亨利四世起,法国就想成为德意志小诸侯国的宗主国。"主权"这个颇具诱惑力的词汇,现在又出现在拿破仑的政府公文里,法国外交官曾在《威斯特伐利亚和约》中首次使用这个词,来说明德意志的领土宗主权。但拿破仑的野心更大,一旦西德意志臣服,奥地利和普鲁士就会被困住。拿破仑对普鲁士的友善不过是一场阴险的外交游戏。尽管他对于柏林宫廷怯懦的政策持有极深但合理的蔑视,但还是犯了全世界共同的错误,高估了普鲁士的实力;拿破仑蔑视一切思想观念,的确没有看见沉睡在这个迟钝的国家中无穷的精神力量,但他清楚普鲁士军队在莱茵河战役中的作为,却没有充分认识到腓特烈军队不断深化的腐败。对于这样一个敌人,拿破仑希望在一个有利时机,联合其他所有德意志国家共同与之开战。但是现在他还不能没有普鲁士的协助。战争期间,他曾数次希望这个热爱和平的大国居中调解,从而获得普遍和平,然后则用模糊不清的承诺暂时安抚已经起疑的柏林宫廷。战争结束以后,拿破仑将摧毁帝国中的奥地利集团视为当务之急,要达到这个目的,就必须利用洛林家族的老对头。拿破仑写给威廉三世的信件中满是溢美之词,说法国内阁会把威廉三世的每个愿望都当成命令,而且他们都是腓特烈大帝的仰慕者和继承人,理应

178

179 携手追随大帝的脚步。普鲁士是帝国中最强大的世俗国家，不可能不给予大量赔偿；但是从根本上说，又要避免普鲁士阵营壮大。因此塔列朗受到指示，要将亲普鲁士的梅克伦堡家族排除在新的选帝侯会议之外，但是他却不敢亮明这个态度。

柏林宫廷也不完全相信法国人。在柏林和其他地方，雾月政变之所以受到欢迎，是因为法国建立有序统治并承诺实现普遍和平。普鲁士一如既往地希望通过外交手段保持帝国完整。可是一个在1799年宣布帝国战争之后都没有出兵的德意志国家，怎么可能实现如此高的目标？莱茵兰已经被分裂，普鲁士却不敢采取任何抵抗行动。但是当1801年法俄威胁占领汉诺威，并强行封锁德意志港口时，普鲁士终于跨出了勇敢的一步，主动占领了汉诺威——这次果断行动得到了英国的称赞，也永远没有获得拿破仑的原谅。尽管威廉三世发现普鲁士身处孤立境地，但还是不信任拿破仑，第一执政数次询问普鲁士是否不应该以汉诺威作为补偿，威廉三世都予以否决，这不仅是出于正义的考虑，更是因为意识到法国的秘密计划。威廉三世也发现普鲁士的海运利益受到了英国经济政策的严重干扰，同时由于普奥双方古老而不可调节的相互猜疑，他最终和维也纳分道扬镳：几乎在1799年战争同时，奥地利就派重兵进入波西米亚以控制普鲁士。

在这样的形势下，威廉三世决定同沙俄达成共识，而且他认为俄国由于天然地理位置，是一个防守型国家。这是年轻的君主第一次独立决定外交政策；他特有的谨慎原则找到了用武之地。由于圣彼得堡宫廷中存在一支强大的亲普鲁士力量，因此他很快同沙皇保罗达成共识。1800年也正是普鲁士努力调停法俄双方。年轻的沙皇亚历山大一世跨过父亲的尸体即位后，普俄关系进入蜜月期。1802年6月10日，两位君主在涅曼河举行了历史性会晤，

180 这对威廉三世的统治产生了巨大的影响。两位年轻君主都心怀启蒙时代的博爱精神，以民众幸福为宗旨，因此很快拥有共同语言；他们讨论对双方都构成威胁的西方大国，发誓彼此忠诚。彼时的沙皇不过是个男孩子，被威廉三世的骑士般严肃认真的行为举止和王后的风华绝代所折服，至于他本人的性格则奇异地混合着狂热、自我欺骗和狡猾，也很能打动人。沙皇的朋友，波兰人恰尔托

雷斯基(Czartoryski)是普鲁士难缠的敌人,数次指责涅曼河会谈打开了一切罪恶的大门。但是威廉三世以不可动摇的忠诚真心对待这位新朋友。这种私人情感也强化了他经过深思熟虑而做出的决定:同俄国结盟向法国开战。他渴望俄国能够介入有关德意志赔偿问题的谈判,这样法国就不再是帝国中唯一的仲裁人。

因此,威廉三世秘密加强背后防御,以应对同法国之间可能打响的战争。他的德意志政策所遵从的理念同拿破仑征服计划之间存在直接冲突,因此有一段时间普法双方携手并进的景象,不过是阵营纷争的暂时性后果。普鲁士欢迎帝国普遍世俗化,只是因为割让莱茵兰已成定局;不过威廉三世的新教思想也将他引向这个目标。此外,在启蒙世界现在有一种理念占据上风,即国家拥有无限权力,有权按照国民利益控管教会财产。斯特凡尼(Stephani)的著作《论国家与教会的绝对统一》(Die absolute Einheit von Staat und Kirche)开始在北德流行。威廉三世非常认同这些观念,也正让内阁起草一份完整计划,没收普鲁士境内所有的教会财产。威廉三世相信,如果能同巴伐利亚和新的中间国家处于同一阵营,也就延续了腓特烈大帝的理念;后者在帝国改革计划中,始终要求加强世俗国家的力量。拿破仑钟情这些中间国家,是因为他想从中打造出一个亲法力量的核心。相反,普鲁士支持这项政策,则是希望通过摧毁最没用的小诸侯国,加强帝国反抗法国的力量。豪格维茨曾开诚布公地向奥地利大使施塔迪翁(Stadion)宣布,这就是普鲁士宫廷的长期看法。俄国也向维也纳表达了类似的观点,因为从普鲁士的官方文件看来,人们已经确信普遍世俗化必将增强德意志西部的实力。威廉三世再次向沙皇陈述了普鲁士要求赔偿的合理性:他必须增强实力,以备同拿破仑的不测之战。

但是在所有的计划和愿望背后,普鲁士仍模糊地希望以封建形式重组世俗化的帝国,或者至少在北方实现重组。旧帝国制度已经不再稳固,这一观念逐渐被更多的人所接受。腓特烈大帝逝世后次年,就有一本小册子直白地问道:"德意志人为何需要一个皇帝?"第二次反法战争期间,另一本名为《德意志国家体制论》(Winke über Deutschlands Staatsverfassung)的宣传册又告诫民众:"德意志人!组成固若金汤的德意志联邦!"普鲁士的政治家们也

181

在讨论类似的联邦主义理念。1800 年,性格坚韧的多姆同布伦瑞克公爵会晤后,起草了北德意志联邦计划,这远远超出了他在拉施塔特会议上的提案。该计划的目标就是遏制实力过大、已经威胁到邻邦的法国;因此,《巴塞尔和约》组成的中立国联盟就必须转变成强大的永久性联邦;联邦设四个部门,由实力较为强大的中间国家领导,最高领导权归普鲁士所有;设立一个联邦议会和常设联邦法院;军队由普鲁士指挥,并由按照普鲁士模式进行训练。这个计划在柏林宫廷被广泛讨论,但是没人胆敢付诸行动。即便多姆也无法摆脱玷污普鲁士所有传统政策的可悲错误。他依然幻想以和平方式重建德意志,似乎只要没有明目张胆地喊出"民族独立"的口号,拿破仑也就不会反对。

柏林的政治家们还没明白,自从腓特烈大帝时代起,帝国内的各种关系已经面目全非。现在掌控德意志力量均衡的国家不是普鲁士,而是法国,它可以任意划分教会国家的废墟。如此一来,即便俄国参与谈判也无济于事,唯一的作用,是让同圣彼得堡有亲缘的宫廷在土地分配问题上被优先对待。在这样的情况下,普鲁士要求建设新的中间国家体系,就只能增强帝国亲法派的力量,对普鲁士毫无助力;因此普鲁士在没有同法国结成永久性同盟的情况下,就变成了拿破仑的帮凶。

182　　　相比普鲁士虎头蛇尾、自我欺骗的仁慈政策,寡廉鲜耻的慕尼黑新宫廷就要老辣得多,它总能让事态朝向对自己有利的方向发展。茨魏布吕肯-普法尔茨家族(Pfalz-Zweibrücken)刚获得了奥地利垂涎已久的巴伐利亚王冠。首相蒙特格拉斯伯爵(Montgelas)始终相信,这个年轻国家的一切恐惧来自霍夫堡,一切希望来自拿破仑。快速理清思路的首相,在和约签订后成为了德意志亲法力量的头目,因此获得了拿破仑的慷慨奖赏,承诺大度的法国将会忘记巴伐利亚宫廷之前的摇摆不定。这位狂妄的现实主义者将巴伐利亚的过去视为一连串错失良机的历史;而现在,整个世界已经陷入混乱,正好可以抓住幸运女神的裙角,搭上世界征服者的胜利战车;忠心耿耿地追随,不辞辛劳地征伐,以求尽可能多地获得征服者的赏赐。任何关于德意志民族千年帝国的观念,在这种地方主义政策看来,都荒谬至极;什么羞耻、关爱、法律意识,统统都是胡说。巴伐利亚现在紧紧抓住德意志三足鼎立的观念,这种想法曾在《哈布斯堡和约》①签订后出现过,现在由于普鲁士放弃南德意志小国,奥地利又对它们产生威胁,这种想法便再次出现。拿骚的首相加格恩(Gagern)是一个善良的帝国拥护者,总是按照小国外交官的外行头脑构思一些模糊的计划;在签订《坎波福尔米奥条约》很早以前,就天真地盼望帝国宫廷可以在俄国的保证下,组建一个小诸侯国联盟。享有盛誉的士瓦本政治评论家帕尔(Pahl),也以相似的观念诉诸《吕内维尔和约》签订会议。尽管巴伐利亚普法尔茨伯爵的写手们呼吁建立一个排除奥地利和普鲁士的诸侯联盟,但是他们以及那些口若悬河的梦想家的愿望,并不能拯救德意志南部的民族独立;他们所渴望的,是中间国家臣服于法国的独裁统治,是德意志的毁灭。然而目前,只要茨魏布吕肯王朝还要同亲奥地利党派作斗争,就必须同普鲁士——它的古老监护人和睦相处。拿破仑不会插手,他知道巴伐利亚和普鲁士之间的友谊脆弱的不堪一击,因为威廉三世的法兰克侯爵领地就在贪婪的巴伐利亚人的门口。

　　在经历了德意志国家有史以来最糟糕的危机后,几乎丧失了所有影响力的奥地利,却还企图以固执到愚蠢的政策保住它摇摇欲坠的地位。普鲁士宫廷已经承认毁灭旧制度的必要性,但是对于重建帝国仍觉得希望渺茫。因此德意志的未来必然落在拿破仑的手中,他狂妄地说"只知道必须要做的事"。在这灾难连连的岁月中,雷根斯堡的帝国议会尽管已经变得空洞苍白,但这个幽灵般的组织仍忠诚地坚持召开令人昏睡的会议,以至于在帝国战争期间,狂热的帝国拥护者还会严肃地询问:接下来,高贵的帝国会议要做些什么?帝国最终接受了《吕内维尔和约》,教会诸侯也没有勇气反抗自己的死亡判决。奥地利和普鲁士几乎用了1801年整整一年时间,才组建了一支帝国代表团(Reichsdeputation),而八个多月之后,这个委员会还未开始商讨。腐朽的神圣帝国已经无力独自

183

———

① 《哈布斯堡和约》:1763年七年战争结束时由普鲁士与奥地利签订。保证腓特烈二世可以保留他在西里西亚的领地,并肯定普鲁士成为欧洲主要强权的地位。——译注

实现自己的意图。这场所有人反对所有人的战斗，以及醉生梦死的奥地利宫廷，让每一次决议都徒劳无功。

霍夫堡还不明白，在《吕内维尔和约》中它已经放弃了教会领地；它还在尽一切努力避免自己造成的不可避免的结局，甚至还安排自己的拥护者们举行了一次选举，为科隆和明斯特主教辖区选出一位虚有其名的大公。同时霍夫堡一如既往地憎恨普鲁士的扩张行动。维也纳宫廷中流传着这样的说法：宁可放弃三个富有的土耳其省份，也不能将明斯特和希尔斯德海姆（Hildesheim）拱手让于新教国家。巴伐利亚的邻邦也被奥地利的交换和扩张计划搅得心神不宁。皇帝无法用语言表达自己对于强制掠夺教会领地的愤怒，但是只要能够获得巴伐利亚东部地区，他就会允许巴伐利亚在西南部占领相邻的帝国城市、伯爵和男爵领地。正是奥地利首先提出了"摧毁小型世俗国家"的口号，但迄今为止的官方档案中却只提及"教会国家的世俗化"。也正是由于帝国宫廷僵化的保守主义和自私贪婪，普鲁士和巴伐利亚才发觉为了保证自身获得赔偿，有必要同法国单独谈判。《普法条约》中包含这样的内容：普鲁士对获得的补偿性领土拥有"绝对统治权和主权，就像国王陛下所占有的其他德意志领土一样"——但是帝国法并不承认帝国邦的主权。一个虚有其表的帝国大领主身份不再值得辛苦维护。1802 年 8 月 3 日，在没有咨询帝国的情况下，普鲁士经拿破仑首肯占领了新地盘。

184　　　与此同时，巴黎人正嘲笑神圣帝国的诸侯和政治家，他们正朝着拿破仑的宝座蜂拥而来。经历过大革命的悲惨岁月后，轻浮逍遥的巴黎又恢复了古老凯尔特式的快乐生活。拿破仑了解巴黎人贪得无厌地寻求刺激，也知道如何通过公开炫耀胜利、展示战利品来满足他们。然而，自取其辱的德意志高级贵族上演的空前闹剧，比所有节日都更让巴黎人兴奋。在这些沉重的年月中，德意志小诸侯必定明白，他们的古老光辉已经终结；他们一次次在大革命的军队面前溃逃，愿意将从国家获得的一切换成金钱。现在裁决的钟声已经敲响，他们似乎觉得还能保住世袭王位。他们恐慌焦虑，丧失了所有骄傲感和羞耻心。腓特烈大帝时代，德意志宫廷尊崇的王室责任观念，已经被拿破仑的暴政完全摧毁；古代王公贵族贩卖士兵的观念又死灰复燃。

　　德意志高级贵族像一群嗜血的苍蝇盘旋在祖国流血的伤口上。塔列朗半嘲讽半冷静地开放了德意志土地和人口买卖市场,并且平静地说,如果德意志贵族中有人感到一丝羞耻的话,都会悔恨至死。大革命出身高贵的敌手们,纷纷乞求拿破仑的仁慈,讨好他的情妇,向他的宠臣献媚,爬上马蒂厄(Matthieu)①居住的小阁楼,对其俯首帖耳——他是拿破仑的得力助手,也是一众天才阿尔萨斯人中最狡猾的一个,他的工作能力和对事态的了解,均被拿破仑用来对付德意志。小宫廷的财富,在帝国需要钱保卫祖国的时候从未出现,现在像流水一样涌出;外交领域上的每个人都知道法国谈判者的收费表,也知道在帝国的诸侯会议上,每一票值多少钱。勒文施泰因亲王(Löwenstein)是"胜利者"普法尔茨伯爵腓特烈的后裔,现在是这场肮脏交易的掮客。甚至连巴黎的流氓都盯上了新机会;不少贪婪而头脑简单的德意志诸侯,陷入了塔列朗的假冒代理人设下的圈套,直到拿破仑亲自出手终结了这场丑闻。

　　所有的一切,无论好坏都被拖入可怕的喧嚣之中;因为对雷根斯堡的谈判不抱指望,人们便无情地践踏任何没能在巴黎获利的人。甚至是德意志小诸侯中最英勇的巴登的老卡尔·腓特烈,都派出了进行讨价还价的交易人。在这些恳求和出钱的小人物之中,普鲁士使节卢凯西尼(Lucchesini)却以一副施舍人的面目自居,他自信精明过人,却没能发觉参与这样一场肮脏的游戏,已经多么严重地损害了普鲁士的声誉,这让人不禁想起格罗德诺的帝国议会以及自取灭亡的波兰贵族。这场贪婪的争斗彻底摧毁了帝国残存的忠诚、信仰、责任和荣誉。拿破仑欣喜地看到,维系德意志国家的道德纽带已经不复存在。每个宫廷都无耻的索取自己的利益,却没有人想为真实的损失索要补偿。很快,莱茵河右岸的教会领地将不足以满足所有贪婪的要求,于是人们形成了一个普遍共识,即一旦莱茵河左岸的帝国城市也同样被摧毁且没有获得赔偿,那么也应该作为战利品的一部分。最终这场大规模的土地贩卖还是结束了,有时拍卖给出价最高者,有时给普鲁士或俄国,但是大多数都落入了

185

———————

① 让-马蒂厄·塞律里埃(Jean-Mathieu Serurier, 1742—1819),拿破仑手下的著名将领。——译注

拿破仑用来支持其德意志政策的小宫廷之手。所有的谈判结束后,拿破仑在写给沙皇近亲卡尔·腓特烈侯爵的公开信中说,巴登家族现在已经跻身"与其高贵血统和法国利益相配的阶层"。

这些大事已经在巴黎尘埃落定,然后法国和俄国作为调解人出现在雷根斯堡。拿破仑允许沙皇同普鲁士结成表面上的合作关系,以此满足沙皇的贪婪和普鲁士的愿望。调解人声称,雷根斯堡存在着的嫉妒心理和利益纷争,使他们有必要居中调停。他们宣布了补偿方案,并蛮横地要求不加改动地接受此方案。皇帝提出抗议,直到普鲁士、巴伐利亚同法国结成正式联盟,圣彼得堡发出危险信号,皇帝才屈服;但是之后这位教会国家公正的保护人却毫不迟疑地用特伦特(Trent)和布里克森(Brixen)主教辖区扩充了自己的世袭领地。在帝国代表团会议上,人们一如既往地争吵不休。尽管俄国政治家厌恶地谴责德意志冗长而令人崩溃的争论,他们对于土地所有权的每一处细微更改,都会派遣专员进行调查。但是骰子已经落地,大诸侯们也保住了各自的战利品。

1803年2月25日签订了《帝国代表重要决议》(Reichsdeputa-tionshauptschluss),4月27日,最新的帝国法令宣布取消112个德意志国家。保留了三块教会领地:其中两个骑士团国家——因为天主教贵族已经遭到了如此大的伤害,人们希望给他们的子孙提供最后的庇护所;还保留了德意志帝国首相(Reichskanzler)①,因为拿破仑认为这一职位在浮躁虚荣的美因茨助理主教达尔贝格(Dalberg)②手中,是实现法国计划的有用工具。世俗诸侯们瓜分了超过2000平方英里的土地及其上的300万人口。普鲁士获得了5倍于莱茵河左岸损失领土的地盘作为补偿;巴伐利亚获得了30万人口;达姆施塔特获得了8倍补偿,巴登获得了10倍补偿。一些

---

① 德意志帝国首相(Reichskanzler):原则上每一位选帝侯都必须担任帝国要职,作为皇帝的代表在帝国内行使皇权。教会选侯都担任帝国首相:美因茨大主教是德意志帝国首相,科隆大主教是意大利帝国首相,特里尔大主教是勃艮第帝国首相。——译注
② 达尔贝格(Karl Theodor Anton Maria von Dalberg, 1744—1817),雷根斯堡大主教、神圣帝国首相、康斯坦茨和沃姆斯主教、莱茵联邦与法兰克福大公国主教长。——译注

外国王室也参与这次大掠夺,比如奥地利的姻亲托斯卡(Tuscany)和摩德纳,还有普鲁士保护下的拿骚-奥兰治。"德意志只属于她自己",腓特烈大帝的这个原则被抛在了脑后。在外族人眼中,此时的中欧如同十六世纪时一样,是一块无主之地,是各个民族的君主攫取战利品之地。神圣帝国实际已经消亡了,接下来的三年中存在的只有耻辱之名。

在现代国家转型的历史上,1803 年贵族革命显得最为可恶卑鄙。这是一场丧失理想的逐利者的狂欢。没有一丝勇敢的光束,也没有一丁点贵族精神的火星,照亮公法遭受的巨大创伤。然而这是一场必然的颠覆:所有被埋葬的都是已死去的;所有被毁灭的,都是过去三个世纪的历史所判决的。传统的国家形式瞬间消亡,就好像被大地所吞噬,而且再没有人认真地打算复兴它们。神权政治的荒谬谎言终于被彻底拆穿。神圣帝国本身以及皇帝对世界的统治权,连同教会诸侯一起衰落了。甚至哈布斯堡皇帝的传统盟友——罗马教皇现在都承认,不再有"德意志人的神圣罗马帝国"。权利意识敏锐的意大利人知道,法国现在是罗马教会的庇护人,教皇写信给他"钟爱的孩子"拿破仑,说罗马随时准备为他略尽绵薄之力。神圣帝国转变成了一个诸侯联盟,塔列朗现在正式谈论组建"德意志联邦"。这个世俗诸侯国组成的松散群体,起初仅依靠德意志之名联合在一起,似乎很快就会分崩离析,建立联邦几乎毫无希望。但是随着神权政治消失,圈禁民族政治力量的僵化思想也随之烟消云散。如果能够摆脱外国的监护,那么就有可能在世俗地方主义的土地上,诞生一个比神圣帝国更加真实的统一的民族国家。

在过去的帝国议会上,由于那种不正常的选票分配,使天主教占据着极不公正的优势地位,而随着世俗化的推进,这也即将结束。此后,帝国议会中新教将占据大多数席位,就像在奥地利以外,德意志民族在帝国中占据多数一样。在选帝侯会议上,新的选帝侯——萨尔兹堡、符腾堡、巴登和黑森代替科隆和特里尔;新教在 10 票中占据 6 票。[①] 仅存的帝国城市全部是新教区,包括盛行

① 1803 年的 10 个选帝侯分别是:雷根斯堡、波西米亚、萨克森、勃兰登堡、巴伐利亚普法尔茨、不伦瑞克-吕纳堡、萨尔兹堡、符腾堡、巴登和黑森。——译注

宗教平等的奥格斯堡。在诸侯会议上，有 53 个新教区，29 个天主教区。根据帝国法，世俗化领地的新领主获得了被驱逐的领主的选票，随后雷根斯堡帝国议会爆发了最后一场争论。这场争论的过程体现了观念的剧烈转变以及帝国中传统关系的彻底变革。新教曾经需要借助新教联盟的力量来对抗具有压倒性优势的天主教；而现在，皇帝则以天主教的名义呼吁宗教平等原则，为天主教增加足够多的票数。但是康德的同时代人已经对宗教战争深恶痛绝，帝国议会上的大多数人，尤其是普鲁士和巴伐利亚，并不承认宗教平等的本质在于票数平等。有人公开表明，因为一种理性的宽容体系已经在德意志各国盛行，因此天主教和新教在票数上的差异已经没有意义了。另一方面，弗兰茨皇帝希望不惜代价地重建亲奥地利力量，因此他最后一次使用了帝国皇帝的终极权利——强制否决权，188 因此这场争论直到帝国正式解散前都悬而未决。滥用皇权以满足奥地利家族和天主教的利益，这就是哈布斯堡洛林家族最后的帝国统治行为，也是数代费迪南和利奥波德一连串历史罪恶的尾声。

　　天主教阵营中哀嚎不断，教皇国以外基督教世界的神权统治已经彻底毁灭，德意志神职人员同时丧失了巨大的教会财富和政治权力；不仅是帝国直辖教会贵族的财富被世俗化，就连间接的捐赠物和修道院，也经《帝国代表重要决议》交由世俗领主处置。整个世界都相信，这便是天主教在帝国的终结；没有人预见，世俗化最终带来的利益将同损失一样大。十八世纪的教会诸侯大多都是游手好闲的俗人，懈怠于自己的宗教职责，被贵族阶级意识以及领地宗主的职责同民族国家紧密联系在一起。在这样的生活环境中，他们无法完全回避时代的宽容精神，人民因这种精神而热爱宗教平等，教会诸侯会接受受教皇谴责的《威斯特伐利亚和约》，更不会甘愿向那位意大利神甫俯首称臣。在任何时候，他们中都有一些人支持建立德意志民族教会，洪特海姆-费布罗纽斯（Hontheim-Febronius）①就是一位能干的拥护者。世俗化让贵族们反感伺候教

---

① 约翰·尼古劳斯·冯·洪特海姆（Johann Nikolaus von Hontheim，1701—1790），笔名为费布罗纽斯（Febronius），德意志历史学家、神学家，反对教皇对德意志的专制，支持民族教会。——译注

会,拿破仑时代,几乎没有任何出身古老家族的青年贵族进入神职系统。出身平民的神职人员远离了公民社会,以教会为家,因此怨恨新德意志大肆掠夺教会;不久之后,当天主教重启统治世界的计划时,他们马上盲目狂热地追随教皇;对于罗马教廷来说,这些神父就像从前拥有领土贵族身份的高级教士一样重要。

天主教贵族遭受了更多的苦难。720 个有俸圣职被撤销,天主教贵族不仅损失了巨大的财富,更丧失了全部政治权力。独立贵族阶层的最后残余从帝国消失了;威斯特伐利亚伯爵的实力相当于两位选帝侯的岁月已经一去不返。这就是缺乏政治责任意识的古老姓氏遭受的诅咒。如同波旁王朝的贵族,在轻松奢侈的生活中找到了阶级优越性,从未像老普鲁士的容克贵族一样,将自己融入现代君主国家体制,反而心存怨恨地远离了民族生活;那些天主教贵族只知道根据传统,让自己的子嗣服务于奥地利大公家族,因此他们仇视新的世俗德意志国家,这种仇视影响很大,至今还扰乱着国内和平,然而这种徒劳抵抗却最终却推动了近代历史上的民主倾向。

被归并的帝国城市很快就适应了新秩序。尽管有着沉重骄傲感的贵族处处同作风霸道的国家官僚爆发冲突,新一代中的不少人,比如弗雷德里克·李斯特(Frederick List),一生都保留着老式帝国市民的骄傲自信,但是他们太软弱不可能真的发动反抗。在帝国议会上,没有人注意到第三院①的消亡,而它的力量曾经同第一第二院加起来一样大。少数逃过一劫的帝国城市对于诸侯来说也没有什么价值了,因为《帝国代表重要决议》已经完全剥夺了它们的政治影响力,它们不能参与谈论战争与和平,在帝国战争中只能无条件保持中立。热爱和平的一代人丝毫不厌恶这个特别的决定。汉堡的船主们发现勇敢的比施(Büsch)时常流露的古老心愿实现了,就连内地的报纸也热烈祝贺这种符合启蒙精神的明智的重商政策。

因此,帝国经历数百年政治斗争,其结果是诸侯成了唯一的胜

189

---

① 1489 年以后,帝国议会包括三院,第一院选侯院(Kurfürstenrat)、第二院帝国诸侯院(Reichsfürstenrat)和第三院帝国城市院(Städterat)。——译注

利者。等级制、地方主义以及贵族制的古代德意志国家结构已经被破坏殆尽。非贵族血统的人都变成了平民大众；君主专制时代贵族和平民之间巨大的鸿沟，现在更加难以逾越。贵族阶层对我们的民族生活影响巨大。地区权贵曾保护并挽救了宗教改革，如今仍是他们将政治改革强加给懒惰沉默的人们。将法国大革命的基本原则引入民族的，并不是泛莱茵共和国的宣传，而是德意志宫廷的王朝政策；他们像法国大革命中的各党派一样激进冒险，后者以公共安全的名义，无所忌惮地摧毁了所有历史权利。

190 　　在奥地利看来，贵族革命是一场惨败。支持帝国的传统力量已经被摧毁，皇帝空有其名，而且似乎连这个名头都应该舍弃，因为新一届选帝会议召开的时候，新的选侯院几乎不想再选出一位奥地利大公。奥地利公国确实通过获得东南部领土补偿了西部省份的损失；霍夫堡的外交官们也庆幸自己终于摆脱了险峻的政治环境。慕尼黑与斯图加特宫廷不再恐惧奥地利的扩张野心，似乎还有可能重修睦邻友好。但是对德意志西南部军事控制的丧失，意味着奥地利实际上已经脱离了帝国。老帝国的权力手段已经被完全破坏，所以如果奥地利还想对德意志施加任何影响的话，就必须采取全新的政策。

　　《帝国代表重要决议》也没有增强普鲁士的实力。亲奥地利党派的消失，以及帝国议会上南北势力的动态平衡，的确对普鲁士很有好处。南部和西部各邦曾控制着大多数人口，具有决定性影响力，如今北德也加入了它们。但普鲁士在帝国中的威望还是极大地消退了。普鲁士的政策软弱无力，处处同良好意图背道而驰：没有增强德意志抵抗力量，反而加大了法国优越性；没能重建帝国体制，反而造成了走向彻底崩溃的混乱局势。在它的衬托下，新获得的土地都显得比实际更美丽。普鲁士丧失了对其力量和文化都非常重要下莱茵地区，换来了希尔德斯海姆、埃尔福特（Erfurt）、若干帝国小城市和明斯特——愤怒天主教贵族的桥头堡。在这些地方，普鲁士第一次在德意志地区面对地方主义的敌意，不是短暂的不满，而是深刻而持久的仇恨，如同在斯拉夫省份面临的情况。笨拙的新行政体系很难在这块桀骜不驯的土地上赢得一点尊重；普鲁士花费了三年时间才废除了座堂圣职团(Domkapitel)①,它是所有危害国家行为的策源地。由于普鲁士过分体贴地考虑到新臣民的纳税能力,因此就像之前的法兰克和波兰一样,新领土并没有增加国家的岁入;甚至军队方面也仅仅增加了3个团。此外,新条约使得普鲁士没有牢固的边界;柏林流传的笑话说,只有普鲁士西边的群岛因为新获得了几个岛屿而变得富裕。威廉三世很清楚,在这样混乱的时刻,如果没有汉诺威,就无法保住威斯特伐利亚诸省。很快,兼并这块教皇派领地就变得势在必行,但是普鲁士却没有为即将到来的重大时刻做出任何准备。国家坚持温和保守的制度,好像永久和平已经降临。

191

　　与此同时,南德意志凭借有力行动完成了普鲁士两个世纪的成果。十六、十七世纪,北德意志的大部分教会领地已经同周边的世俗领土合并;因此《帝国代表重要决议》只是稍微扩大了它们的版图,并没有改变其历史特征。然而在西南德意志,传统领土状况被全部颠覆了;就连高地德语区最尊贵的普法尔茨也遭邻邦瓜分。因此这里的贵族革命不仅导致了领土分配的变化,更形成了全新的国家结构。这些勉强拼凑起来的土地现在拥有了巴登、拿骚和黑森-达姆施塔特之名,却没有历史记忆,甚至在巴伐利亚和符腾堡,古老的王朝世袭领地现在也无力在精神上安抚新获得的地区。因此一种新的、至今没有完全消失的差异,丰富了我们多样化的民族生活。新德意志分成了三个差异极大的群体:首先是较小的北德意志国家,它们保持着传统的封建制度和贵族世袭家族;其次是拿破仑创造的、高地德语区官僚化、无历史的新国家;普鲁士位于这两者之间,它的持续发展推翻了旧封建制度,但没有完全废除封建形式。但是拿破仑创造的新国家却突然裹挟着革命的风暴猛烈入侵南部。一支傲慢、强健而忙碌的官僚队伍,以拿破仑的官员为榜样,撕下了帝国城市议会大厅上的双头鹰,剥掉了主教城堡大门上的古老盾形徽章,将城市和领地法律扔到一旁,在政治形态多样的嘈杂地带,打造出了中央集权化行政区。他们为

_____

① 座堂圣职团(德文 Domkapitel;英文 Cathedral chapte),中世纪天主教大教堂的参议神父,协助主教处理教务,现已废除。——译注

这些手无寸铁的地区组建的小型军事力量，轻易就会威胁到普鲁士；他们用尽手段按自己的意愿培养出全新的巴伐利亚、符腾堡和拿骚民族意识。

192　　但是这些颠覆最终并没有加强地方主义，反而有利于民族统一。这是三百年以来民族发展道路上的巨大一步。在这个时代里，一种无情的必然性一再摧毁腐朽的小诸侯国，将它们合并成更大的国家，又有一百多个小国家被瞬间抹去。从这样的经历中，德意志民族迟早会明白，即便是当下这种重新分配的领土也不过是暂时的，德意志的命运就是永不止步地消灭地方主义，创造真正的民族国家。贵族革命永远破坏了历史尊严的魅力，而正是这种魅力让神圣帝国显得坚不可摧。旧法律被破坏了，新环境并没有唤起人们的敬畏，反而让每个头脑健康的人看清了，德意志的分裂是多么反常。在班贝格（Bamberg）的法兰克人和在梅明根（Memmingen）的士瓦本人，从此以后要称自己是巴伐利亚人，而在内卡河河谷的的普法尔茨人要将自己视为巴登人，这是多么荒谬的事情！这种不自然的虚假地方主义最终唤醒了民族的政治自觉，激起了精神高贵自由的德意志人强烈的愤恨，引导他们走向了民族统一。甚至是那些不善思考的民众中间，由于被迫放弃了传统生活方式，许多令人厌恶的地方主义偏见也消失了。在随机建立的意大利新国家中，伦巴第和罗马涅区现在可以和谐共处，同样，在德意志中等国家里，帝国城市的市民、选帝侯和主教辖区的居民被迫生活在一起，也学会了像忠诚的同胞一样尊重自己从前厌恶轻视的邻居。在意大利和德意志，外国专制统治已经连根拔起了现存制度将千秋万代的信念，因此也为新的灾难性变革铺平了道路，而这是拿破仑本人也始料未及的。

随着1803年革命，德意志的新时代开始了，比法国晚了14年。伟大的十九世纪开创了现代历史上最富饶的时代；注定要收割宗教改革的种子长出的果实，构想出那个思绪纷繁的时代的大胆思想观念，并在在公众生活领域中付诸实践。在这个新世纪中，中世纪文明最后的痕迹消失了，现代文明开始成长。信仰、思想和经济活动都获得了自由，这一切在路德的时代仅仅是个设想，如今变成了西欧文明的可靠财富。哥伦布的事业即将完成，大西洋彼岸的世界将同拥有古老文明的民族联系在一起，成为一股生机勃勃的世界历史发展动力。甚至是胡腾和马基雅维利的梦想——中欧两大民族的融合，现在也被注入了新鲜血液。德意志正在进入收获岁月，中世纪的神权政治国家体制土崩瓦解，十六世纪的政治遗嘱终于变成了现实。 193

　　然而，在新时代的所有转变实现之前，还要面临无数狂风暴雨！德意志地区的混乱局面曾经令人绝望，没有先知能预见，在这样一堆废墟之上，将诞生一个光芒万丈的新生命。唯一可以确定的事情就是，一场影响深远的变革即将到来。因为拿破仑一开始就打算让德意志事务处于变化状态，因此大革命的事业在这里只进行了一半。掠夺战中的好运气让德意志贪求领地的各诸侯越出了边界；这种疯狂像传染病一样在波拿巴主义的门徒之中蔓延，并在接下来的十年中引导着新的中间国家的政策。在这个风起云涌的世界中，帝国骑士、伯爵和男爵都难以自保；随着莱茵河左岸的陷落、座堂圣职团的废除，他们已无立足之地，仅仅因为法国的征服计划还不能完全展开，他们才能苟延残喘。《帝国代表重要决议》很难被通过，因为几个诸侯已经开始"吞并"相邻的帝国骑士领地；皇帝试图支持他倍受迫害的属下，但是普鲁士又一次站在诸侯一边，于是帝国骑士领地接连被贪婪的邻居所吞噬。

　　新帝国议会的指导方针在各个方面都同旧议会没有区别。让·保罗（Jean Paul）机智地将这个体制比作一只不断吞噬一切的巨大肿瘤，永远没有固定形态。伴随着历来无果的习惯性争论，那些古老的、表达热爱帝国之情的措辞，又传进了新时代。帝国首相达尔贝格的大使欢迎新选帝侯的代表时，倨傲地说："古老高贵的帝国体制好像已经被彻底颠覆了，不过今天又迎来了四个顶梁柱。"但实际上人们已经失去了信心。这是一场迟缓、沉重而徒劳的会议。甚至没有大使敢问，既然帝国的基础已经被改变，那么是否还有必要继续保留帝国的古老宪法。所有人都感到一切已经走到了尽头：他们环抱双臂凝视着，最后的时刻即将到来，雷根斯堡的这场悲剧将永远谢幕。

　　民众平静如旧。没有人抵制新的统治者，甚至对丧失珍贵古老自由的批判，都是那么迟钝而胆怯。热爱帝国的法学家加斯帕里 194

(Gaspari)，即便在悲痛中都流露出对帝国委员会的感谢，因为他们提供的抚恤金"至少为这场灾难带来了安慰"；保守的巴托尔德·尼布尔(Barthold Niebuhr)也不愿意哀叹帝国的死亡或者争论对法律的必然违背。在北德有教养的世界主义者之中，只有少数人能从理念的天空之城俯视政治的现实世界，他们为贵族统治的胜利而欢呼，视其为现代文明的胜利；就像埃尔兰根(Erlangen)的哈尔(Harl)在关于德意志新近国家转型的著作中所表达的，他们希望"启蒙的璀璨光芒驱散教会领地上的阴影"。同时代的人中，年轻的黑格尔对帝国处境的观点最为合理。他在混乱中看到了"国家同时处于应然却不然的矛盾状态"，而且发现一切麻烦的根源就是自负的德意志自由。但是黑格尔的洞察力似乎只是一个病入膏肓的人才有的病态清醒；他的智慧中没有激情；正因如此，在科学谨慎地讨论过这个问题之后，他并没有出版这部作品。国家越衰弱，柏林人越傲慢，好像贵族革命对普鲁士做的还不够一样。吹毛求疵的一群柏林人中，像赫尔德(Held)和布赫霍尔茨(Buchholz)这样聒噪的人，大声批评威廉三世，没有在大家都强取豪夺的时候趁机多攫取一些。人们问道："不用恭维，不用考虑陈腔滥调的道德原则和所谓的合法性，普鲁士为什么没有吞并整个北德？"但是民族中的绝大多数人并不关心这些浮躁自大的言谈，也不哀叹被废黜的诸侯，整个民族保持着一如既往的冷漠。

只有一个人，带着道德热情和政治家的觉悟，公开讨论祖国的耻辱。当拿骚亲王试图剥夺施泰因家族帝国骑士领地的宗主权时，卡尔·冯·施泰因男爵给这位小暴君写了封公开信，以含蓄的语言提醒他摸摸自己的良心，当心复仇女神的惩罚，并在结尾处写道："如果德意志独立自足的伟大目标得以实现，那么小国家必然并入两个大国，德意志之名将通过它们而延续，希望上帝能让我看到那一天。"正是通过这封信，威斯特伐利亚内阁议长的名字首次为普鲁士之外的人所知。人们称赞他高贵的精神，他是普鲁士最优秀的儿子，但民族还未能理解他的理想。

195　　普鲁士不是波兰，我们的人民平静地接受了外族的洗礼，但仍乐观地看待命运。在埋葬古代德意志国家的十年中，新诗歌也达到了顶峰。很久以前，克洛普施托克曾心潮澎湃地看着德意志的缪斯踏上莫测的旅途。席勒平静而骄傲地吟诵："我们要自由地展示，德意志的品达头上绽放的月桂！"德意志人始终明白，是他们用新鲜独立的观念丰富着已经传递到自己手中的欧洲文化，在世界上所有文明开化的民族中，德意志占据着一个非他莫属的位置。德意志的年轻人热情地谈论德语的深奥、德意志的唯心主义和普世精神。能看穿一切有限存在的界限，不拒任何人于千里之外，带着一切民族和时代最优秀的东西，穿越观念的王国走进现实——这就是德意志，这就是德意志文化独特的优越性。没有人能跟上德意志天才的思想飞跃，抵达普世主义的自由境界，这种观念极大地满足了德意志理想主义一代人的民族自豪感。

　　实际上，我们的民族特质已经在古典文学上打下了烙印。斯塔尔夫人承认，只有像她一样拥有一半德意志血统的人，才能理解德意志思想的伟大本质。年轻一代的所有行动和热情，都被卷入已经迷惑了三代德意志人的文学争论。数量上前所未有的一大波新观念涌现，然而就像那位天才的法国妇女所说："任何一个能言善辩的德意志人，都会被天真的外国人轻易视为天才，但他不过是鹦鹉学舌罢了。"一切精神成果丰饶的时代中，思想交流的渴望永不满足，如今我们也能从大量的信件交往中窥见这种热情。从前胡腾曾满心欢喜地向他的朋友们展示自己的每一个新发现，现在德意志思想家的无形团体也沉浸在对彼此的热爱之中。法院里一大摞法律文件的后面，特奥多尔·克尔纳（Theodor Körner）的父亲正热切地阅读着魏玛朋友们的作品；路易斯·费迪南亲王随军驻守威斯特伐利亚时，时常在彻夜宴饮后的清晨，骑马前往莱姆戈（Lemgo），同校长赖纳特（Reinert）谈论索福克勒斯（Sophocles）①与荷马。每首诗歌都引人注目，人们在信件和评论中详细地讨论、剖析和赞美它。但文学时代不可避免的缺陷也暴露无遗，比如崇尚空谈、党同伐异、敏感、矛盾甚至还有自我欺骗；然而正是从时代的种种缺陷中，却展现出了卓越高尚一代的生命力和生活乐趣，对于他们来说，理念世界才是唯一真实的存在。威

196

---

① 索福克勒斯（Sophocles），雅典三大悲剧作家之一，代表作《安提戈涅》、《俄狄浦斯王》。——译注

廉·洪堡还无耻地赞扬罗马教皇国的混乱具有神圣性，因为它能让思想家们安静地思考。但是除了梵蒂冈的大理石雕塑发出的精神之歌以外，那些血肉之躯的罗马人有什么价值？席勒同样抱怨他那空虚的革命岁月，它激发了精神却没有提供对象，也就是说，没有提供任何可供沉思的美学形象。

任何人只要正视这种真挚的唯心主义以及需要用武之地的智慧力量，就会理解这个时代的政治无能。贫乏的天性为民族和个人的所有创造性活动设下了严格限制，并且给所有伟大的人类活动贴上了不幸的片面性。标榜学术创造力的一代人不可能同时拥有对世俗价值的敏锐感觉、坚决的一致性和强烈的民族仇恨，而这些本来可以挽救国家于水火。路德的心中只有上帝，无视利奥十世时罗马的艺术品；新德意志文化的英雄们也有意回避不谈西南德意志的荒芜，而同歌德一起感谢命运将他们安全地安置在冰冷、远离伤害的北方。

席勒和歌德的友谊最完美地表达了人性的仁慈和新文化的创造力。没有民族像德意志一样频繁地盛开友谊之花，伟大的人们为了伟大的目标携手共进，这是德意志人自古以来的荣耀；席勒和歌德则成就了德意志史上最隽永的友谊。十年中，这对友人一直向民族贡献礼物，实践着歌德的名言：所谓天才，就是自发提供法律和规则的人。然而他们只将部分天赋投入诗歌创作，因为他们都明白，一个配不上自己伟大作品的人，也不配千古流芳。

197　　　在年轻人的心目中，永远保存着这样一幅唯美壮丽的图画：这两个被命运、被教育历程、被各自的天赋所长期分离的人，终于找到了彼此，自此以后共度生命中的春天，坚定而忠诚的携手共进。他们的创作如此和谐，以至于没人知道他们中的哪一个创作了《克塞尼恩》①（Xenien）中那么多独特的警句。他们两个都很明白各自的价值，互相给予并接受完全的自由，丝毫不干涉对方的个性。一

---

① 《克塞尼恩》：1796 年歌德同席勒合作创作过许多警句诗，每首两行，即称为《克塞尼恩》，发表在《诗神年鉴》上，这些实际是对当时文坛、学坛进行反击的讽刺短诗，也得罪不少人。参见钱春绮译《歌德诗集》下册中的《译者后记》，第 594页。——译注

个人是命运的宠儿，拥有奢侈自由的生活，高贵富有的出身以及俊美健康的身体；另一个则痛苦挣扎、贫困交加，但仍保持着骄傲自由的灵魂，在他的诗文中没有流露出一丝日常生活的苦闷。一个人放纵不羁，醉生梦死，让诗歌的金色果实随意生长成熟，然后轻而易举地将它们从枝头击落；他像勤勉的学生追随导师的每个暗示，因此德语向他揭示了自己最珍贵的秘密；一股意想不到的想象和观念之流，从永远鲜活清澈的想象力之源，从不可限量的知识之海，自动涌入他的脑海。另一个人志向高远，要掌控当下，要把心中跳动的闪光思想变成漂亮的句子，要强迫这个愚钝的世界相信自己，摆脱"一切现实的垃圾"；他好像预感到自己将不久于人世，于是分秒必争，以不懈的努力弥补自己缺乏多样性的思想；他也知道如何像一个认真的管理员一样，准确有效地利用自己并不丰富的词汇宝库中的每个词语；他尽自己的最大努力让作品完美，反观歌德，却总是留下毛坯状态的作品。

　　歌德的天分主要在抒情诗方面，他对于诗歌创作有一种近乎宗教的热情；但即便在激烈的主观感情中，他也始终"温和克制地热爱现实"，并将现实视为天才诗人真正多产的领域。每当他抵达内心体验的终点，读者们总会有这样的幻觉，好像他本人已经完全消失在心血滋养出的人物背后。戏剧天才席勒则更加脚踏实地地行进于现实世界；他常常触及那些同他的内心生活并无关联的素材，但是他用自己的双手温暖了那些外来人物，用自己的英雄气质赋予他们以生命，直接而强烈地将自己热烈悲怆的情绪施加在他们身上，因此听众们往往觉得，他们听到的是席勒的声音，认为席勒也是一个诗人。这两个诗人都有行走于梦境的天分和那个时代特有的清醒意识，也乐意向自己和他人解释他们的艺术法则。他们都否认，这个时代的真正任务仅仅存在于美学世界中；他们一个像政治家、自然哲学家和心理学家，另一个像历史学家和哲学家，创造了一个深邃而光明的多元文化体系；他们都觉得自己与民族血肉相连，尽管承认他们的作品在外国将结出更多的果实，但是也明白作品的所有特质都源自德意志，并且只有在德意志的心脏跳动的地方，他们的作品才能得到自发而自然的理解："在祖国，把你的

198

喜爱写出来；那儿有爱的羁縻，那儿有你的世界。"①

　　然而，即便沉浸于美学时，作为一个正直光荣的德意志人，席勒依然比歌德更能站在民族的立场上。由于一般人都无法超越诗歌的感官刺激，正因如此，席勒不允许完全放弃艺术的道德评判。一个思想健康的民族必然更加珍视波萨（Posa）侯爵的狂想和马克斯·皮柯洛米尼（Max Piccolomini）的宽宏。只有丰富的头脑才能从根本理解歌德晚年诗歌中的深流暗涌，只有深谙生命的人才能明白他所塑造人物的深层含义，只有洞察力卓越的人，才能在无穷的变化中识别出这位忠诚于己的天才。歌德的生平和作品，逐渐对德意志民族最有教养的阶层产生了平静、无法抵抗且与日俱增的影响力。正是由于歌德的存在，洪堡才说德意志人最能理解诗歌的本质。德意志人从路德的演讲开始，就知道什么才是活在信仰里：从每天的每件小事中体会造物主的全能与慈爱。现在这种新的人道主义融入了一种强大而淳朴的人类存在。快乐而有见识的德意志人，从歌德的生命中理解了，在艺术家的精神中经验如何变成画面，最自由的文化如何变成自然，优秀高傲如何同诚恳简单以及民主之爱和谐共处。席勒的影响则更加广泛，这也是剧作家的权利，他赢得了当时所有热血青年的心，他的正直真诚触动了人们的良知；他乐观地信仰着人性的高贵，就像他永远清楚明白、流光溢彩的演说一样，任何人都能轻易理解。一旦文学变得流行，新文化中的愉悦就能广泛传播，而我们必须将这归功于席勒；《奥尔良的少女》（*Jungfrau von Orleans*）中的雄辩言辞，让乏味的柏林和德累斯顿的宫廷都激动了起来。歌德年轻的时候，就从斯特拉斯堡的建筑中获得灵感，并先于同龄人理解了中世纪的德意志生活；他乐意将古老的财富融入演讲，赋予其新生。然而，席勒无论在感觉和演讲上，都是现代人中的现代人，对德意志古代没有任何感觉，但也正因如此，他的作品才更加流行，一个遗忘了过去的民族需要的就是新鲜和质朴。

　　歌德在意大利享受着第二春，沉浸在古典世界中，变成了温克

---

① 本句出自歌德《格言篇》（*Sprichwörtlich*），译文选自《歌德诗集》（下），钱春绮译，上海：上海译文出版社，1982年，第274页。——译注

尔曼之后唯一彻底的古人。他吸收了在意大利获得的新观念，创作出一批震惊德意志民族的诗歌，同他年轻时直白热情的作品相比，这些诗歌展现出前所未有的高贵风格和丰富内涵。但是歌德肯定知道，大多数读者跟不上他的新风格，他们无法理解《陶里斯的伊菲格尼亚》的纤弱美丽，也无法懂得《托尔夸托·塔索》中克制深沉的热情。德意志人已经忘了这个诗人，因为他数年躲在自己的"山洞里"沉思，以大自然为知己。他承担着巨大的任务，从最简单到最复杂的形态一步步理解整个大自然，并在这种理解中同自然合二为一。这种科学认知"从不封闭，总是圆满"，因而同时也是美学沉思；歌德将全部灵魂献给自然，所有他有理由说自己的地质学研究是"同大地的友谊"。研究并没有将歌德引入歧途，反而增强了诗人天真的探索态度，让他一直在人性中寻找世界的重心。在他的注视下，一切都有了生命；他知道一切存在中都有永恒，因而乐观地保持对独立良知的信仰，这是我们道德体系的能量之源。他将上帝理解为世界中隐秘运转的力量，因此他那静谧欢乐的诗人精神似乎可以理解为一种虔诚神圣的献身："从尘埃到星宿，一切事物中都奔流出生命的欢愉；在造物主心中，所有的激荡冲突，都是永久的和平！"①

与此同时，席勒就像他自己说的那样，在诗歌创作中脱胎换骨。通过认真的哲学研究，席勒得出这样的结论：人类只有通过艺术才能达到完善和谐，只有在艺术中，才能获得活力和自由，才能对外界和自身施加积极有效的影响。由此他将时代最深藏的秘密昭告天下，人们纷纷响应他的呼吁，"逃离狭隘阴暗的日常生活，在理想中寻求庇护"，并且同意艺术家才是完整的人，所有美丽的事物都是善的，也只有善的事物才是美丽的。同时席勒也对自己年轻时代不成形的作品进行了严肃甚至严厉的批判，现在他对古典诗歌纯净形式的掌握已经炉火纯青。正是通过席勒，温克尔曼的作品才首次被完善，希腊的神祇才能光芒闪耀，对古代高贵单纯的渴望，对古典理想的崇拜，才成为有教养的德意志人的共同财富。席勒以惊人的速度蜚声德意志，这个他从青年时代就远离的世界；

200

---

① 本句出自歌德《温和的克塞尼恩》(*Zahme Xenien*)。——译注

并天才般地发现了古代历史的活力，发现了希腊精神最后也是最高贵的思想："肉身归尘，精神永存！"

席勒和歌德这两个伟大的诗人终于结盟，接下来他们将把全新的理念传遍世界，彻底清除平庸日常生活的道德和功利主义观念中，那种虚假智慧和故弄玄虚的空想，将它们赶出德意志艺术殿堂，为一切真正重要和创造性的事物敞开大门，让庸俗之辈自觉退出艺术领域。《克塞尼恩》引起的纷争有助于实现这个目标，这场大争论尽管有党同伐异之嫌，但是对于德意志民族的发展必不可少；德意志人都明白其中讨论的是一个对德意志文明至关重要的问题。歌德受到思想活跃的席勒影响，用不断变换的形式展现自身。他陶醉于美，像头戴玫瑰之冠的古代异教诗人一样坦诚，用罗马哀歌赞颂爱情的欢愉，只有当他偶尔展现出对永恒罗马的庄严理念时，读者们才能察觉到，在这些热情华丽、表达感官欲望的词句后面，隐藏着一个鸟瞰历史、博学广识的人。不久之后，他再次立足德意志当下，用荷马式的简洁描述健康向上的中间阶层，以及平静家园的琐碎生活中蕴含的正直伟大；劝告人们真实地对待自己，艰难时刻更要洁身自好。《赫尔曼和多罗泰》（*Hermann und Dorothea*）诉说的忠诚爱国之情，对以文化为傲的同时代人影响不
201 大。但是他们也愉快地承认，在《威廉·迈斯特》（*Wilhelm Meister*）的人物身上看到了自己——没有祖国、没有家庭、没有使命、没有一切历史和现在的羁绊，只知道一个活下去的理由：对人类文化的热情向往。在这一部文化漂泊之旅中，歌德为时代举起了一面镜子，无比清晰地映照出文学时代的所有特征，包括它的缺陷和生命力；他也完成了浪漫主义诗人的最高任务，前所未有地成功展示了，生活本身如何教会人们斗争和犯错。

席勒尽管没有歌德那么多元，但也持续不断地利用天赋，成为了德意志戏剧大师。他认为强烈的戏剧冲突才最重要，歌德却对此敬而远之。他梦见战争与胜利，到死都不忘号角嘶鸣，战旗猎猎，刀剑铮铮。公共生活的热情，为人类的伟大目标、为主权和自由所进行的斗争，决定了民族痛苦与伟大的巨大命运转折，都为席勒的戏剧创作提供了天然的土壤。他的几首小诗，也优先选择描写民族生活的开端，从多个方面展现了神圣法律的约束如何将好

斗的人们团结在人性的纽带上。《大钟歌》（*Das Lied Von Der Glocke*）优美地描述了人类的简单生活同国家和社会的巨大控制力相交织的画面。

席勒非常轻视这个"平庸"时代，也傲慢地拒绝为任何目的创作诗歌，但是这个被引入历史世界的艺术家还是拥有强烈的政治热情，而这种热情只有下一代人才能完全理解。他一直想创作一首史诗赞颂腓特烈大帝的文韬武略，这种想法并非偶然。当德意志人拿起武器为自由而战时，才第一次真正理解《奥尔良的姑娘》中人民起义的光辉画面；在外国统治的压迫下，德意志人才再次认识自己，才能公正地对待这位伟大的诗人，他用两部最宏大的戏剧向德意志人生动地展现了祖国的历史。在他的笔下，就连德意志最悲惨的历史也充满了新鲜欢乐的空气，以至于今天的德意志人备感亲切的，仍然是华伦斯坦的军营，而不是腓特烈的士兵；席勒根据伟大的阿尔卑斯德意志农民战争，创作了一幅解放战争的伟大画卷，诉说了一种伟大的精神，关于永恒人权以及自由人的坚毅团结；他所创作的《威廉·退尔》（*Wilhelm Tell*）在政治生活中的重要性很快就超越了克洛普施托克的《游吟诗人之歌》（*Bardengesang*）；正是这部作品教会了正在成长的一代人，什么是对自由和祖国的热爱，对这些热血青年而言，以戏剧语言呼喊的"团结，团结，团结！"俨然就是诗人留给人民的神圣遗产。

但是席勒无法带给德意志一座民族剧场，这是自莱辛以来我们所有的戏剧家梦寐以求的，也是一项个人无法完成的事业。席勒努力想要形成一种民族风格，这种风格应该有意识地将古典戏剧的伟大之处，莎士比亚作品中丰满的人物形象、激动人心的活动和深沉的特性，以及法国悲剧中古典抒情的倾向和严格的创作方法融入自身，并表达出德意志新文化的特点。但是席勒同人民缺乏交流，而只有表达那些真正普遍的事物，才能让观众对剧作家报以热烈掌声；那些在魏玛剧院的花圃中闲逛的少数小市民，还称不上"人民"；宫廷包厢里头脑卓越的人对离奇的情节和单纯伟大的故事同样欢迎，甚至对前者的掌声更加热烈。德意志人所真正缺乏的，正如歌德所言，就是"一种民族文化，它将限制诗人的天赋以适应它"。魏玛双子星慷慨付出，却收获极少，他们与民族遥遥相对，

202

189

因而进入了一种更纯净的文化。正因如此，尽管他们成功创作了那么多三部曲和独幕剧、韵律诗和对句、合唱和出人意料的插曲，却没有为我们的戏剧创作一种艺术形式，一种全民族的艺术形式。就像魏玛演员充满仪式性和戏剧夸张的悲情演说，无法被其他德意志人所效仿，剧作家们的创作也都专断多变，每个人都有新起点，都希望用新艺术和技巧让他人相形见绌。我们的舞台展现出混乱多元的景象，却散发着自由不羁的魅力。没人比歌德更加痛苦地了解德意志生活的四分五裂，以及这种分裂对于艺术的灾难性影响。他在《威廉·迈斯特》中说自己被迫选择"一种最不幸的题材，喜剧演员和乡绅"，因为德意志社会再没有更好的东西了；在《塔索》中，歌德以一种个人的辛酸经历，描述了小宫廷生活的沉重狭隘——尽管精致考究，但依然沉重狭隘。

203

幽默感曾在十六世纪的德意志生活中频频闪现，但是在这个诗歌繁荣的时代却销声匿迹，这不仅要归咎于德意志精神的天然倾向（更加愿意刻画人物而非展现紧张局面），更是因为我们大众生活的萎靡不振。喜剧不像悲剧一样大胆激进，它总是源于当下，只能被天真自信、满意自身处境的人群所欣赏；喜剧需要成型稳定的民族习俗和举止高贵的理念，否则会充满武断的判定、陈腐的社会斗争与利益冲突，变得索然无味。而在缓慢复兴德意志民族中，这些才刚刚显露。当时最受欢迎的喜剧作家是科策比（Kotzebue），他在喜剧方面的天分毋庸置疑，却让更高贵的人作呕，不仅仅是因为他肤浅而天生平凡，也因为他所描述的狭隘环境，以及他并不稳定的道德感，始终徘徊在可悲的软弱和愚蠢的松散之间。即便是独一无二的让·保罗，也曾带着高尚的艺术目标献身于喜剧事业，却也被散漫不成熟的德意志社会生活所挫败。他塑造的人物时而身处小城镇封闭、精神贫乏的沉重气氛中，时而身处自由空气稀薄、令人窒息之地；但是他的人文主义热情并没有让他获得任何稳固的道德理念，他同道德世界的永恒法则任意嬉戏，这样就可以尽情享受荣耀感，并且让爱人们"沉浸在初吻般短暂却幸福的极乐之中。"他的观众们并没有明确的风格意识，因此他也就随意挥洒自己幽默感，毫不羞耻地放任德意志精神中的缺陷，将语言驶离正常轨道，堆砌过多的华丽辞藻。

　　歌德也看到了从美学观点看待世界秩序存在的道德危机。他警告年轻人应该"知道如何与缪斯同行,而不是将其奉为领袖"!但精神富有的一代人毫不限制自己的冲动。德意志天才之闸大开:我们的古典音乐获得巨大发展;语文学方面有沃尔夫,精致艺术方面,有阿斯穆斯·卡斯滕斯(Asmus Karstens),他们都大胆开辟了新领域。甚至连德意志坦率性格向来缺乏的社交亲和力,似乎在特权圈子里也大放异彩;几乎没有人比卡洛琳·舍林(Caroline Schelling)更能将女性的可爱和顽皮描绘得愉悦和迷人。我们怎么能不爱戴威廉三世,他让这些天才随心所欲,他理解他们,同时他本人却是个无比坚毅和庄重的人。卡尔·奥古斯特也无拘无束地享受这种年轻充满活力的生活,但是最后,个人经历而非外国的劝告让他明白,"必须逐步为自己的自由灵魂施加限制"。

　　像塔列朗、塞居尔(Ségur)和利涅(Ligne)这样的法国老贵族,总是认为没有经历过 1789 年旧制度最后岁月的人,就不知道什么是生活;而德意志的思想家和诗人们也以更合理的理由这样说起他们的黄金时代。崇尚精神生活的氛围使得每个人可以发挥自己的天分,将梦想照进现实;如果我们发现当时精致的社交比沉闷的国家生活更受尊重,如果席勒和歌德的信件中一再表达这样一种古老的渴望:国家决不能侵蚀"个人自由",这些都符合现实情况。洪堡在他关于限制国家效力的论文中表达了艺术家对国家的态度,他坚称,只有个人能够在多样化的情境下自由行动,才能达到生活的最高目的:教育出强大而有教养的人类。因此,国家作为强制性机构,必须将自己的功能仅限于保护生命和财产安全,允许高贵的人民在其他方面自由行事;国家则站在更高的位置,让个体可以发展得更加富足独立。从这个意义上讲,康德从美学角度提出的宪政国家原则,就是个重大进步;植根于自然权利的个人主义一旦同对自由个人的崇拜相结合,这个一度贫瘠的原则也就有了立足之地。古典的钦慕者们,也在宣传逃离国家,逃离这个希腊精神的对立物。

　　但是一切都来得太快了,没来得及惊醒那些沉醉的美梦,也没能让以文化为傲的人知道,对于高贵的人来说,耻辱比粗俗更糟糕。然而,决不能指责德意志伟大诗人是让祖国受辱的帮凶。老

204

205 　德意志国家的毁灭已经不可逆转；即便我们的诗人参与当时的政治事件也无力回天，而只能将他们从思考永恒的生活中转移出来。他们怀有德意志民族最独特的财富——唯心主义的神圣火焰。德意志帝国消失后还能有一个德意志，德意志人即便在贫苦奴役的生活中，也始终相信自己，相信德意志精神永不消失，这些都特别要归功于德意志诗人。德意志政治自由和国家独立的观念，也随着崇尚个体自由的文化相继出现。

　　席勒的诗歌《黑暗帝国》(*Reich der Schatten*)无比骄傲和明确地表达了唯心主义者对粗俗现实的蔑视："把上帝融入你们的意志，上帝也将从世界宝座上走下！"席勒未曾改变这样的观念，尽管洪堡中肯地评价他并没有为诗歌的美学观念提供令人满意的基础。但是席勒知道自己要做什么，他和朋友们正在宣扬的文化并不是享受沉思，而是积极行动，是让人献身于理想；这种文化不会削弱反而会增强追随者的意志力，让他们百折不挠，像根茨谈论洪堡时说，"我们将不关心的事称为命运"。这个活跃的人文主义者，对于国家既不温和也没有敌意；但是他还没有领会国家的本质，需要经验教训才能培育出公民和英雄的所有品质。此时还在号召人民厌弃国家的洪堡，之后却以最忠诚的姿态服务国家，他并没有否定自己，而是沿着相同的道路向前走了几步之后，就发现：在一个受压迫、不光彩的民族中，高贵的自由文化就是无稽之谈。

　　同时，文学也兴起了一股新潮流，将引导德意志人更加深刻地理解国家和故土。年轻的浪漫主义学派的兴起最初似乎证明了道德和艺术的衰落；上两代文人中有极多高贵可爱的人士，而如今头脑空虚、行为放荡、过度有教养的人大幅增长。催生诗人一代的狂飙突进运动，也不再激起天真年轻的热情，流露出衰败的迹象。欣赏美丽事物的简单快乐，被一种病态的野心所取代：为猎奇不惜代价。歌德也委婉地批评自己的后继者们："他们就像一心想要超越前辈的骑士，却在竞技场之外寻找荣誉。"

206 　浪漫主义诗歌远远没能完成自己的目标。就连同时代的人都看出，他们的想象力几近空虚。浪漫主义的领袖们尽管被称为不世出的天才，其实不过是受过优秀教育的鉴赏家，而非具有创造力的艺术家；他们的艺术作品与其说是直觉创造，毋宁说是有意图的实验。讽刺,是所有天真烂漫的死敌,如今却取代歌德式的"热爱现实"成为诗歌的主旋律。他们游手好闲,却用"高贵的灵魂只以高贵为价值"这样冠冕堂皇的话,作为自己傲慢空洞的借口。他们的反复善变弄乱了所有艺术形式的界限,腐蚀了悲剧以及歌剧的纯净简单,将旁观者当作参与者引入戏剧演出,将遥远时代和国度的难以理解的经验搬上舞台,但是舞台应该始终让当代人欣赏最好的语言,描绘能引起观众共鸣的事物。像席勒一样的众多大师已经对语言进行了精心培育,为作者们免去了自己进行哲理思考的麻烦;但是青年一代对语言的使用超出了所有限制,他们会说"悦耳的色彩"和"芬芳的音调"。诗歌和散文之间的界限也被破坏,诗歌漫游在艺术沉思中,而评论却聚焦于诗歌营造的美妙画面。艺术是科学,科学也是艺术;人类精神的一切表现形式,信仰和知识、预言和诗歌、音乐和美术,都从诗性的海洋中产生又回归其中。

　　一直在讨论大众诗歌的浪漫主义者,形成了一种奇妙而造作、只有少数发起者可以理解的世界观,甚至他们的理解也很不全面。施莱格尔的《卢琴德》(*Lucinde*)展现了一幅纵情于"赞颂最美处境"的狂想画面,但是在感觉上却冰冷难解,就像一个喝醉的空谈家在喋喋不休,它悲剧性地证明了浪漫主义学派缺乏原则和能力。浪漫主义的冒失和晦涩甚至感染了哲学,哲学曾逃脱了影响其他所有学术分支的世界主义,现在却创造了一个独立的观念世界,这个世界就像德意志哲学家的术语一样,至今对于外行都是玄之又玄。德语喜欢进行意味深长的模糊表达,只是迎合了德意志天性中的神秘倾向,但浪漫主义幻想却把它变成了灾难。年轻的谢林(Schelling)深受歌德思想的鼓舞,决定跟随所有生命的本质,以无与伦比的勇气为哲学思想开辟了新领域;但是他缺乏谦虚谨慎,而康德即使在最大胆的思想冒险中都不曾忘怀这一点。"知识分子的直觉"产生的灵感,在经验科学领域只能激发创造新的假说,同时还需要经验证据的支持,谢林却以沉思替代了观察和对比。他梦想通过从自己幻想领域产生的任意建构,就能迫使大自然说出只对深情严肃且勤奋的人吐露的秘密。严肃的研究者轻蔑地放弃了这种空洞的工作;一个健康的社会应该展现出对自然哲学的热

207

193

爱，或者从加尔（Gall）的颅相学①获知，天才人物能易如反掌地解决心理学和自然科学方面最棘手的问题。过度教育造成的一切糟糕影响开始显露。知识分子傲慢地任意质疑维持世界稳定的道德法则，轻蔑地嘲笑席勒，称他是道德空谈家；被削弱的天性堕落成一种过分理智的软弱心态，知道从各个方面思考一件事情，却缺乏对比观点的洞察力，也丧失了独立的思想和意志。任何一个能对历史起源和现象提供理论解释的人，都幻想自己能够凭此为历史存在提供合理性。

尽管如此，浪漫主义诗歌还是为我们的生活提供了最宝贵的财富，相比它的艺术作品，浪漫主义关于普遍情感和民族意识的全新宽广观点，对科学产生的激励更大。它提炼并深化了对自然的感受力，让人们理解了乡土、孤独森林、戈壁荒野和绿苔清泉的魅力。于是十八世纪的人，如同古人一样，觉得自己非常熟悉被精耕细作的肥沃田野，但是新时代的人寻找的是大自然的浪漫刺激：年轻一代学会了珍视流浪者自由生活中那无可指摘的快乐，那些中下阶层的人民，也由于生活的大量新前景而逐步变得富裕。童话、神话和美术的世界第一次全部为德意志诗歌敞开了大门。尽管浪漫主义创造的艺术形象并没有古典时代那般鲜明、清晰和完整；但是这些形象却从一个遥远的背景中凸显，似乎携带无穷的意义，周围环绕着"月光般迷人的魅力"；远古时代被遗忘的条顿精神再次觉醒。

浪漫主义者认为，古典理想已经无法表达民族的内心生活；他们寻找新素材，以征服者的冒险精神，跨越广阔世界，深入遥远印度的人类摇篮，寻找被遗忘角落里的自然种族。无论在哪里，这种富含创造力的诗歌都能融入语言、艺术和宗教，并且有意识地与德意志天赋结合起来：就像古罗马人曾将被征服种族的神明置于帕特农神庙中一样，统治精神世界的新民族也应该看穿并俯视其他民族，为自己忠实翻译其他地区的诗歌。施莱格尔精致的形式感和细腻的感受力，让德意志的翻译事业空前繁盛。莎士比亚、塞万

① 颅相学是一种认为人的心理与特质能够根据头颅形状确定的心理学假说，由德国解剖学家弗兰茨·约瑟夫·加尔（Franz Joseph Gall）于1796年提出。——译注

提斯、卡尔德隆(Calderon)①和其他作家的大量作品,接连被翻译成德文出版。德意志的诗歌艺术证明自己有能力完成这些艰巨的任务,即便要面临变得过分精致和形式化的危险——这违背了其最内在的本质,因为条顿民族在所有伟大时代中都始终坚持内容大于形式;但是浪漫主义者无畏的发现之旅带来了一份无价而永恒的收获:正是在浪漫主义圈子中,被整个哲学世纪所忽视的历史感首次苏醒。施莱格尔在他关于文学史的讲座中,按照赫德尔的线索,发展出了一个伟大的观念:艺术来源于民族性,来源于民族语言和宗教,只有将民族艺术视为民族精神的必然展开,才能理解它。在这个观念的基础上,形成了比较语言学、比较文学和比较艺术史。

　　这场走向远方的流浪把浪漫主义者带回了故乡。他们在历史上四处发掘各民族的性格和原始特征,最终他们问自己:新德意志民族何以存在? 这个问题让他们重新检视古代的祖国,作为新一代的德意志人,他们发现了一幅陌生的画面,就像成年人总会觉得幼年的自己很陌生。德意志人发现自己对这片富饶的土地居然如此无知,这让他们既兴奋又羞愧。一束明亮的光线照进了被严重曲解的中世纪迷雾之中。陌生人、僧侣、抒情诗人、圣洁的女性和光荣的战士,组成了一幅多姿多彩的喧闹画面,让人心驰神往;至今被士瓦本民众铭记的霍亨斯陶芬家族诸皇,再次被称颂为民族英雄。年度集会上的买卖人以往只向粗人们贩卖糙纸装订的廉价读物,如今有时也为学者准备一些书籍。保姆给孩子讲童话故事时,有教养的人也会侧耳倾听;这些古老的条顿异教神话是永不枯竭的宝藏,蕴含着深邃而动人的情感力量。穆勒在《瑞士史》(*Schweizer Geschichte*)中首次详细描述了中世纪生活,这部作品尽管语言冗长造作,但是仍不失深奥生动,提出了大量新历史观念,第一次提到了伟大的《尼伯龙根之歌》。1803 年蒂克(Tieck)②出版

209

---

① 卡尔德隆·德·拉·巴尔卡(Caldern de la Barca, 1600—1681),西班牙剧作家、诗人。——译注
② 约翰·路德维希·蒂克(Johann Ludwig Tieck, 1773—1853),德意志诗人、翻译家、小说家和批评家,是与诺瓦利斯齐名的早期浪漫派代表作家。——译注

了德意志抒情诗歌集。三年后申肯多夫（Schenkendorf）①呼吁人们反抗那些试图染指马尔堡城堡②的实用主义野蛮人；这座备受歧视的哥特建筑，现在以德意志古老建筑艺术之名受世人瞩目。

因此，新事物进入了德意志生活的各个方面；一个重大转变正在显现，不久之后这个转变会因为外族统治和觉醒的民族仇恨而加速。浪漫主义者面向古代和大众的审美意识使他们成为大革命的敌人；他们批判法律面前人人平等的现代观念，像"修剪整齐的草坪"；批判将自然权利直接加在多样化的历史现象之上；指责新的世界帝国将摧毁众多民族国家以及各民族法律进程。一场起初纯粹属于美学的运动最终复兴并转变了政治观念，这在历史上是第一次，并且只可能发生在彻底信奉唯心主义的民族中。这一代人认为诗歌才真正是百川汇聚之海。如果科学、信仰和艺术可以被理解为民族精神之花，那么法律和国家的起源也必然如此；德意志科学迟早会得出这个必然的结论和民族国家观念。根茨同浪漫主义学派之间的关联，就源于一种深层的民族归属感；后来尼布尔和萨维尼从浪漫主义历史哲学的观念中，直接得出了历史-国家学说（historische Staatslehre）。

同上述后果同样重要的是，年轻人宗教情感的复兴。我们的古典诗歌一直疏远宗教生活；它尽管在根本上同新教的道德观念保持一致，但是不承认任何现存宗教可以称作"宗教"。康德似乎认为宗教就是将我们的义务视为上帝的律法，接受意志中的神圣因素；康德是个高尚严谨的人，但是对虔诚的精神、献身升华和服从的冲动并不公平。正是这个充满美丽情感和神秘渴望的宗教世界，紧紧抓住了浪漫主义者的心灵。他们其中最狂热的人深深陶醉于天主教仪式的神圣优美，或者干脆去追寻全新的美学宗教；但年轻的施莱尔马赫（Schleiermacher）却始终植根于新教土壤；他同现实世界的关系过于密切，像魏玛诗人一样，忘记了艺术游戏的真

---

① 戈特洛布·费迪南德·马克西米利安·戈特弗里德·冯·申肯多夫（Gottlob Ferdinand Maximilian Gottfried von Schenkendorf，1783—1817），德意志诗人。——译注
② 马尔堡城堡，位于波兰马尔堡，曾是条顿骑士团总部，1945年成为波兰领土，1997年被联合国教科文组织列为世界文化遗产。——译注

谛；然而作为一名艺术家，强制道德律令的无情法则无法让他满意。他认为，应该从个体身上寻找普遍道德律的个人表达形式，既有各自的特征，同时也能同国家社会的客观秩序和谐一致。在关于宗教的演讲中，他提醒那些受过教育的反宗教人士："宗教痛恨孤立"，并展现了宗教如何植根于情感，如何在一切交流和法则尚未诞生的原始社会，就拥有了影响所有人的精神力量。只有在宗教中，人类有限的生命才能与无限者共存，才能在每一时刻成为永恒。他带着爱国主义骄傲说起新教故乡那不可征服的力量，"那无形的力量对于德意志始终存在，从未减弱"。他为普遍的宗教生活找到了哲学自信，也希望以同样的方式增强国家的价值。他认为，国家是人类最精致的艺术作品，是国家赋予了个人生活以最高形式，因此国家实施的一切强制行为，都不应被视作沉重的枷锁。

费希特也得出了类似的观点，但是这个死板顽固的思想家认为施莱尔马赫的丰富情感过于纤细软弱；他认为只有不屈的个性进行不断的斗争，才能完成这场思想运动，这场在我们今天看来单纯、必然的运动。他断然拒绝承认经验世界中存在任何真实，只是因为道德行动需要一个舞台，精神才被迫从自身进入一个外部世界，并假设这个外部世界具有真实性。这个大胆的思想家在他的政治论文中，蔑视一切历史性现实的限制。他希望实现时代的理想——永恒和平，但方法是彻底取消国际贸易，这样"自给自足的商业国家"就可以只交流科学思想；在关于当代精神的演讲中，他宣称自己已经从故土脱身，并且像一个世界主义者一样，将"任何光明公平的地方"视为祖国。然而通过这些演讲，还是呈现出一种超越理论世界的活跃观念。每一行句子都在宣传严肃的责任义务；只有一种美德：忘却自我；只有一种邪恶：自私自利。费希特针对懒散同胞的严厉训诫，不知不觉中发扬光大了老普鲁士的优秀品质。他提出了一个大胆观念：国家最终是所有文明的承载工具，因此有权利要求每个个体力量服务自身，但这同他的世界主义梦想存在激烈冲突。

因此繁盛的文学运动中蕴含着新的政治倾向。任何人只消一瞥，就能发现德意志事务中的痛苦矛盾：如此繁荣的学术和如此不

211

幸的政治生活并行,这让人们联想到马其顿的腓力时代:底比斯人在希腊自由的坟墓之上,在克罗尼亚(Chaeronea)①的战场上,树立起漂亮的狮子纪念碑,莱库古(Lycurgus)②用宏伟的建筑装饰被征服的雅典城——就像夹在波斯和马其顿之间危在旦夕的古希腊,孕育思想的德意志如今也夹在奥地利与法国之间。但是德意志的现实情况还没有完全绝望;"密涅瓦的猫头鹰在黄昏起飞"这句伤感的格言适用于古希腊,但并不适合德意志。我们的古典文学不是古代文明最后的闪烁,而是一个新时代的光辉开端。德意志并没有全面研究过往文明一切问题的亚里士多德,我们只有一代耽于享受生活、没有危机意识的人,但他们的全新发现让世界震惊。德意志民族的精神领袖们从不怀疑德意志的伟大命运。施莱格尔说:"尽管体制糟糕,尽管屡战屡败,但德意志始终是欧洲的救世主。"诺瓦利斯也以相似地语气表达:其他民族在党派纷争、利益追逐上浪费力气时,德意志正在勤奋地建设更高级的文明,并且随着时间的进程,将相对于其他开化民族获得巨大优势。即便是忧郁的荷尔德林,深深感觉到德意志"物质匮乏、精神富足",也兴奋地预言道:"思想变成行动,书本影响生活,会像光明出自乌云一样发生吗?"

这一代诗人和思想家完全远离了卑躬屈膝的生活,但德意志仍然将朝圣者送上开往国外的巨大车厢,从执政府和法兰西帝国最初几年,这辆列车就从欧洲各个国家奔向巴黎。巴黎就像古罗马帝国一样,收藏着世界上最精美的艺术宝藏,也像奥古斯都时代一样,聚集着一群世界主义的民众,他们批判性地鉴赏这些美丽的事物,确定其中哪些最为美丽;在卢浮宫画廊,拉斐尔的旷世杰作第一次获得了承认。德意志的学者们发现自己故乡的小城市实在狭隘:他们争相奔赴塞纳河,深深陶醉在世界首都高贵或糜烂的欢愉之中。但是,即便身处如此斑驳绚烂的环境,德意志人依然没有丧

① 克罗尼亚:希腊东部一古城。公元前338年马其顿的腓力在此击败希腊邦联军。——译注
② 莱库古:公元前九世纪斯巴达立法人,被认为是斯巴达法典的创立者。——译注

失自己的优越感；并没有忘记在这些被偷来的光彩中，法国人并无贡献，他们从拉普拉斯（Laplace）①的著作中，才开始从野蛮慢慢走向文明。施莱格尔被甲鱼汤和新巴比伦的裸体女演员深深震惊，他写道："巴黎的唯一问题就是有太多法国人"；他的妻子多萝西娅（Dorothea）补充道："法国人的愚蠢简直难以置信。"比起这些世界主义者的讥讽，谢林更加精致地表达了德意志思想家的民族骄傲，他认为康德和歌德的胜利，比马伦哥战役的胜利更有意义，德意志总能提醒这个自大的邻居什么才是人性中永恒的善；关于巴黎强取豪夺的帕特农神庙，他气势磅礴地写道："只有将缪斯揽入怀中温暖的人才能真正拥有她们，对于汪达尔人，她们不过是石像！"

第三节　帝国解体　1806 年战争

欧洲局势已经到了危急存亡之秋，只有四国联盟可以制约独大的法国。但是奥地利还没有从上次战争的创伤中恢复元气。1803 年春以来，年轻的沙皇越来越警惕拿破仑的贪婪政策，关于这一点早在德意志赔偿问题的谈判中，他就已经领教过了；但沙皇还是个心浮气躁的孩子，因此还没有作出明确决定。普鲁士则忧心忡忡地想维持东西两大巨人之间的平衡，既想延续同俄国的友谊，又不想因此开罪法国。只有在英伦岛国安全愉快的生活中，人们才能直面现实。《亚眠条约》结束了英法两个死敌之间的战争，但是很快就被证明不过是缓兵之计。在意大利、荷兰、瑞士和德意志，拿破仑无视所有条约，肆无忌惮地向前推进。信奉重商主义的英国认为，对其经济利益造成的伤害才是最严重的问题。因此当拿破仑关闭了法国、西班牙、意大利和荷兰对英国的贸易，它才感到自己的力量基础受到了威胁。英国宫廷根据人民意愿，拒绝从马耳他撤兵，除非法军撤出荷兰和瑞士。拿破仑很早以前就决定同英国重开战火；早在 1803 年 3 月，西方两大势力决裂之前，他就派遣心腹迪罗克（Duroc）前往柏林，暗示法军将占领汉诺威。因为他无

212

213

---

① 皮埃尔-西蒙·拉普拉斯（Pierre-Simon Laplace，1749—1827）是法国分析学家、概率论学家和物理学家，法国科学院院士。——译注

法战胜英国海军，因此希望通过占领塔兰托和汉诺威，封闭英国进入意大利和北德意志的贸易通道。

于是，普鲁士政策最后的骄傲——北德中立，开始受到质疑。为了避免来自德意志帝国的攻击，腓特烈大帝一早就签订了《威斯敏斯特条约》①，并且自己扛起了七年战争的火药桶；因此当莱茵河左岸属于德意志时，法国尚不足惧。就连豪格维茨伯爵都曾急切地建议果断入侵法国，使拿破仑陷入被动局面。但现在局势非常复杂。维也纳幸灾乐祸地看着普鲁士陷入窘境，并直接拒绝了汉诺威政府的求援，帝国已经完全丧失了宗主国的责任意识；英国也根本不打算保卫这块世袭领土和最好的兵源地；汉诺威方面则由于普鲁士两年以来的自私占领活动，产生了极大的敌意，阴郁怀疑的情绪占据主导，不再保持腓特烈时代的睦邻友好关系。但是面对荣誉和自保的迫切需求，应该考虑什么呢？一旦法军势如破竹地插入普鲁士东西省份之间，一旦大军压向马格德堡要塞，普鲁士就连最后的尊严都保不住了。从拿破仑后来揭示的事情来看，柏林宫廷适时且激烈的抗议此刻本不应该引发普法之间的战争，因为他正全神贯注于征服英国的计划：在布洛涅（Boulogne）附近的海岸集结重兵，而且这支军队在经历了两年的严格训练之后，军事技能和效率已臻完美。十五世纪的民族仇恨被重新点燃，一支主要由民间自发组成的运输船队，已经准备好将法军运往英国海岸。只要拿破仑能够控制英吉利海峡12个小时，法军就能成功登陆，那么就像他在信件中所说："英国将不复存在。"爱尔兰的独立以及不列颠财富的毁灭，将永远摧毁这个海岛国家。沉迷在这些美梦中的拿破仑，不可能打算同普鲁士决裂。

214　　　　威廉三世始终忠于自己的外交政策，因此也不打算冒险同法国开战，除非俄国帮他守住后方。在向巴黎和伦敦提出温和的和平提议之后，他询问沙皇是否可以帮助普鲁士。但是在圣彼得堡，汉诺威贵族的仇普情绪占据主导。明斯特伯爵是汉诺威驻俄国大使，他同英国高级托利党人一样仇视大革命的继承人，也同汉诺威

---

① 《威斯敏斯特条约》(1756)是腓特烈大帝和英王乔治二世签订的中立条约。根据条约，普鲁士和英国将阻止任何取道德意志的外国力量。——译注

贵族一样反感法律面前人人平等的观念,以及普鲁士全民皆兵的特征。明斯特伯爵认为普鲁士的请求就是个陷阱,将威胁汉诺威的独立。沙皇根据他的建议回绝了普鲁士;英国也拒绝为方便普鲁士而修改严格的《航海条例》①,因此在拿破仑控制英吉利海峡的第 11 小时,普鲁士拒绝了汉诺威政府的求援。

　　在帝国的和平氛围中,莫蒂埃(Mortier)率军轻松挺进汉诺威的帝国领地,根据帝国法,这块领地不能卷入英法之间的战争。旧式国家统治的无能让拿破仑军队拥有了一场轻松游戏。忠诚的人民自从斐迪南·冯·布伦瑞克大败法国之后,就一直视法国为世仇;汉诺威人准备再次发挥古老的下萨克森武士精神,同欲壑难填的法国人血战到底。但是懦弱的汉诺威贵族政府却下令军队保持沉默,不许抵抗,他们根据《苏林根条约》将整个国家拱手让与莫蒂埃。这已经是英勇的汉诺威军队在 50 年中第二次因可耻的政策而被迫投降。而这一次英国也没有像签订《克洛斯特-采文协定》(Kloster-Zeven)时一样插手相救,而是放任法国为所欲为。法军在 1803 年 6 月 4 日乔治三世生日当天进入汉诺威城。莫蒂埃封锁了易北河和威悉河,从汉萨诸城征税,对汉诺威地区的占领和剥削持续了两年;拿破仑亲自下手谕指挥如何将王室马匹运至巴黎,如何最有效地开发森林以支持法国海军。此次投降解除了汉诺威军队的武装。被出卖的将士们心如死灰,诅咒"政府和议会中胆小的无赖",却也只能接受这个可耻的结局。他们中许多人逃离英国舰船,进入英王的德意志军团。汉诺威的每一个人都以自己的方式帮助这些逃亡者;人们聚集在一起似乎密谋着什么。那些曾在苏林根投降的人组成了抵抗分队的核心力量,他们随后在西班牙继续反法大业,在旗帜上骄傲地写上"Peninsula"(半岛)。因此德意志民族一直拥有不屈不挠的古老精神;唯一所缺乏的,就是有效运用这些巨大能量的强大意志。

215

──────────

① 《航海条例》是英国历史上关于航海贸易的一系列立法。最初的目的是为了鼓励发展英国的航海事业和海外贸易,后来逐渐变成英国垄断航海贸易的法案。比如 1651 年英国议会通过的新《航海条例》,规定一切输入英国的货物,必须由英国船只载运。──译注

当沙皇意识到作出了错误的决定时，为时已晚。柏林内阁徒劳地希望通过谈判敦促拿破仑从汉诺威撤军。容易上当的隆巴德在布鲁塞尔同拿破仑协商后带回的美好愿景，很快变成好梦一场。很快，普鲁士就知道，法国需要同它结盟，但是不会付给任何好处。威廉三世感觉自己不能走到这一步，因此更加倾向于从俄国获取帮助，将汉诺威从无法忍受的压迫中解放出来。在他的努力下，1804 年 5 月 4 日，普俄承诺将彼此协助，共同面对拿破仑侵占其他任何帝国领土的问题。同时，普法谈判的结果是，法国言辞含糊地承诺不会超出汉诺威边界、尊重北德的中立。柏林还是没有构思出好的计划和目标。在魏玛，人们询问重建诸侯联盟的可能性；1804 年 4 月进入政府内阁的哈登贝格，明确表示了他的计划：将整个德意志组建成由奥地利和普鲁士共同领导的联邦国家。这个计划在哈登贝格政治生涯的后半期，成为了其德意志政策的基本纲领。但是内阁中焦虑的和平主义者将这些好计划变成了一张废纸。普鲁士政治家们根据过去 15 年的经验，幻想普鲁士能赢得一次有收获的和谈，他们以此彼此安慰吹捧，但这个幻觉必将让局势更加危险。就连新上任的外交部长也没有意识到，只有欧洲反法联盟才能拯救国家，反而还希望通过与法国建立友谊保护普鲁士新获得的领土。

216　　神圣帝国也被迫饱尝耻辱。当拿破仑逮捕昂基安公爵（Duc d'Enghien）并在巴登境内将其枪决，只有俄国、瑞士和英国在雷根斯堡冒险抗议这种公然蔑视帝国和平的犯罪行为，并要求赔偿。巴登则按照拿破仑的意思，极力要求不要再追究此事，其他使节也纷纷申请度假，避免进一步讨论。1804 年 5 月拿破仑帝国建立，这个篡国者假定得到了教皇的祝福，并且戴上了象征凯撒和加洛林帝国的皇冠。罗马帝国于是从哈布斯堡-洛林家族转到了拿破仑手中。这个权势熏天的男人毫无羞耻地称其为西部帝国；他复兴了混杂在法国文明中的所有古罗马回忆，战场上他的军团前面飞翔着罗马帝国的雄鹰。他还在信件中威胁奥地利和俄国不要轻举妄动。

根茨徒劳地向维也纳宫廷表明，拿破仑仅仅因为那些小奴隶就已经变得强大，那么承认他的皇位只会让这个贪婪的男人滋生更大的野心。根茨是一个拥护旧国际秩序的天才，已经准备好了一套迷人的说辞,后来在宫廷中成为了驳斥波拿巴主义的指导性纲领。他指出,必须坚持历史权利优先于革命权利和人民主权观念。但是迂腐的奥地利政治家仍无法接受这些观点,查理曼大帝皇冠的合法持有人对于这个身份厌恶已久,尤其是洛林家族发现自己无法再指望选帝侯们的支持。因此弗兰茨皇帝想趁拿破仑称帝之机,保证洛林家族永远居于高级贵族之列。在拿破仑的首肯下,弗兰茨自称奥地利帝国皇帝,作为交换,古老的帝国家族承认了篡位者的合法性。因此,从利奥波德一世时就已经实际存在的奥地利帝国正式建立;三个世纪以来,致力于维护家族领土的哈布斯堡-洛林家族,终于达到了自己的目标。哈布斯堡家族的首领依然保留着罗马皇帝的称号,但是就像塔列朗讥讽的那样,这个"诡异的双重帝国"不可能永远存在。古老神圣的称号已经失去意义,迟早会化作尘土;拿破仑攫取了加洛林帝国皇冠的实权。

　　柏林认为波拿巴帝国是法国资产阶级统治的新保护人,很快就 217 承认其地位。但是谦虚温和的威廉三世却对北德意志帝国皇冠不感兴趣,尽管拿破仑的外交官曾模糊地向他暗示过。一些更小的帝国级行政区,比如巴登和黑森-罗腾堡、福斯坦堡(Fürstenberg)和赖宁根、不莱梅和奥格斯堡,都向头戴王冠的平民送上谦卑的祝贺,那拜占庭式的谄媚甚至让爱拍马屁的法国人自愧不如。他们自称是皇帝陛下最恭顺忠心的仆人,陛下是德意志的保护人,是英雄,是和平天使,整个大陆都被陛下的文治武功和宽厚仁慈所震撼;所有德意志人都为新凯撒欢呼,他就像查理曼大帝一样,多亏了他德意志在赔偿谈判中才能获益良多;最后他们希望陛下能够认真考虑新的领土分配问题①。

　　1804年秋,拿破仑为了加深德意志堕落的程度,巡视了新获的莱茵河地区。在古老的帝国城市亚琛,皇帝弗兰茨的大使向拿破仑递交了新的国书;莱茵河岸所有的城镇都热烈欢迎这位带来和平的皇帝。他在美因茨组建了宫廷,而就在同样的大厅中,12年前老帝国举行了最后一次庆典。南部和西部的诸侯争先恐后地向查

---

① 笔者已经出版了这些信件,参见《普鲁士年鉴》(*Preussische Jahrbucher*)1872年第29卷,第103页以下。——原注

理曼大帝的继承人表忠心。所有人都沉浸在对加洛林王朝的回忆中；第二莱茵同盟的组建计划也在进行。但是在一个单间里，巴登的老卡尔·腓特烈正在首相达尔贝格肩头哭泣，为祖国的毁灭伤痛不已。那个外国人跟在夜晚为藤蔓植物爬架祈祷的古老日耳曼农民有什么关系？他知道那个将德意志的卡尔拽进莱茵河的魔戒吗？但是，甚至在诸侯向拿破仑皇帝投降之前，严苛多疑的外国统治就已经降临德意志。拿破仑在整个帝国安插了间谍，他写道："在汉堡这样规模的城市安排 10 个间谍是远远不够的。"在他的爪牙管理下，没有人是安全的。法国在汉堡逮捕了英国特工朗博尔德（Rumbold），后来在普鲁士国王的要求下被释放，但是拿破仑的心腹们都知道，他把这笔账算在了霍亨索伦头上。

218　　　正当德意志诸侯们承认拿破仑的皇权合法时，圣彼得堡却蔓延着一股战争热情。年轻的沙皇因为昂基安公爵被谋杀一事而与法国彻底决裂；拿破仑挑衅般的回复让他看到另一场大陆战争的火苗，于是开始同维也纳及伦敦磋商，并再次做起了掀起一场伟大民族解放战争的美梦，然而这场战争要到八年后才能够开始。他打算好好教训一下自由散漫的欧洲，要打倒的不是法国，而是那个篡位者；希望以自由的宪法复辟传统国家，通过永久的神圣民族联盟建设和平欧洲。奥地利在长期举棋不定之后，终于向前踏出一步以配合沙皇的热切需求：1804 年 11 月，俄奥双方达成防御同盟，以防备拿破仑进一步进攻意大利。

如果普鲁士真的理解时代发出的信号，就会马上利用并约束沙皇的战争狂热。能够挽救欧洲于水火的，并不是一场不合时宜的战争，而是东方三巨头认真策划和适时的军事行动。拿破仑的注意力仍在组建海军、入侵英国的计划上，他渴望着"血洗六个世纪的伤害与侮辱；如果这个最伟大的目标能够达成，其他目标也将水到渠成"。出于谨慎，1805 年夏天拿破仑曾抵达意大利，以便将世界的目光从英吉利海峡吸引过来，然后突然出现在布洛涅，"完成让整个欧洲战栗的伟大事业"。但是根据惯例，他还是留下了两个后招。布洛涅的军队也可能突然进攻奥地利；而且登陆英国的困难越是巨大，拿破仑发动大陆战争的倾向就越明显。

目前聪明的做法是静观可能会失败的登陆计划，不要给拿破仑任何进攻的口实,同时,尽管奥地利的军力和财政已经捉襟见肘,而且帝国军队中的大多数贵族,比如卡尔大公,都强烈建议免战,也要不动声色地准备好新联盟战争所需的军备物资。维也纳和柏林之间似乎有希望和解。约翰大公以及其周围的爱国者圈子始终认为,没有普鲁士的帮助奥地利将一事无成。即便是越来越怨恨大革命、将一切现代历史的罪恶都归结于新教的根茨,也以合格政治家的立场敦促奥地利与普鲁士达成谅解。尽管对普鲁士疑心重重,但霍夫堡还是承认其军队的协助必不可少;在 1805 年普奥秘密谈判的过程中,奥地利严肃地向柏林建议重建德意志体制——北部归普鲁士统治,南部则以奥地利为宗主。但是普鲁士宫廷依从父训,维稳的观念依然占据主导,力图维持大陆和平,如果不可能的话,至少也要保证北德意志的中立地位。就连哈登贝格也心存乐观,认为法国的实力被高估了,因此希望普鲁士不要插手,这样就可以结盟法国、增强国力,更重要的是,可以借此吞并汉诺威。正是在哈登贝格的影响下,普鲁士并没有给俄奥两大帝国任何满意的回复。

　　不屈服于任何强硬意志的年轻沙皇放任自己无止境的幻想,而在过去十年中引导英国顽强同法国斗争的伟大政治家,也像英国的外交官一样,缺乏对大陆事务的全面理解。威廉·皮特(William Pitt)不假思索就接受了沙皇的混乱计划,1805 年英俄签署秘密协定。与此同时,拿破仑戴上意大利王冠,并且挑衅般地写信给沙皇,声称正是意大利民族的意愿迫使他作出如此有损荣誉的事。法兰西帝国兼并了利古里亚共和国(Liguria)后,即便是仍然举棋不定的奥地利也被迫加入第三次反法联盟。联盟国家开始认真起草各项计划:将法国边界推回莱茵河和摩泽尔河;恢复德意志、荷兰和瑞士的完全独立;永远分开法国和意大利王冠;根据古老的英荷边境协议的精神,通过增强荷兰、皮埃蒙特和瑞士的实力制衡法国。如果普鲁士加入反法联盟,将获得奥兰治-拿骚的富尔达(Fulda)以及从摩泽尔河下游直至尼德兰边境的下莱茵地区。一旦获得胜利,反法联盟将召开会议商讨新的土地分配问题,甚至希望废除拿破仑的王位;但是军备的缓慢和软弱实在无法匹配如此伟大的梦想。因此第三次反法联盟就如同 1799 年第二次联盟一样危险、草率和令人绝望。

220　　俄国的冲动政策中包藏无数错误，其中最严重的莫过于对普鲁士的蔑视。沙皇的波兰政策破坏了曾在涅曼河结下的友谊，还将持续威胁俄普关系。沙皇亚历山大深受当时流行的启蒙思想教育，起初同他的导师拉阿尔普（Laharpe）一样，从法国哲学家的角度看待瓜分波兰的问题。他认为这场灾难并不是历史必然，而只是一场悲惨的暴力掠夺事件，同时法国大革命中所有的暴力事件都具有合法性。沙皇认为自己被迫从祖母手中继承了这个浸染鲜血的遗产，这对于意志软弱的他来说是个沉重的精神负担。当他还是大公的时候，便以这样的心态结识了亚当·恰尔托雷斯基（Adam Czartoryski）亲王，其父曾被一群波兰贵族奉为国王亚当一世。皇太子几乎难以抗拒这个多才多艺的波兰人的魅力；他有天分、受过高等教育，在年纪和经验上都长于年轻的大公，精通萨尔玛提亚人的阿谀奉承和细致精明。在外人眼中，他就像一个寻觅故土的游侠骑士，面容明亮，气质高贵，周身散发着爱国主义者的淡淡哀愁。很多年里，这对密友一直秘密计划着弥补叶卡捷琳娜女皇的错误——复兴波兰。沙皇认为这个计划表达了世界主义情感，完全吻合自己的长处；当他梦想解放波兰的时候，似乎已经看到雅盖隆家族（Jagellon）的王冠戴在了自己头上。

　　恰尔托雷斯基也以极大的热情追随被俄国人视为背叛的萨尔玛提亚计划，同时滥用自己维尔纽斯大学（Wilna）管理者的身份，传播波兰-天主教文化，培养对俄国的深刻仇恨。因此，当沙皇将外交事务委任于他，恰尔托雷斯基马上赞成反法联盟战争，希望以此将普鲁士推向拿破仑阵营，这样就可以掠夺普鲁士的波兰省份。众所周知，波兰爱国者依然对老盟友法国抱有期待，一个波兰军团已经在三色旗的指引下征战多年；拿破仑也知道如何将这个不幸的民族打造成对付东方敌人的有力武器。正因如此，恰尔托雷斯基建议沙皇对法国先发制人，然后亲自宣布波兰解放。鲁莽轻率的波兰人认为这也是同普鲁士开战的好机会；然后奥地利也将同意波兰获得西里西亚和巴伐利亚，以补偿加利西亚（Galicia）的损

221　失。沙皇尚未完全同意这些模糊的计划，但是那个精明的波兰人已经相当草率地认为，他高贵的朋友将与普鲁士为敌。在涅曼河

结下的深厚友谊已经被遗忘,俄国主导了在柏林进行的谈判,似乎有意将普鲁士赶出反法联盟。由于威廉三世始终坚持普鲁士的中立态度,因此沙皇宣布,无论普王愿意与否,俄国军队都将借道普鲁士开赴奥地利。

拿破仑征服英国的计划现在也变得前途未卜;他曾精心设计诱使纳尔逊(Nelson)的舰队前往西印度群岛,同时法国海军横扫英吉利海峡,但却被这位谨慎的英国海军英雄挫败。拿破仑也在认真考虑这个计划是否还有价值,是否不要放弃整个计划,而是等待一个更好的时机——五年以后亚瑟·韦尔斯利(Arthur Wellesley)仍然有理由担心法国发起新一轮入侵。在这样的情况下,可以想见拿破仑多么高兴听到反法联盟进行军备的消息。他兴奋地接受了对手发出的挑战,并且希望将"被他的先祖送上皇位的弗兰茨二世"从德意志帝国赶出去,"德意志将见识前所未有的庞大军队!"正当法国大军悄无声息且秩序井然地从布洛涅迅速赶往莱茵河,法国间谍仔细探查了位于上多瑙河的战场,谨慎的外交活动也将拿破仑阵营中的精英分子安插妥当。

法国没有理由害怕神圣帝国的敌意。雷根斯堡帝国议会此刻正全神贯注地商讨关于欧丁(Eutin)的公共牧场,并且在允许的宽限时间内都在商讨这件大事。拿破仑皇帝现在像一个德意志地方主义的保护人一样,向他的老门徒,南德意志中间国家发表演说:他将拯救德意志自由,德意志诸侯决不能再成为德意志皇帝的附属品。在拿破仑的授意下,巴伐利亚的选帝侯马克斯·约瑟夫(Max Joseph)拖住了奥地利的谈判人员,后者用虚伪的和平宣言,专横而胁迫性地要求选帝侯效忠反法联盟;这个德意志诸侯一方面承诺自己的军队不会承担任何军事行动,并且像一个绝望的父亲一样乞求奥地利能多给他一些时间,因为他的儿子正在法国旅行,恐怕会遭到拿破仑的报复;另一方面,他却加紧让军队叛离奥地利加入法国。巴伐利亚人对王室这种背信弃义的做法毫不在意,但对于帝国的民族仇恨、对贪婪霍夫堡的古老而合理的不信任却再次觉醒。于是,这支勇敢的小部队兴奋地回应了拿破仑的请求:"你们是在为最重要的民族使命而战,为政治独立和生存而战。"巴登和达姆施塔特都加入其中,符腾堡在一阵犹疑之后也加

222

入了；这四个被拿破仑称为"未来德意志联邦支柱"的中间国家，全部加入了法国阵营。

拿破仑还希望通过精心设计的骗局，争取普鲁士的支持。他说如果普鲁士能够放弃莱茵河右岸的克莱沃以及维瑟尔，并加入法国阵营，他将把汉诺威送给普鲁士。这样一来，普鲁士国家将同奥地利与俄国决裂，并撤离在莱茵河最后的据点，被推向东方，把意大利、瑞士和荷兰拱手让与世界征服者：因为拿破仑明确保留了对这些国家的自由支配权；也知道荷兰将很快厌烦自己的孤立处境，要求同法国结盟。也就是说，普鲁士在做出这些牺牲之后，所能得到的只有汉诺威，而且还要通过与英国的漫长斗争才能真正获得。轻率不负责任的哈登贝格相信了法国人的承诺，极力建议普鲁士接受法国的条件。他认为法国唯一的错误就是给出的价码不够高，因此希望在拿破仑的协助下除了汉诺威，还能获得波西米亚和萨克森。普鲁士如果真的踏出这一步，将永远断送同东方各国之间达成谅解的可能，也将使一场反对拿破仑世界帝国的战争烟消云散，但是清醒审慎的威廉三世成功避免了这场灭顶之灾。他回绝了与法国结盟的提议，但是很快领教到了大选帝侯所说"中立国家在所有国家中最忘恩负义"这句话的真意。当拿破仑出于法国利益，竭力通过谈判确保这些国家的中立时，普鲁士正面临来自东方的威胁：沙皇亚历山大公开宣布，他的军队将穿过普鲁士。威廉三世出于职责，命令大部分军队处于备战状态，并陈兵瓦尔塔河（Warthe）。沙皇震惊，于是放弃了撕裂和平的举动，恰尔托雷斯基非常失望，他的愚蠢行动造成的唯一结果，就是俄军和奥军的联合一再推迟。

223　　　普鲁士的局势如此不稳定：与法国意见相左，同俄国的关系紧张到近乎公开敌对，愤怒和猜疑之声四起，在这样的情况下，普鲁士还在注视着战争的爆发，胆小的隆巴德经常紧张兮兮地将其描述为"泰坦之战"。拿破仑赶在俄国人入场之前，在上多瑙河地区粉碎了奥地利军队。整个世界第一次见识到，莱茵兰和南德意志好战民族的支持对于法军有多么重大的意义。高地德语区的噩耗传来之前，特拉法尔加（Trafalgar）摧毁拿破仑战舰的辉煌记忆就已经消散。据说奥地利军队被法军逐个击破，其主力被迫在乌尔姆投降；绝望和疯狂的情绪在帝国军队中蔓延，恐慌、软弱、胆怯，所有这些可能腐蚀国家的恶劣情绪在军队和官僚中爆发；法国大军一路势如破竹，兵临维也纳城下。

但是反法联盟气数未尽：早在战争伊始，拿破仑就做了一件十分傲慢的事，这件事如果被合理利用，将为陷入绝望的反法战争提供重大转机，并终结普鲁士动荡不定的中立局面。拿破仑为了将贝纳多特（Bernadotte）的军团送到乌尔姆，于是轻率地将沙皇的口头威胁变成了现实：穿过中立的普鲁士领土，把军队送到法兰克。他认为自己可以对普鲁士为所欲为，因为就像他早前所写的一样，"普鲁士已经堕落为二流国家"。但是面对穿境而过的法军，威廉三世怒火中烧，他身上的霍亨索伦之血开始沸腾。他马上发表勇敢的宣言，宣示自己的权利，撕毁同拿破仑的所有协议，允许俄军穿越西里西亚并动员全军；在他看来，普鲁士必须马上终止同法国的一切外交关系。普鲁士人民对法国暴行也义愤填膺。柏林的剧院中，《华伦斯坦骑兵之歌》（Reiterlied der Wallensteiner）激昂的曲调响起，人们报以热烈的掌声；平民在法国大使拉福雷（Laforest）的窗下制造骚乱；勃兰登堡的特权阶层宣布已经准备好为军队募兵；年轻的军官怀揣腓特烈式的不败信念奔赴前线。隆巴德和亲法党派现在只能与拉福雷秘密往来。

哈登贝格此时也承认实施积极防御的必要性，但是他并没有完全理解我们所面对的危险。他不明白，拿破仑的报复心极重，威廉三世最近的这些举措已经使普法再也无法和解；他也不懂得，拿破仑绝不会让谈判阻碍他通往胜利之路，而心怀希望的哈登贝格仍然相信和谈的可能性，因此提议：尽管迅速参战可能获救，但是不如进行武装调停。可是一旦法国发动后续战争，普鲁士的调停就没有任何意义。同时，沙皇亲自抵达柏林，11 月 3 日同普鲁士签订《波兹坦条约》。普鲁士答应同法国展开外交谈判，使其承认《吕内维尔条约》规定的国家状况。如果拿破仑拒绝，而且他很明显会拒绝，普鲁士将参战，如果取胜将以新领土作为战利品；俄国同意动用在伦敦的力量确保英国割让汉诺威，同时英国政治家也将把荷兰送给普鲁士！欧洲战争联盟似乎已经成型。沙皇宣布放弃波兰计划，后悔万分地说道："我再不会鬼迷心窍了。"对于沙皇戏剧化

224

的性格来说，有一件打动人心的事让他十分难忘，那就是他和威廉三世在腓特烈大帝的墓碑前温柔相拥，这两个和好如初的伙伴因此结成了更加坚固的同盟。

根据布伦瑞克公爵的计算，12月15日之前普鲁士军队都将按兵不动；集结在东部边界的军队并不会直接前往摩拉维亚同俄奥联军汇合，而将长途迂回至图林根，准备从背后攻击法国。这种行军路线符合奥地利的希望，也反映出布伦瑞克公爵对于这种繁琐方式的偏爱；毫无疑问，这位谨慎的老公爵依然坚信，这场战争还是有可能避免。威廉三世也这么想，他希望不用打仗，只是展示一下军力，就能带来和平。他命令一支军队前往汉诺威，让黑森和萨克森加入了反法联盟。一支20万人的军队集结在普鲁士南部边界，保卫北德独立；英国和俄国的军队，以及大革命的死敌、瑞典国王古斯塔夫四世都已经登陆汉诺威；同时，俄国的后备军穿越西里西亚前往摩拉维亚，卡尔大公也率领奥地利南部军队从匈牙利出发。

一场明智的战事推延将改变世界的命运：如果盟军能在摩拉维亚凭借谨慎的防御策略拖住拿破仑，直到12月15日所有的援军到来，普鲁士军队也准备好参战，那么拿破仑就成了瓮中之鳖。那时他已经远在法国一百英里以外，无法指望任何增援，军力也完全无法同联军相抗衡。但是对手的失误再一次拯救了拿破仑。早在谈判期间，他表现出温和且倾向于和谈，目的就是为了让敌人相信他已经害怕了。沙皇原本看穿了拿破仑的把戏，于是一再强调，哪怕敌人再狡猾，他也不会受骗提前发起攻击；所有有经验的军官都提醒沙皇要谨慎行事。但是一份漂亮的军方评论彻底推翻了沙皇所有的正确决定。当看见这支装备精良的部队还戴着苏沃洛夫战役的桂冠时，沙皇感到无比骄傲；这个性急的年轻人马上梦想通过一场决定性战役震惊世界，不管普鲁士是否已经准备好参战。那些经常谴责轻率决定的宫廷将军们，也热烈赞同发动突然攻击。沙皇决定从东向西对拿破仑防守严密的地区发动进攻，按照这样的战略，这支军队一旦战败就必须撤进匈牙利，并且将同西里西亚失去联系，而就在那里的尼斯河畔驻扎着4万名蓄势待发的普鲁士士兵。于是，在拿破仑加冕周年纪念日那天，沙皇因此生最愚蠢的决定获得了一份大礼。弗兰茨皇帝也惊慌失措,恳求胜利者休战;拿破仑同意了这个请求,但条件是霍夫堡必须终止同沙皇的联盟,俄国军队经匈牙利回国,奥地利土地上不能再有一个外国士兵。

伟大的欧洲反法战争才一打响,就因为两位皇帝的失误而败北,但是普鲁士仍占据军事优势。沙皇并没有完全放弃,于是他将西里西亚和普属波兰省份中的俄国军队交给了威廉三世。普王现在掌控着 30 万大军,他希望凭借这支力量保护北德安宁,并帮助受压制的奥地利获得大致和平。但是这个愿望最终落空了,这主要归咎于普鲁士谈判人员,豪格维茨伯爵的失误,不过归根到底还是国王的错误。除非豪格维茨伯爵直白地向拿破仑提出,要么接受普鲁士提出的和约,要么兵戎相见,这样普鲁士的武装调停才有意义。但是爱好和平的威廉三世决心不够坚定。他秘密指示谈判大使不惜一切风险维持与法国的和平,[①]因此谈判一开始普鲁士就底气不足。豪格维茨伯爵最近几年显示出优秀的外交眼光,而且能比哈登贝格更合理地判断拿破仑的敌意,但是他认为在目前混乱的局势下,保持中立是唯一可能的政策,因此在谈判中没有违背威廉三世给他的和平指令。他依令缓慢向法国行进,为的是错开 12 月 15 日。当他与拿破仑最终狭路相逢时,在一场持续了数小时的谈话中,关于威廉三世的和约、武装调停以及战争威胁,他只字未提,只是说了一大堆空话套话,就前往维也纳等待事态发展。在那里他得到了奥斯特里茨战役(Austerlitz)失利的消息,于是马上决定不惜一切代价同拿破仑和解。情急之下他居然认为奥地利打算联合拿破仑攻打普鲁士。12 月 15 日在美泉宫(Schönbrunn),豪格维茨在没有足够权限的情况下,自作主张同法国结成攻防同盟:因此普鲁士同意了之前拿破仑想强迫皇帝弗兰茨作出的让步,将莱茵河右岸的克莱沃割让给法国,将安斯巴赫割让给巴伐利亚,作为回报普鲁士获得汉诺威。

胜利者高兴地说:"如果普鲁士落入我的掌心,那么奥地利必

226

---

① 莱曼(Lehmann)最近证实了这份指令,见《沙恩霍斯特》卷 1(*Scharnhorst*),第 354 页。——原注

将乖乖就范！"12月26日，拿破仑手持《美泉宫条约》迫使不幸的维也纳宫廷接受《普雷斯堡条约》（Pressburg）中的压迫性条款。奥地利失去了威尼斯、蒂罗尔和剩下的士瓦本领土；管理南德的法国总督们瓜分了被割让的德意志省份。拿破仑大方地给巴伐利亚和符腾堡的统治者戴上王冠，最重要的是，他们随即获得了完全独立的主权，达成了两个世纪以来通敌叛国行为的最终目标。弗兰茨皇帝必须事先承认这些新权力中产生的所有后果。古代德意志民族君主国家的最后阴影也消失了；德意志皇权对于这些握有主权的国王不再有效。在和平宣言中，这一块地区已经被称作德意志联邦。过去很长一段时间，拿破仑都在同南德诸侯商讨，用什么来代替雷根斯堡上演的"猴戏"。现在，他兴奋地给忠诚的附庸们写信，宣布他们的新奖品：巴登迈入强国行列，巴伐利亚可以第一时间获得新领地。拿破仑站在胜利的顶峰，他幸运的旗帜从未遭受厄运，法国人无比震惊地看着这个战神；德意志城市斯特拉斯堡成为了法军进入了德意志的门户，而它却为自己能被这个新帝国所利用而备感自豪；巴黎树立了一根"图拉真凯旋柱"颂扬皇帝的荣耀。

返程途中，拿破仑在慕尼黑接受了新巴伐利亚国王的顺从和感激，主持了他的继子同维特尔斯巴赫家族之女的婚礼，并且很高兴地得知马克斯·约瑟夫向他的子民们宣布古老巴伐利亚王室尊严的"复兴"。所有的巴伐利亚人都头戴蓝白相间的帽徽，"彼此视为兄弟姐妹，外国人也承认他们的巴伐利亚身份"。帝国首相达尔贝格也匆忙赶来祝贺婚礼。这个能力卓著的政治家在战争期间，无法抑制自己的爱国主义情绪，曾哀痛地质问帝国议会："德意志之名、德意志民族之名、德意志种族之名、曾经占领罗马帝国的人民之名，应该消亡吗？"他也因"竭力复苏德意志精神"而必然遭受严厉斥责，但是为了保证同强权者达成完全和解，他很快就任命拿破仑的叔父红衣主教费什（Fesch）为他的助理主教；这个科西嘉人是波拿巴家族中不甚重要的分支，根本不懂德语，勉为其难地接受了这个荣誉，只知道自己很快就要戴上德意志最显赫的教会诸侯王冠。同时巴登王储也迎娶了斯蒂芬妮·博阿尔内（Stephanie Beauhamais）。拿破仑还将普鲁士的克莱沃和贝格公爵领地赏赐给他的内弟缪拉（Murat），巴伐利亚则根据古老的慕尼黑计划，放弃

227

贝格公爵领地而获得安斯巴赫。于是波拿巴家族进入了德意志民族高级贵族之列;德意志诸侯正式承认"法兰西第四王朝"。

拿破仑用尽一切手段迫使普鲁士接受《美泉宫条约》。法国大军和南德军队向美因河挺近;其他部队则被派往拿骚和荷兰,直逼普鲁士边境。拿破仑返回法国时,把贝尔蒂埃(Berthier)留在了慕尼黑,骑兵留在了斯特拉斯堡。他就是打算"像闪电"一样迅速回国排兵布阵,从西、南两线同时入侵普鲁士。这就是豪格维茨在结束漫长旅途回国后的事态,他还吹嘘自己签订《美泉宫条约》挽救了普鲁士。威廉三世是应该马上解雇这个渎职且大肆违抗指令的谈判专员,秣马厉兵以保卫对北德和汉诺威(事实上已经属于普鲁士)的统治权,还是应该以克莱沃和安斯巴赫为交换条件,将汉诺威当做拿破仑的赠礼接受下来,同法国缔结攻守同盟并卷入对英国的战争?一个体面的国家不应该在这两者间犹豫不决,但是哈登贝格却提出了中间道路。他建议接受《美泉宫条约》,但是要有所保留,以防止同英国决裂;哈登贝格尽管强烈谴责政敌豪格维茨的行为,但还是希望能通过同拿破仑展开新一轮谈判来获得更多的领土。这样一来等于为拿破仑提供了合理的借口,可以单方面摆脱《美泉宫条约》的束缚。这个重大错误之后是另一个更加严重的错误。拿破仑令人生疑地不发一言,却派遣军队从各个方面向普鲁士进发,此时的普鲁士却决定遣散军队。普鲁士被拉福雷模棱两可的说话方式所迷惑,竟然相信法国态度友好,同时也希望不再承受沉重的财政负担:为了满足征兵的费用,已经发行了国债,且批准了 500 万塔勒的开支。这个国家将为它的胆怯和过度吝啬付出惨重代价。拿破仑坐等普鲁士士兵退伍,然后就可以强迫其接受"另一个条约"。一旦普鲁士在他面前解除武装,拿破仑就会撕下面具。天真的哈登贝格却依然希望,可以同法国皇帝就重建德意志问题达成友好共识;他构想了德意志三足鼎立的局面:奥地利保持现状,北德成为普鲁士的势力范围,法国则对南部具有主要影响力;而且即便在如此无法忍受的局势下,他依然相信有可能为德意志民族保留一块政治空间。

然而,前往巴黎结束谈判的豪格维茨却送回令人震惊的消息:拿破仑不再承认《美泉宫条约》。1806 年 2 月 15 日,六神无主的豪

228

格维茨签署了比《美泉宫条约》内容更为苛刻的《巴黎条约》；普鲁士承诺封锁汉诺威所有河道，因此英国必然让普鲁士贸易陷入瘫痪，普英将马上开战，但是在《美泉宫条约》中承诺的补偿割让安斯巴赫一事，在新条约中未置一词。这简直不可思议！普鲁士军团已经长久未打仗，且分散在各个要塞；而法军则可以从美因河和莱茵河同时入侵，在数周内颠覆这个国家。奥法已经缔结和约，沙皇也已撤退，且秘密建议威廉三世，竭尽所能好歹同拿破仑达成协议；英国也是远水解不了近渴，而且奥斯特里茨的噩耗已经彻底打垮了伟大的皮特，他逝世后很长一段时间，英国政策始终游移不定。所有的将领，即便是让法国人害怕的吕歇尔（Rüchel）都宣布不可能抵挡法军；但是悲愤交加的哈登贝格，却让威廉三世作出决定，因为部长们没有任何独立权力。威廉三世只好被迫接受《巴黎条约》。

这就是初次尝试放弃轻松的巴塞尔中立政策所造成的悲惨结局。沙皇的好管闲事和弗兰茨皇帝的优柔寡断毁了第三次反法联盟。因此而孤立的普鲁士，在拿破仑的引诱下一再犯错，最终不得不臣服。汉诺威人满怀仇恨，可黑鹰还是飞上了古老韦尔夫家族的城市大门；忠诚的安斯巴赫人绝望地请求威廉三世不要放弃他们，可是没人听见他们的悲伤。然而，正是在面对如此奇耻大辱时，消失在和平岁月的抵抗精神，似乎发出了一丝光芒。去年冬天，无可救药的骄傲自满情绪还充斥着国家，像年轻的巴德莱本（Bardeleben）这样有才干和活跃的军官，1月份的时候还曾耀武扬威地写道："我们就要光荣地抵达和平世界！"签订《巴黎条约》之后，气氛马上发生了转变。在首都那些有教养的政治评论家之中，确实有些没头脑的人，他们居然赞扬威廉三世不费一兵一卒就斩获了一个不错的省份；但是贵族和军队却由于腓特烈时代的光辉不再而满心愤懑。像格奈泽瑙这样思虑深远的人，认为决定性的时刻即将到来，我们的希望就寄托在普奥联盟之上。没人比生性高傲的国王更觉得耻辱，他直接宣布了自己的愿望：以欺骗和谎言达成的《巴黎条约》并没有约束力；只要法国胆敢再次来犯，普鲁士誓将与之决一死战。

受拿破仑保护的豪格维茨接管了普鲁士的外交事务，将国家引入了法国盟国的狭小水域；哈登贝格仍然是威廉三世信任的顾问，在战争临近时，秘密同俄国再次结盟。这个过分乐观的人最后也不得不面对现实。过去两年的诸多政治失误他都难脱干系，而且巴黎方面也将他视为反法势力的领袖，因为他是豪格维茨的政敌，也因为他一再敦促国王不要再做"寡廉鲜耻的人"①。眼光敏锐的拿破仑看出哈登贝格是个非常高傲的政治家，他打算报去年秋天的一箭之仇，于是不断以谩骂毁谤向其施压，尽管哈登贝格的回应极有风度，但最终仍遭解职。但正是拿破仑的这些行为让哈登贝格获得了不符实际的名声；所有人都满怀希望看着他，勇敢的爱国者马维茨（Marwitz），勃兰登堡贵族的领袖，称赞他是"1805 年秋天以来能够拯救国家的理想人选"②。但是直到 1806 年春天最难过的那几周，哈登贝格才首次真正成为了世界希望他成为的人。他惊恐地看着普鲁士正蹒跚走向无底深渊；这个生性尊贵高傲的人力挽狂澜，直到生命尽头，他都是拿破仑世界帝国难缠的对手。

豪格维茨签订《巴黎条约》时，最后的希望是法国可以尽快撤兵，但这个愿望落空了。拿破仑大军依然留在德意志，从伊恩河威胁奥地利，从莱茵河和美因河威胁普鲁士。霍夫堡被迫按照拿破仑的计划，承认神圣帝国正式解散；拿破仑为了保障同英国的和平，命令普鲁士必须交出汉诺威；如果普鲁士违抗，法军马上入侵；法军还占领了克尔（Kehl）、卡斯特尔（Kastel）和韦瑟尔这些要塞；下莱茵的要塞也将被建成攻击普鲁士的据点。

拿破仑继续根据自己的方式，实现哈登贝格曾提出的德意志三足鼎立计划。拿破仑打算把"三分之一的德意志"在政治上变成法国的保护国，非但不能同奥地利和普鲁士结盟，更要保持独立且与这两者为敌。拿破仑一想起达尔贝格重建加洛林帝国、复兴德意志民族的梦想，以及在慕尼黑同南德诸邦劳而无功的谈判，就更加确信，"让这些德意志人团结一致"是多么困难。他决定直接实施新统治，就像老皇帝卡尔五世曾经通过强制性条约迫使意大利诸侯听话。拿破仑知道只要拿更小的国家当作战利品，中间国家就

---

① 《哈登贝格年鉴》（*Hardenbergs Journal*），1806 年 8 月 6 日。——原注
② 见马维茨写给哈登贝格的一封信，日期是 1811 年 2 月 11 日。——原注

能任其摆布。南部的这些小诸侯中确实不乏屈服之人，大多数国家组成了一个法兰克福联盟，在巴黎派驻一位大使。拿破仑对这些焦虑小国的请求总是充耳不闻。当他心情好的时候，会让塔列朗告诉他"这些小国想要什么"，并且给予一个大方的回答。但是他逐渐开始不需要这些手无寸铁的追随者；他甚至怀疑他们中的一些人向普鲁士示好，而大多数倒向了奥地利。他的解决办法是："根据现状，小诸侯必须被清除。"传统国家体系的废墟上正在产生新的联邦体系；以法国为中心，卫星国环绕四周。拿破仑的两位兄长继任荷兰和那不勒斯王位；他亲自治理意大利的其余部分和瑞典。他寄希望于四个南德意志中间国家，以及下莱茵的新大公缪拉，能支撑起德意志联邦，以巩固这些卫星国的等级。在更小的国家中，他只想保留那些已经完全屈服或者跟他建立联姻关系的国家。

　　1806年春，德意志各个宫廷流传着一个消息，即将进行新一轮大规模国家兼并。于是，同四年前一样，我们那些尊贵的大使们又争先赶往巴黎，谄媚行贿以求为主子分得一份不错的战利品；而且又是一个阿尔萨斯人负责德意志的领土分配：老帝国的政论家普菲费尔（Pfeffel）在塔列朗和拉贝纳尔迪埃（La Besnardière）的授意下引导谈判。与此同时，莱茵联邦的建设问题由拿破仑内阁讨论决定，没有德意志诸侯参与。7月12日塔列朗召集追随者开会以前，巴黎的大使中只有4人能读到联邦章程。塔列朗在会议上向他们说明了他们的绝望境地：作为帝国的叛徒，他们已经无法继续首鼠两端；于是这份章程未经任何讨论就被通过了。路易十四时的莱茵联邦被重建，但是力量已不可同日而语。16位德意志诸侯脱离神圣帝国，宣布自己为主权国家，并且不再遵守任何传统尊贵的古老国际法则；承认拿破仑是他们的监护人，并提供一支6.3万人的军队参与法国想要发起的所有大陆战争。他们在欧洲外交政策上无条件服从法国，同时在内政上拥有无条件主权：这就是关于莱茵联邦体制的两个主导思想，根据对德意志诸侯国家的全面了解而设计。这些诸侯能够忍受他们的从属地位，是因为身处法奥两国之间，他们需要一个保护人，而且也希望获得拿破仑的青睐。有些人也会私下里安慰自己，法国统治不会永远；但是被他们视为

232

无价之宝的主权将永远掌握在自己手里。德意志地方主义的罪恶之花灿烂绽放。

在一封写给达尔贝格的信中，拿破仑大方承认，嘲弄那些小诸侯自古以来的背叛行为，是一件乐事；他认为莱茵联邦的政策过于保守，因为尽管保护关系已经存在了数个世纪，但是仅在法律上获得承认。同时拿破仑还精明地煽动各个宫廷的自大情绪。德意志诸侯再不会接受一个至高无上的统治者。不会有外国宫廷插手他们的内政；拿破仑只是履行保护人的责任，而这些被保护国除了保证完全主权之外，不会再有任何隐秘目的。但是拿破仑所承诺的这个莱茵联邦的基本形态从未实现；设有两院的联邦议会从未召开。因此，这个联邦只是野蛮外力的结果，从一开始就缺乏发展壮大的能力。拿破仑对于本国温驯的司法体系尚且斥责其"无理取闹"，因此根本不愿意卷入联邦议会冗长的讨论之中。知道自己麾下有15万来自莱茵河左岸的德意志士兵，拿破仑就很满意了。莱茵联邦内两个国王十分厌恶从属于联邦的身份，断然拒绝了新主教长（Fürstprimas）达尔贝格热心提出的所有联邦发展计划。

莱茵联邦覆盖整个西南部，从伊恩河直到莱茵河，然后向北延伸至威斯特伐利亚，包围了普鲁士及其小盟友；联邦章程第39条还居心叵测地宣告，其他德意志国家仍然可以进入联邦。莱茵联邦的16个成员国对于南部和西部更小的帝国邦拥有宗主权：这就是所有诸侯和伯爵、在今年的风暴中侥幸逃生的帝国骑士、两个骑士团国家、纽伦堡和法兰克福这两个帝国城市——总共550平方英里，125万人口的共同命运。比起法国人的专横残暴，《帝国代表重要决议》的污秽实在不值一提；洛布科维兹（Lobkowitz）和施瓦岑贝格（Schwarzenberg），以及所有的奥地利领土贵族都面临毁灭，他们长久以来都是支持帝国的世俗诸侯的核心力量，而这并不是出于帝国的意愿，也没有赔偿的借口，而是在拿破仑大军的掩护下，一小撮违背誓言的诸侯的恣意妄为。随着他们的覆亡，古老光荣的福斯坦堡（Fürstenberg）和霍恩洛厄（Hohenlohe）家族也随之消失，他们在数世纪以前，就同其在卡尔斯鲁厄（Karlsruhe）和斯图加特（Stuttgart）的幸运邻居一样强大；而且在那些被吞并的领土中，他们也因为高傲的荣誉感而最不愿意忍受厄运。光荣的普鲁士将

233

217

军、霍恩洛厄-沃林根（Hohenlohe-Oehringen）的腓特烈·路易亲王，骄傲地拒绝了拿破仑提出的所有诱惑，拒不加入莱茵联邦。他不愿意打破几个世纪以来同霍亨索伦家族之间的忠诚纽带，却因为勇敢地站在普鲁士一边而失去了对领地的宗主权。对拿骚-奥兰治家族的掠夺更为直接地伤害了柏林宫廷，这个家族曾以一块德意志土地补偿普鲁士丧失的尼德兰领土，现在它丧失了部分德意志领土，却没有人觉得有必要告知柏林。小诸侯国的存亡被任意决定。莱恩伯爵（Leyen）是达尔贝格的侄子，因而被允许以国家元首的身份进入莱茵联邦。然而一种神圣的必然性掌控着这些无意识的罪行和掠夺——一大群曾经依靠掠夺老德意志王朝而富饶的贫瘠国家将消失；这块土地会逐渐变得平坦，一个全新的德意志统一体将坐落其上。

直到仲夏，拿破仑都坚信正直的弗兰茨皇帝不可能接受帝国的毁灭；因为《普雷斯堡条约》明确规定，这些新晋的王国仍然属于德意志联盟。但是这场败仗已经彻底耗尽了奥地利的力气；卡尔大公和新外交部长菲利普·施塔迪翁伯爵（Philip Stadion），都希望能够休养生息。此外，《普雷斯堡条约》还规定，巴伐利亚-符腾堡主权产生的所有后续事宜都要受到认可，因此帝国间接放弃了宗主权。因为缺乏以武力保卫古老帝国权利的力量和决心，奥地利家族希望在一个恰当的时机，在拿破仑强迫之前，自愿自主地放弃这个毫无价值的皇帝头衔。这也是施塔迪翁的建议；就在这些令人沮丧的日子中，就在一个时代正走向自己的悲剧结局的时刻，哈布斯堡王朝贪婪的政策依然兴风作浪。他们的祖先始终将帝国皇冠视为扩大家族领土的法宝，如今弗兰茨皇帝也把放弃帝位当成政治筹码，他写道"要选择一个对奥地利利大于害的时机，放弃帝国头衔"。因此梅特涅（Metternich）赶往巴黎"强调帝国的尊严"，并没有拒绝退位，而是态度恭顺地希望"奥地利能获得更大利益"。这就是最后一任罗马-德意志皇帝拜别萨里安人和霍亨斯陶芬家族紫袍时的心态。人们再也听不到帝王和宗主爱民如子的亲切话语，奥地利家族的政策最终直接表达了它对德意志的态度。但是奥地利的交易计划失败了。当梅特涅抵达巴黎的时候，《莱茵联邦宪章》已经被起草出来了。拿破仑正在雷根斯堡同他的附庸一起宣布帝国的解散,木已成舟,德意志皇帝只能面对事实。

最忠诚的帝国邦之一,对帝国议会实施了最后一击。急性子的保皇党人,瑞典国王古斯塔夫召回了大使,因为他认为参与这样一个自私和掠夺性的决议有失身份。当建立莱茵联邦的准备工作在巴黎进行时,达尔贝格特意让雷根斯堡的议会放了个假。然后,8月1日,8位大使以莱茵联邦诸侯的身份宣布,他们尊贵的领主认为"根据他们的身份和纯粹的目的",将正式脱离事实上已经解散的神圣帝国;他们将受到"一位强大君主的保护,这位君主的意图始终同德意志的真正利益相吻合"。同时法国大使也宣布,拿破仑不再承认很久以前就只剩残骸的神圣帝国。

即便在充斥着暴力和野蛮的古代,德意志人尚且保留着一丝羞耻感:杀人凶手不会站在被害人旁边,因为他害怕看见鲜血再次从尸体的伤口中进出。但是冷酷的新一代没有这种感觉;当8月1日决议宣布时,在帝国议会上,只有摧毁古代国家的莱茵联邦国家的使节出席。帝国议会就这样悄无声息地崩溃了。8月6日,弗兰茨皇帝摘下德意志皇冠,并且发布了一份无情的声明,宣布"取消最高领主的职责和身份",奥地利帝国不再承担任何德意志帝国的义务。由于奥地利世袭领土同德意志之间的结合一直很松散,因此正式分裂不会对奥地利内政产生任何影响。最后一任哈布斯堡皇帝,通过一次政变,摧毁了千年以来凝结德意志民族骄傲与苦难记忆的皇冠;这些记忆中既有奥托大帝的英名,也有三十年战争的恐怖,以及罗斯巴赫的荒唐耻辱。帝国走完了命运的轮回;从德意志装饰品变成了令人厌恶的讽刺画;垮台之时,似乎早就成了逝去的幽灵。德意志民族依然沉默,只有尝够了无帝时代的耻辱之后,关于皇帝和帝国的梦想才会再次在德意志民族的胸腔中燃烧。

波拿巴主义阵营狂热欢呼。《美因茨报》(*Mainzer Zeitung*)写道:"德意志消失了。那些所谓防止国家崩溃的斗争,不过是一群人在一个已经僵死之人的墓前所唱的悲歌。德意志并非今天才消亡。只有少数几个伟大领袖的精神,才能赋予民族历史以生命和内涵。"——这种说法体现了对时代英雄的普遍屈从。英国的金钱和奥地利的自负,要为最近的战争和帝国体制的毁灭负责,这样的观念在高地国家和莱茵河地区广为流传;但是北部的大众甚至不

235

知道这个帝国的名字,也就更不理解时代的危机。莱茵联邦的诸侯们,在法国大集团军的保护下,获取了各自的战利品,而就像三年前一样,人们只是发发牢骚就忍受了这一切。联邦的所有宫廷都认为,由于已经获得了主权,那么摧毁传统权利体系的最后残余就是合法行为;拿破仑所说的"因时制宜"实际上合法化了所有暴行。符腾堡的腓特烈即位之后,马上要求议会委员会交出国库的钥匙,废除了传统领地宪法,声称"该宪法不再适合当前的形式",他的官员们欢呼终于根除了领地冲突的麻烦,而这正是勇敢的士瓦本人三百年浴血奋战所保卫的东西,也是德意志南部充满生机的力量所在。丹麦趁帝国解散之机将荷尔斯泰因(Holstein)收入囊中;古斯塔夫国王也废除了瑞典属波美拉尼亚的领地权利,实施瑞典宪法。

236

德意志地区爆发了新一轮空位时期的混乱局面。手拿棍棒的不再是中世纪的强盗贵族,而是现代王公。拿破仑疑心重重地迫害这块臣服之地上流露的所有民族意识,写信告知塔列朗,法国利益要求德意志公共意见维持分裂。在安斯巴赫出版了一本佚名册子《屈辱的德意志》(*Deutschland in seiner tiefen Erniedrigung*),这是一篇没有恶意的伤感文章,不过表达了这个严峻的时代对和平的愿望,"哭泣吧,所有高贵忠诚的德意志人!"即便是德意志人如此平常的哀叹,都引起了拿破仑的警觉,他逮捕了据说传播这本册子的书商帕尔姆(Palm),把他交由军事法庭审判并枪决。这是拿破仑政权在德意志土地上犯下的首件司法谋杀,审慎的巴伐利亚人开始怀疑,莱茵联邦真的能够带来胜利的和平和思想的启蒙吗?

根茨不同于那个可怜的安斯巴赫人,他知道如何同人民对话。他最优秀的作品,是对于力量均衡的近代历史的数篇断想,的确表明这个天才作家的创作确实是受到了奥地利的赞助:对大公家族他极尽誉美之能事,并且断然否认霍夫堡针对巴伐利亚的计划。但是这些偏袒都无伤大雅,重要的是他用真诚坦率和炽热语言,探究了德意志之耻的终极原因。一种新的世界霸权打乱了传统国家实力均衡的局面:"是德意志自己的软弱,而非拿破仑的天才,造就了德意志的命运。"未来的重大问题是,整个德意志是否将变成今天半个德意志已经形成的局面,也就是荷兰和瑞典、西班牙和意大利的局面？德意志的错误颠覆了欧洲，但欧洲的重建必然依靠德意志完成。他呼唤救世主和复仇者，恢复民族的永恒权益，重建德意志和欧洲。他竭力讽刺挖苦那些还梦想法国拯救世界的傻瓜："复仇魔鬼将用鞭子把他们赶进政治疯狂的怪圈，惩罚他们的自负愚蠢，他们曾经热爱羞怯而狂热的自由，但终将歌颂压迫各民族的残酷役使。"

　　这些充满爱国热情的话语最终在平静的北方引起回响。恩斯特·莫里茨·阿恩特（Ernst Moritz Arndt），勇敢的吕根岛之子，迄今为止都是瑞典三王的顺民；等到他真的懂得了德意志的耻辱，也理解了何为祖国，他身上的德意志血液才沸腾起来。1805 年战争期间，他开始撰写《时代精神》（Geist der Zeit）的第一部分，从那时起他始终同不幸的民族血肉相连，扮演着忠诚的埃卡特（Eckart），一个清醒的觉悟者的角色。阿恩特所呈现的，既不是根茨广博的知识，也不是伟大政论家们的逻辑力和洞见。作为一个在田间和林中长大的孩子，他需要很多年时间才能扔掉瑞典-波美拉尼亚故乡的地方偏见：摆脱对斯堪的纳维亚、这块遍布森林的自由之地的盲目热爱，克服对贫穷、节制的普鲁士的憎恨，正是这种地方偏见连同冷酷精于算计的符腾堡的腓特烈，一同造成了德意志的分裂。但是从他满载爱意的心中流淌出的语句，就像他故乡的海浪一样充满着新鲜磅礴力量，拥有着原始而直接的感染力，这是当时的其他任何政治作家所不具备的。阿恩特写下的每个字都真实勇敢。失去国家的这一代人中，鲜有人能理解当时维也纳政治家艰涩的政治观念，而阿恩特的著作以一个简单的呼吁作结尾："热爱人性"；他从人性的方面宣传政治，因而能打动人心。他首先认识到并且要求惩罚受教育过多的知识分子所犯下的道德罪恶，在这个处处投机取巧的时代，他呼吁"好好生活强过喋喋不休议论生活"；"每个民族都有人性；没有自由的人，就没有自由的公民。一个人很难坚韧到经历奴役和蔑视而不堕落；但是一个民族永远不会堕落"。在柏林更加年轻一代的文学圈子中，也流露出类似的情感；自从不幸的安斯巴赫谈判之后，人们已经不可能继续沉浸在古老舒适的自我满足之中。在施莱尔马赫的圈子中，正酝酿着一个北方联盟的计划，希望通过贸易和交流自由，以及一个共同的军事体

237

系，再续北德的同胞之情。

普鲁士政府也受到这些言论的影响。当神圣帝国毁灭，西部和南部臣服于法国，威廉三世决定将剩余的德意志人召集在普鲁士麾下，就像他后来的宣战书中所说的那样。两年前他直接拒绝了拿破仑向他提供的北德意志王冠，因为他相信法国人没安好心；现在面对帝国的崩溃，威廉三世无比懊悔。直到德意志民族旧的法律体系彻底消失，这位有良心的国王才决定实施联邦改革计划，这些计划自从诸侯联盟的时代，就在柏林宫廷中不断酝酿；然后他也决定以法律形式维护普鲁士作为北方保护人的身份，尽管自从《巴塞尔和约》后这就已经真实存在了。就像威廉三世给萨克森的腓特烈·奥古斯特的信中表达的一样，他决意以一种拯救德意志北部的联盟体系对抗莱茵联邦。普鲁士最终回归了德意志政治的健康轨道，也正是这次向古老传统的回归，普鲁士遭受极大的耻辱，并因过去的罪孽受到惩罚。整个冬天，拿破仑不遗余力地向威廉三世奉承讨好，但他依然不为所动。自从签订《巴黎条约》，他就已经做好了最坏的打算；莱茵联邦的建立没有提及盟国普鲁士将获得任何东西，威廉三世认为建立联邦是对普鲁士的公开敌对，他也决不认为自己已经稳稳地握住了汉诺威这个保护德意志北部独立的堡垒。普鲁士同强大北德的统一非常符合欧洲利益，甚至英国少数明智之士都建议同柏林内阁达成友好共识；但是骄傲的乔治三世坚决反对这个提议。因此，当英国因为汉诺威同普鲁士争斗时，威廉三世必然担忧，诡计多端的法国盟友将再次让他失去这块代价昂贵的领土。

现在是时候将那些依然属于德意志的自由国家纳入备战状态。容易上当的哈登贝格在春天梦想的德意志三足鼎立局面，几乎已经完成，虽然采取的形式同他所预想的完全不一样。普鲁士现在有可能完成的，是继续独立于奥地利和法国，独立经营自己影响下的三分之一德意志。豪格维茨对于拿破仑的意图一直有着清醒的认识，因此在 7 月，甚至在莱茵联邦建立之前，普鲁士就开始同德累斯顿以及卡塞尔（Kassel）讨论组建北德意志联邦。普鲁士提出的计划，同之前的帝国体系组成极为相似，要求诸小宫廷提供的不过是必要的军备供应。普鲁士必须获得帝国待遇，而两位选帝侯则可以如愿以偿地将侯国晋升为王国；组建一个由这三个国家共同领导的联邦代表议会，每个国家都在联邦三分之一的地区拥有最高军事指挥权；最后，建立联邦法庭和一支 24 万人的联邦军队，这支军队在战时由普鲁士全权指挥。一切可能伤害联邦成员尊严的事情都被极力避免。议会和法庭并没有设在柏林，而是根据古老帝国惯例，设在了两个次级城市。为了满足萨克森和黑森的野心，允许它们吞并一些帝国骑士领地以及很小的伯爵、男爵领地，这两个中间国家马上分享到了普鲁士雄狮的战利品。

　　然而，事实再一次证明了，对于普鲁士来说，没有努力就没有收获。普鲁士帝国的理想，不可能仅仅被当做一个口号，或者仅靠和平谈判就能实现。柏林宫廷治国理念中暧昧的犹豫不决，再次引发了其他宫廷的质疑；普鲁士进退两难的窘境，被视为精心的算计；就连一向友好的圣彼得堡，有时也怀疑北德意志联邦是否是拿破仑的诡计。奥地利更不可能喜欢这个将让普鲁士分得旧帝国余辉的政策；尤其是因为普鲁士对谈判严格保密，更让弗兰茨皇帝疑心重重。通过奥地利大使在巴黎的斡旋，萨克森选帝侯第一次听到拿破仑警告他小心柏林的野心。这些小邦国长久以来已经惯于接受结果却不接受过程，他们会宣布普鲁士为保护国却不提供任何回报，在这样的情况下，能对他们有什么指望？

　　黑森选帝侯起先为了加入莱茵联邦与拿破仑秘密谈判，但是并没有达成协议，因为拿破仑并不想把达姆施塔特，也就是他堂兄的领土送给这位贪婪的选帝侯。因此，他怀揣扩大领土的愿望，欣喜地接受了北德意志联邦的计划，但是他的热情很快被浇灭了，因为公正的威廉三世极力限制在这狭小联邦中的土地吞并。萨克森内阁的表现，一如在腓特烈的诸侯联盟时一样傲慢。萨克森无疑将臣服于普鲁士。因为普鲁士在帝国待遇问题上做出了让步，德累斯顿宫廷便要求由建立普鲁士、萨克森和黑森轮流掌管的联邦管理委员会（Bundesdirektorium）；取消联邦军队和联邦法庭，代之以三个军区和三个地区法庭，分别由这三个国家掌管。阿尔伯特家族再次燃起了兼并欧内斯特家族（Ernest）领地的想法，并且在此以后两代人的时光中，始终是德累斯顿宫廷的首要政治目标。汉萨诸城仍然反对这个计划，尽管北德意志联邦仅仅要求他们提供财力而不是军队；他们还秘密协商建立汉萨同盟。当战争的阴云迫近，普鲁士要求它的小跟班们出资维持军队，什未林（Schwerin）宫廷表现出了德意志小诸侯的爱国热情，发表了让人永远铭记的宣言："只要公爵殿下相信自己处在危险之中，就会感激地接受您高贵王室的庇护，但以目前来看，殿下必然不会提供资助。"后来当普鲁士让这位正直的什未林公爵想起"受压迫祖国的民族荣誉"，并威胁入侵的时候，他才终于让步。同时，这场冗长的谈判也证明了，只能依靠军事压力才能同这些宫廷建立牢固联盟。

小国家的反抗得到了巴黎的支持，北德意志联邦也被无耻的拿破仑扼杀在萌芽。7月22日，塔列朗写信给柏林宫廷，建议普鲁士应该从莱茵联邦的建立中获得好处，并为自己组建北德意志帝国。但是这份看似友好的建议不过是要确保普鲁士赞成帝国解散。根据联邦宪法的最终条款，莱茵联邦起初预计所有德意志小诸侯国都加入联邦；这一目标快要完成的时候，乌兹堡（Würzburg）大公国的加入又扩大了联邦。拿破仑向盟友普鲁士提供北德意志帝国的皇冠，同时又提醒德累斯顿和卡塞尔警惕普鲁士联盟，并秘密鼓励萨克森的扩张计划以及汉萨诸城建立独立联盟。8月13日，拿破仑更加直白地通过达尔贝格之口向这两个选帝侯保证，只要他们愿意加入莱茵联邦，他将保护他们对抗不怀好意的普鲁士。四周后，他向达尔贝格宣布，承认所有德意志诸侯拥有完整主权，并且不会容忍有任何最高统治者凌驾于他们之上。法国的这些阴谋在德累斯顿宫廷起到的效果最为显著。随着战事临近，萨克森选侯努力在普鲁士和法国之间扮演两面派，就像一年前巴伐利亚在法国和奥地利之间的嘴脸。他一方面出于胆怯和荣誉感不能拒绝邻国的要求，另一方面以防万一又请求普鲁士军队突然进入萨克森领土，希望借此让拿破仑相信他加入普鲁士一方并非自愿。

241　　经历了几个月的奇耻大辱，法国还要禁止普鲁士保留德意志最后的残余，普鲁士应该忍耐吗？这个背信弃义的人已经用军队包围了普鲁士，在莱茵河要塞不停进行军备，以武力要求威廉三世接受一个更加耻辱的臣服条约，面对这些，普鲁士人还要继续游手好闲么？吕歇尔将军写道："拿破仑击中了我们的心脏，他威胁萨克森和黑森背叛自己最神圣的誓言。"只有武力才能从如此不堪的环境中突围。自从冬天起,普鲁士宫廷中明智的爱国者就预言,决战迫在眉睫。预感到灾难即将到来,财政部长施泰因整个春天都在努力打消臣下对威廉三世的影响。他起草了有关政府不足的备忘录,也是他伟大改革运动的的首个计划:普鲁士没有国家宪法,最高权威也无法在国家首脑和国民代表之间分割,因此政府构成(Regierungsverfassung)就变得非常重要;权力已经被下级官员所掠夺;因此必须废除秘密内阁,代之以国家参议院(Staatsrat)及 5 个部门,直接与国王对话;此外,还必须有一群强有力的新角色,因为一旦规则改变,他们必须能马上适应。布吕歇尔还严厉抨击环绕在国王周围的卑鄙庸人。9 月,就在一切尘埃落定之前,王室家族的众多成员以及施泰因、布吕歇尔、吕歇尔,共同向国王告知了"整个普鲁士、整个德意志和整个欧洲都明白的事情",乞求他解雇豪格维茨、拜梅(Beyme)和隆巴德。当这些王族成员跨出这一步的时候,他们已经粉碎了古老僵硬的专制主义外壳!威廉三世不愿意让王权尊严受到威胁;他将此次请愿活动视为逼宫,极为粗鲁地接见了这些请愿者。因此这些重大部门中的新旧两代人突然同时出现:军队方面,军需总长(Generalquartiermeister)沙恩霍斯特站在总司令布伦瑞克公爵旁边;内政方面,施泰因坐在豪格维茨身旁;内阁方面,尽管隆巴德依旧我行我素,哈登贝格则向国王提供更值得信任的建议。就是在这样的领导阶层管理下,混乱无序的旧王国开始同强大的拿破仑斗争,就连法国人提起拿破仑,都会胆怯而惊愕地说他:"无所不知,无所不想,无所不能!"

　　拿破仑的再次背叛,让这场不可避免的战争突然爆发。法国人曾多次隆重承诺将确保普鲁士占有汉诺威;柏林现在却突然得知,整个夏天拿破仑都在同英俄进行和谈,并且不假思索地要将英王室的世袭领地物归原主。威廉三世获悉这些消息后,第一时间写信给沙皇:"如果拿破仑正在同伦敦讨论汉诺威问题,那么他就是打算摧毁普鲁士。"威廉三世预见到,普鲁士将很快再次陷入 2 月份的糟糕处境,要么默默忍受这种强盗行为,要么以武力抵挡法国大军的入侵。普鲁士军队进入备战状态,陈兵马格德堡。经此一事,开战已成定局。尽管法英之间的谈判失败,法国也暂时放弃了关于汉诺威的计划,但是考虑到法国外交官在德累斯顿和卡塞尔

242

的阴谋,可以确定拿破仑正在抓住一切可能的机会摧毁普鲁士,如此就再没有谁可以阻挡莱茵联邦扩张至整个德意志。正如威廉三世所料,接下来的几天中,法国极力威胁普鲁士军队撤退,并要求解散北德意志联邦。普王愤怒地写信给沙皇,声称只有满足两个条件才能实现和平:拿破仑从德意志撤兵并且不再阻挠北德意志联邦的建立;否则只能开战,因为已经没有人能够以法律约束拿破仑了。

拿破仑并没有立即发布最后通牒,只是因为他正在同俄国和谈,希望将战事拖延到和谈产生结果之后。为了同普鲁士开战,深谋远虑的拿破仑已经在外交和军事上准备了数月。由于对腓特烈式的军队始终心存敬畏,因此他万分谨慎地对待这场战争。他成功地使对手陷入孤立局面,并且手段极其隐秘,以至于同代人和后世都相信了他的谎言,即这场针对普鲁士发起的防御战争,实际上是威廉三世铤而走险造成的。甚至有些普鲁士人都相信了这个谎言,因为经历了不幸的战争后,所有人都在谴责1806年政策。

拿破仑通过割让汉诺威,让普鲁士和英国之间产生了敌意;现在他又建议俄国的全权大使欧倍力(Oubril)同法国单独缔结和约。如果沙皇不批准他的大使缔结和约,那么就还有一个方法可以避免圣彼得堡卷入普法战争:早在8月,科西嘉人塞巴斯蒂亚尼(Sebastiani)就前往君士坦丁堡,诱使苏丹塞利姆三世(Selim)向俄国宣战。他发现奥斯曼帝国正处在愤怒中,因为轻浮多变的恰尔托雷斯基秘密鼓动塞尔维亚人叛乱,将多瑙河省份的诸位王公置于俄国影响之下,并且在希腊半岛播下了纷争的种子,因此不难促使奥斯曼政府采取行动。所以当沙皇拒绝签署欧倍力提出的单独和约时,巴黎也知道俄国不可能将超越半数的兵力提供给普鲁士。图林根战役之后,多瑙河战争爆发,拿破仑敦促苏丹:“这可是您保卫独立的大好时机!”俄国拒绝了欧倍力的和平提议,这意味着柏林已经没有任何其他选择,因为法俄之间的战争已不可避免,而普鲁士势必卷入其中。拿破仑通过与东方国家的谈判,还保证了奥地利的中立态度。维也纳不信任豪格维茨,也因普鲁士陷入窘境的欣喜,但这些都比不上它对奥斯特里茨战役胜利者的仇恨。但是奥地利在上一战中元气大伤,在眼下混乱的局势中根本指望不上,而现在更是深陷土耳其的无数混乱。当沙皇的军队入侵瓦拉几亚(Walachei),卡尔大公马上建议皇兄占领贝尔格莱德;维也纳内阁已经为同俄国作战准备了数月。因此面对普鲁士的求援,以及拿破仑提出保卫萨克森独立的结盟建议,霍夫堡都态度冷淡。但是为了讨好拿破仑,霍夫堡向杜伊勒里宫透漏了普鲁士部长的战事紧急公函。

因此,尽管豪格维茨一直持乐观态度,但是他确实被对手的外交技巧所迷惑,甚至可以说是被击败了。他依然指望能够同奥地利协同作业,但实际上这没有任何可能;他也相信莱茵联邦的人民将自愿投向威廉三世,但普鲁士饱尝怀疑和冷漠。现在只有同圣彼得堡秘密谈判,获得俄国的支持,才能保护普鲁士。但是就连沙皇都没有意识到事态的严重性,认为向普鲁士提供一支7万人的军队就足够了,并且还在普鲁士危急存亡之时投入东方战争。此外,靠不住的波兰省份也蠢蠢欲动。善良的拉齐维尔(Radziwill)亲王建议威廉三世获得波兰国王的头衔,而沙皇则获取立陶宛国王的头衔,声称"这些头衔将抹去一切不良情绪"。威廉三世慎重地拒绝了这个双刃剑式的建议;但是同时在巴黎却出现了一份宣言,号召波兰人同旧盟友法国人一起为自由而战。战争伊始,普鲁士只能指望萨克森选帝侯的协助,然而这个唯一忠诚的朋友已经犹疑很久了。拿破仑不止一次地让德累斯顿宫廷知道,他认为萨克森是被迫参战;忧心忡忡的选侯并不想公开叛变,但是他允许使节逗留巴黎,甚至在耶拿战争的消息传来以前,还对法皇的友好态度表达了谢意。舍恩菲尔德(Schönfeld)伯爵是萨克森驻维也纳的代表,他奉命告知法国大使,选侯是被迫加入普鲁士阵营的,因此希望拿破仑不要将萨克森的行为视为对法国的敌对。拿破仑料定萨克森一定会抛弃盟友。黑森选帝侯依然保持中立,因为贪婪如他觉得从这场战争中没有好处可捞,豪格维茨也没有打扰他。

因此,普鲁士是如此孤立无援地对抗整个西欧。面对这场不对等的斗争,唯有小心谨慎的防御,结果才可能不太糟糕。易北河和奥得河之间的防御三角是保卫普鲁士的关键,只有守住这里,才有可能抵抗压倒性的敌军,直到俄国援军抵达。但是豪格维茨希望向这个不信任他的世界展示,他是非常认真地对待这场战争。于是他

244

建议出击，而且军队中的腓特烈传统也支持大胆进攻。因此豪格维茨决定穿越图林根直抵南德，甚至没有派上全部军力实施这个大胆计划。所有的东普鲁士军团以及大多数南普鲁士军团，总共近4万人仍然在国内。拿破仑深深懂得部署战役和取得胜利之间的不同。早在8月，他就将莱茵联邦的军队向前推移至图林根边界。9月1日他命令大集团军行动，并精确规定了每一天的行进距离。拿破仑的探子遍布从班贝格到柏林的道路。他只需要2.4万法郎的战备金，因为他可以从唾手可得的胜利中获得任何想要的数目。

245 　　形势已经无比清楚，拿破仑发动战争的目的就是瓜分德意志，实现所有德意志诸侯的独立；正因如此，拿破仑才能要求所有莱茵联邦成员武力协助。一位帝国大使向联邦议会解释，拿破仑承诺将保卫受侵害的萨克森免遭强邻的毒手，并且在战争爆发之后向"萨克森人民"发表声明，声称法国将很快解放他们。迟钝冷漠的一代法国人中仍有不少关心政治问题，现在他们欢欣鼓舞地支持这位统治者。自从亨利二世以德意志自由的永恒保护者姿态出现，保护德意志诸小国似乎就逐渐成为法国民族政策的一项任务；莱茵联邦的诸侯们也欣然追随这位德意志地方主义的保护人。当布伦瑞克公爵敦促符腾堡的腓特烈以祖国的大局为重，承担起德意志诸侯的义务时，后者觉得尊严严重受损，因而大发雷霆。南德的军官们现在热切地想让傲慢的普鲁士为罗斯巴赫战役和鲁腾会战（Leuthen）付出代价；巴伐利亚和符腾堡的雇佣兵在普鲁士的行径比法国人还要残忍野蛮。

　　然而这是一场神圣的战争，因为这场战争及其惨败彻底摧毁了德意志社会的旧秩序。在雷根斯堡终结的不过是个空壳子；在图林根和东普鲁士战场上毁灭的，才是活生生的德意志国家，唯一一个赋予德意志民族政治存在以内容和目标的国家。经过多年错误之后，当普鲁士再次发动战争抵抗外族统治和德意志诸侯的背叛，老德意志国家终于走到了尽头。威廉三世送给拿破仑的战书无比坦白正直，普鲁士在10月1日最后通牒中提出的三个要求也无比合理：法国从德意志撤兵；承认北德意志联邦；对普法之间仍有争论的另外两个问题达成谅解。即便在那份冗长的战争宣言中也洋溢着一种可敬的民族骄傲情绪。威廉三世举起手臂高呼："为了将不幸的德意志从压迫它的桎梏下解放出来；民族权利比一切条约都重要！"

　　无论是人民还是军队，还都没有认识到这场战争的伟大意义。施莱尔马赫在哈雷的乌尔里希教堂（Ulrichskirche）布道坛上，像一个旷野之中呼喊的人，拼命向盲目的人民解释时代的信号："德意志的自由和情感是我们生命的意义之源，没有什么比这更重要！"费希特还是遗世独立，只有很少几个人能够理解他。只有战争的严峻性变得明显，这个勇敢的人身上鲜活的国家意识才苏醒过来。费希特断然抛弃了所有的世界主义梦想，用火热的文字赞颂为祖国而战的人们："军人是什么？他必须勇于牺牲。他绝不会逃避健康的情感意识，他热爱忠诚，有着超越平凡生活和享受的追求。"甚至在自鸣得意的军官圈子中，都没有人嘲笑这个古怪狂人的激情言论；军队始终保持着腓特烈时代的僵硬沉默，此外还有一种对任何权威人士的要求都吹毛求疵的批评精神。还没有人能充分理解，过去十年的沉睡状态对军队产生了多么严重的影响。或许威廉三世看得最清楚。他已经意识到混乱、自满和迟钝在四处肆虐；但是这个退居幕后的人如何能在观念上反对享有盛誉的老布伦瑞克公爵？普通士兵机械地完成自己的任务，老百姓依旧冷漠。只有那些还记得腓特烈大帝的老人们，依然坚信普鲁士之鹰的利爪，幻想着进军巴黎。

　　普鲁士幸运的战争史上唯一彻底惨败的战争开始了。普鲁士的跌落同它的崛起一样史无前例，这场惨败值得后世永远铭记，警告所有人要保持警惕、谦逊和忠诚。当拿破仑觉得自己将最高贵的古代国家踩在脚下时，他感到了一种疯狂而恶毒的快乐；他口出恶言，从未向现在一样兴奋、满怀仇恨和残忍。拿破仑将普鲁士视为德意志最后的希望，因为这个不怀好意的人意识到霍亨索伦家族是用特殊材料制成的，远远比弗兰茨皇帝和莱茵联邦的诸侯们强硬。在拿破仑对军队的讲话中，对露易丝王后大加诽谤；王后本人绝对没有参与 8 月份的关键性谈判，但现在却被指责引发了令法国措手不及的"市民战争"；说她像阿米达（Armida）①一样嗜血，

①　阿米达（Armida）：文学人物，是塔索的《雅路撒冷的解放》中描绘的一个巫女。——译注

疯狂地将城堡付之一炬。因此即使刀剑相接之前，普法之间就已经注定了不会存在光明正大的和谈。拿破仑在战争宣言的结尾处轻蔑地说："普鲁士应该明白，通过法国的友善可以轻易获得领土和人民，但法国的恨意也堪比风暴！"

247 　　由于去年冬天滥用职权，豪格维茨已经将国家陷入极为被动的外交困境，因此他也要为战争的错误开端负责。普鲁士军队尽管有大批辎重，且先于敌军入侵图灵根，但是豪格维茨并没有如预期般进攻法军，因为他还在等待其回应最后通牒。他在图灵根森林北部无目的的游荡，错失了最宝贵的战机。不久消息传来，敌军正沿着纽伦堡-莱比锡一线急奔图灵根东部，威胁普鲁士左翼。布伦瑞克公爵为保护通信要道，命令军队撤回易北河。因此，刚一开战，普鲁士就受到东南两线夹击。拿破仑本人则向北穿过萨勒河谷，并在此处击败了普鲁士的先锋卫队；高贵的路易斯·费迪南亲王（Louis Ferdinand）阵亡，这成了厄运的前兆，极大影响了士气；普鲁士军队尸横遍野，军官们听到这支军队发出了前所未有的哀嚎："我们被撕裂了！"

　　霍恩洛厄（Hohenlohe）亲王被纸上谈兵的马森巴赫（Massenbach）所误导，仅仅在一天内就丧失了他曾在莱茵河获得的所有荣耀。他带领普鲁士-萨克森军队，经耶拿撤退到萨勒河左岸高地，因为受命不许交战，他不仅没能穿过萨勒河，也没能占领河谷以及能够俯瞰高原的制高点。拿破仑马上利用了这个失误占领了高地，连夜高举火把让火炮爬上陡峭的山坡，在 10 月 14 号黎明破晓时，他已经胜券在握。这么一小支普鲁士军队如何能在菲尔岑海利根（Vierzehnheiligen）抵抗法国主力从制高点发起的压倒性火力？德意志士兵作战英勇，配得上自己的古老声望，普鲁士骑兵也优于法国；只有在分散作战中，普鲁士的重步兵才跟不上拿破仑灵活机动的散兵。常胜的法国年轻将领身上的战争热情鼓舞了军队，无能的普鲁士老朽参谋却让军队陷入瘫痪。一位头发灰白的上校被俘虏，法军讥笑着说："看看这可怜的萨克森老头！"本来吕歇尔将军有可能带领他的部队有序撤退，但他却让军团在孤立无援时进行没有意义的战斗。因此这支后备军也被卷入战败，当他在秋日夜晚向魏玛撤退的时候，维系军队的最后一根道德纽带

也断裂了：这位不受爱戴的将领发出告诫，士兵们充耳不闻，只为
自己打算。一团混乱中，残余的步兵和炮兵辗转穿越这片高原，其
中还穿插着大批辎重；敌军的每一声号角都让他们惊慌失措。格
奈泽瑙回忆这个噩梦般的夜晚时曾说："那是不堪回首的经历"，
"宁可万死也不愿再经历一遍！"在韦比希特（Webicht）森林的边
缘，正对魏玛的方向，他徒劳地用一些残部组成队伍掩护军团撤
退。他马上领教了，笼罩在这支败军之上的恐怖力量是多么强大；
法军骑兵部队在黑夜中一次随意的进攻，就能让这支军队再次陷
入混乱。然而，就在这样一幅恐怖的画面中，英雄精神之火仍然没
有熄灭，一直燃烧到复仇时刻的到来。

　　与此同时，沿河向下几英里的地方，达武历尽艰难战胜了普鲁
士主力。他从瑙姆堡（Naumberg）向西推进，切断了普鲁士从此处
通向易北河的道路。14 日清晨，达武率领的纵队突然从科森
（Kösen）的小路出现在萨勒河左岸陡峭起伏的高地上，此处位于黑
森豪森（Hessenhausen）和奥厄施泰特（Auerstedt）之间，在一场浓雾
中，两支队伍狭路相逢，双方都在行军之中，谁都不想开战，而且普
军的人数非常占优势。战争的第一小时，布伦瑞克公爵就身负重
伤；决战时刻，普军群龙无首，威廉三世不敢冒险接过指挥权，也没
有另派一名统帅。沙恩霍斯特率领左翼胜利向前推进，他相信自
己已经扭转了局势；但是右翼骑兵严重缺乏作战经验，卡尔克罗伊
特（Kalckreuth）率领的第二分队并没有参加战斗，因为在这支热爱
和平的军队中，没有将领胆敢擅自行事。因此，法军依靠最后的后
备军，击败普军右翼，取得了胜利；沙恩霍斯特也必须让步。普军
勉强维持着秩序开始撤退，他们向北行进，然后在布特施泰特
（Buttstedt）附近转向西面，取道桑格豪森（Sangerhausen）前往马格
德堡。霍恩洛厄以同样的路线从魏玛撤退，当这两支败军在黑夜
中相遇时，恐慌开始蔓延，主力军队也卷入了霍恩洛厄军队的混乱
之中。面对老普鲁士的毁灭，这些人显得无动于衷；不少士兵丢了
旗帜，一些被俘虏后又被骑兵部队解救的人，甚至拒绝再次拿起武
器。当军队接近故乡的时候，许多士兵逃离了，那些长期服役的老
兵安慰自己说，他们持枪的时间已经够长了，国王还有许多年轻人
可指望。腓特烈军队刀枪不入的神话彻底破产，举世无双的善战

231

之名也随风而逝。

10月15日，拿破仑向维斯图拉河这边的所有普鲁士省份强征了1.59亿法郎的税收，理由是之前几天的战争表明这些地区已被法国占领。这个命运的宠儿从来没有如此放肆地耀武扬威，并且在经历这样一场劫难之后，大多数罪恶的谎言都变成了现实。战败之后，德累斯顿宫廷马上开始实施蓄谋已久的叛离计划，投向了拿破仑阵营。一周以后，普鲁士在易北河左岸的领土、奥兰治家族和黑森家族的领地，都暂时被并入了法兰西帝国。那些在拿破仑的默许下，跟随黑森选帝侯的态度暧昧的中立国家，现在也遭到了惩罚，因为拿破仑再也不会容忍身后存在潜在敌人。在明斯特，支持领土传统自由的人士为挣脱普鲁士枷锁而庆祝；黑白相间的税收卡被拆除了，法国和明斯特国家的旗帜迎风招展，欢迎拿破仑军队。汉诺威也急忙撤下黑鹰标志，公然庆祝普鲁士官员被解职。

当普鲁士的新省份丢失的时候，哈雷的后备军也遭受惨败；因为这支部队撤退到了马格德堡，没有守卫首都，因此拿破仑得以沿着这支败军所占据的巨大弧形路线，长驱直入杀向柏林。普鲁士为和平时代的自负傲慢付出了惨重代价：无人曾设想敌军能直插国家心脏，因此没有要塞装备齐全；根据国内优秀经济学家的建议，实施了量入为出的财政体系，因此绝对无法负担庞大的战争支出。许多要塞的指挥官都是英勇的战士，但他们的责任感仅仅是出于等级骄傲，而非爱国之心。军队是他们的一切，他们无比自信地等待腓特烈军团获胜的消息。当战败的消息传遍全国，当这支常胜军队的残兵败将抵达马格德堡，这个城市马上陷入了一片恐慌混乱；老军官们觉得世界末日已经降临，所有抵抗都没有意义，他们的生命所依赖的一切都已坍塌。当埃尔福特（Erfurt）可耻地投降后，马格德堡、昆斯特林（Küstrin）、切什青及许多小地方，都敞开了大门。

忠诚的人民将大部分怒火投向了将领们，因为两场战役的失利以及最近的奇耻大辱都要归咎于他们错误的指挥。驻防部队的行动处处展现出他们本应有更好的命运：年轻的军官在绝望中断剑，普通士兵开枪自杀也不苟且偷生；昆斯特林有不少军营发动兵变，反抗他们可耻的指挥官。但是现在公众责难已是徒劳，这群忘记责任的人被羞耻压垮,没有勇气牺牲自己来洗刷耻辱。甚至霍恩洛厄亲王的结局也很不光彩:在无法言喻的困苦中,他率领残部远远迂回至乌可马克(Uckermark),后来在乌克湖(Ukersee)附近普伦茨劳(Prenzlau)的沼泽地被法军追上;此时他已经精疲力竭,被四面八方涌来的坏消息所压垮,于是听从了马森巴赫的糟糕建议,并轻易相信了缪拉关于敌军实力的谎言;拿破仑的妹夫为了这个谎言不惜抵上自己的声誉,以满足帝国的野心。奥古斯特亲王发起的最后一击也失败了,霍恩洛厄亲王的军队投降。这就是霍恩洛厄亲王的结局,他拥有骑士般的精神,曾是普鲁士军队的骄傲,莱茵联邦的混乱时代,在南德意志诸侯之中,唯独他保持着勇气和对德意志的忠诚。

普鲁士军队被歼灭了。切什青和昆斯特林失陷后,奥得河防线也岌岌可危,更无法指望远在维斯图拉河另一边的东普鲁士军团援助。拿破仑心满意足地写信给苏丹:"普鲁士完了。"就连根茨也觉得"再谈普鲁士复兴已是荒唐"。自从普鲁士统治者决意踏上通向伟大事业的艰难道路,已经遭受了无数狂风暴雨,多次目睹敌军兵临首都城下;但眼下却是普鲁士历史上第一次耻辱与灾祸同行。每个人都感到羞耻懊悔,占领者不能自控地幸灾乐祸更加增强了这种悲痛的情绪。拿破仑故意蔑视普鲁士的一切;在王室城堡,他又编造了诽谤露易丝王后的文字。他将腓特烈大帝的披风和宝剑送给巴黎的伤残军人,还讥讽普鲁士宫廷给他们最伟大的国王修建的墓室竟然寒酸至此;帝国卫队摧毁了罗斯巴赫战场上的方尖塔;从勃兰登堡门上推倒胜利者的雕像,碎片消失在了塞纳河上。看着曾经辉煌的宪兵队伍如今手无寸铁,衣衫褴褛,饥肠辘辘,像一群牲畜一样被人驱赶,这场面让人不忍直视。鼓号齐鸣中,一场仪式正在进行,人们将旧旗帜连同引以为傲的黑鹰带到街上,定音鼓和号角装在筐里,见证了古老的荣耀和今日的耻辱。所有走上战场的军队中,只有禁卫军(Garde du Corps)保全了古老声望。很快法国就下令禁止穿着普鲁士军服;就连退伍军官也必须脱下蓝色制服。此外,法国还征收繁重的苛捐杂税,放纵士兵欺压人民。11月21日,拿破仑从柏林颁发了令人难以置信的命令:禁止同英国的一切贸易,没收所有英国货物;大陆封锁政策建立,并在以后

251

数年中严重抑制了德意志发展。

卑颜屈膝的行为也随处可见。任何民族都有的卑鄙行为在普鲁士显得更加可恶，因为质朴豪放的德意志人并不像其他文化更为精致的罗马民族那样，精通那种即便身处卑鄙之中，亦能保持尊敬之貌的艺术。许多卑鄙小人都向拿破仑摇尾乞怜。兰格（Lange）、布赫霍尔茨（Buchholz）以及其他柏林启蒙运动的领袖，都欢呼理性征服了贵族偏见。人民公开用各种粗鲁玩笑表达对傲慢军官的憎恨。更糟糕的是，官僚系统的迂腐累赘和近乎愚蠢的谨慎，让国家的抵抗力量陷入瘫痪；在这样糟糕的时代，所有的权威机构依旧平静地进行日常工作，因此入侵者马上接管了运转有序的行政管理体系，老国防部中不少善良的工作人员，都在不知不觉中成了敌人的工具。在那些公然叛变的人中，没有谁比约翰内斯·穆勒的叛逃行为更加无耻。拿破仑的胜利，让这位古代德意志和瑞士自由狂热的拥护者，产生了奴隶般的崇拜之情；于是他改头换面，将拿破仑和腓特烈大帝共同誉为现代世界的英雄。他的老朋友根茨因此与之断交，并且希望他目睹篡位者被推翻、德意志重获自由，以此作为对他的惩罚。黑格尔对祖国的覆灭报以科学家的冷漠，这虽然不甚要紧，但却更病态。对于黑格尔来说，耶拿战争爆发就是世界精神的具体展现，从普鲁士的覆亡中，他推导出了一条明智原则：精神总能战胜空虚的推理论证。一般来说，在图灵根，这场灾难带来的阴云很快就消散了，只有接下来数年的冷酷压迫，才让人们明白自己的生活是多么紧密地同普鲁士的命运纠缠在一起。

在普鲁士的旧省份，刚一战败，情绪就马上发生转变。拿破仑对于普鲁士的憎恨与日俱增，因为他始终怀疑，这个国家尽管经历数周耻辱，但仍拥有他在欧洲大陆不曾遇到的不羁意志力。布吕歇尔军队的撤退展现了普鲁士士兵在强大领袖指挥下的能力。在这些斗争中，涌现了一批初出茅庐的年轻英雄，在未来他们将带领国家走向光明。布吕歇尔率后备军残部在马格德堡附近穿越易北河，以便同霍恩洛厄亲王的部队汇合；正当布吕歇尔渡河之时，约克（York）团长和他的狙击兵在奥登曹恩（Altenzaun）之战中将追击部队拖住了数个小时。普伦茨劳的失利让预计的汇合计划落空，于是沙恩霍斯特构想出大胆计划,转而进攻法军的侧后方,吸引敌军的部分兵力。一小股人马迅速赶往梅克伦堡,成功引诱三个法国军团追击。在如此狼狈困苦的撤退中,沙恩霍斯特却开始再次构思军事改革计划,早在春天他就在关于国民军的备忘录中初次进行了构想。在加德布施(Gadebusch),沙恩霍斯特同穆弗林(Müffling)会谈,他明确指出,上几周战事失利的最根本问题出在参与行动的普通士兵身上,因此改造军队是当务之急,要让士兵感到自己是祖国的一份子。① 接下来这支部队同力量占据优势的敌军,在吕贝克的城门和街道上展开了殊死搏斗,直到弹尽粮绝、后援无望,布吕歇尔才在拉特考尔(Rattkau)放下了武器。在悲惨的 1805 年战争中这是一场前所未有的英勇斗争;拿破仑进入柏林时,大多数市民表现得非常可敬,完全不同于维也纳市民的轻浮。从没有人像埃尔曼(Erman)牧师一样如此坦然地面对拿破仑,他在欢迎拿破仑的时候说:上帝的仆人不能撒谎,因此他不可能假装欢迎敌人。

　　战败的残酷事实摧毁了有教养者的空虚言谈,惊醒了过度受教育者长久迷失其中的理性幻梦,迫使怠倦的人们重拾真挚的爱恨。知识分子的想象世界随着他们愉悦的社交活动一同消失。悲伤笼罩着每个家庭。自负的有教养阶层也承认那活着的上帝无比强大;学者和普通人都懂得了没有信仰的生活是多么令人困惑,而失去民族的人民是多么悲惨。敌军驻扎的时间越久,社会的普遍情绪就变得愈加严肃和镇静,更加像普鲁士,就连市民们也很快不再出言相讥。所有人都屏息以待东普鲁士战场上传来的消息;伤残的老兵弹起手风琴为路易斯·费迪南亲王唱起哀歌,这是一首诞生在当前战争悲剧中的民歌;在露易丝王后的生辰,柏林市民违反法国的禁令,拉起窗帘为王后点燃蜡烛。各省人民也开始从和平时代的昏睡中清醒;许多饱经风霜的农民愤怒地注视着墙上的君主像。

　　身处灾难与耻辱的尼布尔最先理解了普鲁士民族,并以全部的

① 这次谈话的内容被穆弗林记录在关于后备军的备忘录上,并于 1821 年 7 月 12 日呈交哈登贝格。——原注。

热情投入其中，因为他看见这个高贵的民族在苦难中比在幸福中表现得更伟大。耶拿战争以前，他就离开丹麦担任普鲁士国家公职，在向柯尼斯堡撤退的过程中，他结识了波美拉尼亚人和老普鲁士人，尼布尔自信地写道："我从未想到能认识这么多强壮、认真、忠诚和敦厚的人；如果善加领导，整个世界都无法征服他们！"军事贵族和知识分子身上爱国热情的觉醒，要比普通民众更早更自觉，后者要经历之后的艰辛岁月，才能真正产生解放意识。古代普鲁士的军事骄傲和新德意志的唯心主义文化突然在一个理念中相互碰撞。传统国家的废墟之中，已经了准备好了巨大变革，这场变革将决定十九世纪德意志的历史进程——重建普鲁士国家以及德意志文化自由。老一辈军人万分痛恨外族统治，亦有不少忠勇之士自愿效忠国王；费希特也主动前往柯尼斯堡，因为他无法对压迫者屈膝投降。施莱尔马赫周围默默聚集起一群热情的爱国人士。忠诚的施莱尔马赫看见"德意志从奇耻大辱中复兴"；他希望用演说和文字参与其中，并绝不离开国王。他说："自由言论是投向拿破仑最剧烈的毒药。"他从不相信法国的胜利将千秋万代，还说拿破仑"毫无帝王之气"。

出乎意料的战败让威廉三世措手不及，在战后不久便签署了屈辱和约。这是他一生中最悲惨的时光，一些顾问甚至建议普鲁士加入莱茵联邦。征服者的傲慢让这位不幸的君主找回了王室责任感。拿破仑在和谈过程中提出的条件，不仅要求普鲁士割让所有易北河以西土地，更要求普鲁士同俄国断交，这触了威廉三世的逆鳞。他绝不允许自己像一年前的弗兰茨皇帝那样轻率行事；也不可能弃绝不久前他才苦苦求援的盟友。11 月 21 日，在奥斯特罗德（Osterode）的司令部召开会议，讨论接受卢凯西尼（Lucchesini）和察斯特罗（Zastrow）胆怯签署的休战协议，就在此时出现了一些不这么幼稚和自作聪明的人。施泰因和他的政敌，马克贵族领袖、高级保王党福斯伯爵，都建议拒绝签署和约。为挽救国家财富，施泰因提出通过向东普鲁士转移来延续战争。威廉三世持相同观点，于是在遥远的东部马克，德意志自由最后的堡垒重新拿起武器；他也随即驱逐了豪格维茨。从此以后，这个备受误解的君主尽管仍时常在细节问题上犯错犹豫，但却历尽六年艰辛，锲而不舍地朝向理想前进：只有重建普鲁士之后，才能有尊严地与法国缔结和约。东普鲁士的战役打响了，幸运之光第一次没有照耀拿破仑，绝望的欧洲第一次有了一丝希望：这个男人似乎并非不可战胜。

　　拿破仑的头脑非常清晰，很快意识到要对北德意志实施比莱茵联邦更加严厉的统治。在南方，他周围都是可靠的法国盟友，他们温顺地按照从法国输出的新原则统治着自己的新国家；在北方，他面对却是强硬的民众，他们坚决抵制法国体制，那里有严苛的新教文明，笨重的封建制度，以及同普鲁士、英国、俄国有着千丝万缕联系的古老家族。因此，拿破仑在北方的行为更加慎重，并且将整个西北部地区、韦尔夫家族领地、黑森以及奥兰治家族领地，交由他的亲族管理。北德意志诸王族中唯一对拿破仑怀有天然友善的是阿尔伯特家族，也是霍亨佐伦家族的宿敌，他们只有为了家族的统治主权才会拿起武器。12月11日，根据《波兹南和约》，承认萨克森选帝侯加入莱茵联邦，并升为王国。拿破仑为了将这个新国王同普鲁士永远分开，承诺将普鲁士的下卢萨蒂亚（Lusatia）和忠诚的科特布斯（Kottbus）送给萨克森，以此交换曼斯费尔德（Mansfeld），并吩咐其派遣军队以协助对抗普鲁士。此外，拿破仑还在萨克森推行了天主教和新教平等，德累斯顿宫廷从来没能在顽固的路德教人民中建立起这种宗教平等，为此非常感谢拿破仑。拿破仑的这一最后举动正是一个外交举措，因为每一个现代世界帝国同罗马普世教会之间的联系已经变得逐渐清晰；即便是大革命的继承人也不能没有罗马教会的帮助，即便这种帮助很小。拿破仑给教皇写信以及向参议会派遣使者，都清晰地告知天下，他已经从新教迫害者的手中解放了神圣宗教，并且将与罗马教会的死敌英国作战到底。

　　萨克森选侯国中驯服的德意志人庆祝狂欢，比前一年巴伐利亚态度更加卑贱。萨克森人多么高兴终于能同骄傲的普鲁士平起平坐！1807年春天，当保卫德意志最后自由之地的战争正沿着维斯图拉河打响的时候，莱比锡也在萨克森国王加冕的时刻举行了盛大的庆典。在装饰过的大街上，处处都有拿破仑从路易十四处借来的形象——太阳王。在市集上，人们为祖国建起圣坛；学生走进庆典队伍，在圣坛前点燃火炬，兴奋地唱道："祖国得救了！"就连大学解剖室中的尸体都被抬出来，分享萨克森的民族喜悦，解剖室大门上也张贴着字幅："死人也在欢呼！"

在拿破仑看来，北方其他的小诸侯国都只是普鲁士的随从和军官，很希望一次性除去它们。但是北方国家的特殊结构非常分散，很难吞并它们；此外莱茵联邦眼下也没有一位可以统治它们的可靠国王。拿破仑还有更要紧的事情要考虑，因此不愿在这个问题上花费更多精力；他想迅速结束这些谈判，然后马上将这些小军队投入普鲁士战争。因此，当图灵根和威斯特伐利亚的小诸侯们，亲自或者同过中介，向位于波兹南司令部的拿破仑示好时，受到了相对亲切的接待。德意志土地买卖的可耻戏码第三次上演，德意志的金钱也第三次流入拿破仑的无底洞；谈判愉快进行，这些受压迫的小诸侯发现拿骚的政治家汉斯·冯·加格恩（Hans von Gagern）是个警觉而公正的委托人。他是一位德意志传统自由的热情倾慕者，从历史研究中得出了这样的结论：纯粹的德意志精神、德意志最伟大之处，就在于纷杂多样的民族生命。当加格恩听闻北方小诸侯的焦虑，便急忙前往这些身处危险的人们之中，他不屈不挠的奔走让塔列朗，这位骄傲、善待德意志高等贵族的法国贵族，最终答应了他的所有要求。加恩格也不乏配合局势的幽默感：有一次，塔列朗的助手拉贝纳尔迪埃（La Besnardière）大喊："交出一个小诸侯"，这位地方主义的保护人回答道："不是一个，你必须将他们全部吞下，当心噎死你！"

因此，欧内斯廷家族（Ernestine）、阿什科尼家族（Ascania）、罗伊斯家族（Reuss）、施瓦茨贝格家族（Schwarzburg）、利佩家族（Lippe）和瓦尔德克家族（Waldeck），都作为拥有主权的统治者加入了莱茵联邦。同时比克堡（Bückeburg）伯爵也获得公爵头衔，因为法国人对这些事情的处理极为轻蔑草率，并且干脆在条约中称有两位利佩公爵。但是随后，拿破仑愤怒地谴责他在这些谈判中第一次受到了欺骗，并且声称如果早知道罗伊斯、利佩和瓦尔德克在哪里，就根本不会授予他们王冠。他从未忘记这些北方邦国曾经是神圣帝国中亲普鲁士的核心力量。所以，拿破仑实施野蛮统治时，还是对德累斯顿和南德意志宫廷流露出一些善意，但对待这些北方邦国始终非常严厉，不允许他们扩张领土和联姻。因此，尽管

257

萨克森和南德大肆崇拜拿破仑,北德的小诸侯们并没有太大反应;当图林根和梅克伦堡的农民看见公爵受辱于外人,仍会觉得自己也受到了侵犯。尽管如此,事件的结果仍然是:战争继续,普鲁士像奥地利一样被抛出了德意志,中等规模的所有诸侯国都臣服于莱茵联邦的保护人。

普鲁士被德意志抛弃,这个不幸的国度还必须为瓜分波兰付出代价。拥有这块斯拉夫领土,让普鲁士的内部发展在过去十年几乎陷于停滞,而且事实证明在危急时刻根本守不住那里。耶拿战争四周以后,东布罗夫斯基(Dombrowski)就在波兰揭竿而起;所有波兰贵族马上聚集在白鹰旗之下,动乱迅速扩展到了上两次瓜分波兰中并入普鲁士的地区。国王只有获得臣民的敬爱与忠诚才能承担起王权重任,而且威廉三世也认为国家必须以道德纽带维系。波兰省份的大规模叛乱让他心痛不已,但是他也清醒地认识到,这场民族运动不可能被抑制,因此也就没有理会拉齐维尔(Radziwill)亲王提出的梦幻议案:发动一场保王党的反革命运动。拿破仑十分乐见法国传统盟友的叛乱,他热情地加以鼓励,向叛军输送军队,煽动普鲁士军团中的波兰人叛逃,在公告中赞赏波兰人的行为展现出了民族本色,同时拿破仑也时刻警醒自己,不要给予波兰任何明确承诺。他无比冷静地看穿了这些萨尔玛提亚贵族,他们确实英勇,但同时也轻率、自私、缺乏政治能力。拿破仑十分看重波兰,因为这里可以为他提供大量辅助兵力,也是进攻俄国的宏伟计划的中间环节;他时刻准备着,一旦时机允许,就帮助波兰恢复表面上的政治独立。

波兰叛乱最终迫使沙皇向普鲁士提供承诺过的援助。但是出现在普鲁士土地上的,并不是去年秋天承诺的俄国援军;俄国本身也承受战争的重负,深陷轻率发动的土耳其战争,因此只有一部分军队可供普鲁士使用。七年战争的惨剧在这块不幸的土地上重演。不久,这些粗暴野蛮的俄国士兵就掠夺了普鲁士,甚至比法军更野蛮;此外,普鲁士还要忍受俄军愚蠢的军事领导,及其军官对莱斯托克(Lestocq)将军领导的英勇普鲁士小分队的傲慢无礼。尽管如此,这场发生在波兰和普鲁士平原地带,拖延数月的战争,首次动摇了拿破仑的必胜信心。法国士兵早已经习惯了速战速决、

258

大量的战利品以及南方葡萄产地的舒适生活，因此他们现在满腹牢骚，抱怨贪得无厌的领袖无休止地发动战争。整整数周，莱斯托克的军队以老普鲁士的顽强姿态护卫军队穿越维斯图拉河，进入库默尔兰(Kulmerland)，最终在东方与俄国军队汇合，这些普鲁士的残余兵力在击败拿破仑的第一场战争中发挥了决定性作用。1807年2月7日、8日，拿破仑在艾劳(Eylau)发动猛烈攻击，力图向东驱赶联军。战争第二天，在一场惨烈斗争后，俄军左翼被冲散。沙恩霍斯特马上意识到，决战时刻已经到来。此时莱斯托克的军队长途跋涉刚刚到达联军右翼边缘，沙恩霍斯特马上下令其向敌军中心移动。腓特烈时代的幸运女神再次降临在德意志，这一小支普鲁士军队奏响军乐、挥舞旗帜，穿越四散逃亡的俄国人，向库特施滕(Kutschitten)森林进军，将面前的法军驱出了安卡拉彭(Anklappen)。

法军进攻失败。这并非决战，拿破仑却被迫进入冬营地，这并不符合他一贯的做法；首次战败产生了巨大影响，他马上同威廉三世接触，希望进行新一轮和谈。拿破仑半诣媚半恐吓地写道：这是他一生中最美好的时刻；在勃兰登堡家族或者其他王族的统治下，普鲁士民族必将再次成为法俄之间的防洪堤；他愿意归还易北河这一侧的所有领地；他已经认清了波兰的面貌，便不再挂怀这个国家。毫无疑问，这个骗子就是打算拆散普鲁士及其盟友，这样在征服俄国以后，就可以加倍羞辱被全世界抛弃的普鲁士。威廉三世毫不犹豫地否决了法国的提议，在不幸的命运中，他性格中的忠诚和坚韧，这些并不积极的精神力量，开始放出光芒。王室如今在德意志最后的角落——涅曼河——艰难度日，成了整个国家中冷静虔诚的表率。东普鲁士骄傲的人们比和平时代更加热爱普鲁士王室。人人赞颂美丽的王后：她身染疾病，顶风冒雪地沿着库洛尼亚沙嘴(Kurische Nerung)废墟出逃，宁肯去见上帝也不愿落入敌手，坚定勇敢地同自己备受折磨的丈夫并肩而立。

普鲁士的领导人确实缺乏自由而勇敢的灵魂，软弱和妥协在十年中造成的影响也不可能瞬间消散。军队受到严厉告诫，玩忽职守的要塞守将也被严惩。莱斯托克指挥的小部队成为典范；沙恩霍斯特在几年前就提出要组建庞大的、各军种混合的军事部门；如

259

今他放弃了古老而笨重的线性战术，根据国王对军官实施的教导，以大胆全新的战争指挥原则排兵布阵。但是 19 个后备军的装备迟迟未能到位，因此根本无法上战场。威廉三世已经签署了一份陈情书，呼吁全民武装，但是这份文件却从未被发出，因为忠诚东普鲁士贵族焦急地表态：贵族只能加入王室部队，绝不当国民军（Landsturm）。令人不快的转型期持续数月，却没有诞生政府管理机构。威廉三世仍然不明白，陈腐的内阁政府同责权独立的部长们之间存在不可调和的矛盾；当施泰因男爵公然积极地支持废除内阁时，国王愤怒地解雇了他。哈登贝格就懂得如何更好地控制国王，他不断地用一种温和平静的方式表达自己的坦率，最终获得了胜利：1807 年 4 月 26 日，政府体制平静地实施了改革，古老专制主义经历了自威廉一世以来最重大的转变。内阁政府被废除，哈登贝格担任首相和外交部长，同时管理一切战争指挥事宜。

即便在艾劳取得了局部胜利，联军的处境依然岌岌可危。尽管拿破仑最强硬的敌人海战顺利，但是在管理大陆事务的问题上，具有商人精神英国一如既往愚笨不堪，这已经成为众所周知的事实。三年以前，伦敦不止一个人赞成抵制法国、保卫汉诺威，同时马上向普鲁士宣战，惩罚其占领汉诺威；但是 1807 年 1 月，英普缔结和约，普鲁士放弃汉诺威，但英国内阁却并没有支持新盟友对抗共同的敌人，也没有签署任何援助性条款。明斯特伯爵对德意志事务的建议，在伦敦具有决定性意义，但是他始终不信任普鲁士。奥地利一直保持中立，即便是波兰叛变的消息对它也没有影响。交战双方都急切地向霍夫堡示好：拿破仑提出以西里西亚交换加利西亚（Galicia）；沙皇则派遣波拿巴家族的死敌波佐·迪·博尔戈（Pozzo di Borgo）前往维也纳，急切地规劝奥地利；威廉三世排除万难，宣布愿意让一支奥地利附属军队暂时驻扎西里西亚森林。但是卡尔大公仍然坚持自己的和平主义政策。为了掩饰自己的不作为，奥地利最终决定可以居中调解、维护和平，但是在目前的状况下这就是句空话。沙皇的友谊是摇摇欲坠的普鲁士最后的希望，而这位热情的俄国青年在春天亲自出现在战场上时，也大肆发表豪言壮语；沙皇十分亲切地同王室交流，热情地对这位不幸的朋友说："我们荣辱与共！"威廉三世第一次真正理解了亚历山大之

260

伟大。

哈登贝格一向勇敢无畏又乐天善变，即便在普鲁士危急存亡之秋，仍然打算冒险推行重建德意志和整个国家体制的宏大计划。十几年以来，他一直希望可以借助法国打造一个大北德意志，抗衡奥地利。这个梦想刚一落空，他马上接受了标准的德意志二元体系，并且一直坚持到逝世。但是命运无常，奥地利和普鲁士现在都陷入孤立挨打的局面，只有合作无间才能解放德意志。以后的数年中，普鲁士爱国者不分派别地认同这个理想；它像本能反应一样

261 突然出现在无数混乱的心灵中。在根茨的作品中，这一观点像"信念"（ceterum censeo）①一样反复出现。克内泽贝克上校（Knesebeck）也喜欢通过绘画展现欧洲的未来——奥地利与普鲁士维持的欧洲均衡。阿恩特和克莱斯特发誓要让这两个最优秀的德意志之子再次和平共处。露易丝王后也一直期待着德意志兄弟能尽弃前嫌，一同投入神圣战争。只有威廉三世固执己见，每当他考虑组建反法同盟的问题时，总是率先想到俄国。但是，哈登贝格现在将普奥之间的矛盾视为一种过时且不幸的偏见，因为双方的利益目前一致。他起草的计划简洁大气，没有任何秘密动机以及对奥地利的隐性敌意。他相信，只要加强睦邻友好，普奥双方古老的利益之争就可以完全平息；我们不得不承认，他的政策确实符合近期需要。

正是在这样的氛围中，4 月 26 日，普俄在巴尔托希采（Bartenstein）签订新的联盟条约。双方发誓永不放下武器，直到德意志解放、将法国赶出莱茵河；通过莱茵河左岸的一连串要塞堡垒保卫德意志领土，同时通过明乔河（Mincio）一线和蒂罗尔西南保卫奥地利；废除莱茵联邦，由主权国家组成德意志同盟，接受普奥的共同领导——它们分别管理北方和南方；普鲁士的领土范围则恢复到 1805 年的状况，同时完善和加强边界地区；最终，英国在德意志的领土将被扩大，并且将在可能的情况下，恢复荷兰独立。条约还有特别款项，等待霍夫堡加入同盟，也为英国和瑞典的参与作出了

---

① ceterum censeo 是拉丁语，语出老加图 "Ceterum censeo delendam esse Cathaginem"，意为"还有，我想，迦太基必须毁灭"。——译注

准备。这些无比自信的理想,将在 1814 年变成现实。

但是维也纳还是担忧这个计划过于鲁莽。当施塔迪翁伯爵听闻,这些大胆计划的制定既没有霍夫堡参与,也没有超出《普莱斯堡和约》的范畴时,便不再同情普鲁士。俄国也几乎没有按照哈登贝格的提议指挥战争。最终帮助本尼希森(Bennigsen)将军赢得艾劳之战的,是运气和将士们的勇气。他小心谨慎地避免拿自己的名声冒险,在 4 个月中几乎按兵不动。与此同时,拿破仑却在奥斯特罗德的冬营地中活动频繁:加强军备,提高 1808 年的征兵标准,命令莱茵联邦组建后备军,远程指挥君士坦丁堡组织防御对付英国舰队,同时包围但泽。拿破仑自从围绕曼托瓦(Mantua)的诸战役打响,就总是避免包围战,但是因为但泽是他的战争补给点,因此拿破仑决心实施自己的战争生涯中第二次也是最后一次令人厌倦的正式包围战。卡尔克罗伊特将军英勇捍卫要塞,比洛上校(Bülow)已经是新德意志军队中的优秀代表,在解除包围的战斗中斩获殊荣。但是由于本尼希森解救但泽的努力失败,5 月 27 日卡尔克罗伊特被迫投降。

老将科比尔(Courbiere)在格劳登兹(Graudenz)战果卓然。脾气暴躁却健康不佳的格岑(Götzen)伯爵,也在西里西亚边界的山地,凭借长远目光和英勇善战,始终维持着小规模战役的胜利。但是在联盟军队所有的行动中,最卓越的要数科尔贝格(Kolberg)防御战。七年战争期间,科尔贝格曾三次抵抗了敌军的优势力量进攻,是新普鲁士军队荣耀的发源地;德意志民族的愤怒首次在这里觉醒,这股力量在六年痛苦岁月后,将推动世界获得解放;这里出现了现阶段最能体现普鲁士军人精神的人,他身上结合了坚定的勇气和敏锐的洞察力。二十年沉闷的驻守中尉生涯,并没有摧毁年轻的格奈泽瑙。他温和坦率,一点也不自私,尽管面对愚蠢卑鄙会出言讥讽,但仍算得上很有分寸,是个极有文化修养的人。格奈泽瑙的文化视野极广,涉及整个民族的漫长历史,但是丰富的精神财富并没有让他误以为民族力量是用之不竭的,也没有干扰他对冒险和斗争的勇敢乐观态度。他目光如炬,从国王陛下沉静的外表下,看到了年轻的腓特烈大帝身上的光芒。当这位不知名的少校指挥防御科尔贝格岌岌可危的要塞时,一切似乎都焕然一新;他

262

243

迅速从科尔贝格的杂牌军中挑选出一支精良的队伍,用胜利精神来鼓舞他们,并且引导英勇的市民参加防御工作,由老水手内特尔贝克(Nettelbeck)担任指挥。他告诉我们:"一切尽在掌握,我要像一个独立贵族一样行动,有时甚至会有些专制;我会抛弃懦弱的军官;要同勇敢的下属打成一片;不要因未来而打扰我,而要保持前线稳固。"法军将领很快就惊讶地发现,这个天才指挥官在战场上能让他的部队同法军势均力敌。他让攻防角色互换,围城的部队经常受到突袭骚扰;他还在开阔地带筑起防御工事,将敌军远远据于要塞城墙之外数周之久。歌颂老德意志军人的歌谣,在战事不利的时代已经无人问津,如今人们模仿它赞颂城墙坚不可摧:"我们有许多大炮,什么都不担心;你们快滚回家吧,不要浪费时间。"

于此同时,在距离科尔贝格不远的地方,勇敢的骑兵席尔(Schill)也正在勇敢地执行侦察任务,格奈泽瑙听闻人们像欢迎祖国英雄一样欢迎这位勇敢的小人物,他也非常高兴,没有丝毫嫉妒。因为只要看到德意志民族之魂能再次充满希望地燃烧,他就非常满意了,而无论民众的目光聚焦在谁身上。在波美拉尼亚,马维茨组建了一支志愿兵,这个年轻人号召自己的同伴"解放德意志祖国"。在威斯特伐利亚,忠诚的芬克(Vincke)试图起义。但布吕歇尔则企图率领一小支普鲁士军队,在瑞典军队以及预计在吕根岛(Rügen)登陆的英军协助下,在拿破仑后方制造混乱。普鲁士人顽强的个性让拿破仑日益不安,他在盛怒之下骂席尔是强盗;还在官方报纸上将威廉三世称作笨蛋,不配同沙皇比肩;他决心要彻底解决这个心腹大患。

决战降临在东普鲁士。6月,对但泽陷落的担忧迫使俄国司令采取行动,在海尔斯堡(Heilsberg)轻松粉碎了法国的进攻。拿破仑沿阿勒河(Alle)向下,打算包围俄军,但是本尼希森严重低估敌军实力,贸然进攻法军纵队,6月14日兵败弗里德兰(Friedland)。在马伦哥会战的周年纪念日,普鲁士战争结束,经此一战,沙皇如同奥斯特里茨战争后一样元气大伤。尽管法军并未踏上俄国领土,但是沙皇担心俄属波兰也将掀起革命。他的兄弟康斯坦丁和大多数重要将领都公开反对这场为外国而进行的战争,甚至施塔迪翁都曾经询问俄国大使,沙皇为何甘愿为普鲁士作出牺牲。善

263

变的沙皇认为自己已经仁至义尽,因此在没有通知威廉三世的情况下便宣布休战,而此时他的盟友还坚定地相信他的承诺。拿破仑还无力将战火引入俄国境内,同时也担心奥地利犹豫不决的态度,而后者此时正向联军派遣使者。拿破仑没几天就说服沙皇倒向法国。沙皇其实并不信任同法国的联盟关系,他只是想在未来的几年内从这位新朋友身上获得好处。有了法国的帮助,年轻的沙皇可以实现两个心愿:占领芬兰并且在巴尔干半岛站稳脚跟,果真如此,那么一个更强大的俄国就更有希望打赢解放世界的战争。前景如此诱人,让沙皇忽略了一个问题:只要俄国存在,拿破仑的世界帝国和大陆体系就不可能建立;而拿破仑通过占领但泽、重建波兰,已经准备好了同俄国一决雌雄。

264

　　法俄缔结针对英国的攻守同盟之后,被俄国抛弃的盟友普鲁士被召来开会。威廉三世像一位真正的骑士一样,一直战斗到无立足之地。但是现在他必须屈服,因为在目前的情况下,像哈登贝格建议的那样,向德意志民族发出呼吁,又有什么用呢? 在涅曼河的船上,威廉三世同拿破仑会面了,他无法抑制自己内心的反感,获胜的拿破仑也态度轻蔑,几乎是咆哮着提出计划。深受苦难的王后已经为普鲁士而牺牲了尊严,亲自向这位残暴的敌人求情,而她的请求非但没有打动拿破仑,反而让他恶毒地调侃成"榆木脑袋"。

　　1807 年 7 月 7 日、9 日,签署《提尔西特和约》(Friede von Tilsit),这是所有同法国签署的和约中最悲惨的一个,无论在形式和内容上都空前绝后。拿破仑只是出于对沙皇的敬意,才将一少半普鲁士领土归还其合法君主。在当时的人看来,这个侮辱性的条款不过展现了拿破仑的狂傲,但它的确说明了一个真相:确实因为顾忌沙皇,拿破仑才仅仅满足于占领一半普鲁士领土。他需要沙皇的支持以攻占西班牙。站在沙皇的角度,他的确也不希望横

265

亘于俄国和法兰西帝国之间唯一的缓冲带被彻底抹去,而且当拿破仑提出将西里西亚和东普鲁士从普鲁士中分割出去的时候,他也很不安。战前,普鲁士除汉诺威外拥有 5700 平方英里的土地,现在只剩下大约 2800 平方英里;23 个军事与王室领地管理委员会只剩下了最大的 8 个;975 万人口只剩下 450 万。腓特烈大帝创建的一切似乎都毁于一旦。普鲁士的面积比 1740 年时大不了多少,

却处在一个更加难受的位置：退回易北河右岸，丧失了西边所有的前哨，生存在法国武力威慑之下。西里西亚、缩小的老普鲁士和勃兰登堡以及波美拉尼亚残存的部分，像残破的三叶草一样，仅仅靠狭窄的通道连接在一起。只要拿破仑高兴，可以随时让波兰从东、萨克森从南、威斯特伐利亚从马格德堡、法国从梅克伦堡，同时兵犯柏林，霍亨索伦家族陷入了天罗地网之中。

普属所有波兰省份，除了西普鲁士的一部分，都划分给了萨克森国王，他也获得了华沙公爵的头衔。因此第四次瓜分波兰，最终重建了有害的波兰-萨克森联盟，同时让韦廷家族获得了进军西里西亚的通道，而这是波兰统治者们梦寐以求的王者大道（via regia）①。这位新公爵，以法国为榜样迅速建立了一支强大军队，而这是从前的贵族共和国闻所未闻的。由于怯懦的韦廷家族的统治无力，萨尔玛提亚贵族的反德意志情绪日益高涨；萨克森王国违反《提尔西特和约》的明确规定，在获得拿破仑秘密首肯的情况下，迅速驱逐了所有德意志军官。为了给波兰人的狂热情绪找到一个支点，拿破仑将但泽变成一个自由市，并派遣一支法国大军驻守。为了让俄普永远反目，拿破仑建议沙皇从他不幸的盟友身上捞一笔——将比亚维斯托克（Bialystock）并入俄罗斯帝国。沙皇像萨克森的腓特烈·奥古斯特那样，从善如流地接受了拿破仑极力推荐的勒索行动；还自我安慰道，如果不答应的话，那么这块地区就将被并入华沙。拿破仑还用易北河左岸的普鲁士领土、黑森选帝侯国领土以及部分英国领地，组建了威斯特伐利亚王国，由他的弟弟热罗姆（Jerome）统治，并暗示他要以服从法国为第一要务。由于各个阶层和地方司法权"空洞荒谬的差异"会威胁到世界帝国的官僚集权化，拿破仑代之以一种"普遍宪法"。

266　　唯一拥有历史和生命的德意志国家都已经陷入悲剧，莱茵联邦的各个宫廷不禁欢欣雀跃。这些中间国家现在终于梦想成真，不用再担忧或妒忌任何德意志国家。他们的将领纷纷吹嘘自己在面

---

① 王者大道（via regia），是连接东西欧最古老也是最长的道路。它连接着从基辅（Kiew）到圣地亚哥德康波斯特拉（Santiago de Compostela）八个欧洲国家，共计约4500公里。——译注

临傲慢的北德时,表现得多么英勇,不厌其烦地说着普鲁士蠢货已经蠢到离谱。如果相信当时慕尼黑和斯图加特的官方报纸,那么耶拿战役就是普鲁士战争史上浓墨重彩的一笔。从表面上看,莱茵联邦的面积是缩小后的普鲁士的两倍,人口则是三倍;巴伐利亚自认为已经成为同普鲁士平起平坐的国家,因为在人数上只比普鲁士少100万,但繁荣程度却是天壤之别。德累斯顿和莱比锡则热爱用英国式卡通幽默展现的"提尔西特河上的会面":自负的"矮子"正用力拥抱年轻的沙皇,以至于木筏摇摆不定,在旁观望的威廉三世不幸落水。

　　莱茵联邦的所有诸侯中,萨克森新国王对法国的态度最为诣媚。这个头脑迟缓、责任感强烈的君主,在古代帝国法律和僵硬程式化的西班牙礼节中,已经变得低沉阴郁;在帝国的各大诸侯中,唯有他没有参与瓜分教会国家——因为萨克森并没有损失需要补偿,因此这对他来说也不算困难。去年秋天,他就作出了困难的决定——效忠那位胜利的平民。当他抵达柏林的时候,拿破仑已经离开了,在纠结混乱中他只有询问永远热心的加格恩:"怎样才能和那个人和睦相处呢?"后来他因为背叛普鲁士而获得了丰厚的奖赏;在他返乡途中,拿破仑亲自莅临德累斯顿,很快就看穿了这位头脑迟钝的国王、仁慈的祝福者和懦弱的诸侯,已经被法兰西皇帝的威严所震慑,并且对"伟大盟友"的幸运建立起了盲目的信心。野心勃勃的年轻人们打破了这个行动迟缓的国家体系的惯例,很快成为军队首领,他们让有些不太情愿地倒向法国的萨克森军队,充斥着莱茵联邦军队无底线的战争狂热;如同巴伐利亚和符腾堡一样,萨克森士兵现在也以获得法国荣誉军团勋章为最高荣耀。腓特烈·奥古斯特完全依照法国主子的意愿行事,拿破仑几乎不用警告他:"帮助普鲁士就等于自寻死路!"

　　就在德意志地方主义的欢声笑语中,普鲁士遭到了部分毁灭。当威廉三世用有尊严的声音,向臣民们宣告:"忠诚的先祖的历史、契约、爱和信心所凝结的一切,现在都要被肢解了。"在这场风暴中被摧毁的数百德意志邦国的臣民们,以一种迟钝的惰性,默默承受了自己的命运;但是那些从普鲁士中被撕扯出的人们,却从灵魂或生命深处明白了,拥有祖国是多么的重要。东普鲁士、马格德堡、

267

索恩、威斯特伐利亚以及所有被分割出去的领地,都纷纷向不幸祖国写信,这些充满衷心感谢和动人悼念的信件让普鲁士感动到不能自已。马克伯爵领地的忠厚农夫,用粗白的语言写道:"当我们离开您的时候,心都要碎了,我们还活着,那并不是您的错!"那些迁入波兰省份的德意志移民,面对分离依然心情沉重。仍属于普鲁士的领土也满目苍夷。三十年的和平事业毁于一年。这场战争的首个后果,是北德陷入极端贫困。之前,北德的各个艺术分支已经萌芽,如今变得混乱粗俗。到处都贫弱不堪:家徒四壁、食不果腹、捉襟见肘。整个东普鲁士似乎都已僵死;帕斯文卡(Passarge)的村镇全部消失;牧师们在布道坛上提醒人们收获粮食,不要让庄稼腐烂在地里。但是即便在和约签订后,拿破仑仍然地毯式地掠夺每一寸土地。华沙和威斯特伐利亚医院中的所有病人,被马上送往普鲁士;拿破仑从普鲁士撤回了一个军团,所有王室物资和储备,甚至盐场和瓷器工坊都被变卖。他要这片土地再无武装,要普鲁士人不能购买武器,他说没有理由再原谅普鲁士。新西里西亚公然违背《提尔西特和约》的条款,马上就并入了华沙,完全无视威廉三世的抗议和抱怨。

268　　　最糟糕的是,即便付出了如此巨大的牺牲,仍然无法保证和平。普鲁士的全权大使,陆军元帅卡尔克罗伊特是拿破仑的倾慕者,他主导了和约谈判,但是他对拿破仑的过分轻信,让但泽守军的军事行动蒙上了阴影,普鲁士将为此付出惨重代价。只要鲁士偿清所有战争赔款,法军将从 10 月 1 日开始从普鲁士和各要塞撤军,但是由于始终没有明确赔款总数,因此法军就一直盘踞在普鲁士。这样一来,因为驻普鲁士的法国大集团军足够使东方两大帝国保持平静,拿破仑就能抽出手来实施西班牙计划,同时从普鲁士征收的税款也可用于西班牙战争。

被解除武装、受到钳制和肢解的普鲁士现在倒在拿破仑脚下;他千方百计就是为了在这个计划好的时刻彻底摧毁普鲁士。他唯一没有预料到的,就是普鲁士已经完成了内部统一,拥有了精神力量,而这是他在四处征战中丧失的了东西。普鲁士摆脱了靠不住的波兰人;因此古老的德意志领地依然团结一致。在这片雄鹰翱翔之地,大选帝侯建设新德意志国家的计划曾胜利推进,如今这里寄托着德意志所有的希望。在所有纯粹的德意志土地上,只有这里同莱茵联邦没有任何关系。威廉三世的荣誉感让普鲁士人免于自愿受奴役的奇耻大辱。过去几年的重大错误不但需要弥补,更需要彻底承认;在提尔西特时,威廉三世就接受了哈登贝格的建议,将重建行政系统的工作委托给施泰因男爵。成千上万忠勇之士的心中,破釜沉舟、骄傲与仇恨、痛苦与后悔的情绪同时发酵,外国侵略者每犯下一桩新的罪恶,都激发着普鲁士人的痛苦,最终复仇的怒火将让他们团结。只要这群愤怒的人民可以被组织起来,只要这个国家可以被新文化的理想主义所复兴,德意志就能够得救。即便在战时,一位天才的法国人夏尔·德·维莱尔(Charles de Villers)也在德意志科学中找到了安身之所,他警告人们:"法军击败德意志是因为实力强大,但是同样,德意志精神终将占领法国,我坚信这一进程目前已显现端倪。天意已定。"

第三章　普鲁士的崛起

第一节　施泰因　沙恩霍斯特　新德意志

　　普鲁士内在精神力量的爆发曾数次震惊德意志世界：大选帝侯让他的小国家跻身列强；腓特烈大帝为西里西亚铤而走险；但是唯有耶拿战败以后，元气大伤的普鲁士迅猛崛起，才最让德意志人感到震惊。普鲁士的古老威名扫地，人们也抱怨缺乏青年才俊，就在这时，王座周围突然出现了一批新面孔；他们性格坚强、情绪高涨、头脑清晰，是一大批军队和朝堂之才，可以同德意志民族的文学巨人相提并论。腓特烈大帝曾在波西米亚的战场上，收获了他的父亲在和平时代辛勤耕耘的果实，因此现在这个备受屈辱的国家能够迅速恢复生命力，也正是之前常年辛劳的结果。在过去的数十年中，德意志思想家和诗人已经思考和表达了诸多关于人类的尊严和自由、生活的道德目标的理念，只要国家统一，这些理念就都能得到实践。德意志民族相信精神的解放力量，任凭新德意志的蓬勃思想涌动于生命之中。

　　普鲁士第一次真正成为了一个德意志国家。故国最勇敢、最优秀的孩子，最后的德意志人，聚集在黑白相间的旗帜之下。在古代普鲁士人的英勇忠诚之上，优秀活跃的文化又添加了新的责任和目标；普鲁士精神在政治生活的训练中，也变得更加活跃，乐于牺牲。普鲁士不再偏爱那些急功近利的行为；科学研究也承认，只有拥有祖国的人才能成为真正的人。古老、坚强、好战的普鲁士国家，同现代德意志文化的丰富理念，最终彼此融合，永不分离。这两种诗性力量在德意志新时代彼此调和，让《提尔西特和约》签订后的痛苦岁月拥有了历史性的光辉。在这个悲哀和认识自我的时代，初步形成了德意志民族至今都在努力实现的政治观念。

拿破仑在普鲁士实施了最残忍的独裁暴政，因此德意志爱国者对于这场震惊世界的战争的意义有着最深刻和强烈的感受。这里诞生了民族自由的观念，普鲁士的建国者曾用它反抗路易十四，现在又以此来对抗拿破仑野心勃勃的世界帝国计划；这里产生了民族情感，也就是对祖国、民族生活以及故乡风土人情的热爱，以此反对武装革命宣传的普世主义教条；在抵抗波拿巴主义的高压统治中，这里还形成了全新而现实的国家概念——在个人力量的自由展开中发现民族精神力量。这些严重的对抗也如实反应在双方领袖人物身上：一方相信自己是命运的化身，世界的本质都通过他的言论表达，通过他的双手塑造——一个伟人，以天才般的领袖力，压制所有反抗意志；他的麾下远远站着侍从、英勇的战士、得力的官员，但是他们都没有独立的性格，也没有超越平庸的灵魂。另一方是一群特立独行的人，他们拥有完善而独特的个性，每个人心中都有个小世界，盛满了德意志式的挑衅和批判，每个人都值得名留史册，他们思想独立、头脑丰富，不会轻易表示顺从，但他们都怀揣共同的渴望——让屈辱的祖国重获自由和荣耀。

施泰因男爵是这一群人之中的佼佼者，他不是司令官，却是改革年代的先驱。他的家族城堡位于拿骚，环绕着倡导地方主义的小国；从邻镇爱姆斯（Ems）横跨兰河（Lahn）的桥上，还是孩子的男爵可以同时俯视 8 个德意志诸侯和贵族领地。施泰因就在这里自由的空气中长大成人，他出身一个古老骑士家族，家族氛围严肃、骄傲、虔诚、充满荣誉感，认为自己同帝国中所有诸侯身份平等。施泰因和拿骚家族的世袭要塞同萨克森、符腾堡比邻而立，那么为何人们认为带有玫瑰和人形纹的盾形纹章不如萨克森的菱形王冠纹章，也比不上符腾堡的鹿角形纹章？统一德意志的理想在这里发源，也渐渐灌输给了这位只效忠皇帝的骄傲贵族，对于生为臣下的贵族，统一的理想只能通过历史文化的迂回道路实现。施泰因说："我只有一个祖国，德意志，根据古老的体制，我只属于德意志，而不是德意志的哪个部分，因此我将献身于德意志，而非德意志的哪个部分。"他很少受到同辈人艺术热情的影响，更关注现实并且

251

很早就喜欢阅读史书；从条顿堡森林战役大败罗马军团，到腓特烈大帝的赫赫战功，这些历史画卷都栩栩如生地展现在他的眼前。他热爱一切伟大的德意志事物，包括语言，也热爱所有展现出德意志力量和庄严本质的人物。施泰因曾在自己的拿骚领地上，建立了一座高塔，纪念德意志的伟大事迹，悬挂着腓特烈大帝、玛丽娅·特蕾莎、沙恩霍斯特和华伦斯坦的画像。他的理想是实现萨克森诸皇的强大德意志王权；他认为老王朝的废墟上建立起的专制国家体制，是密约和外国阴谋的产物，已经到了毁灭的时候，古代合法王权将再次恢复尊严。施泰因对于所有君主都直言不讳，这不仅因为天生的勇气，更是出于帝国骑士的骄傲，他看见所有诸侯贵族都忘却了自己的责任，只知道损帝国以自肥，他不明白为什么有人会对这些懦弱的小君主诚惶诚恐。

施泰因曾近距离观察过莱茵河战役，也在朝堂上向女沙皇表示，他坚信忠诚勇敢的德意志人民，那些懦弱狭隘的诸侯才是德意志堕落之源。他无比厌恶外国暴力统治，这种厌恶一旦爆发就如山洪一般不可阻挡；但是他认为欧洲的解放，既不能依靠复辟过时的旧权威，也不能指望刻意追求力量均衡的传统外交策略。施泰因自由而伟大的灵魂，总能直指事物的精神内核。他有着预言家般的眼界，像格奈泽瑙一样辨识出了重建长久和谐国际社会的主要因素。他认为，法国的优势地位并不自然，其维持和衰落都系于德意志和意大利的弱点；只有中欧的这两大国实现统一，新的欧洲均衡才有可能形成。施泰因是第一个认识到新时代动力的政治家；直到两代人之后，历史的进程证实了他的预言。统一德意志的理想此时还只是一个热心人士头脑中的概念，远非明确的政治观念；他还未察觉，奥地利早已远离了现代德意志民族，依然将西里西亚战争视为一场悲哀的内战。

尽管如此，施泰因近年来也逐渐认识到普鲁士的生命力；并因此脱离了帝国贵族的惯常轨迹，转而投身这个伟大新教国家的建设。他非常适应矿区自由且强身健体的工作和生活；后来他在威斯特伐利亚地区的淳朴农民和骄傲贵族中，找到了第二故乡，风雨无阻地亲临现场指导工作；他的性格既热情活跃，又温和忠诚；他绝对是个务实的人，不仅在乎小农场的牲口，也关照富裕煤矿区的

272

管道;他是一个真正的贵族,能力超群、温和友善、宽宏大量,是自己领地上的小君主。他对国家东部的情况所知甚少,这位莱茵法兰克人向来对易北河的贫穷殖民地抱有地域偏见。他自信能从严肃、饱经风雨、长期陷于贫困和奴役的勃兰登堡农民身上,发现一种隐秘贪婪的目光;这个傲气天成的帝国骑士也看不起贫穷的容克贵族,但这些人为德意志新时代所作的贡献比其他帝国诸侯加起来还要多。这位帝国男爵本质上很难服从管理,成为拿薪水的官员。他逐步认识到老德意志公共自由和封建制度残余仍具活力,也目睹了县议会、乡村会议、市议会和教会法庭的不俗效率,对比国家官僚体系僵硬、繁杂、无孔不入的干涉,他不由地深深蔑视这些无效的官样文章。因此施泰因严厉甚至有些不公地谴责官僚阶层:"这些官僚死读书,没有兴趣没有财富,定期从国库领取死工资,一生都在不停地写写写。"

施泰因在积极的活动中,在同各阶层人民的互动中,逐渐对政治自由形成了自己的看法,这种看法同大革命民主原则之间的关系,就如同德意志国家意识同法国国家意识的关系。亚当·斯密的自由经济原则曾对年轻的施泰因产生了强大而持久的影响;但是他并没有像亚当·斯密的盲目追随者一样,过高估计经济的力量,他公开赞成腓特烈的观点:过多的财富将摧毁民族。莫泽尔生动描述的古代德意志自由农民,深深吸引了施泰因;通过研究德意志和英国制度史,他形成了自己的政治文化;毫无疑问,这个时代关于世界秩序的浪漫主义观念,以及对年轻民族生命力的普遍热情,都在无意间对他产生了影响。但是施泰因政治观念的真正源泉,是一种强大的道德理想主义,而普鲁士官僚体系的严格训练对这一观念的强化程度,远远超过了施泰因的想象。

在很长一段时间内,腓特烈·威廉一世的行政制度要求人民关注公共事务,但后来人民又疏远了公共生活。施泰因认识到,现在受过教育的民众可以在政府的监管之下,自己管理所属圈子和社区的事务。在那些讲究阶级差别的陈腐之地,他希望能引入现代公民社会中法律面前人人平等的观念。这种观念并不会导致由主权个人组成无阶级差别社会,而将形成一种更加公正的社会分工:有产阶级、富人,尤其是地产所有者,将承担更多的社会责任;被赋

273

予权力的人将在政治责任观念的基础上形成新的贵族阶级。施泰因认为可以用大革命的武器打败大革命，结束阶级之间的斗争，完全实现统一国家的理想。然而这位革新者热爱传统制度，尤其是王权，并将这种热爱同积极的行动联合起来。他经常说："形成一部宪法的要点就在于根据过去发展当下。"他努力向过去追溯，从三十年战争之后受监管、受压迫的处境，回到德意志祖先简单自由的生活状态，对于他们来说，服兵役是每个自由人的荣誉职责，关心公共经济也是市民和农民的天然使命。施泰因以古代普鲁士人的责任感，来对抗那种无限索取人权的贪婪革命意识；面对政治哲学家的纸上谈兵，他以一个优秀政府官员实践经验的角度，提出了对人和事物的看法，认为必须从下而上完成国家的重建，而且如果没有自由的行政系统作为基础，无论采取哪种体制都没有意义。

普鲁士的内部发展已经从旧封建统治的崩溃走到了习惯法的成型，而上述似乎有些突兀的新观念，正是这一进程的必然结果。这些观念同康德哲学的道德律以及德意志科学中刚刚觉醒的历史意识，有着极其密切的关联，以至于在我们这些后人看来，它们就是从德意志古典时代的文化中降下的政治沉淀物。同时，在旧制度崩溃之后，与之相同的观念似乎马上从剑端和笔端同时出现，但是没有人比施泰因的表达更加全面、更加具有个人特色。我们在沙恩霍斯特、格奈泽瑙、芬克和尼布尔的信件以及备忘录中，不断看见类似的观念：德意志民族必须觉醒，独立而负责任地进行政治活动；因此必须唤起民族的自信、勇气、牺牲精神和爱国情怀。政治家们选择的道路并不是建构一套完整的政治理念体系的重点；他们多次称赞缺乏政治教条是英国政治的一大优势。因此，施泰因唯一欣赏的作品是芬克的《不列颠体制论》（*Abhandlung über die britische Verwaltung*），也致力于研究现实。这本小书首次忠实描述了英国的郡县自治，相比这个典型宪政国家令人钦佩的三权分立，郡县自治还没有获得关注；这本书明确反对莱茵联邦的法国官僚体系，因此直到拿破仑统治被推翻才得以出版。施泰因深奥的治国理念就从未获得同代人的真正理解。直到最近，人们才认识到，这位伟人不仅仅是民族国家观念的拥护者，更为欧洲大陆挽救了自治理念，以及建立在古代条顿民族历史传统上的自由观念。

我们政治生活的每一次进步，都将德意志民族愈加拉近施泰因的理想。

施泰因十分不适应纠缠迂回的外交政策，斥责必要的灵活外交 275 手段都是阴谋诡计，这也是他高尚情操的缺陷。他缺少狡猾、谨慎、多疑和克制的天分。他在行政领域的行动也很明确。但是当祖国有可能获得解放的时候，沉着的施泰因也不禁心潮起伏；在爱国主义热忱的驱使下，他也确实开始对这件不可能的事有所期待。

直到时机成熟，这位愤怒而真诚的英雄才得以执掌国家穿越险滩。没有人比施泰因更适合承担政治改革的任务。他让这个被摧毁的国家重拾高尚的道德目标，用热情的意志唤醒蛰伏的巨大力量——只有施泰因能够如此，其他人都不具备同样激动人心和压倒性的个人魅力。施泰因用老式德语进行演讲，认真表达自己的观念，从不口出恶言，也不为软弱或自私开脱，他毫不矫揉造作，语言通俗易懂、简洁有力，对于这个思想丰富、情感克制的天才条顿人来说，这种能力是天生的。卑鄙小人们在他无情的讽刺和雷霆之怒面前颤抖不已；但是一个真正的德意志人，只要真正接触过施泰因，就会更加坚定勇敢地追随他；最优秀的德意志人将永远铭记这位帝国男爵：体态敦实，臂膀强壮，天生适合穿戴盔甲；浓密的眉毛下，褐色的眼睛明亮，鹰钩鼻下面是一副伶牙俐齿，每个手势都果断坚定。他似乎是个十六世纪的人，有时会让我们想起丢勒为里特尔·弗兰茨·冯·济金根（Ritter Franz von Sickingen）所绘的肖像，卓越而单纯、勇敢而谦卑，完美融合了自然和文化、自由和正义、热情和公正。施泰因天生不擅自私算计，必然成为拿破仑的难题、同伴的福星。他正是为局势而生的，就连弱点和偏见都刚好符合需要。尽管他对于官僚体系和小贵族的批判过于严厉，将奥地利视为普鲁士的德意志同胞，但是这些反而更有利于国家，因为当务之急就是彻底摧毁贵族特权和官僚独裁，让普奥之间尽释前嫌。

当施泰因对抗内阁政府的努力失败、惨遭解职之后，便隐居拿 276 骚，在那里起草了一份全面的国家重建计划；当听闻签订屈辱和约的消息时，他在激愤中病倒。国家很快将他召回，他也迅速开始康复，才三天就不再高烧。1807 年 9 月 30 日，施泰因抵达涅曼河，威廉三世充满信心地将整个国家托付给他。局势岌岌可危！威廉三世去年生日时,因为法军尚未撤离,还在给拿破仑的亲笔信中询问是否打算毁灭普鲁士,实在是多此一问。拿破仑依旧装聋作哑,用事实说话。和平期间,大约有 16 万法军驻扎在除了东普鲁士的整个普鲁士。普鲁士军队的核心力量,超过 1.5 万名军人还被关押在南锡(Nancy),这个遭受劫掠的国家怎么可能组建一支新的军队? 国家可支配的岁入只有 1350 万塔勒,不到以往的三分之二,拿破仑军队占领区的收入尽归法国,就好像战争仍在继续一样,威廉三世没有任何收入,许多军官的薪酬减半。曾经令人羡慕的海外贸易公司,包括银行都暂停支付;股票价格跌至 25 塔勒;由于无力赎回,以及法国官员利用纸币放高利贷,国债券跌至 27 塔勒。大量贬值的小面额硬币从被割让的地区流回普鲁士;而法国人在柏林铸币厂又加印了约 300 万塔勒的小额硬币,形势更加恶化。国家贷款已经被彻底破坏,一笔 100 万的额外公债,以每股 25 塔勒的小份额发售,三年都没有卖完。在外交领域,普鲁士还没有莱茵联邦的国家受尊重;1808 年,驻柯尼斯堡的整个外交团就只有一位荷兰大使、一位法国执政官和一位奥地利商务专员。在达鲁(Daru)的野蛮领导下,和平时期法国军事的管理比战时更加糟糕,每一桩暴行都是按照拿破仑的命令进行。苛捐杂税数不胜数,敌人的胃口似乎深不见底。为了付清战争款项,东普鲁士和西普鲁士的所得税上涨到 20%;切什青某位并不富裕的商人,在停战后的一年中,为各项税收和安置士兵,花费超过 1.5 万塔勒。

　　贸易停滞,心存嫉妒的英国商人已经无情利用最近的战争,破坏了波罗的海沿岸最强大的商业船队。普法战争爆发,同英国的和约尚未缔结之时,普鲁士的船舶就同时受到了英法军舰的威胁。随后便实行了大陆封锁。波美拉尼亚港口的吞吐量,很快从 6.8 万吨下降到了 4 万吨。古老天然的世界贸易通道遭到废弃。波罗的海诸省由于缺乏优良道路无法输出谷物。殖民地的农产品通过哥特堡和号称小伦敦的黑尔戈兰岛(Helgoland)走私回普鲁士;产自马耳他和科孚岛的其他物品,则取道波斯尼亚和匈牙利。普鲁士的中产阶级无法再承担奢侈的生活;人们喝菊苣浸泡的水,用款冬和胡桃木的叶子卷成香烟。民不聊生,百业凋敝。柯尼斯堡的印刷工因为每次只能印刷一开大的开本,因此需要 3 周才能打印出一部六开本的法典。财政部长舍恩(Schön)颇有能力,向来被誉为勇敢的普鲁士人,但和约签订 4 个月之后,事态仍然令他绝望,于是上书建议割让易北河右岸的马格德堡和部分上西里西亚,以满足拿破仑的胃口,否则整个国家都将被沉重的税收所压垮。

　　眼下的一切都让人不禁想起华伦斯坦占领勃兰登堡以及乔治·威廉①在柯尼斯堡作无地之主时的悲惨岁月。但是接下来的六代人满怀热爱与忠诚。柯尼斯堡议会曾无礼对抗他们的选帝侯;而现在君主和人民团结一心。访问者络绎不绝地来到涅曼河的陋屋,以及柯尼斯堡条顿骑士团古老城堡中的阴暗房间,希望能给威廉三世雪中送炭。东普鲁士的诸侯都以教父的身份出席小公主的洗礼。所有商店的窗户上都悬挂着君主画像,画上的他身着那时的难看制服站在孩子们之间;威廉三世比选帝侯的父亲更加懂得,如何像一个君主一样度过难关。他心中满是愤恨,比以往任何时候都需要妻子的支持;很多时候,他都觉得自己终将一事无成,好像是个天生的失败者。当威廉三世站在柯尼斯堡大教堂,读着普鲁士诸公墓碑上的碑铭,他选了一句当做座右铭:"生于忧患,心向上帝!"正是对上帝的信仰支持着威廉三世。他从不相信灵魂平庸的波拿巴家族是真正的君主,尽管他们现在正统治着欧洲;他也不相信在上帝的国度,追逐世界帝国的拿破仑可以获得永生,尽管他现在正如日中天。他也不允许自己同拿破仑建立任何私人情谊;尽管施泰因也曾经建议小小的马屁可能会缓和拿破仑的情绪,并且应该邀请他作为教父出席公主的洗礼。威廉三世毫不犹豫地拒绝了这些建议,但是对于施泰因的政治提议,他从来都毫无保留地接受;他对施泰因立法思想的认同程度,远超同时代人的想象。不少如今完成的事业,不过是这位有些优柔的君主,将十多年来思索的改革计划大胆付诸实施的结果。这样就可以理解,施泰因何以短短一年就取得了如此瞩目的政绩。

　　这位新首相还在官员中找到了帮手。他很幸运地从东普鲁士

278

---

① 乔治·威廉(George William,1595—1640),勃兰登堡选帝侯,1619 年成为普鲁士公爵,"大选帝侯"腓特烈·威廉之父。——译注

开始着手改革。因为这里的科尔默（Köllmer）①之中已经拥有不少出身平民的自由土地所有者，旧的阶级分化在这里摇摇欲坠。经过柯尼斯堡大学的两位伟大导师——康德和最近逝世的克劳斯（Kraus）——数年间不断的传播，这里的有教养阶层，尤其是官僚都饱受自由主义道德和政治观念的熏陶。施泰因的大部分法令在东普鲁士的各省级部门中早已准备就绪。东普鲁士行政长官冯·施勒特（von Schrötter）部长是个行动力卓越的模范官员，人到暮年仍然善于接受新鲜观念；弗里泽（Friese）和维尔肯斯（Wilckens）在他手下工作。② 舍恩的头脑中满是康德的理念；在很多方面，他都代表着活跃、文明和理性的东普鲁士性格，但他也是绝对自由贸易的纯理论拥护者，过分虚荣，不能对其他人的贡献予以适度的承认，还虚伪地同自己的贵族血统作斗争。还有受过高等教育的施特格曼（Staegemann），他是个能干的商人，拥有罕见的勤奋和谦虚，有时还会写几首感情充沛但文字笨拙的诗歌，表达自己对普鲁士祖国的热爱。尼布尔是个聪明的学者，他太敏感、太容易受情绪影响，因此无法适应平静的办公室工作，但是他学识渊博、视野广阔、情操高尚，价值不可估量。深沉的尼科洛维厄斯（Nicolovius），深受当时宗教倾向的影响。还有扎克（Sack）、克勒维茨（Klewitz）和其他许多人，共同组成了一个强大的团体。这些人之中观点最接近施泰因的，是威斯特伐利亚人，冯·芬克男爵。他在同贵族和农民的接触中形成了自己的国家观念，但是这位天生的普鲁士人比施泰因更加坦诚地承认领薪官僚的贡献；芬克没有创造性的头脑，但是在行政事务上的行动力卓绝。

拜拿破仑所赐，哈登贝格第二次被迫离开内阁，但仍然从里加（Riga）呈交了一份同阿尔滕施泰因（Altenstein）共同起草的普鲁士重建计划。这份计划在许多方面符合施泰因的观点；他还逐字逐句地引述了其中的不少提议，比如组建等级议会（Ständeversammlung）

---

① 科尔默（Köllmer），也写作"Kölmer"或"Kulmer"，中世纪普鲁士自由土地所有者。——译注
② 最近出现在恩斯特·迈耶（Ernst Meier）的名著《施泰因和哈登贝格的行政体制改革》（*Die Reform der Verwaltungs-Organisation unter Stein und Hardenberg*）中，莱比锡，1881年。——原注

的意见。但是他们之间仍存在着深层次的矛盾,也就是启蒙思想同施泰因历史主义国家观念之间的矛盾。哈登贝格首先是一个外交官,在行政事务上远没有施泰因娴熟,正因如此,哈登贝格在计划中不假思索地掺入了一些纯粹理论性的建议,这些也是费希特的老友阿尔滕施泰因所重视的东西。哈登贝格的改革计划根据"国家的最高理念"构思;经济上奉行不受约束的自由放任政策。他深受法国思想影响,而施泰因却首先以贵族的怀疑目光看待大革命,只肯将一些已经经受验证的思想移植到德意志。哈登贝格明确指出改革的目标是"在王权体制下引入民主原则";细节问题上也想紧随法国,在征兵制度上允许以金钱替代,以县行政体系取代县长(Landrat)这种古老的名誉职位;关于乡镇自治不置一词。但是这两位政治家在国家意识上却拥有相同的道德高度。他们都同意阿尔滕施泰因的提议:"好的革命将直接引导人们走向升华人性的终极目标";他们也都知道,法国追求的不过是个二流目标,即权力的彰显;他们希望德意志的复兴能够保护宗教、艺术、科学以及一切人类的理想,并且因此通过道德力量战胜外国统治。

　　作为政治家,施泰因极为擅长利用他人的理念。他允许官员们呈交各种各样的提议,但是将最终的决定权掌握在自己手里。他牢牢把握着主导思想,把具体工作委托给议会执行,除非遇到怀疑和阻力,一般不会轻易插手。当他抵达涅曼河的时候,那里已经开始着手废除东西普鲁士的世袭奴役制度。舍恩、施特格曼和克勒维茨在威廉三世的指示下,尤其是看到相邻的华沙公国也即将废除农奴制度,已经制定出了整个计划。施泰因马上颁布法令,要求改革范围扩展至整个国家。他从开始思索政治问题的时候,就将农人的奴役状态视为东北德意志地区的不幸,而此时正是治愈痼疾的大好时机,也是通往最终目标的勇敢一步,霍亨索伦家族从威廉一世起就一步步朝向这个目标前进。威廉三世欣然同意,信心坚定的首相唤醒了君主的勇气,去实现他毕生所愿。1807 年 10 月9 日颁布了一部促进地产所有和自由使用的法令,或者按照舍恩的说法,就是普鲁士的《人身保护法》(Habeas Corpus-Akt)。如此,普鲁士就以一种温和谦逊的方式完成了一项广泛的社会革命,大约三分之二的人口成为了自由民。1810 年圣马丁节之后,普鲁士只

280

有自由民。这部法令立即摧毁了腓特烈式国家的封建秩序；贵族有权成为农民、开展资本主义工商业；由于贵族之前在军队中的特权被废除，因此这项权利被当做补偿。从此以后，各种土地所有权和职业向所有普鲁士人开放。

但是施泰因并不打算放弃古老的君主制原则，也不允许在公平竞争的掩盖下破坏小土地所有权。他认为自由活跃的农民阶层是一个国家最稳固的支柱，也是军事防御力量的核心。因此，大土地所有者有权收购农民土地，但是必须受到严格限制和权威部门批准。然而舍恩信奉英国自由贸易教条，渴望按照经济发展的必然趋势，加速古老领地家族的灭亡，施泰因则用一份《大特赦》（General-Indult）挽救了这些债台高筑的大地主。这样就有可能帮助地主阶层度过即将到来的难关，让大多数家族保住古老领地。这项新法令尽管有些冒进，但总体温和，为东西普鲁士的农民、大约4.7万个家庭提供了自由财产；他们可以在4—20年的时间中，以货币支付捆绑在他们土地上四分之三的徭役和实物税。剩下的四分之一继续按照直接税征收；施泰因拒绝彻底清除所有妨害农民财产的事物，因为此举过于极端，会扰乱既定的财产关系。他也决定废除佃农必须在某家碾谷厂碾谷的规定，废除行会以及面包师、屠夫和小商贩的专卖权。他的立法目标是用货币支付代替徭役和实物税，废除专利税和奴役；自由的私人财产应该在任何地方得到承认。施泰因的新法令截然不同于腓特烈式君主制国家的劳动分工体系，他致力于"摆脱迄今为止阻碍个人获得与其能力相符的财富的一切障碍"。施泰因辞职后，行政当局接到的指示，以更加凝练的形式明白无误地表达："手工业应依从其自然进程；不必偏袒贸易，也不要造成阻碍。"

因此，古老的普鲁士社会发生了外国未有的重大变革。在这个快速变革的时代，人们见识了无数激进的新事物，其中不少喧闹而来，默然而去。法国人取笑柯尼斯堡的人们谨慎地跟随大革命的步伐；但是普鲁士人却更加明显地感受到，新法律深刻地影响了所有社会关系。有教养的市民欢迎农民获得自由；在布雷斯劳，人们将王室改革者的事迹搬上舞台以表纪念。但是英勇的马维茨却率领勃兰登堡的贵族，怒斥那个胆大包天的外国人用法兰克学派和东普鲁士官僚扰乱了勃兰登堡的优良传统。施泰因新法令的雅各宾式语句似乎比其革命性内容更加新颖,新法令试图根据传统普鲁士专制传统,向民众详细解释君主的意图,并反复提及国家之善和时代精神的进步。改革者已经在办公桌上设计出了勃兰登堡容克贵族闻所未闻的"农村居民"阶层!普历格尼兹(Priegnitz)的农民甚至发动暴乱反抗"新自由",国王不得不以武力维持秩序。柯尼斯堡容克街(Junkergasse)上的佩庞彻俱乐部(Perponcher Klub)是改革者的聚点,法院、地主阶级和军队中许多的杰出人士都痛恨这个"毒蛇窝"。约克将军的指责最为激烈,他认为严肃的传统原则正在消失,每把号角都在为人权欢呼。就连格奈泽瑙也无法认同施泰因的所有大胆举措,他认为大地主阶层的崩溃已经迫在眉睫,但是后来的经历给他上了一课。东普鲁士的多纳(Dohna)、奥尔斯瓦尔德(Auerswald)和芬肯施泰恩(Finkenstein),这些古老家族中最优秀的成员纷纷向国王上书,恳请他保护贵族利益,至少让贵族免除兵役且保留领地法院(Patrimonialgericht)。有些批评也并非空穴来风,因为尽管立法者四处清晰明确地表达主要观点,但是由于工作推进比较迅速,故而在许多细节问题上仍然存在暧昧和矛盾之处。尽管如此,这位改革总工程师的威望还是同威廉三世的公正之名一样牢固:即便是私下不满的人也无法想象君主公然行为不公。于是改革按部就班地进行,普鲁士人再一次在君主的意志推动下获得了解放。

施泰因的第二项伟大任务是实现国家统一。从巴黎国民议会的协商过程中,他理解了中央财政体系的必要性;通过研究拿破仑的行政体系,他意识到国家事务的运转必须接受统一监管;在战前他就提议指派中央各部部长。中央各部部长同各省部长并置、中央同省级行政体系混合的古怪体制,已经无法满足现代行政工作的需要。地方主义在过去的数十年中已经逐渐消失,就连老派官员也不能再说普鲁士是个"封建国家"。不过如果详细考察,就能发现威廉一世建立的行政制度仍然健康充满活力;正当我们准备进一步发展他的事业时,才第一次充分领教到这位严肃老人的犀利目光。舍恩将他誉为普鲁士内政方面最伟大的君主。我们并不是要掀起一场革命,而是对古老体制进行进一步发展和简化。

282

283

1808 年 12 月 16 日颁布的法令规定：设立内政、财政、外交、战争和司法部，为全国行政最高部门；将旧的普通财库合并成一个单独的总国库（General-Staatskasse），由财政部管理。施泰因预见这五个部长将拥有非常危险的权力，因此计划组建国家参议院（Staatsrat），作为最高权力机构，拥有对一切国家事务，包括五位部长的领导权，可以提出立法请求，裁决有争议的法律问题，但是施泰因的继任者并没有实现这个计划。

于是五部部长取代了之前的总执行局，但是仍然保留了古老的军事与王室领地管理委员会，改称内阁（Regierung）。司法和行政完全分离，原委员会的司法工作由内阁负责；由于施泰因处处同古老顽固的官僚体制作斗争，并且为君主保留了自主解雇行政官员的权力，因此冗余人员得以清除；办事流程被简化，各部门负责人在各自的行政领域中拥有了非常独立的地位。但是德意志"合议制度"（Kollegialsystem）的优势——无党派性以及事无巨细的关注态度，仍然被施泰因高度赞扬，以至于他不愿意用更加灵活的官僚体制下的行政长官管理（Präfekt-Verwaltung）来替代它。普鲁士行政体系的中层部门仍然实行合议，而且继续有效工作了两代人的时间。虚荣傲慢的法国省议会（Generalräte）只会在拿破仑的长官身旁怯懦地提出建议，而德意志政治家则需要整个民族活跃有序地参与行政事务。因此外界的观点和感受大量涌入政治家们的会议室，整个民族也被祖国意识、独立精神和民族荣耀所鼓舞。

但是被统治者的活跃行为如何才能适应官僚阶层的牢固等级体系呢？对具体行政事务的指导明显不可能转交给等级议会；旧地方委员会也因为裙带关系、冗官冗员和滋惹是非而声名狼藉。因此，施泰因和哈登贝格构思出了一个极佳的主意：省政府每三年从地方等级（Landstände）①中选出 9 名代表，他们拥有投票权并参与全部政府工作。这个想法完全不同于官僚体系陈旧的自负思想，但并没有取得成功。新机构仅仅出现在东普鲁士；其他地方的议会并不愿意为这些显贵提供薪酬；东普鲁士的代表们也很快发

284

---

① 地方等级，主要指人民中拥有政治特权的一些人组成，包括有土地的贵族和城市官员。——译注

现自己被人数更多的同僚所孤立,而且在行政专家们面前显得班门弄斧;来自乡村的人士不会在职位上工作太久,薪金又迟迟不来,人们的热情很快冷却了,1812 年这场不幸的实验宣布流产。[①]新设的省长(Oberprasidenten)起初令人很不满意。革命的法国已经将古老省份进一步细分成更加软弱的行政单位,与此相反,施泰因却希望将管理薄弱的地区并入更加强大活跃的省份。西里西亚、老普鲁士、勃兰登堡-波美拉尼亚地区分别设立省长以监管省政府,并非是居中调停的职位,而是作为常设的中央部门委员,也代表所在各省的利益。这个职位的设立明显是从一个大国的大局出发,然而在这个版图缩水的国家的狭小环境中,只会给统治带来更多的麻烦;因而直到普鲁士恢复元气,省长的作用才变得明显。

　　自从大革命爆发,一些观念就开始流行,如今所有头脑清醒的普鲁士官员都已认同了这些观念,施泰因的社会改革和国家统一计划,正是从独立且独特地实现这些观念开始的。但是 1808 年 11 月 19 日颁布的《城市章程》(Städteordnung),却完全系施泰因独创。[②]他将自己政治活动的最高目标设定为:让民族超越平庸狭隘的日常生活。他相信国家正面临堕落于享乐的危险,或者夸大了某些理论科学的价值,因此希望引导国家走上有益于社会的积极道路。通过对现实的观察,施泰因决定从城市入手。只有在有教养的市民中首先唤起一种独立的公共精神,那些最近才摆脱世袭奴役身份、仍对领主心存怨恨的粗俗农民,才有可能明白自治的权利和义务。《城市章程》的大部分由维尔肯斯负责起草:城市有权独立掌管财政、扶贫和教育工作,并且在国家需要的时候,以国家的名义承担治安工作。城市因此几乎完全独立于国家权威,甚至在税务上也有很大自主权,但是没人预见税收特权将给社会带来多么严重的伤害。古代市民权利的诸多等级和行会特权都已经被废除;城市居民的组成只有市民和外来移民(Schutzverwandte)这两

285

---

①　根据 1812 年 5 月 24 日,冯·舒克曼(von Schuckmann)部长向国王的汇报。——原注
②　施泰因也明确称城市章程是其独创。这一说法仅仅是由于在文件中极少有施泰因个人的亲笔评注。见迈耶:《施泰因和哈登贝格的行政体制改革》,第 147页。——原注

个群体。市民权利不难获得，但任何获得者都要承担公共责任；由于财产自由是施泰因立法的核心观念，因而也强调财产拥有者要承担的社会义务。由一个选举出来的市政府（Magistrat）——其中的部分成员不拿报酬，部分的报酬非常有限——和一个全体市民根据区划选举出的市代表团会议（Stadtverordnetenversammlung），共同管理城市的行政事务。如此一来，萎缩了近两个世纪的德意志公共生活终于重新焕发生机。

因为在欧洲范围内，施泰因并没有可以效仿的对象，所以城市改革能有如此明确直接的目标，就格外值得嘉奖。无论是英国粗枝大叶的市政制度，还是施泰因所珍爱的威斯特伐利亚城镇的贵族统治，对他都没有太大参考意义。德意志的现代城市中首次出现了一个独立团体，它是值得信赖的组织，可以满足中央的需要，同时也服从省政府监管。至今仍有一些城市完全丧失独立，还有一些封建领地可以说是国中之国，有自己的领主司法权和警察，国王对"诸侯、官员、市政府和臣民们"下达的命令，经常因这些古老自治地区的消极反抗而受到阻挠。但是最终，城市事务中的国家行政机构获得了同民族性格相匹配的强大支柱。

城市改革还必须由国王下令实施。勃兰登堡贵族和旧官僚都抱怨《城市章程》中的共和原则。当首位国家官僚冯·格拉赫（von Gerlach）当选柏林市长的消息传来，可以想见这些人有多么震惊！市民们的公共精神已经枯竭，因此一开始极不情愿履行义务；人们很快发现自治的成本极高，而施泰因和他的同事们却预计成本会降低。在威廉一世统治下，城市习惯了厉行节约，因此相比古老乡村更能适应这些新规章，而后者已经习惯了地方长官任人唯亲的统治方式。然而直到解放战争期间，中央政府的工作几乎处处中断，每个城市都必须自食其力，市民们才真正理解了自由的恩赐。也正是从那时起，城市生活第二次繁荣起来，虽然不如伟大的汉萨同盟时代灿烂夺目，但也是光明正大。德意志市民阶层在教育事业、扶贫和基本设施建设上，再一次努力同那些更古老、更富裕的罗马城市文化一争高下。威廉一世打造了现代德意志行政官僚体系，施泰因的《城市章程》则成为了德意志城市自治的开始。在此基础上形成的乡镇法规，在议会制尚不成熟的两代人时光中，是德意志民族自由最优秀、最可靠的要素。施泰因改革唤醒了德意志市民阶层的公共精神和政治责任意识，正是由于这些改革措施，今天的德意志宪政国家才有了坚实基础，而且尽管我们多次误解了政治自由的本质，但始终没有走向法国大革命的自负刻板。

《提尔西特和约》让普鲁士再次成为一个农业国家，因此施泰因计划在《城市章程》之后实施《乡村社区章程》（Landgemeinde-Ordnung），这项提议已由冯·施勒特和东普鲁士地方部门联合起草。施泰因要求自由的乡村社区设立乡长和乡法院；古老等级社会制度最后也是最强大的支柱——领地警察和领主司法权——必须废除，因为权力只能来自中央。施泰因的计划并没有改变县长一职的古老历史特性；无论是过去还是现在，县长都是国家公务人员，同时也是领取合理薪水的官员、领主和居民们可信赖的顾问。但是目光深远的施泰因也看到，个人的力量不足以管理如此广阔的地区，因此同密友芬克商议，在每个县派驻数位县长，就像英国的治安法官一样，不时主持季审法院（Quarter-Sessionen）。除了县长，还要开设县议会（Kreistag），议员由当地所有大地主以及来自城市和乡村的若干代表组成。让大地主担任代表是必要的，因为人们还不能肯定刚刚获得自由身份的农民，是否有能力胜任议会代表。坚忍不挠的施勒特也为这次改革起草了一份颇为详细的计划，其主要方面同 1872 年的《县章程》（Kreis-Ordnung）遵循同样的原则。

施泰因希望设立省议会（Provinziallandtag）协助省长，在统一国家中代表一个广大区域的特点和特殊利益。他高兴地宣称，宪法以自由财产为基础；他给予所有"有产者"以选举权，而且在他的口中，"有产者"一词仅仅或主要指在城市或乡镇拥有不动产的人。施泰因强硬地推翻了横亘在古代各阶层之间的法定藩篱，普鲁士不再有任何出身差别；但是他却不希望轻易扫除职业阶层和利益集团之间的差异，因为在普罗大众心目中，这一差异仍旧现实存在。因此，施泰因需要为省议会进行阶层选举，骑士阶层（Ritterschaft）、城市和农民阶层各自任命代表；西里西亚友人雷迪格（Rhediger）提出彻底废除阶层划分的提议，但是他拒绝了。施泰因觉得，只要整个市民和农民阶层都有代表，这就足够了；但是在

287

旧等级议会上，只有少数具有特权的帝国城市、农民中只有东普鲁士的自由土地所有者（科尔默），才能参加。施泰因在执政时已经朝他的目标推进了第一步。东普鲁士接受了新的《地区章程》（Landschaftsordnung），该章程保证科尔默同贵族拥有平等的政治权利，有权派代表参加地方等级委员会，因此"省政府获得了知识分子的普遍支持"。

最终，新的省等级会议（Provinzialstände）成为了普鲁士帝国的统治基础，它们既是王权支柱，也是唤醒活跃民族精神不可或缺的手段。在混乱岁月中，旧专制主义感到处处力不从心。国家财政面临巨大压力，迫不得已要出售一些领土，国王却不愿意独自肩负责任，推进如此冒进的措施，因此他清楚地宣称此举并非强制，但却将有关出售土地的法令留给省等级会议处理。因为西里西亚并没有地方等级，这项法案便交给一些城市和抵押机构的代表。如此不稳定的公共法令不可能持久。施泰因怀揣税制改革的伟大理想；他打算打破量入为出的国内紧张经济局势，引入一种适合全国财政、量出为入的大胆原则。为了这次改革，也为了民族觉醒需要付出的其他代价，施泰因认为必须要获得全国等级会议的支持；但是目前，由于民族尚不成熟，必须限制人民议政的权利。

因此，施泰因的方案在本质上是一次彻底的改革，也是德意志政治理想所能构想出的最伟大、最勇敢的计划。图古特曾经希望用同样的计划避免即将爆发的大革命，但是德意志政治家的计划远远超越了法国，更加谦逊伟大、逻辑清晰、尊重历史。威廉三世同意所有的提案，但是不太同意召开全国等级会议。他并非担心王权受限，而是天性内向，讨厌纷争、议会的激烈讨论以及不可避免的公开露面。威廉三世成长在温和的专制主义气氛中，厌恶大革命的罪恶，因此无法彻底说服自己接受议会制的必然性。实际上，对于这个政治文化非常可怜的国家来说，议会制究竟是阻碍还是帮助，都尚未可知。根据施泰因的计划，贵族将构成等级联合议会最重要的力量，但是几乎不可能期待这些人自愿同意更加合理的税收体系，以及施泰因的其他改革措施。就连市民和农民都时常不甚理解国王的改革理想。

如果施泰因的强大性格可以掌控局势，让改革按计划进行：首

288

先废除领地警察,摧毁贵族统治地位,由县议会和省议会管理获得自由的乡镇,这样施泰因就能让国王理解,召开全国等级会议对于统一必不可少,是平衡各省议会离心力的砝码。如此,普鲁士就可以在国王的自主选择下,完成从专制国家到议会制的转变,省下一代人摸石头过河的时间。施泰因还准备唤醒忠诚热情的子民。他知道过分精致的精英文化和粗俗的大众文化之间,存在深深的鸿沟,而且希望通过重构教育体系来使之弥合。数年以前,施泰因还在明斯特的时候,就在大学中打击耶稣会,并唤醒了僵化教育体制中的新生命,展现出他自由博大的思想中内政方面的天分。但是他的突然解职让这些计划中途流产。

　　军队重组同行政改革并肩而行,由威廉三世发起,在施泰因的亲自监管下推进。施泰因将军事领域视为自己的本行,始终亲自指导,而且他的判断合理,极具专业水准。早在 1807 年 7 月,他就委派沙恩霍斯特担任军事重组委员会主席,并且向该委员会递交了一份亲笔备忘录,其中明确指出了现存军事系统的所有缺陷以及改进的方法。众多青年才俊加入了沙恩霍斯坦的工作,他们头脑锐利,同沙恩霍斯坦一道完成了所有功绩;这些有着政治智慧的人们都将军队视为一所大众学校,将战争艺术视为政治学的分支。他们默默无闻的工作不仅仅为解放战争打磨出了武器,更重要的是让普鲁士军队再次同新文化相和谐,让未来的德意志军事体系拥有了纪律严格、思想活跃、积极进取的品质。

　　道德和政治信念上自发的高度认同,让这些军官从一开始就与施泰因团结一心。格奈泽瑙曾针对法国人权宣称:"人首先要热心于责任,然后才有权利可言!"这话听起来就像施泰因本人所说。这位亚当·斯密的门徒不愿意将劳动分工的原则无条件地运用在本国管理中,而且认为专业公务员的事务能力无法取代自治所需的成熟民众,同理,这些军事专家们也坚信,道德才是战场上的决定性力量。尽管他们也非常重视训练军事技术,但认为道德力量更加重要,用沙恩霍斯特的话来说,就是"军队和民族血肉相连"。沙恩霍斯特在和约签订后马上写道:"必须将独立意识植入民族灵魂,必须让民族有机会了解自己,有机会自力更生;然后民族才能自尊,才能学会如何获得他人的尊重。这是一切工作的最终目标。

我们必须放弃偏见，引导民族重生；关心它的成长，不能阻碍它的自由发展，除此之外我们无能为力。"

很长一段时间内，沙恩霍斯特都被称为国家的首位军事作家，是德意志军官中最具才气的权威人士，但是在一段极为特殊的经历后，他也拥有了一笔相当丰厚的经验财富；他在每个兵种、一般文职和军校中都工作过。在威廉施泰因（Wilhelmstein）军校受训期间，沙恩霍斯特熟悉了老将威廉·冯·比克贝格伯爵（Wilhelm von Bückeburg）用领地上的青年人组建的模范小支军队；之后他在尼德兰战场上担任汉诺威军官，又与英军近距离接触，英军在所有欧洲军队中最忠实地保留了古代雇佣兵的特质；他目睹了英军的积极活动，无论是面对共和国的松散军队，还是拿破仑训练有素的征兵队伍；在1806年战争中，他十分接近军队领导层，因而彻底理解了腓特烈式军队的错误及其失败的根本原因。这个单纯的萨克森人，十分厌恶在国王要求下军官的僵硬指挥。他衣着低调、近乎邋遢，低着头，思想者般深邃的眼神内敛；头发杂乱地覆盖在前额上，语气温和缓慢。住在汉诺威的时候，时常有人看见他在敞面包房的门，晚饭时同妻儿安静地坐在桤木泽（Eilenriede）的大树下。终此一生，他都过着正直朴素的生活。他的私人通信简单而温和，颇有古风；他在写作和其他一切事情上，都重内容而轻形式。但是他不断写出的好作品、完全独立的个性以及不知私自为何物的高贵性情，让这个谦逊的男人拥有了一种天然的魅力，拒平庸之人千里，却慢慢吸引了那些伟大的人。他的女儿，尤丽叶·多纳（Julie Dohna）伯爵夫人被称为贵妇，自如出入上层社会，就好像天生拥有高贵的血统，而她将这一切都归功于她那鳏居的父亲。

沙恩霍斯特的性情平静，比起热情奋进的施泰因，更加合威廉三世的眼缘，在一众谋士中同国王最为亲近。沙恩霍斯特也毫无保留地报答了君主的信任。对他来说，反复思考过去的错误似乎没有价值；他钦慕这位不幸君主的道德力量；他从未背叛过君主，即便是那些性急的爱国者，其中不少还是他的朋友，都疏远这位过分谨慎的君主时，他也未生出不臣之心。他是真正的北德人，性情内向、安静、寡言；将恭维视作侮辱，将矫揉造作的词句视为对友谊的亵渎。命运引导他走上了一条崎岖、荆棘丛生的道路。在汉诺威,这个平民曾经被迫同丑陋的贵族为敌;在普鲁士,身为改革者又必须同自大的老将领斗争。如今,由于获得了国王的信任,以及在军中的威望与日俱增,他成为军事领袖,并且为发动解放战争,在敌人的眼皮底下秘密谋划五年之久。因此,沙恩霍斯特学会了谨言慎行,这个原本思虑单纯,从心底厌恶两面三刀的人,为了祖国成了权谋大师,言寡谋深、狡猾善变、深谙人性。他可以迅速全面地掌握交往之人的思想;而当他需要隐藏君主的秘密时,就用暧昧不清的话语误导敌友。军官们非常诚实地形容道,他心中的千回百转同脸上的皱纹一样多,就像奥兰治的威廉,在相似情形中,默默准备同西班牙世界帝国开战。沙恩霍斯特如同沉默者威廉一样,将满腔热血、好胜之心和英雄情结隐藏在胸中,在上一次战争中,正是这些品质为他赢得了思想活跃的布吕歇尔的友谊。他无所畏惧,也不知道失败之后的焦虑有多么恐怖;在军事法庭上,针对懦弱和背叛信仰的行为,他的判词总是极其严厉。小资产阶级的简单质朴和包容万象的宽阔眼界,在他身上奇妙而和谐地统一起来;他渴望和平也敢于斗争;心怀博爱也不忘民族仇恨。也许再没有人像沉默的沙恩霍斯坦一样如此痛苦地经受过时代的悲剧;日日夜夜,祖国的耻辱始终萦绕在他的心头。每一个人都会带着敬畏靠近他,因为所有人都会不自觉地感到,他的胸中盛着军队的未来。

协助沙恩霍斯坦完成军事重组任务的人中,有四个被认为继承了他的精神,因为他们分别拥有他的部分才能。格奈泽瑙和格罗尔曼(Grolman)是天生的指挥官;博延(Boyen)是天才组织者;克劳塞维茨(Clausewitz)是位学者。他们都和沙恩霍斯坦一样,出身寒微、性情温和、生活简朴、一心为公,只关注必须达成的目标,极为谦逊,都是天生的战士——离群索居的艺术家和学者很容易走上虚无道路,战士则仅仅作为一个群体成员发挥作用,只有当莫测的命运在合适的时间将他们引上合适的位置,方能引人瞩目。格奈泽瑙曾经无比谦逊地说,自己不过是巨人沙恩霍斯坦身边的侏儒;他没有那么博学,就像许多实干派一样,他觉得自己缺乏知识是能力上的缺陷;但是另一方面,他却拥有极大的英雄主义信念,这种乐观的宿命论造就了这位伟大的指挥官。当他不再过着热血青年游手好闲的生活,结束了漫长而沉闷的中尉生涯,格奈泽瑙终于扬帆远航,骄傲坚定地驶进了生命的汪洋大海。他愉悦迅速地承担起命运交代的任务:作为步兵毫不犹豫地接受指挥官的命令,坚守要塞。当沙恩霍斯坦还在谨慎地衡量即将到来的危险时,格奈泽瑙就已经为起义时刻期待良久,甚至乐意接受欺骗,只要这些谎言是伟大密谋的一部分。

格罗尔曼与格奈泽瑙性格相似,慷慨、沉着、乐观,办事说话雷厉风行,由于擅于捕捉先机,因此非常适合混战;他也经历了战士命运中的所有残酷,从未占据战争中的头把交椅。在日常行为举止上,博延和他最为相似,这个严肃寡言的东普鲁士人,是康德和克劳斯的学徒,同时还是一位诗人,同新文学有着亲密接触。博延浓密的眉毛下那双热情的眼睛,泄露了这个天真沉默的人胸中蛰伏的风暴般的勇气。他平静地在心中不断思考沙恩霍斯特的理念,然后进一步完善它们,战争结束后,他帮助新的人民军队拥有了永久性建制。这四人小组中最年轻的是克劳塞维茨,也是沙恩霍斯特最信任的门徒,他将沙恩霍斯特的战争理论,发展成了一门新科学。克劳塞维茨后来又独立发展了这些理论,写出了一系列超越老师作品的著作,在国家科学之中为战争理论争取了一席之地。他是深刻的知识分子,也是历史评判的大师;但头脑过于批判和谨慎,无法像格奈泽瑙一样抢得战场先机;然而他绝不止是一个只会写书的人,他还是务实勇敢的战士,以高远眼光打量着生活中的喧嚣。克劳塞维茨曾随奥古斯特大公从战俘营返回。当他身在法国时,就对条顿民族的年轻坦率产生了无比热爱。返回祖国之后,他坚信法国人在本质上仍然是非军事的民族,胡格诺战争时,他们曾在德意志军队面前瑟瑟发抖,现在也将如此。民族的天性怎么可能在十年中发生改变? 那些曾被征服上百次的民族,怎么可能永远以武力控制德意志?

293　　　正是在这些人的帮助下,威廉三世承担起了重建军队的任务,整个军队面目一新,组建了 6 个旅:2 个西里西亚旅,2 个老普鲁士旅,1 个波美拉尼亚旅,1 个勃兰登堡旅,仍保持腓特烈式军队的建制,维系着德意志最后的希望。军队的装备都更具实用性,不再留发辫,阅兵式的各种花样被暂时搁置,代之以热火朝天的野战勤务工作。所有储备都必须更新；因为拿破仑的治安官们已经进行了地毯式的劫掠，以致于西里西亚炮兵在数月中都因缺乏弹药而无法采取任何行动。一个调查委员会彻底查验了战时所有军官的行为，毫不留情地开除了所有行为不端或有嫌疑的人。在贝尔施（Bärsch）编辑的《人民之友报》（Der Volksfreund）上，格奈泽瑙呼吁军队废除鞭打，他尖锐地问：普鲁士士兵是否还要通过皮鞭，而不是荣誉感才能获得激励？他的观点获得了认同，新《士兵守则》废除了古老残忍的体罚。这个世界究竟发生了多么巨大的转变，普鲁士军官们居然可以在报纸上公然讨论军事体系的缺陷！

格奈泽瑙在另一篇报纸文章中含沙射影地讽刺了容克贵族的一项世袭特权，他们的儿子凭此权利甚至可以在未成年的时候就调动国王的军队。他只是公开表达了所有有头脑的军官心中所想。废除贵族特权地位以及其他所有军事特权，是新法律精神的必然结果；自从普鲁士人开始认真注意拿破仑手下青年将领的效率，不少性急的人就要求效法法国，自由提拔有名望人士。但是沙恩霍斯特有自己的看法，他认为吸收拿破仑"年轻将军老上尉"的原则将带来道德罪恶；他看见无数粗俗腐坏的因素正渗透进法国下层军官之中，同时法军中不受约束的野心已经大大腐蚀了同袍之谊。这个德意志的农家子非常理解，为何华盛顿会向美国人呼吁"只有绅士才能担任军官"。他也理解为何在命令有损军官荣誉的时候，威廉一世允许他们可以抗命不遵。他并不想摧毁普鲁士军官的古老贵族特性，而是想用文化贵族取代特权贵族。

1808 年 8 月 6 日颁布的军士（Portepeefahnrich）任命条例规定，和平时期能够进阶为军官的，只能是有知识和文化的人，而战时则必须是智勇双全的人；贵族现在不能仅仅依靠世袭特权成为军士，而且未满 17 岁、未通过科学体检者不得授予此职；同时，一个年轻人只有通过复检，并且经由军官推荐，才能获得肩章。国王不断提醒军官们，永远不要忘记自己是民族中光荣的教育者。根据条例，从低级军官升到上尉，通常需要论资排辈，但是在选拔参谋和更高级的指挥官时，服役年限不再具有决定性作用。通过这些不甚引人注目的提议，军官职位有了新特点，而这在我们今天看来似乎是司空见惯的，但从此以后德意志军事体制拥有了一种出

294

色的民族特征。现在，军官群体同文职官员之间首次达成内部共识，首次相对老百姓拥有了智力优势。有才干者有希望快速晋升；也有在低级职位上晋升缓慢的人，但因为共同的教养和生活方式，产生了这样的结果：每个军官都对自己的位置有着清晰的认识，一种贵族阶层的意识弥漫在整个体系之中。在法国，军官一旦进阶，社会藩篱就会将他和颇有教养的同僚相隔离，而这不可能发生在普鲁士。

在这次军事改革中，老一辈的贵族面临的转变最为巨大，大部分军官仍然由他们担任，许多年后，军队中贵族出身的优势才不复存在。但是一项原则被牢固地树立起来：即便是贵族也必须拥有科学知识才能获得职位，只有受过相当文化教育的人，才能满足全新且更为严苛的服役要求。国家公职也不再是无知者的庇护所，改革者已经开始将新普鲁士变成一个文明国家。威廉一世建立的军校制度半成功地转化了过分粗俗的东德贵族，而沙恩霍斯特却将其彻底打磨光滑。蔑视知识分子的老一代人已经逝去，他们年轻的继承者们开始承认并尊重知识的力量。

军事改革的基本理念是：从此以后，军队由军人组成，必须是一支民族军队，所有能够扛起武器的人都必须参军。废除征兵，禁止雇佣外籍军人，只允许一部分具有德意志血统的人加入志愿兵。新《士兵守则》和《军队制裁条例》马上预示着，未来所有的国民，包括受过良好教育的青年，都将是普通士兵，因此也提出了温和对待平民的要求。有头脑的官员都同意废除传统的免除兵役特权。早在战争爆发以前，普遍兵役的理念就得到了沙恩霍斯特、博延、卢索（Loussau）以及其他官员的支持，威廉三世也对此进行了全面深入的思考。经历战败后，这种观点越来越获得支持，任何明智的战士都心知肚明，只有动用全民族的力量，德意志才能重新面对这场不对等的战争。和约签订后，布吕歇尔马上恳求他敬重的沙恩霍斯特："组建一支民族军队；必须全民皆兵，不参军将被视为耻辱。"还是战俘的奥古斯特大公，也递交了军事重组的计划，主导观点便是普遍兵役。但是，沙恩霍斯特明白，他的大多数同伴都忘了，普遍兵役实际上是古老普鲁士原则的复兴。他提醒威廉三世，先王威廉一世曾在欧洲所有君主中，率先推行了普遍兵役，普鲁士也因

295

此变得强大,而奥地利和法国不过都是效仿者。因此现在有必要返回古老的普鲁士制度,马上废除免役的特权。如此方能建立一支在任何时候都同样强大的常备军。沙恩霍斯特几乎是完全按照"士兵国王"威廉一世的话打造了一支后备军,这些话的开头是:"举国臣民天生皆是国家的保护者。"

起初,普鲁士军官对于普遍兵役的理解,比法国督政府管理下的资产阶级更加合理。战败者的精神太骄傲,不可能效仿占领者的制度。如果国王根据阶级特权或者经济原因,让一些特定阶层的人免于兵役,人们是可以接受的。但是花钱免除兵役或者替他人服兵役,都绝非是普鲁士行为,同军队的所有传统相抵触。确实有少数军官推荐过法国的军事体制,但是绝不是上述提及的任何一位。普鲁士的理念比大革命的继承人更加民主;简单说来,普鲁士确实需要普遍兵役,但是这不仅仅是为了打响解放战争,更是作为一种教育民众的永久性体制。沙恩霍斯特尽管蔑视肤浅武夫,但他也是一名军事专家;他明白只要一小股独立的热情,就可以取代专业士兵的耐力、技术和纪律。丰富的历史知识让他确信,越是温和的时代,民族越需要军事教育,这样文明世界才能保留淳朴时代的阳刚之气,肉身和灵魂之力才不会因文明而丧失。格奈泽瑙热情迎合这种充满豪气的历史观念;他甚至渴望军事教育能从小学开始,因为斯巴达的英雄之光已不再照进现代世界。博延也给沙恩霍斯特所有的朋友写下诗句:"国家的所有守卫者都拿起武器;各个阶层都有责任保卫国王与臣民!"

因此人们不再争论普遍兵役,但是执行过程中仍有无数巨大的困难要克服。普鲁士此时刚刚从野蛮的古代军事原则中挣脱,因此实在难以忍受让有教养阶层的儿子们参军;此外,1808 年 8 月拿破仑强迫普鲁士接受《巴黎条约》,根据条约规定,这个遭受蹂躏的国家被迫保证不会拥有超过 4.2 万人的军队。

因此要狡猾地绕过法国以及条约规定,就只有在常备军之外建立一支后备军,以备战时之需。但是这条路也被堵死了。沙恩霍斯特很快意识到,最简单的方法就是通过常备军学校提供后备军人,由已经退役的军人组成后备军。但是现在这条路也走不通。如果征召大批新兵,马上就会引起拿破仑的怀疑;更重要的是,新兵

296

组成的后备军要经过数年训练才能有显著战斗力，但是战争已经迫在眉睫。因此，普鲁士必须拥有一支同现役军没有任何明显关联的民兵队伍，这支队伍表面上只是为了维护国内治安，但却要经受反复操练以备军事需要，并且装备充足，能够在战争打响之后马上作为后备军上阵杀敌。1807 年到 1810 年期间，沙恩霍斯特重启了后备军计划，并就此同国王进行了商讨。1807 年 7 月 31 日，他的首个计划开始实施，不但独立而且远远早于奥地利后备军计划。

早期计划的主要目标，是让富有阶层的儿子们准备好在战时参军，而且他们将自己提供武器和制服；和平时期这支力量在"市民卫队"或者"国民警卫队"的堂皇名义下经受训练。1809 年夏天，这位不知疲惫的军事改革者将这些计划进一步扩展，1813 年军事体系的基本要素已经呈现。他高度评价普鲁士的英雄主义力量，但也谨慎地认识到，将一支乌合之众的队伍转变成适于战争的部队，并非一朝一夕之功。他的计划是：常备军进行攻击；由退役军人、临时人员以及有义务参军的年轻男子组成后备军；富人可以作为志愿狙击手加入。后备军防守要塞，包围敌军驻守的地区；一旦足够壮大，将追随大部队，其位置由所有能拿起武器的人组成的国民军或者民兵代替。沙恩霍斯特深知拿破仑多么厌恶旺代战争（La Vendée）[1]，也多么恐惧全民起义。他希望可以用一小支部队打响解放战争，从若干要塞或者有防守的营地展开行动，为了这个目标，他让人仔细地研究了北德平原的不利条件。当格奈泽瑙得知威灵顿在葡萄牙获得胜利，他甚至希望在小城施潘道（Spandau）[2]以外的北德平原重建"托里什韦德拉什防线"（Torres Vedras）[3]。

但是所有的希望都化为泡影。拿破仑获悉普鲁士组建后备军的计划后大发雷霆。他厌恶的对手并没有越《巴黎条约》雷池一步，而他却保留了随意践踏条款的权利。最终，只要普鲁士不向法

---

① 旺代叛乱：1793 年—1796 年法国革命战争期间，法国中央革命政府与西部王党叛乱势力进行的战争。——译注

② 施潘道（Spandau）：是德国柏林的第五区，也是最西面的一个区，位于哈韦尔河和施普雷河汇流处，并沿哈韦尔河的西岸。——译注

③ 托里什韦德拉什防线：1809 年起威灵顿在西班牙修筑、针对法军的防御工事。——译注

国宣战，组建后备军的计划就无法进行。事已至此，在不引起拿破仑怀疑的前提下所能完成的，就只能是更加迅速地训练现役军人。法律上规定的服役年龄是 20 岁，这一点并没有改变；但是为了尽可能多地征召军人，他们在经受数月勉强可以的训练后就被送返。条约所规定的军队人数也没有受到过于严密的监视。数年中，每逢军演，柏林的卫队就会参加，并且留下一部分人在军营中，这样拿破仑的探子就拿不准普鲁士军队的人数。尽管不可避免的是，不少人仍以逃跑的方式逃避严苛的兵役，但是另一方面，也有不少人从莱茵联邦地区被征召入伍。整体上，普鲁士展现出了勇于牺牲、效忠君主的精神。有一次，一些农民趁夜从马格德堡的威斯特伐利亚要塞城堡偷出了一门大炮，并用船将其运至施潘道，因为他们的领主需要武器反抗法国人。沙恩霍斯特通过这种部分训练的方式，逐渐打造出了一支 15 万人的军队。伟大的沙恩霍斯特为了逃避手眼通天的强敌，年复一年地施展着无数阴谋诡计，这是多么可悲的事情；他的灵魂渴望浴血沙场，为了德意志重获自由，他愿意牺牲至最后一人一马；然而狡猾的敌人一次次让他的军事计划付诸东流。直到开战的一刻，整整五年的辛勤工作和莫可名状的焦虑所默默酝酿的一切，才浮出水面。沙恩霍斯特才真正是 1813 年后备军之父。

298

　　仇恨和贫穷极大改变了北德有教养阶层的情绪，浪漫主义思想已经为这种转变准备良久。日常生活的磨难让人们怨声载道，不堪折磨的良心将属于所有的人罪恶加诸在某些人头上。口出恶言、污秽不堪的讽刺文，从旧制度腐烂的躯体上爬出，像蛆虫般恶心。一大群卑鄙小人现在又迷上了受屈辱的普鲁士，他们中大多数人在战前就竭力支持北德和法国结盟。克尔恩（Cölln）的《烙印》（Feuerbrände）、马森巴赫（Massenbach）的《史记》（Historische Denkwürdigkeiten）、布赫霍尔茨（Buchholz）的《普鲁士性格概述》（Galerie preussischer Charaktere）等等类似的作品，都忙不迭地挖掘威廉二世的古老王朝被忽视的角落里的所有垃圾。[1] 尼古拉时

---

① 熟悉布赫霍尔茨作品的人，都不会怀疑《长廊》是他的亲笔作品。此外还有根茨的证明，见奥姆普泰达（Ompteda），《遗作》（Nachlass）卷 I，第 362 页。——原注

代,柏林文化程度不高的圈子中自负空洞的早熟精神,现在终于找到了自己的政治话语。这些人曾经以启蒙的名义,在新诗歌中讨论自由而重要的一切事物,如今却以自由的名义谴责对拿破仑的战争:只有重商而自私的英国和傲慢自大的普鲁士军官,才会向热爱和平的法国挑起战争;对于腓特烈式的国家,布赫霍尔茨最不能原谅的,就是同野蛮人沙俄结成毫无价值的同盟,对抗法国文明。

这些诽谤文的作者是一种新的政治趋势在精神上的祖先,从此时开始,这种趋势就以多种形态和名称生长于柏林,并成为了普鲁士国家的痼疾。他们像专家似的吹毛求疵,不知疲倦地挖掘丑闻,无止境地自我膨胀,却空话连篇,只会炫耀自由、进步这样的伟大字眼,也经常误判时代的信号。但是这些作品仍然真实地流露出一种德意志品格,也是一种民族弱点,只有少数政治评论家得以幸免。这个弱点是不能正确地判断人和事的各个方面,不能从狭隘和短暂的事物中区分出伟大和真实。这些喋喋不休的批评家们曾经指责隆巴德和豪格维茨,现在又用同样的语气控诉哈登贝格和布吕歇尔,读者们只会绝望地感到,国之将倾,无木能支。

当下困境让所有人陷入窘境;但我们的人民十分正派,不会在事后的指责上耽搁太久。每个人都盼望着解放的那一天。因此这些讽刺文的影响相对很小;即便在柏林,它们所获得的注意力也很有限。一种相当真挚的情感占据了上风,似乎每个人都想变得更纯粹、更优秀;祖国覆灭带来的仇恨已经压过了精神中所有的平庸卑鄙。一种共同的情感让北德前所未有地上下一心:人们像丧家之犬一样悲伤地聚集在一起。大量财产流失,普鲁士贵族丧失了所有财富;专横的领土划分摧毁了整个地区传统的交通渠道;残缺不全的国家无法再为数以千计的忠实臣民提供岗位。年轻人不愿意追随拿破仑,却也找不到用武之地。就像达尔曼回忆起自己青年岁月时说,在拿破仑时代,人人都无所适从。这种痛苦的感觉不断加深,决战越是推后,人们就越是强烈地坚信:外国的暂时统治不可能也决不能继续;解体德意志民族是对上帝和历史犯下的罪孽,是一个近乎疯狂的罪人的狂热梦幻。

正是在这些动荡激烈的岁月中,统一德意志的理想首先在北德觉醒。这个理想是苦难和历史渴望的产物,也是诗歌和政治热情孕育出的孩子。十八世纪的人们曾多么坚定地相信神圣罗马帝国将永垂不朽。乔治·福斯特在 1790 年的请愿书中,用动情的词句描述"一位德意志君主的和蔼可亲",霍多维茨基(Chodoviecki)为马克斯大公(Max)创作了一幅雕版画,描绘了他如何帮助一位集市上的女性将篮子举上头顶,将大公塑造成伟大朋友,永垂不朽;可见 90 年代的人依然如此温顺、甘愿和热情地追随他们的君主。如今,帝国垮台,德意志也不再是一个民族,只不过是一群语言相同的人。当莱茵河左岸似乎将永远落于法国文明之手,维系德意志群体的最后一根纽带也即将断裂;在威斯特伐利亚,直至易北河的领土上,法语已经成为官方语言。德意志诸侯除了两位之外,都戴上了外国的枷锁。但是,即便古老的民族已经被摧毁,但是德意志人仍然骄傲地坚信,世界不能没有德意志,无论如何,德意志诗人和思想家为人类所作出的贡献远远超过法国。身处困苦之中的德意志人,热切地回顾遥远历史上的光辉时刻;神圣帝国不久之前还被儿童嘲笑,如今却代表着民族之光。在这个受压迫的时代,所有打动人心的信件、演说和作品都在反复追问两个深刻的问题:为何德意志个人无比伟大,德意志民族却如此不堪一击? 为何曾经向世界传播法律的民族,现在却被异族践踏?

　　诗人和学者都惯于讲述一个理想的德意志,习惯性地忽略地区差异,向所有德意志之子发出呼吁。充满政治热情的文学作品传遍全国。费希特以一个德意志人的身份,劝告整个德意志民族:地区差异曾在数个世纪中给民族带来不愉快,现在我们不要予以承认,而要将其搁置起来。德意志精神(Deutschheit),真正古老且未堕落的德意志品质,将再次光芒万丈。人们以盛大的热情、夸张的言语,赞颂天生高贵的德意志,因为只有通过夸张的修辞,如此漠视政治的民族才会恢复本性、尊重政治。一种大胆的激进主义取代了过去忍耐顺从的态度,轻蔑地将近代史上的一切组织视为偶然和犯罪的产物。在莱茵联邦的德意志人中,有什么是值得崇拜、值得珍惜的吗? 只有推翻外国暴君,惩罚那些自愿被奴役的人,解放被迫奴役的人,才有可能重建思想灿烂、军事强大的新德意志——无论采取何种国家形式,但必须统一源于古老民族精神的新德意志——此后,只有自由发展的德意志,才能赢得曾属于希腊人

301 的艺术和科学桂冠，将它们戴在德意志的胜利之冠上。人们不愿意谈起那位曾将民族引上强大之路的伟人，好像这一代人需要的，正同腓特烈大帝的观念相左；腓特烈的功绩似乎被摧毁了，许多年轻的狂热分子永远不原谅他向帝国的皇帝陛下发起攻击。由于面对共同的敌人，人们需要慷慨地忘记古老的兄弟之争，整个德意志世界要实现真正的和谐；尽管这不可能由一个选定的政治中心领导，但是只有整个德意志民族推翻拿破仑的世界帝国，然后一切才能各得其所。

德意志民族统一理想的产生，是民族政治生活的伟大时刻，影响力至今未退；与法国不同，这一理想并不是长期积累的结果，或者是持续的统一国家政策的自然成果，而是在漫长的蛰伏期之后，在激动的泪水和往昔的梦想中突然觉醒。从此，理想主义狂热天真的激情被唤醒，之后数代德意志爱国者因此变得非常可爱；同时，即便痛苦岁月造成的对法国的憎恨已然消散，但沉重的苦难也在蓬勃的条顿精神中留下了对外国的刻骨仇恨。在想象德意志光辉灿烂的未来的时候，很难不指责外族曾频繁而粗暴地侵犯中欧；因此，德意志人的政治热情变得相当困惑纠结。一些模糊的历史形象点燃了热情，使人们沉醉于伟大祖国的狂热理想：以这样或者那样的方式，重现奥托大帝和霍亨斯陶芬家族的荣耀，鼓励拥有共同仇恨和渴望的人们，以及拥有各种政治主张的人们，自愿团结一心。但是这些狂热分子们都没有注意到，此时此刻，统一德意志的真正力量正活跃于普鲁士；也因此，德意志民族意识中的薄弱之处，直至今日还没有在民众头脑中变得强韧。统一德意志之梦从有教养阶层缓慢传播给普罗大众，但即便那时，伟大祖国之名对于老百姓来说，还是个模糊的字眼，是个奇迹般的应许之地；对于统一的德意志的热爱，也时常误入歧途地导致狭隘、贪婪的地方主义。

普鲁士自古就忠于君主，因此爱国者们的理想不会完全漫无边际。当时的政治评论家和演说家中没有人比施莱尔马赫——一个天生的普鲁士人——的观念更加清醒节制，这并非是出于偶然。施 302 莱尔马赫谈及德意志解放的时候，总是将恢复老普鲁士力量视作一个不证自明的先决条件。当申肯多夫以激动人心的语句宣传皇帝和帝国时,当海因里希·克莱斯特敦促德意志"首先将皇帝拖入神圣战争"的时候,他们都心照不宣地假定,在这个新的帝国中,普鲁士必须占据有利地位。在哈森海德(Hasenheide)运动场上,在雅恩(Jahn)①、哈尼施(Harnisch)、弗里森(Friesen)的圈子里,一个有可能实现的预言已经流传开来:普鲁士仍手持德意志之剑,必将在新的帝国中高居帝位。尽管费希特也逐渐开始接受这些普鲁士观念,但是直到1813年他才真正承认,只有普鲁士国王能够成为拥有"德意志精神的专制君主"。阿恩特也首先通过普鲁士的胜利,才理解了腓特烈式国家体制的必要性。但是,年轻的爱国者们,甚至其中的普鲁士人,仍然天真地相信,只有当德意志再次属于自己时,奇迹般的好运才会到来。古典时代的文学艺术所累积的丰富情感能量,此刻奔涌进了政治生活。尽管国家危在旦夕,可北德的年轻人却从未像现在一样,对于自己和民族的未来有着如此远大骄傲的理想;他们毫不怀疑,团结一致的整个德意志地区已经听到了诗人的吟唱,必将作为一支统一的力量,再次迈入世界民族之林。尽管如此,却没有任何地方试图组织一支拥有明确、可实现目标的政党;也没有人理智地讨论复兴的祖国应该采取何种组织形式。大量的期待和希望催生了焦躁的情绪,但只产生了一个明确、认真规划的政治计划,决定同外国统治者开战。

和约签订以后,法军又继续占领普鲁士一年半之久;即便在法军撤离很久之后,整个德意志还被拿破仑的探子严密监视。所有法国和莱茵联邦的大使,都必须不断递交有关民众情绪的报告。驻斯图加特大使比尼翁(Bignon),威斯特伐利亚驻柏林大使林登(Linden),都热情地从事这项令人不快的工作;拿破仑驻卡塞尔(Kassel)大使赖因哈德(Reinhard)是颇具才干的士瓦本人,也是歌德的朋友,他利用自己同德意志文化界的关系,让法国皇帝时刻了解德意志思想的一举一动。因此,这些爱国者们就必须违背德意志天性,进行秘密集会。哈登贝格在上呈国王的《里加备忘录》中

---

① 弗里德里希·路德维希·雅恩(Friedrich Ludwig Jahn, 1778—1852)是德意志政治体育的创始人,被称为国民体操之父。他将青年人组织起来,以训练体操、野外远足为名进行爱国主义活动。——译注

指出，在目前的情况下，秘密集会是不可避免的，并特别推荐用共济会分会（Loge）来传播合理的政治原则，因为拿破仑也知道如何利用仍具影响力的共济会会员达成自己的目标，并且已经任命妹夫缪拉出任总导师（Grossmeister）。

303　　只要敌人还占领着国家，深受德意志精神鼓舞的普鲁士人就无法避免地下活动。舍恩曾说，就连施泰因也曾在柯尼斯堡秘密会见格奈泽瑙、苏文（Süvern）以及其他友人，共同探讨祖国的处境和复兴的可能。人们太兴奋了，就连头脑冷静的人都不可避免地幻想或许天降奇迹，比如民众突发起义，让法国陷入恐慌。柏林的贵族圈子中有不少人，尤其是一些贵妇，她们无比仇视法国，因此大声抱怨那些半途而废的懦夫；这些极端分子被圈外人称作"美德会"（Tugendbund）[①]；在秘密集会时，其实每个人都知道德意志光明磊落的天性并不适合这些阴诡之术。其他一些无组织的爱国者俱乐部也在追寻实施更加严肃认真的目标，吕措（Lützow）、沙索（Chasot）、赖默尔（Reimer）、艾克霍恩（Eichhorn）和施莱尔马赫都位列其中，还包括不少勇敢的士兵、市民和科学家。他们尽管没什么装备，却也竭尽所能地武装起来，努力接触德意志其他地区有共同思想的人们，对他们施以敦促和鼓励。许泽（Hüser）中尉时常骑马从柏林去巴鲁克（Baruth），将写给同谋者克莱斯特的信件传递到萨克森邮局。后来雅恩和他体育界的朋友组成了一个德意志同盟；就像吕特里（Rütli）牧场上的瑞士同盟一样，这些密谋者也是夜里才在柏林附近的森林中集会，想为祖国献身。当开战的日子一再被延迟，这些暴脾气之中马上流言四起，说拖泥带水的威廉三世没法下定决心，因此应该由他的兄弟，威廉亲王戴上王冠。

这是个热血沸腾的时代。一个持久的秘密在爱国者中间时隐时现。他们伪装起来，传递关于敌军位置、守卫力量的消息，甚至是那些最光明磊落的人，都学着用显影墨水写东西，并且在外出时使用假名。北德平静的生活已经被彻底改变了；曾经祥和的灵魂

[①]　美德会（德语：Tugendbund；英语：League of Virtue）：1808 年成立于柯尼斯堡的半共济会性质的秘密社团，目的是重振拿破仑战争之后普鲁士的民族精神。——译注

中燃起了熊熊烈焰！世界的新秩序取决于一人，人们不由自主地问：永远都将如此吗？福斯伯爵夫人在闺阁中乞求上帝将那个不祥的男人从世上带走。马格德堡的年轻人以及伊默曼（Immermann）的朋友们，时常讨论如何才能摆脱那个科西嘉人的控制，而且没人觉得这么想有什么不对。越来越多严肃认真的人也死心塌地地拥护这个想法，克莱斯特只用数月就让它成为了自己的主要理念。后来，拿破仑终于从一次致命袭击中惊恐地明白，仇恨竟然可以如此彻底地改变虔诚正直的天性。大学生们自然也用自己的方式参与了这些被禁止的秘密社团。甚至早在耶拿战争以前，马堡的大学生们就受帕尔默谋杀案影响，组建了一个秘密同盟，保卫德意志和德意志自由。柯尼斯堡的美德会是这些秘密社团中最受称赞的一个，法国人甚至用这个名字指代所有秘密社团；美德会的成员从未超过 350 人，其中只有 4 个柏林人。几个热心但缺乏影响力的爱国者，比如贝尔施（Bärsch）、莱曼（Lehmann）、莫斯卡（Mosqua）和青年律师巴德莱本（Bardeleben），在威廉三世的首肯下组建了美德会，鼓励道德和爱国主义情操，但是当法军撤退，普鲁士收回了法律上的国家权威，并且再次发布秘密社团禁令时，美德会就马上顺从地解散了。施泰因和沙恩霍斯特都不是美德会的成员，他们的密友中，只有格罗尔曼和博延名列其中。

一般说来，这些秘密社团的作用远远小于法国人的估计；一些法国人甚至将拿破仑统治的覆灭归咎于这些秘密组织的影响。不少勇敢的人通过秘密社团服务祖国；年轻一代中最优秀的成员，比如后来领导行政事务的艾希霍恩（Eichhorn）、默凯尔（Merckel）和里宾特洛甫（Ribbentrop），都曾参加过秘密社团。目睹且了解这一切的沙恩霍斯特，不时将危险的任务交给这些同谋者，比如运送武器穿越边界。1812 年这些秘密活动有了新方向：人们协助那些想进入俄国军队的德意志军官，在法国大军的后方传播战败消息，还曾经抓获了一名法国信使。尽管从整体上来说，这些秘密行动在当时造成的影响微不足道，但却引发了极为猛烈且绝不令人愉快的后果。德意志青年人喜欢空谈幻想的天性，通过秘密社团获得了新动力。部分青年人习惯了从事不可能之事，轻视现存权力关系下的残酷现实，而且在幸运地赢得和平之后，仍然继续从事只有在外族高压统治下才具有合法性的活动。而且，当后来政府开始猜忌获得解放的民众时，骚乱时代的这些回忆也增加了他们的焦虑。

305   在艰难困苦中，普鲁士没有放弃君主国家体制。无论个人关于解放祖国提出了何种计划，最大胆的愿望也不会抛弃君主；即便在没有君主命令的情况下拿起武器，也是为了君主而战；但是这个忠诚的民族也从不信任恣意运用的武力，只有国王亲自号召臣民武装起来，行动才会取得成功。每个秘密社团在本质上都受到束缚，这与德意志人的英勇显得格格不入。这也就是为什么那些最强大和优秀的人，拒绝加入秘密社团，就像格奈泽瑙所说："我的盟友是另一种人，他们没有暗号和秘密，同一切反抗外国压迫的人民同仇敌忾。"比这些秘密社团的行动更加有力的，是在自由空气中的伟大密谋，所有忠诚的普鲁士人所在之处，都是它计划的一部分。每一个快要失望的人都会获得安慰，让他相信未来自有安排。但是整个国家中，没有人比布吕歇尔更加坚定清醒地寻找决战之机。他目光如炬，能透过瞬息万变的现象看到本质，而且毫不怀疑拿破仑世界帝国内在的虚弱和不可能实现。他直率粗俗地说那位世界统治者"就是个傻瓜，他想最什么就让他做吧！"胆小的人都觉得他可能疯了。

    在沉湎于精神生活的古老时代，有高度教养的柏林居民不可能接受这样一个观念：为拯救迟钝僵化的国家，有责任放弃迷人且趣味盎然的社交生活带来的享受。但是现在所有人都感到，丰富的文化不可能保障任何人灵魂的安宁，祖国遭受的耻辱扰乱了所有人愉悦平静的生活。施莱尔马赫的演讲在沉重的心灵中获得了强烈反响，他比任何人都适合担任柏林有教养阶层的政治教师。虔诚的人们涌入狭窄的圣三一教堂，听他用深沉有力的声音、雄辩的言语、新颖的措辞，宣告新时代的基本道德观念：人类所有的价值就体现在意志的强大和纯粹之中，体现在自觉投身于一个伟大的整体；圣经的教导在当下比以往任何时候都适用：我们将拥有不曾拥有东西，我们应该将财产和生命仅仅视为可信赖的工具，它将引导我们走向更高的目标，不要害怕，"那杀身体不能杀灵魂的"[①]；

306 ————————————————

① 《马太福音》10：28。——译注

视祖国为生命的人拥有最崇高的道德价值，反之，那些自私自利的人则会堕入肤浅的声色享乐；普鲁士是爱和忠诚的所在，它为其他德意志地区树立了榜样，是一个正直坦诚的国度，始终向每一种信仰敞开大门。这些观念都如此单纯虔诚，即便是最一般的头脑也能理解，同时又是如此生机勃勃，深深植根于新文化之源；十分贴合宗教信仰，又能满足当下政治的需要。长期身处幕后、远离时代思想纷争的神学，也再次现身德意志文化前沿，深受激励的听众们认识到，在一切历史变迁中，唯有基督教永远保持新鲜和活力，永远对世俗生活施加影响。

　　在同时代的作品中，也许费希特关于马基雅维利的文章最清晰地展现了时代观念的巨大变化，即从安于现状的文化向实践政治意志的激烈转折。费希特曾是德意志唯心主义的伊卡洛斯（Ikarus）①，蔑视现实，现在却极力宣扬马基雅维利，这位最强硬的现实政治家。因为费希特在这位意志坚决的佛罗伦萨人那里，听到了对祖国的预言。法国驻军的军鼓还在大学窗下敲响，费希特就发表了对德意志民族的演讲。怒火中烧的费希特毫不留情地谴责道，这个卑鄙时代中的极端利己主义成就了自身的毁灭，听众们都懊悔不已、深受触动、良心不安。但是他又为这些沮丧的人描绘了德意志精神中不可战胜的能量和尊严，让他们重拾希望。费希特使用的词句是如此激昂、大胆、触动人心，过去两个世纪的世界主义者们从不敢对民族说这些；但是费希特的演讲中也裹挟着新文化隐隐夸张的民族骄傲：只有德意志人仍然是初民，这个有理想、有性格的民族还没有被专断的律法所驯服；如果它沉没，整个人类必将同它一起沉没。只要人类还有希望，一个新德意志民族就必将诞生，它以祖国为荣，将其视为尘世不朽之物的支柱和保证，终将同普世帝国的可憎观念进行斗争。

　　施莱尔马赫的布道演说引起了法国探子的怀疑。这位激情澎湃的演说家将梦想的实现推迟到未来一代人身上，因此外国人并没有采取行动，不过让他们始料未及的是，如此热情奔放的唯心主

————————
①　伊卡洛斯（Ikarus）：希腊神话人物，使用蜡和羽毛造的翅膀逃离克里特岛，因为飞得太高，双翼上的蜡被太阳融化而落入爱琴海丧生。——译注

307　义将不可避免地煽动起这个哲学民族的情绪。年轻人衷心同意，为了民族而牺牲，就是文化的胜利和个人的幸福。费希特以哲学上的高傲态度，将此称为"政府和科学合二为一的罕见情况"；他的听众们认为，德意志的复兴与其说是政治任务，倒不如说是道德使命，而且费希特所希望唤醒的"坚定而自觉的精神"，正是当下最迫切的需要。这位哲学家领袖般的气质和强大的道德戒律，让他的观众们不由自主地想起施泰因男爵。

　　阿恩特以同样的精神，在战争期间及战后为《时代精神》增添了新的几卷。他以此为阵地反抗将所有人变成奴隶的寡头政治，反抗德意志人漠视政治的平等观念，这种平等曾真心实意地容忍那些不合时宜的事物，直到外族将其清除干净；最重要的是，阿恩特反对那种过于精神化和精致的文化，这种文化认为战场威望不足一提，英勇无畏是冒险冲动，男子气概就是处处挑衅，坚韧不拔带来的麻烦比好处大。在结尾处，阿恩特写道："向莱茵河挺进吧，高呼'解放奥地利'！我们的皇帝是弗兰茨，不是波拿巴！"

　　雅恩最狂躁的行动中表现出一些最荒唐的特征，它们损害了德意志精神：粗暴傲慢地仇视外国、目中无人、蔑视一切文雅精致的事物。德意志人本身就容易混淆粗鲁和坦率，因而粗俗的雅恩必然对青年产生非常糟糕的影响。天赋极高的民族之子们竟然会以一位聒噪的野蛮人为师，这实在是民族之大不幸。但是在雅恩体育活动的早期，影响还是不错的。尽管他的理解力如同农民一般简单，但是也能理解决战的紧迫性，这种观点在当时非常重要；他还拥有训练年轻人的罕见天赋，让他们从心底以懒惰软弱为耻。这种新的体育精神不仅仅加强了松懈一代的体魄，人们还发现，1811年雅恩的第一个体育馆在哈森海德建成开放以后，柏林青年的道德也变得更加纯净和阳刚，尽管"体操之父"（Turnvater）给许多青年的头脑中植入了混乱，但这个成果却更加重要。雅恩所著的《德意志民族性》（Das deutsche Volkstum）中虽然满是古怪的自负狂热，但也不乏对强壮健康的古代日耳曼文明的生动描述。

308　　但令人恐惧的是，雅恩这个粗俗的原始人总是用他粗糙的大手，蹂躏民族语言中精致的树叶和花朵。他想要抹去德意志在同其他民族思想交流中获得一切，有时还会从拉丁文中创造出一个全新的原生德语词汇——比如他所钟爱的词汇"Turnen"（体操）。但是，像路德一样，雅恩也在德语上进行了不少有益的尝试，比如Volkstum（民族性）这个好词就是他发明的。此外，当时唯心主义思想席卷全国，因此就连这个小丑也要在精神活动中寻找民族的庄严；雅恩赞颂希腊和德意志都是神圣民族，将歌德称作所有诗人中最地道的德意志人。像同时代其他伟大的人物一样，雅恩也毫无恶意地将普鲁士和奥地利的争斗，视作两个精力过剩的青年同伴在打闹，相信一旦他们冷静下来，就会马上举止得体。但是他天资聪明，很快就承认普奥之间存在着深刻的差异。民族混杂的奥地利永远不可能被德意志化；老帝国的复兴只有从普鲁士开始，也唯有普鲁士能唤醒德意志，使之再次成为一个强大的民族。我们必须切除德意志民族的毒瘤——那种孩子气的狭隘地方主义、对小地方的热爱；帝国只能有一个最高权威、一个首都、统一的风俗、货币和度量衡；必须有帝国议会、省议会和所有能拿起武器的人组成的强大后备军，"因为德意志人的基本原则是：没有武器的人就没有荣誉！"

　　雅恩似乎受到一股不可抗拒的内力驱使，带着一种疯狂的信心，将这些观念抛入世界，青年人们也欢欣雀跃地接受了它们。当时，普鲁士人口只有400万左右，没有人思考这个问题：民族混杂的奥地利如何才能同真正的德意志和谐一致？这些骄傲的梦想，必将同最具地方主义的国家权威造就的坚硬现实，发生激烈冲突。因此即便从外国统治下获得解放，充满希望的这代人仍将面临一场残酷的幻灭，漫长而痛苦的内战已经注定。

　　民族热情席卷了全部文学艺术，因此不只是政治评论家的著作才表现出这种热情。阿希姆·冯·阿尼姆（Achim von Arnim）[①]向浪漫主义学派提出了这样的任务：呼吸古代德意志生活新鲜的清晨空气，虔诚地深入古老家乡的英雄传说和历史光芒之中。我们必须学着理解我们何以成为现在这个样子，才能对当下的斗争重获信心。德意志的青年诗人和学者们，正是在这种高度自觉的爱国意识中，伴随着十九世纪特有的、过于紧张的自我意识，开始了

309

---

① 阿希姆·冯·阿尼姆（Achim von Arnim, 1781—1831），德意志诗人、小说家，德意志浪漫主义领袖人物之一。——译注

创作。他们就如同日后的自由主义演说家和青年德意志的作家们一样，坚定不移地相信：德意志的新秩序实际上将由他们亲手创造，政治家和士兵们只是将他们头脑中构想的精巧宏大的事物变成现实。德意志文学再次焕发生机。十八世纪 50 年代，人们就已经探索着精神世界，以好奇的心态挖掘其中蕴含的宝藏；如今，新浪漫主义也陶醉于祖国古老辉煌的历史。他们以孩子般天真、无拘无束的视野打量着古代德意志；一种历史情感从他们的思考和梦想中涌出，这种深邃的情感，完全不同于近来的文化以及拿破仑帝国的精确科学。历史学和哲学的伟大时代，从新浪漫主义的骚动之中跃然而出，这些学科和飞扬的诗歌，很长一段时间内都将是精神生活的前沿阵地。

　　数年中，海德堡都是青年知识分子最喜爱的聚集地。高贵的巴登大公卡尔·腓特烈在不幸的岁月中，因为其德意志小诸侯国的屈辱地位而遭受了无数痛苦；但是人到暮年，他却以实际行动再次展现出了对祖国的热爱：他复兴了在巴伐利亚的统治下已经完全堕落的海德堡大学。他这样做的目的，首先是希望海德堡大学不再仅仅是一个地方性大学；他在内卡河岸为其提供了一个自由市，这在莱茵联邦被孤立的德意志国家中绝无仅有；令人高兴的是，继奥索·亨利(Otho Henry)和卡尔·路易斯(Charles Louis)时代之后，这所古老的大学第三次带着具有创造力的新观念介入了德意志的生命进程。

　　于是，莱茵河地区最快乐的角落成为了新浪漫主义的摇篮。爬满常春藤的城堡，隐藏在一树树盛开似雪的繁花之中，古老大教堂的尖塔矗立在阳光照耀的平原上，被摧毁的男爵城堡紧紧攀附在像天鹅脖颈一样的峭壁上，这一切都让人们想起曾经的骄傲，比起寡淡乏味的现在，回忆过去更能给人以安慰。阿希姆·阿尼姆和克莱门斯·布伦塔诺(Clemens Brentano)①在这里相遇；格雷斯(Görres)也来到了这里，因为他已经无法再忍受法属莱茵河地区几近地狱般的生活。十八世纪的诗人们已经发现，在德意志的土地

① 克莱门斯·布伦塔诺(Clemens Brentano, 1778—1842)，德意志诗人、小说家，德意志浪漫主义代表人物之一。——译注

上,他们随处可以找到热心的朋友,能够平静地过着理想中的生活;现在北德人开始热切地向往那爬满藤蔓植物、传统气息浓厚的土地。当海因里希·克莱斯特发现从他那贫穷的勃兰登堡通往南德山区的道路时,简直无比兴奋。正是首先在这些浪漫主义者的圈子中,南德和西德的土地和人民再次找到了光荣。即便莱茵河已经落入敌手,但是对它的热爱始终奔涌在德意志的血液里,现在也成了这些狂热分子的崇拜对象。因此,每当朋友们举起酒杯,施莱格尔总会反复抱怨道:"祖国啊莱茵河,波涛温柔有力;一朝为外敌所踞,常使人泪雨滂沱。"

现在,莱茵河成了德意志的神圣河流,沿岸的每一所教堂之上都有天使飞翔,每一处废墟周围都有女水妖和小精灵嬉戏,英雄的幽灵也会来故地重游。无数诗歌和传奇故事都试图重现这些画面。古典诗歌中的大部分民谣都在描绘灰暗的初民时代,将古老人物呈现在想象中的模糊场景中;现在,即便是最短的篇章,诗人都必须明确地点和背景,必须给他的人物穿上历史的外衣。诗人的想象穿越时空,民众也希望听到莱茵河和内卡河的咆哮,希望在诗人描绘的英雄身上,再次看见德意志祖先强壮而纯净的品质。

德意志过去 150 年的历史,对爱国者而言面目可憎,因为其间德意志被撕扯得四分五裂;对于诗人来说则因平淡的生活而令人害怕。只有在中世纪,即简单地说从十四世纪到十六世纪,才真正展现了德意志未受破坏的民族精神力量。古老手工业者令人愉快的行会传统、石匠行会(Bauhütte)的秘密仪式、学生的游学热潮、侠盗们的冒险活动——这些才是真正的德意志生活,上演在风景如画的西南德意志,上演在真正的古代帝国。但是没有人讨论地方文化的差异。整个德意志的主旋律,基本上是由北德人、部分新教士瓦本人和法兰克尼亚人决定的;甚至是浪漫主义者中土生土长的莱茵兰人,比如格雷斯、布伦塔诺(Brentano)和最早对新文学有价值的天主教徒——波瓦塞雷兄弟(Boisserées)①,他们生命中最优秀

---

① 波瓦塞雷兄弟(Boisserées),包括德意志艺术收藏家、艺术史家苏尔皮齐(Sulpiz Boiserée,1783—1854)和德意志艺术家、艺术收藏家梅尔希奥(Melchior Boiserée,1786—1851)。——译注

的品质都来自于新教精神造就的德意志文化。任何一个觉得自己是德意志人，并且能像德意志人一样思考的人，都会被当时的历史情感所吸引；即便是没什么审美感受的施泰因男爵，都无法不受触动。民族的情感和信心就建立在故乡往昔的图景之上。年轻一代感到只有身处德意志人之中，才能有旺盛的个人创造力；奥古斯特·威廉·施莱格尔讽刺道，在法国，大自然慷慨地给一个人物原型提供了 3000 万个复制品。真理的源泉只能在德意志的土地上奔涌；法国人到处都是尔虞我诈，对于新浪漫主义时代的年轻人来说，学院派艺术、机械化管理的的警察国家、冷酷的理性文化，都意味着他们的不自由、愚昧、不自然。

311

在海德堡知识分子圈子中诞生的众多作品中，阿尼姆和布伦塔诺编写的德意志民歌集《少年的魔号》(Des Kndben Wunderhorn) 最为重要。扉页上面，一个健壮的青年人骑在一匹无鞍的骏马上，手中挥舞着号角，像是一个传令官正召集所有人加入对抗欺骗精神的斗争。要在有教养阶层中传播这些冗长的诗歌，这两个作者也不无担心，因此他们向歌德求援。他们认为古代德意志生活的馈赠，不应该像莱茵两岸山岭上的森林一样被白白浪费；他们希望充满诗歌、嬉戏和热情的时代降临，到那时，军训将再次成为德意志人的主要娱乐，每个人都可以像那些"显赫的学者"，这个平庸时代最后的艺术家和发现者一样，幸福自由地描绘这个世界。

这本诗歌集就像席勒的《威廉·退尔》一样，出现得恰逢其时，因此影响很广泛，帮助人们理解了先祖纯净强大的力量。《少年的魔号》以甜美的音调向人们讲述，老德意志拥有多么神圣的诗性智慧，多么丰富的热情和渴望、勇气和戏谑；这些朴拙的歌谣中记录了无数无名的学生、雇佣兵、猎人和乞丐，这些都让读者们兴奋得无法自已。人们这才理解了赫尔德的伟大发现：诗歌本是属于所有人的财富。接着，哈根 (von der Hagen) 在柏林出版了《尼伯龙根之歌》(Nibelungen)，这个版本尽管非常粗糙，但是哈根和克琳希德 (Kriemhild) 的伟大形象却在读者的心目中唤起了坚定的信念：早在歌德之前六百年，我们的民族就已经拥有一个伟大的史诗时代。但是业余爱好者仍然占据多数。中世纪精神和日耳曼精神实际上被当做同义词；中世纪文明的不同阶段被不加批判地混淆在一起，

兴奋的人们绝对无法想象,在骑士精神大放异彩的时代,他们憎恶
的法国人才真正是文明先驱。病弱的幻想家富凯(Fouqué)也不时 312
创作出充满意义的童话,讲述着森林和水下的秘密,偶尔也生动地
描述一些古代北欧英雄传说;一连数年,他都是很受上流社会追捧
的诗人。柏林的女士们都钦慕他的儒雅温和,可爱的少女们则爱
慕他举世无双的骑士品质,用铁十字和包银的迷人书本装饰妆台。

　　迄今为止,德意志语言学一直是其他学科的辅助品,为历史学
家、法学家和神学家的研究提供补充。现在这门学科努力寻求独
立,证实了赫尔德对德意志古代史的大胆预测以及沃尔夫对荷马
史诗起源的观点。正是格林兄弟首次使其拥有了独立学科的特
征。这两个隐者在海德堡的《修士报》(*Einsiedlerzeitung*)上发表的
文章关注者寥寥无几,但是很快他们就证明自己是同行之中最顶
尖的学者。正是经由他们的研究,浪漫主义世界观的核心才得以
传播进这个已经改头换面的世界,并成为民族精神财富的一部分。
格林兄弟完全接受浪漫主义的古老信条:一切都从诗歌的海洋中
流出。他们在民族生活的一切领域——语言、法律和习俗中努力证
明:感受、自然和原始时代是如何造就了民族文化和概念。十八世
纪的作家们总会有所不屑地谈及普通人;但是现在学校中的专家
学者却身处小人物之中,认真倾听缝纫室和射击场上的闲谈。格
林兄弟正是在一位老农妇的帮助下收集德意志民间传说,一本像
路德圣经一样重要的书籍才能够问世,这部书成为了所有欧洲民
族的共同财富,并且编纂得如此精彩,留下了永恒的民族印记。古
代雅利安人的神话人物,大拇指、称心如意的汉斯、睡美人和白雪
公主,似乎都有着德意志面孔,故事中天真愉悦的精神也随之广泛
传播并渗透进德意志教育,这些故事是如此朴素真诚、令人惬意,
直至今日,我们都只能按照某些特定的形象想起孩提时的挚爱,就
像我们只能想象以路德的声音吟诵的《登山宝训》。

　　与此同时,德意志民族早期大量被忽视的宝藏也重现天日。上
个世纪的自负让德意志古老的大教堂遭受屈辱:石膏和灰泥覆盖
了辉煌的壁画,螺旋状圆柱和吹响号角的圆脸天使,玷污了古老的
哥特式圣坛。现在,对教会的憎恨,以及莱茵联邦法国化官僚体制 313
流行的极端功利主义,又将新一波偶像破坏浪潮推向了巴伐利亚、

士瓦本以及莱茵兰。众多庄严的教堂惨遭破坏劫掠;可悲的是,当墙壁倒塌,覆盖其上的灰泥破碎,隐藏其下的绚丽古老壁画显露,但很快就被永远摧毁了。因此波瓦塞雷兄弟决定从这场大破坏之中挽救一切可能挽救的东西,他们平静忠诚的抢救活动,是德意志精神在莱茵河左岸苏醒的第一个信号。他们不知疲倦地从莱茵地区贵族家中堆满杂物的房间中,寻找被遗忘的古老德意志绘画。他们年迈的母亲乞求上帝保佑儿子们虔诚的工作,他们的浪漫主义友人也鼎力相助。格雷斯和萨维尼用几个小钱就从农民或者二道贩子手中买到了一件精雕细刻的圣坛装饰品,他们兴奋地将其送给了波瓦塞雷兄弟。他们欢迎和欣赏一切展示古老德意志精神特质的事物:科隆美术学院温和的理想主义丝毫不亚于深奥的丢勒(Dürer)和老荷兰画家的现实主义。随后苏尔皮齐·波瓦塞雷发现了科隆大教堂的一份古老草图,于是欢欣鼓舞地开始了伟大的教堂建造计划。在疲惫不堪的时光中,拿破仑也曾参观过科隆大教堂,但几分钟后就匆匆离开这座最美丽的德意志教堂,转而检阅一支骑兵队伍,而真正的莱茵人都梦想着重建这座伟大建筑,此前的数个世纪它都是莱茵河上德意志艺术的活跃中心。

对于德意志民族不朽的坚定信念,也激励了国家史和法律史的缔造者——艾希霍恩。古老的普遍法似乎已经被永久性破坏了,拿破仑法典的使用范围扩展到了易北河沿岸,莱茵联邦的法学家们认为,德意志法律已经死亡。但是艾希霍恩却向世人展示,尽管经历数次国家体制的变革,但整个德意志民族所共有的、创立法律的意识,却始终活跃,同时也只有通过民族的本能,才能解释德意志法律的起源和发展。赫尔德和早期浪漫主义者已经开辟了一条从历史角度解释法律本质的道路,这种观念现在突然成熟起来。这种观念是新时代世界观的必然结论,因而必将为众多不同态度的人所拥护。比如,格林兄弟的法律教师萨维尼,在兰茨胡特(Landshut)时就提出了民族精神具有创造法律的能力,并以此唤醒了法国化巴伐利亚官僚的怀疑精神。尼布尔的《罗马史》也迅速成为当代最伟大的学术成就,在他看来,罗马人的精神始终是一股驱动力,是塑造罗马历史可不缺少的力量,这种观念是十八世纪自负的史学家们闻所未闻的;尼布尔还指出了历史研究的新道路:严格的史料批判,他用这种方法有把握地抛弃了罗马王政时代的所有古老传说,但是他也提出"历史学家要有积极的精神"。历史文献中死气沉沉的文字在他眼中拥有了生命,他用强大的创造力,在破碎往昔的废墟之上,构建出了一幅幅栩栩如生的画面。他的政治判断自由而中肯,完全符合施泰因那种高贵的方式。他真诚赞颂平民的温和,猛烈批判贵族的自大,还得出了一个典型普鲁士式的结论:在强大王权的统治下,那些飞扬跋扈的阶层根本不可能出现。因此科学在几乎所有分支上都比大多数年轻诗人更加有活力,成果也更加丰硕。亚历山大·冯·洪堡(Alexander von Humboldt)的《自然的观念》(Ansichten der Natur),首先以简单而经典的形式,让整个德意志民族都能理解其艰深的地理科学研究成就,这也代表着时代的信号。

　　现在正是拂晓时分,晨风宣布美丽的一天即将到来,但是在晦暗不明的光线中,这个年轻世界的轮廓大小仍然模糊不清。有一些根本对立的观点不久就将陷入激烈冲突,但是现在还在携手共进,就像反动分子富凯和激进派费希特的关系也曾亲如父子。一些浪漫主义诗人对古代信仰极为虔诚,另一些则对中世纪观念十分鄙夷。在历史学领域,不仅有尼布尔和艾希霍恩方法严格的系统研究,也有克罗伊策(Creuzer)充满想象力的《符号论》(Symbolik)①,这部著作首次试图理解古典文化的幽暗面以及古代宗教与神话的起源,其中有不少天才式的预见,但也像自然哲学的梦幻一样晦涩难懂。历史法学派的科学思考缺乏勇气且害怕行动;学派中的许多人都截然不同于充满希望、大胆无畏的阿恩特,反而同根茨有着更多相似之处,但后者已经被极端、冷酷和厌世的情绪弄得筋疲力尽,在维也纳过着迟钝麻木的生活,越来越变成一个无条件歌颂美好时代的人。德意志历史学空前繁盛,让每一个人都有可能成为祖国某段历史的爱好者。一些人着迷于那种陌生

315

----

① 乔治·弗里德里希·克罗伊策(Georg Friedrich Creuzer, 1771—1858),德意志语言学家和考古学家。《符号论》一书全名为《古代民族的符号论和神话——以希腊为中心》(Symbolik und Mythologie der alten Völker, besonders der Griechen)。——译注

的魔力，而另一些则陶醉于新鲜有活力的民族性和中世纪生活。费希特将他的仰慕者的目光转向了汉萨同盟高尚的市民生活以及在施马尔卡尔登同盟中斗争的信徒，弗里德里希·施莱格尔谴责腓特烈大帝是"魔鬼"，自负的空想家亚当·穆勒却将神圣罗马帝国赞颂为基督教特质的延伸。

各种宗教意识变得更为混杂。的确有一些人是货真价实的新教徒，比如施莱尔马赫、费希特和格林兄弟，他们在自己的信仰上从未犹豫。但是另一方面，萨维尼却是受博学的天主教神学家赛勒（Sailar）的教育，更加认同前路德教的宗教观念。申肯多夫向圣母马利亚献上狂喜的赞歌；弗里德里希·施莱格尔和弗里德里希·施托尔贝格（F. Stolberg）皈依罗马天主教，则表明占据时代主流的美学观念在道德上极为薄弱。对犹太人阴暗的憎恨取代了腓特烈时代的宽广心胸。许多热爱中世纪精神的人，都相信自己能在每一个犹太人的脸上清晰看到让基督受难的刑具。政治仇恨在这些情绪的产生过程中扮演了重要的角色，因为拿破仑正竭力保证欧洲犹太人为他的帝国提供帮助，并取得了相当大的成功。然而此时，这些矛盾尚能彼此容忍，年迈的福斯在新教思想自由的名义下，肆意抨击浪漫主义者的梦境时，尽管他的想法没错，却也没有获得多少支持。在这场喧嚣的运动中，没有人比聒噪的格雷斯感觉更加良好，他是个身着僧袍的骄傲雅各宾党人，发现一个人可以同时是一个激进派，一个仰慕中世纪的人，一个德意志专家，一个罗马教皇的崇拜者，可以充满才气，有激情有干劲，头脑中装满美学、历史和自然哲学的知识，也可以沉浸在某种修辞和诗性的狂喜中。所有这些不同倾向都有共同的决心：从内心深处希望再一次成为真正的德意志人；他们希望保持天生的品质，并在完全自由的状态下取得进步，不用顾虑任何外国强加的幸福世界或者世界霸权。

海因里希·冯·克莱斯特的作品最强烈地表现了时代的政治热情，这位命运多舛的诗人远远超过所有年轻一代诗人。他戏剧般狂热的原始冲动以及充满生命力的性格力量，甚至超越了席勒，但是我们最伟大的戏剧家凭其丰富的观念、上等的教养、开阔的眼界和充分的自信，拒绝接受不幸的命运；一种不安的情绪扰乱了他安宁的灵魂。与克莱斯特同时代的人几乎没有注意到，残酷的命

316

运剥夺了他作品中所有的欢乐，今天当我们怀念他时，会将他视为那个压迫时代真正的诗人，外族的侮辱已经深入民族优秀躯体的毛细血管之中，是克莱斯特宣泄出了这种刻骨的仇恨。在德意志浪漫主义的朦胧想象中，《彭忒西勒亚》(*Penthesilea*)最野蛮，《海尔布隆的卡塔琳娜》(*Käthchen von Heilbronn*)最温柔高贵；但《赫尔曼战役》(*Hermannsschlacht*)却是一首复仇的赞歌，字里行间都如此真实、生动、充满活力，就像克洛普施托克的游吟诗人之歌一样朦胧，每一种情感都直接从一颗渴望复仇的心脏中倾泻而出。与那些有学问的爱国者不同，克莱斯特并不认为必须从反思中才能获得国家观念；他见识过普鲁士军官自发的仇恨，目睹了代表他本人和家族的古老光荣旗帜倒落尘埃惨遭践踏，他要求严惩要为此事负责之人。无论他走到哪里，都会像受到复仇女神的召唤一样，询问一个尖锐的问题："崛起吗？ 德意志人；复仇的时刻到了吗？"满怀仇恨的诗句像可怕的风暴一样从他的口中迸出，还从未有德意志人说出了这样的话："打碎这铁铸的枷锁！ 这暴君，地狱长子，将铆钉打进我们的脖子！"

　　《马赛进行曲》雄浑的曲调中也充斥着民族激情的无穷力量，但是克莱斯特的诗歌却更加具有诗性、更加真实而深沉。这位不幸的诗人在《洪堡王子腓特烈》(*Prinz Friedrich von Homburg*)中，运用仍然活跃在民族记忆中的近代史素材，创造出了一部在艺术上绝对可以称为典范的历史剧，是赞颂普鲁士军事荣耀的最美篇章。但是这部作品也被同代人忽略，祖国的未来似乎也越加可悲无望，失去耐心的克莱斯特终结了自己的生命，他受害于天生不健康的精神，也是这个绝望时代的牺牲者。这正是民族生命中发生重大转变的特征：尽管普鲁士军国主义长期没有获得理解，并且遭受误解，与现代德意志文化也相去甚远，但出身老勃兰登堡军人世家的人，开始用多姿多彩的新诗歌赞颂普鲁士军国主义。现如今顽固傲慢的贵族也活跃地参与民族的文化活动：一系列出身高贵的人物，如克莱斯特、阿尼姆、富凯、洪堡和布赫(L. von Buch)都是一流的德意志诗人和学者。老普鲁士精神中的低俗品质终于完全消亡。

　　令人惊奇的是，在帮助德意志民族精神实现伟大转折和增强幸

317

福感的问题上,歌德的贡献最大。歌德是以一部几乎违背个人意志的作品做到了这一点,而这部作品本质上属于一个完全不同的时代。歌德的命运似乎就是为最独特、最隐秘的德意志情感寻找合适的表达。1808 年《浮士德》第一部分问世,那时歌德已年近花甲,并且在过去的四十年中都是公认的德意志重要人物;前往魏玛瞻仰这位尊贵、愉悦且热心的大师,是所有年轻作者心目中的朝圣之旅。当时没人期待歌德还能写出另一部具有创造性的作品,还能参与新德意志的斗争;尽管他确实出于友谊接受了《少年的魔号》的献词,并且为这部作品献上了美好祝愿,希望它能够家喻户晓,但所有人都知道歌德相当冷酷地拒绝同激进的浪漫主义者有任何瓜葛。斯特拉斯堡的好时光中,他也以一种可理解的方式,不多地赞颂过哥特式建筑。如今在经历漫长的岁月之后,当他看见播撒下的种子开始成长,看见整个世界都充满了对德意志古代艺术的热爱,表达了这样的观点:团结起来的人类才是真正的人类,并亲切称赞苏尔皮齐·波瓦塞雷。但是他仍然厌恶冲动且爱空想的性格,以及年轻一代倨傲的民族情绪。

歌德本人的思想植根于已经远去的世界主义时代。他从未忘记自己和同代人在年轻时所拥有的一切都源自法国。克莱斯特不安的灵魂在他沉静的头脑中造成了恐慌。在给老朋友赖因哈德的信中,歌德尖锐批评了阿尼姆和布伦塔诺的滑稽怪诞,并且支持古老尊贵的理性主义,反对年轻一代首鼠两端的自然哲学。他甚至有几次严厉指出,浪漫主义是一种病,同健康的古典精神背道而驰。他最不能原谅的就是,年轻一代的文学运动竟然以政治目标为方向;任何将艺术直接转化进凡俗生活的行为,在他看来都是一种亵渎。歌德将爆发在德意志的重大动乱视为不可避免的命运,这位天才的天性让他坚信拿破仑的幸运星。可他了解普鲁士吗?他知道那些深深挫败普鲁士的耻辱吗?一个生于美好旧时光,成长在法兰克福、斯特拉斯堡、莱比锡和魏玛的孩子,周围都是善良和平的人们,怎么能够想象一场由德意志民族率先发起的战争?甚至对于歌德同时代的人,这场战争都是令人痛苦的,未来即将发生的事都将是德意志人的不幸回忆,我们最高贵的诗人在祖国的敌人身上只看到了一个伟人,歌德已经太老了,无法完全理解发生

318

在同胞身上伟大而具有拯救意义的转变。自从席勒逝世后,歌德就感到无比孤独。他带着沉重的心情追思美好时光的影子,让自己最伟大的作品在不知名的人们手中流传。因此十五年前《浮士德》的部分篇章诞生时,并没有人太当回事。

　　《浮士德》取得了空前的成功,像《少年维特的烦恼》一样让人荡气回肠难以抵抗,尽管诗人在创作的过程中已经老去,但是这些诗句好像是第一次被构思出来,好像问世的这一天才被写下。老德意志是否真的行将就木?这个痛苦的问题挂在每个人的嘴边;而就在民族衰落之际,《浮士德》横空出世,这是欧洲现代诗歌无与伦比的巅峰之作;德意志人兴奋异常,他们确定只有德意志人才能写出这样的作品,这是我们的诗人,他塑造的人物同我们血肉相连! 这似乎是命运发出的信号:世界文明不可能没有德意志,上帝依然为这个民族设计了伟大的蓝图。席勒的伟大作品对戏剧的影响超越了莎士比亚,尽管他在人物勾画上并没有达到那个英国人的力度;席勒的激昂悲剧也有些不足,但他希望人们以此认识到,世界历史就是世界正义的法庭。但是随着《浮士德》诞生了一些更伟大的事物,这是继但丁之后的第一次伟大尝试,将时代的整个精神财富包含进诗歌。就像歌德自己告诉我们的,这从一开始就是他的理念;年复一年,他持续地将这些钟爱的形象揽入怀中,在所有幸福的时光中,他一次次转身与他们同处,于是歌德与人物共同成长。这部古老的木偶剧具有的精致的形式和深邃的思想,露骨的笑话和灾难般的恐怖场景,扩展出了一部世界图景,抛弃了戏剧艺术的古老形式,产生了一幅描绘非凡人性的画卷。歌德在《浮士德》中展现了他那个时代全部的哲学内涵。这位现代诗人不可能像十三世纪的但丁一样,从一个确定无疑且完整的世界观出发,对这个世界作出判断。歌德丝毫不掩饰自己是一个奋斗者,并且从未打算完结这部诗歌,正因如此,他的作品对这个骚动时代的影响才十分巨大,因为他向未来的诗歌创作和反思发出了邀请。但是,歌德的基本观念依然坚定不移:人性始终是进行创造的工具,这个世界是为了人性才存在。人类依靠行动、依靠小我屈从大我的热情获得救赎,神圣意志战胜弃世精神——这便是乐观主义者最伟大乐观的信念,也是歌德一生的诗性主题。

319

如果曾有一首诗歌拥有生命，那就是《浮士德》。一切曾打动歌德无常天性的东西都包含进了这部作品：莱比锡轻浮快乐的岁月，斯特拉斯堡的爱情，同默克（Merck）、赫尔德、斯宾诺莎以及温克尔曼的友谊，政治家的经历，令人沉醉的罗马哀歌，老人成熟的生活智慧。但是《浮士德》让德意志人陶醉的是另一种魅力，这让他们想起自己的故乡，而且至今外国人都无法全然理解；对于德意志人来说，《浮士德》似乎就是祖国历史的象征。如果一个人能够深入这部诗歌的精神，那么他就可以俯瞰日耳曼人从黑暗时代走过的漫长道路：从神话时代，人们同森林之神和土地之神愉快共处的时光，直到充满乐观的民族运动——人们从从古老的城镇出发，"脱离了山墙屋顶的压力，走出了森严昏暗的教堂"①，寻找自由。在这里可以看见德意志茂盛的生命力：民间迷信野蛮而邪恶的嬉闹，对女性温柔深沉的爱恋，学者的幽默，好战的战士以及渴望阳光的思想——所有的一切组成了我们的生活。自从《铁手骑士葛兹·冯·贝利欣根》之后，歌德再没有哪一部伟大的作品如此展现民族精神。狂欢节上有关古老传说的简单对偶句，以奇妙的力量和简洁的形式提供了各种变换的角度和情绪；对于普通读者而言，这其中的一切似乎都可以理解，但对天才人物来说却都深不可测。

年轻一辈的诗人将《浮士德》奉为浪漫主义艺术的完美典范；既然古典诗歌之王都已经投身浪漫主义的世界，让他的女巫在布罗肯山（Blocksberg）②上起舞，那么他们当然感觉自己的行动受到了增强和鼓舞。但是这位年迈的大师很快就表明自己所站的位置，远远高于当下的文学盛会。《浮士德》之后他出版了《亲和力》（Die Wahlverwandtschaften）。每个人都钦佩这位大师深刻的灵魂和丰富的艺术理解力，他之前也从未出版过一部如此完美的作品；然而人们也不安地察觉，他对于感受力的讨论同当下并无共同之处；这部作品似乎是写给已经逝去的一代人。但是这重要吗？年

---

① 出自歌德《浮士德》第一部第二场《城门外》，译文选自钱春绮译本，上海译文出版社，1989年，第58页。——译注

② 布罗肯山（Blocksberg），在德国民间传说中，女巫和魔鬼在瓦普儿司之夜聚会的山峰。——译注

轻一代仍将歌德视为创作了《浮士德》的非凡诗人,并且从那时起,席勒的作品也首次获得了完全承认,所有有教养人士都崇拜魏玛双子星,这种崇拜也有利于这个不幸的民族尊重自己。

　　美术界的快乐活动最终也被重新唤醒;新美术院校的开办同古代德意志的重新发现有着直接的关系。阿斯穆斯·卡斯滕斯(Asmus Carstens)[1]曾多么孤独地走在一条天才之路上,朝向古代单纯而伟大的本质,预言了一个自己从未见过的、更加美好的时代。但是现在,罗马圣伊西多尔(San Isidoro)修道院集结了一群德意志画家,他们是有灵感有信心的年轻人,仰慕丢勒、梅姆灵(Memling)和凡·艾克(van Eyck),相信自己注定要凭借信仰和古代基督教-日耳曼深奥的精神本质,为了上帝和德意志祖国的荣耀,克服法国学院派艺术。这些年轻画家中的天主教徒,首次比诗人和学者中的表现得更为抢眼;其中最伟大的画家是彼得·柯内留斯(Peter Cornelius)[2],虽然也是天主教徒,但却沉浸北德文化之中,并且在一种更宽广的意义上理解自己的使命。他的灵魂充满神圣的抱负,他祈祷着:"请您让这颗心永远为神圣的事业而跳动,因谦卑和对您无止境的爱而伟大。"继丢勒的技法之后,德意志美术很快展现出自身的真诚严肃,因为只有通过德意志人,艺术才能获得新方向;并且经由德意志民族的行动,上帝的意愿——创造一个体现他的力量和荣耀的新王国——才能传播到全世界。达尔贝格亲王愿意提供给他前往罗马的旅费,但是年轻的艺术家拒绝了,因为接受就意味着要以法国艺术为榜样。正是通过故乡的英雄传说,通过《浮士德》和《尼伯龙根之歌》,柯内留斯才创作了自己第一幅伟大的作品。他是个真正的德意志人:严肃、深刻、思想无比丰富,但是采取的形式却顽固笨拙,更像是一个诗人而非画家。丢勒的"无声诗人"(poeta tacente)之名也适用于他。

---

①　阿斯穆斯·雅各布·卡斯滕斯(Asmus Jacob Carstens, 1754—1798),丹麦-德意志画家。——译注

②　彼得·冯·柯内留斯(Peter von Cornelius, 1784—1867)是德意志拿撒勒运动著名画家,官方美术的代表,创立了德意志正统的学院美术,使拿撒勒运动与古典美术合流。——译注

柯内留斯最终抵达罗马，很快超越了奥韦尔贝克（Overbeck）[①]和圣伊西多尔兄弟们引导的片面拿撒勒观念，后者只在北方以及更古老的意大利艺术家身上发掘真正的基督教精神。柯内留斯的思想中不仅有齐格弗里德（Siegfried）和浮士德，也为《伊利亚特》和《埃涅阿斯》保留一席之地；他深深地理解文艺复兴作品中异教之美。正是如此不间断地培育实力，用《尼伯龙根的指环》中每个新的章节发展、增强自身，柯内留斯最终为德意志绘画里程碑式的风格奠定了基础。如同之前的古典诗歌一样，美术的复兴也产生在珍贵的自由气氛中，在没有宫廷提供帮助的情况下，从深厚的民族精神中喷薄而出。直到这种新方向的本质和目标都变得清晰，新美术的资助者们才出现，支持这些伟大的艺术创造。

第二节　阿尔滕施泰因　1809 年战争

321　　数月以来，施泰因一直极力压制自己的怒火。他成功地迫使自己以一种屈从甚至是奴颜婢膝的态度同法国谈判，因为他必须不计代价地保证法国按承诺撤军。拿破仑却态度模糊，打算尽量拖延驻军时间，在和平时期彻底摧毁被《提尔西特条约》摧毁了一半的普鲁士。早在 1807 年 11 月，拿破仑就宣布准备将多瑙河省份割让给俄国，以此换取西里西亚，那么他留给普鲁士的就只有一块人口不足 200 万的土地。对于普鲁士的所有请求，拿破仑的回应都很粗暴：皇帝很满意目前的国家现状，没有理由做出任何改变；并一再强调，普鲁士国王财力雄厚，因为不会同任何人开战所以不需要军队！达吕说出了一个冷酷的道理：战争成本的计算不是一个数学问题而是一个政治问题；对于其他人来说，皇帝的意愿就是命运的指示，也没人相信普鲁士可以忍受这一切。威廉亲王前往巴黎，提议他和妻子将继续留在法国作为人质，直到战争赔款到位，但终是徒劳无功。拿破仑颇具威胁地说："我知道所有普鲁士人都恨我"；并且命令驻普鲁士的法国军官按照身处敌国的情况行

[①]　奥韦尔贝克（Friedrich Overbeck，1789—1869），德意志画家，拿撒勒运动成员。——译注

事。在两年的占领期中,法国从这个贫瘠的国家获得的战争赔款和给养物资,共计 11.29 亿法郎,相当于国家岁入的 6 倍。[①] 仅仅普鲁士省就支付了 1.13 亿塔勒。再没有哪个文明民族被如此残忍虐待。

　　数月之后,法国提出了最后的要求,即根据他们的计算,普鲁士还需要支付 1.545 亿法郎,但是普鲁士官方却宣布,根据拿破仑曾经的承诺,付给占领军的给养费用应该从总数中扣除,因此只应支付 1900 万法郎。如此巨额的勒索,意味着各省议会都必须保证缴纳一部分战争赔款。法国人欲壑难填。与此同时,马格德堡的备战工作始终不曾中断;在瑞典属波美拉尼亚、华沙以及维斯图拉河西侧所有地区,都有法国驻军;而且拿破仑屡次传递信息:如果普鲁士国王马上将官邸从柯尼斯堡的安全地带搬到柏林,他将视此为信任的标志。最终这成了一桩前所未闻的流氓行径:拿破仑再次违反《提尔西特条约》,强行没收了普鲁士银行和慈善机构借贷给华沙公国的资产;同样也将普鲁士私人债权收归己有;同时由于掠夺来的物资贬值,拿破仑还将战利品以比正常略低的价格卖给了萨克森国王,后者谦卑地谢主隆恩,希望在《巴约讷条约》(Bayonner Vertrage)中被照顾。普鲁士岁入因此又缩水了 3000 万塔勒,仅银行就损失了 1000 万塔勒。

　　与此同时,狼鱼之争也愈演愈烈。英国入侵丹麦的行为违反了国际法,很快被拿破仑加以利用,指出英国正将人们奉为神圣的一切踩在脚下,从而掀起了公众的反英情绪。实际上,新世界帝国以保卫海洋和平为宗旨的神话,也有了不少轻易上当的拥趸。但是这些人中,并不包括东方诸国。自从《提尔西特条约》签订,东方三国的政策虽然不时游移,但没有谁再次完全信任这位世界统治者;暗地里,势必同法国一战的想法也在这些国家中稳步壮大。霍夫堡惊闻拿破仑打算以东方远征计划取悦沙俄。施塔迪翁并没有完全抛弃这样的想法:万不得已的时候,奥地利也许应该参与摧毁土

322

---

① 根据东克尔(M. Duncker)的计算结果,参见《从腓特烈大帝和腓特烈·威廉三世时代以来》(Aus der Zeit Friedrichs des Grossen und Friedrich Wilhelms III),第 505 页及以下。——原注

耳其帝国，因此保全奥地利在巴尔干半岛西部直至萨洛尼卡（Saloniki）的领土；但是他更加关注的是，从拿破仑的亚得里亚海省份到土耳其的道路，通过奥地利的伊斯特里亚（Istria），因此该地区势必面临入侵。奥地利逐步恢复元气，以非同寻常的热情重新武装自己：1808 年春甚至组建了国民军，施塔迪翁充满信心地说，我们又成为了一个民族。

法俄联盟也极不稳定。俄国将领起初极力诅咒普鲁士战争，宫廷和人民也深深不满足于可耻的和约。但俄罗斯民族马上凭直觉意识到，华沙公国的建立对于俄国的未来意味着什么。对法国的仇恨开始增长，甚至军队都受到感染；人民窃窃私语，抱怨沙皇总是任凭那个科西嘉人摆布。天性敏感的沙皇被这种普遍情绪所影响。尽管他在提尔西特牺牲了盟友，但是他并不打算永远不做"正确的事"；沙皇数次对心腹们明确表示，一旦事态危急，他愿意在西伯利亚荒漠中再次开战。但是起初，他还是渴望享受法国带来的好处，用芬兰和多瑙河省份增强帝国势力。运气好的话，根据拿破仑不确定的承诺，沙皇相信彻底摧毁土耳其帝国都是有可能的。作为一个自我欺骗的大师，沙皇为自己可怜的决定找到了足够的借口；他还担心在条件不成熟的情况下同法国开战，可能会导致彻底重建波兰。因此，他决定暂时忠于法国盟友，发动对瑞典的战争。

拿破仑乐见于此，并抓住俄国入侵芬兰的机会将军队向葡萄牙推进，以便将英国的这一重要桥头堡收入囊中。他写给沙皇的信中满是吹捧和含糊的承诺。他说这个世界很大，足够他们两人；他的心中只在乎俄国的荣誉、财富和壮大；如果俄法能够一同开赴博斯普鲁斯海峡，就连印度都会震颤，也会迫使英国臣服。但是当沙皇明确提出获得多瑙河省份的要求时，马上引起了拿破仑的注意，他要求以此为条件进一步摧毁普鲁士，沙皇当然知道这个险恶计划对俄国的威胁要大于德意志。不久，圣彼得堡就收到了法国特工在东方进行颠覆活动的消息。在德黑兰和君士坦丁堡，法国都在秘密破坏沙俄的计划。提尔西特同盟正在分裂，而造成分裂的因素也正是缔结同盟的因素，就是对领土无限的贪婪。

但是拿破仑由于自己的错误而卷入了一个棘手的局面，因此他

323

发现有必要重建这个摇摇欲坠的联盟。这个世界已经习惯了每个月都听闻拿破仑某些跋扈之举,现在新的消息纷至沓来:东弗里西亚并入荷兰,托斯卡纳并入法兰西帝国,教皇国的亚得里亚海诸省被并入意大利王国,拿破仑的军队进入罗马,入侵葡萄牙,布拉甘扎家族(Braganza)失去统治权。但是即便是对于这个已然习惯震惊的时代来说,1808 年 5 月发生在巴约讷附近马拉卡城堡(Marrac)的事件也确实令人难以置信:拿破仑将西班牙波旁家族诱骗入局,然后挑唆父子相残,迫使他们退位,让自己的兄弟约瑟夫成为西班牙国王。他酷爱这种强盗行径;也正是在西班牙,拿破仑达成了关于萨克森和华沙王冠的肮脏交易。他希望 6 周以后就能从西班牙麻烦中脱身,并且让"比利牛斯山不再存在"这句俗语成为事实。但是对这桩罪行的惩罚接踵而至。整个西班牙团结一心,争取独立、王室以及古老教会的权利,整个半岛秣马厉兵。这个高贵的民族在过去的两个世纪里整日昏睡,几乎对新欧洲没有任何了解:以无限的信心闯入这场实力悬殊的斗争,对敌人的势力没有任何认识,依然幻想自己是世界上最强大、最文明的民族,试问谁敢侵犯这个日不落帝国。西班牙国内没人相信费迪南国王真的退位了。所有贵族和平民的愤怒终于酝酿成了一场没有国王的保皇党叛乱:他们爱国、忠诚、英勇,但也固执地仇恨外国人、偏执、不宽容、惨无人道;同时,政治激进主义的朦胧梦想也开始在这个缺乏经验、自我放纵的民族中觉醒。

　　英国迅速认识到,现在敌人可能会攻击其最薄弱的环节,而且迄今为止,英国对于欧洲大陆的所有意图都失败了。于是英国用英德军团支持西班牙叛乱。最终,德意志军团中勇敢的汉诺威人将血洗苏林根之耻。威灵顿及其军队都坚定地忠于十八世纪的传统,因此他的战术在任何其他战场上都会败给拿破仑,但是在这里,他谨慎地指挥战争,却打了个漂亮的胜仗。这个慎重的不列颠人从不在战场上冒险,绝不是杀伐决断之人。每战之后,他都将自己的小军队藏在防御良好的堡垒中长达数周或者数月,然后再次突然出击。以这种方法,威灵顿可以在世界战争的所有次级战场上获胜。他给拿破仑帝国撕开了一个伤口,还能保持最后的抵抗力量活跃五年之久,法军却在接连的包围战中,在同西班牙游击队

324

301

的小规模消耗战中，不断缩减。甚至在战争初年，拿破仑的军队就遭遇了两个前所未有的败绩：朱诺（Junot）在葡萄牙投降，杜邦（Dupont）及其军队在贝伦（Baylen）投降。

325　　西班牙的好消息让奥地利备受鼓舞，于是加快了军备。当施泰因看见自己梦寐以求的事情即将发生时，外交方面便不再畏手畏脚。根据事态判断，拿破仑要么马上求助奥地利，要么将他的大集团军从北德召回，镇压西班牙叛乱。施泰因认为无论哪种情况，德意志都可以突然掀起动乱。他的贵族热情让他开始设想冒险的行动。军队已经集结在战场上，联盟的黑白黄三色旗帜飘扬，上面书写着民族解放者的名字：阿米尼乌斯和奥兰治的威廉。但是即便此时，普鲁士军队也依旧深陷法国牢笼！施泰因指望农民和中间阶层的生力军，但是他非常不信任"上层阶级的软弱以及普通官员的雇用精神"。尽管施泰因男爵以祖先为荣，但为了鼓舞全民士气，他确实希望废除古老的世袭贵族，从圣战中的重要人物中组建新贵族。令人惊奇的是，柯尼斯堡众多高贵的爱国者却将勇敢的施泰因当作一个铤而走险的人，一个将君主和自己置于火药桶上的人。性格狭隘、激烈而专制的弗兰茨皇帝本来并不倾向于如此夸张大胆的计划，但是由于拿破仑对洛林家族的言语日益具有威胁性和挑衅性，霍夫堡才批准奥地利外交官同普鲁士主战派达成秘密协议。于是在特普利兹（Teplitz）形成了一个奥地利和北德爱国者圈子；汉诺威的外交官，哈登贝格和奥普塔达（Omptada）频繁展开秘密活动。格岑伯爵（Göetzen）根据威廉三世的命令，在西里西亚重拾他曾在战时的工作，同霍夫堡进行秘密交流。尽管这些工作目前取得的成果都微不足道，但是1808年夏季达成的这些秘密协定却标志着普奥二次握手的开始；至少两者的相互理解成为可能，缔结《巴滕施泰因条约》（Bartenstein Vertrag）的想法开始酝酿。

　　威廉三世衷心赞成施泰因，他直接将施泰因、沙恩霍斯特及其朋友称为"好党派"；而且在他眼中《提尔西特和约》也不过是个休战协议。但是他公开坚持只有在同俄国联手的情况下才准备开战。即便是俄国违反《提尔西特和约》的行为，也没有动摇他对沙皇的信心，因为他知道亚历山大不可能同法国保持永久联盟。过去几年的惨痛经历,只是让他更加坚信,只有整个欧洲联合起来才能同拿破仑相抗衡。就在威廉三世默默忍受最优秀子民的误解的时候,普鲁士国家的道德力量,王权的远见卓识和责任意识从未如此令人钦佩。这个最谦逊的君主清楚地知道,自己的能力无法同施泰因或者沙恩霍斯特比肩,但是他能更加清晰合理地判断欧洲形势,因为他是国王,因为他同国家血肉相连,因为他整个生命的意义就在于对上帝和人民的责任。克莱斯特用天真质朴的诗句,表达了主战派的心声:"德意志不需要胜利,它已经绝望地站在悬崖边上。就让战火照亮整个国家,死亡就是意义!"

子孙后代必须热爱这些高贵的人们,他们相信牺牲 500 万灵魂可以同新的加洛林帝国背水一战,一旦事有不测,他们愿意以身殉国,但是这是一个绝望的想法。威廉三世一再对这些激动的人表达,他不愿重蹈西班牙波旁王室覆辙,小国家也比没有国家好,但这绝不意味着,国王个人不愿放弃王室荣耀。威廉三世没什么野心,施泰因的想法就是他的想法,认为平静的私人生活比王冠的重负更重要。但是他也觉得,随着霍亨索伦王朝退位和普鲁士国家消亡,德意志最后的希望也将随之消失,而且过早发动战争将给祖国带来灭顶之灾。1806 年的厄运不可能被完全遗忘。如同威廉三世后来所承认的,他时常低估了普鲁士人的力量,对于他们所经历重大情感转变,他并没有给予足够公正的承认,并且阴郁地觉得幸运星将永远不再照耀他。但另一方面,他也避免了主战派炽烈心灵的幻觉。作为一个天性单纯的人,威廉三世就像他家族中最优秀的人们一样,不相信德意志民族将欣然放弃古老王朝统治传统。他对莱茵联邦地区的起义并不抱希望。对他来说,只有井然有序、自上而下指挥的战争才能带来解放;除非能看到胜利的可能,除非俄国能保护普鲁士后方,否则他不会发出旨意:"朕意已决!"(Ich will)威廉三世的这些顾虑最终得到了证明。但是对于同时代急躁难耐的人而言,这些考虑并不能满足他们;甚至后人很长一段时间都没有公正地对待这位负责任的君主,因为历史学家的判断仅仅得自于"好党派"的私人信件,并且冰冷地重复那些很早以前,在愤怒的情绪中被记录下的事件。群情激奋之下,就连一直思想独立的沙恩霍斯坦也尖锐地指责国王信任俄国而不是自己的人民。

　　施泰因的一次轻率行动打乱了他的战争计划。维特根施泰因亲王（Wittgenstein）在给施泰因的信中，请求他进一步煽动威斯特伐利亚王国的不满情绪，但这封信落入了拿破仑的间谍手中，并公开发布在 1808 年 9 月 8 日的《通报》（Moniteur）中，于是施泰因被逼下台。拿破仑要求马上解雇同谋者，否则威廉三世将再也见不到他在施普雷河（Spree）的城堡；拿破仑还利用这封愚蠢的信件恐吓普鲁士驻巴黎的谈判人员，他们正努力确保法军撤离普鲁士。拿破仑的计划很明确：巩固同俄国的联盟，这样就可以安全地将大集团军从德意志撤离，转而对付西班牙。因此，拿破仑表现自己准备同意沙皇的东方计划；让沙皇相信，从德意志撤军仅仅是为俄国友人作出的牺牲，并且邀请他进行一次正式会面。东西方君主之间令人畏惧的联盟，向这个世界展示着它的强大骄傲。沙皇确实接受了邀请，但是霍夫堡却被拿破仑的大胆外交政策变化所震慑，于是承诺奥地利军队将保持和平——尽管军备一直在继续。

　　普鲁士再次陷入孤立无援的局面，被剥夺了所有抵抗手段；9月 8 日，威廉亲王签署了《巴黎和约》中的压迫性条款。普鲁士还需付给法国 1.4 亿法郎，法军才会撤回；最终，威廉三世留下了国家的岁入，但为此他必须将奥得河上的切什青、昆斯特林（Küstrin）和格洛高（Glogau）交给法国人，直到的战争赔款被偿清，并且必须承诺普鲁士军队不超过 4.2 万人，而且不设后备军。因此，除了易北河和维斯图拉河上的要塞，拿破仑还获得了奥得河一线，以及穿越普鲁士领土的 7 条行军路线，确保普鲁士的大门永远向他的波兰人和莱茵联邦盟友，以及继续驻扎易北河和莱茵河之间的 7 万328 法军敞开。所以，拿破仑仍然在军事意义上彻底掌控着普鲁士，这种局面还不知将持续多久；因为他索要的赔款数字巨大，不可能完全偿清；还确保了两个心怀鬼胎的盟友中止军备，此外，除了拥有可以随意支配的大集团军外，还让普鲁士军队承诺，一旦与奥地利开战他们将协助法军！

　　威廉三世犹豫良久才接受了这个新屈辱。他希望减少赔款数额，不愿意交出奥得河岸的要塞，也不愿意按照规定保有军力，而且最不愿意同施泰因分别。现在唯一的希望是俄国介入调停。但是沙皇一心只想获取摩尔达维亚（Moldavia）和瓦拉几亚

(Wallachia);他的野心一日不满足,就没人能说动他解放欧洲。结果,沙皇选择追随法国;在会见拿破仑的路上,顺路参观了柯尼斯堡宫殿,完全听不进普鲁士的任何忠告:沙皇说无论好坏,他们都必须尽可能同法国和睦相处;他将看看能否让拿破仑缓和《巴黎条约》的严苛程度。

1808年10月,沙皇和法皇在埃尔福特再次会面。就像四年前在美因茨一样,德意志的保护人再次举行盛大宫廷聚会。塔尔马(Talma)[①]在剧院为君主们表演。拿破仑的每个表情,每一道宫廷礼节,无不表达着这位加冕的平民蔑视他出身高贵的仆人。当一位鼓手打算为一位国王击鼓以表达拿破仑的恩宠时,一位禁卫军官员对他说:"别敲!那就是个国王!"德意志诸侯们无权参与谈判,出席的唯一目的,就是向沙皇展示法国的强大。法俄签订了一项秘密协议:拿破仑承诺不阻碍沙皇占领芬兰和多瑙河省份,作为交换,沙皇则要承认约瑟夫·波拿巴成为西班牙国王。两位皇帝写给英国国王的联名信中,要求其承认以上所有条款;如若不然,战火将疯狂降临。沙皇唯一为普鲁士做的,就是减少了2000万法郎赔款。就连取得这个让步,都要以同意法国进一步侵犯《提尔西特和约》为交换条件:威廉三世曾许诺,如果拿破仑兼并汉诺威,他将获得一块拥有40万人口的土地作为补偿;但是如今在沙皇的首肯下,这项承诺也作废了。

拿破仑似乎非常满意,因为他现在可以毫无顾虑地镇压西班牙叛乱。他的俄国朋友和装备精良的莱茵联邦国家,都看见德意志保持沉默。拿破仑还给弗兰茨皇帝写了另一封颇具威胁的信作为分手礼,警告他不要有任何敌对行为,因为"您是不是皇帝,全凭我的意愿!"沙皇此时已是心神不宁。他已经清楚地看见,这个粗鲁自大的男人正深深陶醉在自己的好运气里;也亲眼目睹拿破仑邀请威廉亲王在耶拿战场上狩猎;不顾在场的俄国人,将荣誉军团的十字勋章授予曾对俄作战的士兵。亚历山大沙皇开始怀疑,希望同这个男人共享乐是不是太荒谬了,而且最荒谬的是还想和他一

329

---

① 弗朗索瓦·约瑟夫·塔尔马(François Joseph Talma,1763—1826)是法国戏剧演员。——译注

起统治世界。当普鲁士大使施拉丁(Schladin)向沙皇阐明,拿破仑占领奥得河一线就是准备同俄国开战时,沙皇也无言以对。他的怀疑开始迅速增长。但是俄国之鹰必须首先飞翔在布加勒斯特(Bucharest)和雅西(Jassy),并且直到目标达成以前,都要维持这个可恶的联盟。

柯尼斯堡宫廷已经毫无选择。格岑伯爵曾在10月份于维也纳秘密询问奥地利是否愿意马上出兵,现在是普鲁士做出选择的关键时刻,沙恩霍斯特及其友人希望召开议会以争取一些时间。但是霍夫堡拒绝参与共同行动;在法军仍然牢牢控制这个国家,并且可以马上镇压任何敌对行动的情况下,一场暴动有什么意义呢?最终,威廉三世心情沉重地接受了条约,他实在别无选择。法军从普鲁士拖延而谨慎地撤出,再次表明拿破仑想从这个倒霉的国家获得什么,并且直到1809年初,他才释放了俘虏。11月24日施泰因被解职,他不再是官员。当这位大胆的改革者离职,宫廷里的亲法派,胆怯的老科克里茨(Kockritz)以及保守派都松了一口气;但是造成施泰因被解雇的,不是国内的政敌,而是拿破仑。威廉三世曾冒险提出,不管拿破仑如何威胁,他都将让施泰因继续留职3个月。施泰因马上谴责自己没有早一些从这个不称职的位置上退下来,哈登贝格辛辣地表示,如此天才的一个人竟然也会失去理智,相信那封可恶的信件会放过他![①]

330　　在舍恩起草的离职信中,被解雇的施泰因再次提醒他的官员们跟进在富饶年份开展的广泛改革,提醒他们记得,自由民的支持才是所有王权牢不可破的支柱。这封信还大致描述了仍需进行之事:首先要废除地主特权,召开全国各等级会议,因为"每一个活跃的国家市民都有代表权"。施泰因不情愿地签署了这封信,因为他不喜欢其中精致的辞藻以及模糊的论述。然而正是这些官方文件的理论性措辞,满足了后人对自由体系的研究。这个健忘的世界不太重视伟大改革者的真知灼见及其自治理念;但是这份政治遗嘱作为立宪派的规划却有着极高的声誉。施泰因离开时,国王感谢他"为这个崩溃的国家建设一个更好更强大的国家组织结构,奠

---

① 哈登贝格的日记,1809年1月6日。——原注

定了第一块基石,给予了第一个动力"。施泰因希望随着下层等级地位的提高,可以保存发展更新、更自由的观念。

施泰因的垮台对普鲁士内政造成了难以估计的损失,在接下来的数十年中,普鲁士开始承受这些糟糕的后果。但不幸的命运让那封可恶的信件落入拿破仑之手,因此这些悲剧又似乎不可避免。对普鲁士历史罪恶最严厉的惩罚,莫过于这个国家无法再保护这样一位高贵勇敢的政治家。性格如火山一般的施泰因不可能永远隐藏自己对祖国的所有希望,他的性格决定了命运:不可能谨慎圆滑地玩弄外交阴谋,因此迟早会被警惕的对手击败。但是摧毁施泰因的仕途并没有满足拿破仑的报复心。12 月 16 日,从马德里颁布的帝国政令宣布施泰因是法国和莱茵联邦的敌人,并没收其财产。格奈泽瑙对这位非法人士宣布"从此以后,你就属于历史了"。我们的民族现在明白了,谁才是拿破仑最痛恨的德意志人。施泰因镇定地承受了这些损失,并且平静地说自己也曾数次丢失行李。当他在隆冬寒夜只身穿越巨人山,前往受保护的奥地利领地时,脑中不断回响施莱尔马赫布道词中的宽慰语句:"人们要惧怕什么?"施泰因心中有个不可战胜的信念:上帝不会永远容忍这种暴力和谎言的统治。

但是在奥地利,人们并没有这样的行动力。弗兰茨皇帝愿意相信法国警察所传播的关于美德会改革计划的所有谎言,并秘密监视危险的雅各宾党人。施泰因只有极少的几次机会向帝国政治家 331 进言。他在特罗保(Troppau)曾与波拿巴家族的敌人波佐·迪·博尔戈(Pozzo di Borgo)有过多次交流,科西嘉人的仇杀报复之心无休止地追逐着他,从一个国家到另一个国家。他和德意志民族的第一人发现彼此有着共同的仇恨。这个流亡者在以后三年中都没有任何政治影响力。正是在这段时间,格奈泽瑙写下了这些苦恼的话:"民族同它的统治一样糟糕,我们无法隐瞒这个事实。"施泰因也在这些羁縻岁月中饱尝了移民的苦楚,绝望于北德人的顽固冷漠,甚至觉得普鲁士还是干脆灭亡了吧!帝国骑士施泰因并不像威廉三世和哈登贝格那样同腓特烈国家紧密相连,在必要的时候,他甚至可以想象在没有普鲁士的情况下重振德意志。现在,他在欧洲只看见了两大武装阵营;一方是世界帝国,另一方是民族自由。所有的小诸侯，甚至霍亨索伦家族，都将走向毁灭，只有能将自由带给德意志的人才能戴上帝国王冠。直到 1813 年春天，这个热血沸腾的法兰克尼亚人才再次同北德人民步调一致，并永远倒向了普鲁士。

施泰因离职后，他的改革工作马上停滞。一旦他活跃强大的意志力消失，他手下那些颇具才干的人士就一事无成。但是只要新体制的建设尚未完成，国家就还是需要一位政治家领袖。由于拿破仑的憎恶，哈登贝格仍然远离国家事务；此外也没有人能够胜任如此重要的职位，因此需要一个联合政府部门。新的内政部长亚历山大·多纳（Alexander Dohna）伯爵是一个很有教养、受人尊敬的爱国者。他的确是古代英勇新教种族的子孙，东普鲁士有一句关于他的谚语："像多纳一样优秀。"但是他并没丰富的思想，也缺乏高瞻远瞩的能力。威廉三世确实明白，在一个不完整的国家中无法保持这种新体制。他甚至克服了自己对代议体制的厌恶，命令内政部长马上着手重建议会和乡村治安管理。[①]威廉三世的优秀理解力让他认识到，贵族的治安权威是旧地方等级特权的堡垒。

但是君主尚未阐释清楚这些意图时，议会上就出现了反对派，332 而且此次反对之声比施泰因管理时更加猛烈。库尔马克（Kurmark）的地方等级最终要求参与讨论体制草案。[②]波美拉尼亚的骑士们在施塔加德（Stargard）召开的议会上，正式抗议对旧领土制度的任何改变，也反对普遍征收所得税；但是该地区的各个城镇都恳请国王坚持计划，因为只有废除旧特权，正在被不满所侵蚀的爱国情感才能再次活跃。[③]整个封建世界陷入骚乱。勃兰登堡的新省长扎克（Sack）、波兹坦省政府成员——芬克、马森（Maasen）、博伊特（Beuth）和巴塞维茨（Bassewitz），都热情拥护改革派，同库尔马克的特权等级争执不休。这些有才干的人后来都在普鲁士议会中占据高位，也被拥护革命的马维茨所抨击。尤其是扎克，地方等

---

① 内阁令，1809 年 1 月 10 日、3 月 4 日。——原注
② 州议长扎克（Sack）向多纳提交的报告，1809 年 9 月 19 日。——原注
③ 波美拉尼亚边远城镇提交给国王的请愿书，施塔加德，1809 年 9 月 28 日。——原注

级将他视为标准的雅各宾派官僚。但是事实上，依然掌握在地方等级议会手中的古老税收体制已经与现在严格的新体制格格不入。波兹坦政府完全正确地提出了全面改革地方等级议会的计划，并且最重要的是，"从所有行政体系中排除特权阶层"[①]。统一国家和地方主义的古老冲突再一次激烈爆发，特权阶层热心于阴谋诡计，这让多纳伯爵无比沮丧，在官僚生涯的末期，他甚至直接宣称，在这样的情况下，这样的全国等级议会将直接摧毁王室。他痛苦地总结道，欧洲再没有哪个国家像普鲁士一样如此缺乏治理国家的精神和文化，尤其缺乏具有高水准的优秀议员；另一方面，也没有哪个国家在鸡毛蒜皮的事情上有如此巨大的精力。[②]

　　无论如何，国家体制改革的时机还不成熟。如果现在召开普鲁士国民议会，尤其是因为男爵本人已经无法亲自主持改革，他的所有工作将会再次遭到质疑。在这样的等级议会上，广大心存不满的大地主阶层一定会具有决定性作用，就连市民阶层也无法给予国王的改革计划任何支持。城市行会成员很快意识到，国王的目标是引入职业自由，因此他们就更加维护自身的古老特权。柏林和波兹坦市政府努力再次推行已经快要被遗忘的、针对渎职者和外来人员的古老刑法，库尔马克省政府屡次提出反对。新部长多纳说自己的同胞们在鸡毛蒜皮的事情上颇有精力，但是他却没有利用这种精力的能力。在废除贵族的治安权问题上，改革派一事无成；人们也没有坚定地推行已经完备的《乡村社区章程》，而是提出了新的计划，其中满是大胆的提议，但还是被束之高阁。就连最近已经习惯以改革派的口吻说话的司法部长拜梅，除了废除最高法院中贵族和学者席位的差异，也没有任何成就；至于世袭司法权的问题，尽管有国王的训诫，但几乎没有任何触动。

　　阿尔滕施泰因是一个胆小如鼠、安静勤奋的学者，他又如何能重整混乱的财政呢？除了国家的正常开支以外，每月还必须向法国缴纳 400 万法郎，还要偿还总数尚不可知的过去两年的债务；他还必须为拿破仑在奥得河要塞上的驻军提供补给。此外，欲壑难

333

[①]　波兹坦政府报告，1809 年 12 月 6 日。——原注
[②]　多纳向哈登贝格提交的报告，1810 年 8 月 22 日。——原注

十九世纪德国史(第一卷):帝国的覆灭

填的敌人又找到了新的虐待手段。奥得河上的驻军力量远远超出
条约规定,在拿破仑的授意下,他们又强行征收了一系列非法补
给,因此在大集团军撤离后的三年中,他们违背条约规定,又总共
强征了 1.075 千万法郎。①普鲁士现在就像大革命之前的法国一
样,除非彻底改革整个财政体系,否则就只能面临破产,而这项改
革需要利用上层阶级的纳税能力,以减轻国家重负。但是阿尔滕
施泰因担心新税收会给已然贫困的民族雪上加霜,他试图通过出
售一些土地、发放国债以及对珠宝和金银商品提高关税,来帮助国
家财政。但一切都是徒劳,而且只要普鲁士向海外借贷,就都会被
拿破仑的外交手段所破坏。财政部长最终以官方名义绝望地宣
布,只要经济压力仍然沉重,国内改革就是无稽之谈。政府再次陷
入了耶拿战争前的懈怠局面;眼下的这种停滞更加危险,因为在哈
登贝格执政时产生了一种致命陋习,而且现在开始变得普遍。之
前的立法者及其部门都直接发布命令,而现在已经习惯在新法令
中大量设想改革前景,许下诸多前途未卜的承诺,最糟糕的是,一
旦这些承诺没能兑现,就会造成极大的幻灭感。

在军事部和教育部,施泰因时代的伟大精神依旧活跃。在沙恩
霍斯特的领导下,军队重建工作顺利推进,国务院也满足这位孜孜
不倦的组织者的各项要求。1810 年 2 月,他提出自己最后也是最
重要的理念,即推行《征兵法》(Konstriptionsgesetz),根据该法案,
所有人都要无差别服兵役;于是政府中爆发了一场事关现代德意
志军事体系基本理念的重大争论。一方是怀有古老荣誉思想的官
僚,他们希望能节省国家的经济力量;另一方有着高贵的政治理想
主义,认为军事体系的精神意义要比任何政治经济考虑重要。财
政部长担心推行普遍兵役会造成大规模移民,并且也不理解让有
教养的上层社会青年人参军有什么意义,因为下层社会的壮汉们
才是最好的士兵。但是另一些官员,像沙恩霍斯特、博延、哈克和
劳赫(Rauch)却诉诸法律面前人人平等的原则,指出让穷人同时承
担纳税和服兵役的责任,是不公平的;也提醒贵族和官僚阶层,穷

① 这个数字根据财政部长的计算,由 1814 年春由洪堡上交巴黎。(洪堡向哈登贝
格提交的报告,1814 年 5 月 20 日)——原注

334

310

人们已经为国家倾尽所有；他们甚至冒险提出那些当时还属异端的思想，认为有教养的年轻人才是最有能力的士兵，因为他们会把道德和荣誉感引入军队，但穷人却很少有永久依附于国家的情感。根据沙恩霍斯特所说，出钱替代兵役的做法已经造成了邪恶的人口买卖；此外，古代罗马的青年男子以参军为荣，而且这也是上等阶层的特权。但无论是多纳-阿尔滕施泰因时期，还是后来的哈登贝格时代，都没有落实施泰因的观念，即将军事系统的概念上升到道德高度；而且只要普鲁士的军队不能超过 4.2 万人，普遍兵役就不可能实现。要等到一个更加有利的时机，等到宣战，等到《八月条约》的枷锁被打破，这个伟大的计划才能付诸实施。

　　与此同时，威廉·冯·洪堡被任命为教育部部长。洪堡是一位 335 伯里克利式的政治家，他首先明确承认，普鲁士的使命是"依靠真正的启蒙和高级文化"，成为一流的德意志国家。在同龄人中没有人比他更专注于这一理想，并同古典诗歌的大师们保持亲密关系，也没有人比他对美学的理解更深刻。在北方诸国中，洪堡同文艺复兴的全才巨匠有着最相似的灵魂，深谙一切物质享乐和思想观念，擅于接受一切新事物，但也是个独立自主的人，过着一种"名副其实的美的生活，对极端冷漠和狂热都保持距离"。洪堡的贵族精神中也包含着鲜活的个人自由主义观念；他尽情享受生活，通过合理的工作和享乐发展自己丰富的天赋，冷静超然地看待一切外部偶然事件，让生命本身成为一件艺术品——这就是他最高的智慧："痛苦不全是不幸，幸运也并非都是欢乐：履行使命的人才能无论苦乐，笑对人生。"

　　洪堡始终坚信：思考和认知、想象和艺术活动，才是人类历史的真正内涵；在世俗万千风景中，唯有思想才是有生命的东西——"精神存在，在无意识的情况下存在于人性的纽带中。"当拿破仑这颗巨星升起时，洪堡在给席勒的信件中极其坦率且中肯地说："我评价事物的标准并未改变；思想才是世界上最高级的事物。拿破仑现在是欧洲统治者，但即便我拥有他那么广阔的世界，我也依然认为那不过是思想世界的附属品。"暮年的洪堡，在经历了长期繁重的政治家工作之后，同语言学家朋友戈特弗里德·赫尔曼（Gottfried Hermann）在莱比锡战场上游逛时，再次向朋友说道："亲爱的朋友,看这里! 帝王将相皆尘土,唯有好诗传千古。"①洪堡并不想成为一位伟大的作家,这也不是他的长项。他的各种能力都如此平衡,并没有哪种占据绝对优势;也正因如此,就像席勒批评的那样,洪堡的表达风格缺乏层次感和必要的大胆。

洪堡年轻时就熟识了魏玛双子星和沃尔夫;这三位都十分喜爱他,他也熟悉了两位诗人的创作活动。洪堡有着聪敏优秀的头脑,因此抵达了诗人精神生活中许多隐藏的领域,揭示出了任何批评家都没有看到的东西:艺术巨匠的伟大谜题,女性的感受力和男性的创造力之间的隐秘联接。洪堡同情式的理解和卓越的判断力让他成为了罗马人的宠儿,在担任普鲁士大使的数年中,他像一个居住在罗马人中的希腊人,在阿尔巴诺(Albano)的山林中翻译品达和埃斯库罗斯的作品。他越来越认识到自己的创造能力,并且在调研巴斯克语(Baskisch)时开始研究比较语言学,这让他理解了"整个世界的高度、深度和多样性",也让他获得了理解民族情感生活的关键因素。

洪堡在非常年轻的时候,就对历史中的冷酷事实有着准确的认知,并将其同自己大胆的唯心主义结合在一起。他厌恶法国大革命,因为他认为仅以理性为基础建立国家是一种罪恶;他也没有被当时的和平主义所愚弄,因为他认为战争是教育人类最有价值的手段之一。他认为历史学家的任务是:应该允许自己被思想所左右,但是不能放纵自己无目的地漫游在孤立的思想领域。即便在罗马享受艺术的时候,他也时常思念乡音;他热爱德意志人,将其视为上帝选定的新欧洲文明代言人,并预言"当德意志为下一代人照亮道路时",就是它的复仇时刻。因此,正是在一种精神需要的推动下,他最终也受到了当时关注政治的潮流的影响。尽管他一度将国家视为一个压迫体制,但出于爱国者的责任感,也为了施展自身多样的才能,洪堡转而服务国家。

洪堡的天性并不能胜任所有实际政治家的任务。因为他缺乏实干家的野心,也无法在大使工作要面对的无数琐事中找到乐趣,因此像雨果·格劳秀斯(Hugo Grotius)这样影响深远的政治思想

---

① 出自韦尔克(F. G. Welcker)的一封亲笔信。——原注

家,甚至许多头脑狭隘的人,都应该能在外交斗争中战胜他。洪堡
太伟大了,并不适合外交事业。但是在政治事务进入理想世界的
地方,洪堡就展现出平静深刻的性情和人道主义活力。尽管出发
点不同,但洪堡也获得了同施泰因一样的自治理念;他也崇拜国家
秩序的缔造者,因为他发现群体的自由活动才能教育出有道德、有
活力人。但是讨论国际力量问题的枯燥文章却让他提不起兴趣。
尽管他的外交备忘录相当全面和敏锐,但却时常将大量精力花费
在无意义的头脑游戏上:翻来覆去、无休止地审视对象,只见树木
不见森林;他的话语中有一种吸引力,会迫使那些持异议的读者接
受某种确定的结论。塔列朗将他称为"活着的诡辩家"并非空穴来
风。在世俗世界乏味的乐趣中,洪堡只享受那些能满足他希腊式
审美的事物;他从未通过与各色普通人的得体交往中,获得研究时
代秘密的困难方法。他满心痛苦地认真完成外交和其他工作;但
是在这些工作中,他从不知道激情对于所有人类活动才是至关重
要的。

337

　　洪堡在 1809 年被任命为教育部长,没有人比他更胜任此职。
在为期 15 个月的短暂任期中,洪堡赋予了普鲁士教育体系以人文
主义和理想主义的倾向,即便是拙劣的模仿者都保留了这一点。
洪堡有着世界主义观念,因此懂得根据科学和艺术各个分支的特
点,公正对待它们。甚至对于最远离他美学修养的教会生活,他都
能将一种坦诚和人道的仁慈情感施加其中,因此就连严苛的宗教
人士尼古洛维乌斯(Nicolovius)都能够同伟大的异教徒协同合作;
洪堡认为宗教信仰是神圣的,因为它可以让社会所有成员团结一
致。他带着敬畏之情着手处理教育问题;抛弃了建立"现代学校"
的想法,因为如果受教育的年轻人全部都没有经受过系统的古典
学训练,那么整个民族的未来都将岌岌可危。他深知学者们的敏
感易怒,因此不仅温和有礼、颇有耐性地迁就他们,更以真诚的自
由主义胸怀对待他们;因为他明白,在文化领域中,国家硬实力的
作用只能是协助和引导,而非创造,换句话说,文化领域中的一切
都依赖于自由思想的创造力。洪堡关于建立柏林大学的朴素话语
中,蕴含着他作为一个伟大组织者的全部秘诀:"最重要的是委派
一流人士,然后一切都将水到渠成。"他只知道一个祖国,一块德意

志文化之地，洪堡将新职位作为一项光荣，以不灭的精神统一意识、鼓舞被迫害的民族。他恢复了古老的活动自由，允许普鲁士青年前往任何德意志大学，这曾经是德意志大学的骄傲传统，并在十八世纪地方主义的嫉妒中首先萎缩。普鲁士大学将在自由竞争中展现其吸引力，用成绩证明自身的优越性。

338　　　新世纪的第一年，哈雷大学展现出最有希望的进步；像在腓特烈一世时一样，它再次在德意志科学研究中占据领先地位。在这里，哥廷根老派人士的现实主义和耶拿及柯尼斯堡的唯心主义相互融合。但是当《提尔西特和约》将马格德堡划分给威斯特伐利亚王国时，也扰乱了哈雷大学的发展。同时，普鲁士也丧失了繁荣的埃尔兰根（Erlangen）以及 3 所新近资助建成的大学：埃尔福特大学、明斯特大学和帕德伯恩（Paderborn）大学。和约签订以后，哈雷大学的教授们恳请国王将大学迁到柏林；但是国王回应道，他将在首都重建一所新大学，并且优雅地补充道，国家必须以精神力量来弥补物质方面的损失。因此，曾被反复考量的柏林大学计划再次被提上议案，但是洪堡首先为这个搁浅的计划提供了全新的观念和宽广的视野。主教长达尔贝格在德意志古老的法理学之乡韦次拉尔（Wetzlar）按照拿破仑模式开设了一所法学院；这位普鲁士理想主义者也为他疲惫不堪的祖国输入了新的能量，使那些在哈雷被摧毁的东西可以在柏林实现，并"为德意志科学打开一座自由之城，尽管现在这还仅仅是个愿望"。

　　　新柏林大学将"完全不同于一所地方性院校"，并不意味着它将提供各种职业教育，而是说它将在科学之中寻找科学工作的目标，因此哲学系尤其能够吸引德意志最优秀的人物。布伦塔诺为开学典礼创作的歌曲中唱道："我们希望教会你如何学习。"在柏林大学的校规中，洪堡巧妙得体地将新旧传统融为一体，打造了简单自由的大学教育形式，而这成为了以后德意志所有大学效仿的典范。他并没有让柏林大学成为危险的国中之国，而是将其建成了服从普遍法律的国家机构。但是保护了一些古老的院系，也保护了教学和研究的无限自由，施莱尔马赫在一篇重要的文章中将其称为"德意志意义上，大学的真谛"。但是费希特更加激进的计划却被驳回了，因为他提出新柏拉图学院要过着隐修僧侣般的生活，而洪堡认为德意志年轻自由的一代人绝不可能忍受。柏林大学是第一所普鲁士王家大学,也是祖国的根基所在,是一个自由伟大的民族的文明成果,这是以往建立在神圣帝国特权之上的大学所不能理解的。它位于庄严的城堡内,面对着威廉三世的宫殿,从此普鲁士就意识到自己要将德意志科学精神揽入怀中加以保护,并且再也不可能与之相分离。正是用这种最高贵、最有价值的形式,我们展现了自己对于那位浮夸的占领者所拥有的精神优势。相比拿破仑统治下的荒芜,新生的柏林大学有一群思想家:神学家施莱尔马赫和马尔海内克(Marheineke),法学家萨维尼和艾希霍恩,医学家胡费兰(Hufeland),农学家特尔(Thaer),哲学家费希特、伯克(Boeckh)、布特曼(Buttmann),还有最重要的尼布尔,通过他关于罗马历史的讲座,柏林大学的学术生活拥有了严肃认真的道德和科学态度,这一点永远不会消失。

339

由于政府中无能之辈的排挤,洪堡辞去教育职位重返外交部门,也有了更多休闲时光过自己的生活,但是仍然有一些官员继续沿着他的规划向前推进,其中最重要的人是高贵优雅的舒芬(Suvern)。早在有关柏林大学事务的协商中,就已经确定了指导高等教育的基本方针;既然天主教教育机构的重建已经开始,那么就有必要落实这些方针。1811 年,古老的耶稣会布雷斯劳学院同奥德河畔的新教法兰克福大学(Frankfurter Viadrina)合并,诞生了新的布雷斯劳大学。这是我们文化史上的一座新里程碑。自从普法尔茨伯爵卡尔·路易在他的海德堡大学首先废除了信仰统一的僵化原则,德意志的大学就为信仰平等而英勇斗争。现在新哲学中的宽容精神也渗入了有教养阶层的精神。所有人都认为,在柏林大学的世俗专业中,对持各种信仰的人一视同仁是绝对正确的;布雷斯劳大学甚至分别为天主教和新教建立了两个神学院。因此布雷斯劳大学成了第一个平等对待不同信仰的大学,也正是以这种外人无法理解的方式,信仰平等成为了德意志民族的特征之一。

当新的战争阴云笼罩奥地利的时候,普鲁士最伟大的政治家施泰因,被驱逐出境,这是多么灾难性的事件。1809 年,普王夫妇接受沙皇的恳切邀请前往圣彼得堡。沙皇以空前的礼遇接待了他们,好像想给自己在提尔西特的背叛行为找个台阶下;宫廷中的贵族们也以过分热情的恭维极力表达他们对法国的仇恨。这两个宫廷结成了前所未有的互信关系;普鲁士驻圣彼得堡大使也被当做皇室家族的成员一样对待。但是,就普王所关心的政治结果而言,此次访问彻底失败了。沙皇尚未终结瑞典战争,还正在同波斯协商高加索地区的边境问题,而且还将向土耳其宣战。只要这三场战争没有胜利结束,芬兰和多瑙河省份尚未到手,沙皇就不可能同拿破仑决裂。他向普王保证,奥地利和法国之间会有一战,而他将支持法国;他还急切地建议普王追随相似的政策,并将宫廷搬迁到柏林,向拿破仑表示信任和友谊。威廉三世心情沉重地返回普鲁士,但是根本没有被说服;他绝不会参与针对奥地利的战争,反而下令秘密战备,一旦开战还可以支援奥地利。3 月,他再次试图让沙皇同意他的计划——缔结东方三国同盟,[1]这似乎也是他拯救国家的唯一希望,但仍是徒劳。

此时,拿破仑也加紧了在西班牙的行动,通过一场快速胜仗击败了曾经无敌的西班牙军队,将英国军队驱逐到海岸。拿破仑之鹰的威望刚刚恢复,他就又开始计划去年秋天被推延的攻打奥地利计划,并且要惩罚霍夫堡的军备行为。1809 年 1 月,拿破仑从西班牙命令莱茵联邦军队开始准备进军,并且让达武和乌迪诺的军队移动到上多瑙河。月底,拿破仑返回巴黎,提出在德意志投入 26 万法、波和莱茵联邦军队,在意大利投入 15 万军队。他写信给莱茵联邦的诸侯们,嘲弄般地问他们觉不觉得多瑙河已成了遗忘之河(Lethe)[2],因为维也纳好像忘了之前的失败。但是拿破仑此举却是为了将战争的爆发拖延至春季。他的准备尚未完成,同时也希望自己成为受攻击的一方,因为沙皇承诺只会在法国防御战中出手相助。他给符腾堡的腓特烈的信件中说道:"我同奥地利发生口角,就如同寓言故事里的狼和小羊;[3]可如果他们将我当作小羊,

---

① 威廉三世给沙皇的信件,1809 年 3 月 24 日。——原注
② 遗忘之河(Lethe),希腊神话中冥府五条河流之一,亡魂喝下遗忘河水将忘却过去。——译注
③ 《狼和小羊》出自《伊索寓言》:狼和小羊同时在一条小溪边喝水,狼以各种无理理由,最终吃掉了小羊。——译注

那就真的太可笑了！"

　　奥地利弥漫着巨大的兴奋，每个人都相信决战时刻已经到来。生性温和、具有骑士风度的施塔迪翁伯爵一点也不像施泰因，这位领地被吞并的帝国伯爵的阶级骄傲才是他痛恨法国的真正原因。但是在他的领导下，行政管理拥有了一种更自由、更温和的精神。奥地利军队也在卡尔大公领导下人数大增。奥地利现在准备充分，正处于开战的大好时机。后备军人也欢欣雀跃地迅速入伍。任何地方，尤其是德意志军团，都对古老的帝国皇室有着坚定的信心，并作好了牺牲的准备。1809 年是奥地利历史上最棒的年份。历史上四肢发达头脑简单的帝国军队再次展现出了一些真正辉煌的英雄主义品质。确实很难想象，通过镇压民族精神而强大的哈布斯堡家族，却能够领导一场为民族自由而战的斗争。极具讽刺意味的是，卡尔大公在向德意志人发表动人演说的时候，阐述了一个非常有问题的观点："只有加入奥地利，德意志才能变得独立幸福！"他的兄弟约翰也以相似的方式，对意大利人说，他们今天已不再是意大利人，只有奥地利才能解放他们。帝国中怒气冲天的爱国者们没有意识到这其中的矛盾；忠于皇帝的古老情感再次在人民中觉醒；他们想要忘记，三年前也是这位弗兰茨皇帝残忍地放弃了皇位，而且他的战争宣言里也没有一个字提到重建帝国。只要他举兵反抗"那个在欧洲只承认自己法律的国家"就足够了。祖国的命运好像正维系在帝国的旗帜上；追随皇帝的军事领导似乎成了一种荣誉，即便是对于那些迄今都很少提及皇帝和帝国的北德人亦是如此。

　　对于奥地利来说，这场战争已经不可避免，但是开战的时机并不成熟，奥地利过于轻率自大，外交准备也很不充分。由于梅特涅伯爵从巴黎传出的机密报告有误，霍夫堡错以为自己的军事部署已经远远超过了拿破仑。奥地利将沙皇的警告当做耳旁风，扮演了攻击者的危险角色，并且太晚才向伦敦和柏林宣布开战决定，以至于英国和普鲁士根本来不及协同作战。奥地利的外交如此冒进，卡尔大公却过于犹豫。法军主力尚未抵达，而且卡尔大公也受到莱茵联邦的抵制，因此他本来可以大胆挺近，将战场转移到士瓦本，但是他在划分麾下军队的时候错失良机：就在此时，拿破仑抵达并轻而易举地在巴伐利亚军团中组建了司令部。这支骁勇的军队荣耀感极强，当拿破仑以夸张的言语向他们保证，他将带领他们战胜巴伐利亚的宿敌时，那些古老琐碎的仇恨便再次被煽动起来。莱茵联邦的诸侯们比以往更为奴颜婢膝地跟随他们的保护人；拿破仑让他们相信，必须阻止哈布斯堡德意志帝国的复兴。莱茵联邦对于法国军事的重要意义终于完全彰显：只有南德协同作战，拿破仑才有胜利的保障。

经历了一连串精彩的战役，最终拿破仑在五天内，于伊塞河（Iser）和多瑙河之间的巴伐利亚高原，击败了孤立无援的奥地利军队，迫使卡尔大公率 5 万残兵撤回波西米亚。这场战争伊始有着那么夸张的希望，却像 1805 年战争一样令人惋惜；而且亦如四年前一样，拿破仑沿多瑙河直下占领首都，然后宣布教皇国并入法兰西帝国。但是当他试图穿越多瑙河的时候，正好暴露在大公军队的视野中，于是暴怒的帝国将士让他在阿斯彭（Aspern）吃了第一个大败仗。这次不幸重重打击了那位幸运儿，所有人都感到世界帝国正在摇摇欲坠。战役结束后，拿破仑陷入了数小时的沉睡，而他的将领们则开始商议，如果他不再醒来，是否有可能将这支败军安全带回法国。

阿斯彭大捷的消息像闪电一样传遍了德意志；每个人都和克莱斯特一同欢呼"我们战胜了不可战胜的人"。蒂罗尔也传来了同样振奋人心的消息，那里英勇虔敬的山地农民在一年中四次起义反抗可恶的巴伐利亚统治者，试图重建敬爱的帝国家族在这里的统治，恢复统一的天主教信仰。在那里一切能够激发鼓舞民族主义的东西都凝结在一起：阿尔卑斯山上的野蛮美人，粗鲁、英雄主义的忠诚之士生活在自然之中，为了习俗、权利和祖先的信仰展开的荣耀之战，自由人的大暴动中呈现的混乱之美——僧侣和农民、山炮和高山上的挤奶少女，一切都混杂在一起。"他的忠诚空前绝后"，这句话就写在安德烈亚斯·霍费尔（Andreas Hofer）①的画像

① 安德烈亚斯·霍费尔（Andreas Hofer，1767—1810），蒂罗尔的一个旅馆主人和家畜贩子，1809 年领导了蒂罗尔人民反抗法国和巴伐利亚的占领统治，后来被俘获并遭处决。——译注

下方,这幅画挂在他在因斯布鲁克的阿德勒(Adler)司令部里。蒂罗尔人孩子般的天真忠诚就体现在这位勇敢的"帕里西亚的三德沃特"(Sandwirt von Passeier,即霍费尔)身上。政治愤怒也驱除了古老的文化骄傲,就连北德爱国者也钦佩地将他奉为民族英雄。狂热的人总会陷入片面;处在痛苦中的人不愿意,也不可能明白,蒂罗尔的僧侣和农民从未想过德意志祖国为何物,他们发动的反叛不仅针对巴伐利亚政府残酷的官僚统治,也针对仁慈的改革;在这场英勇的农民战争中,蒂罗尔人冲动的行为习惯,对异端的阴暗仇恨,古老地方主义的对巴伐利亚邻人的敌意,占据了很大一部分。

德意志土地上压抑已久的怒火现在四处燃烧;拿破仑再也认不出那个逆来顺受的民族,猜测自己可能已经被上千个旺代人(Vendées)包围。在陶伯河谷(Tauber),前条顿骑士团的臣民们奋起反抗符腾堡主子,他们希望回归过去平静美好的生活。安斯巴赫地区忠诚的普鲁士人,热情地接待了急性子的卡尔·冯·诺斯蒂茨(Charles von Nostitz)领导的急行军,他们正要穿越法兰克尼亚进攻敌军侧翼;当义勇军接近的时候,帝国城市纽伦堡的市民兴奋地从城门上拆除了巴伐利亚的防御装备。那位不幸的奥厄施泰特战役指挥官之子,布伦瑞克的弗里德里希·威廉,在波西米亚领导了针对萨克森的游击战——他才是一个真正的韦尔夫人,勇敢、严肃、具有领袖气质。北德最优秀的年轻人争相投入他的黑旗之下。在威斯特伐利亚王国,两名黑森选帝侯国的官员,德恩贝格(Dörnberg)和埃梅里希(Emmerich),曾分别发动武装起义,但都遭到了残酷镇压。普鲁士军官卡特(Katt)企图出其不意地攻击马格德堡要塞,也徒劳无功。

普鲁士军队和官僚中的爱国人士同仇敌忾。所有人都同布吕歇尔一样,想知道为什么普鲁士不能学习蒂罗尔人和西班牙人,为什么他们不能说:"枷锁就让那些愿意戴的人戴吧,我再也不戴了。"许多被解职的普鲁士军官现在都供职奥地利军队。普鲁士军队的情绪非常明显,因此拿破仑也不敢提醒威廉三世履行承诺派遣增援部队,害怕他们里应外合。急躁不满的火焰猛烈燃烧,以至于普鲁士军队的辉煌历史上首次出现了不忠的行为,尽管这唯一

的不忠行为，也是为了完成"为敬爱的国王收回最后一块失地"这
一高贵目标。被人称为科尔贝格英雄的席尔①，曾在上一次战争中
由于英勇行为而受到国王的嘉奖，在法军撤退后再次返回被解放
的首都。他的士兵们对他有无限的信心；柏林的市民也热爱他，他
们看到这些有血有肉的人，就马上相信这些勇敢的轻骑兵代表着

344 古老尚武的普鲁士精神。无数人期待席尔可以复兴古老的荣誉；
人们抽着席尔烟（Schill-Ranaster）；勃兰登堡每个农场的墙上都悬
挂着这位大胡子英雄的画像，下方写着富凯的诗句。群众的拥护
让这个虚有其表的人相信是命运选择了自己，并且在南部的战争
还没有爆发的时候，就率领自己几百人的小部队从柏林的训练场
出发，攻打威斯特伐利亚王国。他对可怜的追随者们说："糟糕的
结局也好过无尽的恐怖。"这些忠诚的人们能够跟随他，只是因为
他表现得似乎同国王有着秘密关系，也因为他承诺要复兴伟大的
普鲁士。出发不久，席尔就收到了奥地利败于多瑙河上游的消息；
于是这项愚蠢的事业一开始就失败了，不再有任何人提起这个伟
大的人民起义。惩罚逃兵不仅仅是国王的职责所在，也是法律规
定，国王表达了个人对席尔"违抗命令"的憎恶，并且他的做法完全
公正，因为如果军队的服从精神都动摇了，那么这个不幸的国家还
指望什么呢？这支有勇无谋的队伍，没头苍蝇一样游逛一段时间
后，终于在施特拉尔松德（Stralsund）的城墙下光荣牺牲，而拿破仑
的举动则让这些德意志民族子孙的牺牲变得神圣。席尔被斩首的
消息产生了深远的影响；一些士兵依据国际法被视作拦路抢劫的
匪徒关入监狱，一些被枪决，还有一些被发配作苦力。成千上万的
人深受感动，重复吟诵申肯多夫的诗句："挥舞宝刀的人，拯救这个
民族吧！"

　　威廉三世从心底强烈希望参与斗争。他决心出兵，但清醒的责
任意识却让他在群情激奋中保持冷静。如果此时轻率开战，普鲁
士将面临永远的毁灭。装备精良的敌军已经占领了但泽和马格德
堡，普鲁士也因为敌军在奥得河上的驻防而被一分为二，此时宣战

① 费迪南·冯·席尔（Ferdinand von Schill, 1776—1809），普鲁士军官，1809 年 5
月起兵反抗法国统治，但失败了。——译注

将是个彻头彻尾的错误，没有任何取胜的可能性。当初在奥斯特利茨战役期间犯下的错误，威廉三世不愿再犯一次，也不愿意由于奥地利的犹豫不决而再次受到法国的报复。威廉三世需要弗兰茨皇帝保证，即便面临灾难性事件，奥地利也将坚持斗争到普鲁士参战。他还需要英国提供金钱和军队，并且英军要在德意志登陆。345普鲁士已经一无所有。为了满足军备的需要，普鲁士很没有先见之明地中断了和约规定要付给法国的赔款；普鲁士要塞被敌军所控制的小军队除非获得英国援助，否则难以保全。而且现在最严重的威胁来自法国的盟友，俄国。威廉三世认为只有不受到来自东方的进攻，战争才不会完全没有胜算。拿破仑完全理解这位秘密对手的绝望处境，但却冷漠地说："普鲁士现在没什么可指望的，我有一万种方法让它听话。"

　　威廉三世十分清楚普鲁士宣战所必须的条件，也知道现在所有条件都不具备。甚至在开战前夕，他还写信给沙皇，急切地恳求他明确承诺支持普鲁士，或者如果普奥结盟，俄国至少不要攻击普鲁士。沙皇的回复是，如果普鲁士未能履行对法国的承诺，他本人将不会为此同拿破仑闹翻。5月12日，普王再次给沙皇写信，声称如果战事不利，普鲁士必将灭亡，他希望沙皇至少保证不会坐视普鲁士亡国。沙皇的回应依旧冷漠；尽管言辞动人，并坚决保证他们之间的友谊，但是沙皇的根本意思是俄国此刻必然袖手旁观，即便普鲁士被从地图上抹去。沙皇希望普鲁士按兵不动，直到俄国将垂涎已久的多瑙河省份收入囊中。沙皇是认真的。他承诺向法国派遣的援军已经穿过华沙前往加利西亚。尽管俄国只是做个样子，而且相比奥地利人，俄国更加害怕叛乱的波兰人，但这一举动确实让奥地利军队撤出了多瑙河的重要战场。俄国军队此时也靠近东普鲁士边界，只要普鲁士参战，俄军马上长驱直入。因此俄国的态度对于威廉三世的行动至关重要。

　　数月以来，英国并没有协助普鲁士。最终霍夫堡也还是坚持展现着费迪南们的傲慢。当关于普奥结盟的谈判正在进行时，奥地利宫廷向柯尼斯堡派遣施泰根特施（Steigentesch）将军作为全权军事代表，向威廉三世拆穿拿破仑的阴谋。施泰根特施为人放肆冒失，甚至在谈判尚未有结果之前，就要求普鲁士将最高军事指挥权346

交给卡尔大公；但是后来他却在柏林将谈判的秘密条款泄露给了威斯特伐利亚大使林登，后者一字不漏地报告给了拿破仑。普鲁士国内，激愤的民众和犹豫的君主之间矛盾加剧，一些爱国者甚至认真地建议波兰境内的奥军穿越西里西亚，这样宫廷就会被迫宣战！面对这场绝望的斗争，弗兰茨皇帝唯一能向普鲁士保证的，就只有一个简单的军事协议，并保证维持国家现状！但是威廉三世却合理地希望签署正式条约，确保普鲁士恢复国力、稳固边界。普奥双方在所有德意志政策问题上，都存在重大分歧。如果获得胜利，奥地利希望将华沙归还给普鲁士，但是普王在经历了 1806 年背叛事件后，坚信这块领土没有任何价值，只是为了维护西里西亚和老普鲁士的统一，它对于普鲁士才不可或缺；在华沙之外的地方，普王本希望建立一个波兰民族国家，受东方三国的共同保护，而普鲁士则可以为此从德意志或者萨克森获得补偿。但是弗兰茨皇帝不愿意看到普鲁士扩大在德意志的领土；在当年夏季奥地利战败以后，普鲁士谈判人员克内泽贝克（Knesebeck）重新提出巴滕施泰因计划，实现德意志两巨头统治，也遭到冷酷拒绝。如此不幸的经历也没有减少洛林家族的傲慢。奥地利的热心朋友悲伤地写道，我们不要再自欺欺人了，霍夫堡根本不可能承认普鲁士的平等地位。

　　奥地利的自大狂妄、英国的软弱政策、沙皇的野心计划，最终让普鲁士不可能参战。但是目光深远的威廉三世却比他的随从们更能理性地判断战事。他认为阿斯彭战役只是一场漂亮的反击战，并非决定性战役，后来的结果证明他是对的。卡尔大公不懂得如何利用这场胜利；数周内他都在战场上无所事事，而拿破仑却精力充沛地从广阔帝国的各个角落召集援军，甚至从沿岸的港口召集水手。7 月，拿破仑自觉实力强大，再次穿越多瑙河；7 月 5 日、6 日，卡尔大公由于兄弟约翰没能及时率匈牙利军队支援，败于瓦格拉姆（Wagram）。于是奥地利宫廷再次弥漫着消极懦弱的情绪，如同奥斯特利茨战役后一样。6 天后签订《茨纳伊姆停战协议》（Waffenstillstand von Znaim），大公愤怒地放弃了指挥权。

　　整个世界都知道，拿破仑只有在确定和平的时候，才会签署停战协议。但是威廉三世仍然怀有战争计划，并且开始召集军队。

布吕歇尔的军队已经在波美拉尼亚就绪,一声令下就会沿奥得河挺近。7 月 24 日,威廉三世再次写信给沙皇,指出瓦格拉姆战役绝不可能是最后一战;如果此时普俄同时宣战,依然有希望解放德意志。普鲁士大使施拉登(Schladen)急切地向沙皇证明,如果奥地利陷落,俄国也将唇亡齿寒。但是沙皇保持沉默;直到协议签订后,圣彼得堡才有所回应。与此同时,格奈泽瑙抵达伦敦执行秘密任务,恳请英国内阁将准备好远征的海军派往德意志海岸,以支援普鲁士军队。乔治·坎宁(George Canning)同意了这项迫切要求,因为这位优秀的青年政治家已经发现英国的岛国政策过于狭隘,但是政府中的其他庸才只看的到商业利益。这支远征队被派往尼德兰,为英国舰队在欧洲大陆建立一个桥头堡,但是在安特卫普的城墙前以及瓦尔赫伦(Walcheren)的沼泽中,这支队伍极不光彩地结束了行程。此外,普鲁士也无法再指望奥地利陆军。普鲁士军事部已经放弃了春季拟定的大胆计划,因为法军此刻又获得了 8 万援军,实力已不可同日而语。

接下来拿破仑开始了巧妙的外交斡旋。古老的帝国家族已经完全衰落;拿破仑如果现在同奥地利言归于好,那么就可以心无旁骛地酝酿远征俄国的伟大计划,因此他对奥地利更加友好了。在 10 月 14 日签订的《维也纳和约》中,他给哈布斯堡家族的条款比之前设想的要温和。奥地利现在确实要放弃在亚得里亚海的最后一块地盘,将延伸至内陆绍尔河(Sauer)的整块海岸地带割让给拿破仑;将西部地区割让给巴伐利亚,东北部广大地区割让给华沙;但是奥地利保留了大国地位以及军事力量的核心——圣斯蒂芬王室领地。巴伐利亚作为莱茵联邦的忠实成员获得了拜罗伊特,慕尼黑认真盘算多年的领土交换也完成了——莱茵联邦的中心国家现在获得了整个普鲁士属法兰克尼亚,遥远的莱茵诸省则落入缪拉之手。

348

战争结束了。英勇的布吕歇尔冒险穿越威斯特伐利亚王国,受到了故乡父老的热烈欢迎,他及其军队最终在英国船只上获得庇护。弗兰茨皇帝冷漠地牺牲了忠勇的蒂罗尔人,就像他之前同样冷漠地放弃了德意志帝国皇帝的责任,不过民众起义的确也引起了那位暴君的怀疑。惨遭背叛的人们无法相信,他们的弗兰茨竟然抛弃了他们。他曾经多么庄严地宣布自己绝不会签署任何分裂红鹰之地的条约！他们誓死抵抗，直到安德烈亚斯·霍费尔被处死，这个悲剧才宣告结束。奥地利人民的反抗以血流成河告终。最珍视的希望幻灭，这个意志软弱的民族于是憎恶一切理想，再次沉迷于物质享乐。现代维也纳的先天顽疾——悲观主义情绪四处弥漫。奥地利的愚蠢注定了不幸，谁还会梦想光荣和尊贵？接下来，国家破产将混乱和耻辱带进了每个家庭；人们在普拉特（Prater）赌博、跳舞、飙车，将时代的痛苦抛之脑后。阿斯彭的胜利者们理想破灭，在《艾佩尔道尔信札》（*Briefe Eipeldauers*）的色情故事中重塑自身；他们不了解费希特、克莱斯特和阿恩特。1809年战争再次调动起了奥地利人身上的德意志血液；但刚过了一年他们就比以往更加远离了民族生活。

　　于是，弗兰茨皇帝的独裁拥有了基础。这个狡猾的老家伙有足够的自信将国家的缰绳掌握在自己手中；无论如何，他也比那些曾跟他絮叨欧洲解放的理论家明智许多。头脑狭隘的弗兰茨自鸣得意地恢复了古代哈布斯堡的政治体制，该体制在玛丽·特蕾西娅统治前就存在了数个世纪。内政方面没有什么根本性改变，多疑的警方努力压制一切政治改革思想，就像之前他们曾镇压异端学说一样，防止其唤醒这个多民族混杂地区的各冲突民族的自我意识，确保温顺的臣民像好命的费阿刻斯人（Phaeacian）①，过着白日梦般的生活。国家活动再次全面瞄准欧洲政治，新的外交部长梅特涅伯爵非常适应这个好逸恶劳、毫无成就的体系，他是沙龙里的阿多尼斯（Adonis），精通一切卑鄙之事和阴谋诡计。梅特涅在他政治生涯的末期，总结生平经历时说道："我曾统治欧洲，却从未统治过奥地利。"他的全副精力都投入了外交阴谋，但完全忽视了政治经济和内政，他根据奥地利的古老政治传统，将这些事物完全交由枢密院大臣和秘书处理。梅特涅和他的皇帝一样仇恨惧怕活跃在德意志土地上的强大民族主义思想；他更害怕俄国，总是高估这个邻国的实力。他十分了解这个世界，能相当清醒地审时度势，因

① 费阿刻斯人是《奥德赛》中提到过的一个传奇民族。他们喜欢优越的生活胜于劳作，因此，费阿刻斯这个名字已经成为寄生虫的代名词了。——译注

此不相信拿破仑帝国将永恒;一旦时机合适,他将准备推翻这座大山。然而拿破仑帝国的光辉如此持久,它的友谊有利于奥地利;因此弗兰茨皇帝带着无耻的冷酷心肠,乞求拿破仑的仁慈。1810年春季,在霍费尔被处决以前,梅特涅安排了玛丽·露易丝女大公(Marie Louise)与拿破仑的婚姻。最后一任神圣罗马帝国皇帝的女儿成为了世界新统治者的配偶,她举止轻浮,谄媚法国,辱没了古老的家族。主持婚礼的维也纳大主教不久前还为后备军的旗帜献祭,现在又祝福这两个帝国家族的联姻。根据天主教观念,这场婚礼是赤裸裸的通奸。维也纳人喜爱的报纸以谦卑感激的语气形容这场婚礼:上帝送来他的独子拯救人类,虔诚的皇帝弗兰茨以此为榜样,也将女儿送去拯救祖国。这就是奥地利的1810年,一场光荣的起义之后,是道德上的深深沦丧。

和约宣布后,莱茵联邦的诸侯们马上赶往巴黎,以确保再次获得拿破仑的青睐,因为这场战争照亮了联邦内部统治的空虚。法兰克尼亚和威斯特伐利亚的人民展示出如此强烈的不满和愤恨;萨克森的国家权威如此虚弱,敌军侵入前,国王就放弃了国家,前往法兰克福老帝国教堂寻求庇护,那里高唱的赞美诗正在祝贺其奥地利内弟的失败![1] 大好时机白白错过,普鲁士爱国者无比愤怒。露易丝王后悲哀地说:"奥地利正在高唱天鹅之歌,诀别德意志!"但是威廉三世已经仁至义尽了。和约签订以后,拿破仑狂妄地对普鲁士大使说:"你们保持沉默并非有功;如果胆敢同俄国联手向我宣战,那才是愚蠢到了极点!"拿破仑的观点完全正确。他很清楚一旦有需要,他可以轻而易举地率先发动战争,迫使弗兰茨皇帝单独媾和,然后彻底碾碎孤立无援的普鲁士。当时人们不愿也不可能明白,即便是奥地利获胜也不会给祖国带来拯救,而这一点我们这些后人都很清楚。因此,德意志大地上开始了一个全新的华伦斯坦时代,哈布斯堡将替拿破仑实施外国统治。

但是那个让我们梦想破碎的罪魁祸首,却很快收获了他精心算计得来的果实!沙皇最害怕拿破仑重建波兰。他对科兰古

350

---

[1] 萨克森国王安东尼·克雷门(1755—1836)的妻子玛丽亚·特丽莎(1767—1827)是弗兰茨皇帝的姐姐。——译注

(Caulaincourt)说："你觉不觉得这世界不够我跟拿破仑分的"；并且一次次对法国大使宣布，加利西亚如果不再属于奥地利，就必须划归俄国。但是拿破仑却专横地将整个新加利西亚，包括150万人口，连同扎莫希奇（Zamosc）、卢布林（Lublin）和克拉科夫这些俄国刚刚占据的战略要地，全部送给了华沙公国。丢给沙皇的只有残渣剩饭——塔诺波尔（Tarnopol）的一小块土地；而且这也不过为了向世人表明，沙皇还是法国的盟友；这个心存恶意的礼物催化了圣彼得堡和维也纳之间的敌对。重建的古代波兰王国正在附近虎视眈眈；拿破仑同奥地利缔结联盟，提尔西特盟友关系因此日益冰冷。沙皇觉得现在他的当务之急是为生存而战。

随后，普鲁士为去年的战争意图付出了惨重的代价。拿破仑既然已经同奥地利结盟，他也就无所顾忌了。普鲁士宫廷最隐秘的想法都被他获知，部分由奥地利外交官泄露，部分是他自己的探子提供；而且他也有理由指责普鲁士，因为其错误地停止向法国
351　支付赔款。当普王此时没收可疑的布伦瑞克人（布吕歇尔）在西里西亚的财产，拿破仑也很清楚这个热心举动不过是为了从法国贪婪之口挽救这些财产。拿破仑暴躁地要求普鲁士支付余款，并且要附上高额滞纳金。威廉三世声称财政已经完全枯竭，他本人都变卖了珠宝和金器偿还国家债务，拿破仑闻此轻蔑地说："真的太可怜了，他们组建无用的军队，买马匹，还为军队投入不必要的开支。"

为了平息拿破仑的怒火，1809年圣诞节，威廉三世将宫廷迁到柏林，身处法国军队的包围之中以示信任。腓特烈大帝曾多次高歌策马驰入首都；如今国王的队伍却要通过新的国门（Königstor）！美丽的王后坐在马车里哭泣，就连这驾马车还是一贫如洗的柏林市提供的；威廉三世骑在马背上，沙恩霍斯坦跟着他，面容苍白阴郁，周围是众将领；然后是带领军团的年轻王子们。数百人从丧失的领地上赶来欢迎他们的君王回家；阿恩特和雅恩也站在人群中，被数千人同时迸发的热情深深感动。人人都泪眼婆娑；贵族、平民和军队彼此保证尽弃前嫌。克莱斯特向国王致敬，称他比胜利者凯撒还要伟大，并且在首都标志性的塔尖上呼喊："哦！君王，您是如此清澈高贵，却为了更大的福祉跌落尘埃。"

对于温和文雅的威廉三世来说，他很高兴以今天这种家长的方式，向臣民表达自己的爱意。在后来的一个月中，他首次庆祝了骑士节（Ordensfest）——市民阶层组成的军事君主国的民主节日，邀请所有忠于职守的人，包括信使，作为嘉宾莅临他的城堡。在一片欢迎君主的欢声笑语中，法国大使圣·马尔桑（St. Marsan）伯爵的表现最具特色。这个体面、极端保守的萨瓦人（Savoyard）必须对威廉三世口出不逊，这是他的职责所在，但他也轻声赞美这个受压迫国度的道德力量，很快就对威廉三世心怀敬意。于是，这位不幸的君主，同敌国大使之间建立起了相互尊重的关系；多年以后，当马尔桑伯爵治理皮埃蒙特时，威廉三世还曾屡次保证自己对他的信赖。[①]

但是有那么一位冷酷无情的主子，大使的善意又有什么意义呢？拿破仑送来的消息变得越来越恐怖暴躁。他目前确实不会发动对普鲁士的战争，因为如果开战，就会迫使他过早同俄国决战。但眼下似乎是从普鲁士再瓜分一块领土的好时候。拿破仑很快宣布取消进一步的赔款要求，但要求普鲁士割让西里西亚为交换条件！部长们都束手无策，只能绝望地接受领土再次缩减，而舍恩早在三年半以前就预见到了。1810 年 3 月 10 日，阿尔滕施泰因也向维特根施泰因亲王保证，如果普鲁士不割让西里西亚，就将面临灭亡。两天以后，政府部门众口一词地向君主解释，一旦事有不济则必须割让领土满足拿破仑。普鲁士已经走到了这一步，就连沙恩霍斯坦都建议割让领土，尽管这一懦弱之举将剥夺普鲁士最后一丝尊严。维特根施泰因亲王是那种一般意义上的廷臣，胆怯、油腔滑调、奸诈、轻佻，是施泰因的死对头，但是他也被这个侮辱性的提议激怒了，愤怒地向威廉三世详细报告他的反对意见。普王本来就不太尊重这个无能的政府部门，此时更是丧失了耐心，马上起意要解雇这些官员。他从未忘记他的大管家的爱国事迹，因而此后维特根施泰因拥有了相当大的影响力，但是在大多数情况下都对国家不利。威廉三世现在开始理解哈登贝格，并且在巴黎的长期

352

---

① 可参见威廉三世写给撒丁国王维克托·埃马努埃尔（Victor Emanuel）的信件。——原注

谈判后,拿破仑同意那位被驱逐的政治家回国。从威廉三世的坚定态度中,拿破仑明白不可能和平获得西里西亚;因此现在如果有个能干的人可以指导普鲁士经济,并且保证按时向法国支付赔款,拿破仑也就暂时满意了。1810 年 6 月初,阿尔滕施泰因被解雇,哈登贝格接替他的工作。普鲁士改革进入第二阶段。

第三节　莱茵联邦　哈登贝格政府　俄国战争

353　　正当普鲁士人渴望解放之日时,莱茵联邦中只有少数地区和孤立的爱国者圈子由衷地为祖国的耻辱感到难过——尤其在北方新教地区,以及那些被从普鲁士划分出去的省份。马克伯爵领地在贝格大公的治理下,忠诚的人民团结一心;他们尽管做着违心之事,但从不谄媚异族。在这些地区随处可见旧时的忠诚贵族,他们在心底仍将自己视为普鲁士国家之仆,相信新统治不过转瞬即逝。明斯特的干练律师泽特(Sethe)和艾希斯菲尔德(Eichsfelde)的年轻人莫茨(Motz)都是这样的人。在采勒(Celle),老议长卢曼(Rumann)直到获得国王乔治三世批准,才担任威斯特伐利亚政府工作。除非受到强迫,普鲁士高级官员中很少有人进入莱茵联邦政府,而那些如此行事的人,则会受到人们的蔑视,就像舒伦堡-肯耐特(Schulenburg-Kehnert)部长。能干的政治评论家多姆也是如此,他曾为普鲁士起草了建立诸侯联盟的计划,而现在为了弥补之前的“错误想法”,竟然背叛祖国转而效忠威斯特伐利亚国王热罗姆(Jerome)。到处都有叛逆的旧贵族以自己的方式挑衅这些外国人。克莱沃的维利希男爵(Wylich)将老地方等级议会的所有卷宗全部搬回自己的城堡,他的骑士阶层同僚逐渐消亡后,大家都认为他才是克莱沃的唯一合法代表;当普鲁士最终重掌这里,维利希男爵自信地要求马上重开老议会,并恢复其所有古老权利。暴躁的海因里希·克罗西克(Heinrich Krosigk)将热罗姆国王的宪兵锁在消防站,然后自己心满意足地待在一座城堡的监狱里,马格德堡的贵族们都乐不可支。这个粗野的年轻人在“法国时代”总将上了膛的手枪放在桌子上,准备一旦受到前国王的召唤,就马上穿越易北河加入敬爱的军团中。

　　萨克森和南德生活贫困，人们怨声载道；但是由于人们已经数百年不接触公共生活，而且地方主义使政治生活萎靡不顿，这种抱怨几乎没有形成仇恨。普鲁士人不相信世界帝国将永存，但是在这些小邦国里，希望正在逐渐消失。德意志人将忍耐视为美德，将莱茵联邦奉为维系民族团结的最后一根纽带。怯懦的达尔贝格热烈赞扬莱茵联邦唤醒了他的爱国之心，这样想的还有不少人。汉斯·加格恩（Hans Gagern）还希望可以从拿破仑组建的这一国家体系中，打造出全新完善的德意志加洛林帝国。不莱梅的斯米特（Schmitt）是一位真正的爱国者和冷静的年轻政治家，也郑重恳求他的汉萨同盟城市加入莱茵联邦，因为莱茵联邦将很快成为德意志大联邦，只有加入其中汉萨同盟人才能再次成为德意志人。

　　如果认真观察独裁者拿破仑的各项命令，就会明白，所有这些附属国家不久都要直接并入法兰西帝国的"伟大家族"。老诸侯们刚刚被废黜，贪得无厌的拿破仑就开始掠夺自己的兄弟，摧毁新建成的国家。莱茵联邦国家的边界年年都在改变。这位大革命之子像上个世纪的内阁政治家一样，认为占有土地和人民只是为了给家族和臣下提供供给；比如他扩大贝格大公国（Großherzogtum Berg）①的领土时，正式表明此举是为了感谢卡罗琳王妃（Karoline）②令人愉悦和有价值的帮助。什么能够阻止拿破仑随意摧毁这些任意搭建的新国家呢？他始终牢牢掌控着德意志心脏地带埃尔福特的关键要塞，从未交给任何官员，这绝非偶然。巴黎沙龙里人们都很清楚莱茵联邦诸国的命运，而且当热罗姆国王的臣民参观塞纳河的时候，也被玩笑般地叫做"未来的法国人"。

　　德意志南部和西部的人民则不愿意遭受如此恐吓。按道理来说，德意志优秀的法学家，如丹尼尔斯（Daniels）和施特罗姆贝克（Strombeck），应该科学地阐释拿破仑法典；但是时常如一纸空文的莱茵联邦的国家法，却让温顺的德意志学者，如温科普

354

---

① 贝格大公国是拿破仑在 1805 年奥斯特里茨战役胜利后建立的国家，位于法兰西帝国莱茵地区同威斯特伐利亚王国之间。——译注
② 此时贝格大公国的公爵是帝国元帅缪拉，他的妻子卡罗琳王妃是拿破仑的妹妹。——译注

(Winkopp)和卡尔·所罗门·察哈里埃(Karl Solomo Zachariä)绞尽脑汁。拿破仑拒绝了达尔贝格提出的所有联邦计划，并冷冰冰地评论："我并不在意莱茵联邦，唯一关心的只有个别君主及其家族。"而就在此时，德意志产生了一大批文献，以温和勤勉的态度争论那个尚未可知的联邦法律。

北方的青年爱国者确实有理由愤怒于新时代的欺骗精神，因为在这些德意志小邦国的历史上，从未像施泰因和沙恩霍斯坦当政时这样，有关"普鲁士主义"(Borussismus)的大量谎言肆虐。对普鲁士的仇恨又有了新形式。从前，普鲁士最狂热的敌人出现在天主教保皇党中，甚至明斯特人都祈祷普鲁士异端统治垮台。但是现在，尤其在巴伐利亚官僚中，甚至一些有教养的现代人士也反对普鲁士。他们从法国启蒙精神的高度出发，倨傲地看待普鲁士斯拉夫贵族的愚昧，要求拿破仑以法国模式为奥地利和普鲁士的幸福安康设立一部宪法。巴伐利亚人克里斯托弗·冯·阿雷廷(Christopher von Aretin)恶毒的诽谤作品，为拿破仑时代新的地方主义文学打响了第一枪，之后数年在南德造成了极坏影响。狡猾的拿破仑非常清楚如何激起巴伐利亚人对异端的古老仇恨，以及新官僚阶层自恃启蒙人士的傲慢，使之针对普鲁士。腓特烈的国家是异端和贵族特权之邦，而拿破仑则是捍卫罗马教会和自由的英雄。莱茵联邦的可怜报纸上根本不提普鲁士改革的情况，还讽刺般地描写疯狂的美德会以及施泰因和沙恩霍斯特这两个条顿疯子。突然间，在莱茵联邦的两家书店同时以德语和法语出版了拜罗伊特侯爵夫人①的回忆录，这不可能没有小诸侯宫廷的功劳；于是在地方主义阵营掀起了疯狂的冷嘲热讽。腓特烈大帝最喜爱的姐姐作为最可信赖的目击者，证明了流传在南德的一些传闻：普鲁士人的粗鲁苛刻、政府的军事化管理、王室的冷血无情！威廉明妮的苦涩心声对于普鲁士声誉的伤害，远甚于敌人的诽谤挖苦，但是很久以前的史料批判就已经证明了，这位不幸却能干的公主根本不可靠。拿破仑满意地说："所有的德意志宫廷，尤其是萨克森，都

---

① 弗里德里克·索菲·威廉明妮(Friederike Sophie Wilhelmine，1709—1758)是腓特烈大帝的姐姐，1731年嫁给勃兰登堡-拜罗伊特侯爵。——译注

渴望着瓜分普鲁士。"

　　维特尔斯巴赫家族早已忘记,多亏霍亨佐伦家族他们才得以拥有自己的世袭领地。符腾堡的腓特烈和莱茵联邦的若干诸侯,反复提醒拿破仑提防普鲁士的狼子野心。萨克森大臣森夫特(Senfft)是个轻浮急躁的地方主义者,野心勃勃地起草了一个又一个摧毁普鲁士的计划,要在它的废墟上建立伟大的萨克森-波兰中央王国(Sächsisch-Polnisches Zentralreich)。巴伐利亚曾有一个古老的错误观念,认为巴伐利亚人是凯尔特人博耶尔(Bojer)的后代,现在这个观念又被帕尔豪森(Pallhausen)和其他人复活了。许多狂热的巴伐利亚人很高兴他们的民族和法国人有血缘关系,比如他们都有大胡子。尼古拉斯·福格特(Nicholas Vogt)也在《德意志民族及其命运》(*Die deutsche Nation und ihre Schicksale*)中阐述,在过去的两千年中,德意志是如何上演着"兄弟阋墙"的大戏,直到拿破仑以新形式重建了古老德意志宪法;拿破仑和玛丽·露易丝"美女配英雄"的婚姻,让这个吵闹不休的民族实现了永久和平;莱茵联邦有三个伟大成就:封建君主制和宗教纷争的消失;德意志内部永久和平;恢复了民族独立。因此"德意志人要亲吻领导我们走向统一的伟人之手,就像亲吻上帝之手一样!"这些德意志人早已"带着无比的谦卑恭顺"习惯了这位领袖的喜怒无常,就像习惯等级议会上惯用的套话。但是,德意志民族从未像现在一样虚伪无耻地谄媚外国暴君。哥廷根大学的修辞学教授曾经在乔治三世和威廉三世的诞辰时发表爱国演讲,但是现在他却以无比坚定的热情赞颂拿破仑和热罗姆的功绩。无论拿破仑现身何处,都会受到社区和团体的尊重,莱茵联邦的官员们最清楚如何"激发公众自由地表达爱和感激"。拜占庭式的演讲颂扬拿破仑的战无不胜、他的明智公正,尤其是他的博爱和平。贝格大公国的贵族对他说:"每当您被迫拿起武器的时候,其实都希望以战止战!"

　　莱茵联邦和法兰西帝国的军队信心十足。老帝国军队中和平时代的军官,缺乏艺术头脑,只能在混乱的军营生活中孤寂地向往家乡农场六畜兴旺的场景,现在这样的人已经不存在了。年轻一代充满膨胀的军事信心,为帝国之鹰而热血沸腾。一位勇敢的巴伐利亚军官每天早饭必须消灭一打奥地利人,在巴伐利亚战史上

356

331

还有比雷根斯堡战役更辉煌的胜利吗？拿破仑利用一切可能的手段培养这些好战分子拥有不爱国的战士精神。他们将自己的灵魂出卖给了拿破仑，被派去占领普鲁士要塞，对付叛乱的蒂罗尔人，驻守主要从莱茵联邦、巴伐利亚和萨克森抢来的领土。

南德新建的中间国家没有历史，因此最适合拿破仑的地方行政体系，重复上演着行政体系的组建和重建。巴登的行政区划在 7 年彻底改建了 3 次，以根据河流的走向，将这些混杂的领土划分重整成整齐的地区。为了防止激起他们的傲慢，拿破仑谨慎地避免对这些国家内政进行不必要的干涉，但是却让他的大使凌驾于这些诸侯之上。如果他需要新的军队，就会查验这些君主的财政预算，然后根据自己的需要作出决定。此外，这些国家的官僚中有大量天主教人士，因此拿破仑作为罗马教会的保护人，就可以借此施加压力，要求他们处处严厉监视法国的敌人，尤其是贵族中的敌人。而在其他事务上，这些小暴君们可以自行决定。

拿破仑式推进民众幸福的措施，在巴伐利亚实施得最坚决也最持久；在过去三代人的时光中，那里完成了德意志地区最深刻的变革。1524 年，老维特尔斯巴赫家族武断地将新教驱赶出领地，埋下了德意志民族政教分裂的种子：勇敢忠诚的老巴伐利亚血统，其体能和意志力都是德意志人中的佼佼者，却因此与尊重信仰平等的德意志文化变得格格不入，奥地利人也是如此。上个世纪末，慕尼黑生活着的三位新教徒，被官方视为天主教徒，前往奥格斯堡领取圣餐。[①] 他们在巴伐利亚漫游，看见了狂热战争的纪念物：在施朗能广场（Schrannenplatz）玛利亚纪念柱（Mariensäule）脚下，矗立着斩杀异教徒之龙的天神。人们坚信新教徒完全不同于体面尊贵的天主教徒，在巴伐利亚农民的庆祝仪式上，路德及其妻子同两个拦路抢劫的土匪——巴伐利亚人希泽尔（Hiesel）和莱茵地区的申德尔汉内斯（Schinderhannes）——并肩而立。甚至在拿破仑战争期间，老巴伐利亚军营里，人们侮辱圣彼得的画像，因为这位圣人拒绝赐予信众所祈祷的良好行军天气。这些边远地区的人禁止讨论

---

① 此处利用了巴伐利亚宗教委员会会长（Oberkonsistorialrat）冯·施密特（von Schmitt）的记录，由其子在海德堡转交给我。——原注

357

或者有意忽略"路德-德意志"的所有新文化。

　　整整一块新教土地突然并入遍布修道院和教会学校的地区,同时茨魏布吕肯王朝(Zweibrücken)建立,这将产生多么巨大的变化。茨魏布吕肯是维特尔斯巴赫家族的旁支,再次皈依罗马天主教,但始终深深厌恶由瑞典-新教传统和家族世仇产生的界限。好脾气的新国王马克斯·约瑟夫(Max Joseph)天性迟钝乏味,完全无法理解伟大的政治理想、严苛的官僚体制以及他的大臣蒙特格拉斯(Montgelas)的领袖性情。没有人明确打算将这个年轻王国的中心改造成纽伦堡或者奥格斯堡那样信仰平等的地区。王室依然住在慕尼黑,这里作为首都对其他省份造成了不良影响。啤酒很快在全国流行起来,按照严厉的刑事律师克莱特迈尔(Kreittmayr)的说法,对于老巴伐利亚人来说,啤酒是生命的第五种元素;情绪化的士瓦本人和法兰克尼亚人很快接受了巴伐利亚人这种轻松放荡不羁的生活方式;这些天赋极佳的种族逐渐堕落,在巴伐利亚的统治下,他们再也不像身处帝国统治时那样,对德意志文明贡献颇丰。但对于老巴伐利亚而言,同更加有教养更加文明开化的邻人共同生活,确实带来了不可估量的好处。

　　很久以前,对于这个奉行家长制的民族来说,国家领袖的个人魅力是非常重要的推动力;慕尼黑的市民衷心欢迎这位温和的新君主,他们炯炯的目光似乎在说:"马克斯,你在这里一切都好了!"当人们听说马克斯的妻子,巴登的卡罗琳公主(Karoline)是个异教徒的时候,他们开始留神起来;宫廷牧师施密特还举行新教礼拜仪式,最先只是默默地在宁芬堡(Nymphenburg)的城堡中进行,后来则公开在首都举行;他还给新教徒和归正宗(Reformed)教徒同样分发圣餐,这都让人们警惕。自从占领者古斯塔夫·阿道夫进入维特尔斯巴赫家族的宫廷起,这样的事情就从未发生过。众多新教官员进入巴伐利亚,其中有不少人是性急的启蒙者,比如安塞尔姆·费尔巴哈(Anselm Feuerbach)。国王宣布信仰平等,而且最重要的是将教育体系置于国家监管之下。但是对于激进的前光明会成员蒙特格拉斯,这还远远不够;他谴责罗马教会像个"萨满教",虔诚单纯的老巴伐利亚人也总是将他视为异族。许多修道院被关闭,不少教堂被拆除,古老的华丽装饰也遭毁坏。这是一次激进变

358

革，需要狠心肤浅、野蛮自大的人；如果在温和的人手中，巴伐利亚人对信仰统一的诅咒就不可能中断。另一项遭到强烈抵触的法令也颁布了：废除奴隶制；废除强加在农民身上的劳役和什一税。但是由于政府的强烈敌意，大多数被大肆宣传的改革措施都没有付诸实施。多疑的蒙特格拉斯甚至不敢召集新议会，尽管这个奇特议会唯一的权利就通过三位委员表达意见，然后不置一词地赞成政府提议。因此在这个新体制中，最顽固存在的依然是征兵制和权力无限的官员，后者一如在过去的美好时光中一样，玩忽职守、粗鲁暴躁、收受贿赂。

359　　　年轻的国王有着一种近乎荒唐的傲慢，官方文件中将国家称为"巴伐利亚帝国"。拿破仑给马克斯·约瑟夫的命令经常以"务必"开始，并以类似的语句结束，这也没有影响君主的自满情绪。巴伐利亚将成为普鲁士的继承人，继承它的权力、战绩和文明。为了超越柏林的辉煌，慕尼黑学院和大学得到了大笔赞助，后者从英格斯塔德（Ingolstadt）的老耶稣会要塞迁到兰茨胡特（Landshut）；但是那些从南部被召来的教授们，在拿破仑辖区令人窒息的空气中又能有何作为呢？那里完全没有普鲁士的道德意识。一名巴伐利亚学生攻击语言学家蒂尔施（Thiersch）的恶劣事件表明，娇弱的文明之花在这块土地上扎根是多么艰难缓慢，顽固的巴伐利亚人再也不愿意看见德意志异教徒了。他们还发现所有的传统习俗都被破坏，每个人的既有权利也岌岌可危。同时，财政需求逐年增长，玩忽职守的官员根本不知道国家背负多少债务。尽管如此，蒙特格拉斯半法国式的有力治理，还是让巴伐利亚人过上了好日子。然而他并没有预见到他的创造性工作将产生的最终结果：这个憎恨一切德意志事物的人，无意间将巴伐利亚带离了三个世纪的分裂局面，重返现代德意志文明共同体。

　　曾经有一个古老的预言，说野心勃勃的小家族符腾堡将戴上士瓦本的王冠，现在这个预言实现了；但是另一个预言也实现了，符腾堡人总是自鸣得意地说："我们的主子不是什么好人。"士瓦本国王腓特烈是个极有天分的人，聪明睿智的程度大概仅次于卡尔·奥古斯特公爵（Karl August），是这一代德意志诸侯中的佼佼者；但是他很早就在心中摧毁了对高贵文化的热情，视所有读书人不过是笔杆子、领座员和理发师，一丝不苟地执行拿破仑的指令："赶走那些家伙！"他也摆脱了议会，这位傲慢的独裁者不知界限为何物，所实行的罪恶统治是饱受折磨的德意志前所未见的。这位新君像站在斯图加特城堡的屋顶上一样，公开炫耀自己的专制，丝毫不掩饰对罗马暴君塔克文（Tarquin）和尼禄的钦佩，称他们是统治艺术的大师。腓特烈在 2300 道敕令组成的《圣王法典》（Sacra Regia Majestas）中抛弃了所有历史法，将市民-新教的老符腾堡同新符腾堡的教会领地、帝国城市及贵族领地融合成了一个整体。根据最温和的官方说法，国王及其 12 位高级执行官的意志将在北部和南部省份无障碍通过；国王指定所有地区的官员。每当这位挥霍无度的胖子经过，人们都会战栗发抖；他周围的人都是满足他异常欲望的工具，还有一些贪婪的梅克伦堡地主。他所需要的所有劳动力，甚至是仆人，都是强制征召而来。仅在一个执行官的管理范围中，就要召集超过 21000 人在狩猎活动中服务王室。禁止移民的法令彻底剥夺了绝望的人民最后一丝希望。腓特烈带着特殊的乐趣对帝国贵族中的优秀分子施加独裁统治；在这一点上他几乎不用听拿破仑的劝告，后者总是警告诸侯们当心那些被剥夺领土的君主和贵族的诡计。君主、伯爵和骑士的古老家族法律一夕被废；宫廷中的新权力序列让这些贵族站在侍从和马夫后面，如果有人胆敢不出席，将会损失四分之一的收入。

施泰因将莱茵联邦的这种暴君统治称为"苏丹式"，但是毫无疑问这并非仅仅由于君主的喜怒无常。士瓦本国王统一符腾堡，将一些更加高瞻远瞩的观念引入了这个乡土观念盛行的地区，这些都需要强硬手段。莱茵联邦的官僚们所遇到的帝国小邦国的遗产，都已经彻底腐化了。当赖宁根-韦斯特堡（Leiningen-Westerburg）两个家族的领土并入贝格大公国时，发现两处共同的县库可用的现金共计 45 荷兰盾，这还是会计人员从自己的口袋里预支的。摧毁这样的国家并不是民族的损失。但是在符腾堡，这场不可避免的革命却实施得如此粗暴野蛮、嘲弄轻蔑，以至于大众只能感受到变革的严峻性而非必要性。被钳制的新闻机构沉默无言，而人民却逐渐积攒起对君主无言的愤怒。帝国城市霍恩洛亚（Hohenlohe）家族领地以及教会领地上的居民，都不愿意接受新秩

360

序。甚至是土生土长的符腾堡人，在如今的压迫之下，也忘记了这
代贵族的父辈、祖父辈们犯下的一切罪行，并渴望回到封建体制下
361 的"美好时光"。这块地方主义盛行的地区，其视野依旧狭隘，即便
是最明智热情的南方家族也几乎没有受到民族仇恨火焰的影响，
而这种仇恨深深刺激了普鲁士人。士瓦本人仇恨他们的暴君，但
是却根本不曾思考造成苦难以及外族统治之耻的根本原因。只有
一些天分极高的人，比如年轻的路德维希·乌兰（Ludwig Uhland）
才理解了这个时代的全部意义。

　　在巴登，温和公正的卡尔·腓特烈（Karl Friedrich）活着的时
候，莱茵联邦的统治尚未如此严酷。到了他的继承人卡尔大公统
治时，波拿巴主义野蛮的专断独行开始影响这个国家。阿尔萨斯
和洛林以享有法兰西帝国之光为荣，骄傲地列举出一长串英雄的
名字，他们被自己的祖国派去效忠不可战胜的法国人克勒贝尔
（Kleber）、克勒曼（Kellermann）、勒菲弗（Lefebvre）、拉普（Rapp）和
奈伊（Ney），这些勇士中的勇士。莱茵河左岸的领土依然沉睡不
醒。老年人沉溺在教会管理时代的肤浅享乐之中；年轻人则戴着
拿破仑式宽大的帽子，前往法国求学。在这些地区如果一本德语
书籍要出版，就会引起帝国检察官的怀疑，尽管他根本不懂德语：
比如自然哲学家特雷维拉努斯（Treviranus）写了一本关于蚜虫组
织的书籍，就遭遇了这样的情况，因为"组织"一词让检察官想起了
美德会。德意志文化的最后痕迹似乎也即将消失。最重要的是，
肤浅的普法尔茨人很快接受了法国生活方式；官员们说着结结巴
巴的法语以示高尚得体，即便在自己家中也是如此。甚至不少普
鲁士爱国者都怀疑是否能重新征服这个德意志文明的私生子！在
达姆施塔特和拿骚，处处可见对拿破仑摇尾乞怜，对一切德意志事
物的刻骨仇恨。就连汉斯·加格恩这位地方主义的坚定拥护者，
都无法忍受这些寡廉鲜耻的行为；新文化的爱国主义浪潮让他离
开了拿骚，并以纠结的方式写下了《德意志民族史》（Die
Nationalgeschichte der Deutschen）。

　　北部地区退隐式的生活，同南部、西部的改革形成了强烈对
比。在北部，即便是莱茵联邦中，古老体制、王室家族及传统领地
边界都完全未受触动；唯一变化的就是征兵制的广泛实施。而在

萨克森王国,就连这一革新也未发生,国王以旧的方式征兵,但引入了一套全新的法国军队体制,保证了对军队的良好管理。这里的古老社会制度抵抗力巨大。只要能让萨克森宫廷保持顺从,无论多琐碎的伎俩拿破仑都不会放过;多年中他一直在模糊地暗示他或许应该迎娶萨克森公主,这挑起了阿尔伯特家族的虚荣心。腓特烈·奥古斯特比起慕尼黑和斯图加特的统治者,更恭顺地满足了拿破仑的要求,在华沙推行《拿破仑法典》,并引入了整套法国地方行政体系。但是他也没敢在特权阶级的事物上有任何革新,不敢废除贵族特权,也不敢从法律上统一他的世袭领地、劳希茨(Lausitz)以及周边教会领地。古代封建国家杂乱无章的体制仍然没有改变;萨克森还保持着举世闻名的僵化宫廷礼仪,新入伙的暴发户热罗姆都要命令其大使多姆,在德累斯顿仔细研究宫廷礼仪的奥秘,并提供详细报告。北方传统诸侯国中,唯有傻公爵科登(Coethen)根据拿破仑模式改革了国家。他将领地一分为二,每一部分都设立一个国家议会,一位行政长官、副行政长官以及"带来幸福"的法典。所有这些荣耀都展示在新的《安哈尔特-柯登帝国法律公告》(*Bulletin des lots de l'Empire Anhaltin-Coethien*)中。

362

威斯特伐利亚王国和贝格大公国身处极端保守的北德意志,由拿破仑家族成员统治,已经收到了实施革命性的新政策的命令。威斯特伐利亚大臣马尔休斯(Malchus)曾愉悦地说,在"没有历史的国家"没有理由保护古代传统,因此渴望根据拿破仑正规体制的模板进行改革。这两地在拿破仑的亲自监督下开始改革。他强迫这两个附属国废除一切特权,以此确保其北部邻国,尤其是普鲁士能够向往拿破仑统治。实际上,威斯特伐利亚王国的宪法确实被莱茵联邦,甚至是部分普鲁士爱国者奉为楷模。君主及其假议会以多么伟大的方式,凌驾于实现平等、废除了一切阶级特权的社会之上。此外,令人羡慕的还有行动敏捷的地方长官,更加迅速的法律实施,大部分官员尚未习惯的礼貌,还废除了国内关税、农奴制、世袭司法权以及上流社会的合法权威! 新政府以其对农民的友好态度为荣。在农村盛行的标志古老阶级划分的各种名称也被废除了;对于国王身边开明的顾问而言,古老的德语词汇"小农"(Kotsass,低地德语的 Kossat)应该被抛弃,因为这个词来源于"粪

363 便"（Kot）。生活在农村的人都是"农民"（paysan）。农民受到怜悯，在很多方面的生活确实好于之前被汉诺威地主和黑森的军人-商人所统治的时候。哥廷根农村地区的农民们之中，"农人"（Pisänger）一词甚至一直沿用至今。这些农民的代表和上层社会的代表一同出现在卡塞尔，他们经过时守卫都要向这些农民代表伸手示意，这让农民们感到了极大的光荣。许多年以后，马格德堡地区的佃农仍然真诚地向普鲁士大臣克勒维茨（Klewitz）保证，他们非常愿意再有一个那么好的政府。[①]

　　尽管如此，这些农民的忠诚是毋庸置疑的。他们对古老领主的忠诚仍未动摇，怎么可能信任那些言语不可理解的官员？虽然有一些人堕落了，威斯特伐利亚和贝格的一些贵族家族的不忠行为辱没了门庭，但是绝大多数的民众越来越憎恨对外国统治者。热罗姆纵情享乐、头脑肤浅，厚颜无耻的法国骗子和投机家挥霍无度，无数人牺牲在无休止的战争中，谄媚那个"世界在他面前沉默的男人"（约翰内斯·穆勒在一次国会发言中说道），秘密警察徇私舞弊，检举同情德意志的人，讽刺土著语言会"让你们孤立于欧洲"——对一个真正的德意志人来说，外国制度中的一切都令人厌恶鄙夷，就像一场疯狂的梦幻，很快就会逝去无痕。热罗姆很快就清楚地察觉到，这块土地正在他脚下动摇，因此拿破仑要求他拉紧缰绳。心存善意的大臣比洛（Bülow）是哈登贝格的表亲，由于亲法派的排挤而不得不辞职。取代他的是马尔休斯，这个人精明能干，但是冷酷不择手段，是其主子的得利工具，也是莱茵联邦的理想官员。

　　拿破仑是王位的掠夺者也是赐予者，他不知疲倦地斗争，就连家族中人也时刻面临着被攻击的危险。缪拉从一开始就知道自己不过暂时拥有莱茵联邦的公国，因此几年后，当拿破仑要求他"一天内决定"选择那不勒斯王冠还是葡萄牙王冠时，他心甘情愿地放弃了自己的公国。于是这一小块领地就又被送给了荷兰国王路易·波拿巴[②]的儿子，由于他是幼子，因此等于又还给了拿破仑本

———————

① 克勒维茨考察萨克森省份的报告，1817 年 7 月 29 日。——原注
② 路易·波拿巴（Louis Bonaparte，1778—1846）是拿破仑的四弟，被封为荷兰国王。——译注

人。自从普鲁士战争后,汉诺威北部暂时处在法国统治之下,拿破仑也未决定汉萨同盟城市的命运。他痛恨这些城市是英国的忠实客户。在过去的三年里,仅从汉堡拿破仑就勒索了 1400 万法郎;当汉堡埋怨贸易下滑时,他轻蔑地回复:"越少越好,这样你们就没法再做英国人的生意!"1809 年秋季,拿破仑委派能干的代理人赖因哈德同汉堡三城进行谈判,这些城市将被合并成一个拥有半主权的莱茵联邦国家,由三位帝国官员监督管理。但是这几个汉萨城市并没有雀跃着接受这个提议,而是听从他们审慎的同胞斯米特的建议,提出了反对。他们要求完整主权以及自由外交的权利;还希望通过以货币的形式购买莱茵联邦的军队;他们一度很有信心实现所有的愿望,就在此时(1810 年 3 月 1 日),北汉诺威"永远"并入了威斯特伐利亚王国。

　　拿破仑很快酝酿了另一个计划,这些国家的废墟上将建立一座新的沙堡。拿破仑废黜了荷兰国王路易,将明斯特从贝格公国中划分出来,让热罗姆交出了新获得北汉诺威,1810 年 12 月 10 日将这些领土连同奥尔登堡(Oldenburg)和汉萨城市一起并入法兰西帝国。所有这些都是"形势所迫"。莱茵河左岸的 7 块德意志领土和 5 块低地德语地区连成一片。现在拿破仑直接统治的领土边界向南超过了罗马,在北方经过吕贝克远达波罗的海。他拥有了整个北海沿岸,因此似乎最终落实了大陆封锁政策。一条将在五年内完成的道路,会将波罗的海沿岸同巴黎连接起来。如果幸运之神仍旧眷顾拿破仑,那么吞并其余的德意志地区也指日可待。拿破仑已经拥有了莱茵联邦的诸多领土,部分掌握在自己手中,部分被当做礼物送给他的高官。在埃劳(Eylau)、阿斯彭和西班牙,命运已经数次提示他,所有凡人的意愿都有限度,但他并不在意。他的帝国比以往任何时候都伟大,他的梦想已将超出了人类的界限。他曾痛苦地抱怨自己不可能像亚历山大一样冒充为上帝之子,他说:"如果我那样做,每个卖鱼妇都会嘲笑我;今天的世界已经非常文明了,不会再有更伟大的事迹!"他很早以前就决定吞并西班牙和意大利。目前所需要的只是一次从马塞纳(Massena)向里斯本的胜利进军;然后就向利比亚半岛的人民宣布起草好的帝国令:他们现在属于一个更伟大的帝国,他们的皇帝统治着从英吉利海峡到达达尼尔海峡的全部海岸线："在我们这个时代的罗马帝国中，三叉戟将和利剑合并，海王星将与火星合二为一。从莱茵河到大西洋，从斯海尔德河（Scheldt）到亚得里亚海，都将只有一个民族，一个意志，一种语言！"

以上就是哈登贝格就职时的世界局势。他上任几周后，普鲁士遭到了一次严重打击：王后露易丝逝世，她像一朵失去光泽的花朵一样枯萎了。王后临终依然心怀祖国，在很大程度上，哈登贝格的回归就是她的功劳。威廉三世悲痛欲绝；他永远不会忘记露易丝，他的余生也永远失去了欢乐。忠诚的臣民一同哀悼。我们已经经历了如此多的劫掠、鄙夷与耻辱，而现在王后也在拿破仑的残酷统治下香消玉殒，她才是最善良高贵的德意志女性！德意志人再次对这位尊贵的女性表达出虔诚的敬仰；这一代人无比热情地想念这位有教养的女性形象，普鲁士青年心中翻涌的愤怒现在又加上了为王后复仇的决心。所有人都重复着王后在最窘迫的岁月中说过的骄傲话语："我们虽死犹荣，将受万民敬仰，我们也永不孤独，因为我们值得！"

哈登贝格已是花甲之年，精力已不再充沛，但是他却像一个充满信心勇气的年轻人一样投入了艰难的工作。哈登贝格和施泰因都出身于古老富裕的名门望族，但是两者在性格、价值观念和教育经历上完全不同。一个人的弱点正好是另一个的强项，他们之间逐步升级的相互厌恶也不是机缘巧合，施泰因首先暴躁地表现出厌恶，而哈登贝格对施泰因的不满则相对温和。相比施泰因，哈登贝格或许缺乏政治经验，但他是一个虚怀若谷的人，一生都在学习；在旅行途中，哈登贝格学会了从多个角度看待世界，他接触各色人等，还结识了年轻的歌德。十八世纪启蒙哲学对他产生的影响，远远超过虔诚守旧的德意志人施泰因；哈登贝格的宗教情感非常薄弱，极为宽容。他就像一个旧波旁王朝美好时代的快乐高雅的侯爵，花钱大手大脚，很快花光了大笔遗产。即便到了晚年，人们依然攻击他的私生活丑闻以及同不良妇女的轻浮关系。在外貌上，哈登贝格并不像施泰因那样孔武有力；他是个面容精致的男人，有着清澈和善的蓝眼睛，总是带着微笑，很吸引女性；举止灵活令人愉悦，情绪稳定诙谐幽默，是掌控他人的大师。他善良博爱，

366

慈悲为怀；他在日记中对自己作出了真实的描述："我为自己的软弱而叹息，但是如果这需要指责的话，我也会仁慈地原谅自己，这种仁慈就是我的本性。"①他能用最好的方式对待一切：采取恭敬柔和的态度对待国王，让饱受折磨的君主非常受用；尽管随着日益老迈，他的听力越来越糟糕，但这没有让这个善良的人患上失聪之人的痼疾——猜忌。哈登贝格唯一真正讨厌的人是威廉·洪堡，觉得他十分可疑，"鬼话连篇"，他始终对洪堡有着强烈的戒心，而这其中必定有着一些迄今未知的私人原因。

尽管哈登贝格出身汉诺威贵族，但并没有多少贵族偏见。他认为自己在上层社会的地位是不证自明的，日常交往中却更喜欢平民圈子，里面都是些有本事的人，比如罗特尔（Rother），哈登贝格是这些人的领袖，在其中非常放松；他并不喜欢那些没什么价值的人，他们不过是想沾沾他的便宜。在政治信仰方面，他从未否认自己是法国启蒙运动的学徒。从一开始，他就从心底渴望 8 月 4 日夜晚降临普鲁士，②不是通过民族的暴怒，而是通过君主自上而下的意愿。对于哈登贝格来说，他的理想国似乎已经在新威斯特伐利亚王国变成了现实，然而只有在普鲁士，一切才以更公正合理的方式进行。他仍然不喜欢施泰因改革中的基本理想——自治。随着年岁渐长，这个理想越来越让他厌恶，因为他不可能承认，容克贵族——他在社会改革上的强劲对手——有能力管理乡村社会。只有一个合理的官僚系统，在权力有限的地方等级议会的限制和建议下，才能维持被解放的乡村社会力量有序活动。

哈登贝格曾经服务于韦尔夫家族的国家，③后来又在法兰克尼亚从事过数年艰难的地区行政工作，他发现自己很擅长处理最困难的工作。哈登贝格工作起来游刃有余，他用直白的现代德语将结论写在文件的空白处，字迹清晰优雅，观点直指要害。但是与施泰因不同，他不喜欢细枝末节，并且能在优秀的外行人身上发现很

367

---

① 哈登贝格日记，纽约，1810 年。——原注
② 1870 年 8 月 4 日，普法战争期中普军击溃法军开始反攻。——译注
③ 哈登贝格曾在汉诺威司法部工作，也担任过布伦瑞克公国的教育部长。——译注

多亮点。他在法兰克尼亚亲自培养了不少有学识的年轻人，很乐意将手头的事情交给他们处理；他以一个文化人士的冷漠态度对待财政事务。哈登贝格以全副精力投入了外交活动。很少有人像他一样，知道如何等待最佳时机，如何在最复杂的情况中找出希望所在，如何在政策背离初衷的时候始终坚持目标。即便在他最胜任的外交领域，他依然不时流露出轻率和慷慨——他认为不值得以一种学究式的精准指导事务，而这却是当下的局势所急需的。哈登贝格曾经因为自信而在法国问题上犯了极大的错误。现在，残酷的历练彻底治愈了他所有不切实际的幻想，全身心投入解放斗争之中。他曾多次直言不讳地告诉圣·马尔桑伯爵，普鲁士已经决定要么征服要么投降。但是只有等到合适的时机，而且有足够的外交准备之后，才能背水一战。数年中，哈登贝格都保持沉默，宽宏大量地忍受了优秀国民的"巨大误解"；并且自信地说"面对这些比走上战场更需要勇气"。

哈登贝格是彻头彻尾的普鲁士人；对第二祖国的民族情感远远甚于施泰因。即便在他做拿破仑式的梦幻时，依然以普鲁士的伟大为最高目标，并且毫不志忑地建议普鲁士吞并家乡汉诺威，因为他认为那里对于普鲁士必不可少。但是尽管对祖国有如此深沉的热爱，他也无法拿德意志民族精神的伟大理念同拿破仑帝国的冷酷现实相抗衡；他头脑冷静，远离一切虚构的德意志主义。在精心算计方面，他比施泰因更加冷酷清醒，坚持认为只有保持普鲁士国家的生存，只有普奥结盟，才有可能摧毁法兰西帝国；而且自从巴滕施泰因之战就一直坚信这一点。

368　　哈登贝格在布伦瑞克和法兰克尼亚，以及后来在东普鲁士担任内阁大臣的时候，几乎都是一个专制的官员。发号施令的习惯让他形成了一种权威性格，尽管这种霸道性格同他安详和蔼的天性并不协调，但是却随着年纪增长而变得明显。自然而然地，他觉得有必要在子孙后代面前辩解过去的错误，因此他在回忆录中总是努力，甚至非常不光彩地将导致旧国覆亡的责任推给其他普鲁士人。但是，即便在只给自己看的日记中，他也从未承认错误；他严厉指责任何有异议的人，就连国王都没能幸免，但是很多时候，谨慎的威廉三世都是对的！哈登贝格终其一生都相信一个没有根据的幻想：他写于 1807 年的《里加备忘录》才是普鲁士改革的真正开端；他时常严厉谴责其他人夺取了本应属于他的荣誉。伟大的施泰因就从未有过这样的想法。

当哈登贝格奉命掌管公共事务的时候，他要求拥有权威地位，尽管对于国家的各种困难状况而言，这个要求具有一定必要性，但远非不可或缺，并且同普鲁士官僚体制的传统存在冲突。哈登贝格担任首相，对所有国家事务拥有最高权力，直接领导内政部和财政部，外交部部长戈尔茨伯爵也对他惟命是从，因此只有司法部和战争部保持独立。首相的薪金并不固定，另有一个小金库满足他的所有需求。普鲁士很幸运，因为哈登贝格天性的每个方面都很阳光，他也继承了施泰因未尽的事业，而且这位法国哲学的信徒比帝国骑士更加敢于利用 1808 年法律的影响力；他在外交事务上灵活机敏，比情绪激烈的施泰因更加适合引导国家走上一条中间道路，直到宣战成为可能。

首相的当务之急自然是支付赔款和振兴国家财政，在这些技术性问题上，他马上显示出自己缺乏施泰因身上可靠的专业知识。作为一个有天分且乐观的门外汉，他非常乐意接受那些理论上可行的长远计划。当时，整个世界都无比艳羡英国银行的巨大成功，因此尽管普鲁士当时并不具备任何建立信用机构的必要条件，他也幻想着，如果不幸的普鲁士可以建立国家银行，那么就可以在它的帮助下合并国家和地方债务。此外，国内和海外的贷款，再加上总计 2600 万塔勒的国库券，国家就有资金支付战争赔款；还要征收一些新的税收，但不是所得税，因为"民意"强烈反对。尼布尔也提出了根本性的理由，证明这个计划根本无效：梦想增加国库券的发行量将是一场灾难，并且将让国王违背自己的神圣誓言。但是首相要从哪里弄来他希望通过贷款获得的 1500 万塔勒呢？尼布尔通过漫长艰苦的谈判，并且在答应一些屈辱条款的基础上，才勉强在荷兰获得一小笔贷款，在整个时代，这是没有信用的普鲁士唯一能获得贷款的地方。尼布尔是一位高雅的学者，哈登贝格轻率肤浅的计划深深伤害了他；他不愿看到首相粗枝大叶的计划，愤而提交辞呈。舍恩赞同尼布尔的专业意见，因此也拒绝合作，他作为一位独立的部长进行工作，并不受首相掌控；此外，这位重逻辑的

369

康德派希望完全实现施泰因的政治遗嘱，因此当哈登贝格谨慎地提出异议时，他愤怒地称其为"汉诺威地主"。

因此，新首相一入职就面临着高级官员圈子中的激烈斗争，这些斗争一直延续到哈登贝格去世，严重威胁了国家发展。这些颇具才干的人之间爆发了尖锐冲突；天分各异的人本质上所想的都是同一件事，但每个人选择的道路各有不同。自从施泰因离职，就一直缺乏一个卓尔不群的人掌控混乱局面。能力卓著的人逐渐撤离政府高层，进入地方班底；马森（Maassen）是眼下唯一有能力处理巨大财政困难的专家，其价值也没有得到足够的重视。哈登贝格马上发现雇佣一些听话的人可以让工作变得简单，比如沙恩韦贝尔（Scharnweber）和约尔丹（Jordan），他还一度允许大胆年轻的劳默尔（F. von Raumer）教授从事远超出其能力和实践经验范围的事务。哈登贝格还陪同国王出访西里西亚，在波西米亚边界上秘密会晤施泰因，讨论他的金融计划；国王所到之处都受到热烈欢迎："陛下所说的一个字都胜过其他所有人的话加起来"，这种热情让哈登贝格对自己的计划更加有信心了。

370　　哈登贝格回国之后，意气风发地做了个大动作。首先，1810 年 10 月 27 日的颁布的法令，从法律上确定了首相的最高领导权；仍旧保留 5 位部长，但都从属于首相；施泰因曾计划建立的国务院至少在名义上成为事实，但如此温和的机构根本不会威胁到首相的绝对权威；新设的省长一职也被废除，地方政府如同法国一样受中央政府直接领导。首相根本不考虑各省的具体情况，一种明显的官僚化倾向已经表现出来。就在同一天，有关国家财政的法令也出台了。该法令在普鲁士历史上前所未有，在形式和内容上都见证着这位掌权的天才贵族的激进浮躁。施泰因的法令总是关注某些具体问题，从各个方面出发，经过长远和通盘考量作出的决定；而这部新的财政法令则向民族许下了大量华丽的承诺。首相的确放弃了国家银行、国库券以及去年夏天一连串的闪光计划；取而代之的是一个"为拯救国家"而设计的全面税制改革计划。他承诺，从今以后，所有人将根据公平原则共同承担所有的财政负担，承诺重新登记土地，承诺现在各地不同的土地税以后将根据同样的原则收取；承诺完全实现职业自由，教会财产世俗化，国家和地方的战争赔款合并,对消费品和奢侈品收税;最后让国王宣布改革目标是"为民族建立合理的代议制,地方和国家成为一体。这样一来,我们和忠臣子民之间爱和信任的纽带将永远维系!"现在几乎不可能判断这些承诺的重要性和意义,国王许下这些庄严的承诺时实在太草率了。哈登贝格之所以提出如此浮躁、前无古人的计划,唯一的理由就是,他觉得有必要在争取民心方面超过危险的威斯特伐利亚邻居!

事实上,首相很快兑现了部分承诺。就在第二天,针对仆人、马屁、狗和马车的奢侈品税开始征收;针对十种日常商品的税收也开始征收了,包括肉、面粉、啤酒等等,城市和乡村同样适用。此举的目的是废除造成城乡隔离的古老烟酒特别消费税(Accise);但是,面粉税尤其遭到了农民们的强烈抵抗。由于施泰因已经废除了专利税,老普鲁士农民已经兴建了并习惯使用这些新风车;他们顽强保护自己的新自由,在许多地方掀起反抗和骚乱;立陶宛和西普鲁士更加贫穷的人为了避免面粉税,竟然不吃面包,改吃生面团(Teig)。首相很快意识到自己的命令无法实施。10月30日,所有教会财产开始世俗化,这是一场必要的"突袭",立法者为其辩护,称其是出于"时代的普遍精神",效仿邻国,尤其是出于公平的需要,因为臣民们的财产压力不能太大。这个新措施在老新教省份几乎没有任何影响,因为数个世纪以来这些地方的教会财产已经减少到最低了。但是对西里西亚的影响十分巨大,因为那里的布雷斯劳主教辖区、格律绍(Grüssau)修道院以及其他教会领地,自从奥地利时代起就拥有大量财产。这些世俗化的财产部分用于教育,尤其是布雷斯劳大学;变卖财产所得很少,因为物品数量庞大压低了价格,而且在如此贫瘠的国家很难找到买家。最后,11月2日,以法国-威斯特伐里亚模式为蓝本的营业税(Gewerbesteuer)开始实施:每一个品行端正的成年人,在支付法定费用后,都可以购买营业执照,仅有34种职业出于公共安全的考虑,需要专业证明。这是职业自由的开始。之后很快出现了《劳工条例》(Gesindeordnung),这是一道人性化的法律,至今仍适用于境况已大大改变的劳动阶级,但是在当时,严厉的强迫劳役刚刚被废除,这道法律似乎过于激进大胆。

371

因此，哈登贝格的立法除了产生一些贫瘠的果实之外，并没有什么永恒的价值。首相在财政事务上很不稳定，但是他却将争取 372 市民法权平等和解放经济力量的决心，坚持到了最后。施泰因的创造性观念领先于那个时代，只有一小部分人才能全面理解。但是哈登贝格的观念则更加接近大革命时代的康庄大道，因此在当时的报纸上获得了众多支持，而这正是施泰因所缺少的。一些颂扬哈登贝格的人说，这七天所立之法完成了大革命的法国两年才有的成就，这种观点后来被吸收进了施洛瑟（Schlosser）学派①的每一本历史著作之中。

实际上，最重要的改革措施——各等级税收平等，此时仍然只是个承诺，并未付诸实践；但即便如此，整个封建集团就已经怨声载道。库尔马克的地主们起初非常欢迎新首相，希望他可以弥补施泰因冒进措施造成的后果。当新首相显示出自己的真实意图时，乡绅地主们的不满情绪马上爆发，哈登贝格所受的攻击甚至超过了施泰因。像潮水一样的请愿书和牢骚抱怨涌入王宫，指责谩骂这个新的平均主义者和雅各宾党人，东普鲁士的冯·东哈特（von Domhardt）说："我们没什么可抵押的了，我们一无所有了。"②

勃兰登堡是古代封建制度的传统领地。那里的封建制度最腐败，特权阶层最顽固。在这些傲慢强大的贵族眼中，波美拉尼亚人和西里西亚人都是外国人。古老的地方主义再次同法律平等的原则以及普鲁士统一德意志的目标爆发公开冲突。马维茨男爵作为冲突的发言人登上历史舞台，他就像反对大选帝侯的康拉德·冯·布格斯多夫（Conrad von Burgsdorff）一样野蛮无理。马维茨是典型的勃兰登堡容克贵族，是最勇敢的军官和最野蛮的骑兵，粗俗、乖戾、执拗，是真正的德意志人，热情坦率，热爱祖国，但是也充满偏见，以自己的出身为荣，几乎永远不可能理解对手的观点。很久以来，马维茨一直同波兹坦政府水火不容，因为政府想要剥夺勃

---

① 弗里德里希·克里斯多夫·施洛瑟（Friedrich Christoph Schlosser，1776—1861），德意志历史学家。——译注

② 1810年12月4日的请愿书。老普鲁士的冯·许尔森（von Hülsen）、冯·布雷德洛（von Brederlow）和其他人都提交了类似的请愿书。——原注

兰登堡议会的一些特权,也就是一直为议会所忽视的贫民救济机构。由于这个傲慢的人不愿意交出救济物资箱子的钥匙,因此只有打破箱子将其中的物资运送到波兹坦。马维茨认为新的税收体系就是在阴谋破坏古老的地方权利,而早在 1653 年,库尔马克议会就以书面形式并加盖印章确认了这些权利。这些骑士们时而单独时而成群出现在领地上,无休止地向首相表示抗议,要求公正;其中属马维茨生活的莱布斯(Lebus)、贝斯科(Beeskow)和施托尔科(Storkow)地方等级的批判最为激烈频繁。浪漫主义者亚当·穆勒也写文章支持这些封建特权的拥护者。首相用官方语气质问马维茨,他们这些地主到底是从哪里获得自称为"特权等级"(Stände)的权利? 他回答道:"领土特权就像我们的族姓一样,是与生俱来的权利,我们不需要向您解释我们为何拥有族姓,也就不需要解释我们为何是特权等级!"①普利格尼茨(Priegnitz)地区的上流人士,尤其是冯·维佐(von Quitzow)和冯·瓦滕斯莱本(von Wartensleben)宣称:"勃兰登堡的库尔马克和新马克地区才是普鲁士王国的核心,是一个特殊的地区,区别于其他省份,拥有自身的特殊体制";②因此,他们要求任何特权等级不赞同的税收,都不能实施。

　　但是大无畏的改革家并没有受到干扰。那些必定存在疑问的权利问题也没有使他困扰;新普鲁士王国的宪法已经走出了古老封建特权的纷争。他充分地认识到,召开各省议会将摧毁新法律。为了让整个民族相信所发生之事的必要性,并为进一步的改革做好准备,1811 年 2 月 23 日"全国代表会议"(Landesdeputierten Versammlung)在柏林召开③:分别来自 8 个省政府的 8 位官员、18 位骑士、11 位城市代表,8 位农民代表——全部人员由国王指定。由于勃兰登堡和波美拉尼亚心存不满的特权等级大声谴责,并没有被要求派出代表,因此首相允许一些"补充代表"参与。普鲁士建国以来,第一次只依据国王的意愿,从全国召集代表开会,并不

---

① 向哈登贝格提交的请愿书,1811 年 1 月 30 日。——原注
② 向国王提交的请愿书,1811 年 1 月 24 日。——原注
③ 此处及他处利用了柏林档案馆所存 1811 年全国代表会议的文献档案,以及 1812—1815 年临时国民代表的档案(冯·里德尔〈(von Riedel),1841)。——原注

考虑封建权利和各领地的要求。旧特权阶层将 8 位农民代表进入议会视为一场可怕革命的信号。不少同代人都想起法国大革命前召开的等级会议;但是普鲁士王权的名声岂是波旁王朝可比拟的,而且从一开始显贵人士就只被赋予了相当温和的作用,有参政权

374 而无决定权。施泰因所立法律早已为伟大的改革奠定了基础,哈登贝格为全国代表颁布的法令也部分成为了既定事实。

　　首相将代表们聚集在自己的寓所,并以古老专制主义家长制的作风欢迎了他们,说国王就像一个疼爱孩子的父亲那样对待他钟爱的臣民们,不要求他们的盲从,而是自愿赞同他仁慈的决定。代表分成 4 组,由在场的 4 位省长担任主席;每组独立商议并将报告呈交哈登贝格,他将根据个人意愿召见某位组员,最后亲自向国王报告。与会者似乎可以同首相进行秘密谈话,但是他们很快发现面见首相极其困难。经济和地方利益受到威胁的各个地区都很激动,合理不合理的指责都已泛滥;没有任何党派形成的迹象,只有各个同乡会和特权阶层形成的混乱局面。乡村代表都同意面粉税过于苛刻;合并战争赔款的建议也遭到了严重反对,因为库尔马克负债最多,而老普鲁士已经用税收付清了很大一部分战争赔款。

　　骑士阶层的反对最为激烈。他们熟悉英国的新理论:土地税具有租金的性质,顽固地坚持摊平土地税形同公开抢劫。对法律的尊重同最粗俗的利己主义同时存在;库尔马克地区的发言人坚持其古老自由宪章的法律基础,未假思索就无理地向首相提出:债主们的抱怨应该会因一道王令而暂时中止![1] 同时,莱布斯、贝斯科和施托尔科完全失控的特权等级,也提出新观点,论证他们"固有的免税权和自由"。他们言辞粗鄙地指出,新法律将摧毁国家的法律基础,并质问是否要将古老光荣的勃兰登堡-普鲁士国家根据新模型变成一个希伯来国家? 最先签署这份报告的自然是马维茨,紧接着是忠诚的法官芬肯施泰因(Finkenstein)伯爵,在磨坊主阿诺德(Arnold)的审判[2]中无辜招致腓特烈大帝不满。首相已经

375
[1]　库尔马克代表的请愿书,1810 年 10 月 10 日。——原注
[2]　有关磨坊主阿诺德的案件,可参看袁志杰:《磨坊主阿诺德案考论》,《比较法研究》2011 年第 2 期,第 128—142 页。——译注

失去了耐心,在没有经过司法程序、蔑视合法权利的情况下,将最先两个签字者送去了施潘道要塞。9 月 16 日,哈登贝格结束了会议,并重新阐释了新体制的基本观念:每个人自由地发挥能力,没有人承担不公平的负担;法律面前人人自由;每个人都有权从事任何职业;行政体系团结有序;以此唤醒全民的民族精神,树立共同目标和集体意识。他总结道:"现在你们可以返回各省,将激励你们的新精神传播下去。对于目标如此高尚的政府一定要坚定信心!"但是他的真实想法完全不同与这些友好的言论。从这场喧闹无序的显要人士会议中,他和国王失望地得出了一个公正的结论:现在召开全国性议会必将阻碍改革的进程。这就是我们的国情:只有全能的专制君主才能为普鲁士铺好通往自由之路。

　　在解散这些全国代表的同时,哈登贝格也展开了第二次立法进程。1811 年 9 月 7 日有关财政的法令,满足了代表们的部分愿望,废除了禁用风车的规定,废除了农村地区的大部分消费税,转而征收农民的人头税(Kopfsteuer)。但关于职业管理情况的法案却同全国代表会议的意见冲突极大:国王又一次远远领先于人民,要实现完全的职业自由,这样一来,只要拥有营业执照的人都可以雇佣学徒和工人,每一个手艺人也可以随时放弃自己的手艺,每个行会都可以因大多数人赞同或者依据地方治安长官的命令而被解散。这一步相当大胆。施泰因和芬克的抱怨并不是没有道理:我们不能解散行会,而是要使其变得更自由。但是这个激进措施的好处也很明显。从此以后,普鲁士的普通人享受着德意志其他地区所没有的经济自由,尽管由于民族顽固的生活习惯,小手工业的变化没有期待的大,但是由于实现了行业自由,在贫困交加年月,首都的人口仍然持续增长。

　　施泰因以法令推行《城市章程》的实施,他的农业立法也是通过 1811 年 9 月 14 日的两条法令才完成的,这两条法令分别涉及农村事务规章和农业技术进步。农学家特尔也参与了法令的起草。农业财产的世袭持有者如果没有完全所有权,就需要割让三分之一的财产或者支付相应的租金以获得完全所有权;只拥有使用权的非世袭持有者,需要割让一半财产成为自由业主。这项法令深入甚至残酷地伤害了传统农村社会关系;政府中的一些学者,

376

如希佩尔(Hippel)，就认为其过于激进。波美拉尼亚骑士阶层拥有260平方英里土地，其中100平方英里是农民土地，现在有70平方英里变成了农民的自由财产。我们能够理解贵族们的低声抱怨，就连施泰因也表示同情。地主阶层的处境已经非常令人绝望，1810年普鲁士最富有的女地主提出割让财产给国家以抵消每年2000塔勒的租金；一个西里西亚地主尽管拥有价值30万塔勒的土地，但还是破产了。农民也极为不满，尤其在西里西亚甚至爆发了几次公开冲突，因为老百姓误以为自己已经免除了所有责任。地主们认为自己获得的补偿款少得不合理，而那些支付的人却认为已经太多了。但是无论如何，这场重要的改革还是向前推进了。这些法令同法国大革命的法令尽管存在表面上的相似性，但还是差别巨大，因为普鲁士体面地补偿了那些本来合法拥有这些财产的人。农业法令允许土地的自由转让和划分，有效帮助了农村财产改革的推行。农业法令被认为是"最好的方法：使地主免于负债，让他们永远有兴趣改良农业生产，促进土地开垦"。国王激动地总结道："多么令人兴奋啊，我们终于有可能让所有忠诚民族成员获得自由，甚至可以让最贫穷的阶层获得快乐幸福的未来。"施泰因特别反感这一法令。他强烈反对这种官僚政治的平均主义，并且表达了自己的担忧：自由分割地产将导致变卖土地，导致他所钟爱的农民阶层遭受毁灭——这种担忧后来被证明是过于夸张了，同时施泰因的这种反对中也不乏离职政治家的愤懑情绪。

除此以外，最后还补充了解放犹太人的法令，他们到那时还被称为"犹太奴"(Judenknechte)。根据1812年3月11日法令，采用永久族姓、服兵役的犹太人，同实施《拿破仑法典》的地区一样，成为拥有全部公民权的公民，可以在城市和乡村从事任何职业，也可以担任大学、学校和社区的职位。于是在封建主义的悲歌中，掀起了普鲁士犹太人改名的浪潮。莱维(Levi)、科恩(Cohn)和雅各布松(Jacobson)仍然保留着自己的闪米特姓氏，沃尔夫(Wolf)和库(Kuh)也很满意野蛮日耳曼人曾给他们取的绰号，茨维卡内尔(Zwickaner)和班贝格(Bamberg)仍然按照故乡习惯称呼自己；但是那些天性敏感、深受时代精神影响的人，则选择了更加高调的名字，这些名字重视地反映了他们的灵魂之美，至今我们集市的大门

377

上仍然镌刻着布吕姆兴(Blümchen)、法伊尔兴(Veilchen)、内尔肯(Nelken)和罗森茨魏希(Rosenzweig)这些姓氏。

哈登贝格改革的伟大之处正体现在这些必要的社会革新中,但是他的财政措施仍然非常糟糕。他积极推行土地买卖,部分是因为急需资金,部分也是因为那些信奉纯粹理论的顾问们让他相信,所有的国有土地都是罪恶。劳默尔言辞圆滑地论证,在土地问题上,我们唯一能从英国学到的最重要的事情是,国家不要拥有任何土地! 但是在这个一贫如洗的国家里,谁是买家呢? 五年半以后,1813 年 6 月,出售土地所获资金不超过 78.6 万塔勒,此外还有650 万仍是空头支票。消费税所得也很少,而且由于很快取消了部分消费税,因此尽管哈登贝格信心满满地推行这些财政计划,却也无法比可怜的前任阿尔滕施泰因更能应付法国的战争赔款。直至1811 年 4 月,还有将近一半的赔款,约 5900 万法郎未付。1812 年沉重的战争赔款负担迫使首相征收严苛的财产税和所得税,财产税高达 3%,所得税则从 1% 到 5%。但是在这件事情上,他还是没有考虑到国家极端糟糕的经济情况。在老普鲁士,几周后这项税收就被迫中止了,因为法国的大集团军过境已经彻底榨干了这里的人民,预期税收将有 2500 万塔勒,但实际征收 450 万,现金只有400 万。

尽管哈登贝格的社会改革只有在专制君主的坚决推行下才能贯彻实施,但是王权还没有强大到完全不需要民众支持的地步。1810 年 10 月颁布的财政法令中承诺,君主保证,由社团和各省代表组成的最高委员会(Generalkommission)将为管理战争赔款献计献策。全国各等级代表,尤其是市民和农民代表,热切盼望履行这个承诺。因此,威廉三世宣布:"我们的目标始终是为国家建立一个合理的代议体制,但是由于准备工作需要时间,因此目前将由国民代表(Nationalrepräsentation)担任这个最高委员会的成员。"[①]1812 年 4 月 10 日,顶着"临时国民代表"的浮夸名号,共计 39 名与会者参与的第二次显要人士会议在柏林召开。这一次国民拥有了选举权。县议会选出了 18 位骑士,城市和乡村分别通过间接选举

378

---

① 内阁令,1811 年 9 月 6 日。——原注

选出了 12 位市民和 9 位农民;省长将考察这些人选是否有才学、爱国并且"无偏见"——明显影射封建党派!

这个极其温驯的代议体制最显著的特点便是,新形成的农民阶层现在可以通过他们自己选出的代表参政议政。勃兰登堡的特权等级此时也低声抱怨,他们提到在新的税收方案问题上,人们"普遍缺乏信心",[①]并且再次成功获得了若干补充代表的名额。哈登贝格现在是国家统一的拥护者。他认为在现代意义上,各等级都是某种利益的代表,也坚持这些代表应该承认"自己的良知才是真正的法官":任何从古老封建意义上理解其选民之职的人,都应该经讨论被清除。[②] 在各个省份中,由国民代表选举出的"选举代表"时常自发聚集起来,比如在上西里西亚他们就定期集会,[③]讨论公共事务,同他们在柏林的代表定期交流。政治意识开始在整个民族苏醒。国民代表的讲话时常让人记起 1789 年的口号;在一封给国王的公开信中,人们甚至要求有权商讨所有的新法律。[④] 尽管如此,这次显要人士会议所产生的实际效用甚至比上一次还要微弱。它时时中断的讨论主要针对如何调整战争赔款的问题,但是即便在这个问题上也所获甚微。而讨论其他问题的时候,仍然能够感到一种强烈的保守主义情绪以及对改革的厌恶;首相很快承认,面对地主阶层的消极抵抗,他目前无法实现土地税平等。代表及其选民们的热情很快冷却,这种冷漠情绪传播非常广泛,西波美拉尼亚[⑤]的特权等级甚至拒绝为其代表继续提供津贴。几乎没人注意到,国民议会一直苟延残喘到了 1815 年 7 月 15 日,最后一项工作是在 1815 年 3 月 1 日颁布了有关支付战争赔款的法令。

哈登贝格掌权愈久,他的官僚政治倾向就愈明显。他在行政问题上完全没有固定原则,他发现同土地贵族的斗争旷日持久且困难重重,于是决定摧毁他们的司法权,这正是他们影响力的主要源

379

---

① 新马克特权等级的请愿书,1812 年 12 月 4 日。——原注
② 首相向各省下达的指示,1812 年 2 月 11 日。——原注
③ 政府(奥珀伦〈Oppeln〉)报告,1816 年 10 月 14 日。——原注
④ 施特恩(A. Stern):《有关普鲁士改革时代的论文与文件》(*Abhandl. und Aktenstücke z. Gesch. der preuss. Reformzeit*),第 190 页起各页。——原注
⑤ 1815 年,瑞典获得挪威,将西波美拉尼亚割让给普鲁士。——译注

泉,但是他并没有为此在乡村社会建立一套合理的自治体系,而是以拿破仑-威斯特伐利亚为例,加大了官僚权力。在这项工作中,首相最得力的助手是沙恩韦贝尔,一名严肃的官员,勃兰登堡贵族们的死敌。1812 年 6 月 30 日,关于建立宪兵(Gendarmerie)的法令颁布了。这是哈登贝格执政生涯最大的败笔,完全脱离了施泰因的崇高理想。他废除了同国家生活息息相关的传统县长职位(Landrat),代之以由国王指派的县主管(Kreisdirektor),他们是领薪水的国家公务员,在县城里分配一座宅邸,只是中央权威的工具,不像县长是受县里各等级信任的委托人。在县主管的监管之下,一名县宪兵队长(Kreisbrigadier)率领 4—5 名宪兵军官,共同管理县治安,同时也积极参与县政府的工作,这些人由此成为了纯粹的官僚。县财库变成了国库,县里的地方财库作为一个微不足道的储备资金继续保留。因为自治的重点首先在于财政事务,所以这样一来,尽管县主管一次次召开由 2 名骑士阶层代表、2 名城市代表和 2 名农民代表组成的县议会,但形同虚设。贵族大地主们丧失了治安权,仅仅保留了监管乡村法院中地方警察的权利,并服从县主管的惩戒。

　　哈登贝格的宪兵法令有一个合理的出发点:必须保证比现在更有效地在乡村地区推行国家意志,并且废除县政中的贵族优越性,"由于职业自由而且各阶级利益一致",因此这种优越性不再具有任何意义。但是哈登贝格矫枉过正了,他设立的县主管和县议会不过是法国的区长(Unterpräfekt)和区议会(Arrondissementsrat)。首相颁布了名号如此朴实的宪兵法令,踏出了引入地方行政体系(Präfektursystem)非常重要的第一步。他已经废除了省长,现在承诺将国土划分成"新的行政区和军事区"。他过于相信这种优秀灵活的地方行政体系,就连他忠心耿耿的副手劳默尔都在一封动人的信中,提醒首相想想普鲁士古老合议制度(Kollegialsystem)的优点。

　　值得庆幸的是,哈登贝格并没有强大的意志力,将他所计划的非德意志的、灾难性的革新变成现实。宪兵法令中只有一部分决议"暂时"具有效力。这个荒唐的临时法令与古老严肃的专制主义背道而驰,之所以被引介仅仅是因为首相一直在理论规划和经验之间徘徊不定。因此,之前的县长又暂时接管了新设县主管的工作,只是在此之前,他们手下的官员已经经历了一次大清洗,清除了许多对古老等级制怀有感情的人。然而即便在这种临时体制之下,新法规的推行仍然遭遇了难以克服的阻力。地区贵族们由于最珍视的东西受到威胁而怨声滔天;柏林的国民代表也抗议对古老权利的侵犯。首相身边一些最温和的追随者,也加入了施泰因、芬克和其他自治观念拥护者组成的反对阵营。希佩尔甚至同老朋友沙恩韦贝尔彻底决裂。这项法令只在一些行政区(Bezik)[①]部分实施,在库尔马克完全是一纸空文。不久,1813 年战争造成的动荡基本破坏了这项改革的虚弱萌芽;1814 年,进一步推行的计划也被推延了。这项不幸的法令唯一值得称道的成果是建立了县议会。正是在这些机构平静的工作下,农民们才学会了如何理解和热爱新时代。县议会所在的地方,人人都称赞农民的举止;县议会证明了施泰因的工作——解放农民,并非为时过早。县议会的所有报告都真诚地赞叹,农民这个新等级是多么积极、高效和杰出。[②]

381　　但是施泰因的法律和哈登贝格的经验之间差距巨大!施泰因的思想和行为总让人想起马克伯爵领地纹章上的格言:"一块方石,无论如何坠落,总能平稳落地。"而哈登贝格的头脑中,思想和幻觉就像魔镜中的云图一样变化莫测。一方面,所有事情都经过了仔细规划,思虑长远,切实可行,因此能够马上实施;另一方面,哈登贝格始终在激进理论和专制倾向之间摇摆不定,一系列糟糕的金融法令,大量危险的诺言,仓促开始又草率放弃,一切事务都匆忙上马;然而,就在这些不成熟且外行人的行动中,这位伟大的政治家还是进行了一些有价值的重大改革:一股不受约束的经济力量愈合了战争给普鲁士造成的伤口。哈登贝格的轻率时常让他误入歧途,但是却也让他拥有了极佳的个性魅力,取之不尽的乐观主义情绪。施泰因却很快就放弃了普鲁士,继续指望德意志民族大起义,但哈登贝格却一直在为普鲁士寻找新的道路和希望,即便

----

① 行政区(Bezik),普鲁士各省划分行政区,每省有 1—2 个行政区。——译注
② 此处的许多材料参见拜梅部长的报告,1818 年 4 月 1 日,汇报他在波美拉尼亚和普鲁士出差所见。——原注

失败也能迅速爬起。

　　哈登贝格深陷国内混乱党争，却仍能以最佳实力处理外交。他希望为这个精疲力竭的国家保存数年的经济和军事力量，同时默默同东方两大国达成良好共识，一旦奥得河沿岸的驻军完全撤离，就是普鲁士起兵之时。在此之前，一定不能引起拿破仑的猜疑。因此，表面上将沙恩霍斯特调离了军事指挥岗位，但实际上上将依然掌控军事。法国方面并不反感善良懦弱的戈尔茨伯爵，因此他在名义上是外交部长，而哈登贝格就在他的掩护下同英国代表奥姆普泰达进行谈判。柏林警察局长尤斯图斯·格鲁纳（Justus Gruner）是一位热情的爱国人士，由于过深地参与了这些秘密同盟的计划而丢了工作。活跃的学者和作者也受到友好提醒，不要将他们的意图暴露给敌人。一个谨慎的监察机构管理着我们的两份报纸：用普鲁士外交辞令来说，就是具有爱国精神的《施本纳报》（*Spenersche Zeitung*）和没什么特色的《福斯报》（*Vossische Zeitung*），后者受到了圣·马尔桑伯爵的秘密扶持。当柏林的圣·马尔桑或者马格德堡的达武谴责费希特、施莱尔马赫和施马尔茨心怀不轨时，首相一次次为他们解释开脱。[①]事态发展远远超过了哈登贝格的谨慎计划。《维也纳和约》签订不久，提尔西特同盟之间的决战已然势在必行；这场战争并不像这个紧张时代的大多数战争一样突然爆发，而是在之前的两年中一步步走近危机边缘。

　　拿破仑无法驯服的野心依然是战争爆发的关键。狮子嗜杀并不是因为饥饿，只是天性促使它将其他动物撕成碎片；同样，无所不能的拿破仑也无法因任何成功而停下脚步。他欲壑难填，想要同亚历山大大帝的赫赫功业相比肩。刚刚在沙皇的帮助下削弱了奥地利，他就忙不迭地打算通过帮助霍夫堡来羞辱沙皇。但是驱使拿破仑如此行事的，不仅仅是他疯狂的野心，也是政治局势的需要：如果不能无条件地控制所有欧洲海岸线，他的世界帝国将不可能存在。于是拿破仑比以往更加狂热地同遥远的英国进行贸易战，他颁布了《特里阿农法令》，打算完全封锁欧洲大陆。当北海沿

382

---

① 哈登贝格日记，1811 年 11 月 6 日。——原注

岸纳入法兰西帝国囊中时，他直白地向汉萨同盟的代表们宣布："大陆封锁政策是帝国的基本国策！"西班牙半岛上惨烈的战争似乎永无休止，加的斯（Cadiz）议会上，这个绝望的英雄民族决定背水一战。紧迫的政治形势需要拿破仑迅速停止西班牙战争，但是他不会也不可能尊重西班牙巨大的民族热情。一旦他削弱俄国，将英国势力驱赶出大陆所有的港口，法国海关官员在圣彼得堡站稳脚跟，西班牙叛乱就会在帝国光芒之下如冰雪般消散。贪得无厌的拿破仑构思着更加大胆绚烂的计划：莫斯科投降之后，法军将从伏尔加河出发征战恒河，这一战役将使亚历山大的功业相形见绌，并永远摧毁"英国商业繁荣的舞台"。

沙皇再也无法对拿破仑的威胁视而不见。拿破仑将奥地利属波兰的很大一部分送给了华沙，而俄国一直占领着这些领土，拿破仑甚至没有同俄国商量就做出了这样的决定，这让整个俄国都非常愤慨。圣彼得堡得知这项秘密协定是在拿破仑副官的斡旋之383 下，由波兰贵族同杜伊勒里宫达成的。在法国的恩赐下，波兰得以重建，沙皇最忌惮之事似乎即将成为定局。面对危机，沙皇向法国大使提出缔结一个契约，据此法俄双方相互保证永不重建波兰，甚至永远不允许使用波兰这个名称。拿破仑避而不答，他的虔诚使他无法"以神圣的语言"许下诺言。然而拿破仑似乎也没有认真考虑重建波兰王国的问题，因为形成民族国家同其世界帝国的本质相抵触。此外，波拿巴主义双重特性中具有革命性的一面，这么多年以后也已退居幕后。受奴役的人们现在将拿破仑视为暴君，而拿破仑也自视为大革命的平息者，他再次像雾月十八之后一样，吹嘘自己肩负着重整公民社会秩序的责任。他也厌恶萨尔玛提亚人的革命精神。半共和国性质的波兰产生了一种"邪恶宣传"，并有可能同邻邦波西米亚的胡斯主义相融合。但是拿破仑也不愿插手，因为波兰人的民族热情也许可以成为对付俄国的武器。此外这个篡位者也不敢公开挑衅支持重建波兰的法国狂热分子，他们将波兰视为法国的传统盟国。无论如何，巴黎和圣彼得堡之间的谈判破裂，愤怒的沙皇对法国大使说："我现在终于知道你们竟然希望重建波兰！"沙皇指控拿破仑参与了这项秘密计划，而拿破仑的回应则相当模糊：我没有阴谋，我正带着40万人打仗。

拿破仑的狼子野心一点点显露。他在迎娶奥地利女大公前不久曾向沙皇的妹妹求婚,因为他算计到弗兰茨皇帝宁愿把自己的亲骨肉送给他这个平民君王,也不愿眼睁睁看着波拿巴家族和戈托普家族(Gottorp)①联姻。这个计划完全成功了,但是沙皇也愤怒地指责他背信弃义。接下来拿破仑吞并了德意志的沿海地区,世界帝国的触手已经接近普鲁士并伸向了波罗的海,不断向俄国逼近;拿破仑明确表示吞并德意志沿海只是个开始!奥尔登堡公爵是法国的盟友,更是沙皇的近亲,而拿破仑在没有提前告知沙皇的情况下,就专横地剥夺了其世袭领地;随后,拿破仑还过分地要求沙皇没收所有中立国船只,这意味禁止俄国人消费任何殖民地产品。沙皇以一份诏书进行了回应,这份诏书深深打击了法国制成品的进口。两位皇帝之间的矛盾在怒气冲天的信件中表达得淋漓尽致,1811 年 2 月,拿破仑写道:"陛下对我已没有情谊,在英国和欧洲眼中,我们的联盟也不复存在。"

同时,一贯谨慎的拿破仑也着手为一场空前的战争备战。1810 年春天,他就在华沙囤积了大量军火,并让华沙公国的要塞备战,在给萨克森的腓特烈·奥古斯特的信中,他声称这些措施不过是"以防万一"。1811 年 4 月,他命令莱茵联邦的诸侯们拿起武器准备开战。法国还占领了马格德堡,但泽和奥得河要塞的驻军也增加了一倍,下易北河聚集了 20 万大军。非常明显,普鲁士要么被歼灭,要么被迫追随法国;随后法国将马上从华沙发动对俄战争。1811 年 8 月 15 日,拿破仑在一个公开场合痛斥俄国大使库拉金(Kurakin),全世界都明白,这便是拿破仑宣战的信号。

如果沙皇想要挺过这场力量不对等的战争,他就应该全力以赴并同普奥达成共识。沙皇曾经希望通过提尔西特同盟获得两个金闪闪的果实,现在一个已经到手了:被占领的瑞典将芬兰割让给了俄国;同时俄国军队也在多瑙河省份站稳了脚根。但是土耳其仍然顽强反抗,并且受到拿破仑的秘密支持,因为土耳其早就预见争夺多瑙河入海口将让俄奥之间重新和解的一切企图落空。霍夫堡

384

---

① 俄国彼得三世(1728—1762)是彼得大帝的外孙,父系是德国荷尔施泰因-戈托普家族,此后即为罗曼诺夫-荷尔施泰因-戈托普王朝。——译注

极为仇视沙皇，认为他才是导致上一次战争失利的罪魁祸首。尽管如此，早在1809年弗兰茨皇帝还是秘密希望同俄国和解，因为他根本不信任法国的友好。沙皇很高兴地粉碎了这支橄榄枝，那时他仍然相信提尔西特同盟能天长地久，并轻佻地提出三皇同盟瓜分土耳其的计划。但是审慎的维也纳却无法理解沙皇这样的梦想。尤其是卡尔大公，他一直都很理解奥地利的东方利益，认为只要下多瑙河还在沙皇手中，就不接受同俄国的任何友好关系；最终，梅特涅向俄国大使宣布："先同土耳其有个了断，我们再来谈判！"

385　　当沙皇终于承认，提尔西特同盟已经土崩瓦解，这位变化无常的君主马上有了其他梦想，提出了既能解放世界又能满足戈托普家族领土欲望的计划。沙皇重启了早些年同恰尔托雷斯基讨论过的波兰方案，并在1810年12月写信告知他的波兰朋友，打算抢在拿破仑之前，在战争一开始就宣布波兰自由——当然，是在俄国统治下的自由。作为俄国沙皇和波兰国王，他希望在东方实施专制统治，而在西方实施议会制；作为波兰的重建者而永垂不朽，并且为这个获得解放的邻国设立一套典范宪法，因为"你们知道我更偏爱自由体制"。如果波兰人能够回应解放者的想法，他可能将会"不鸣一枪"地前进至奥得河。普鲁士自然愿意支持沙皇，因为沙皇现在拥有决定性优势——23万军队，并且不久后还会增加数万人，解放欧洲的战争即将打响。拿破仑只能投入15.5万人，其中只有6万是法国人！但是俄国仍然严重低估了法兰西世界帝国的军力，即便是有远见的军官也犯了同样的错误。1810年，拉德茨基（Radetzky）计算只有6万法军征战俄国，然而就在一年后，格奈泽瑙就发现拿破仑调遣东征的军队有20万之多。

　　沙皇对拯救计划信心十足。他似乎认为，奥地利也会很快赞同他的计划，他写信给弗兰茨皇帝，提出只要奥地利参加联盟且同意重建波兰，霍夫堡就可以获得多瑙河诸省，甚至还有塞尔维亚。但是我们很容易理解，对于维也纳来说，沙皇的波兰计划甚至比俄国进攻多瑙河入海口更令人难以理解。奥地利拒绝谈判，其政治家公开指出俄国的政策就像是一个不知道自己想要什么的孩子提出的。实际上，俄国的波兰计划很快就烟消云散。恰尔托雷斯基拒绝了沙皇的建议,因为他对波兰的热爱远远超过同沙皇的友谊。这个精明的波兰人推测他那些忠于民族传统的同胞们都将留在法国阵营,并且他也希望可以通过拿破仑的胜利重建祖国。恰尔托雷斯基想要将"整个波兰",也就是说,包括但泽和西普鲁士,再次团结在白鹰旗之下,并且当他注意到这些合理要求已经远远超出沙皇的意图时,对沙皇就变得冷淡了。

386

　　1811 年 5 月,沙皇终于承认如果入侵华沙,他就不可能指望让波兰人拿起武器为他而战;他现在完全清醒了,决定等待敌军进攻俄国。沙皇了解俄国人,知道如果在外国作战,他们会认为这不过是为异教徒而战,因此不会十分热心;但是如果敌人进犯国土,他们就会无比英勇,就像从前抵抗鞑靼人和土耳其人一样。沙皇不再考虑投降的问题;对他来说,与法国的战争已经不可避免,并且财政危机已经无法长期维持武装保卫的和平。

　　当时的报纸上都在说,东西两大巨人即将开战,而不幸的普鲁士很可能在第一波暴力袭击中被碾碎。普鲁士不可能保持中立,因为拿破仑必将率兵穿越普鲁士。普鲁士将领们预计,拿破仑取道普鲁士是为了直击俄国心脏,并将这个庞大帝国撕裂成南北两部分。威廉三世所有的个人感情,对压迫者的仇恨以及对沙皇的友谊,都使他站在俄国一边。一旦俄国被占领,拿破仑必然毁灭令他厌恶的普鲁士。拿破仑越来越讨厌顽强的北德人,将普鲁士叫做北方的雅各宾党人。宫廷报纸也不停地讲述无政府主义的大阴谋,矛头直指普鲁士;他们高兴地重复教士博纳尔德(Bonald)的预言:无神论者腓特烈所建立的国家,正加速走向毁灭。

　　但是如果沙皇与法国联手,普鲁士会怎样呢? 提尔西特、埃尔福特和奥地利战争,沙皇已经三次抛弃了他的德意志朋友。一旦普鲁士孤军奋战,它将迅速被包围边境、占领奥得河要塞、7 倍于普军的大军歼灭。普鲁士也不可能及时将军队集结在科尔贝格沿海地区,因为相邻的萨克森-波兰军队会马上阻断西里西亚军队进入主力部队。但泽和切什青驻军只要发动一次突袭,就足以摧毁位于特切夫(Dirschau)的维斯图拉河上的桥梁,以及位于施韦特(Schwedt)跨越奥得河的大桥,这两座桥梁是老普鲁士、波美拉尼亚和勃兰登堡之间唯一开放的两条通道。拿破仑的意图已经非常

明确。普鲁士付清一半赔款后,拿破仑就根据协议将格洛高
(Glogau)归还普鲁士,但是尽管两度提醒,他还是拒绝撤兵。不时
提出温和建议、为人审慎的塔列朗已经很久不掌控外交;他的继任
者尚帕尼(Champagny)以及后来的马雷(Maret)都对这位独裁者言
听计从。1810 年 12 月,一份伪造的尚帕尼回忆录被卖给普鲁士驻
巴黎大使,其中明确提出了歼灭普鲁士的计划。我们不清楚哈登
贝格是否看穿了这个把戏,但是当拿破仑的外交官坚决否认战争
的可能性时,他却变得更加焦虑了;1811 年 4 月,洛里斯东
(Lauriston)向哈登贝格保证,俄法纷争不过是夫妻间的小矛盾。[1]
这很明显是要让普鲁士放松警惕;拿破仑也尚未决定在对俄战争
之前还是之后彻底摧毁霍亨索伦家族。除非沙皇决定在普鲁士的
土地上开战,否则在此绝境举兵无异于自寻死路。

在这样的情况下,威廉三世不断公开地、用最打动人心的字眼
给沙皇写信,沙皇却仍然保持沉默。5 月末,沙皇终于回信,声称自
己无力保护普鲁士不受大军蹂躏,他只能在自己的国家开战。这
是他第四次弃朋友于险境。与此同时,哈登贝格还在巴黎努力斡
旋,希望可以在一些体面的条件下结盟:普鲁士将提供一个辅助军
团,作为交换条件,法国归还格洛高,并豁免战争赔款并允许普
鲁士增兵。拿破仑拒绝了这个提议;普鲁士将被迫为他提供军事
帮助,但不是以盟友的平等身份。因此,无论普鲁士选择哪条路,
都面临着灭顶之灾。

时局危急,主战派纷纷摩拳擦掌,就连哈登贝格都倒向了沙恩
霍斯特阵营。国务院任命沙恩霍斯特指挥备战,于是 1811 年夏天
诞生了普鲁士民族大起义的宏大计划,其疯狂大胆超出现代政治
家的想象,也是沙恩霍斯特及其朋友伟大精神的不朽丰碑。在法
国大集团军炮火一天比一天猛烈的时候,他们冒险相信能够抢在
火力全开的敌人之前,发动突然起义;牧师们在每个村庄征召国民
军,每个能拿起武器的人都要加入。那些曾经受训的后备军人已
经被秘密召集,尽可能不引起法国的怀疑:8 月底已有 75000 人准
备就绪。指挥官在各省被赋予了极大权力,只要接到命令就能发

① 哈登贝格日记,1811 年 4 月 20 日。——原注

动猛攻。柏林已经几乎没有一兵一卒；所有军队从四面八方赶往科尔贝格，布吕歇尔在那里担任指挥：科尔贝格和施潘道成为民族战争的焦点。格奈泽瑙兴奋地说，普鲁士的力量将震惊世界！在那些天见过这位贵族的人都不会忘记他，他就像一个散发着热情的发光体。他的朋友们提议由他担任西里西亚的最高指挥，因为他熟悉那里的一草一木，克劳塞维茨已经把他叫做西里西亚元帅。格奈泽瑙全身心地投入这些战争计划；当他用诗般的语言规劝威廉三世时，整个人都已经激动不安："相信机会相信命运，在暴风巨浪之中，如凯撒般稳坐船头！"

　　然而，所有这些英勇的计划都不过是一场高贵的幻想。当格奈泽瑙意识到他拥有的不过是库尔提乌斯（Curtius）的勇气[①]，也发表了自己的看法。如果普鲁士冲上战场，那么一场光荣的毁灭、一场没有任何重建可能的毁灭，就是它注定的命运。甚至早在这场民族之战准备就绪之前，耳目遍布全国的拿破仑就可能已经出兵占领普鲁士；而且在这片开阔平原上，怎么可能学习西班牙发动游击战呢？幸亏威廉三世在如此千钧一发的时刻仍然没有忘记高尚的王室使命，不愿意为一种英雄主义情愫而葬送整个国家，这才拯救了普鲁士。他全面而深入地考量了这些计划，并且在文件批注中提出了一些好主意，它们在两年后变成了现实，比如他最早设计了铁十字勋章（Orden des eisernen Kreuzes）。他对许多事的观点都太悲观，曾沮丧地问："民族战争的领袖在哪里？"但是威廉三世比他的将领们更加准确地判断了拿破仑的实力和俄军的弱点，并且太清楚他的臣民只习惯有规律的兵役，因此对一场不正规的民族起义并不抱太大希望。他在文件批注中写道："这种想法像诗歌一样美好"，又写道："如果唯一的一个布道者被射杀，一切就都结束了。"威廉三世很长一段时间都在做着最坏的准备。他的马车已在城堡庭院中停放了数周，只要法国一有异动就马上启程前往柯尼

---

① 马尔库斯·库尔提乌斯（Marcus Curtius）是罗马传说人物。传说公元前 362 年，罗马广场出现了不见底的裂缝，各种方法都无法填平。预言师说需要罗马人民愿意牺牲最珍贵的东西才能填满，这时有一名叫做马尔库斯·库尔提乌斯的军人说，罗马人最珍贵的资产就是武器和勇气，因此他骑着马，带着武器，直接跳进那个裂缝里，然后裂缝就合起来了。——译注

389　斯堡避难。他一次次给沙皇写信,说自己已经准备好率兵前往莱茵河;但是也宣称只有东方三国结盟,在德意志战场上开战,才可能解放德意志。

　　10月,沙恩霍斯特极其隐秘地访问圣彼得堡,凭靠他出众的才智获得了一个不大但是真诚的让步。沙皇承诺,如果拿破仑占领普鲁士领土,或者加强维斯图拉河上的兵力,那么俄军主力将通过华沙公国奔赴维斯图拉河,同时将把12个营的兵力派往东普鲁士保卫柯尼斯堡。威廉三世会满意这些微不足道的提议吗? 他会冒险在国家最东面的角落里垂死挣扎吗? 就在同一片土地上,1807年战争刚刚悲剧收场。沙恩霍斯特随后马上前往维也纳,就连大使洪堡都不知道他的到来。梅特涅友好地接待了这位密使。尽管弗兰茨皇帝讨厌柏林的军事雅各宾党人甚于他的女婿拿破仑,梅特涅还是希望建立东方三国同盟,但是他认为结盟的时机尚不成熟,并且非常鄙夷亚历山大的意志力。梅特涅不可能给出任何明确的承诺,甚至不会答应在普鲁士亡国的情况下伸出援手;但在11月28日的一份秘密备忘录中,梅特涅向皇帝说明,奥地利现在只能选择中立或者与法国结盟;如果奥法结盟,就可以要求获得伊恩河、伊利里亚(Illyria)和西里西亚,作为协助作战的奖励,因为普鲁士的灭亡几乎已成定局。[1]

　　英国也拒绝提供有效帮助。普鲁士提出的只是最基本的需要:财政资助和英军登陆德意志海岸。然而英国政府仍然不明白,世界大战的关键环节就在德意志。英国为其在伊比利亚取得的胜利而骄傲,认为自己已经在大力拖延西班牙战争方面做得够多了。即便是现在,英国人通常还是认为是威灵顿在西班牙的胜利摧毁了拿破仑帝国。受欺压的柏林宫廷不过请求英国供给武器,而英国政治家明斯特伯爵竟然询问沙恩霍斯特、布吕歇尔和格奈泽瑙,他们是否敢拿起武器反抗君主的意志! 被侮辱的腓特烈王朝已经在全世界颜面扫地;似乎只剩下了一堆废墟,没有任何主权,也不再被当做强国。

　　普鲁士再次陷入孤立无援的境地。此时宣战,普鲁士必将在俄

390　————————————

　　[1]　梅特涅去世后出版的报告,第2卷,第426页。——原注

国出兵之前就被毁灭。在这样的情况下,1812 年 1 月,普鲁士宫廷的亲法国派别再次占据上风。该党派的主要发言人是安西永(Ancillon),格奈泽瑙称他是宫廷牧师,是一个顺从肤浅的马屁精,天性懦弱,总是倾向于最懦弱的决定。伴随着令人厌恶的神学涂油礼,安西永在一份备忘录中宣布,拿破仑对普鲁士目的是友好的,否则他早就把普鲁士毁了;他还热切地建议普鲁士投靠法国。但是威廉三世并不这么认为,他不止一次地怀疑拿破仑的野心,从奥尔登堡公爵的命运中,他明白什么样的联盟都无法阻止这位独裁者对自己的盟友下手。但是他也非常明白当下的局势。如果一旦以俄国的名义开战,没有沙皇的帮助,普鲁士必然牺牲,而且这种牺牲毫无意义。如果普鲁士投靠敌人,也只能保证国家生存一年,但是在如此绝境之中,一年时间已经很多了,或许就在这一年的喘息时间中,就能发现别的解放之路。这位不幸的君王沮丧甚至是绝望地站在最真实的想法和国家利益之间左右为难,他再次努力寻找出路。克内泽贝克上校是主和派的开明拥护者,前往圣彼得堡恳求沙皇向巴黎派遣谈判人员,力求避免这场必然给普鲁士造成灾难的战争;如果一旦开战,威廉三世将不可避免地与法国结盟。但是这最后的努力,绝望混乱中的唯一突破口,也宣告无效。沙皇回答道,他和威廉三世一样渴望和平,但是一旦需要,他将勇敢地保卫自己,"抵抗贪得无厌的拿破仑发动的不义无理的进攻"。[①] 因此,普鲁士现在只能同法国结盟了。

　　同时,拿破仑也拿定了主意。为了如期在涅曼河上对俄作战,他认为应该暂时满意于普鲁士的和平臣服。在他的恐吓下,普鲁士早在去年秋天就终止了备战工作。现在他让 30 万军队陈兵普鲁士国界。甚至在和约签订以前,法军就已经通过马格德堡和瑞典属波美拉尼亚进入普鲁士境内。大集团军的炮兵指挥官接到密令,让他为进攻施潘道、科尔贝格和格劳登茨(Graudenz),准备好攻城炮兵连。如果威廉三世没有同意拿破仑的条款,那么普鲁士就已经被摧毁了。1812 年 2 月 24 日,普法确立联盟。普鲁士提供了一支 2 万人的辅助军队,因此半数普军就这样被淹没在 27 个师的

391

------

① 沙皇写给威廉三世的信,1812 年 2 月 22 日。——原注

大集团军里；剩下的军队根本不够防守要塞，因为威廉三世已经发誓不再增加军队。整个普鲁士，除了上西里西亚和布雷斯劳，都向法军敞开了大门，方便其开赴往俄国，此外还必须提供补给。这些牺牲换来了一个承诺：这些补给的费用之后将被补偿，普鲁士所欠的赔款也会因此而削减一些！因此拿破仑一如既往地占领着那些要塞；甚至首都都要向法军敞开大门，因为拿破仑担心柏林民众暴动。只有波茨坦保持自由：威廉三世现在就在那里，由数百人的卫队保护，但是他也难免要不时在拿破仑士兵的包围下出现在柏林。在写给沙皇的信中，他绝望地表达了自己的决心：既然俄国拒绝提供任何及时有效的帮助，他就只有自己拯救普鲁士了；但是在他心中仍然把沙皇当做朋友和盟友，希望普俄可以并肩作战。奥地利也马上倒向法国，然而奥地利是自愿的，而且获得的条件相当优厚：有可能收复伊利里亚省份，这样就可以将加利西亚和重建后的波兰统一起来。

因此，整个欧洲大陆联合起来对抗沙俄帝国，法国大集团军穿越普鲁士土地时大肆破坏，大集团军约有 65 万人，是继薛西斯（Xerxes）[1]大军之后世界上最庞大的军队。从埃布罗河到易北河，从塔兰托到北海，欧洲最优秀的青壮年都加入了这支军队。没人再讨论什么和约了，拿破仑违背协议占领了皮劳（Pillau）和施潘道，他将这两地称作柏林的根据地。1807 年，法国忘了从普鲁士窃取的一切，普鲁士过去四年中重新充实的战备物资，现在又落入了穿越国家的盟友之手。大集团军过境，让普鲁士损失了至少 1.46 亿法郎，[2]这还不包括从未还清过的战争赔款。拿破仑的目的就是要让这个身处后方的危险盟友完全构不成威胁；一旦需要，他甚至可以突袭波茨坦生擒威廉三世。

这些事件在普鲁士爱国者之中产生了非常严重的影响。去年

---

① 薛西斯一世（Xerxes，公元前 486—465）波斯国王，率领大军入侵希腊，在温泉关战役中击败斯巴达。——译注

② 这个数目是财政部长的估算，1814 年 5 月 17 日呈交巴黎。但无疑，这个估计过低了。1815 年 9 月，第二次巴黎和会上，哈登贝格呈交了另一份计算结果，据此，普鲁士除了所欠赔款，已经支付了 9400 万法郎，并且又因大集团军过境而遭受了高达 3.09 亿法郎的损失。——原注

夏天他们越抱希望，如今就越愤慨。很明显，形势完全变化之后，1811 年那些最积极备战的人势必遭到解雇。去年秋天，在拿破仑的强烈要求下，布吕歇尔已经被解除了指挥权，威廉三世对他加以安慰。现在沙恩霍斯特也被解职了，普王对他的信任一如既往。格奈泽瑙表面上暂时休假，实则前往奥地利、俄国、瑞典和英国展开秘密谈判。博延和克劳塞维茨也去了俄国，后者在离开时还热心告诫他的学生——年轻的王储，并且在《自白》（Bekenntnisse）中提出了主战派的计划。《自白》是一部经典的回忆录，即便到了今天仍然深深打动着每个德国人的心。克劳塞维茨用激动人心的语言，骄傲而雄浑地证明，只要我们抛弃一切错误的谨慎，只要民族不再愚蠢地寄希望于不确定的未来，这个饱受磨难的国家就能够击败 75 万大军。从没有一个勇敢的错误比个这更加美丽，更加值得捍卫。

　　还有一些军官，比如暴躁勇敢的尚索（Chasot）伯爵，已经在艰难的 1809 年离开了普鲁士；沙皇在他新近组建的德意志军团中为他们提供了一个庇护所。还有一些勇敢的人，像格罗尔曼、奥彭（Oppen）和希施费尔德兄弟（Hirschfeld），正在西班牙作战。他们同格奈泽瑙想法一致："这个世界已经分成了拿破仑的敌友两派，这种划分更加依据政治原则而非国土。"绝大多数军官都向他们的统领证明了德意志人的忠实，而这远远比赫赫军功重要。他们都厌恶为拿破仑而战，只有 21 名军官，其中不超过 3 名参谋官，在普法结盟后主动辞职，其中大多数加入了俄德军团。[1] 其他人更能控制自己的情绪，因此也能比那些急躁的人更能成事。为民族权利打响的战争需要民族的军队；俄德军团中混杂着贵族和平民，无论在俄国还是德意志战争中都不甚重要。威廉三世极为不满地接受了这些离去军官的辞呈。后来克劳塞维茨和其他人发现很难再次进入军队；在之后的数年中，反改革派时常提醒威廉三世，沙恩霍斯特和格奈泽瑙最亲近的一些朋友曾脱离过祖国。

　　拿破仑仍然没有感到德意志民族的滔天恨意。达武、拉普，就连他那乐天派的弟弟热罗姆，都警告他要当心，但他都置若罔闻。

---

① 　马克斯·莱曼（Max Lehmann）、克内泽贝克和舍恩的报告，第 57 页。——原注

拿破仑轻蔑地回应："究竟有什么可害怕的？这个民族如此胆小、理性、冷漠、逆来顺受，根本没有任何暴动思想，甚至在战时都没有谋杀过一名法军。"但是忠于拿破仑却仍有着正义感和羞耻感的纳尔博纳伯爵（Narbonne），从一开始就指出，强迫普鲁士获得的友谊不可能长久；怎么可能要求一个在自己首都都受到监视的盟友献出忠诚？实际上，甚至在二月条约签订以后，威廉三世同沙皇之间的友好共识依然存在。尽管沙皇欠了普鲁士的人情，然而也的确适时写了一封虚情假意的信，谴责普鲁士宫廷的所作所为；但是同时，他通过利芬伯爵（Lieven）秘密向哈登贝格解释，他对普鲁士的友情并未改变。[1] 普俄双方都期待着他们之间的天然联盟重建的一天。甚至霍夫堡也安慰性地向圣彼得堡保证，奥地利在战时将比和平时期更加友善地对待俄国，因为沙皇已经暂时放弃了波兰计划；维也纳和圣彼得堡之间的外交关系从未完全破裂。普奥双方也一直保持着彼此之间以及同英国的活跃的秘密交流。

5月，加洛林帝国的继承者在德意志土地上召开了第三次宫廷会议（Hoftag），比之前在美因茨和埃尔福特的会议都要盛大。大集团军正络绎不绝地穿越易北河，德意志诸侯们则齐聚德累斯顿，围绕在他们的主子身边，其中还有德意志神圣帝国的前皇帝和腓特烈大帝的继承人。这个平民奴役着这些出身高贵的仆从，摩擦他们的脖颈直到他们感到疼痛，他觉得其乐无穷！拿破仑在他萨克森仆人的宅邸如主人般行事，邀请岳父弗兰茨皇帝每天共进晚餐，但是普鲁士国王和宅邸主人由于等级不高，隔一天才可去一次。当拿破仑吃饭的时候，魏玛和科伯公爵以及一大群德意志诸侯，都必须站在前厅。威廉三世被迫参加这次宫廷会议，拿破仑非但拒绝对他按照习俗鸣礼炮，甚至问道："你现在还是个鳏夫吗？"[2] 就连法国人都认为这句话太过分了。威廉三世被彻底激怒了；他很清楚是谁伤了他妻子的心；王储终其一生都对波拿巴家族有着不共戴天的仇恨。这个科西嘉人的野蛮粗俗甚至激怒了易北河上美丽城镇中温顺的居民，他们致敬普王身上历经苦难而展现出的

394

---

① 哈登贝格日记，1812年3月11日。——原注
② 哈登贝格日记，1812年5月26日。——原注

平静伟大。同时,哈登贝格和梅特涅也秘密会晤,尽管普奥双方的意图还有很大分歧,但是这两人已经缔结了友谊。弗兰茨皇帝自从女儿结婚,就不再渴望歼灭拿破仑,梅特涅也只是打算限制法国势力的过分膨胀。过去数年的经验教训至少让这位奥地利政治家明白,一个适度强大的普鲁士是令人愉快的,尽管他对这个观念也有些心照不宣的保留;而且因为普鲁士同法国结盟而再次免于毁灭的命运,梅特涅又一次相信了这个国家的强大生命力。梅特涅和哈登贝格相互透露了同英国的秘密关系,并彼此承诺将继续保持他们之间已经进行数年的秘密交往,甚至要更加活跃;他们都同意,在这种友好共识的氛围中,将有机会改变当下的联盟关系。

　　但是在那个渴望已久的时刻到来之前,一切还都很不乐观。目前似乎只能寄希望于一些意外事件,比如拿破仑死亡。战争的始作俑者并不相信俄国会获胜。轻率的沙皇明显高估了自己的实力。他投入的兵力不超过 17.5 万人,而拿破仑的军队是其 3 倍。直到战争真正打响,沙皇才决定结束土耳其战争,签订《布加勒斯特合约》放弃大部分多瑙河省份,因此俄国南方军队很迟才加入战斗。苏沃洛夫(Suvòroff)过世后,俄国就几乎没有任何卓越将领,而且性格反复无常的沙皇极有可能一战败就马上放弃,就像奥斯特里茨战役和弗里兰德战役时一样。

　　普鲁士民族则另有打算。去年炎夏,一颗耀目的彗星划过夜空。民众相信即将发生一些伟大的、闻所未闻的事情。来自各个国家的野蛮军人潮水般穿过普鲁士的村庄,有小气棕发的西班牙人,高大贪婪的巴伐利亚酒徒,行进缓慢的荷兰人,还有爱吹牛的加斯科涅人——在一个普通人眼中,他们就像一群野鬼;人们希望这场疯狂的战争以失败告终,这些无纪律的人群进入他们的村庄,野蛮地在粪土上践踏新鲜的麦粉面包,把整瓶酒摔碎在墙壁上,人们在狂怒中更加坚定了信仰。贪婪的占领政策最终削弱了法军自身;拿破仑军队的传统纪律已经消逝,古代雇佣兵身上粗鲁的不服从精神占据了上风。此外,对于胜利的乐观信心也远去了。士兵们终于开始厌倦无止境的战争,害怕东部的多雪荒漠;在意大利和德意志军团中,甚至有明显的不满情绪。骑兵们抱怨,在以往的战争中,战马一踏上战场就嘶鸣不已,但是今年连它们都沉默了。

395

此时,极为罕见地,大众信念比内阁计算包含着更加合理的判断。政治家们深陷自己沮丧的预感,因而忽视了一个关键信息:沙皇是被迫参战的。异教徒侵犯神圣莫斯科的消息,让整个俄罗斯民族群情激动,专制统治下沉睡的民意终于觉醒,以不可抗拒的力量承担起使命。沙皇不敢冒着失去皇冠的危险同法国妥协。他也很清楚这一点。在重重考验之中,这个性格反复的男孩子已经长大成人,是个男子汉了。他像藤缠树一样紧紧依恋于施泰因男爵的钢铁意志。这个伟大的德意志人在忠诚的阿恩特陪同下奔赴俄国,同沙皇并肩而立,热情激励着俄国君王。越是临近危险,施泰因的生命力和英雄精神就越强大。这场决定世界命运的战争将在喀山,甚至是在西伯利亚继续。

396　　当法国大集团军的最后一支纵队消失在俄国的边界上,整个欧洲都笼罩在一片死寂中。在北德,一个令人恐惧的问题悬在数千张嘴上:这个理想主义者能否被命运所征服? 就在这等待结果的沉默中,歌德创作了一首献给玛丽·露易丝的诗歌,它就像一个陌生而刺耳的不和谐音符划破了寂静。在这个风云变幻的时期,老诗人选择了错误的立场,他歌颂那位正将最优秀的欧洲人引向屠宰场的凯撒:"无所不能,却惟愿和平!"拿破仑马不停蹄地穿越华沙,因为"无限的未来不允许我们在波兰逗留"。据哈登贝格从马雷处所知,[1]拿破仑正计划让热罗姆担任波兰国王,而且允许华沙成立一个总联合会,呼吁重建波兰王国。但是他并没有对这个不幸的民族提出任何明确保证,只是告诉驻华沙大使"鼓励民族倾向,但不要唤醒自由主义者"。拿破仑继续挺进,但是甚至在还未看见敌军的时候,他的军队就开始混乱。这支非凡军队首先腐坏于军纪涣散,尤其是劫掠普鲁士让他们习惯了胡作非为。在持续的战争中,士兵们一直同宪兵生活在一起;那些掉队而行劫的士兵一直在军队的侧翼和后方流窜。只有德意志和波兰军团井然有序。曾经令人羡慕的军队管理,现在也彻底变得松懈不堪;庞大的给养物资在行军途中已经消失大半。当拿破仑进入俄国的时候,像查理十二世进军波尔塔瓦(Poltava)一样,在身后留下了因党政

---

① 哈登贝格日记,1812 年 5 月 30 日。——原注

而分裂的波兰,以及被彻底摧毁的立陶宛。

　　沙恩霍斯特曾建议沙皇学习帕提亚人的战术,以俄国广阔的国土为武器,引诱敌军深入帝国腹地荒漠。格奈泽瑙以及所有著名的普鲁士军官都提出了这个明智的建议,但是傲慢的俄国人并不以为意。沙皇希望敌军在防守严密的德力萨(Drissa)栽个大跟头;像光荣的托里什韦德拉什防线(Torres Vedras)一样让世界瞩目。只有俄军自己的软弱才能让他们违抗计划、向后撤退。与此同时,农民们开始在自己的土地上开展帕提亚式的战斗;他们预料到了异教军队所有可怕的行径,于是把牲畜和粮食都藏在森林里,抛弃了不值一文、空荡荡的茅舍;落单的士兵一旦落入他们手里,就会被当做疯狗一样杀掉。当神圣城市斯摩棱斯克(Smolensk)连同其教堂和精美的圣像都被敌军占领,这个虔诚的民族更加怒火中烧。占领者一步步深入无人区,军队也一天天在减少。民众的热情最终迫使俄国总司令库图佐夫(Kutusow)为保卫莫斯科,在博罗季诺(Borodino)冒险一战;拿破仑凭借兵力优势,尤其是萨克森骑兵的骁勇,取得了胜利,这也是他代价最惨重的一次胜利。他希望一如既往地在被占领的首都签订和约;尽管这场战役确实开始得太晚,但他还是为无果的和谈浪费了 5 周的宝贵时间。此时,俄国人的古老狂热展现出了最糟糕的一面,莫斯科的大火让世界明白,这个半开化的野蛮民族在自己最神圣的情感受到践踏时会做出什么。法军在疯狂劫掠莫斯科时丧失了最后的道德底线。拿破仑很快就能从自己的军队身上真正理解了他不断重申的原则:勇气只是次要的军事素质,纪律和耐力才是首要的。

　　从被摧毁的莫斯科撤离已经势在必行,但是拿破仑的骄傲——他最引以为荣的品质——使他不可能选择畅通的北路,因此法军从南路撤离。他认为自己能够击败敌军,强制打开南部撤退路线。这个冒失的决定失败了;在马洛雅罗斯拉维茨(Malo-Jaroslawetz)战役中,法国大军又被推回到来时的中路上。这样一来,结果已成定局。这群蝗虫入侵时已经将沿途吃得一干二净,现在又要沿同样的路线返回。此时天气尚可,霜冻也比往年来得迟,气温几乎也没有比六年前波兰-奥地利战役时更低。但是军队面对着一片无垠的雪原。放眼望去,没有村庄屋舍;所有物资丢失,将领们名誉

397

369

扫地，周围是成群的哥萨克人，森林里有愤怒的俄国农民。这支不幸的军队现在正遭受着对凡人最痛苦的折磨；似乎天启骑士正呼啸过这片雪原。在穿越贝雷西纳（Beresina）的恐怖道路上，所有的秩序都土崩瓦解；这支骄傲大军的残兵败将们四散奔逃，总数不到3万人，骨瘦如柴，脚步蹒跚，不少人因为严寒失去了视力和听觉；他们像饿狼一样吞食能找到的任何残渣，武器也丢失了，就像参加了一场可怕的化装舞会，德意志人编出民谣嘲笑他们："战鼓无锤，甲兵着裙；马、人、战车，上帝溃其军！"但是胜利者也因为战争和疾病损失了大部分军队；抵达边界的俄军只有4万人，而且已经在漫长的行军途中筋疲力尽，根本无力对抗拿破仑驻守普鲁士的军队。

398

关于这场大败仗的第一份并不明确的报告首先抵达丹麦，于是达尔曼将其传递给了自己在德意志境内的朋友们。接下来人们获悉，拿破仑带着科兰古（Caulaincourt）在军队前面快马加鞭，已于12月12日出现在格洛高；随后在德累斯顿漫不经心地哼着一首流行歌，将这个痛苦的消息告知了他沮丧的臣仆们。12月17日《公告》第29期刊登消息："大集团军被摧毁；皇帝陛下的健康情况非常好。"几天后，拿破仑现身杜伊勒里宫。不久后，法军第一纵队就穿过了普鲁士边界。人们惊恐地注视着这位狂人被挫败的证据，数百万人异口同声说："这就是上帝的惩罚！"

解放德意志的时刻已经到来。施泰因最早认识到这一点，一开始就将法俄战争视为德意志起义的前奏。战争期间，他担任驻圣彼得堡德意志委员会的会长，为德意志军团安排装备，根据他的计划，这支军团将成为未来德意志军队的核心力量，他毫不犹豫地在莱茵联邦的军团中四处呼吁，提议他们改换阵营。施泰因并不认为暴君的奴隶们许下的誓言有效。同时，阿恩特也写作了《德意志战士问答集》（*Katechismus für den deutschen Kriegs-und Wehrmann*），这本无价的作品发行了数万册，以其简洁真实、虔诚的圣经式语言，打动了这个忠诚的民族："反抗暴君的人是圣人，贬抑骄傲的人就是皈依我主。战争取悦君王，上帝会记住每一滴流下的鲜血。"一开始，施泰因在俄国宫廷中并不受信任，但是由于他准确预言了敌军的失败，并且越来越真心喜爱俄国人的忠诚、奉献精神和宗教热情，贵族们开始逐渐偏向他，特别是一些女性，感到自己的女性直觉同这位天才存在天然的共鸣。

早在 9 月,即大集团军毁灭前很久,施泰因就为德意志的未来399
体制起草了计划,一个关于德意志政策的最理想最大胆的计划。
这也成为继普鲁士改革和解放欧洲之后,让施泰因青史留名的第
三个伟大功绩。他比其他政治家更早、更明确地,将统一当做德意
志国家政策的最高目标。每当有人希望他放过这片土地上古老传
统的分裂局面时,他的回答都是:在这种局势下谈重建,就好像要
让一个死人自己站起来,而只有活人才能自己站立。对施泰因来
说,为各个王国做出的一切打算都没有价值。梅克伦堡或者巴伐
利亚是否存在,对德意志有什么意义呢? 真正重要的事情是,要有
一个强大充满活力的德意志民族,能战、善战、热爱和平;战争如果
仅仅复兴德意志蒙泰古家族(Montague)和凯普莱特家族
(Capulet)①的古老争吵,那么这场斗争终将以一幕荒谬的闹剧结
束。施泰因的目标就是"统一,如果现在不可能统一,也要采取一
些可以过渡到统一的迂回政策"。眼下欧洲各国领土都在经历变
化,施泰因认为最有可能实现统一的时机到来了,有机会建立一个
从维斯图拉河到默兹河的伟大国家。同样,意大利也有可能实现
统一。整个中欧都将再次成为一个"有力量和能力进行抵抗"的国
家。如果这无法实现,那么德意志将以美因河为界,分成奥地利和
普鲁士两个国家;莱茵联邦的诸侯们成为占领者的有头衔的仆从
和臣民;而那些曾被拿破仑驱逐的诸侯也不会被复位。如果这一
点也做不到,那么最后的对策是让一些小诸侯国臣服于奥地利和
普鲁士;巴伐利亚、符腾堡和领土缩减的巴登,将划归奥地利;汉诺
威、黑森、奥尔登堡和布伦瑞克将属于普鲁士。

因此,无论好坏,施泰因都努力将统一德意志的理想同《巴滕
施泰因条约》协调一致。不管怎样,都需要以极大的勇气来领导解
放战争,任何被占领的德意志土地,都将暂时被当做无主之地由联
盟行政委员会管理。施泰因首先想到的联盟成员是俄国、奥地利
和英国;他们将捎上犹豫不决的普鲁士。因此施泰因很反感哈登

---

① 蒙泰古家族(Montague)和凯普莱特家族(Capulet)是莎士比亚戏剧《罗密欧与朱
丽叶》中主人公分属的两大世仇家族。——译注

贝格的狡诈政策。愤怒的施泰因从不认为使国王作出 1809 和 1811 年决定的那些强制性原因具有合理性，虽然在圣彼得堡，围绕着他的爱国者们都是北德人，他也仍不相信这个冷酷迟钝的种族具有战争热情。

400　　在施泰因看来，祖国的哪一部分率先起义并不重要，因为战争一旦爆发，战火必然席卷整个德意志。他努力让沙皇支持他的理念，而且轻而易举就做到了，他已经彻底打动了沙皇。在胜利的喜悦中，沙皇性格中所有高贵和爱幻想的成分开始凸显。之前有一段很短的时间，沙皇几乎无法承担重任，莫斯科大火的消息让他一夜白头。现在俄国奇迹般地获得了自由，这让沙皇觉得是仁慈的上帝选择了自己，拯救这个世界于奴役枷锁；那么这位世界的解放者理应获得丰厚的奖赏。沙皇马上继续自己的波兰计划，尽管是秘密进行的，就连他的德意志顾问都没有听到任何消息。解放德意志将让沙皇获得波兰王冠；人类的普遍利益再次同戈托普家族的王朝利益协调一致！早在 11 月，沙皇就已经决定在德意志继续战斗。首相鲁缅佐夫（Rumjanzoff）失去了影响力；而施泰因却依然颇得沙皇倚重，他在一份备忘录中向俄国政府提出了一个方案，可以让其在德意志获得价值 4000 万卢布的纸币，以支付战争费用。

　　这个伟大的爱国者无比确信地指出，世界形势的关键时刻就是德意志揭竿而起，而他也在所有细节问题上犯了严重的错误：他不理解俄国军事的弱点、维也纳宫廷的焦虑，也不明白德意志小国中民众昏盲的地方主义——他们从不会将自己置于统治者的对立面上。施泰因最不理解的，是普鲁士人心中沸腾的仇恨和普王仍怀抱的希望；施泰因也许认为普鲁士只能被其他国家拖着走，但正是这个国家将推动欧洲战争的爆发。整个夏天，哈登贝格一直在小心地巩固普奥之间的关系，因此在 9 月派遣副官冯·纳茨默（von Natzmer）前往维也纳，这位全权大使受到了友好接待。梅特涅在回应中，热情地向哈登贝格保证，普奥两国的利益不可分离，但是

401　他并没有给出明确承诺。随着战争持续，威廉三世开始希望沙皇能坚持到底。10 月 29 日，得知莫斯科大火的消息以前，他就宣布准备调整政治体系，但是只同奥地利结盟。但是对维也纳的秘密访问收效甚微。霍夫堡的态度同 1811 年危机时一样：如果普鲁士

打算一试身手,奥地利不会反对,但是也不会以身犯险。在柏林以及其他地方,关于马雷将军阴谋活动的不实消息,造成了深远的影响:这个疯子听信拿破仑逝世的谣言,突袭了法国政府,并在数小时内控制了巴黎。世界帝国现在竟建立在如此背信弃义的基础上!随后,拿破仑返回的消息传来,12月16日后不久,拿破仑就从德累斯顿写信给威廉三世,要求他增强普鲁士辅助军队,这个逃亡者的口气如此淡然,好像这是个理所当然的要求。而关于普鲁士的补偿,以及去年春天关于讨论的关于普鲁士提供资助的报酬,都只字未提。拿破仑认为普鲁士已是困兽,无力拒绝他的任何要求。实际上,哈登贝格并没有高估俄国战争的重要性。他觉得拿破仑狼狈逃亡是出于政治考虑,就像不久前他从埃及秘密撤兵一样;哈登贝格知道这个男人意欲何为,并且预言不久之后他就会带着大军重返战场。

马上发动公开叛变是不可能的,不仅仅因为威廉三世的良心作祟,如果没有任何符合国际法的合理理由,哪怕是强迫缔结的联盟,他都不会去破坏;更是因为法军在普鲁士的力量足够将任何一场叛乱扼杀在摇篮中。但是宫廷中激动的人们则要求利用有利时机,马上准备同俄奥结盟。12月17日,谨慎保守的内阁大臣阿尔布雷希特,在一份得到普王全面支持的备忘录中宣布:勿失良机,"如果我们不愿现在或者永远丧失独立",就必须通过东方三国武装起义摆脱难以忍受的外国桎梏。就连性情平和的克内泽贝克都充满感情地说:"天赐良机!"①粗俗的容克地主马维茨都不请自来地匆忙拜访死对头哈登贝格,表示自己愿意听其调遣。

威廉三世花了好长一段时间,才完全理解这些天的重大意义。他天性优柔,又被这些年的痛苦折磨得意志消沉,对于自己的民族没有完全的信心,还没有看清,那个曾冷血牺牲他的俄国朋友,已经完全变了一个人。他希望仅仅通过普奥联盟,并且在外交条约的保护下,就能完成这项艰巨的任务。哈登贝格从一开始就看得更深远,他马上宣布一旦有必要,即便没有奥地利帮助也会发动攻

402

---

① 阿尔布雷希特备忘录,12月17日。克内泽贝克备忘录,《天赐良机》(Es ist Zeit),12月23日。威廉三世给哈登贝格的信,1812年12月25日。——原注

击,因为奥地利无论怎样都不会站在普鲁士的对立面。① 12 月 26 日,首相呈交了自己的计划:准备工作必须当着敌人的面进行,因此表面上是打着为了法国的旗号。他写道:"最重要的是,一开始要尽可能展现对拿破仑的依赖,打着法国的旗号实施所有的计划,就连增加兵力都是应法国要求。"②按照他的计划,普奥应该装作冲突国之间的武装调停者。假如真如预料,骄傲的拿破仑将放弃调停国提出的条件,那么宣战就有了法律依据。同时,威廉三世应该转移到西里西亚的安全区,并且在时机成熟时号召人民拿起武器。普王全部同意。但是眼下还无法预测,新的战役会从哪里开始。哈登贝格相信一定在莱茵河打响;国王则认为在波兰和立陶宛,他的观点是:"我们必须先发制人并歼灭敌人;但是在北方比在莱茵河的胜算大,因为俄国永远不可能将全部兵力推进到莱茵河,实际上根本不会去那里。"③随着凶年 1812 结束,在柏林,休假的人员被召回,为组建预备营颁布了规章,被派往维也纳担任谈判人员的克内泽贝克也接到了指示。冰层正在破裂,民众的激愤像爆发的潮水一样汹涌而来,君主已经没有了退路。然而还要过几周胆战心惊的日子,才能在被瞒骗的敌人面前揭下面具,我们必须克服犹豫、怀疑和恐惧。但是无论是威廉三世还是他的首相,自从这个拯救理想诞生,就从未背叛过它。

403　　普鲁士政策上的这个转变当然是瞒着民众进行的,他们还焦躁地等待着国王下令起义。因此,从另一方面来说,这次冒险也是幸运的,因为它像一个信号,向人民宣告无需再等待了。历史上的伟大转折只有通过不情愿的方式完成,才最能显示其必然性。谁能想象,普鲁士辅助军团的指挥官,约克将军居然会违背自己的入伍誓言。多年以前,当他还是个年轻人的时候,曾因为违抗命令而被赶出了腓特烈军队;在经历漫长崎岖的历程后,他又恢复了军衔,对于士兵们来说,他似乎就代表着古老普鲁士的纪律精神。约克

---

① 哈登贝格给阿尔布雷希特备忘录的批注,1812 年 12 月 26 日。——原注
② 哈登贝格呈交给国王的报告,1812 年 12 月 26 日。——原注
③ 威廉三世给哈登贝格报告的批注,1812 年 12 月 28 日。——原注

将军瘦高个,像伊桑格兰(Isegrim)①一样严厉,长着鹰钩鼻的脸上沟壑纵横,当他出现的时候,士兵们都会瑟瑟发抖。任何错误都逃不过那双严厉的、能洞穿一切的灰色眼睛;盛气凌人、爱挖苦讽刺的嘴,指责起人来非常可怕、非常侮辱人,尽管言语不多,却远比辱骂令人难受。虽然军官们都说他的言语锋利似刀,但是从这个阴沉的人物不断变换的措辞中,他们知道了沉默寡言、一点也不亲切和蔼的约克将军,用铁一般的意志辛苦地抑制着巨大的野心和狂热。因为目睹了他在阿尔滕曹恩(Altenzaun)和吕贝克(Lübeck)战场上的行为,军队全身心地信任他,相信他的勇气和谨慎;他们也知道这位绝对务实的军官是多么热情地关心部队的服装、物资和营地。如果说马维茨体现了乡村贵族的等级观念,那么约克就体现着军官团体古老的强硬骄傲。他对改革派花样繁多的傻事从来就嗤之以鼻;将法国视为不共戴天之仇敌,因为其曾侮辱了他的军旗,摧毁了古代普鲁士军团的完美结构;他把那些离开国王进入俄国的同事视作叛徒和逃兵,总是出言相讥。

法俄战争期间,普鲁士分队属于麦克唐纳(Macdonald)军团,前进至波罗的海省份,位于大集团军的最左翼。但是普鲁士军队极不情愿地服从法国的最高军事指挥,他们怒火中烧,在耶拿战争的胜利者面前展现了何为普鲁士勇士。约克很自豪,因为他的军队在战斗效率方面不输给任何大集团军部队,而且在纪律严明方面胜过所有人。他把普鲁士军队隔离出来,防止他们同外国战士交流,而世界帝国的军队中这种部队间的交流很常见;约克将军凭借强硬凌人的傲气,向法国证明他的军队不是莱茵联邦的仆从,而是一位自由君主的军队。过去六年的经历让军队士气低迷,但是当他们在鲍斯克(Bauske)和其他地方打了漂亮的胜仗后,马上充满了自满、活跃和挑衅的情绪,展现出古代腓特烈军队的勇敢,而且精通更加灵活的现代战略。这一支由不同军队混编成的联合旅,证明自己比1812年1月新军队规章所要求的,表现得更好。整个秋天,约克都留在库尔兰(Courland)的危险地带,只有主力遭受重创,才能迫使左翼撤退。麦克唐纳军团的任务是防止集团军后背

404

---

① 伊桑格兰(Isegrim),德国寓言《列那狐的故事》中狼的名字。——译注

受敌，并阻止追击而来的俄军入侵东普鲁士。

数周中，狡猾的意大利人保卢奇（Paulucci）和其他俄国指挥官都努力说服约克将军转换立场，但是徒劳无功。目睹了里加战争的勇敢爱国者加里波·默克尔（Garlieb Merkel）提出的请求也没能打动这位蔑视文学的将军。但是约克敏锐地发现，这支训练有素、现在约有 13000 人的小部队，在大集团军受挫后竟然意义重大。如果他听从麦克唐纳的命令，那么在他南面已经进入东普鲁士的俄军，就将被消灭殆尽；法国仍然有足够的力量封锁普鲁士边境，对抗维特根施泰因亲王率领的俄军；并且可以推测出，哥萨克人突袭涅曼河将终结俄国战争——但是要实现这一切，普鲁士军队就必须以超人的自制力，为痛恨的盟友牺牲自己。如果普鲁士退出战场，俄军将穿越德意志边界，那样的话，威廉三世将受到鼓舞，并做出约克渴望了数年的伟大决定。这个钢铁般的男人陷入矛盾煎熬。他在战前总是紧张阴郁，战时却冷静可靠。他应该牺牲这支忠诚的部队、这支普军的核心力量，去挽救德意志人的死敌吗？或者说专横地使用自己的权力，威胁普王的王冠和生命；还是应该在体面的暮年，像多年前那个早熟的、被赶出军队的男孩子一样，再次违抗军令？是应该不光彩地结束生命，还是应该看着上帝审判的伟大时刻白白溜走？在他一再询问下，柏林的回答是：见机行事；这个回答只能被解释为，普王不会永远同法国保持联盟。

405　　沙皇写于 12 月 18 日的一封信决定了约克的方向，在信中沙皇明确表示准备同普鲁士结盟，并且直到普鲁士恢复 1805 年的实力才会停止战斗。因此，一方面是普王的老朋友，以及重建古老荣耀的希望；另一方面是邪恶的敌人，如约克所知，他们只想歼灭普鲁士。约克将军被深深触动，向他的军官们宣布了自己的决定："按照上帝的旨意，让我们开始并完成解放大业。"忠实的下属们都欢呼雀跃。12 月 30 日，在陶拉格（Tauroggen）附近的波舍伦（Poscherun）磨坊，约克会见了俄国谈判人员——迪比奇（Diebitsch）、克劳塞维茨和多纳，他们都生于普鲁士，并且签订了一份协议，约克的军队据此将撤退到涅曼河和提尔西特之间的狭长地带，在那里等待普王的命令。这位尽忠职守的战士不用再冒险了。现在只等普王下令同俄国结盟。约克给普王写了一封饱含心血的信,好像匍匐在他的国王脚边,深情地说:"切莫错过重获自由、独立和伟大的时机。世界的命运就在陛下一念之间!"

《陶拉格协定》并没有产生勇敢的谈判人员所预想的结果——促使普王与沙皇结盟;威廉三世虽然仍然有所犹豫,但是已经选择了一条新的道路。在哈登贝格看来,约克的行为令人相当不满,因为这将迫使他过早暴露自己蓄谋已久的计划。约克已经为俄军敞开了德意志边界,使东普鲁士有可能为德意志的自由而战,并且给了老百姓第一个定心丸:木已成舟。1813 年的曙光破晓时,这个时代最血腥的一年开始了,腓特烈之鹰翱翔之处,唤醒了日耳曼古老的好战勇气,宽广的普鲁士大地上,铁人约克的号召响彻天地:"莫失良机!"

第四章　解放战争

第一节　准备阶段

　　民族历史上最可怕的事莫过于历史错误持续产生影响。北德精英们现在要历尽艰辛,才能补偿 1796—1806 年所犯下的疏失。普鲁士人从未像现在一样忠于君主,军队和行政体系中也活跃着自由的新精神;但是这个受压迫的国家却拒绝勇敢坦率的公开谈判,而这恰恰是腓特烈大帝时代普鲁士政治最优秀、最具特色的优势。威廉三世最终决定为抵抗暴力和欺骗、为德意志的重建和世界的自由奋起抗争,却发现以常规体面的手段无法承担这些正义且必然的使命。因此这变成了一场暧昧的游戏,让无数有良知的人陷入痛苦,也迫使不少最忠诚的普鲁士人走上专断独行、严重威胁君主制的道路。

　　1813 年初,拿破仑军队在普鲁士约有 3 万,波兰 1 万,维斯图拉河与奥得河沿线要塞 7 万。奥热罗(Augereau)带领完好无损的 11 个兵团,超过 2 万人占领了勃兰登堡和奥得河上的通道;每天都有新人马从西边抵达,因此柏林的守军很快超过 24000 人。这绝对足够控制弱小的、分散成四部分的普鲁士军队:约克的军队刚刚穿越立陶宛边境;维斯图拉河上,比洛(Bülow)正在组织后备军;博施特勒(Borstell)在科尔贝格指挥波美拉尼亚部队;后来由布吕歇尔指挥的第 4 支部队正在西里西亚集结。当大集团军的残兵败将狼狈进入普鲁士时,不少冲动的人都恳求国王允许他们用游击战术袭击这些人。威廉三世拒绝了这些请求。人们沉默地顺从了他的命令,尽管哈登贝格草率的革新已经激起了人民合理或不合理

378

的反政府情绪。结果是,这些手无寸铁的死敌安全穿过了普鲁士,这个英勇民族再次展现出了怜悯善良和法律意识,也更加彰显了自身的荣誉。但是那群暴徒却处处肆意妄为,寻欢作乐;就连小学生们都忍不住吓唬他们:"哥萨克人来啦!"甚至一些莱茵联邦的军官也从胸前扯下了红绶带,因为人们尽管讨厌法国人,但更恨叛徒。因此这一群流亡者非但没有受到骚扰,反而在普鲁士人家得到了庇护和照顾——他们还是我们的盟友。即便是粗俗之人也为这些败军的悲惨经历所动容;普通民众认为,从背后袭击被上帝所惩罚的人也是有罪的。逃回来的数千人中,大部分是拿破仑的军官,德意志良善的天性为他保住了军队领袖。威廉三世何苦如此呢?毫无疑问,如果没有完全合法的理由就打响神圣的自卫反击战,他一定会受到良心的谴责;更重要的是,普王对现在军事形势有着准确的理解,无组织的民众过早爆发起义将把整个国家拖入毁灭的深渊。当务之急是在敌人的面前整顿灭敌之军、增加 6 倍兵力并与另外东方两国结盟。

即便这些秘密谈判能够顺利进行,而且古老国家也能缔结同盟,但普鲁士的政治处境依然相当不利,甚至令人绝望。无疑,俄国需要普鲁士的协助。如果威廉三世仍忠于法国,那么人数少且装备落后的沙皇军队必定会被反扑的拿破仑歼灭,根本等不到增援从遥远的东方抵达。如果拿破仑吸取了去年冬天的惨痛教训,也就不会再次冒险突入俄国内陆,只要将波罗的海省份和波兰-立陶宛省份从沙俄分割出来就会罢手。此外,列强所面临的前景也极不相同。过去十年中,俄国和英国的实力都有显著增强,前者获得了波兰和芬兰,后者获得了法-荷殖民地;奥地利尽管损失严重,但仍是一方大国。解放战争一旦失败,英国无所谓,俄国和奥地利只需担心领土损失。但是如果取得胜利,英国必将以飞地作为报酬,俄国会获得波兰领土,奥地利则可以重建并扩大在亚的里亚海的地盘。这似乎是水到渠成的事,整个外交世界都同意这种观点;并且世界帝国一旦垮台,英俄奥三国的地理位置决定了任何人都不可能夺走他们的胜利果实。但是对于普鲁士而言,这一战事关生死。如果拿破仑获胜,那么他将彻底完成在提尔西特被延迟的毁灭计划。如果普鲁士获胜,则必须要求比盟国获得更大果实:必须坚持收回丧失的半壁江山,重拾大国地位。因此,解放世界的战争首先是一场重建普鲁士的战争。可以预见,决战必将在普鲁士或者北德打响,后者将充当对普鲁士的补偿;威廉三世所要求的每一块德意志土地,首先都必须靠通力合作获得,并在严格意义上由联盟支配。但普鲁士的外交处境极为不利,无论是军队的勇气还是政治家的机敏,都无法弥补这一缺陷。普鲁士只能期待其他宫廷出于善意,奖励自己的努力,但这些宫廷无论出于利益还是传统,都反对出现一个中欧强国。

但是在德意志危急存亡之时,谁会考虑这些问题呢?哈登贝格带着令人钦佩的谨慎,一步步接近了他的双重目标:增强军力并缔结联盟。那些粗略受训的后备军从四面八方返回军队;忠诚的人们隐约意识到了准备工作的目的。当遇见这些行进中的盟军队伍时,法军变得非常紧张;他们不可能看不见普鲁士人愤怒的眼神,也不可能听不出德意志军歌中杀气腾腾的调子。激愤之情与日俱增。在柯尼斯堡的城堡庭院中,普鲁士新兵当着那不勒斯国王缪拉的面,杀死了一名无礼的法国宪兵。两名法国军官努力介入此事,但是新兵们折断了他们的剑,并把他们赶了出去,而缪拉甚至不敢要求惩办凶手。

409　　1月2日,克内泽贝克接到指令,秘密前往维也纳宫廷。威廉三世宣布准备对法作战,但是不允许俄国在德意志建立统治。因此,奥地利将作为武装调停人,要求远至莱茵河的德意志地区独立并解散莱茵联邦;如果要求被拒绝,奥地利则要以武力对抗拿破仑。普王认为自己应该马上前往西里西亚,在那里他可以自由地表达决议。被解放的德意志必须接受《巴尔腾施泰因条约》中规定的体制:普鲁士统治德意志北部,奥地利统治南部;号召意大利人及重整意大利半岛事务,则交由霍夫堡自行决定。就在同一天,离职后一直住在西里西亚的沙恩霍斯特,也获悉了进行中的所有工作。波兹坦也在这一天得知了有关《陶拉格协定》的消息。这个消息大受欢迎,因为这证明约克将军的部队已经脱离了法国;但是这也让首相陷入某种窘迫的局面,因为约克"太早卸下了面具"。威廉三世决定在公共场合谴责约克胆大包天,但是在私下却给予支持。

比起《陶格拉协定》本身,12月18日沙皇写给保卢奇的信件则重要得多,约克也将这封信的内容报告了威廉三世。在此之前,波兹坦从来不清楚沙皇的意图,无论是进军计划还是对波兰事务的态度。现在威廉三世终于知道了,他的朋友实际上已经准备在德意志发动战争,因此他马上向克内泽贝克补充指令:如果俄国穿越维斯图拉河,他将对俄宣战。随后,副官纳茨默少校(Natzmer)被派往缪拉处,告知约克将军因擅自行动而被解雇,纳茨默借此秘密会见沙皇。与此同时,哈登贝格则极为亲切友好地招待法国将领和外交官,一次次邀请他们共进晚餐,言辞激烈地指责约克前所未有的出格行为;当纳尔博纳(Narbonne)伯爵对他说,拿破仑皇帝希望普鲁士王储迎娶一位缪拉家族或者博阿尔内家族(Beauharnais)①的女子时,哈登贝格总是礼数周全地避开这个问题。② 普鲁士驻巴黎大使克鲁泽马克(Krusemark)接到命令,紧急敦促法国支付普鲁士为大集团军过境提供的资助,并且宣布根据政府非常保守的估计,支付总数为 9400 万法郎。为了让骗局更加完美,哈登贝格还耍了一招古老的内阁诡计:他将手下最无能的外交官,哈茨费尔特亲王(Hatzfeldt)派往巴黎,这是一个众所周知的亲法派,对首相的计划一无所知;哈登贝格让他为约克的行为道歉,并再次提醒关于补偿金的问题。用哈登贝格自己的话说,"这位大使就是个烟雾弹"。③

410

　　拿破仑对普鲁士事务了如指掌,根据哈茨费尔特的人品就猜到了哈登贝格的花招,因此这次行动注定无效。但是他正积极发动第二次俄国战争,因此没工夫管普鲁士这弹丸之地。枫丹白露举行的盛大宴会遮蔽了法国人不断增长的不满,拿破仑下令新征兵35 万,在 3 月再次下令征兵 18 万。从 1793 年起,超过 300 万法国人被征召入伍,大多数人都已经在战斗中牺牲;但是蒙塔利韦部长(Montalivet)却在一场狂热的议会发言中宣称,征兵将极大刺激人口增长。拿破仑的计划是,在春天从马格德堡发动二次对俄战争,

---

① 博阿尔内家族是法国皇后约瑟芬前夫的家族。约瑟芬与博阿尔内子爵的女儿成为拿破仑的养女,并嫁给拿破仑的弟弟路易·波拿巴,后成为荷兰王后。——译注
② 哈登贝格日记,1813 年 1 月 7 日。——原注
③ 哈登贝格日记,1813 年 1 月 10 日。——原注

萨克森军队为右翼，普鲁士军队为左翼；6月解放但泽，8月再次穿越涅曼河。拿破仑从未想过屈服，他向岳父保证，将在战场上击败俄国，将沙皇彻底清除出华沙公国。法律所规定的帝国边界，即罗马、阿姆斯特丹和汉堡这些美丽城市，将永远神圣不可侵犯！他也再次向他的德意志附庸们保证，他正在为了德意志地方主义的荣誉而战；他们要战胜的这个外敌是一个异常危险的敌人：革命者施泰因及其同伙所持有的无政府精神；德意志改革者的目的就是要推翻莱茵联邦的诸王朝，打造一个他们所谓的德意志。

拿破仑的目标是确保普鲁士乖乖听话，就算不忠于法国，至少也要力量弱小。他甚至在给欧仁·博阿尔内（Eugen Beauharnais）[①]的信中轻蔑地说，普鲁士能提供的军队不超过 4 万人，其中能上战场的只有 2.5 万人。在前不久的俄国战争中，拿破仑起初非常赞赏约克军队的军容风貌；莱茵联邦的外交官们数百次提醒他保持警惕；他也知道德意志革命者的力量在普鲁士最为强大，但是他不承认这股讨厌的力量可以威胁到他。拿破仑公开表达对普鲁士的蔑视，似乎想以此掩盖他的秘密关注，"普鲁士不是一个民族，他们没有民族骄傲，就是德意志的哥萨克人！"拿破仑本来应该谨慎遵守 1812 年条约，不给普王任何借口退出这个被迫缔结的联盟。然而，拿破仑是个刚愎自用的人，认为没有任何必要询问那些被他踩在脚下的人作何感想。他言语空洞地回应普鲁士谈判者的所有要求，也不允许他们检查账目。同时，奥得河要塞的指挥官们却接到命令，可以用强制征用的方式满足自己的一切需要，这违反了条约规定。因此，拿破仑刚好完成了威廉三世在心里秘密渴望的事情。拿破仑犯了一个错误：撕毁了条约。根据国际法，普王无疑有权不尊重这个已经被其他签约方完全轻蔑忽视的条约。

哈登贝格对克内泽贝克出使奥地利抱了很大希望。普王在内心深处仍然将沙皇视为最亲近的朋友，首相在过去数年中的主要工作就是努力缔结"德意志三国"同盟——英国由于拥有汉诺威，

411

---

① 欧仁·博阿尔内（Eugen Beauharnais，1781—1824），是约瑟芬皇后与前夫的儿子，是拿破仑的继子。1805 年拿破仑自封为意大利国王时，任命欧仁为意大利总督。——译注

因此也被当做德意志国家。但是哈登贝格的期待注定落空。奥地利不可能马上加盟,除非拿破仑再次沿着多瑙河的著名胜利之路,借着奥地利糟糕的军事和财政状况,第三次迅速突入维也纳,弗兰茨皇帝将不惜一切代价阻止这种情况发生。梅特涅伯爵天性爱好和平,擅长使用温和手段和小诡计,他认为实施伟大决定的时机还不成熟。正如根茨所说,在欧陆所有国家都精疲力竭,甚至英国的力量都可能由于支持欧洲战争而耗尽的情况下,如何取得决定性的胜利呢? 此外,奥地利还对北德爱国者的民族热情有着本能的恐惧。在维也纳,从大选帝侯的时代直到 1866 年,从未幻想过北德对手的强大会给奥地利带来好处,这充分证明了奥地利怯懦的政治作风。即便曾有人希望普鲁士的力量应该在某种程度内得到恢复,也并不希望在北部建立一个独立、与霍夫堡实力相当的国家——尤其在现在这种情况下:每天都有北德起义的消息传来,普鲁士深受革命的可怕力量的影响,普王似乎仅仅同民族“并肩而立”,而非领导民族。弗兰茨皇帝在这些问题上,同他的女婿观点完全一致:革命者只是渴望建立一个他们所谓的德意志国家。拿破仑的警察编造的一切有关普鲁士秘密社团革命行动的传说,弗兰茨都乐于相信;三月间,皇帝的大使请求普王解散秘密社团,不过这自然是徒劳。皇帝的确不太担心奥地利民众的德意志情绪;1809 年的贵族狂热再也不会重演了;北德诗人和大众演讲者的德意志热情在倦怠的维也纳人中,只能激起轻蔑和耻笑。但是即便零星的爱国主义情绪都会引起这位专制君主的警惕。他并没有忘记一些奥地利军官曾加入俄国军队。危险的普鲁士阴谋家尤斯图斯·格鲁纳(Justus Gruner)很久以前就被拘禁在要塞中;当汉斯·冯·加格恩在春天试图联合福拉尔贝格(Vorarlberg)与蒂罗尔的爱国者发动起义时,他马上实施了逮捕和驱逐行动。

　　惧怕俄国,是霍夫堡的另一个主导观念。若干年后,梅特涅向哈登贝格承认,当拿破仑的权力开始动摇时,他最关心的问题是:“如果法国巨人崩溃,俄国力量将不可避免、不可遏制地极大增长。”[1]另一方面,拥有一个如此强大的女婿也是个重大优势,拿破

412

---

[1]　梅特涅写给哈登贝格的信,1818 年 1 月 9 日。——原注

383

仑颠覆了法国大革命，并且与梅特涅同样厌恶雅各宾党人施泰因！此外，个人因素也很重要。梅特涅是在同法国结盟的过程中成为首相的，一旦这个联盟发生变化，那么他的政敌施塔迪翁必然取而代之。而且，霍夫堡对于德意志未来的设想很不同于普鲁士首相。哈登贝格非常认真地执行他的二元计划：奥地利在上莱茵河站稳脚跟，普鲁士在莱茵河中下游立足，这样就有可能打造未来德意志

413 联邦的共同防御体系。毫无疑问，当时普鲁士所希望的同奥地利建立的德意志联盟是切实可行的，只要普奥双方忠诚互信，并且明确区分各自的势力范围，那么就有可能实现。因此，之后只要一有希望建立德意志联邦，这种和平二元论的理想就会在柏林宫廷复活。过去数年间，哈登贝格多次向奥地利友人表达了这些理想，并且从梅特涅半推半就的回应中，觉得他同自己的想法完全一致。但是哈登贝格和可靠的汉诺威人奥姆普泰达也都明白，奥地利不可能将自己在北德的霸权拱手让给对手。

梅特涅承认，奥地利不可能重新戴上耻辱丢掉的皇冠。洛林家族的世袭皇位本应让所有的中间国家仇恨奥地利家族；同时古老忠诚的教会选帝侯消失以后，霍亨索伦家族将轻松获得一顶选帝侯冠。因此奥地利有必要通过小心捍卫中间国家的王朝利益，在德意志占据主导。因此，梅特涅不仅放弃了在古代被霍夫堡视作累赘的比利时，也不再占据远奥地利地区。奥地利通过前沿哨所继续威胁南德诸国，将这些受恐吓的人们时而赶入普军，时而赶入法军。奥地利希望自此以后，作为"执牛耳者"，在亚得里亚海完善领土，同老对手巴伐利亚和符腾堡维持和平，最重要的是承认他们拥有主权，这是一件代价极其昂贵的礼物，他们要为此感谢拿破仑的仁慈。梅特涅在同克内泽贝克的交谈中，明确指出了这些政治原则；然后更加明确地宣称，自己在 3 月 23 日写给勒布泽尔腾（Lebzeltern）的急信中说，必须完全保留莱茵联邦各国的国家现状、主权和独立。

不难看出，梅特涅是在利用当前的危机以实现"普遍和平的伟大计划"，就像根茨在写给卡拉贾（Karadja）的密信中所说的那样。整个春天，梅特涅都在同俄国秘密谈判，确保在波兰支援法军的奥地利军队能回家，这实际上将奥地利从法国阵营中解放了出来。

奥地利现在自由了,并且在交战国的侧翼占据优势地位,有希望凭借调停地位决定性地扭转事态。梅特涅敦促巴黎实现和平,向普鲁士谈判者表达自己非常赞成普俄之间的关系;克内泽贝克甚至带回了一封弗兰茨皇帝写给普王的亲笔信,其中明确宣布,即便普鲁士倒向俄国,也不会动摇霍夫堡对普鲁士的信任。弗兰茨皇帝的意图很清楚:如果俄国可以因为普鲁士的依附而强大,那么新的战争双方就将势均力敌,对于奥地利来说,也更容易介入其中进行调停。

414

　　精打细算的梅特涅只忽略了一个问题:精神力量;精神力量之间不可调和的矛盾笼罩着整个战争。他没有考虑拿破仑宁折不弯的皇帝气质,也没有考虑普鲁士觉醒的民族仇恨。他在巴黎郑重其事地表达和平意愿,沙皇却将其视为一场滑稽剧,就连弗兰茨皇帝后来的认识都比他务实——皇帝给巴伐利亚国王的信中写道:"要是法国想要和平,早就和平了。"很长一段时间内,梅特涅都希望可以阻止战争发生,1813 年 2 月 12 日,沙皇宣布在必要的情况下,奥地利应该以武装干预调停,梅特涅的回应却闪烁其词。同时,谨慎的梅特涅也做好了准备,应对法俄战争意外爆发。一旦开战,奥地利要等到战争双方都因严酷但非决定性的战役而筋疲力尽,能够听得进去调停人的意见时,才会派出其精心保存的军队。这样一来,奥地利就能在没有任何损失,不冒任何风险的情况下,再次维持欧洲均势,成为欧洲大陆的和平使者与调停人;同时,皇帝女婿的力量也不会被歼灭,而是被限制在一定范围内,德意志主权国家联盟的领导权也将落入奥地利手中。拉德茨基(Radetzky)是奥地利帝国参谋团里最睿智的人,他在 3 月底的一份军事备忘录中指出,奥地利必须准备一支大军,任何反对其调停计划的国家都应该被打倒。他置身于所有争斗者之上,对所有人都没有爱恨之分,大胆指出法国最有可能成为敌人。总之,克内泽贝克的出使收效不大。他是如此钦慕奥地利帝国的慷慨宽厚,却只带回了霍夫堡的一个保证:奥地利不会与普俄联盟为敌。

　　普鲁士同俄国的谈判非常成功。1 月 13 日,纳茨默在立陶宛的博贝尔斯基(Bobersk)面见沙皇,只要沙皇越过维斯图拉河,并决定全力开战,那么纳茨默就将以普王的名义同俄国缔结防守同盟。

415

沙皇信心满满：普王要么拯救欧洲，要么永远毁灭。沙皇愉快地赞同所有提议；并承诺马上向奥得河派遣 1 万到 15000 人，后续还将有 10 万人抵达。1 月 20 日，纳茨默以迂回路线与哈登贝格汇合，因为欧仁·博阿尔内已经开始怀疑，并且派兵拘捕这名盟军副官。

纳茨默返回之后，威廉三世马上准备前往布雷斯劳，同时下令所有能打仗的军校生都前往西里西亚。军官学校的老指挥官们在这个混乱动荡的时期不知所措，而整个圣诞假期里，学生们畅饮狂欢，无休止地庆祝俄国传来的胜利消息。如今，年长的学生们已经兴奋地走在前往西里西亚山区的冰封道路上；年纪小一些的，还在家里愁容满面，为圣战节省每一分钱，已经没人质疑敌人是谁。1 月 21 日，普鲁士王室庆祝王储的坚振礼①。无数股殷期待和注定遭受挫折的希望，都寄托在这个天赋异禀、聪颖智慧的年轻人身上！观礼的人都热泪盈眶；所有人似乎都看见伟大王后的身影环绕着她的孩子们，一同聆听王位继承人的发言："我坚定而平静地相信主，他对傲慢的人说：你只可到这里，不可越过，你狂傲的浪要到此止住。② 更美好的时代正在破晓。"两天以后，普王突然动身前往布雷斯劳，那里是自由的普鲁士土地，不用担心法军的突袭，他可以更加公开地行动。

但是哈登贝格再一次栽在了他的财政政策上：他迫使人们按照票面价值接受已经贬值的国库券，但是这一措施在数周内就惨遭失败。战备工作正加速进行。威廉三世组建了"军事加强委员会"（Komitee zur Verstärkung der Armee），任命哈登贝格、战争部部长哈克和沙恩霍斯特担任委员，光是沙恩霍斯特的名字，就足以让聪明人知道，目前的事态已经非常紧急。希佩尔被首相调任到军事部门，充满激情地执行沙恩霍斯特将军的所有计划。这个为德意志自由打造兵器的人，终于看到了辛勤工作的成果；沙恩霍斯特似乎更加强大了，一种骄傲的自信照亮了他的天性。他日以继

---

① 坚振礼（Konfirmation），又称坚振礼、坚信礼、按手礼，是基督教礼仪，信徒重申自己在婴儿时或儿童时受洗接受的信仰。——译注

② "你只可到这里，不可越过，你狂傲的浪要到此止住。"出自《圣经·约伯记》38：11。——译注

夜地工作,时而同国王开会讨论,时而在书房里奋笔疾书。他不断呼吁:"我们必须作好冒险的准备,在这个世界上,不冒险就没有任何伟大的收获,从不相信命运的人也永远不会被命运眷顾。"博延也带着一封沙皇的要信从俄国返回,提醒还在犹豫的普王,想想大选帝侯大胆的政治立场转变。① 重大命令纷至沓来。2 月 3 日,威廉三世号召免除兵役的青年作为志愿狙击射手入伍。一两天以后,沙恩霍斯特就起草了普俄联军计划。2 月 9 日颁布的法令宣布战争期间将不再免除任何兵役。几天后,沙恩霍斯特将亲笔起草的后备军法案交付给了忠诚的希佩尔。

　　同时,克内泽贝克也被从维也纳召回,但是他两手空空,威廉三世悲伤地说:"所有从国内传来的报告和消息都表现出同样的情绪,但是维也纳似乎还在沉睡中。"②普鲁士的振奋精神催促威廉三世向前进;他决定比之前的计划更加冒险,在没有奥地利的情况下开战。然而国王感到沮丧也是人之常情。一向胆怯的枢密院官员安西永在 12 月时就警告普王注意那些爱国者的革命原则;他尤其恐惧施泰因的"共和"情感,并在一份冗长的备忘录中证明,没有奥地利和其他德意志国家的协助,除了重获阿尔特马克和波兰省份之外,很难再有斩获。威廉三世在软弱的时候也赞同这个观点,但是他的软弱并未持续很久。哈登贝格强烈反对安西永,并且很快将那个油腔滑调的人逼入死胡同,只好为自己辩护道,只是希望"说一说战争可能造成的最大和最小后果"。③ 人们很快忘记了安西永的备忘录。2 月 8 日,克内泽贝克接到新命令,前往俄军大本营缔结战争联盟。2 月 13 日传到巴黎的指示必将导致普法公然决裂;威廉三世要求法国马上支付半数补偿金,同时法军撤出易北河,俄国退出维斯图拉河,双方暂时休战;这样整个普鲁士以及所有要塞就只有普鲁士军队驻守。威廉三世早就说过,拿破仑永远

417

① 沙恩霍斯特写给哈登贝格的信,1813 年 1 月 30 日;博延的备忘录,1813 年 2 月。——原注
② 威廉三世写给哈登贝格的信,1813 年 2 月 3 日。——原注
③ 安西永写给克内泽贝克的信,1812 年 12 月 27 日;写给哈登贝格的信,1813 年 2 月 9 日。安西永备忘录,1813 年 2 月 4 日。——原注

不会接受这些要求。① 如果他拒绝，战争就不可避免。普王还签署了一份内阁令，宣布约克将军的行动合法。②

威廉三世就用这种平静朴素的方式准备开战。但是普王的最终意图依然是个谜，就连被他留在柏林、由戈尔茨伯爵领导的最高行政委员会，都没有收到关于外交谈判的任何消息，并且被指示仍然同奥热罗元帅（Augereau）及其他法军将领保持友好关系。信息往来十分缓慢并且几乎完全被法军的行动所中断。很长一段时间内，普鲁士各省只知道普王失去了自由，被法军所包围。以后的路要怎么走呢？现在是否应该在没有君主的情况下仍以君主之名采取行动，以英勇之心恢复普鲁士和君主的自由？这个令人绝望的问题悬在每个人嘴边，这种不确定感痛苦地折磨着忠诚的老普鲁士人。奥登斯堡（Ordensburg）的红墙诉说着一段伟大的历史，那里英勇的德意志边境守护者会眼睁睁看着俄国人追击法国人吗？或者最后眼睁睁看着这个在七年战争期间被俄国占领五年之久的美丽省份，就这样再次并永远属于沙俄帝国吗？每个人都觉得必须做些什么，各省必须用自己的力量捍卫自由。甚至早在1月初，普鲁士特权阶层的一些成员就建议维特根施泰因将军起兵，在约克将军的领导下与俄国携手作战。

约克的处境也极为艰难。他本来希望自己脱离法军的行为可以帮助俄军顺利追击，并且促使威廉三世迅速下定决心，在整个北德点燃民族战争的火焰。约克的军队几天以来都怀着最乐观的希望。在提尔西特，德意志地区最东面的边界上，比洛上校向他的立陶宛龙骑兵承诺，看不到巴黎的高塔就决不罢休。但是追击法军的维特根施泰因行动太缓慢了，以至于麦克唐纳可以在柯尼斯堡同大集团军残部汇合，然后安全撤退穿过维斯图拉河。为了避免此次行动彻底失败，约克决定再次采取主动，于是在1月8日前往柯尼斯堡并接管了该省。他受到了难以形容的热烈欢迎；汉斯·冯·奥尔斯瓦尔德（Hans von Auerswald）正式向他保证：普鲁士青

---

① 威廉三世的备忘录，1813年1月26日。——原注
② 威廉三给克鲁泽马克（Krusemark）的命令，2月13日；哈登贝格给马尔桑的命令，2月15日；签署给约克的命令，1813年2月12日。——原注

418

年已经准备好将生命献给国王和祖国。全省群情激奋,尽管这里遭受了巨大的伤害,最近由于大集团军过境已经损失了超过 3300 万塔勒,但是每个人依然作好了牺牲的准备。

但是没有君主的支持又能做什么呢?这是个从骨子里拥护君主的民族。没有国王的名义,谁能发号施令?意见和计划被来回传递。特权阶层的一些代表向国王发出请愿书,恳请他联手俄国,避免德意志威名毁于一旦;其他人则要求议会行使自己的权利,下令征召后备军。俄国对领土的贪婪让不少忠诚的军官心存顾虑,认为俄国人仍然是敌人,会根据国际法侵袭普鲁士领土。但是俄国人处处行为谨慎,沙皇的野心在华沙,并且此刻他根本不想进攻老普鲁士。因此当血气方刚的贝尔施(Bärsch)在柯尼斯堡呼吁人民拿起武器的时候,俄国指挥官认真地拒绝支持他,认为只有以君主或者全权代表的名义才能发起这样的呼吁。但是如果普鲁士迟迟不公开宣布支持俄国,俄国的这种友好态度又能持续多久呢?

维斯曼(Wissmann)连同几位官员急忙赶往柏林,请求哈登贝格看在上帝份上,促使国王尽快下令,否则起义或者俄国入侵都随时可能发生。约克写信给比洛,努力说服他率军向奥得河和易北河移动:"军队渴望与法国一战,人民渴望如此,国王也渴望如此,但是我们的国王身不由己。因此军队必须帮帮他。我们希望用战争夺回民族自由。如果独立都是受他人恩赐,无疑将使民族成为笑柄!"但是宫廷并没有给出明确答复,同时柏林的报纸刊又登了重大消息:威廉三世已经否决了《陶拉格协定》,约克本人也被褫夺了指挥权。面对这些情况,铁人约克开始动摇。但是他仍然继续行使指挥权,因为官方正式的解职命令尚未到来。尽管不知道君主真正的意图,确实让这位严肃的保皇党人非常痛苦,但他从未想过违抗君主的意愿!他觉得自己像一个罪犯,被灰暗的前途所折磨,似乎光荣的一生即将终结于莫须有的耻辱。他希望自己至少不要再次背负违抗军令的恶名。因此他征召省内所有要服兵役的人壮大军队,并且不再考虑大批征兵。没有君主的保皇人士惴惴不安,这场景多令人唏嘘!尽管有如此多的自我牺牲和行动愿望,如果没有人能大胆完成千万人殷切期待之事,普鲁士民族仍将错失良机。

419

　　施泰因带着强大的意志归来。1812 年 12 月 16 日,他就在圣彼得堡向舍恩宣布,希望能尽快在阿恩特的陪同下进入老普鲁士。"德意志崛起的时机已到,将再次为了自由和荣誉而战,要告诉世界,自愿受人牵制的只是那些诸侯王公,而不是这个民族。"对于这个骄傲的德意志人来说,最可怕的事莫过于让俄国来解放自己的祖国。尽管施泰因本人并不怀疑沙皇的良好意愿,但是他对老俄国人的计划始终颇有疑虑。他紧急警告首相,决不能向俄国人开放任何普鲁士要塞。他眼见老普鲁士人因急躁而备受折磨,于是马上运用沙皇授予的全权,接管地方事务领导权,并利用一切可用资源充实力量。但是如果不能正式建立普俄同盟,那么这些也就只是权宜之计。威廉三世被明确告知,这些在紧急情况下才能使用的全权,必须交付给一位最忠诚的普鲁士臣民,而不是俄国人。1813 年 1 月 21 日,施泰因前往柯尼斯堡,形势马上发生了变化。所有忠勇之士一看见强大的施泰因,马上振奋起来。施泰因本人却感觉置身一个陌生国度,所遇到的尽是甘愿牺牲的勇士,一扫过往松懈之气象;他也诚实地承认,过去对北德人的看法并不公正。施泰因明确保证,俄军的目标不是攻占这里,而是恢复德意志和普鲁士的独立;但是他希望自己的同胞们"要从大局和事情的本质着眼",不要只考虑形式。于是老普鲁士马上表现出同俄国结盟的状态:开放港口,取消大陆封锁政策;向海港商人借贷;以俄国纸币支付所有物资供应。

420　　与此同时,施泰因开始同约克、舍恩以及省级官员们协商部署民族武装;克劳塞维茨已经带领俄国人进入了老普鲁士,接到命令起草备用军法案。同时准备召开议会,然而谨慎负责的议长奥尔斯瓦尔德(Auerswald)担心这会侵犯国王的权利,因而提出召开一次特权等级代表的非正式会议。但是舍恩谨慎地决绝了他的请求。于是 2 月 5 日,简朴却极其重要柯尼斯堡议会拉开帷幕,中世纪德意志的殖民地开始回报伟大祖国的慷慨。这次会议根据老普鲁士精神,没有雄辩和炫耀,简洁有效地决定所有大事。善良的亚历山大·多纳伯爵是贵族领袖:以前当部长的时候,曾经否认自己的同胞有能力过上宪法政治生活,他现在知道自己当时错得有多离谱。市民阶级的代表是海德曼(Heidemann),柯尼斯堡市长。约克以个人身份出席,向特权等级委员会递交了《后备军法案》,他是沙恩霍斯特的高足,这份法案也延续了其导师的意志,本质上同1811年计划相一致。结果发生了令人震惊的一幕:东普鲁士自发采纳了沙恩霍斯特在同一时间于布雷斯劳向国王提出的意见。的确,作为市民利益代表的海德曼,并非在所有方面都能跟上这位军事组织者的大胆提议。在城镇的要求下,议会同意保留兵役的替代权,但是在布雷斯劳则废除一切免除兵役的权利。东普鲁士后备军不过是一支地方部队,却再次被征召并承担起在维斯图拉河上组织抵抗的重任;各营指挥官必须住在省内,特权阶层委员会则作为一个整体承担军事指挥任务。

根据沙恩霍斯特的理想,军队应该由武装的人民组成,是一所正规的国民学校,但是这种观念还没有被大众所消化。在这场战争中,而且只有在这场战争中,才需要全民皆兵,因为这是一场圣战,关乎每个人生命中最宝贵的东西。无休止的战争折磨着这一代人,他们当然希望获得胜利;但是胜利以后将实施大规模裁军,以回报民族牺牲。甚至阿恩特也走在普遍观念前面,他最近才在施泰因的指示下撰写了一篇激进文章《论后备军和国民军的意义》(*Was bedeutet Landswehr und Landsturm?*)。虽然他用雄辩的语言指出,在一个堕落的时代农民不敢拿起武器,并最终重申了古代条顿人的信念:"整个民族都必须武装起来并练习作战,否则将会失去自由、荣誉、幸福、财富和坚毅。"但是他同时也反对将后备军视为一种征兵制的观点,指出"后备军只为战时组建"。他认为以后常备军人数大约可能削减掉三分之二。

无论如何,这块饱受蹂躏的土地承受了令人震惊的牺牲。这个只有100万人口的省份,贡献了2万后备军,为军官队伍贡献了700名志愿者组成的国民骑兵团,还为约克的部队提供了1万3千人。2月8日,柯尼斯堡议会通过了《后备军法案》,施泰因马上向沙皇复命。他看到一切事务都由合适的人负责,也从不想让世人觉得普鲁士起义是俄国人的功绩。

古老的骑士团土地上再次响起刀枪之声,就像古代德意志领主高喊着战争口号,号召领地上的居民驱逐异教徒。所有能拿起武器的人都争相参军,不分阶级或年纪。亚历山大·多纳第一个作

421

为列兵加入后备军。大学里无人上课，高中也关门了。当第一批年轻人将要奔赴前线时，他们尊贵的校长德尔布吕克（Delbrück）朗诵克洛普施托克的颂歌《海尔曼与图斯内尔达》（*Herman und Thusnelda*）给孩子们送别。这些诗句诉说着古代日耳曼人的英勇好战，这个感情充沛的种族每次听到都会心潮澎湃。所有人都清楚地看到，新德意志将比诗人编织的梦境更加伟大辉煌，但也同样严苛可怖，召唤它最杰出的子孙们，胜利的战车将从千万年轻人的尸体上开过。但是只有得到国王的明确赞同，这一切才有可能发生。特权阶层经过商议后，写信给威廉三世："深爱的国父的渴望就是我们的渴望；只有在他的崇高领导下，才能洗刷普鲁士和德意志的耻辱，才能征服，才能为祖国的独立誓死斗争。"他们再次恳请国王释放忠心臣民的热情："普鲁士的毁灭绝不可能写在上帝的神圣计划里。因为普鲁士是世界和真正启蒙精神不可缺少的一部分。"2 月 21 日路德维希·多纳伯爵带着这些来自老普鲁士的消息进入布雷斯劳。

422　　此时克内泽贝克正在卡利什（Kalisz）同沙皇商议有关战争联盟的事宜，因此人们急切地盼望他的消息。威廉三世已经写信告知沙皇有关维也纳谈判的情况，并且解释自己希望让拿破仑判断错误："这样我就能按照自己的心意行事。"[1]普鲁士的目标当然是重获以往的地位，还要消灭莱茵联邦，解放远至莱茵河的德意志地区。但是，曾数次让东方三国陷入艰难谈判的波兰问题，现在又成了盟友们争执的焦点。沙皇愿意同意所有提案，唯独不肯在战争胜利之前讨论华沙公国的命运。他表示，如果俄国占领波兰，他的盟友可以在莱茵联邦的北德诸国获得足够的补偿，尤其是萨克森，如果它到时还忠于法国的话。[2]

　　前些时候，沙皇曾再次与恰尔托雷斯基秘密接触。这个机敏的波兰人曾对拿破仑抱有希望，但是莫斯科大火让他的希望几乎化为乌有，于是他再次倒向沙皇，这次他幸运地没有任何党派偏见，而这种态度经过了耶稣会的调教后已经成为了萨尔玛提亚自由主

---

[1]　威廉三世写给沙皇的信，1813 年 2 月 8 日、17 日。——原注
[2]　克内泽贝克的报告，1813 年 2 月 18 日。——原注

义英雄的第二性格。最终,恰尔托雷斯基与沙皇达成协议,建立一个沙皇专制统治下的独立波兰立宪君主国。沙皇曾经一度希望波兰人可以在他的呼吁下自愿投向俄国,但是波兰境内无人赞同。经历了过去数年的风云变幻,波兰人已经失去了所有的意愿和希望。德意志移民、犹太人以及那些在波兰人中默默从事手工业的人们,都懊悔地怀念普鲁士统治下的有秩序、有法律保障的生活。大多数贵族仍然留在法国阵营,就像萨克森国王一样。没人信任世仇俄国人,而且一场针对莫斯科的大阴谋正在启动。结果在同拿破仑的南部军队短暂交火之后,华沙公国马上落入了沙皇之手。

俄国马上将战利品波兰视作一个新获得的省份。没有波兰人相信被占领者从此以后将享有比占领者更大的自由。但是抵抗总是能增强政治空想家的美梦。沙皇从未重视俄国臣民的感情,所选择的同伴都是有天分的外国人。波兰人的猜忌也不足以让沙皇担忧,虽然他打算将早已同帝国融为一体的立陶宛省份分离出去,还想摘掉白鹰的王冠,因为他认为即将赏赐给他们的巨大好处将软化这些顽固的波兰人。沙皇后来为自己辩护道:"我非常理解,俄国的过分扩张似乎威胁到了欧洲。为了缓和这种危机,我提议让波兰成为独立国家。"但是此时,这些伟大的计划必须瞒着全世界。他的波兰朋友也不能出现在帝国大本营,因为就像沙皇所写:"我们的波兰计划势必迫使奥普投入法国怀抱。"

数月以后,普俄两位君主一同在军营里居住了几周,威廉三世抱怨道,尽管多次询问,但从未得知沙皇的明确意图。奥姆普泰达是一位敏锐的观察家,也非常熟悉两国宫廷,他曾在 6 月末写道,安东·拉齐维尔亲王(Anton Radziwill)和沙皇周围的其他波兰爱国者,肯定会遭到非难。沙皇的秘密并没有泄露,普鲁士事先根本没有获得关于重建波兰的消息。直到有关卡利什谈判的消息传来,普鲁士才推测沙皇可能吞并华沙公国。那么眼下的问题是:一旦战胜拿破仑,沙皇势必继续向西推进,德意志东部边界将极不安全,在这样的危险面前是否还应该对法作战?

但是威廉三世头脑清楚,因此这个问题早就不是问题了。他非常熟悉波兰人的信念,并且经常愤怒地说:"谢谢他们,我实在是受够了。"而且当德意志人正要求解放祖国的时候,普鲁士也不好意

423

思要回这块不吉利的斯拉夫土地。对于最终恢复民族的政策来说，每一块用于交换华沙、普图斯克（Pultusk）和普罗兹克（Plotsk）的北德意志领土都要收回。唯一不能放弃的波兰领土是包含波兹南和格尼森（Gnesen）的狭长地带，因为这是连接西里西亚和西普鲁士的唯一通道。但是一旦放弃华沙，那么普鲁士的领土范围可以向东推进多远，也就意义不大了，因为从华沙向西，无论是普罗斯纳河（Prosna）还是瓦尔塔河（Warthe），都不是可恃的天然疆界。东部边界应该从军事上保护普鲁士，同时防止过分强大的外族杂居，但是现在这样的想法落空了。因此必须有勇气面对这样令人不悦的事实，并且一旦维斯图拉河地区的中央地带落入俄国手中，那么就必须为民族政策考虑而牺牲军事意图。对于普鲁士来说，相比过去的波兰共和国，俄国是一个不太讨厌的邻国。俄国与波兰不同，后者因为历史原因而仇恨普鲁士，因为自保而要求征服老普鲁士。广袤的俄罗斯帝国却已经拥有了众多港口，在必要的时候可以放弃维斯图拉河河口，就像德意志也不一定需要莱茵河三角洲，奥地利也可以没有多瑙河河口。如果华沙和马索维亚（Masovia）落入俄国手中，那么可以预见，老普鲁士及俄属波兰的经济利益，将受到严重影响；但是新的领土分配可能是永久性的，普俄之间形成稳定友好关系也并非不可能。如果普鲁士可以获得新的德意志领土，那么东部边界的所有缺憾也就得到了公平补偿。

实际上，哈登贝格已经认识到，必须放弃一些好处以满足俄国的胃口，于是他指示谈判人员，在必要的时候将新东普鲁士之前的领土让给沙皇。克内泽贝克上校却不这样认为，他没有理会哈登贝格的指示。克内泽贝克是一位学识渊博、经验丰富的军官，曾经兴奋地欢迎大革命理念，直至暮年也并未如通常所认为的那样，变得非常反对革命；他也从未彻底摆脱旧时外交和军事领域的基本观念。根据十八世纪的观点，所有邻国都是天然的敌人。在作战时，他总是认真研究地图，从占据的平原和山口估计战争的最终结果；因此在外交谈判时，他也根据欧洲均势理想以及自信的理想主义，在脑海中形成了一幅新欧洲地图。随后，克内泽贝克为新的领土分配提出了三个主要观点：西方国家必须失去支配地位，中部国家必须再次成为欧洲重心,东部国家决不能再重蹈西方覆辙。[①] 因此,他认为普鲁士必须重获 1805 年边界,否则将被俄国所挫败并沦为东方国家附庸:"个人的品质和联盟可能会暂时改变这种境况,但绝不可能消除它们。"克内泽贝克顽固地坚持这些想法,像同时代人一样,他也高估了"俄国巨人"的攻击力。他认为纳雷夫河(Narew)的沼泽地可以成为普鲁士的天然边界,于是热情地赞颂"大自然的手笔,像慈母的手一样保护着她的孩子们"。此外,他还对沙皇怀有根深蒂固的不信任。他曾信心满满地前往钟爱的霍夫堡,却满腹狐疑地会见沙皇,并且认为自己有义务避免 1806 年的外交错误。普鲁士不应该再次在没有设置约束性条款的情况下同俄国结盟。克内泽贝克疑神疑鬼,心思沉重且狂妄自负,沙皇同他的谈判陷入了僵局。就连哈登贝格也无法说动克内泽贝格。[②] 同时,志愿军们已经开始大批入伍,东普鲁士后备军也正在集结,但似乎德意志的解放事业将再次败于起始——因为克内泽贝克已经在布格河和纳雷夫河找到了自然母亲设下的疆域。

425

　　情况变得更加严峻了。在俄国大本营,除了沙皇以外,没有谁真心渴望德意志战争。俄国将领们,尤其是头脑狭隘的老库图佐夫,已经深陷自满之中。那些基本由于拿破仑的失误而取得的胜利,被他们归因为俄国军队的强大无匹,而且他们认为战争已经彻底结束了。在这些将领们看来,无论怎样攻击深受侮辱的法国都不会有危险;华沙,或许连同老普鲁士都将自动落入俄国手中。除非普鲁士宫廷有办法面见沙皇,否则普俄联盟不可能建立,德意志的希望也将再次破灭。

　　最终沙皇失去了耐性,于是派遣最机警的外交官、阿尔萨斯人冯·安斯泰特(von Anstett)直接与威廉三世会面,施泰因陪同他一同前往。沙皇信赖威廉三世的正确感觉,并没有丧失希望。哈登贝格则认为没有杀死熊之前就争论熊皮的颜色,是非常愚蠢的行为。将领们迅速做出了决定,沙恩霍斯特告诉希佩尔:"我们的任务是确保胜利,瓜分战利品的问题就交给和平会议解决。"威廉三

---

① 克内泽贝克写给哈登贝格的备忘录,弗莱堡,1814 年 1 月 7 日。——原注
② 哈登贝格写给克内泽贝克的信,1813 年 2 月 20 日、21 日。——原注

世原封不动地接受了沙皇的所有提议；沙恩霍斯特带着一封令人
高兴的报告前往卡利什，2月28日签订了联盟条约。沙皇发誓战
斗到底，直到普鲁士重新获得1806年战争前的实力；担保盟友获
得老普鲁士以及连接西里西亚和西普鲁士的波兰狭长领土；最后
沙皇还保证，将来占领的北德领土，除汉诺威家族领地之外，都将
作为对普鲁士的赔偿，以建设一个领土完整、有凝聚力的普鲁士国
家。在一封热情的信中，沙皇向威廉三世表示感谢，说他从普俄双
方坦率迅速的互相理解中，感受到了普王的心。

在当前的形势下，《卡利什条约》完全合理。普鲁士不可能廉
价获得俄国的帮助。为了解放北意大利，加富尔必须放弃萨伏伊
（Savoyen）和尼斯（Nizza）；同理，在类似的情况下，威廉三世为了解
放德意志，也要放弃部分波兰领土，而他也认为这些领土是普鲁士
的重负。因此他要求获得对普鲁士不可或缺的波兰西部领土，并
且要求俄国明确保证普鲁士将从德意志土地上获得补偿——沙皇
以其骑士风度对此作出了承诺。但《卡利什条约》没有明确规定普
鲁士未来的东部边界，也没有指明普鲁士将获得哪些北德领土，这
对普鲁士极为不利；但是这些缺陷是不可避免的，因为当时谁也不
知道哪些土地将落入仁义之师手中。为了不让普鲁士因空洞的希
望而推脱行动，普俄口头协定了一些具体内容，即一旦普鲁士在德
意志的所有领土再次被占领，将马上由普鲁士接管。

卡利什联盟让普俄两国结成了牢固的利益共同体。随着联盟
军队向西推进，为补偿普鲁士而解放的德意志土地越广大，俄国的
波兰计划就愈加明确；在俄国传统政策中，除此之外也别无所图，
而且随着战争胜利，俄国的旗帜将从莫斯科插到莱茵河，这也不可
能遭受指责。最终促使沙皇积极发动德意志战争的，不仅仅因为
施泰因激情澎湃的演说打动了易受感动的沙皇，也不单纯因为解
放世界的崇高梦想，最重要的是沙皇的波兰计划。他是为了占领
波兰才在莱茵河上作战，是为了追求自己的利益才成为了德意志
爱国者的盟友。《卡利什条约》的唯一弱点，就是沙皇极力向普鲁
士隐瞒了自己的波兰重建计划。与威廉三世的慷慨坦诚相比，沙
皇此举不仅令人不快，而且很快成为了一项政治错误，因为当这一
秘密最终暴露的时候，普俄之间的信赖就将土崩瓦解，同盟关系也

426

427

因此一度面临解体。

　　《卡利什条约》签订后,普鲁士的处境依旧十分危险。沙皇想要迅速占领华沙公国全境。普鲁士的工兵和炮兵联合参与了围攻托伦(Thorn)和莫德林(Modlin);波兰围攻战严重削弱了普鲁士可用于野战的兵力,就像愤怒的普鲁士军官所言,为萨克森春季战役的失利埋下了严重隐患。就这样,普鲁士为占领波兰付出了极大代价,然后静静看着沙皇组建的临时政府接管整个公国。俄国人保住了自己的战利品,而普鲁士只能寄希望于未来,但关于德意志未来的结构也没有讨论。表面上,沙皇似乎赞同施泰因关于两大国组成德意志的构想,①但他也知道,奥地利、英国和瑞典都不会同意这个二元计划。此外,《卡利什条约》规定的各盟国分别要提供的兵力,对普鲁士极为不利。2月,普鲁士政府已经发现,要提供如此巨大的兵力需要民族付出前所未有的牺牲;普鲁士慷慨地作出了巨大贡献,但是不想再承诺更多。另一方面,沙皇估计他可用兵力是目前的4倍,部分是因为他希望在联盟中表现得像个领导者,部分也是因为他陶醉于凯撒大帝式的骄傲,在自我欺骗。他身边也没人真正知道,自欺和欺人的分界在哪里。无论敌友都相信了他的虚张声势。2月初,梅特涅在同克内泽贝克的一次谈话中,估计普鲁士还要提供5万到6万军队支援15万俄军。《卡利什条约》规定俄军投入15万人,普鲁士提供8万人。但是很长一段时间里,普俄展示出了完全相反的兵力比例。从一开始,普鲁士提供的兵力就远超条约要求,但是直到秋季,俄军还未达到承诺的人数。协商条约的时候,哈登贝格并未十分重视这些数字,但是在后来同英国签订的条约中却规定了援款的数额;这让陷入窘境的普鲁士财政面临巨大的危险,更是给外交世界造成了这样一种印象——普鲁士只是俄国的附庸。

　　一系列微不足道的小事又加深了这种糟糕的印象。在俄军的大本营里有大批徽章闪亮的俄军将领,而贫困的普鲁士则只能让上校率旅,少校率团。结果无论联军在哪里协同作战,最高指挥权总是落在俄国人手中。威廉三世很高兴退居幕后,他的羞涩沉默

428

---

① 施泰因写给哈登贝格的信,1813年4月13日。——原注

刚好同沙皇的耀眼表现形成鲜明对比；在外交领域中，甚至威廉三世那种高贵的军人般的朴素对普鲁士都是大大的不利。威廉三世的轻车简从，相比随后经过的沙皇的庞大排场，或者弗兰茨皇帝的数千骠马队伍以及皇室和王室的随从、护卫和乐队，落差是多么巨大！普鲁士的军队的确拥有进行一场伟大战役的精神力量，但是在外交家的眼中，相比俄奥两帝国，普鲁士不过是个二流国家，而且在一场联合战争的复杂国际关系中，国家的表现同国家本身一样重要。

不能再犹豫了。当克内泽贝克正在卡利什逡巡不前时，陷入交战双方之间的普鲁士将领也正从一个错误走向另一个。俄军缓慢向西逼近，其兵力不足也变得日益明显。直到2月初，第一支哥萨克军队才出现在诺伊马克（Neumark）。人们热情迎接这些半野蛮的联军。巴什基尔（Bashkir）拉起弓箭，大胡子的哥萨克人马术精良，身上的斗篷装饰着铁十字荣誉勋章和法军制服的破布，这幅场景多么令人振奋。每个德意志男孩都很开心，因为那些天性善良、喜爱孩子的人愿意让他们骑在自己的马上。全世界都唱着一首新歌："可爱的明卡（Minka），我必须离开你"，据说是一位多愁善感的草原之子写于顿河之畔。细心的母亲们却觉得，孩子们被外国人亲吻后应该洗个澡；并且当人们逐渐熟悉了这些大孩子们偷鸡摸狗的行为之后，热情就冷却了。

俄军的挺近让约克非常焦虑。他觉得无论如何都不能将解放勃兰登堡的任务完全交给外国人，于是带领军队越过了维斯图拉河。比洛将军也有类似的疑虑。数周以来，他始终机敏地在法国和俄国的需求之间走着中间道路，并且尽管身处交战双方的夹缝，却总能加强自己的后备军，同时保持完全独立。比洛将军急切地恳请普王发表所有人都翘首以待的解放宣言："所有人都自愿作出最大牺牲，被认为早已干涸的泉眼将再次涌出清泉！"但他还是没有得到明确答复，于是主动作出决定，在2月22日连同约克和维特根施泰因共同向奥得河挺近。严肃守旧的博尔施特勒将军（Borstell），曾公开敌视沙恩霍斯特的改革，最终也明白盲目服从已经不能满足形势需要。他也恳求普王宣战，并且写信给英国请求提供金钱和武器，最终在2月27日向普王宣布，他将带领波美拉

429

尼亚军队前往诺伊马克,同约克及比洛会师,开赴首都。就在这几天中,格奈泽瑙从英国返回科尔贝格,那里也是他声望的摇篮,没有丝毫的迟疑便决定率军抗敌。军纪从未经受过如此严苛的考验。当约克收到来自布雷斯劳的命令,加入维特根施泰因的军队,并且不久后被公开宣告无罪,所有人都如释重负。3 月 2 日,维特根施泰因穿越奥得河,10 日,普鲁士军队紧随其后。战争同盟建立。

与此同时,首都却一片混乱!戈尔茨领导着他那不幸的政府委员会,对于首相的计划仍旧一无所知,还在不断地发布严厉禁令,阻止激愤的市民举行集会。胆小的戈尔茨最大的愿望无非是"作王权的小小代理人",因此当征召志愿狙击射手时,他几乎不知所措。一些刨根问底的人还在追问:"支持谁反对谁?"但大多数人已经明白了普王的意图,志愿军大批涌现;市政官员开始以这些无装备的士兵为名征收物资;数千青年唱着军歌跟随从柏林前往西里西亚的军队。2 月 20 日,一小队哥萨克人突然穿越了东城门,许多德意志人也加入其中,年轻的亚历山大·冯·布隆贝格(Alexander von Blomberg)成了德意志战争的第一个牺牲者。很难阻止民众过早爆发巷战。戈尔茨同亨利亲王及爱国者圈子发生公开冲突;他甚至被奥热罗说服,要暂时禁止志愿军启程。戈尔茨因此受到了普王的严厉申斥。直到战争同盟正式缔结,哈登贝格才告诉这个糊涂蛋那些仍旧是机密的计划。① 拿破仑听闻志愿军的行动时,终于警醒起来。他马上命令自己的继子欧仁不再允许普鲁士继续征兵,并竭尽所能守住阵地,必要的时候可以烧毁柏林。欧仁实际上有足够的兵马对抗维特根施泰因和三位普鲁士将领的联军。但是士兵们脚下的土地正在燃烧,狂怒的民众被压抑的能量让他们无比恐惧,在柏林武装起来的普鲁士人很快将在人数上超过法军。3 月 4 日,敌军撤出柏林,追击而来的俄军就在柏林城门同其爆发了小规模冲突。11 日,维特根施泰因进入柏林,17 日,约克沿林登(Linden)行进,目光严厉阴沉地注视着喧闹的人群。同一天,贝尔

430

---

① 戈尔茨的报告,1813 年 1 月 31 日,2 月 11、17、19、25 日;发给戈尔茨的内阁令,2 月 23 日;哈登贝格写给戈尔茨的信,2 月 28 日。——原注

施及其哥萨克人占领了汉堡港口；英勇的轻骑兵特滕博恩（Tettenborn）说服梅克伦堡亲王加入联军，并马上率轻兵占领了老汉萨城，那里的人民欣喜若狂地把受诅咒的法国秃鹰从墙上扯下。数周中，德意志人都幻想着，可以不战而解放直到易北河的土地。

哈登贝格继续同法国大使友好会面；法普公开破裂越推迟，前线军备就能越安全地完成。圣·马尔桑已经随宫廷撤离到了布雷斯劳，并且在数次抗议之后，他甚至对 2 月 3 日的全民呼吁有了些同情，因为哈登贝格向他证明，普鲁士已经穷困潦倒，没有臣民们的自愿牺牲根本不可能生存下来。甚至在 27 日，马尔桑还友好地拜访了首相。毫无疑问，这就是安斯泰特所说的"特别拜访"。[①] 法国大使看见军队和志愿兵正从四面八方涌入西里西亚首府；威廉三世命令佩戴民族帽徽，以此作为"热爱祖国的象征"；并且在王后诞辰重新启动了铁十字军计划。善良的马尔桑无法相信，弹丸之地的普鲁士竟然敢参与这场实力对比悬殊的战争，直到 3 月 15 日，沙皇抵达布雷斯劳，一切骗局大白于天下，他才真正理解了眼下的形势。甚至当他离开的时候，还请求首相不要将国王以及这个他已经深深爱上的国家引向毁灭，因为这些孩子和青年挡不住拿破仑。3 月 16 日，哈登贝格正式宣布，普俄结盟。战争爆发。

17 日，威廉三世签署了《后备军法案》和《告人民书》（*Aufruf an Mein Volk*）。就像施莱尔马赫曾在布道坛上兴奋宣布的那样，我们将重返真理和自由。所有的怀疑消失，对民族耐心和服从性的过分考验也终于结束，人们如释重负。从未有一位专制君主对人民说出这样的话。一股自由的空气，曾经赋予了埃斯库罗斯的希腊战歌以生命，现在又回荡在天才的希普尔（Hipple）在好时光写中下的坦率而有力的文字中。威廉三世带着坚定的信心，向他的勃兰登堡人、普鲁士人、西里西亚人、波美拉尼亚人和立陶宛人发出呼吁，用其各自古老的部落名称称呼他们，号召他们加入圣战："除了光荣的和平或者光荣的毁灭，我们无路可走。甚至后者才是我们的宿命，因为普鲁士人和德意志人不会苟活于世！"武装起来的普鲁士人起义了，这个曾同斯拉夫人、瑞典人并肩作战的民族，

---

① 马尔桑写给哈登贝格的信，1813 年 2 月 27 日。——原注

这个七年战争中的斗士站起来了,就如同日耳曼英雄史诗中所描述的那样,他们的熊熊怒火熔断了身上的枷锁。没有人怀疑或犹豫,也没有人认真考虑敌人的压倒性力量。所有人都像费希特一样想:"我们并非是要征服或寻死,我们只要征服!"沙恩霍斯特写道:"尽管拿破仑是常胜将军,但是这场战争的整个局势决定了我们必胜。"2 月 3 日的号召产生的结果,除了沙恩霍斯特以外没人预料到。当他将威廉三世领到窗口,给他看欢欣鼓舞的大批志愿军时,这可能是他一生中最骄傲的时刻:这是一幅迷人的场景,人们步行、骑马、乘车,组成一支没有尽头的队伍,徐徐向古老的钟楼山墙靠近。威廉三世热泪盈眶。在漫长而艰辛的岁月中,他已经忠诚地履行了自己的义务,并且时常展现出优于主战派的判断力,他只是不相信普鲁士人的牺牲精神,但是现在他终于相信了。

3 月 17 日,大部分民众已经进入军队。各阶层之间的竞争热情产生了大量士兵,是开化民族的历史上闻所未闻的。已经赤贫的小国普鲁士,为 4.6 万人的旧军队又增添了 9.5 万人,此外还有超过 1 万的志愿狙击射手,12 万后备军,共计 27.1 万人。几乎每七人中就有一名士兵,远远超过法国恐怖统治时期的军民比例。这些仅用了一个夏天就完成了,更不用说之后送到军队的强大增援。退休的军官们也马上挺身而出,要恢复古老军旗的荣耀。身在故乡的奥彭将军,一听到祖国军队的动向,马上从墙上取下旧军刀,带着一个仆从快马加鞭去找老战友比洛将军。比洛面带微笑地向军官们介绍这位目光明亮的大力士:"这可是位打仗能手",并让他指挥骑兵。再次作战的奥彭始终乐观积极,一直战斗到进入巴黎。

老兵旁边是有教养的年轻人,他们最真切地理解时局的紧迫,热切渴望祖国获得自由和统一。斯特芬斯教授(Steffens)发表了一次演说,向人们解释征召志愿兵的原因,随后也离开了教席。威廉三世号召那些丢失的省份参与战斗,"今天,我号召忠诚的子民拿起武器,从此以后,你们便不再被那强制许下的誓言所束缚"。尽管在那些地方,人民起义仍然不太可能,但是哥廷根大学里的东弗里西亚人和勃兰登堡人都迅速加入了普鲁士军团;哈雷大学的学生也是如此,他们在威斯特伐利亚的统治下,还没有忘记老德绍尔

432

401

和普鲁士的美好时光。同样的精神也激励着中学校园。仅在柏林中学，就有 370 名少年参战。一些体质虚弱的年轻人悲伤地从一个军团辗转到另一个，一次次被拒绝，只要被一位宽纵的指挥官所接纳便无比幸福。官员们报告的参军人数如此巨大，以至于威廉三世最终觉得有必要向省政府发表公告，确保他们保留足够从事各项工作的人。夏季，波美拉尼亚的王室政府当局几乎完全消失，各个县和村庄只能自我管理。

433   贫困交加的老百姓也重拾爱国之情，公共生活的热情激荡着他们的灵魂，自从宗教战争以来就没有这样激动过。农民离开了农场，手工业者离开了作坊，此刻在他们的头脑中这就是理所当然的事；时机成熟，会发生的必然会发生。威廉三世也带着所有王子进入军营。在数千种动人的品质中，普通人的忠诚无比闪耀。一个波美拉尼亚牧羊人，卖掉了自己的小羊群，那是他唯一的财产，然后装备齐全地加入了军团。这些表现让老一辈人十分钦佩，而普遍兵役已经让我们这些后人将之视为平常。数百对已经订婚的恋人在圣坛前结为夫妇，然后年轻的丈夫们就马上奔向战场和死亡。只有生活在西普鲁士和上西里西亚的波兰人没有被德意志人的热情感染，在一些迄今为止都免于兵役的城镇，新法令遭到了抵制。另一方面，老省份的德意志和立陶宛农民，自从威廉一世的严苛时代就习惯了服兵役。同时，四处都在公开征收物资，就像习惯上只为慈善目的才发动的募捐：德意志民族用于重建祖国的，就只有贫乏物资以及青壮年，还有最后仅剩的财产。能调用的现金很有限，但是老装饰物和碗盘却大量供应。在老省份的不少地区，战后如果谁家还有银盘子，会被视作耻辱。老百姓们把自己的结婚戒指送到铸币厂，换成铁戒指，上面铭刻着："金换铁"；不少穷丫头卖掉美丽的长发为战争捐款。

整个民族的灵魂已经波涛汹涌，但表面却相当虔诚平静。不仅没有新闻舆论和俱乐部的喧哗之声，即便在私人圈子中也罕有大胆言论。生活平静的时候，德意志人喜欢用夸张的语句形容琐碎之事；但是当生活变得严肃时，每个人也都明白行动的伟大，言语的苍白。如同尼布尔所说，所有人都"满怀喜悦，因为可以同整个民族、学者及普通民众分享同样的感情，共同变得可爱、友好和强大"。虔诚的威廉三世送给后备军的座右铭,正说到了人民的心坎里:"上帝保佑国王和祖国",他还命令新招募的战士在入伍后马上参加一场宗教仪式。全国每所教堂都有一块纪念碑,镌刻着教区中所有英勇捐躯的人。活着的上帝正将手重重地放在以自身文化为荣的民族身上;新一代人带着谦卑的顺从,再次抬起眼睛坚定地看着"老德意志的上帝",朗诵诗歌:"忍受跌落之痛,重获天堂荣光!"

434

第一支志愿军唱着《华伦斯坦骑兵之歌》(*Reiterlied der Wallensteiner*)到达布雷斯劳,很快他们就创作出了自己的军歌。如同古老虔诚的雇佣兵一样,新加入的战士带来了新的歌曲。他们在行军时高唱:"普鲁士听到了警报!"随后是一长串毫无艺术气息的乡野之调,描述在这场漫长战役中的种种经历,最终以一阵快乐的节奏结束:"普鲁士占领巴黎!"我们再次看到了这个战斗民族好战但同时热爱和平的精神。

很快德意志诗坛上也诞生了伟大的作品。只有老歌德不看好新形势;当他远离战争漩涡时,曾沮丧绝望地说:"你们可以随意晃动枷锁,但无法摆脱那个人!"其他北方人就像费希特所说,欢呼着"祖国的爆发",诗歌之火在他们的血管中燃烧。这一代人将诗歌视为生活的主宰,所有政治成熟的民族在报纸、谈话和公开交流中表达的一切,都被他们赋予了诗歌的形式。于是,任何种族都引以为傲的、最美丽的政治诗歌诞生了。我们这些后人,如果仅从美学上欣赏这些英雄时代的伟大遗产,就应该深深忏悔。解放战争的诗人们的刻画描摹并没有达到克莱斯特的壮美丰盈,但是所有在诗歌中读到民族灵魂的人,都会松一口气,卸下绷紧的仇恨,沉醉在表现战争喜悦的明亮清新的曲调中。对我们这个民族来说,饱受压迫的心灵在忍受漫长灰暗的岁月后,终于可以再次享受欢愉,这实在是上帝的祝福,自由人的誓言再次响彻云霄:"心灵在喜悦的泪水中升腾,双手伸向天空,我们向上帝起誓,不再忍受奴役。"

富凯的诗句像军号一样嘹亮:"冲啊,冲啊,高高兴兴打仗去啊!"在阿恩特的歌里唱着:"号角为什么吹响?骑兵上前线!"德意志骑兵则高呼着"前进!前进!"具有骑士精神的青年人特奥多尔·克尔纳(Theodor Körner)创作的《琴与剑》(*Leyer und*

435

Schwerdt），最乐观地表达了当时热血青年们的情感和风貌。席勒的缪斯女神对于德意志民族的重要性首次完全展现。她高尚的道德热情展现在爱国激情中，她动人的节奏韵律成为战时青年诗人的自然表达形式。克尔纳是席勒挚友之子，年轻一代将他视作伟大诗人的继承人。他们看见他带着必胜的信念，被德意志自由精神所鼓舞，跟随吕措（Lützow）的黑枪队冲锋陷阵，无视生活中的琐碎之事；在每一处休整和露营处热情地歌颂战争的光荣；最后，克尔纳吟诵着《剑歌》（der Song von der Eisenbraut）光荣牺牲，亲身表演了数个小时前才谱写下的神圣庄严的作品。无论在文字里还是行为上，他都是个真正的热血男儿，这种气质属于能干的萨克森人，他们已经摆脱了家庭生活的温驯谨慎。

"烧吧，烧吧，烽火台的火焰！那分明是来自北方的自由之光!"克尔纳用这样的文字描述了这场伟大运动的起源和性质。运动仍然限制在北德。吕措志愿军明确规定只征召非普鲁士人，但是他也有着统一德意志的理想。吕措的在布雷斯劳设立了征兵地点，不少小诸侯国的年轻人前往"勤王"；两位南德诗人，吕克特（Rückert）和乌兰（Uhland）也加入了爱国诗人的大合唱。但是普鲁士以外的普通民众们还是对战争中的英雄之怒毫无感觉。施泰因掀起全民大起义的希望落空了。只有在仍属于普鲁士的省份，以及西北部由拿破仑直接统治的一些地区，当胜利解放者队伍抵达附近时，人民才会自愿拿起武器。其他地方的人们则等待着地方统治者的命令并静观其变。梅克伦堡和安哈尔特的公爵都以古老友谊的名义支持普鲁士邻人。魏玛的一个营在战争爆发后，马上自愿被普鲁士俘虏，这样就可以像勇敢的施特雷利茨轻骑兵一样加入约克的军队。但是其他莱茵联邦的成员依然听从拿破仑的命令，大多数人仍被拿破仑军队的热情所感染。德意志的解放战争从一开始到战事过半都很艰苦，是一场普鲁士对抗法国统治下四分之三德意志民族的战争。

436　　此前，现代德意志国家的建立从北方开始，现在，重获民族独立的进程也从北方启动。觉醒的一代人心中全新的政治和道德理想都打上了北德文化的烙印。他们所祈祷的老德意志上帝，就是新教的上帝；他们所有的行动和思想，有意无意地都以康德绝对律令的道德原则为基础。在新德意志历史的伟大开端,北德人民扮演了极其重要的角色,这对之后数十年的德意志历史产生了重大影响,而南德意志要到两代人以后,才愉悦地加入了伟大祖国的斗争和胜利。

费希特坚定预言的事情很快成真:"战争让一个民族真正成为一个民族,那些没有参与战争的人,无论如何都不能将其算作德意志人。"新普鲁士的国家和军队建设都有意地反抗所有外族特征;而南部国家的存在、制度和军事历史却都仰仗法国。因此,在北方,爱国精神是一种强大且靠得住的民族情感;但在南方,法国观念依旧占据主流,德意志只是一个空洞的名词。库尔马克的农民和西里西亚的纺织工人也会打游击战,但只是为了他们的妻儿和领主;被人奉为普鲁士英雄的布吕歇尔、约克和比洛,却是真正的新德意志英雄,但南德同胞们对他们一无所知。有教养阶级的武装青年所怀揣的德意志爱国主义理想,也逐渐感染了普鲁士下层民众。自从普鲁士建立绝对君主制以来,民主倾向就开始显露,在战争期间更是得到了显著增强。从前,德意志诗歌的感染力曾弥合了不同阶层间的鸿沟,现如今,各阶层发现共处在一个肩负政治义务的高效群体中。后备军委员会的工作,国民兵的训练,公共集会,还有医护工作,甚至将那些留在家里的人都更紧密地结合在一起。粗俗的容克贵族们也学会了同市民友好相处。此时走上前线的人,终此一生都将受到尊重。

军队完全成长为了一个大集体,和约签订以后,这种古老忠诚 437
的同袍情谊仍然存留在俱乐部和公共节日中。腓特烈军队钢刀般的品质以及军官的贵族荣誉感都保留了下来,但是专业军人必须学会同出身平民、受过教育的青年人友好相处。他们之中的佼佼者马上自觉地承认,一种健康的能量正从志愿狙击兵涌入军官阶层。格奈泽瑙也真挚喜悦地赞扬年轻的志愿狙击兵:"面对他们高贵的灵魂和高尚的德意志情感,我无法抑制自己的泪水。"这些志愿军的大部分是学生和有教养人士,因此大学校园的蓬勃朝气也感染了整个军队,他们唯一服从的只有严格的军纪。吕措的轻步枪兵经常高唱《君王》(Landesvater);他们正以神圣的热情为祖国和荣誉而战,因此这首老歌唱起来倍加亲切。如同沙恩霍斯特所预言的,年轻的志愿军将变成最优秀的战士;由于这些受过教育的年轻人参军,整个军队的行为也变得更加自由而有道德。乡野村夫也学会了志愿军的一些热情歌曲。当胜利来临的时候,普鲁士人一次次愉快地进入被解放的德意志城镇,当他们最终占领德意志境内莱茵河地区时,就连普通人也不认为仅仅在为自己的农场而战。祖国意识在这些勇敢的心灵中苏醒,为德意志而战,成了普鲁士人的骄傲。继克伦威尔的铁甲军之后,世界又看到了一支充满神圣精神的军队,而且这并不是一支军队,而是整个普鲁士民族。普鲁士历史上所有的政治分歧都消失在了这场全民战争中:马维茨,民族军队的公开敌人,也愉快地接受了一位后备军旅长的指挥,以其勃兰登堡农民的坚强勇气为荣。

所有人都陷入狂热,这个刚强的民族已经怒不可遏,但是这场巨大的行动仍然限制在文明的范围内,没有染上让俄国和西班牙起义劣迹斑斑的宗教和民族黑暗狂热。年轻的德意志眼含怒火冲锋陷阵,可头上依然戴着科学和艺术的花冠,因此伯克(Boeckh)有理由骄傲地宣称:"看看这些日耳曼人,他们装备精良头脑发达!"有意识参与斗争的人,都自认为是上帝的选民,要推翻充满欺骗和压迫的国度,建立永久和平,各民族可以再次独立发展,在丰富的竞争中走完各自的旅程。因此,德意志战争被视为拯救了西方文明的古老民族组成结构,当胜利来临,本杰明·康斯坦特(Benjamin Constant)尽管是个法国人,也不禁说道:"普鲁士拯救了人性!"

但是纯真忠诚的这一代人,尚未设想过解放后德意志的体制问题。如果所有讲德语的人能够组成一个国家,那么必将再次产生一个强大、统一、自由的民族国家。但是没人讨论如何才能达成这一目标;所有心存疑虑的人都被斥为懦夫,占据人们心灵的只有战争。1813年春季,我们对敌人实施了剧烈残忍的攻击,这是任何残酷战争都无法避免的,此外这个春天只诞生了几部刺激战争狂热的政治作品,比如阿恩特的重要小册子,普菲尔(Pfuel)写作了法军从俄国撤退的经历,这是第一部真实描述那场灾祸的著作,篇幅不大却影响深远。北德的报纸有明确的政治倾向,尼布尔的《普鲁士信札》(*Preussische Korrespondent*)也关注着有关德意志未来的重大问题。

438

只有费希特还保持清醒。就在人人充满希望的岁月中，这位哲学家已经清晰地思考了有关国家理念的伟大问题。费希特欣慰地意识到，老德意志的重生将比他在演讲中所预言的更早降临；他高兴地看见听众们走上战场，他自己也拿起军刀长矛参加柏林国民兵。费希特已经亲身体验了，一个备受爱戴和尊敬的国家权力会要求人民作出怎样的牺牲，于是他开始认真思索政治实体的本质，并在《论国家》(*Staatslehre*)中将国家描述为教育人类获得自由的学校。国家的目标就是为了实现在尘世的道德任务。因此，费希特在逝世前不久，第一次无比清楚地阐发了他的观点：只有普鲁士国家才能领导德意志。小诸侯们只在乎自己的王朝利益，奥地利为自己的意图利用德意志力量。只有普鲁士才是真正的德意志国家，对于不义或者欺凌他人毫无兴趣。普鲁士国家是德意志的天然领袖，如果不能变成一个理性的国度就会毁灭。费希特是北德青年的导师，勇敢且颇具影响力，他的作品碎片是留给学生们的伟大遗产，同时也是意味深长的希望预言，正在爱国者圈子中发酵。但是对于这位理想主义者来说，这些观念进入政治生活的时机还很远。他写下自己预言般的思想，只是"为了不致消失"，并且在他逝世后多年也未出版。当时人们还不能理解政党活动的艰巨任务，摧毁外国统治是爱国者眼中唯一清晰的目标；此外一切都只是高尚的梦想，模糊不清，就像冬季费希特在柯尼斯堡写下的歌里唱的那样："德意志的祖国在哪里？"

439

普鲁士军备工作进展神速，大大震惊了俄军总部和霍夫堡。沙恩霍斯特根据多年前就构思好的计划，有条不紊地掌控全局。如果想以大批军队迅速展开攻击，此外还想通过在战场上迅速就位来显露普鲁士的高效机动，首先就必须增加军队人数。因此，早在1812年12月，后备营的组建工作就已经宣告完成。志愿狙击兵的征召基本上也以此为目的；他们将组成军官和非正式任命军官的核心力量；实际上，从这些志愿兵之中，诞生了非常出色将领和参谋，他们在随后乏味厌倦的和平岁月中，为军队保留了一个伟大时代的风气。

征召志愿狙击兵也是普鲁士对法国放出的烟雾弹，避免完全揭开外交面具。同时也慎重考虑了对普遍兵役的固有偏见，不可能让上流社会的青年作为普通军人入伍。因此,志愿军们自己花钱买装备,组成附属于军队的特殊轻步兵分队,区别于身着绿色步兵制服的大部队。他们受到符合自己阶级习惯的接待,接受特训,并且几个月后有就有权选择自己的军官。现在又不允许任何人免除兵役,2 月 22 日颁布的法令规定,任何逃避兵役的人都要受到严厉惩罚。就连这项法令,在必要的时候都要对法国大使进行解释。普遍兵役引起了广泛不满。人们询问,既然已经按照国王的要求招募到了那么多志愿军,为何还要实施普遍兵役?但是普遍兵役已经不可避免,因为普鲁士必须要指望所有能拿起武器的人,甚至在那些毫无热情地区的人,都加入战斗部队和后备军。

440

　　直到外交谈判破裂、战斗部队基本准备就绪,普鲁士才宣布《后备军法案》,这形同宣战。沙恩霍斯特的后备军计划从一开始就比柯尼斯堡议会的提案宏大。他计划像东普鲁士一样,首先通过各县和省中活跃的特权阶层,将新自治政府的原则运用到军事系统中。各县都组成一个委员会,包括 2 名骑士阶层代表、1 名城市代表和 1 名农村代表,负责从 17 到 40 岁之间没有参与战斗部队的人中挑选后备军;2 位委员,分别由国王和特权阶层任命,指导各省的征兵和装备事宜。后备军身着同各自省份颜色一致的衣领和帽子,军官们则穿着特殊制服。营和连的建制以县和乡为单位,以此将邻人们结合成一个军事单位进行管理。上尉及以上军官由选举决定;参谋则由国王任命,一定程度上参考特权阶层的推荐。尽管拿破仑将这支部队嘲弄为“市民军队”,但是它绝不是一支只想保卫自家院落的地方军。相反,后备军也遵守《战争法》,承担着同常备军一样的责任。他们穿着朴素结实的统一制服,佩戴军帽,身穿蓝色军装(Litewka),这种衣服可能是根据农民的礼拜服改制的;国王有权召集个别或整营的后备军上战场。因此,所有 40 岁以下尚未参军的成年男子都准备支援战斗;东普鲁士根据国王的命令,修改了之前非常狭隘的提案,让后备军对省外也承担同样的责任。大部分士兵都是农民和平民,在西里西亚尤为如此,那里所有受过教育的年轻人都加入了志愿狙击兵。大部分军官都是地主,还有一些官员和年轻志愿军;只有少数人接受过军事训练。至于装备问题,贫困潦倒的普鲁士物资困乏,步兵平时持长矛,战时才有部分士兵装备从敌军缴获的火枪。

这些后备军还要几个月才能上战场。春季战役中,后备军所受
训练有限,只参与了几次包围。直到休战时,大批后备军才抵达战
场,此时战斗部队拥有所有高级将领和训练有素的战士,仍然是军
队的核心。克莱斯特·冯·诺伦多夫(Kleist von Nollendorf)的 41
个营中,只有 16 个后备军营;比洛的 41 个营中只有 12 个;约克率
领的 45 个营中后备军占据多数,共有 24 个。后备军曾一度面临
未受训军队的天然困境。第一次交火时,突如其来的战火几乎让
他们乱了阵脚。短兵相接时,这些长久压抑怒火的农民杀红了眼,
以至于胜利以后都恨不得追击败军直到世界另一端。几周以后,
他们的行动就稳定一些了,到秋季,拿破仑再也不能嘲讽他们是
"持枪暴民"。这些后备军尚不能在军纪或军事表现方面同战斗部
队相提并论,但也逐渐变得像常备军 一样适应战争,也承受了战争
史上前所未有、只可能在民族存亡之时在道德推动下付出的巨大
牺牲。当然,组建后备骑兵更加困难;但是这支部队在优秀将领的
领导下,取得了大量出色成绩。马维茨让他勃兰登堡的年轻农民
骑上轻勒矮马,没有勒马绳或者马刺;他并不管这些人的田园马
术,只是让他们学会安全地使用马和武器;一段时间以后,这些天
然骑兵被他训练得极为优秀,可以在战场上做任何事。

4 月 21 日,也就是征召后备军 5 周之后,《国民军法》颁布。后
备军营的形制初步组建完毕之后,普鲁士开始招募民族最后的力
量。沙恩霍斯特身在远离布雷斯劳的军营中,对于有文化的官僚
巴托尔迪(Bartholdi)起草的这份《国民军法》的形式和内容,他从未
完全理解,也不满意。它在苛求这个文明民族完成不可能之事,一
旦贯彻实施,必将给战争打上狂热野蛮的印记。同时,这个可怕法
令给人留下的直接印象是,战争的一切需要都具有合法性。当敌
军迫近,警报拉响,15 到 60 岁之间的所有男人都走上战场,手持长
矛、斧头、镰刀、草叉以及各种可以用来劈刺砍杀的武器,在很长一
段时间内,这些地方守护者还是有些优势。国民军必须从事间谍
活动和游击战:敌人会发现分散的部队很快就不见了。懦夫和行
动缓慢的人像奴隶一样遭受鞭打。在军政府的命令下,人们会荒
弃整片地区,转移牲口和物资储备,堵塞泉眼并烧毁庄稼。如果某

地被突然占领，那么地方政府将马上解散——这是 1806 年悲喜剧
的一个教训。任何向敌军许下的誓言都不作数。忠诚的民族心甘
情愿地奉献所有。各县都组建保安团领导国民军。疲惫的老人和
无须的青年都兴奋地操练着手中粗糙的武器以及推荐国民军学习
的口哨技艺。这些国民军尤其喜欢攻击无人占领的高地，由此名
声大震。在柏林的国民军中，大学教授们也参与操练，形成了一支
装备精良的部队，其实学术声誉给这支部队带来的名望远胜其战
斗技能。也是在柏林，女性也被召集起来在首都南部修建战壕。
组建国民军形成了重大军事优势，因此全部战斗部队和后备军可
以随时上战场或者实施围攻。从波罗的海到巨人山，每块高地上
都树立起灯塔，由国民军驻守。

　　这些被征召的普通人在巡逻和传递消息方面很有用，还能抓捕
掠夺者和零散的敌军小队，但是只在非常特殊的情况下，国民军才
上阵杀敌。比如，在 4 月初《国民军法》尚未发布时，哈弗尔河上的
所有村庄都拉响了警报，手持武器的农民们自愿加入了开赴马格
德堡的部队。在一些大城镇，人们也抱怨《国民军法》的过分严苛。
此外，由于存在相当大程度的无组织无纪律性，而且市民生活也不
能缺少劳动力，也由于旧式官员对于持械的民众有着本能的恐惧，
因此 1813 年夏季，颁布了一些新的法令来缓和过于极端的《国民
443　军法》。规定国民军也遵守《战争条例》，主要是为后备军培育补充
力量；一些大城市取消了国民军，最能干的三分之一市民组成连队
负责安保。但国民军的建立依然意义重大。它让人民知道，这场
神圣战争中，匹夫有责。不少老国民军在临终前，会因为自己曾拿
起武器保卫祖国而含笑九泉。国民军对敌军的影响更大，因为后
者在经历了西班牙战争后，无比恐惧这种所有人对抗所有人的战
争。普鲁士全民皆兵的名声在莱茵联邦阵营引发了恐慌，国民军
的歌声让他们心惊胆战："哈！风暴，上帝之怒，来的更猛烈些吧！"
将领们对民族起义的隐约担忧，解释了他们在春季匆忙撤离勃兰
登堡，以及此后对柏林游移不定的行动。

　　令人惊讶的是，丧失了所有财政来源的普鲁士，竟然可以迅速
重返军事大国行列。从民族精神深处涌现出的蛮荒之力，只有一
位领袖能赋予其形式、规模和方向。沙恩霍斯特坚定地实施着自

己的政治和军事计划,丝毫不受反对意见和谣言的干扰,完成了现代历史上被认为不可能完成的伟大事迹——将一整个民族打造成了随时备战的军队。只要可以展现他能完成的一切,他就已经知足了。他知道祖国的命运就在肩头,这个从来不炫耀的人只说过一次骄傲的话——他给女儿的信中写道:"我专断独行,重任在肩,但我相信这就是我的使命。"

哈登贝格的外交艺术、宫廷的犹豫以及对奥地利的等待,将战争爆发推迟了数周,但是拿破仑还是深感震惊。他还批准马雷前往库鲁斯马克(Krusemark),就在马雷启程的时候,拿破仑仍然不相信危险正在迫近。① 普鲁士的行动改变了拿破仑的战争计划。现在他不再思考如何进攻沙俄帝国,摆在面前的首要任务是歼灭普鲁士。3 月 27 日,拿破仑向霍夫堡提议瓜分普鲁士,奥地利获得西里西亚,萨克森和威斯特伐利亚分别获得 100 万普鲁士人口,最后剩给霍亨索伦家族的就只有维斯图拉河上 100 万人口的小国。普鲁士的宣战遭到了血腥威胁:如果普鲁士要求拿回自己的遗产,那么全世界就会知道,普鲁士今天在德意志土地上拥有的一切,都是因为侵犯了神圣罗马帝国的法律和利益。马雷在一份递送拿破仑的公开报告中,谴责普鲁士宫廷聚集狂热党派成员,正宣传推翻皇帝,摧毁市民阶级秩序。报告结尾马雷挖苦道,此次宣战是"普鲁士对《提尔西特条约》和 1812 年《巴黎条约》的报答,前者让普王重获王位,后者让他成为法国盟友!"

这是一场不可能妥协的战争,也是一次前途未卜的冒险! 普俄同盟不可能再同奥地利展开进一步谈判:4 月 2 日,作为对数次急切请求的回应,梅特涅终于表示,奥地利不可能马上同法国决裂,但是如果拿破仑拒绝奥方提出的和平提议,那么弗兰茨皇帝会考虑同联盟合作。就连奥地利的热心友人,年轻的涅谢尔罗迭伯爵(Nesselrode)都认为这项声明过于模糊,他此刻已经开始在沙皇的会议上扮演重要角色。

大不列颠的帮助也指望不上。英国的资助对于这场战争至关重要,就像汉诺威的善意对于未来德意志联邦的存在不可或缺一

444

---

① 库鲁斯马克的报告,1813 年 3 月 13 日。——原注

样；因此《卡利什条约》明确规定了将恢复韦尔夫家族在德意志的领地。在欧洲诸国中，唯有这个幸运的岛国一直不承认拿破仑的地位，因而被所有德意志爱国者视为自由堡垒，英国灵活而专制的经济政策也被当成为守护人性之善而进行的英勇斗争。德意志爱国者无比热情地讴歌韦尔夫家族的光荣。明斯特伯爵曾经梦想，将易北河和斯克尔特河（Scheldt）之间的所有奥地利地区打造成一块自由的韦尔夫家族领地，这个疯狂的计划居然得到了不少德意志爱国者的支持。在皮特（Pitt）有生之年，英国曾数次向普鲁士许下重大承诺，尤其是承诺让其拥有尼德兰，条件是普鲁士要加入反法同盟。如今普鲁士终于发兵，但是哈登贝格除了确定英国将马上全力援助新联盟之外，再没有得到任何明确承诺。

445 继承皮特遗产的"平庸内阁"只继承了伟大前辈对大革命的刻骨仇恨，丝毫没有获得皮特高瞻远瞩的政治理解力。这些高傲的托利党人组成了欧洲事务反应中心；卡斯尔雷勋爵（Castlereagh）曾冷酷地说，他们只期待从这场激战中"重建旧秩序"；他们焦虑地注视着欧洲新力量的每个行动；无比傲慢的轻视注定受到奴役的大陆人民。卡斯尔雷说："立宪制并不适合那些还相当愚昧的国家；极端突进的自由原则应受到审视而非拥护。"英国内阁始终将俄国崛起视为邪恶之事，摄政王和弗兰茨皇帝同样警惕地看待北德青年的热情与普鲁士将领的勇气。威灵顿曾十分忧心地描述狂热兴奋的普鲁士军队，称其并不像铁公爵①麾下的半岛军团那样依靠九尾鞭维持军纪。

英国政治家对大陆政治向来缺乏理解，这一缺陷在托利党内阁期间尤为明显，实际上，明斯特伯爵主导了英国的对德政策，他是摄政王的汉诺威秘密顾问。明斯特伯爵曾因对拿破仑世界帝国的敌视而赢得施泰因男爵的尊敬，但是这样的日子已经过去了。普鲁士起兵以后，明斯特伯爵就只展现出他政治性格中琐碎狭隘的特征：韦尔夫家族嫉妒强邻，持有对"普鲁士棒槌和榆木脑袋"的古老偏见。对明斯特而言，哈登贝格的温和二元计划甚至比施泰因

---

① 铁公爵，即第一任威灵顿公爵，阿瑟-韦尔斯利（Arthur Wellesley，1769—1852）。——译注

的统一梦想更危险。韦尔夫王族从未向任何强大的国家低下头颅。英国始终有一个古老的计划，就是将普鲁士限制在易北河和维斯图拉河之间，位列三流国家，但是在目前的形势下，这一计划已经不可能实现，同时在奥地利建立韦尔夫王国的计划也成了空谈，因此普鲁士想要获得英国的资助，势必付出极大代价：普鲁士的正义之师不仅要为英国重新占领汉诺威，同时尽管解放汉诺威对于德意志战争没有任何意义，但是汉诺威仍然要额外获得几个老普鲁士省份；英国政治家们私下里宣称，如果不这样壮大实力，汉诺威就不可能安然无恙地生活在普鲁士身边。摄政王愉快地接受了所有这些观点，因为他的女儿夏洛特（Charlotte）是英国王位的继承人，而韦尔夫家族的男性支裔必然预料到，自己将很快再次被限制在位于德意志的发祥地上；摄政王在信件中虚情假意地保证一定公事公办，但他只是认为自己有义务补偿汉诺威因法国统治而遭受的损失。查尔斯·斯图尔特爵士（Charles Stewart）4 月初前往德意志，被授意要求将希尔德斯海姆（Hildesheim）纳入汉诺威，英国曾在 1802 年不情愿地将这块地区及明登、拉文斯堡这些老普鲁士领地割让给普鲁士。

446

首相哈登贝格年事已高，尽管仍然笔耕不辍，但是已经不再能胜任繁重的官僚工作，可他也不愿意放弃掌控部长们的权力。他深陷各种事务和轻佻放浪的生活中，几乎很少拜见国王，官署的工作也开始变得拖沓马虎。确实不能谴责他欣然顺从了英国的要求，因为近三个月以来，哈登贝格一直在进行这些令人厌倦的谈判，起初是通过尼布尔，后来亲自上阵。看看这场面：富有的英国，曾骄傲地宣称自己正在为了欧洲的自由而浴血奋战，却让自己最勇敢的盟友独自面对这场几乎绝望的战争，一连数月忍受着物资的极度匮乏，还和盟友为了几先令争论不休——这都因为一位无能的摄政王，他根本就不关心英国的福祉！换句话说，当战役打响的时候，英国没有作出任何明确的部署，普鲁士则急需资金支持。

瑞典已经同俄国结盟，但是没有同普鲁士签订任何协议。当瑞典人选择圆滑狡诈的贝纳多特（Bernadotte）继承王位时，他们必定希望这位拿破仑的元帅可以根据传统的瑞典政策依附法国，并且在拿破仑的帮助下从俄国手里夺回芬兰。但是这位审慎的王储却另辟蹊径。他明白瑞典这个农业国家不可能忍受大陆封锁政策，也意识到绝对不可能再次征服芬兰。因此，他决定通过获得挪威来补偿自己的新祖国，并让自己诞生不久的王朝深入万民心中。俄国战争一开始，瑞典就同其结盟。之后，俄、英、瑞典要求哥本哈根宫廷放弃挪威，并加入反法联盟；丹麦理所应当地认为，他们的损失应该从德意志得到巨大补偿。驻斯德哥尔摩的俄国大使以英国的名义向丹麦代办沃尔夫·鲍迪辛伯爵（Wolf Baudissin）保证：丹麦将获得两个梅克伦堡和瑞典属波美拉尼亚，或许还有普属波
447　美拉尼亚——"以德意志的两个村庄换一个挪威村庄"。贝纳多特甚至走的更远，向丹麦承诺梅克伦堡、奥登堡、汉堡和吕贝克。对德意志来说幸运的是，丹麦国王腓特烈六世始终坚信拿破仑吉星高照，因此数月都未表态。威廉三世头脑清晰，从一开始就极其厌恶这些北方邻居。他希望以体面的方式争取丹麦入伙，不同意小邻国的掠夺行为，当普鲁士驻斯德哥尔摩大使同意联合保证瑞典占领挪威时，普王拒绝正式批准。因此发生了一件大事：春季贝纳多特登陆施特拉尔松德（Stralsund），带了一小支瑞典军队，在尚未同普鲁士结盟的情况下，要占领挪威。英国慷慨解囊，给这个暧昧的盟友提供了 100 万英镑，资助其孱弱的军队。

　　最后，对莱茵联邦诸国还有什么期待呢？1813 年 1 月起，哈登贝格就积极同巴伐利亚谈判。慕尼黑宫廷已经在俄国雪原上损失了 3 万巴伐利亚人，这让它深感不安。虽然蒙特格拉斯非常仇视北德爱国者，还命令大使赫特林（Hertling）跟随普鲁士宫廷前往布雷斯劳，同时与马尔桑保持密切一致，[①]但是自从他的牺牲不再获得回报，就开始厌倦为拿破仑效力。王后、王储路易、安塞尔姆·费尔巴哈（Anselm Feuerbach）以及其他有影响力的人，都因此而积极活动。哈登贝格机智地清除了双方谅解之路上的一个重大阻碍：他知道马克斯·约瑟夫国王非常重视法兰克尼亚侯爵领地，并因此在一年前曾对普法联盟深感忧虑。[②]哈登贝格马上决定，普鲁

---

①　发给赫特林的王室令，1813 年 1 月 27 日。——原注
②　马克斯·约瑟夫和蒙特格拉斯发给驻柏林大使赫特林的王室令，1812 年 4 月
　　30 日、6 月 11 日。——原注

士王室将不要求拿回法兰克尼亚；于是双方达成共识：普鲁士将获得前巴伐利亚普法尔茨的下莱茵河省份作为补偿。当蒙特格拉斯听闻拿破仑的巨大军备活动以及奥地利的犹豫态度，本来已经签署了一份中立协议。但是看到如此悬殊的力量对比，他认为普鲁士必定毁灭，便撕毁中立协议，再次满怀热情地为莱茵联邦的统治者效犬马之劳。

反法同盟徒劳地想用友好谈判的方式赢得南部国家的支持，却用更加激烈的方式对待北德国家。3月19日签订的《布雷斯劳条约》，基本上沿袭施泰因《圣彼得堡备忘录》的精神，以国家损失为筹码，威胁所有在规定期限内不加入解放战争的德意志诸侯。施泰因男爵主持下的一个中央行政会议将在所有北德土地上建立临时政府，汉诺威和前普鲁士省份除外，临时政府负责管理军事装备，并以联盟的名义接受国家岁入。南部国家被默默地排除在外，因为哈登贝格正强烈推广自己的二元计划，不愿意此时在南德事务上给奥地利施压。统一德意志的实际政策一开始就在维也纳、伦敦以及所有莱茵联邦国家引发了强烈不满。人们愤怒地质问雅各宾党人施泰因，是不是想当德意志皇帝。梅特涅和明斯特立刻决定限制邪恶的统一力量发展。

俄国司令库图佐夫在3月25日发表了言辞激烈的《卡利什宣言》，希望所有德意志诸侯都站在德意志事业一边，并因此"免受民意和正义之师造成的本不应遭受的毁灭"。年轻的萨克森人卡尔·穆勒（Karl Müller）起草了这份宣言。但是就像这个狂热青年的爱国梦想一样，陆军元帅库图佐夫以联盟君主的名义，对德意志体制提出的所有承诺，都混乱且不堪一击。他宣布古老帝国的复兴将完全依赖诸侯和德意志民族，沙皇仅仅提供一些保护。"这项德意志民族原始力量自发的事业的基础和轮廓越是明确，重返欧洲民族之林的统一德意志形象就越年轻、越有活力、越加稳固！"这些话语高调而善意，唯一的缺陷就是没有传达任何明确意义。但在随后一段苦闷沮丧的岁月中，这些话语起到了意想不到的重大作用：理想幻灭的爱国者用这些文字来证明，德意志诸侯已经背叛了自己的民族；然而不幸的是，德意志人民当时确实同诸侯们一样，并不理解德意志统一的先决条件。

449　　　反法同盟正确认识到,拿破仑的总督们现在只顺从于强权的命令,因而对其发出威胁。但是威胁性的言语要产生效果,必须有紧随其后的行动,但同盟并没有进一步的动作。普王的天生良善及其对奥地利的诸多顾虑,让他并没有利用萨克森国王遭废黜这一大好时机,警告德意志诸侯。1806 年秋季,萨克森的腓特烈·奥古斯特曾为家族违背誓言,现在他被要求为了德意志再次违背誓言,这个弱小君主处境艰难。战事尚不明朗的时候,联盟就要求他比莱茵联邦其他诸侯更早作出决定,而且俄国已经占领华沙,不可能还给萨克森。但是只要萨克森适时倒向反法同盟,便有能力在波兰问题上获得补偿;沙皇很早以前便向他如此建议。对于如此不稳固的王位来说,这种赔偿本来是想都不敢想的。众所周知,华沙只是暂时掌握在萨克森国王手中,直到拿破仑对其作出进一步部署。韦廷家族的这位公爵从不知道如何对待高贵的波兰选王以及他们对德意志的深仇大恨;他从来不敢对波兰军队下达任何命令。尽管这块领地已经给萨克森带来了无数麻烦,但是奥古斯特不愿意放弃波兰王冠,还认为"伟大盟友"的失败实在是匪夷所思。当同盟军逼近的时候,他一如 1809 年战争时那样逃离了国家。普王不断追问,他是否仍然希望是"最高贵事业的敌人",他的回应不知所云同时还提到自己仍背负的义务。

　　萨克森大臣森夫特(Senfft)是个平庸但狂傲的人,这种人在中间国家的外交史上屡见不鲜,他提出了组建中欧联盟的幼稚计划,这个计划不仅羞辱法国和俄国,更加要将普鲁士贬为三流国家。但是他又觉得需要获得一些保护,于是努力附和奥地利的观望政策,保持中立。由于萨克森必将成为战场,因此这一计划不可能实现,此外也违背了国际法。萨克森还在同俄国交战,因此也是普鲁士的交战国;萨克森军队此刻正在吕讷堡(Lüneburg)大街上同英勇的多恩贝格(Dörnberg)军队作战。国际法规定,在对方国家未承认的情况下,任何交战国不得宣布中立,因为如若不然,任何战败
450 国都可以马上全身而退。奥地利可以保持中立,因为拿破仑和反法同盟都不希望将其卷入,也都指望奥地利的协助,但是交战双方都要求萨克森国王速做决定。

　　托尔高(Torgau)的全部萨克森军队基本都由蒂尔曼

(Thielmann)指挥,他要在易北河上打开一条重要通道,不向任何交战国开放。这位将军很英勇,但是自负虚荣,野心过大。他过去一直是拿破仑的狂热追随者,最近却突然转向了德意志阵营。蒂尔曼确实有能力像约克一样大胆,自作主张,保卫萨克森国王及其军队,使同盟的公开行动变得更加容易。但是他是个过于合格的萨克森将军,却是不合格的德意志爱国者。他秘密同普鲁士谈判,甚至可以将易北河上的数个渡口让给普鲁士,却不敢将军队同德意志合并。在这样的情况下,反法同盟无疑可以合理地将萨克森视为敌国。但是同盟国的行动却又不合时宜地温柔,仅仅是以逃亡君主的名义接管了萨克森。沙恩霍斯特要为这个错误负主要责任,由于接受了年轻友人——也是奥古斯特心腹之一——策绍将军(Zeschau)的说法,他错误地判断了萨克森王室的情感。施泰因也期待着阿尔伯特家族的自愿归附。他的确疾言厉色地批评"嚼舌头的萨克森"是懦夫,丝毫没有受普鲁士热情的影响,也谴责德累斯顿市井小民的愚蠢,在他们看来这个大时代所发生的一切事情,哪件也没有他们易北河上的桥垮了严重。但是施泰因并没有根据《布雷斯劳条约》的规定,马上由中央行政会议接管被占领的萨克森,而是允许流亡君主指定政府委员会管理,甚至没有下令查封国库。

因此,所谓的德意志中央集权根本没有根据最初构想的基本意义实现;统一的初次尝试停滞于萌芽。甚至在大战即将打响之际,仍然可以感受到地方主义力量在民族和各宫廷中顽固存在。我们已经有能力摧毁外国统治,但是德意志统一国家的基础仍然薄弱。

第二节　春季战役　休战

事态艰难,合适的人选迅速各就各位。由于普王天性温和,不敢像祖辈一样御驾亲征,因此布吕歇尔将军成了唯一适合担任普鲁士最高统帅的人。有教养的慈善家们怀揣的永久和平梦想要如何实现?艰难的考验已经让德意志人成熟强大,他们重拾了对上帝的信仰,是上帝造就了这个钢铁般的民族;原始人性的朴素道德即便到了末日也是一切伟大民族性格的坚实基础,现在再次获得了应有的荣誉：尚武好战、奋发向上、爱恨分明。布吕歇尔的强大力量就建立在这些朴素道德之上，尽管他没什么文化，但这个自誉为诗人和思想家之乡的民族，还是拜倒在他强大的精神力量面前。他们认为布吕歇尔能够领导他们，在他身上蕴含着英雄之怒和乐观的胜利精神。自从贝林轻骑兵（Belling-Husaren）首次抓获这个瑞典骑兵旗手，随后老贝林亲自教导这个不羁的容克贵族学习腓特烈式骑兵的战术，直到现在的半个世纪中，已经年迈的布吕歇尔经历了无数风浪。他曾在佩讷河（Peene）同瑞典人作战，在弗莱堡迎战帝国军队，在波兰打击莱茵联邦军队，在荷兰兵不血刃就取得了胜利，四处扮演市民和农民的保护者，莱茵战役期间，无论敌友都对他心生敬佩。果决勇敢、机敏狡猾以及老齐滕人（Zieten）永不懈怠的坚韧，都在这位新的轻骑兵之王身上展现得淋漓尽致。终其一生，他都坚信，作为一名步兵将领，有持续的勇气就足够了，但是成为一名骑兵将领，必须拥有天赋。正是这种天赋帮助他准确迅速地捕捉到了那些罕见而转瞬即逝的时机，让骑兵拥有强大攻势。

自从1806年及吕贝克英勇一战以后，布吕歇尔就成为了军队的希望。沙恩霍斯特在他身边学到了，只要有勇气和意志力，世界上没有做不到的事，"您是我们的领袖和英雄，我们只有在您身上才能找到决心和好运！"能够吸引这些忠诚无惧之人的，绝不仅仅是刀锋之勇。布吕歇尔是天生的英雄，全身上下都散发着灵魂的光芒，百折不挠的信心似乎可以掌控多舛的命运。士兵们觉得他就是光芒万丈的战神，这个英俊高大的老人，英姿勃发地骑在灰色的战马上；他高高的额头和大而黑亮的眼睛里蕴含着强大的领袖力；浓密胡须下的双唇表达着轻骑兵的机敏和对生活的热爱。每当他走上战场，就会像举行婚礼那样佩戴所有的勋章，戎马一生，他幸运地从未中弹。布吕歇尔还是天生的演说家，他的嗓音雄浑有力，无论是以温和乡音开警卫室的玩笑、以雷霆万钧之势鼓舞疲惫的军队，还是向军官下达清晰简明的命令，或者是最终在国庆日的隆重会议上发表的赞美之词，总能产生极大的影响。任何跟他有日常交往的人，都会变成他的信徒。他最钟爱的红骑兵忠心耿耿，即便是在拉特考（Ratkau）投降后，也没有一个人加入法军；所

452

418

有人都逃了出来，大多数都回到了位于东普鲁士的君主身边。

布吕歇尔比其他普鲁士将领都了解北德这片土地和人民。在漫长多变的生涯中，他熟悉了从莱茵河到波兰边界的每一块土地，出身农村却也熟悉了市民的生活状态。无论在哪里，他都能快乐生活，也能让他人快乐，和各个阶层的人喝酒打牌，永远坦率真诚，因而颇得人心，但从不肆意妄为。布吕歇尔年轻的时候，曾被克劳普施托克的颂歌激发出了德意志爱国主义，而生活这所学校加强了这种情感。因此，尽管他热爱普鲁士旗帜，但仍然如施泰因一样认为自己是德意志贵族。对于同胞的无穷能量和忠诚，他有无穷的信心。每当看见日耳曼民族天性中的原始生命力和自由，他都无比喜悦；因此他偏爱弗里西亚的自由民和汉萨同盟的骄傲市民；反感明斯特地区自负、不爱国的贵族。布吕歇尔暮年时常抱怨，粗野动荡的轻骑兵生涯耽误了自己的教育。但是天生的精神自由和慷慨、骑士心灵的本质，让他与时俱进。早在 1807 年改革以前，他就已经在自己的红骑兵队伍中废除了鞭刑，他讨厌迂腐的强制训练，很早就宣布自己坚信军队必将成为一支民族军队。布吕歇尔身上也没有梅克伦堡同阶级人士的容克主义。由于他将自己的成功归功于骁勇善战，因此热烈欢迎一切可以唤醒民族个人力量、自由行动和自信心的东西。他还是施泰因改革的有力支持者，尤其拥护《城市章程》。布吕歇尔深深憎恨外国统治，他认为法国官员在德意志土地上为所欲为，就是对他的羞辱——"我生也自由，死亦自由。"

453

老军人布吕歇尔属于那种真正的历史伟人。他的私人信件中尽管言语粗俗，却透露着敏锐的政治洞察力。在任何政治局势下，他都能马上看到问题重心，在混乱的现象中找到本质，准确预言结局。他从未被豪格维茨政策的花言巧语所蒙骗，也从不相信普法之间有可能达成真正的和解。1807 年春，布吕歇尔同本尼希森（Bennigsen）交谈后，马上明白了普鲁士必须等待俄国提供什么样的帮助，于是愤怒地惊呼："我们被出卖了！"在漫长的军旅生涯中，他也时常陷入绝望，但是很快就恢复乐观，相信普鲁士将再次崛起，相信拿破仑终将被推翻，而且对他而言，这两者注定了是一个硬币的两面："德意志雄鹰正陷入沉睡，一旦觉醒必将震惊世界。"

在令人疲惫的等待岁月中，布吕歇尔无疑也如同主战派一样有些不切实际的幻想。他曾一心将让他满心激动的英雄主义情感归功于所有德意志人，并且相信只凭 16000 人就可以收复西部省份。他也不厌其烦地同爱子弗兰茨（Franz）一遍遍起草起义计划，他非常准确地认识到了拿破仑世界帝国的本质和内在缺陷。目光短浅的人厌恶地看着这个头发灰白的年轻人时常出现的宫廷舞会上，同优雅年轻的侍卫军官一起跳卡德里尔舞；但是那些更加深沉人却认为这无穷的活力不过是狂热生命力的自然流露。爱国党派将布吕歇尔视为可靠支柱。施泰因多年以来都将他视为密友，高度赞扬他凭借大量实践获得的准确判断力，认为布吕歇尔同他一样有着坚持真理的勇气。

布吕歇尔无所畏惧，坦坦荡荡，直言不讳；但即便在他最粗俗的言语中，都没有施泰因那种刻薄严厉，就连气话都很少伤人，甚至普王都允许他畅所欲言。除了有些鲁莽以外，他本质上是个很谨慎的人，在战场上机敏狡猾，拿破仑气愤地叫他"老狐狸"；他也很了解人性，可以准确有效地下达命令。布吕歇尔统帅艺术高超，当他下令进攻的时候，只要眼睛一眨就可以让下属完成不可能之事；他甚至可以让叛逆的将领服从命令，因为他从不考虑掌控之外的事，每次失败都自己扛下所有的责备，下属们争论不休的时候，他也总是扮演好脾气的和事佬。他和施泰因一样坦率虔诚，因此有着无穷的信心和希望。尽管他也时常像个骑兵一样，对上帝称兄道弟，但是在灵魂深处，他依然幸福地生活在朴素单纯的信仰中；艰难困苦中他也用福音书里的勇敢话语鼓励自己。这个仁爱之人对战场的热爱，完全不同于那些无耻野蛮的雇佣兵！他觉得基督徒的神圣天职就是关爱伤病之人。年轻的王储永远不会忘记，这位老英雄曾拉着他的手走在战场上，给他看周遭的痛苦不幸，告诉他这就是战争的诅咒，并乞求上天惩罚那位狂妄自大、让军队受到如此伤害的君王。

布吕歇尔很早就知道他领导着军队，也拥有"民族的信任和军队的热爱"。当渴求已久的时刻到来，可恶的"治安专员与懒汉"的统治终结，古稀之年的布吕歇尔觉得自己又恢复了青春，愉快地回忆德夫林格（Derfflinger）、老德绍尔以及普鲁士军事史上众多英雄

454

的光辉事迹。他兴奋地置身于时代大潮的风尖浪口。真理的清新空气再次吹遍德意志，每个人都可以勇敢地表达自己的想法，这让布吕歇尔无比喜悦。他曾高兴地对一位爱国诗人说："唱吧，这样的时代每个人都应该唱出自己的心声，只是有些人用喉咙，有些人用刀枪！"

是我们的民族选择了这位英雄担任领袖——他是一个真正的德意志人，只有德意志人才能完全理解他天性中的粗暴崇高和乡野质朴。已经习惯了压迫勒索战败者的法国人，从未给予他适当的肯定。同样，布吕歇尔也根本看不惯精致的罗马艺术，甚至在激烈战斗结束很久以后还说："我一点也不喜欢那个民族！"但是他却很欣赏"疯狂民族"英国的聒噪坦率和粗野幽默。战争伊始，布吕歇尔就全身心投入，甚至放弃了玩牌的嗜好，直到进入巴黎之前都没有玩过。他深知自己所受的教育不足，知道自己需要一个受过系统训练的人当军师。因此，1806 年战役中，他听从沙恩霍斯特的计划；毫不嫉妒、正直谦逊地承认，沙恩霍斯特有着极其出色的头脑，并且为他再次担任总参谋长而高兴。布吕歇尔从不喜欢权威云集的战争委员会，他相信只要沙恩霍斯特的清晰头脑和他的骁勇善战结合起来，就可以征服世界。

但是，布吕歇尔暂时还受俄国统帅指挥。老陆军元帅库图佐夫逝世以后，维特根施泰因将军统领联军。他是一位英勇善良，但缺乏天分的统帅。俄军总部的军官以去年战争的胜利为荣，不太能听取普鲁士人的建议。就在普王发出号召的第二天，布吕歇尔离开布雷斯劳，在德累斯顿越过易北河，几乎让包括要塞在内的整个萨克森屈服，并于 4 月初进入了阿尔滕堡地区；他的轻骑兵继续向西越过了哥达。与此同时，在北方的约克和比洛也向易北河挺近，在著名的默克恩战役（Möckern）中击败了总督欧仁，这场激战让法国人知道，他们面对的再也不是 1806 年的那支军队；随后他们从安哈尔特穿越到了易北河左岸。

沙恩霍斯特及其朋友们起初希望在拿破仑抵达之前，可以成功占领德意志西部的一大片土地，并在那里建立起民族武装，但是他们很快承认目前可用的兵力不足以完成如此远大的计划。多纳贝格的小部队在吕讷堡发动的胜利突袭，确实让人们看到了这支年

455

421

轻军队的勇气。战士们称颂第一位获得铁十字勋章的骑士——博尔克少校（Borcke），诗人歌唱女英雄约翰娜·施特根（Johanna Stegen），她携带枪支弹药在重火力压制下勇敢作战。但是这些都只是个别事件，不会产生永久影响。不莱梅爱国者起义很快就被镇压，而且受到了旺达姆（Vandamme）的严厉惩罚，他是拿破仑手下最野蛮冷酷的将领。易北河东边的要塞，除了索恩和施潘道，其他直到4月末都依然掌握在法军手中。按照沙恩霍斯特的要求，本来有可能在拿破仑主力抵达之前发动突袭，歼灭马格德堡总督的军队。但是俄军司令部数周以来都在波兰按兵不动。沙皇需要更长的时间增强部队，他的软弱同誓言的豪迈形成荒唐对比。此外，他也不愿离开波兰，除非足够的兵力登场，让这个群情激奋的国家平静下来。同时，俄国将领的反感以及对奥地利意图的怀疑也浮出水面，在联军侧翼占据有利位置的奥地利确实极易成为危险的敌人。直到4月24日，俄国主力才进入德累斯顿，然后缓慢推进，同布吕歇尔在莱比锡南部汇合。

456

拿破仑的兵力也得到了极大增强。但数千法国老兵葬身俄国雪原，新招募的战士远不及那些老兵善战，其中不少人甚至是被捆着送上战场的；就连元帅们也开始厌倦无休止的战争，渴望平静地享受自己的战利品。拿破仑的军队一度在精神力量和战斗热情上拥有优势，而如今这种优势转移到了普鲁士身上。尽管如此，过去数年未有敌手的世界帝国仍然拥有巨大的资源优势。贝特朗（Bertrand）从意大利率军穿越巴伐利亚，另一些法国和莱茵联邦的军团也在下莱茵河靠近法兰克福的地方，以及维尔茨堡（Würzburg）附近集结。4月末，拿破仑亲率主力沿法兰克福-莱比锡一线向东穿越图灵根，29日在瑙姆堡（Naumburg）同总督军队汇合。此时拿破仑麾下至少有18万人马，还不算德意志要塞的守军，而对抗他的联盟军队不超过9.8万人。[1] 沙恩霍斯特起初打算在莱比锡的开阔平原开战，联军的骑兵优势力量可以在那里尽情

---

① 即便按照鲁塞（C. Rousset）最保守认真的估计，拿破仑和欧仁的军队总共也有17万人，参见《1813年大集团军》（La Grande Armée de 1813），第113页。其中四分之三的军队（即8个军团中的6个）都参加了大格尔申会战。——原注

发挥。但是俄军司令部决定冒险攻击敌军右翼,后者此时正向莱比锡吕岑战役的旧战场南部挺进,位于大格尔申(Grossgörschen)潮湿的沼泽地中,那里堤坝、树篱、羊场小路纵横,骑兵部队没有太多伸展空间。沙恩霍斯特一开始提出了一个简单大胆的计划:出其不意地攻击敌军优势力量,同时依靠侧翼突袭斩断敌军。这个大胆的计划需要雷厉风行的行动才能成功。根据维特根施泰因的命令,必须将行军部署交由迪比奇将军(Diebitsch),但是他的指挥太糟糕了,布吕歇尔和约克的军团竟在进攻中彼此交叉了。

457

　　直到 5 月 2 日中午,普鲁士才开始进攻隐藏在灌木丛中、由内伊(Ney)率重兵驻守的 4 个村庄:大格尔申、小格尔申、拉那(Rahna)和卡加(Caja)。普鲁士军团高喊着冲上战场,法国人以前从未遇见过如此激动的军队。这支军队尽管经验不足,但却有条不紊,像一阵愤怒的风暴,每个人都同样勇敢,看不出谁比谁更优秀!两小时的激战过后,普军从法军手里夺过了 3 个村庄。拿破仑从莱比锡快马加鞭而来,希望以援军扭转战局。然而,普鲁士就在他眼前发动了第二次猛攻,夺取了最后一个村庄;如果反法同盟的后备军及时出现,就可以将法国军队拦腰切断,那么法军主力必然遭遇惨败。这种局面一度让拿破仑战栗,他甚至不自信地问贝尔蒂埃(Berthier):"你觉得我的好运是不是到头了?"当他目睹了普鲁士的英勇之后,说道:"这些牲口长本事了。"但是维特根施泰因的后备军并没有出现。米洛拉多维奇(Miloradowitsch)的军团由于一次不幸的失误而远离战场;直到夜幕降临战斗结束时,俄军才抵达。联军的骑兵不能左右战局,维特根施泰因无力掌控军队,军队也的确缺乏最高统帅。步兵在争夺乡村的战争中损失严重,面对敌军步兵的巨大优势,胜负仍是未知之数。同时,拿破仑从北方带来了增援部队,到晚上 7 点,法军已经非常强大,按照拿破仑一般的行动惯例,他会在炮兵重火力掩护下发动决战。天黑以后,普鲁士占领的村庄只剩下了大格尔申,其余又被法军夺回,联军实际上陷入了敌军包围。布吕歇尔率领骑兵希望在夜色的掩护下奋起一搏,但是由于地形不利,行动失败。

　　但是战斗尚未完全失败,普鲁士阵营盼望天亮再战。但是联军已经同几乎两倍于己的敌军战斗了一夜,第二天当拿破仑带大军

458

从莱比锡赶来时，他们面对的将是一场实力悬殊的战争。因此联军撤到了上易北河，拿破仑也并未追击。联军损失了大约 1 万人，法军损失更多。联军认为自己并未被征服，获得了一些战利品，也没有给敌人剩下什么；只要势均力敌就有胜算。撤退途中，哥萨克骑兵高喊"上啊！法国鬼子不中用！"普鲁士军中弥漫着骄傲的信念，相信即便在外国和无能统帅的领导下，他们也能立下赫赫战功，证明普鲁士人并不次于耶拿战役的胜利者。重现德意志战争荣光的希望激励着阿恩特高唱《大格尔申日之歌》："普鲁士勇士，普鲁士勇士，英雄们，向你们致敬！新联邦建立，最优秀的德意志人将以你们为名！"

　　沙恩霍斯特也于此战中牺牲。七年战争期间普鲁士几乎损失了所有将领；而在解放战争中，他们却几乎都得以幸存，只有沙恩霍斯特这位伟人倒下了；德意志民族军队从他优秀的头脑中诞生，就像雅典娜从宙斯头中出生。沙恩霍斯特在大格尔申受了轻伤，当时没有机会好好疗伤。由于俄国军队的软弱及其将领们的不温不火，普鲁士司令部越来越坚信只有依靠奥地利的帮助才能获得胜利。大格尔申之战后，普王告知军队："再坚持几天增援就会抵达。"沙恩霍斯特非常明白这无异于画饼充饥，于是不顾医生的警告，决心亲自前往维也纳，以一己之力说服奥地利政治家迈出至关重要的一步。他的伤势在途中加剧。在波西米亚，他卧病在床却仍然心系祖国军队。俄国指挥官们的失误已经造成了如此巨大的损失。沙恩霍斯特武装了普鲁士人，坚信只要有机会在布吕歇尔身边自由行动，就能领导他们走向胜利。这个垂死之人不再隐藏心中燃烧的野心，他写信给女儿，因为："如果爸爸不在了，只有你能明白我的想法。地位对我来说一点儿也不重要，如果我无法保住已经获得的东西，那么争取其他东西就是个笑话，我也会蔑视那样的自己。我要用所有的荣誉和生命换取最高指挥权！"但是事与愿违。6 月 28 日，沙恩霍斯特伤重不治，遗言预言了德意志的自由。在我们历史上一切具有创造力的伟人中，他的结局最为可悲。没有沙恩霍斯特，就不会有莱比锡之战、滑铁卢之战和色当之战，是他播下了这些胜利的种子，却没有亲眼看见普鲁士旗帜胜利飘扬！命运之谜深深震撼并激励着活下来的人；每当想起他，人们总

459

会获得这样的信心：生命不会因为最后一口气而终结。每次取胜后，布吕歇尔都会激动地乞求沙恩霍斯特的在天之灵来看看。诗人认为这位逝去的英雄是解放的德意志人的使者，问候瓦尔哈拉（Walhalla）①中的先祖："英雄们的使者也必须是英雄。因此，德意志最优秀的子孙，沙恩霍斯特带着消息去了（舍他其谁？）：德意志民族就快砸碎外国枷锁；复仇之日到来！"

　　虽然大格尔申之战给普鲁士军队带来了荣誉，但终归还是战败了，而且造成了非常严重的政治后果。拿破仑重拾了战无不胜的名望；莱茵联邦中再没人打算脱离法国。萨克森的奥古斯特已经在 4 月 20 日签署了一份秘密协议，表示追随奥地利以及武装调停政策。但是拿破仑胜利的消息传来，他马上调转船头，甚至在拿破仑敦促他采取行动的威胁性命令传来以前，就已经回到了曾经效忠的旗帜下。数周以前，奥古斯特曾派遣奥德勒本上校（Odeleben）前往法国司令部，作为向导协助拿破仑通过图灵根；曾经提议中立的森夫特被解职，萨克森军队和国家任凭拿破仑调遣。蒂尔曼将军（Thielmann）奉命向法军敞开托尔高的大门，由于他的军队无条件服从国王的命令，因此他在德意志的沃邦（Vauban）②、能干的阿斯特尔（Aster）陪同下，只身投靠联军。萨克森要塞拥有的物资让法军将战争延续了数月。科特布斯忠诚的普鲁士人受到了严厉惩罚，因为 3 月份布吕歇尔的军队进入时，那里的人民曾高兴地加入德意志阵营，无数志愿者投入了老领主麾下。萨克森恢复统治后，法国马上包围科特布斯，许多著名爱国人士，尤其是勇敢的冯·诺曼县长（von Normann），都因萨克森官员告发而被投入监狱，同时志愿者的家庭也惨遭抄家，并被勒令召唤儿子们回家。科特布斯的居民饱受迫害，他们痛恨萨克森，甚至在重获解放之后，请求普王让他们并入库尔马克而不是萨克森："就算萨克森归顺普鲁士，

460

———————

① 瓦尔哈拉（Walhalla），日耳曼宗教中阵亡将士的殿堂，该处阵亡将士在奥丁神的领导下过着幸福的生活。——译注
② 沃邦（Vauban，Sebastien Le Prestre de，1633—1707），法国军事工程师。在参与孔代家族的叛乱（1651～1653）后，归顺皇室，参加新成立的工兵部队，任围攻格拉沃利讷城的总工程师（1658）。——译注

我们也绝不想同他们再有任何密切关系。"①

奥古斯特遵照拿破仑的命令，加速从布拉格穿越法军阵线，赶往萨克森首都，奥地利也允许这个背信弃义的盟友随意返回拿破仑阵营。拿破仑比以往更加热情地接待了他，因为他的到来证明了弗兰茨皇帝根本没有决心倒向联盟一边。萨克森宫廷又对拿破仑俯首称臣了。萨克森国王希望可以通过掠夺普鲁士而壮大力量，于是乞求拿破仑在和平降临后，让他获得格洛高和西里西亚的一块地方，这样萨克森就可以同华沙合并成一整块区域。但是威廉三世在 5 月就告诉一位萨克森贵族，如此背信弃义必然毁灭阿尔伯特家族的王冠。

此时联军已经后退越过易北河，进入了上卢萨蒂亚（Lusatia）。拿破仑尾随其后，他的军队遍布从德累斯顿到维滕贝格的漫长阵线。拿破仑第一次构想了攻打柏林的计划，在后来的战役规划中，这个计划一次次出现。他亲自向东追逐联军，内伊则快速向北行进，震慑首都最危险的敌人。普鲁士司令部已经作出了最坏的打算，准备不惜一切保卫柏林，在必要的时候展开巷战并动用国民军。但是普鲁士军队仍和俄军绑在一起。普王希望维持在奥地利边境附近的实力，并通过联军的胜利彻底打消霍夫堡的疑虑。如果维特根施泰因敢在拿破仑兵力集结之前，率联军进攻，那么胜利461 还是有可能的。但是这个俄国人受到沙皇模棱两可的建议，决定不听从普鲁士的建议，转而在包岑（Bautzen）实施防御战，拿破仑一眼就看穿了他的计划，因而获得了足够的时间召集力量，并召回内伊的军队。联军主力在包岑按兵不动，约克和巴克莱·德·托利（Barclay de Tolly）的两个兵团正面击败了即将抵达的内伊和洛里斯东（Lauriston）军队，其人数是前者的三倍。约克以最大的勇气完成了这不可能的任务。5 月 19 日，在科尼斯瓦尔塔（Königswartha）残酷的丛林战中，约克第一次斩获善战之名，无论敌友从此都对他的老普鲁士军团敬畏有加。他凭借无比的坚韧勇敢领导这场不对等的战斗，并且将自己的小部队有条不紊地带回了主力。但是普鲁士也为沙皇的愚蠢付出了惨重代价，施泰因梅

---

① 科特布斯代表呈给普王的请愿书，柏林，1814 年 8 月 25 日。——原注

茨(Steinmetz)的大半个旅都葬身沙场,也没能阻止内伊同法军会师。

于是,5 月 20 日,拿破仑率 17 万大军对抗 8 万联军。后者在施普雷河谷险峻右岸的开阔地带,面向西方等待开战。联军左翼覆盖卢萨蒂亚山地的密林高地,很早以前劳登(Loudon)曾在此处进攻霍赫基兴(Hochkirch)军营;右翼则暴露在开阔平原上。战役第一天,拿破仑进攻左翼,穿越施普雷河占领了包岑,这让沙皇相信法军的目标在左翼,打算阻断联军进入山地。但是拿破仑的计划是击溃暴露在外的右翼军队,然后包围中路军,迫使败军向南溃退进山地。于是第二天俄国人仍然进一步加强防卫良好的左翼,拿破仑却猛攻巴克莱·德·托利率领的脆弱右翼,彻底挫败了这支军队后,法军继续向布吕歇尔率中路镇守的克雷克维茨高地(Kreckwitz)挺进。在一场漫长残酷的战役后,拿破仑完全占领此处,联军阵线被严重撕裂。克内泽贝克马上意识到有全军覆没的危险,于是坚持中止战争以保存军队。3 点左右,布吕歇尔率众有序撤退;夜幕降临时,拿破仑发现经历两天血战后,除了战场之外自己一无所获。他愤怒地喊道:"什么! 竟然没有结果;如此激战后竟然没有胜利没有俘虏?"4 万人战死沙场,其中法军 2.5 万人;四周陷入火海的村庄照亮了这片恐怖战场。

在这次无果的胜利之后,拿破仑马上实施老计划,派遣乌迪诺的军团前往柏林,但是激战过后,6 月 4 日比洛和奥彭在卢考(Luckau)燃烧的郊区将其击退。1813 年夏季,普鲁士人为保卫首都经历了 4 场血战,这是第一场。就在这几天,汉堡再次落入法国手中。在这危急时刻,这个贸易发达的城市为自己不喜战争的性格付出了代价。行动缓慢而谨慎的市政府不知道是什么造就了勇敢的市民梅特勒坎普(Mettlerkamp)及其他爱国者,他们不惜以生命捍卫城市。特滕博恩(Tettenborn)没有为保卫汉堡做出什么贡献,因为贝纳多特因为并没有在波美拉尼亚找到俄国承诺派出的辅助军团,所以不愿让自己的瑞典小部队犯险,也就不打算收复汉堡。5 月 30 日,达武重新进入这座叛城,实施了德意志土地上前所未有的恐怖统治。军事法庭和极度勒索让德意志市民们看到了违抗拿破仑的下场。不幸的居民们被迫迅速在城市四周建立防御工

462

事，大约 2.5 万平民被驱逐，以便为长期防御做好准备。从德累斯顿到北海的易北河牢固战线又落入法国手中。

在劳班（Lauban）召开的战争会议上，哈登贝格在普鲁士将领的支持下，提议联军不要直接向东撤退，而是应该向南方位于巨人山山麓的施维德尼茨（Schweidnitz）移动。① 这是个孤注一掷的计划，将把大多数普鲁士土地让给敌人，但是可以保持同奥地利的联系，这是获得胜利的最后希望。会议通过了这个提议。于是，布吕歇尔在海瑙（Haynau）平原设埋伏，5 月 26 日突然进攻法军前锋，压制法军直至联军摆脱其追踪，因此拿破仑并未注意到联军的撤退方向发生了改变。几天以后，他震惊地发现联军出现在法军右侧。头发灰白的普鲁士老英雄为敌军献上了准备已久的盛情款待。在这场战役中，胜利女神第一次向他露出微笑，辉煌的成功只属于布吕歇尔最爱的军队。普鲁士军队就像统帅一样期待着战斗。整场战役中，德意志军人不屈不挠、乐观积极，总共打响了二十多场小型战斗和两次大战；从法军缴获了 50 门大炮和大量战俘，拿破仑却一无所获。俄国军队的气氛却大相径庭，将领们起初只是有些不温不火，但是当他们被迫退回德意志最东面时，就变得冷漠无情了。就像六年前一样，他们有些恼火地问自己，为什么要为了外族牺牲自己。巴克莱·德·托利现在担任最高指挥官，他明确宣布自己精疲力竭的军队需要休整，必须在波兰得到重组和补给。布吕歇尔则希望脱离俄国，在南部格拉茨（Glatz）山脚抗击敌军。② 俄军奉命后撤穿过奥得河，卡利什联盟面临解体。但是此时拿破仑犯了一个严重的错误，联军趁机休战，从而有了翻盘的机会。

尽管拿破仑在发布的公告中自鸣得意，但是他并未低估当前处境的危险。表面上法国取得了辉煌胜利，拿破仑确实占领了易北河右岸的所有领土，此外卢萨蒂亚和部分西里西亚也在他控制下，但他已经发现军队中日益增长的混乱，而且也担心难以招架德意

① 《哈登贝格日记》，1813 年 5 月 23 日。——原注
② 布吕歇尔提交普王的报告，1813 年 6 月 1 日；格奈泽瑙写给哈登贝格的信，6 月 3 日。——原注

志民族的殊死一搏。拿破仑刚刚新斩获了两项胜利桂冠,如果他愿意和谈,那么法兰西帝国就能保住其法定边界,等到形势更有利的时候再歼灭普鲁士。法兰西帝国历经考验的最佳盟友这次也应该会履行职责。但是拿破仑并不期待他岳父的调停;他还没忘记,施瓦岑贝格曾当着他的面说,这桩联姻因政治而缔结,也可以因政治而解除! 他对背信弃义的霍夫堡没有任何好感,因为它只想扩大领土,却又缺乏为之奋斗的勇气。拿破仑甚至一度宁愿从摇摆不定的沙皇身上捞到好处,因此在包岑战役之前都努力用和平提案引诱他,并派出可靠的科兰古(Caulaincourt)同俄国进行谈判。如果沙皇自己打造出"金桥",如果普俄瓜分了华沙,如果普鲁士领土被挤压出奥得河,并因此完全臣服于沙皇,那么提尔西特的历史就会重演。但这当然是个幻想,就像拿破仑同其将领们所理解的,联军从休战中得到的好处远远超过拿破仑。但是对于拿破仑来说,休战也是延续战争的必然选择:他需要时间增强军队,尤其是骑兵部队;还要在伊利里亚加强军备以防备奥地利突然倒戈。6月4日,拿破仑接受了普莱维茨(Pläswitz)休战协议。[①] 尽管拿破仑工于心计,可他还是低估了普鲁士的力量和这场绝不可能草草结束的战争的意义。他并不知道尽管联军接受休战,却正在同奥地利达成秘密协议,而且他们越来越相信霍夫堡终将加入反法联盟。早在5月16日,克内泽贝克就已经以奥地利协同作战为基础,拟定了联合俄国托尔(Toll)和沃尔康斯基(Wolkonsky)的新战役。

　　梅特涅的美梦即将成真。这是一个千载难逢的机会,不但可以满足他的一切希望,更是让宣告决战的权利落入了这个对解放世界毫无贡献的国家手中。就像维也纳预计的那样,现在交战双方势均力敌;拿破仑就算再不情愿,也要接受霍夫堡的调停。现在,奥地利可以根据自己的心愿提出条件实现和平,如果事与愿违,战事继续的话,秣马厉兵已久的奥地利也可能以领袖的姿态加入联军。施泰因、阿恩特、布吕歇尔以及整个普鲁士军队,得知停战的消息都极为恼怒;在付出如此巨大的牺牲之后,没有什么比这种随

------

① 参看《西里西亚历史期刊》(*Zeitschrift für Geschichte und Altertum Schesiens*),第38、362 页。——原注

464

意轻率的和平更让人难以接受。他们听说停战的第一天，莱茵联邦军队就无耻袭击了吕岑志愿军，并且几乎将其全歼。威廉三世认为有必要发布一份公告，以安抚忠诚的子民。他骄傲地说，接受停战是为了休养生息；军队已经重拾了古老声誉，很快整个民族也将强大到能为独立而战。与此同时，他下令在施潘道建立防御营，一旦情况不妙，普鲁士将根据 1811 年的战争计划，孤军背水一战。按照格奈泽瑙的希望，克劳塞维茨以春季战役为对象创作了一部很有价值的作品，在其中证明了联军的力量将在休战过程中获得巨大提升。哈登贝格对形势的看法也是如此；他在日记中记录了停战的情况，随后言简意赅地写道"这再好不过了"。哈登贝格非常了解拿破仑的骄傲自大，因此认为至今尚未屈服的拿破仑绝不可能接受奥地利的和平提议；而施塔迪翁关于霍夫堡友好意图的报告，更让他坚定了这种想法。

正当奥地利努力居中调停维护和平的时候，哈登贝格则继续同英国谈判，并且在 6 月 14 日接受了《赖兴巴赫条约》，普英两国相互保证将恢复法国奴役下诸国的独立地位。哈登贝格还必须同韦尔夫家族的贪婪作斗争，如果他有所妥协的话，那也是因为作为一个急需资金的人，只能向高利贷者付出大笔利息。没有英国的资助，普鲁士绝不可能继续战争。早在 2 月，哈登贝格就亲自向英国内阁承认了这一点。但是这个保守党政府完全看两院中温驯多数派的脸色行事；寻求反对派的支持对普鲁士首相会有什么好处呢？有一次，他曾向斯图尔特将军（Stewart）建议，在如此重大的事件上，议会和不列颠民族不能如此小气，斯图尔特不经意间幽默地回答道："我不是民族或者议会派来的，我是摄政王陛下派来的！"斯图尔特和他的同僚，木讷、死板、迂腐的克兰卡蒂勋爵（Clancarty）展现出了优秀的出纳员的本领及草率的民族性格。此外，这些保守党人不可思议的无知也是个问题。从克兰卡蒂的信件中，哈登贝格很清楚这个英国人要么没有阅读《卡利什条约》，要么完全误解了条约内容。普鲁士理所当然地仅能获得俄国所获资助的一半，并且俄国因其地理位置而不受韦尔夫家族领土要求的影响；糟糕的《卡利什条约》现在开始展现出现实意义。最终达成的协议要求英国提供 66.6666 万英镑，普鲁士则需为此将 8 万人送上战场；

这笔可怜的资金中还有不到三分之一要提供给瑞典,这样一来,扣除大约30％的汇率后,普鲁士只能获得不到350万塔勒。经过令人作呕的谈判之后,驻伦敦大使雅各比(Jacobi)才成功地签订了一项协议,即英国所提供的武器成本并不从这项资金中扣除。

威廉三世的责任感让他坚决抵制放弃老普鲁士领土的想法。466
在迫不得已的情况下,他宁愿将希尔德斯海姆(Hildesheim)交给英国人,因为这里在四年前才成为普鲁士领土;但是他不愿意放弃忠诚的拉文斯堡,更不愿放弃位置重要的明登,根据当时的战争艺术,明登被视为威悉河一线的门户。当英国谈判人员转而要求割让东弗里西亚时,普王仍不让步,为此他还和首相爆发了一次激烈争执。最终,普鲁士向韦尔夫家族承诺,将割让包含26万到30万人口的希尔德斯海姆,英国表示满意。普鲁士的外交前景日益黯淡。它已经承担了全新而长远的责任,但是为此仅仅获得了一份普通的保证,即普鲁士将再次"至少"恢复1806年战争之前的国家状态。6月15日,俄国也同英国缔结了战争联盟。对于希望和平和相信拿破仑承诺的俄国将领来说,沙皇实在不可理喻。世界解放者的荣耀和波兰王冠的光芒对他的诱惑太强了,以至于他根本不需要施泰因的规劝,于是一直反对联盟的首相鲁缅采夫(Rumjanzoff)辞职。在短暂的心灰意冷之后,普鲁士爱国者发现,正如尼布尔总说的那样,他们再次身处一个无形教会的幸福团体之中;他们也很快意识到,休战大大有利于充实后备军。在西里西亚,格奈泽瑙连同默凯尔(Merckel)工作出色,到休战结束的时候,他们已经建立了68个后备军营。布吕歇尔非常满意,给他的信中写道:"继续好好组建后备军,不过一旦打起来你就必须马上回到我身边!"

沙皇和普王提出的所有和平提案都表明,反法联盟不希望半途而废。他们要求恢复普鲁士和奥地利的古老权力;解散莱茵联邦;解除对华沙公国的压迫;归还北海沿岸;最终实现荷兰、西班牙和意大利的独立。这些计划从根本意义上来说,都是巴尔腾施泰因的计划,只能通过一场殊死搏斗才能完成。但是弗兰茨皇帝对局势的看法与此不同。他害怕战争和北德青年的狂热;在灵魂深处,他希望女婿在大格尔申战役中获胜,还希望这第一场遭遇战就能熄灭狂热情绪,摧毁那些狂妄的念头。他也不愿意改掉久坐不动

467 的生活习惯，像联盟的其他两位君主一样，以军人的形象走进军营。这个铁石心肠的人对他远在巴黎的女儿丝毫没有舐犊之情，就连外交官们都习惯说他心里只有政治。但是如果可以通过和平条款就能限制法国的优势，并且获得比强势的女婿更加卓越的地位，何必要打一场危险的战争呢？因此在奥地利政治家中间，主和派更具优势。根茨是他们之中最狂热的发言人，如今也愚蠢地跳进了这一摊浑水；即便后来主战派获得胜利，他仍然以令人震惊的冷静宣称，他将挽回这个局面。6月24日，根茨秘密写信给卡拉贾，声称霍夫堡认为推翻法国强权的时机尚不成熟；他发现联盟一方面要求奥地利居中调停，另一方面却在同英国缔结战争同盟，这实在很可疑。而此时梅特涅却比他的皇帝陛下眼光深远。他意识到，如果普鲁士血战到底并被歼灭，那么奥地利必受池鱼之祸；此外，如果弗兰茨皇帝加入反法联盟，那么普鲁士军队中的激进革命力量就能受到控制。但是梅特涅并没有形成一个明确的决定，也没有克服骨子里对曲折手段的偏好。5月30日，他向密友汉诺威的哈登贝格保证，目前不可能实现永久和平；但是只要能保证暂时和平，就足以让东方三国获得一块从波罗的海到亚得里亚海的活动空间，并且有可能在未来某个时刻同法国决战。

　　于是奥地利就将这样的和平计划提交给联盟国家。这些计划明确展现出，霍夫堡并不想打仗，而且之前同拿破仑的谈判并不愉快。奥地利的愿望总结起来有4点：废除华沙公国，并由东方国家瓜分；经由此次瓜分、收复但泽、敌军撤出要塞，加强普鲁士的力量；奥地利收回伊利里亚省份；汉堡和吕贝克物归原主，并且在英国同意普遍和平这种不太可能出现的情况下，交出德意志北海沿岸。这份计划展现了霍夫堡所有最深切的渴望：通过伊利里亚，奥地利将重获在亚得里亚海的地位；瓜分华沙公国将消灭波兰阴谋的温床，梅特涅认为这对东方三国极为危险；通过重新瓜分波兰，普鲁士将收回那些普王不甚重视的省份，并因此勉强位列二流国家；根据梅特涅的固有原则：必须通过怀柔政策争取小诸侯的支持，因而最终保留了莱茵联邦。

468 　　这些计划对联盟来说太过分了。他们犹豫了相当长的一段时间，从6月10日就开始同施塔迪翁在赖兴巴赫的司令部谈判，同时与帝国宫廷反复进行个人会晤,其已经撤到了波西米亚和西里西亚的边界城堡中。哈登贝格仍然坚信拿破仑不可能接受这些温和的条款,因为他们居然要求他交出牢牢掌控在手里的东西! 最终,6 月 27 日,施塔迪翁、涅谢尔罗迭和哈登贝格签署了《赖兴巴赫条约》,该条约支持奥地利的和平计划,但首次强迫霍夫堡作出部分责任承诺:如果到 7 月 20 日,拿破仑仍不接受该和平计划,奥地利则必须马上出兵,至少派出 15 万人与联军协同作战。如果战事继续,联盟最初提出的欧洲完全重建计划,将成为共同的战役目标,联盟国家必须相互承诺在最大可能的范围内,实现该计划,因此奥地利也被绑在了一起。至于其他盟国则明确宣布,如果不能解散莱茵联邦且恢复普鲁士的传统权力,他们将不会善罢甘休,对于这一点,奥地利全权大使并未提出异议。

　　与此同时,梅特涅前往德累斯顿,为实施和平计划争取拿破仑的支持。他们在马尔科里尼宫(Marcolini)举行了盛大庆典,整个帝国宫廷齐聚一堂,塔尔玛(Talma)和马尔斯(Mars)在拿破仑面前演出。全法国都相信他们的皇帝真心向往和平,并且正在为欧洲大会的漫长谈判做出准备。实际上,拿破仑一心想要重启战事;自从他发现兵力装备进展令人满意,而且意识到沙皇的决定不可动摇,就不再做任何和谈的打算。奥地利一度辜负了拿破仑的殷切希望,因而在同奥地利大使的一次长时间私人会晤中,拿破仑受到伤害的骄傲和压抑许久的怒火爆发,激烈恶毒的话语甚至让梅特涅开始严重怀疑,是否有可能同这样一个人达成互谅。拿破仑很早就习惯将哈布斯堡-洛林家族视为“法王不听话的仆从”,他的自大在梅特涅眼中近乎疯狂;这个老油条微笑着对自己说,眼前这位蛮横疯狂的独裁者终究不过是个平民。尽管如此,他们最终还是达成共识:正式的和平会议将在布拉格召开;停战的期限从 7 月 20 日延长至 8 月 10 日。拿破仑的准备工作尚未完成,同时霍夫堡也赞同延期,因为奥地利军队也没有准备好。 469

　　此时,既不愿和谈也不想延长停战的联军司令部也有了新的麻烦。7 月 4 日,在拉蒂博席茨(Ratiborschitz)的城堡中,哈登贝格同涅谢尔罗迭、梅特涅、施塔迪翁展开了一场漫长而激烈的讨论。涅谢尔罗迭宣称在他的外交生涯中,从没开过这么活泼的会议。最终他们决定让奥地利主持布拉格和谈，因为梅特涅威胁说，只有这样皇帝陛才下可能坚持武装中立；但是其他人也毫不畏惧地宣布，一旦事态紧急，就算没有奥地利，也将继续战争。因此奥地利势必卷入战局。很明显，只要梅特涅不彻底脱离联盟，他的计划就有可能获得成功。如果战事继续，而奥地利仍然保持中立的话，那么他必然忧心无法染指联盟胜利的果实，却会受其战败的牵连。由于政治需要超过了个人意愿，维也纳宫廷不得不放弃之前的态度。然而即便进入 7 月，最后期限即将到来的时候，人们仍然疑虑重重。普鲁士司令部中，一向胆小的安西永声称赞成和平，克内泽贝克则在一份备忘录①中说，解散莱茵联邦一事希望不大；在必要的情况下，如果能获得梅克伦堡和瑞典属波美拉尼亚，以完善易北河右岸领土，那么普鲁士即便失去马格德堡也能够存在，并且可以保住在维斯图拉河上的强大地位。威廉三世的观点更加大胆，他给弗兰茨皇帝的亲笔信中写道：如果奥地利想在德意志拥有一位强大而和睦的邻居，那么普鲁士必须大力扩张。

470 同瑞典的谈判最终取得了成功。由于丹麦之前又倒向了法国阵营，威廉三世也就没有了顾虑，于是在 7 月 22 日签订条约，同意瑞典国王加入卡利什同盟并获得挪威。还有一条秘密条款规定，在必要的情况下，丹麦可以获得德意志土地替代挪威。在性情浮躁的哈登贝格看来，这一条不甚重要。他认为最多用一小块地方作为补偿，因为可以用武力制服丹麦，而且绝不会用瑞典属波美拉尼亚作为补偿。贝纳多特对他口头保证，瑞典准备将占有的最后一块德意志领地割让给普鲁士，②但是如此不可信之人给出的如此模糊的保证，又有多少可信呢？

奥地利加入反法联盟的希望与日俱增。威灵顿在维多利亚（Vittoria）的辉煌战绩以及西班牙的全面解放，深深鼓励了霍夫堡。拉蒂博席茨会谈之后，梅特涅决定不再继续扮演中间党派的角色。7 月 13 日，他首次向弗兰茨皇帝透露了自己的战争计划；即便联盟

① 我复制的材料没有注明日期，但是这份备忘录的形式和内容都表明其是休战期间的产物。——原注
② 《哈登贝格日记》，1814 年 1 月 24 日。——原注

434

拒绝和平计划而拿破仑接受计划，奥地利脱离联盟的行为也必将遭受公共谴责。向往和平的弗兰茨皇帝不愿意承认前景将如此糟糕，于是只承诺将尽其所能推进和平计划，尽管部分计划对于他也十分过分；同时拿破仑已经前往美因茨，他习惯将这块莱茵河左岸地区称为"法国的传统领地"，在这里也举行了盛大庆典。巴登、达姆施塔特和拿骚的诸侯以及达尔贝格，都从远方送来了私人的祝贺，庆祝春季战役胜利。拿破仑欣喜地看着自己装备精良的军队，返回德累斯顿时斗志昂扬，坚信自己将强大无匹，为世界立法。自我陶醉的拿破仑所做的每一件事都激怒伤害了奥地利，弗兰茨皇帝因此最终被迫同女婿决裂。

安斯泰特和洪堡是联盟驻布拉格大使，权力有限，但他们都暗下决心一定要阻碍谈判。没人比洪堡这位辩证法大师更适合这项任务。洪堡欣然搁置了学术研究，全身心投入政治生涯，这是深受时代热情感染的结果，同时也可能是冷静的天性使然。但是拿破仑的骄傲让洪堡根本无需劳心费力。他和安斯泰特必须要等待数天，直到法国全权大使抵达。最终纳尔博内出场，但是他的资历不够。又过了数天，直到 7 月 28 日科兰古才抵达。随后他们开始就谈判程序交换外交意见。法国全权大使们作出了各种恶毒评论，并且到停战最后一天都还在程序问题上争执不休，因此这场壮观的和平会议直到结束，所有全权大使们都没有坐在一起开过会。

法国的公开蔑视已经让梅特涅无法容忍。他觉得奥地利宫廷不能再忍耐了，于是开始默默地为皇室准备大笔战争经费。7 月 27 日，会议尚在进行，奥地利已经同联盟签订了秘密协议，据此奥地利将获得伊利里亚和北意大利；撒丁国王将恢复世袭领地，与奥地利皇室有血缘关系的大公们将瓜分中意大利及热那亚；西西里岛将归英国保护下的波旁家族所有。实际上，联盟甚至承诺将继续支持奥地利在意大利半岛的任何打算。[①] 数周以后，英国也赞成

471

---

① 这份秘密协议的原文至今不明，其基本内容包含在梅特涅写给卡斯尔雷（Castlereagh）的一份备忘录中（巴黎，1814 年 5 月 27 日），法里尼（Farini）在都灵档案馆中发现了它（Storia d'Italia dall' anno，1814 年第 1 卷，第 27 页）。关于此事的大量细节依然成谜，有种说法认为所谓的梅特涅备忘录是伪造的，参见施特恩：《欧洲史》（Geschichte Europas），第 1 卷，第 275 页。——原注

了这份秘密协议。英国内阁不过希望推翻法国在意大利的统治；保守党人并不承认意大利是个民族，也不在乎教皇的要求。俄国曾经对皮埃蒙特颇具善意，保罗沙皇还非常积极地反对奥地利的意大利计划，但是现在也背离了传统政策，因为没什么比维也纳的友谊更加重要。普鲁士政治家更是认为梅特涅的要求无可非议。哈登贝格认为霍夫堡理应重启图古特的古老计划，他甚至建议奥地利煽动意大利人掀起解放战争。在克内泽贝克的备忘录中，我们发现了一段直白的文字："奥地利从意大利索取的一切都理所当然。"

经由两个秘密协议，奥地利已经彻底放弃了公正，因此其调解地位变得愈加不稳；这场如闹剧般的会议也正在落下帷幕。休战结束前四天，拿破仑再次秘密询问奥地利，事后表明，此举只是为了向热爱和平的法兰西民族展示他的和解态度。梅特涅以一封最后通牒作为回复，明确地重申了《赖兴巴赫条约》，拿破仑的回答基本上算是拒绝，而且他的消息从德累斯顿发出得太迟了，以至于 8 月 11 日以前没能送达布拉格。休战结束时，法国没有接受和平计划。8 月 10 日午夜，洪堡和安斯泰特宣布他们的大使任期已满，和谈会议结束。《赖兴巴赫条约》开始发挥效力，拿破仑的藐视将奥地利赶进了联盟阵线。

至此，政治家们为之辛劳 18 年的伟大欧洲联盟，终于全副武装。联盟由 4 个大国组成，此外还有瑞典，不久伊比利亚半岛上被解放的国家也加入其中。联盟的建立并非是外交纠葛的结果，而是时局的迫切需要：世界要重获自由，西方文明赖以为生的睦邻友好关系要重新建立。英国和奥地利这两个完全不理解北德人民渴望的国家也加入了联盟。奥地利战争宣言中的复杂措辞同普鲁士鼓舞人心的呼吁之间，存在着非常古怪的差异。天赋极佳的根茨究竟在维也纳遭受了怎样的僵化和腐蚀，才能以拜占庭式的长篇大论赞扬皇帝弗兰茨，称他凌驾于一切日常凡俗之上，为了人类的神圣利益放弃了心中最珍贵的一切！奥地利的战争宣言言辞激烈地表达出想超前完成有序统治的急切愿望，这足以表明，奥地利的参与将改变战争的性质，并且将让诸多爱国者的理想幻灭。但是如果没有奥地利的协助，联盟则无力同世界帝国相抗衡，因而只好

472

如此。布拉格会议是一次重大的外交胜利,威廉三世也清楚这主要归功于哈登贝格的灵活机智。就在 8 月 10 日午夜这一重大时刻,洪堡心态轻松地赶往城堡区(Hradschin)发出既定信号,巨人山顶峰的灯塔很快亮起,当夜该消息就迅速传到了西里西亚,普鲁士军队兴奋地得知,战争将在六天内重新打响。

第三节 胜利

由于普俄联军进展顺利,加上 11 万奥地利军队参战,交战双方在人数上趋近平衡。联盟麾下有超过 48 万军队,其中普鲁士 16.5 万,俄军数量相当;联军的骑兵和炮兵超过拿破仑。拿破仑的兵力已经增加到了 44 万人;由于他再次扮演了地方主义支持者的角色,并且用最阴暗的色调,向莱茵联邦诸君主描绘了老德意志帝国重建、他们即将丧失主权的危险前景,因此莱茵联邦欣然提供军事支援。只有慕尼黑宫廷有些犹豫,便用奥地利宣战当借口,将主力军留在了国内,只把一小支军队派上了北德战场。如果胜利女神不再青睐法国,巴伐利亚就会马上倒戈。春季战役得不偿失,不满情绪逐渐在莱茵联邦的军队中占据上风。拿破仑也不信任他们,最不信任威斯特伐利亚。尽管如此,他还是对战争充满信心。联军在人数上有轻微优势,但是法军占据着东北方的一系列要塞,这极大地抵消了联军的优势,仅是包围这些要塞就调用了一半普鲁士后备军以及大量俄军;拿破仑占据着从格吕克施塔特(Glückstadt)和汉堡到德累斯顿和柯尼施泰因的易北河中段,该地理位置对他尤其有利。几乎就在同一地点,腓特烈大帝曾抗衡更强大的危险敌人长达 6 年,新世纪的这位军事贵族当然也可以通过巧妙利用地形优势,成功突袭敌人,逐个击破四处分散的敌军。

奥地利的加入丝毫没有提高联军的士气。帝国军队一贯作战英勇,但是他们比俄国人还不理解北德人民的狂热。因为俄军不仅重获舍生忘死的古老声誉,更因为同普鲁士人的长期交往以及命运的眷顾,逐渐理解了德意志战争,这场一开始他们极不情愿开展的战争的意义。而奥地利自 1809 年后便一蹶不振,人们不愿意扰乱过去四年舒适平静的生活,并且十分担心法国新一轮的入侵,

473

因此约翰大公必须劝说他的格拉茨（Graz）人民要勇敢一些；奥地利人同情地看着走上战场的士兵，丝毫想不起这场战争中的胜利，不过阿斯彭和瓦格拉姆（Wagram）的记忆仍活在他们心中。奥地利同普鲁士的精神生活之间存在的巨大鸿沟，就连解放战争也无法填补。弗兰茨皇帝只是考虑到面子，不想让奥地利落后普鲁士太多，才组建了一支平庸无用的帝国志愿军团。奥地利军队在领导和行政管理方面固有的迟钝，再次招致了法军的嘲笑；除了少数几个骑兵军官，没有一位奥地利将领在这次战争中获得声誉。

霍夫堡始终警惕普鲁士的民族热情和沙皇的波兰计划，因而并不专心作战，也不可能派出最优秀的指挥官。此外，卡尔大公不仅受到他多疑皇兄的猜忌，也被圣彼得堡视为俄国同盟的宿敌而不受欢迎。因此，施瓦岑贝格亲王担任最高指挥官；他是一位勇敢的骑兵领袖，也是光荣的保皇党人；外交技巧娴熟，知道如何在利益冲突严重的司令部中维持平衡，即便是在三位君主都在场的极端困难情况下，也能保持国籍混杂的联军基本和谐。但是他的天赋不如拿破仑，也缺乏那位天生指挥官的庞大野心。他的总参谋长拉德茨基尽管优秀，但影响有限；通常左右战争会议的是杜卡将军（Duca）和朗根奥将军（Langenau）。这两位都是军事理论家，出身谨慎且重方法的劳埃德学派（Lloyd），认为没有比在战场上孤注一掷更加危险的事情。拿破仑的战神之名仍然未被打破。沙皇甚至开始相信，新的法式战争艺术只能由它自己的学徒征服；于是他将大部分信心寄托在贝纳多特和另两位法国叛将身上——莫罗（Moreau）和若米尼（Jomini），甚至希望这些叛将能给拿破仑军队造成分歧和党争，但是这种希望注定被法国人值得称赞的爱国主义挫败。只有普鲁士阵营中，将士们热烈要求决一死战，只有那里才能找到带来胜利的自信骄傲。但是只有在取得一些胜利以后，普鲁士指挥官，也是联军中最卓越的军事天才们，才获得权力和尊重。

梅特涅完全实现了让奥地利担任联军领袖的目标。因为施瓦岑贝格亲王担任了联军最高指挥官，那么在五月会谈基础上构思的新作战计划自然要以奥地利利益为核心。托尔将军是俄军最具才干的参谋官，7月12日，他同克内泽贝克、瑞典王储在特拉赫滕贝格(Trachenberg)达成共识,要打造三支军队,每支都由三个不同国家的军队组成,而布吕歇尔则希望将所有普鲁士军队掌握在自己手中。23.5万人组成的主力军陈兵波西米亚北部边境,由施瓦岑贝格亲王直接指挥;这样一来就不用担心战场向奥地利内陆转移,弗兰茨皇帝最担忧的事也就迎刃而解。在勃兰登堡和下易北河,贝纳多特率领约15万北方军队;布吕歇尔率9.5万人驻守西里西亚。这三支军队都负责进攻,并在敌军阵营中寻找汇合点。如果拿破仑离开在德累斯顿的中心位置,遣重兵进攻以上任何一支军队,这支军队将会撤退,其余两支则从背后和侧翼进攻敌军。老欧洲还是从拿破仑全新大胆的战术中学到了些东西:作战目标不仅仅是占据某个地理位置,而是击败敌军。可是,以过分谨慎的规章实现这个目标,确实同大胆的基本策略严重冲突。总参谋部安排西里西亚军队负责温和的侦查工作,因为这支军队最薄弱,却正对敌军最强大的位置;布吕歇尔费了好大力气才被允许在形势极为有利的情况下上阵杀敌。他手下的军官们对这项温和任务十分不满,羡慕那些向波西米亚前进同主力军汇合的战友,这位老英雄已经决心在最大程度上发挥作用。不过幸运的是,总参谋部少估计了10万敌军,这让谨慎的人们多了一些勇气。

拿破仑对联军的实力及部署所知甚少;他相信其主力位于西里西亚,而且严重低估了北方军队的实力。他的首要目标仍然是全歼普鲁士军队。拿破仑本人负责在德累斯顿同时遏制波西米亚和西里西亚军队的艰难任务,同时乌迪诺将占领柏林,并解除后备军武装,彻底镇压普鲁士民族起义。如果这项计划顺利完成,那么将有可能增援切什青和昆斯特林,甚至可能解围但泽;优柔寡断的贝纳多特必然撤退至海滨,这样一来普俄就必须将全部兵力投入受到威胁的东北部,并被迫同奥地利分离。联军将因此而分散,或许之后拿破仑施展外交手段可以将其彻底瓦解。因为拿破仑仍然不相信霍夫堡是真心加入联盟,因此他有意识地避免同波西米亚作战;弗兰茨皇帝也坚信他的女婿会对这里心慈手软。皇帝一度害怕自己陷入包围并被从莱茵河切断,现在经验老到的施瓦岑贝格亲王打消了他的担忧,亲王微笑着说:"40万军队不可能被包围。"皇帝很清楚由于拥有联军最高指挥权和奥地利军队占据的核心地

476

位,他现在的优势巨大,而且所有可用军队都集结在上萨克森。只有达武由于政治原因留守下易北河,因为地理位置重要的汉堡是英军登陆的桥头堡。

乌迪诺向勃兰登堡逼近的时候,拿破仑转而首先对付西里西亚军队,希望可以诱使精力旺盛的布吕歇尔出战。但是面对强大敌军,布吕歇尔选择撤退,一连数天都不肯迎战,拿破仑不得不迅速返回德累斯顿,以击退来犯的波西米亚军队。留在西里西亚的麦克唐纳认为联军已经全面撤退了,应该不会遇上敌军,因此选择在8月26日前往雅沃尔(Jauer)。他的军队驱退了普鲁士前锋,穿过大雨倾盆的卡茨巴赫(Katzbach),渡过波涛汹涌的奈塞河(Neisse),然后明目张胆地登上山谷的陡峭山壁,抵达两条山脉交汇处的平原。但是约克就在那里等着他们,连同布吕歇尔的主力军隐藏在山脉的温柔起伏之中。约克让部分敌军进入平原,然后以迅雷不及掩耳之势从藏身的灌木丛中冲出,萨肯(Sacken)领导的俄军在右翼形成强大支援。一场血腥厮杀开始了:敌军被突如其来的袭击逼进了两股山脉之间的一个夹角,因为雨天无法使用火器,步兵只能用刺刀和滑膛枪托进行战斗。夜幕降临时,卡策勒(Katzeler)率骑兵将这些残兵败将赶落山谷和咆哮的奈塞河,数千人葬身其中。只是因为率领左翼俄军的朗热隆(Langeron)因远离战场而有所拖延,麦克唐纳的军队才免于全军覆没。格奈泽瑙从心底厌恶耶拿之战后那个恐怖的夜晚,于是命令所有人马继续追击。经过艰苦的战役和之前数天的行军,拿破仑的这支常胜军已经精疲力竭,当夜便驻扎在湿透的营地,没有火和食物,士兵们衣衫褴褛,瑟瑟发抖,大多数光着脚,不少人已经力竭而亡。还没喘口气,追兵又到;8月29日,皮托(Puthod)的分队在普拉格维茨(Plagwitz)被追上,他们还未来得及穿越汹涌的包贝河(Bober),就被彻底制服了;这支在拿破仑麾下对抗英军的爱尔兰军队,最终葬身于德意志的河流。普军继续追击了数天,但是连降大雨不仅给败军造成了毁灭性打击,也让胜利者损失严重,于是9月1日,布吕歇尔宣布他的军队获胜,西里西亚全境解放。

卡茨巴赫之战是整场战役中第一场大捷。西里西亚解放增强了联军的信心,有力证明了沙恩霍斯特之前的工作,新的后备军确实称得上联军中最优秀的军队。这次胜利也唤醒了对于任何一场民族战争都至关重要的东西——对民族英雄的万众敬仰。布吕歇尔的名字现在传遍千家万户。

　　实际上，事件中心的人物都很清楚，布吕歇尔的作战计划出自格奈泽瑙。因此，克劳塞维茨的预言应验，格奈泽瑙现在成为了西里西亚的最高首脑。早前的困难时期，正是格奈泽瑙在科尔贝格的城墙之上，让蒙羞的普鲁士旗帜重振雄风。现在格奈泽瑙要将他的英雄精神传遍整个西里西亚军队，让联军中这支最小的军队一跃成为精神核心——因为他坚信，一个勇敢的人可以创造一群勇敢的人。他和布吕歇尔之间很快形成了坚不可摧的相互信任，这种关系就像路德和梅兰希通（Melanchthon）、席勒和歌德的伟大友谊一样，都是德意志之福。经验丰富的将军逐渐愉快地接受了这位总军需官的观念，并且能够公正地看待它们；而年轻一点的格奈泽瑙则想尽办法保持指挥官的威信，总是以布吕歇尔的名义发布命令，自己则隐于幕后，就连他的妻子很长一段时间都不知道丈夫的真正实力；普通士兵对他一无所知，他也毫无怨言。战争伊始，格奈泽瑙只随身携带西德和法国地图进入军营，因为他坚信将迅速获胜。如今，命运又将他带回了东勃兰登堡，在那里担任中尉的枯燥岁月中，他度过了自己的黄金年华。那些沉闷无聊的时光现在变成了他的优势：这块土地上的一草一木他都了若指掌，也知道天降雨雪时，巨人山中蜿蜒的小溪会马上变得波涛汹涌，他正是据此构思了战争计划。格奈泽瑙最鄙视躺在功劳簿上的行为。西里西亚刚刚解放，他就立刻启动了合并三军的计划。因为只有如此才能一决胜负，这位勇士非常坚信最终的胜利，早在 9 月初，绝大多数人还不敢奢望占领德累斯顿的时候，他就对军官们说，今年秋天他们就可以在莱茵河岸摘葡萄了。格奈泽瑙喜欢将拿破仑称为自己的老师，因为正是从拿破仑身上，他学会了貌视老旧的战争艺术，并且决定不捣敌人老巢，绝不放下武器。因此对于大多数联军将领来说，格奈泽瑙是胜利的领航员，就像克里斯蒂安斯·劳赫（Christian Rauch）为他塑造的雕像那样，伸出手臂指向胜利，他也是唯一一个可以在军事天才上媲美拿破仑的人。他的徽章上写着：无畏、忠诚、胜利。

478

一个天才的泰然和活力自然能吸引年轻人和女性的青睐；但是身处老战友之间，格奈泽瑙还必须用成功证明自己。尽管西里西亚军队中的三位同事都宣誓接受这位年轻少将的指挥，但是比起自私的萨肯和任性的郎热隆，吹毛求疵的约克要难对付得多。这位极端保守派仍未克服对改革派根深蒂固的厌恶。约克说布吕歇尔就是个野蛮骑兵，格奈泽瑙是个战争空想家，谴责他们过于苛求这支疲惫的军队，不仅条件异常艰苦，还要经常强行军，这会毁了军队；他还屡次提交辞呈。宽宏大量的布吕歇尔并不在意，他平静地说："约克是个讨厌鬼，就会吵架，不过一旦打起仗来，可比谁都厉害。"

无论是布吕歇尔想要继续推进的鲁莽愿望，还是将领们的忧虑警告，都没有动摇格奈泽瑙的想法。卡茨巴赫大捷平息了所有的反对。对格奈泽瑙的谴责尽管没有完全消失，但是已经不会再明目张胆地进行。在接下来的战争中，西里西亚军队几乎收获了所有的辉煌胜利，整支军队威望极高。这种自信情绪增强了军队的向心力，他们觉得自己正是克劳塞维茨所说的："联军巨斧之刃"。就连俄军在某种程度上也被布吕歇尔司令部里传出的乐观必胜信念所影响。一些俄军将领，比如萨肯和英勇的骑兵将领瓦西里特申科夫（Wassiltshikoff），都同普鲁士人友好共事；哥萨克人每次见到头发灰白的指挥官都会欢呼，他们中还流传着这样的说法：那位老人其实是个哥萨克，就出生在湛蓝的顿河岸上。

所有德意志年轻人，都无比向往围绕布吕歇尔的英雄圈子。除了约克，其中还有旅长施泰因梅茨（Steinmetz）；霍恩（Horn），法国人之前给了他一个普鲁士名字，巴亚德（Bayard）；露易丝王后的兄弟，梅克伦堡的卡尔（Karl von Mecklenburg）；勇敢的骑兵领袖于尔加斯（Jürgass）和佐尔（Sohr）；布吕歇尔的最爱，卡策勒；疯狂的普拉滕（Platen），永远带着大烟斗；年轻一些的有沙克（Schack）和勃兰登堡伯爵，后者在1848年成为了首相，约克曾兴奋地认为他将是普鲁士未来的总司令；除了格奈泽瑙，还有头脑清醒的缪弗林（Müffling），他可能是唯一一个同这个圈子的年轻氛围不符的人；克莱斯特的朋友，吕勒·冯·利林施特恩（Rühle von Lilienstern），他是一个受过高等教育的天才军官，每当需要以个人力量影响其

他参谋的时候,他都必须在场;西班牙英雄奥彭少校;费伦泰尔
(Fehrentheil),他后来死在极具煽动性的条顿主义幻梦中;年轻的
格拉赫(Gerlach),后来成为了极端保守主义者的领袖。除了上述
这些人,还有些学者,布吕歇尔幽默地将他们叫做"书记":温和虔
诚的自然科学家卡尔·冯·劳默尔,哲学爱好者斯特芬斯
(Steffens),最后还有艾希霍恩,他在心中珍藏了有关这些风云岁月
的记忆,后来还努力通过构建关税同盟完成解放战争的工作。这
个英雄圈子就像新德意志的小宇宙,包括了各个政治和学术派别
的代表人物,将在未来数十年赋予德意志以生命力。没人再粗俗
地嘲弄这支古老军队没文化。在空闲的夜晚,军官们会在一起轮
着阅读莎士比亚的戏剧;或者奥彭会用齐特琴弹奏德意志和西班
牙歌曲。所有人都像布吕歇尔一样开诚布公;在这位普鲁士总司
令的世界中,人们严厉谴责德意志诸侯的犯罪行为,强烈要求废除
莱茵联邦的主权、增强普鲁士的实力。许纳拜因将军(Hünerbein)
对黑森选侯说:"要是按照我的意思办,我打过仗的地方,你爸爸休
想回去!"

拿破仑的司令部与此有天壤之别!这位凯撒的好运到头了,周 480
围一片死寂。他面色阴沉地坐在营火旁,士兵们在远处提心吊胆
地小声嘀咕,突然他咆哮着命令军队开拔,并且大肆辱骂从元帅到
马夫的所有人。在普俄奥三位君主的总参谋部看来,西里西亚军
队似乎已经成了一个封闭的政党。梅特涅和郎根奥都极不愿意听
到那里的善战和坦率,普鲁士的骄傲和民族热情,这些正是布吕歇
尔军营的特征。即便是威廉三世的随从中,都有人焦虑地提醒国
王注意西里西亚冒进者的危险计划。党争的势头在谣言碎语中变
得明显,并且将给普鲁士带来严重的影响。施泰因坚定地站在布
吕歇尔一边,向沙皇表示他支持老英雄的所有行动。联军的所有
伟大决定都从西里西亚军队开始,格奈泽瑙曾公平地说,正是从这
支军队身上,我们的后代才能惊讶地发现这场战争的秘史。

与此同时,拿破仑第三次进攻柏林的企图化为泡影。联盟军队
固有的惰性在北方军队中特别明显。拿破仑曾经的元帅,贝纳多
特,同怒火中烧的德意志人民有何共同之处呢?他已经抛弃了祖
国,但是并没有抛弃法国人的自大。七年前,贝纳多特曾以占领者

姿态面对的普鲁士将领，如今成为了他的下属；他看不起他们的才能，轻蔑地问，就凭这些人也想击败伟大的拿破仑？他对这支衣衫褴褛、装备落后的普鲁士军队根本不抱期待，他们手持五种轻武器，铁炮也很粗制滥造。他根本不了解他们的情感，甚至当面炫耀法军 1792 年的辉煌战事。他曾经是一位非常谨慎的指挥官，现在也最不想发动贸然攻击，因为一旦失败，他可能会失去瑞典国王保护下的财产。迫切的政治理由要求他不要动用麾下的瑞典军队：瑞典人民并不欢迎这场战争；德意志人民也不理解占领挪威的计划，而且人口稀少的瑞典用什么补偿一支军队的丧失？贝纳多特公开表示，普鲁士人应该用自己的鲜血保卫首都。他非常自大，幻想自己才是拿破仑最危险的对手，因此认定拿破仑将动用法军最481 优势力量对付他，并且宣布向上萨克森进军是极危险的。相对于南部的柏林来说，北方军的位置无疑更加艰难，因为汉堡可能从其后背入侵，侧翼受马格德堡的威胁，面前则是维滕贝格和托尔高的要塞。另外一些隐秘的政治计划也迫使贝纳多特小心谨慎。这个狡猾的贝亚尔奈人（Béarnais）已经在法国学会了扮演反对派自由思想家的角色，现在再次同拉法耶特及其他法国不满人士秘密交流。他认为只要拿破仑被推翻，那么法国人民的意愿和有权势者的青睐就有可能将他推上皇位。但是法国人已经将他视为叛国者而深感痛恨，如果他不想继续火上添油的话，就必须在战争中避免给予法国致命一击。①

　　起初普鲁士军官们还挺喜欢这位能说会干的南方人，但是他们很快发现已经成为军队首脑的贝纳多特，仍然如春季失掉汉堡时一样犹豫多疑，于是就开始疏远他。一场激烈的争吵爆发了。比洛将军和博尔施特勒将军都是固执己见、不好对付的下属，他们觉得自己有责任对指挥官提出抗议；可以理解，这些勇士们有时怒火攻心，对这位不太可靠的外国军官也未必公正。

　　乌迪诺的军队开出了萨克森，这是一支 7 万人的多国部队：法

---

① 我找不到斯韦德鲁斯（G. Swerderus）曾提出任何支持其英雄的重要材料，见其充满怨毒的著作《瑞典的政治和战争，1808—1814》（*Schweden's Politik und Kriege in d. J.* 1808—14）。——原注

国、意大利、克罗地亚、波兰和伊利里亚,还有声名狼藉的杜鲁特(Durutte)分队,其中有大批被赦免的逃兵和罪犯。但是这支队伍的核心力量,是萨克森、威斯特伐利亚、巴伐利亚和维尔茨堡的德意志人。如果他们能够胜利进入柏林,那么莱茵联邦将再次同法国紧密相连。在柏林南部 15 英里远的地方,努特河(Nuthe)和诺特河(Notte)形成了一条天然的半圆形防御线,由于贝纳多特用来驻守沼泽森林地带的兵马不够,法军便顺利穿越了这条防线,前锋甚至已经穿越森林抵达了大贝伦(Grossbeeren)。如果法军继续前进,穿过开阔平原抵达泰尔托(Teltow),很快就会进入柏林。瑞典王储并不关心是否守得住普鲁士首都,而且长久以来都在准备撤出柏林并后退越过施普雷河。柏林居民紧张地听着从南面传来的枪炮轰鸣,他们知道自己可能在劫难逃,因为拿破仑已经下令夷平他厌恶的柏林城。

8 月 23 日下午,比洛决定在乌迪诺和贝特朗的援军抵达之前, 482 主动进攻位于大贝伦的雷尼耶(Reynier)军团。博尔施特勒进攻敌军右翼,比洛指挥军队直插守在大贝伦的中路军。正在此时,一场大雾笼罩了整块地区,这种情况在这个秋天的几乎所有战役中都发生过。军队冒雨前进,其中有不少后备军。所有人都盼着打仗,勃兰登堡人民的愿望最强烈,他们就生活在这里,实际上也是为保卫妻儿家园;他们调转无法使用的燧发枪,大声喊叫,用坚硬的枪托猛砸敌人的头部。尽管萨克森人也拼死抵抗,但是到晚上比洛还是占领了大贝伦,雷尼耶损失惨重,被迫穿过深林撤退。如果不是因为瑞典王储,雷尼耶军团已经被歼灭了,贝纳多特对比洛的请求充耳不闻,只派出了一支瑞典炮兵连和若干俄国炮兵参与战斗,而不是及时进攻雷尼耶左翼,彻底摧毁这支败军。北方军同西里西亚军团一样,最艰巨的任务总是落在普鲁士人身上,这并非偶然,因为对于他们来说,这是存亡之战。乌迪诺眼见无力回天,便率军返回了维滕贝格。

接下来的几天,大批柏林人涌上战场欢迎大救星,他们用推车为伤兵送来大量被褥,给疲惫的将士送来食物和葡萄酒。人们悲喜交加,不停地表达谢意、互相拥抱;数千张激动的面孔上流露出的,正是这个高贵民族被正义之战唤醒的神圣力量。

　　从此，普鲁士人开始赞颂祖国的英雄，卢考（Luckau）战役和大贝伦战役之后，"好运比洛"之名到处流传。其实在 1807 年战争时，比洛的能力已经获得了同僚的认可，但是他们也悲叹比洛时运不济。他和约克都是旧式军人，同样敌视改革派的目标。但是当战争打响，他身上冷静的军人意识和天生的勇敢，马上促使他依据沙恩霍斯特的战争理论大胆作战；此外，博延担任他的总军需官。比洛很有天分而且受教育程度很高。年轻时候常出入路易斯·费迪南德亲王的沙龙，亲王是一艺术品鉴赏家和天才作曲家。从比洛的外表，人们根本看不到布吕歇尔眼中燃烧的激情。这个不起眼的小个子男人，总是安静地骑着自己矮小结实的杂色马，身穿大衣头戴步军便帽，谁能相信他将成为一位伟大的指挥官？不过军官们都知道他是一个非常公正善良的人，一个真诚冷静的领袖。对于下属，比洛是一位细心的父亲，因此他们都忠诚于他，相信在他的领导下将战无不胜，但也不乏敬畏，这对军队将领而言必不可少。这个安静的人有时会突然大发雷霆，比如当他从贝纳多特的副官处得到撤退命令时；再比如在被俘的莱茵联邦人员面前，他像执法者一样毫不留情地表达自己的厌恶之情。大贝伦战役之后，比洛趾高气昂地直面王储，甚至敢在报纸上驳斥总司令对战役的偏颇报道。普鲁士将领们都决定，如果下次这位软弱犹豫的贝纳多特再要贻误战机，他们将不再服从命令——这是一个危险的决定，只有在联军中非常之时才具有合法性。

　　在乌迪诺向柏林进发的同时，达武也从汉堡向柏林行进，但是一接到大贝伦的战况就马上撤退了。从马格德堡前来的吉拉尔（Girard）军团本来应该进攻侧翼的北方军，在听闻战败后也撤退了；8 月 27 日，希施费尔德将军（Hirschfeld）率领库尔马克的后备军团，在哈格尔山（Hagelberg）附近的曹赫（Zauche）沙丘，进攻了驻扎此处的撤退敌军。希施费尔德是参加过七年战争的老兵，此时重新加入军队，根据腓特烈的线式战略发起攻击；他对于手下这支装备粗糙、经验不足的军队并不抱太多希望，后备旅长马维茨同他的看法一致。事实上，当面临法军第一轮猛烈炮火，年轻军人们的确慌了阵脚，但是战线中一支训练有素的军团顽强作战，这些勃兰登堡农民受到鼓舞，克服了最初的恐惧，马上奋不顾身地向前冲，古老的德意志之怒一发不可收拾,自从瓦鲁斯(Varus)①时代,这些北方狂暴战士的骇人行径就呈现在罗马英雄史诗之中。这些无比愤怒的农民静悄悄地冲进位于哈格尔山的法国步兵方队,手下无情;火枪沉闷的噼啪声停下的时候,只见尸体堆积成山,血流成河。吉拉尔总共有 9000 人,最后只把 1700 人平安带出了后备军的修罗场。勃兰登堡就这样解放了。不少柏林老市民都参与了这次战役,比如尼布尔和施莱尔马赫的朋友、孜孜不倦的爱国者、书商赖默尔(G. A. Reimer)。他在库尔马克的后备军中担任上尉,哈格尔山之战后,他匆忙回家休假出席最小女儿的洗礼,然后就又返回军营。

開赴德累斯顿的波西米亚部队就不太幸运了。这一大支没用的军队缓慢穿越厄尔士山岭(Erzgebirge),起初沿西北向莱比锡方向前进,然后转向东方朝德累斯顿进发。艰苦的山地行军让这支军队精疲力竭,8 月 25 日,三分之一军队约 6 万人抵达易北河左岸城镇周围的高地。当时人数占优势的圣西尔(St. Cyr)军团正防守此地,如果他们马上进攻,那么拿破仑军队最重要的支援中心将遭受突袭。那里的居民一点也不在意这场战争的意义,早就放弃了抵抗;机警的国王也早就溜到了右岸安全的新城区。但是在三王战争会议上,谨慎的情绪正在蔓延,于是他们决定先集合所有军队再发动进攻。这是个糟糕的决定,因为此时拿破仑军队正从西里西亚向包岑迅速赶来。在 8 月 26 日阴沉的清晨,拿破仑终于抵达莫德格兰德高地(Mordgrunde),刚好从高处俯视易北河,可以看见风光秀丽的易北河盆地,也能看见在遥远的左岸,乌压压的联军形成巨大的曲线包围城市,左右两翼都触及易北河,正慢慢地从山上下来。

在德意志土地上,胜利女神再一次庇佑了拿破仑,不过这也是最后一次了。尽管一开始,拿破仑的军队只有联军的一半,但是随着后续军队的不断加入,这座防御不足的城市变得固若金汤。拿

---

① 瓦鲁斯(Publius Quinctilius Varus,前 46—公元 9 年左右),是屋大维麾下的将军和政治家,在条顿堡森林战役中损失了三个罗马军团,自己也战死沙场。——译注

破仑坚信自己将取得胜利，在城里信马由缰，一连数小时在吊桥对面的城堡广场平静地下达命令，同时警卫团正跑步从他身边经过前往西城门。这些精锐士兵身着熊皮外套，热烈欢迎他们的小个子领袖，似乎他所到之处便是胜利和掠夺之所。一位萨克森军官站在十字塔楼顶上，侦察报告联军的一举一动，他脚下宽广的战场就像一张地毯。战神拿破仑抵达现场的消息，在联军战争会议上引发了紧张甚至是恐惧情绪。在奥地利总参谋部，深谙战争艺术的人曾考虑不战而退，只是因普王的强烈反对才不得不发动进攻。施瓦岑贝格本应率领左翼优势兵力进攻防守不足的腓特烈城（Friedrichsstadt），但是却让中路和右翼进攻老城郊区，那里的防御工事设在王宫和别墅的大门和花园高墙之上，易守难攻。在经过一场血腥但是整体混乱的进攻后，奥地利人猛攻入法尔肯施拉格（Falkenschlage）半月形战壕的中心；右翼的克莱斯特率普鲁士军队占领了正对德累斯顿城门的大花园（Grosser Garten），并冒着从洛可可花园（Rococo Garden）墙上危险的射击孔中喷射出的猛烈火力，奋力杀进城去。到了晚上，拿破仑认为可以发动进攻了，于是突然命令大军同时从所有城门倾巢而出，联军刚刚站稳脚跟的城中地区，马上就被法军夺回了，并最终全线撤入高地上的村庄。联军的进攻就这样被击退了。

当夜，灾难性的消息再次传来：大军背部受敌，于是混乱和失望开始在联军参谋总部中蔓延。过去数月，上千萨克森农民被征召，在易北河右岸萨克森属瑞典的岩石山地之中，修建一条穿越齐根吕克（Ziegenrücken）、供大炮通过的宽阔道路，在柯尼希施泰因（Königstein）蜿蜒山路下的河流上修建桥梁以及进入特普利兹（Teplitz）大道。现在，旺达姆的军团，约4万人正沿着这条通道迅速赶来，以切断联军的退路。联军的战争会议认为，在目前这种形势下已经不可能获胜，因此在27日清晨发动攻势也只是为了掩护撤退，但是就连这个谨慎的目标现在也无法实现了。当联军右翼正从易北河和特普利兹大路逐渐撤退时，左翼还在苦苦支撑。奥地利军队占据着易北河与普劳恩峡谷之间的高地，由于峡谷陡峭而脱离了其他队伍，也无法将防线向左延伸至易北河。因此，缪拉就在萨克森军官的带领下，率领一支强大骑兵力量穿越这个从易北河河谷升起的狭窄峡谷,悄悄抵达平原。不少奥地利骑兵方队都受到来自背部和侧翼的突袭,全军被围困在敌军和陡峭峡谷之间,只能缴械投降。普劳恩峡谷以及通往弗莱堡的道路,全部落入法军手中。27日下午,战败的联军才得以撤退。德累斯顿的教堂和茨温格霍夫(Zwingerhof)共关押2万名战俘,城堡庭院中摆放着30门缴获的火炮。奴颜婢膝的萨克森统治者很高兴自己脱离了俄国强盗之手,宫廷中流传着伟大萨克森火炮手的传说:一发炮弹就让叛逃俄国的莫罗命丧九泉。

波西米亚军队在行进中都无法保证迅速有序,撤退就更加惨不忍睹。败军有20万人,只有特普利兹河谷中的一条道路,经过阿尔滕贝格通往杜克斯(Dux)。在主干道上找不到立足之地的人们,就必须从小路沿山脉穿越狭窄崎岖的山谷,慢慢爬上厄尔士山顶,然后沿着无数曲折道路走下险峻的南部山坡。大批辎重队伍将峡谷堵得水泄不通;大雨倾盆,混乱、恐慌和饥饿四处蔓延;军队四分五裂,围困于此地,也不再有统一领导。联军总司令无法掌控局面,于是希望布吕歇尔可以从西里西亚提供援助。总参谋部的外交官们开始绝望,此次反法联盟似乎即将面临解体。谁能担保弗兰茨皇帝不会投降呢,就像他在奥斯特里茨战役之后那样。况且至今尚未同奥地利签订明确的联盟条约。如果法军趁胜追击,那么结果已经没有悬念。幸运的是,正在此时拿破仑收到了大贝伦战役的消息,于是马上率核心兵力赶回德累斯顿,准备一举歼灭柏林,完成他最迫切的目标。此时,波西米亚军队的处境依旧十分危险:如果旺达姆抄近路赶在联军之前抵达特普利兹河谷,那么一旦这支孤立的军队疲惫地从崎岖的山间小路露头,就会马上遭受重击。

年轻的符腾堡欧根亲王带领一支俄国军,在柯尼希施泰因拦截旺达姆,他清醒地看见了胜负的关键之处。他主动进入联军已经撤出的特普利兹大道,驱散了旺达姆的先遣部队,因此赶在法军之前到达彼得斯瓦尔德(Peterswalder)的山脉顶端。8月29日清晨,俄军受到法军攻击后,便缓缓沿山脉南坡向库尔姆前进。欧根亲王的将领们与他意见相左,决定撤出此地并继续穿过埃格河向南撤退(Eger)。但是普王在军队前面抵达特普利兹,反复重申不惜代价坚守阵地；只有这支东面的军队拖住旺达姆，波西米亚军队才有可能继续向西进发，并安然抵达特普利兹河谷。已经决心指挥战争的威廉三世，表现出了军人风骨。他鼓励俄国将领拼死抵抗，从山中派出信使召集从闭塞通道中出现的所有军队，亲自命令约翰大公的龙骑兵团马上加入战斗。俄军同意作战；他们军队的豪气、认真准备的防御马上就位。面对着两倍于自己的敌军发动的猛攻，这支 1.5 万人的军队坚守阵地不曾松懈。但是一天下来，这条防线也是千疮百孔，明天依旧前途未卜。

当晚，威廉三世送信给仍在钦瓦尔德（Zinnwald）山岭中的克莱斯特，命令他向东移动翻越山岭向特普利兹大道进发，从敌军背后的诺兰多夫（Nollendorf）高地向其发起进攻。这条命令送达的时候，克莱斯特已经在同自己的总军需官格罗尔曼商量后，做出了同样明智的决定。克莱斯特将军是一位相当沉着冷静的老派军人，发现既然已经不可能带领军团穿越被堵塞的山路，那么最冒险的道路就是唯一可行的道路。身处河谷的俄军在得到奥地利军队的有力支援后，于 8 月 30 日早晨重新发动战役，沙皇就站在库尔姆的一座山丘上俯视决斗战场：南方是风景如画的丘陵，北方是厄尔士山巨大的峭壁，两者之间的葱郁高原上正在上演残酷厮杀。然后他震惊地发现，从诺兰多夫高地上出现了大炮，大批士兵从山上向法军俯冲。这些正是克莱斯特率领的普鲁士军队，整夜行军让他们精疲力竭，但及时到达了敌军背后的高地。旺达姆军队此时腹背受敌，经过漫长艰苦的战斗后彻底失败。超过 9 千人成为战俘，其中就有不莱梅的刽子手旺达姆本人。后来法国大费周章才将他从德意志手中解救出来。

库尔姆战役让拿破仑的德累斯顿桂冠开始枯萎，摇摇欲坠的反法联盟再次团结一心。最近几天联军士气低迷，库尔姆的胜利让军心大振。普俄奥三军都力争上游：欧根率领的俄国守军；英勇的奥地利骑兵；威廉三世和他的诺兰多夫英雄们。勃兰登堡和西里西亚也有捷报传来；那些对胜利毫无贡献的联军参谋总部的军事家们，都开始相信有可能获得最后的胜利。拿破仑在短短一周内，丧失了一大支军队，将近 8 万人，又回到了秋季战役开始时面临的局面。

一周以后，拿破仑遭受了一场更加惨重的失败。当他听闻布吕歇尔胜利的消息后，马上放弃了亲自进攻柏林的计划。他前往卢萨蒂亚亲征西里西亚军队，任命内伊元帅指挥第四次对柏林战役。这位强悍的元帅从一开始就对这项任务信心不大，他在维滕贝格集结军队，经过一场血战击退了一支孤立的普鲁士分队，并且在不了解敌军周围环境的情况下，在9月6日穿越沙地平原前往尤特博格(Jüterbog)。带领先遣部队的贝特朗在此处遭遇了陶恩钦(Tauentzien)的普鲁士军队，激战之时，比洛又袭击了行进在登讷维茨(Dennewitz)的法军左翼。因此爆发了一场始料未及且范围巨大的战争。比洛率4万普军冒险进犯数量是自己1.5倍的敌军，寄希望于带领北方军主力的王储施以援手。法军现在位于一个巨大弧线中，右翼向北面对陶恩钦，左翼向西遭遇比洛。内伊元帅位于右翼，只能看到周围发生的事情。当他发现自己麾下的兵力开始不足，便命令乌迪诺迅速从左翼前来支援。这样左翼力量被严重削弱，比洛成功地将萨克森人赶出了格尔斯多夫(Göhlsdorf)，并且继续前进至登讷维茨。正当普军四处挺进的时候，漫天尘土飞扬，宣告着王储正率领他的70个营飞奔而来。援军的到来引起了法军的恐慌，内伊的军队陷入一片混乱。

拿破仑最重视的计划就这样化为泡影。这光荣的一天仅仅属于普鲁士。后备军再次同训练有素的军队势均力敌，德意志人之间再次掀起战火。符腾堡军队中最精锐的力量都位于内伊所在的右翼，他们直到1866年还在愤怒地诉说，普鲁士后备军，尤其是那些强壮的波美拉尼亚骑兵，是如何无情地清除了尤特博格的士瓦本人。勇敢的萨克森人在此战中确实也配得上其古老的善战之名，但是却在拿破仑的公告中被指责为懦夫。这支不幸的军队开始为服从莱茵联邦而感到耻辱，登讷维茨战役之后，一个警卫营归顺普鲁士。但是，奥古斯特尽管马上脱下了已然蒙羞的军服，却仍然效忠于诽谤自己军队的盟友。

波西米亚军队经历数天野外活动，需要休整。尽管暂时武器放下，但外交官们的工作却更加热情了。库尔姆大捷后，弗兰茨皇帝就不再犹豫，再也不听女婿不断传达的示好信息。9月9日，在特普利兹，三国签署了三份几乎一样的联盟条约，取代了赖兴巴赫临

489

时协议。条约认可了普鲁士一开始就提出的条件：解散莱茵联邦；全面废除法国和拿破仑对莱茵河右岸的统治；恢复奥地利和普鲁士在 1805 年的国家状态。联盟国家以最严肃的方式彼此宣誓，绝不在其他国家未知的情况下，听从法国提出的任何和平提议。但是仍然无法达到无条件的一致。沙皇继续深深地隐瞒他的波兰计划。在赖兴巴赫，他曾同意东方三国瓜分华沙公国。但是按照字面意思解释，只要普奥获得华沙部分领土，就并不排除建立起俄国统治下的波兰王国的可能性。在《特普利兹条约》中，俄国的这项承诺进一步变得模糊，条约仅仅规定，关于华沙的未来，三国之间应该达成友好互谅。因此华沙拥有者对于该公国就没有任何明确的义务。

自此以后，波兰问题就像一块阴云一样盘桓在联盟上空。消息灵通的人都知道，明斯特伯爵是如何在报告中不断地向摄政王解释，波兰的未来相当令人焦虑，奥地利在整个战争过程中的游移都与此有关。按照设想，普俄有望通过彻底摧毁法国而获得相当大的好处，而英国占有的殖民地都将完好，奥地利则希望在取得局部胜利之后，在意大利获得统治地位。此外，英奥也开始担忧普鲁士的野心，因为随着一场场的胜利，普鲁士也变得越来越危险。因此联盟阵营内部开始产生日益明显的分裂。英奥犹豫不决，普俄则继续向前推进；尽管沙皇和普王也有过短暂的犹豫，但这种分裂仍是战争期间外交谈判的主要特征。缺乏谨慎的施瓦岑贝格和机智大胆的格奈泽瑙之间的强烈对比，正好对应着奥英和普俄之间的政策差异。普俄公开愤怒地表达了对总参谋部可悲行为的不满。威廉三世本人尤其失望。甚至在进军德累斯顿之前，他还徒劳地建议应该让沙皇负责最高指挥，沙皇重视皇室尊严，在天才托尔的帮助下，应该可以坚持到最后。[1] 随着事态的发展，证明他的怀疑很有道理，普王便不再掩饰自己的愤怒，并且主要是因为哈登贝格的烦恼，普王决心不再纵容奥地利总司令，于是并没有按照习惯礼貌而授予他一枚勋章。

《特普利兹条约》中最重要的是第一款秘密条约，保证位于奥

---

① 哈登贝格日记，1813 年 8 月 18 日。——原注

地利、普鲁士和莱茵河之间的国家将获得"完全且无条件的独立"。如果严格解释该条款，则意味着莱茵联邦每一个位于附属地位的诸侯，都将获得国家主权，同时建立德意志统一国家的努力也将化为泡影，而这恰是梅特涅的秘密意图。但是，哈登贝格从该条款中只看到了拿破仑保护政策的废除，他是如此盲目相信奥地利的爱国意图，于是不假思索便同意了，其实他根本不愿意让莱茵联邦的诸侯拥有主权。他同施泰因和洪堡一样，认为此刻正是建立普奥联盟的大好时机，为建立强大的联邦体制打下坚实基础。

　　8月末，施泰因曾在布拉格写作了一份备忘录，是他笔下最雄辩有力的文章之一，他将其提交给了联盟的诸位君王。他严肃地恳求这些高贵的读者，如果他们没能全力以赴地重整德意志民族，那么当代和后代都不会原谅他们。"这篇演讲事关最重要的尘世事物。这里有 1500 万有教养有道德的人类，他们所继承的一切和所取得的成就，值得所有人尊重；他们的疆界、语言、道德标准以及内在不可摧毁的民族性格，都同其他两大民族极为相似。"施泰因接着以他优雅简洁的风格，描述了在老帝国中，由于帝国法庭和议会的存在，每个人的人身和财产都有保障；随后严厉指责莱茵联邦将这 1500 万人置于 36 个暴君的独裁统治之下。"喜新厌旧、病态自负和骄奢淫逸，已经成功地摧毁了这些曾经繁荣的国度内的不幸居民获得幸福的一切可能。"如果这种分裂局面继续下去，德意志将变得越来越孱弱、卑贱和可耻；如果各个国家间的疏远继续增大，法国的影响就会越来越牢固。因此，莱茵联邦必须连同"36 个小头目"一同消失。然后，施泰因回到他的圣彼得堡计划上，认为既然古老帝国的完全统一已经不可能，那么应该组建两个大联邦国家：普鲁士获得萨克森、梅克伦堡和荷尔施坦因，拥有 1100 万人口，统治北德；奥地利则统治南德，拥有 1000 万人口。在这个二元结构的联邦中，老帝国所有还能运转的机构都将被复兴。1806 年被归并的地区——《帝国代表重要决议》中作出的牺牲——也将被复原，施泰因认为已经无力回天；拿破仑曾经牺牲帝国而扩大的那些中间国家，将被缩减面积，因为它们比起小诸侯国薄弱的地方主义，更加有害于祖国。也因如此，奥地利应该恢复帝国体制；鉴于普鲁士人身上的德意志血液更加奔放纯净，这个半外国的国家必

491

须将自己的利益同德意志捆绑在一起；军事事务和外交政策必须受帝国控制,这样才有可能存在一个独立于奥地利的德意志外交团；同样还必须有帝国货币、海关和法庭；要在雷根斯堡建立帝国议会,像以前一样设三院；帝国议会的成员不是使节而是代表；帝国城市的席位将被增加,留给各个德意志国家省议会的代表们。在施泰因看来,这样一个联盟最终将从法国手中夺走莱茵河与斯海尔德河（Scheldt）之间的国家——因为即便是施泰因此时也不敢希望马上解放莱茵河左岸。

492   这份备忘录中包含了将在未来结出丰硕果实的伟大观点,比如建立省议会和德意志议会；但是一切都还正在发酵和初步形成中。这位民族领袖还是没有完全看清德意志问题的关键所在。施泰因沉浸在对奥托家族和霍亨斯陶芬家族的狂热之中,渴望恢复这个造成三个世纪苦难,并导致老帝国解体的外国统治。普鲁士对北德的领导如何能同奥地利帝国以及雷根斯堡帝国议会和睦共处？普鲁士是否将放弃独立的欧洲政策,并为了这个帝国放弃自己的军事优势？——所有这些问题都不在施泰因的考虑之列。

哈登贝格同意这份备忘录中的一些基本观念。他和施泰因一样,认为中间国家是德意志最险恶的敌人,并提议夺走它们在过去七年中获得的可耻战利品。普奥两国和其他德意志国家的重建,将以1805年的国家状况为标准。但是哈登贝格不希望将已经被他人获得土地归还给被归并的国家,而是希望用这些领土来增强普奥。不过他也同施泰因一样坚信二元结构的必要性。哈登贝格认真而公正地继续老巴尔腾施泰因的计划,屡次急切地恳求梅特涅让帝国吞并奥地利在上莱茵河的领地。只有奥地利真的成为南德意志的主人,才能迫使它为了自己的利益,率先反抗法国的任何侵犯。在哈登贝格眼中,未来德意志联邦最重要的任务,是保卫德意志领土免遭西邻的再次践踏。但是他果断拒绝了恢复旧帝国的想法。除了施泰因以外,洪堡以及其他普鲁士政治家都赞同哈登贝格的看法。因为北德的独立意识已经非常强大,不可能再忍受正式的服从关系；普奥两国只能以完全平等的姿态领导诸小国。由于过去数周所取得的胜利,北德爱国者开始频繁追问：普鲁士领导着德意志军队,为何不能接替奥地利领导帝国？

如果梅特涅对于北德雅各宾党人的恐惧有可能增长的话,那么肯定是这份备忘录造成的,他发现其中的每一句都在跟他唱对台戏。但是哪一句最糟糕呢?是施泰因关于莱茵联邦的无情言论,吞并萨克森,还是建立德意志议会?生性胆怯的根茨,很早就抛弃了自己精力旺盛时代所写的备忘录,现在言辞激动地指责,解放战争开始是一场自由之战,结局将是一场革命而非复辟!帝国的脸面让梅特涅无所作为,就像在春季战役时一样。最近数周,英、俄、瑞已经多次跟他说起恢复神圣帝国统治。当大革命形成的世界帝国的光芒开始减弱,宫廷中的保守主义倾向就开始抬头;不经意间,恢复古代状况的要求俯拾皆是。但是奥地利却坚决拒绝。洛林家族再也不愿意戴上那顶徒有其表,只能引起法国和中间国家仇恨的皇冠。

梅特涅甚至想放过普鲁士蔑视仇恨的法国附庸。他认为德意志应该以自己的力量击败拿破仑。他扮演着莱茵联邦各宫廷祝福者的角色,并宣布已经准备好,在有必要的时候为了这些君主的利益归并一些小诸侯国。他很清楚中间国家对于强大联邦权威的憎恨,于是宣布德意志问题只可能在同莱茵联邦诸侯达成自愿共识的情况下解决。梅特涅甚至提出了一个令益格鲁-汉诺威人都震惊的问题:"我们到底为什么要建立一个只能挑拨离间的德意志联邦?如果我们满足于一个保证德意志主权国家在战时彼此帮助的条约和联盟体系,事情不是简单的多吗?"因此梅特涅拒绝同哈登贝格进行深入谈判,实际上却安排各项事宜,以确保在特普利兹谈判中不会确定任何有关德意志体制问题。他的心腹,枢密院大臣宾德尔(Binder)心平气和地说,就如同《威斯特伐利亚和约》确定的体制问题直接源自混乱的战争,一旦时机成熟,德意志联邦的体制也会水到渠成。同时,根茨的老朋友洪堡,梅特涅享乐活动的同伴,也受到了恶意诽谤。洪堡作为普鲁士联邦计划的首要缔造者,在奥地利人的黑名单上仅次于施泰因;可想而知,不用费多大力气就可以向心存偏见的梅特涅证明,这个可疑的人正在"政治狂热分子"的帮助下夺取国家领导地位。

梅特涅的这种态度并不仅仅因为他天生好逸恶劳,也不光是缺乏政治智慧的结果(尽管他也颇为狡猾,但是精神贫瘠,无力理解

493

494

一个伟大的政体创建计划）；还因为他对奥地利国家能力的正确评估。就像普鲁士曾因自己的软弱而蒙难，奥地利也因强悍而受苦：国内极端复杂的领土构成造成了政治目标上的过度分歧。奥地利盲目贪婪、狡诈自负的治国术唤醒了帝国的古老诅咒。新奥地利希望统治意大利，保持对德意志的领导权，同时使多瑙河沿岸心思各异的民族群体团结一致。这是三个非常困难的任务，这个世界上没有哪个国家，或者至少是精神力量如此孱弱的国家，能够彻底成功地完成。这项短视愚蠢的政策很快就会遭到严惩，但是还没有一个人发现梅特涅计划中隐藏的巨大邪恶和白日梦般的本质。内阁成员们不无嫉妒地注视着机敏的梅特涅达成目标的好运气和低风险。梅特涅确实正确地意识到了，奥地利的主要力量已陷入瘫痪，并且必然抛弃一切冒险行为。这样一个国家最危险的敌人，是各民族追求统一和自由的渴望，阿尔卑斯山两侧的诸国，只有在自己王朝的利益基础上才会支持奥地利。

梅特涅一向谨慎，他只希望能够以间接形式控制德意志，并不打算以炫耀式的帝国尊严伤害拿破仑庇荫下的这些君主。他最不愿意同普鲁士建立联合统治，因为他很清楚，相比奥地利帝国统治，中间国家会因更惧怕崛起的普鲁士霸权而统一起来。所有被委派的外交官都很清楚梅特涅的观点。奥地利为何始终坚决拒绝改变对上士瓦本地区的统治？对于这一问题，如果哈登贝格的头脑清晰的话，都必须承认梅特涅的想法是对的。但是，哈登贝格的一系列外交错误也从这里开始。他同英俄的谈判，除了个别瑕疵，都完全符合形势需要。但是他对奥地利的行动则是彻底的错误，后果很严重。哈登贝格简单地认为，奥地利人心中也活跃着睦邻友好的精神，而实际上霍夫堡对此没有任何表示。有可能他的这种观念被他的表兄哈登贝格伯爵刻意加强了，后者是驻维也纳的汉诺威代理人，两面三刀，信誉极差，长期在普奥之间扮演着调解人的角色，但实际上是梅特涅的工具。

495　　　奥地利政治家必然辜负盟友的盲目信任。梅特涅在后来几年更加严肃和繁忙的时候，总是施展一些精心计划的离间游戏。而在此时，他仍然是个肤浅轻浮的花花公子，常常让热情的根茨失望，后者呼吁严肃认真地对抗普俄，梅特涅却把时间浪费在懒散逍遥和无聊的风流韵事中。但是,哈登贝格太天真,一次从容的拖延,甚至偶尔一个善意的谎言,就足够对付他。由于奥地利拒绝讨论任何有关德意志体制的问题,于是哈登贝格就坚定地相信,霍夫堡最终将同意承担起保卫上莱茵河的危险任务。此外,这位普鲁士政治家还表现得似乎维也纳已经接受了他的二元计划;信心满满地声称,奥地利作为南德领导者,将根据南部诸国跟联盟的亲疏关系来对待它们。他理所当然地认为,一旦奥地利军队抵达巴伐利亚边境,这些就会成为事实。这样一来,德意志体制的命运就将掌握在奥地利手中;并且一旦莱茵联邦叛逃,战争的进程也就无法改变了! 未来德意志联邦的形式完全取决于南部君主们的谈判。因为北德处于普鲁士的影响之下,没有必要进行谈判;唯一急需解决的事情就是清除热罗姆以及其他拿破仑家族成员的领土。10月,根茨在《布拉格报》(Prager Zeitung)上发表的言论,展现出了乐观的爱国者们对霍夫堡的真实期望:胜利将把一个自制克己的国家变成一个和平幸福的国家! 对中央行政委员会的不停争论,更加清晰地表明了这种期望。

　　施泰因男爵策划的这个机构从一开始就时运不济。中央行政委员会已经数月无所事事,因此也没取得什么成就。德、英、瑞、奥不断表达自己对委员会的不信任。此外,那些被废黜的小诸侯们则继续施压,自然也少不了加格恩;小诸侯国的这位年老可靠的救星,指出黑森选帝侯和奥兰治家族拥有完全主权,为这两个无地之主要求席位和选票。一旦奥地利加入联盟,梅特涅马上就会要求彻底将这个可疑的委员会改变成一个军需供应单位。俄国大使阿洛佩乌斯(Alopeus)是备受普鲁士爱国者信赖的朋友,他一直在梅克伦堡指导地方行政,也因为霍夫堡的意愿而被召回了。洪堡曾在特普利兹提交了一个修改过的议案,但是让梅特涅恐惧的是,这份议案的一款规定中央行政委员会可以在被占领地区召开议会。因此再次产生了讨论和延迟。涅谢尔罗迭伯爵是沙皇的新顾问,一向热烈拥护梅特涅的观点,这次的态度也有些冷淡。事态仍然陷于僵局,直到 10 月 21 日,莱比锡战役之后才达成了新的协议:这个曾经被寄予厚望的机构被剥夺了所有的政治意义。施泰因及其忠实的同伴艾希霍恩都希望,加入联盟的小诸侯国可以在中央

496

行政委员会的监管下获得暂时的主权，而且必须等到未来德意志联邦颁布章程才能恢复完全主权。但是梅特涅为了赢得这些小君主的支持，向他们保证将继续拥有被旧帝国剥夺的宗主权。梅特涅最不放心中央行政委员会，因为他担心这将为萨克森与普鲁士的统一铺平道路。最终，梅特涅的观点获胜。中央行政委员会的作用仅仅被限制为在被占领的土地上，指导军事装备和军队供给。施泰因，连同联盟各政府组建的代理会议拥有最高监督权；而他任命的军事长官只有通过现存政府才能发布命令。自愿加入联盟的国家可以在中央行政委员会的干涉下，按照协议保有自己的领土。尽管中央行政委员会的活动如此受到限制，在战时还不断受到莱茵联邦君主的敌意，但是在施泰因灵活的手腕下，还是取得了不俗的成就。然而将小诸侯的领土当做无主之地来处理的大胆计划，却因为奥地利而变成一纸空文。

同时，梅特涅也在利用自己珍贵的权力，同巴伐利亚签订了协议。虽然联军占据军事优势，但是在胆怯的总参谋部中，直到决战前三周，对胜利依然没有太大信心，因此就连沙皇都将巴伐利亚军队视为极为重要的增援。梅特涅对巴伐利亚的加入寄予厚望；他希望通过与慕尼黑宫廷迅速达成共识，马上收复在过去八年中丧失的西部省份、蒂罗尔及其周边地区，并且为奥利地军队进入意大利打开大门；他还希望凭借同巴伐利亚的关系，向所有莱茵联邦的君主证明，他们在霍夫堡有一位高瞻远瞩的祝福者。9月，巴伐利亚内阁最终决定弃船逃生。俄奥皇帝都写信激赏巴伐利亚国王的行为；奥地利最聪明的外交官之一，未来不断让普鲁士遭受苦难的枢密院顾问赫鲁比（Hruby），忙碌地来往沟通。10月8日，奥地利和巴伐利亚缔结《里德协议》。双方都取得了相当大的外交成功，但是奥地利更有斩获，获得了蒂罗尔、萨尔茨堡、伊恩河及豪斯鲁克山（Hausruck）地区，同时三次打击普鲁士。莱茵联邦的领头羊以平等的姿态加入联盟，正式一笔勾销了以往所有的错误。现在，奥地利在《特普利兹条约》中重要词句的意义变得清晰：所谓"完全且无条件的独立"，按照巴伐利亚的例子来解释，就是完全脱离所有外国影响，"享受绝对主权"。如此一来，普鲁士的联邦计划便面临流产。巴伐利亚进一步获得了对国家现状的承认，这意味着哈

497

登贝格希望剥夺莱茵联邦近年战利品的计划也落空了,安斯巴赫-拜罗伊特彻底脱离普鲁士。最后,作为将一些省份割让给奥地利的回报,慕尼黑宫廷还获得了维尔茨堡和阿沙芬堡(Aschaffenburg),并且根据秘密承诺,还将获得其他被认为同巴伐利亚不可分割的德意志领土。于是,维特尔斯巴赫家族就因为触手可及的未来,同奥地利紧密联合在了一起。

《里德条约》的秘密条款瞒了普鲁士内阁很久,[①]后来曝光时引起了强烈愤怒。在特普利兹,哈登贝格与洪堡曾关于同巴伐利亚的条约提交了一条议案,据此巴伐利亚将臣服于德意志联邦政府,但是他们没能说服沙皇和梅特涅,现在他们终于知道,奥地利竟然同意让莱茵联邦中最危险、最不友好的国家免除所有对德意志的义务。蒙特格拉斯甚至认为没有必要隐藏自己的波拿巴主义倾向。他在宣布改换山头的公共发言中公开表示,国王之前迫不得已所弃绝的那些友好关系,将有望很快恢复。奥地利竟然把霍亨索伦家族的古老领地拱手让给了这样一个国家!

如果1813年初,巴伐利亚脱离法国,整个战争进程都会被改变,哈登贝格也确实准备为此放弃法兰克尼亚侯爵领地。如今,事易时移,没有人再想以如此牺牲以换取微不足道的回报。相反,威廉三世此时委派克劳泽内克上校(Krauseneck)从波西米亚迅速前往安斯巴赫-拜罗伊特,煽动法兰克尼亚人为旧君主出头。他声称梅特涅滥用普鲁士赋予的权力,以实现霍夫堡自《胡贝尔茨堡和约》起不断追求的目标:将北德赶出南部,并剥夺他们在波西米亚侧翼的地理位置。普王比侯爵领地的人民更加痛苦。这个时代政治文化的幼稚就表现在:一旦莱茵联邦挣脱枷锁,所有的德意志支系将无一例外地回归古老王室家族;在它们之中,法兰克尼亚人的正统主义观念最为强烈。他们在哈登贝格管理之下,曾一度摆脱了经济窘迫局面,后来又在蒙特格拉斯的独裁式治理下遭受苦难。法兰克尼亚人恳求国王不要牺牲掉他们,并随后向维也纳呈交了一份感人至深的演说,请求恢复威廉三世的统治权,因为正是在他的英明治理下,法兰克尼亚才能应对过去八年的诸多困境。在菲

498

----

① 《哈登贝格日记》,1813年11月17日。——原注

希特尔山（Fichtelgebirge），数十年美好时光的记忆依旧鲜明，那时候露易丝王后和她年轻的丈夫时常散步穿过卢克斯堡（Luxburg）的岩石峡谷，孩子们则在森林里寻找一种断面像勃兰登堡鹰的欧洲蕨。威廉三世很难回绝如此忠心耿耿的臣民，但是一旦《里德条约》的条款被公布，哈登贝格就必须发布正式声明，放弃安斯巴赫-拜罗伊特。但是亡羊补牢为时已晚。莱比锡战役之后，普鲁士为了避免依旧两手空空，马上占领了贝格公国，并且将慕尼黑认为同法兰克尼亚侯爵领地等价的地区收入囊中。

于是，奥地利势必将掌握德意志的未来。同时，拿破仑也不断陷入困境。法国已经精疲力竭，而他还在不断征兵。以小普鲁士的非凡努力为榜样，全力对英作战；正因如此，战争才得以继续，因为不妥协的英国坚持认为法国应该像印度一样为英国服务。最后一任德意志皇帝的女儿，以拿破仑名义摄政的法国皇后，在议会上无耻地说："如果被占领的话，我比任何人都知道我们的国人想要的是什么。"深陷三支敌军包围，拿破仑仍然数次努力突围。他两次进攻已经逼进卢萨蒂亚的西里西亚军队，一次进攻波西米亚军队。但是，布吕歇尔聪明地避其锋芒。9月10日，拿破仑从盖尔斯山（Geiersberg）顶峰俯瞰特普利兹河谷，他无法下定决心进攻波西米亚军队。就像拿破仑说的，那不过是没完没了的你推我搡，这场无益的游戏还会永远耗下去。法国大军原地未动。贝纳多特也没有利用登讷维茨的胜利，只要维滕贝格还掌握在法军手中，他就不会穿过易北河。瓦尔莫登（Wallmoden）的军队确实在格尔德（Göhrde）打了一场胜仗，挫败了达武增援马格德堡守军的意图。军事投机者科洛姆（Colomb）和蒂尔曼（Thielmann）在敌后取得了不俗的战绩。切尔尼切夫（Czernitscheff）的哥萨克人极其幸运地占领了卡塞尔数天，将热罗姆国王驱逐出了首都。但是这些对于解放大战本身有什么意义呢？克劳塞维茨不无讽刺地说，交战双方就像一直对峙的猎犬和鹌鹑，等着猎人一声令下。

最终布吕歇尔和格奈泽瑙扮演了猎人的角色。他们为了保持西里西亚军队的行动自由，无视再三要求他们撤到西里西亚的命令，当战事似乎完全停滞时，决定自发向西北移动穿过易北河，还捎上了犹豫不决的贝纳多特。如果他们成功，总参谋部则被迫鼓起勇气穿越厄尔士山脉,三支军队将在莱比锡附近会师。如果此时拿破仑也向西里西亚移动,联合起来的军队也能效阻止他,因为格奈泽瑙的目标并非保卫这里,而是夺取敌军阵地。他骄傲地写道:"让我们拉开大幕上演重头戏吧,其他人根本做不到这一点。"威廉三世很赞赏他们的勇敢决定,但是布吕歇尔参谋部的俄国全权大使则发表的正式抗议。

　　9 月 26 日,本尼希森连同俄国后备军从波兰进入特普利兹河谷;只要施瓦岑贝格能集合大军,他就能够掌控一支拥有绝对优势的军队。同一天,布吕歇尔开出卢萨蒂亚,这成为战役的转折点。10 月 3 日,他在瓦尔登堡(Wartenburg)穿越易北河,黑鹊河(Schwarze Elster)就在那里泥泞的低地汇入易北河。贝特朗的军队就驻守在易北河左岸,是一支由法、意和莱茵联邦组成的军队,位于瓦尔登堡和布莱丁(Bleddin)之间,在高高的堤坝和易北河泥泞旧河道的掩护下,普鲁士军队并没有注意到这支军队。布吕歇尔派约克的军队前往这个难以攻破的地点。约克被格奈泽瑙的疯狂计划所激怒,但是仍然承担起了这项任务,并且在数次努力之后,最终以不可磨灭的勇气成功登上了堤坝,迫使敌军撤退。普鲁士又一次取得了辉煌胜利,倒霉的符腾堡人也再一次领略了普鲁士之剑的锋利。战斗如此激烈,黑骑兵们甚至迫使被俘的意大利炮兵调转枪口对付战友。一片混战中,奥彭将军无比激动;他从临近的北方军中奔袭而来,不能自己地像一个普通骑兵一样冲进枪林弹雨。可怜的西里西亚纺织工人组成的后备军,被子弹射穿心脏,如山的尸体躺在易北河河堤潮湿的土地上,头顶的果树结满了果实;战争之前,他们还轻松地从树上摇下果子。当艾希霍恩看见这些尸体,这些曾经燃烧着热情和英雄之火的尸体,他的心中充满了虔敬,也终于懂得什么叫做"烈士暮年壮心不已"。科尔贝克卫队的牺牲最大,这支英勇的队伍从一开始就追随格奈泽瑙;在他们面前,就连约克都要脱帽致意,就像威廉三世在安斯巴赫-拜罗伊特龙骑兵面前一样。晚上,在瓦尔登堡的城堡中,酒过三巡,布吕歇尔将沙恩霍斯特的儿子叫到身边,激动地说起他的父亲,谦虚地表示自己不过是个工匠,将那位音容宛在的英雄所计划的东西变成现实。

　　西里西亚军队已经越过了易北河。在一次私人会晤中，布吕歇尔催促瑞典王储模仿他的行为。当贝纳多特在宫廷的繁文缛节上浪费时间时，老布吕歇尔对他的翻译官喊道："告诉那个小伙子，如果他不按我说的做，魔鬼很快就会找上他。"10月8日，西里西亚军队已经位于迪本（Düben）附近，距莱比锡北部数英里；在这支军队后面，是驻扎德绍的北方军。布吕歇尔进军让所有军队都动了起来。波西米亚军队最终向莱比锡进军，拿破仑也从易北河右岸撤离，并命令军队在离开前摧毁一切；他在德累斯顿留下了一支强大的守军，然后亲自面对两支联军向西北进发。但是布吕歇尔再次避开了他，向西越过萨勒河，因此打开了通往莱比锡的道路。熟稔外交艺术的吕勒·冯·利林施特恩（Rühle von Lilienstern）也成功地说服曾想撤出易北河的王储，向萨勒河进发。拿破仑很晚才意识到，自己正在攻击空气。在这样的危急关头，拿破仑重拾他最看重的计划，想要对柏林发起第五次进攻，他无比急切地想要惩罚这个德意志民族运动的核心。他的先遣部队已经越过了易北河；陶恩钦率军紧急撤退，10月13日，普鲁士首都再次面临被猛攻的危险。但就在此时，拿破仑又改了主意，折回莱比锡。他的骄傲让他耻于公开向莱茵河撤退。他希望赶在其他两支联军抵达之前，在莱比锡城墙下迎战南来的波西米亚军队。这头高贵的猎物已经走投无路，秋季战役即将落下帷幕。

　　10月18日早晨，当格奈泽瑙遥望宽阔的战场，他的眼睛突然亮了起来，因为他看见联军的纵队正从西北和北方、西南和南方，呈一个巨大的扇形向莱比锡推进。他知道决战的时刻即将到来，民族已经准备就绪。过去，德意志人经常高兴地听商人们描述那些多语言的民族群体，他们不时拥挤在古老街道的高墙之间讨价还价。如今，从埃布罗河到伏尔加河的所有民族，都再次涌入频燃战火的上萨克森平原。清算的时刻临近了，过去20年的灾难和混乱势必要讨个公道。战后，普法尔茨人讲述着，8位皇帝的灵魂从施派尔大教堂的地下墓室升起，趁着夜色穿过莱茵河，加入莱比锡战役；当战争结束，他们又回到坟墓中安息了。联军在人员和火炮力量、集中火力进攻以及侧翼支援方面，都优于敌军。拿破仑军队在莱比锡以东的平原上呈扇形展开；背后就是莱比锡城和奥恩

（Auen）——在埃尔斯特河（Elster）、普莱瑟河（Pleisse）以及它们的大量的泥泞支流之间，是绵延数英里的茂密树林。这片森林和沼泽之地并不适合法国大军排兵布阵，因此联军的两翼就可以免受侧面攻击。如果联军可以成功进击，拿破仑可能试图从某个方向上突破联军包围，开辟向东通往托尔高的道路；但这将是一场大胆冒险，从联军方面审慎的角度看来，此举必然失败。这样一来，拿破仑就只能向西撤退，首先穿越不大的莱比锡城，然后越过埃尔斯特河上的桥梁，登上法兰克福公路的路堤，穿过奥恩的泥泞草地——可想而知，对于败军这是最糟糕的路线。

502

15 日，吕勒·冯·利林施特恩带着西里西亚参谋部传递给总司令的消息抵达佩高（Pegau）。格奈泽瑙在战役第一天就提出推迟决战，因为至少还有 8 万联军没有就位。一旦这些人马抵达，联军包围圈的各个部分就都有了决定性的优势，可以派遣一队人马前往拿破仑后方，切断他唯一的撤退路线。如果这样的话，就不仅仅是一场胜利，而是一场歼灭战，获得一场史无前例的投降。但是这超出了施瓦岑贝格的想象。他曾经希望可以完全避免战争，而且联军联合出现只是为了逼退拿破仑。当他最终明白拿破仑不可能被轻而易举地赶走，才决心实施作战计划。因为波西米亚军队正从南方、其他两支从北方赶来，站在西里西亚参谋部的角度，总司令必然要让右翼采取果断行动，同北方军队会师，彻底包围敌军。但是施瓦岑贝格并没有这样做，他从右翼集中了一支主要由奥地利人组成的军队，共 3.5 万人，派遣他们穿过人迹罕至的奥恩树林前往康内维茨（Connewitz），想在这片相当难以进入的土地上，将拿破仑右翼驱逐出莱比锡。郎根奥将军居然同意了这个糟糕的提议。这个野心勃勃的萨克森人，在春季就已经同森夫特进入了奥地利军队，热切地想要获得皇帝的青睐，因此带领奥地利军队独自承担了主要进攻任务，并且也由于强烈的排他心理而厌恶普鲁士，因而只让其担任从属角色。如此心胸狭窄的主意必将受到严厉惩罚。

拿破仑的主力此时位于莱比锡东南方 8 英里的瓦豪（Wachau）。他并不担心优柔寡断的贝纳多特，而且西里西亚军队还远在西北方向的梅泽堡（Merseburg），于是拿破仑命令位于北部默肯（Möckern）的马尔蒙元帅同主力汇合，以保证彻底击败波西米亚军队。贝纳多特的实际行为正如拿破仑所料。16日，北方军确实没有出现在战场上，双方19.2万人对17.7万人，联军优势微弱。联军一分为二，第一天的战役实际上由两场战争组成，分别发生在默肯和瓦豪。

布吕歇尔并没有从梅泽堡绕道，而是从哈雷走主路，沿奥恩的东界直扑而来，他的突然出现迫使马尔蒙停在默肯。在过去的几天里，英勇的西里西亚军队非常开心：他们进入哈雷，解放了那个忠诚的城市，受到了市民的热烈欢迎；晚上，他们按照老传统，碰杯痛饮，高唱爱国歌曲。对于这些正陶醉于欢乐的年轻人来说，等待他们的将是一场最血腥的战斗，因为最艰巨的任务已经被分配给了约克的军队。16日早晨，在施科伊迪茨（Schkeuditz），当约克听到窗下军号响起，命令骑兵上马，他打开窗户，语调虔诚地朗诵了他最钟爱的保罗·格哈特（Paul Gerhardt）的诗句："从开始到最后，愿上帝保佑！"他将自己托付给了上帝，因为这次敌军似乎就像之前在瓦腾堡一样坚不可摧。埃尔斯特河陡峭的河岸保护着马尔蒙的左翼；他准备以默肯城墙为防御，并为平坦高地上的右翼安排了一支80门火炮的炮兵连。普鲁士军队穿越了地势缓和、树木稀少的平原，想要迅速占领这个小要塞。他们对默肯发动了6次进攻，但是一再失败。交战双方都觉得这一天具有非比寻常的意义，因而都全力以赴。最后，约克亲自率领骑兵攻上高地，高喊着"冲啊，冲啊，国王万岁！"一场激战的巷战之后，步兵将敌军赶出了村庄。晚上，马尔蒙必须退守默肯，大约有53门火炮落入普鲁士手中，胜利者围着营火唱着赞美上帝的圣歌，就像在鲁腾（Leuthen）的那个冬夜。但是当第二天周末，士兵们早晨集合做礼拜时，却看到了悲惨的一幕：28位指挥官和参谋死伤，约克的12000步兵只剩下9000人，8月份进入战场的13000后备军，现在只有2000人。这里的联军不到一小时就可以抵达莱比锡大门。

北方军的失时造成了严重的后果：布吕歇尔因此不敢分散兵力，无法像之前计划的那样，派遣一支分队向西穿过奥恩切断拿破仑的撤退路线。在西面，久洛伊（Gyulay）率领22000奥地利人面对不超过15000人的贝特朗军队；由于久洛伊并没有想到利用自己的兵力优势,因此通往法兰克福的大路仍然向拿破仑敞开。联军主力在主战场瓦豪也没有占得便宜。两天以前,瓦豪就上演了民族战争的伟大序幕,一场激烈的骑兵战,缪拉费尽周折才从纽马克龙骑兵的首领吉多·冯·德尔·利佩(Guido von der Lippe)中尉的刀下脱身。现在拿破仑亲自带离卫队和核心兵力,占据了从多利兹(Dölitz)到塞弗茨海恩(Seifertshain)具有地形优势的 8 英里阵线,以 12.1 万人对 11.3 万人。联军左翼,朗根奥的战术造成了无谓的牺牲,将兵力浪费在英勇但毫无希望的斗争中。默费尔特将军(Merveldt)及其部分军队被俘。这支奥地利后备军费了好大力气才从奥恩脱身,穿越普莱瑟河进入开阔平原。自始至终,位于中路的克莱斯特的普鲁士军和欧根亲王的俄军,面对优势巨大的敌军背水一战,但是在数百门重型火炮的攻击下也节节败退。库尔姆的英雄们一半葬身于此。拿破仑相信自己已经赢了,命令响起庆祝的钟声,让城中也听见,并且将捷报送达附庸奥古斯特,后者正在莱比锡焦急地等消息。他兴奋地对达吕说:“我们还是这个世界的中心。”所有骑兵的最后一场激战在中路爆发。300 门火炮再次震动大地,9000 名骑兵疯狂冲过平原,战马、盔甲、长矛和刀剑组成了密不透风的丛林。就在此刻,奥地利的后备军穿越奥恩而来,敌军骑兵在震惊之余逐步被逼退,联军重新占领了这个刚刚丢失的城市,晚上他们就又站在了早晨所在的位置上。尽管施瓦岑贝格的进攻失败了,但是胜利者甚至没能守住阵地。

　　如果拿破仑现在撤退,他还可以让军队有序撤到莱茵河,因为西里西亚军队,这支在第一天的战役中唯一获得胜利的军队,还离法兰克福公路很远,而且战役中的沉重损失也让这支军队精疲力竭。但是拿破仑的好运气到头了。他失去了一贯的沉着冷静、料事如神;傲慢遮蔽了他的双眼,不肯承认局势已经完全崩坏,仍然死死抓住虚无的希望。拿破仑选择了最糟糕的对策,他希望通过战俘默费尔特将军同自己的岳父谈判,这等于给了联军时间以集合所有兵力。10 月 17 日,两军停战对峙,除了布吕歇尔,他无法抑制自己对战争的渴望,继续将法军逼退至默肯北边。

　　18 日清晨,拿破仑撤到莱比锡附近,法军的半圆阵线现在距莱比锡城门只有一小时路程。16 万法军面临 22.5 万联军的进攻。

505

465

拿破仑除了有序撤退别无选择,但是他还在梦想着胜利,完全不接受失败的可能,任何能让穿越埃尔斯特的艰难撤退变得容易些的建议,都被他拒绝了。

随着事态的发展,格奈泽瑙一开始就认为必然发生的事,终于变成了现实。决战爆发在联军右翼。拿破仑从通贝里(Thonberg)高地俯瞰左翼的奥地利军队,他们在争夺普莱瑟河沿岸村庄的战役中勉强获胜;然后他发现联军中路穿越瓦豪战场向前挺近。这些都是克莱斯特和欧根亲王率领的善战老兵,他们踏过前两天牺牲的同伴尸体,尸骨在马蹄和炮轮的倾轧下吱吱作响。法军中路以普罗博斯海达(Probstheida)高高的泥墙为关键防御,两边辅以炮兵,阻挡奥地利前锋军队。在交叉火力下,战斗开始。总共发动了6轮进攻,但是拿破仑还是保住了阵地;在数次猛攻和血腥厮杀后,施特里茨(Stötteritz)还在法军手中。战后,在花园和房间里,随处可见用刺刀拼杀的法军和俄军死在一起。事到如今,拿破仑仍不认为联军已经取得了决定性的胜利,尽管他们已经离拿破仑的关键部位不远了。同时,在联军右翼,北方军已经进入前线,弥合了波西米亚军队和西里西亚军队之间的空隙,完成了对法军的包围。布吕歇尔费了好大力气,才说服贝纳多特采取主动,他终于在17日抵达布赖滕费尔德(Breitenfeld),瑞典军队曾在这里扬名天下。为了引诱这位谨慎的亲王加入战局,布吕歇尔付出了巨大牺牲,他将自己的3万人派遣到了北方军,并因此失去了一顶新的胜利桂冠。一旦贝纳多特下定决心,就马上表现出一位经验丰富的将领所拥有的谨慎。位于战线最右方的朗热隆,率俄军屡次进攻,要将敌军赶出舍讷费尔德(Schönefeld),战事进行到下午,北方军主力便赶到了莱比锡东线附近。比洛发动进攻,将雷尼耶的军队赶出了包斯多夫(Paunsdorf)。

大贝伦战役中的老对手再次狭路相逢,但是自从上次交锋以来,萨克森军队的士气已经今非昔比。在漫长的时光中,德意志人对军事誓言的忠诚已经将莱茵联邦的军队紧密团结在一起,让他们恪守军人的职责;除了个别几个军营之外,只有威斯特伐利亚的两支骑兵团倒向联军。但是随着拿破仑好运消散,这些雇佣兵的骄傲自满也消失了;他们开始为发动对德意志的战争而羞愧,而且理解了同胞吕克特(Rückert)对他们说过的话:"一只雄鹰也许能够再次获得荣誉,但是它的强盗行径,在未来只会遭到唾弃!"此外,萨克森人还感到拿破仑公告中的谎言污蔑了他们的军事荣誉;他们怒气冲冲地看着自己的家园遭到劫掠,自己的君主跟在拿破仑后面颠沛流离;他们自问,如果拿破仑失败,萨克森全部落入联军手中,他们是否要跟着撤到法国? 就连法国人都同情这些处境尴尬的战友。当北方军阻挡了善良的雷尼耶采取行动时,他命令萨克森军队撤到托尔高。只有奥古斯特既不理解军队的沮丧,也不在意自己的耻辱。他对于伟大盟友的幸运之星始终深信不疑,甚至战时将领们恳求他让萨克森军队从法军中分离出去时,他也冷酷地让他们回去履行军人的职责。但是德意志民族的善良天性让他们无法相信自己的世袭君主已经堕落了,军官们相信君主只是无法自由表达自己的真实意愿。因此,仅仅是想要为君主保住这支小军队,并非是有意违背军事誓言,他们决心实施一场伟大的犯罪——在战场倒戈。在包斯多夫和塞勒豪森(Sellerhausen)周围,大约有 3000 萨克森军人和一支来自士瓦本的骑兵前往北方军。普鲁士人和俄国人热情地接待了这些逃兵,除了诺曼将军,格奈泽瑙用侮辱性的字眼把他赶了出去,因为数天前诺曼曾在基岑(Kitzen)背信弃义地袭击了吕措志愿狙击兵。但是荣誉至上的威廉三世不可能不谴责他们:如果他们在决战开始之前就做出这样的决定,无数萨克森人的高贵血液就不会为外国人而流! 这场悲剧对民族战争影响甚微,但是却无情照亮了地方主义者深层的道德腐坏。民族意识最终对拿破仑奉行的地方主义产生了反感,尽管无数谎言在这些小国流传,但是他们已经开始再次明白,即便老帝国崩溃,德意志人也还有个祖国,神圣的责任将他们同祖国捆在一起。

　　5 点左右,比洛集合麾下所有兵力进行了一场惯常的进攻,强占了塞勒豪森和施廷茨(Stüntz),并在夜间继续前进至东城门外的市场花园。于此同时,郎热隆在右翼经历苦战最终占领舍讷费尔德,也逼近了市场花园,而内伊率领的法军左翼则全线败北。这个变数,让拿破仑所在的中路变得岌岌可危。当夜,他下令全军撤退。于是大批败军同时从三个城门涌入,随后一团混乱地出现在

507

467

法兰克福公路上。因为倒霉的久洛伊在战争第三天仍在西线无所作为，这条撤退路线才依然敞开；贝特朗为法军守住了这条直到萨勒河的退路。12 个燃烧的村子照亮了这块浴血奋战赢得的阵地，10 万军队驻扎其上，都被这神圣的一天所震撼；俄国人不自觉地唱起了一首虔诚的歌谣，很快阵地上便响起了用欧洲各国语言唱起的对上帝的赞歌。胜利者现在无不臣服于强大的上帝之手；德意志诗人唱出了这个虔诚激动的时刻的心声："晨星闪耀，这胜利的一天，英雄的一天！"

只有总司令以官方形式庆祝战胜拿破仑，他完全无法理解这次胜利的重大意义。施瓦岑贝格拒绝派遣原封未动的俄国和普鲁士卫队追击法军，这并非如许多愤怒的普鲁士人所假设的那样，是因为总司令老谋深算，而只是由于懦弱，因为他不希望这支败军狗急跳墙。由于北方军迟到，布吕歇尔不得不全天让他的小军队待命，准备击退可能出现在托尔高方向的突围；结果直到晚间，约克才被派遣绕远路穿过梅泽堡跟在退军后方。于是，拿破仑从战场上带下了 9 万人，几乎全部是法国人。至于他的附庸，那些莱茵联邦人、波兰人和意大利人则被留下掩护撤退、驻守莱比锡。拿破仑再一次让他们为了他流血牺牲，因为无论如何，这些人将不再属于法兰西帝国。

19 日，占领莱茵城的战争必须重启。在北部的布吕歇尔已率领俄国人进入戈贝托（Gerbertor），并且第一次被哥萨克人赋予了"前进元帅"的美名；比洛的军队则从市场花园向莱比锡城东进发。博施特勒率领的旅进入了米基赛尔公园（Milchinsel），弗里丘斯（Friccius）也带领东普鲁士后备军强占了格里马门（Grimmaische Tor）。莱茵联邦的军队还在老市场乱作一团的时候，忽然听到了波美拉尼亚轻步兵的军号从格里马巷中传出，还不时高喊"威廉三世万岁！"很快，在老市政厅周围狭窄的街道上，刺刀闪闪发光，军鼓和横笛声声作响。所有人都朝市场涌来，卡茨巴赫战役、库尔姆战役和登讷维茨战役的胜利者们，就在俘虏面前彼此高声庆贺。当沙皇和普王出现的时候，风暴式的欢呼久久不能平息。就连莱茵联邦人也加入兴奋的人群之中；他们看见新德意志一扫近期的耻辱和恐惧，正生出万丈光芒。正当英勇的战士们簇拥着普王欢庆时,就在不远的地方,宫殿门口拥挤的人群中,站着连帽子也没有的萨克森国王,他是一个可悲的人物,代表着行将就木的旧时代。在战争的最后几小时,吓坏了的萨克森国王躲进了一处地窖,但即使到了那时,他仍然坚信拿破仑的花言巧语,坚信他战无不胜的盟友会获得胜利。现在,胜利者们根本不看他一眼,他的人民也不理他,而就在他眼前,威廉三世的副官纳茨默带领着他的红卫队前往追击法军。格奈泽瑙以古代英雄不加掩饰的欢乐情绪,写信给祖国各个角落的朋友们:"我们已经大体上洗刷了民族之辱。我们贫困交加,但是战功赫赫并重获独立。"

胜利者手中有 3 万俘虏。当埃尔斯特河上的桥梁被炸毁以后,莱比锡就几乎被彻底包围了起来,最后的退路也被切断了。10 万人的队伍或死或伤。外科技术再精湛,高贵的东弗里西亚人赖尔(Reil)再有博爱牺牲精神,面对这么惨重的伤亡又能如何? 自从腓特烈大帝时代起,军队的医疗水平就进步不大,而且莱比锡市民长期受到萨克森选帝侯时代麻木精神的影响,根本不知道在有需要的情况下如何有效工作。于是,数天过去,普鲁士士兵的尸体仍然躺在市立中学的操场上,被群鸦撕扯,被野狗吞噬;在布商大厦(Gewandhaus)的音乐厅里,尸体和伤病员就并肩躺在肮脏的稻草上;浓烈的臭味弥漫在这个恐怖的地方,秽物慢慢地沿楼梯滴下。当马车过来将尸体拉走时,有时人们为了节省时间,会将尸体直接从楼上扔到马车上;一些拉马车的士兵会偶然在尸体中间发现一个还在动的人,便会出于同情用枪托送他最后一程。在外面的战场上,秃鹫正在举行盛宴。很早以前逃离家乡的农民们返回残破的家园,将这些尸体埋在深坑中。德意志土地上的战争就在这样悲惨的景象中结束了,阿恩特曾这样描述这个恐怖的时期:"事情几乎到了这一步——人和人之间只有捕食者和被食者之分!"目睹这些的人们,心中留下对战争难以磨灭的仇恨,以及对和平无比热忱的渴望,而这些是平静岁月中的人们所很难想象的。

10 月 24 日,威廉三世参观了他的首都。他很想在妻子的墓旁祈祷,因为在这场残酷的战争期间,她的音容笑貌似乎无时无刻不在他身边,甚至在军队中,人们也不停地问,为何王后就等不到这一天? 随后,威廉三世前往剧场,《万岁胜利者的桂冠》(*Heil Dir*

im Siegerkranz）再次响彻整个剧场，90年代放肆专横的一代人曾经也陶醉于这美丽的旋律，但此时此刻上演这一幕似乎更合时宜。七年前的同一天，拿破仑骑马穿过勃兰登堡门，如今物是人非！这座残破的城市连同500万居民再一次占领了历史的制高点！即使1811年的主战派选错了时机，但他们并没有低估伟大民族的实力。那句说普鲁士人的老话"宁死不屈"所言非虚。这些天里，一份英国报纸上写道："德意志中，是谁最先反抗拿破仑？是普鲁士。是谁赢得了吕岑和包岑战役？是普鲁士。是谁赢得了海瑙战役？是普鲁士。是谁赢得了大贝伦、卡茨巴赫和登讷维茨战役？还是普鲁士。是谁赢得了库尔姆、瓦尔登堡、默肯和莱比锡战役？普鲁士，总是普鲁士。"这句骄傲的"普鲁士，总是普鲁士"，在弗兰茨皇帝和莱茵联邦诸侯们听来，更像是威胁。如果普鲁士重获古老力量，德意志的未来又将如何？

510

　　莱比锡战役实现了战争的最初目标：解散莱茵联邦，解放直至莱茵河的德意志土地。但是随着胜利，人们的期待也在增加。莱比锡战役后的一天，施泰因和格奈泽瑙在莱比锡的市场碰面，他们紧握双手决心如若不能推翻拿破仑并重新占领莱茵河左岸，绝不罢手。几周以前，即便是这两位勇士也不敢想象这些目标，而如今似乎变得触手可及。在施泰因的授意下，阿恩特马上投入了工作。他收集了许多能影响德意志民族的历史大事和浪漫形象，从中得出了一个观点，这个观点当时很新颖，但很快就会成为十九世纪的主要驱动力之一：民族语言和历史特性最终必将成为确定国家界限的标准。因此，在"光辉战役"的新鲜印象之下，阿恩特为接下来数月的战争写下了快乐的口号，也是他最精彩的一本书：《莱茵河是德意志河，但并不是德意志的边界！》（*Der Rhein*，*Deutschlands Strom*，*aber nicht Deutschlands Grenze*！）

第五章 战争结束

第一节 西方解放 战争计划

尽管追赶法军的行动迟缓拖延,但是莱比锡战役还是解放了远至莱茵河的所有德意志土地。奥地利一旦理解了这场胜利的意义,就会明白这对于它是多么重要。彻底歼灭拿破仑的力量已经提上议案,却因总参谋部的错误而延误。本尼希森的队伍撤到了易北河;波西米亚军队向西缓慢穿越法兰克尼亚和图灵根;北方军向汉诺威和威斯特伐利亚折返。布吕歇尔在法兰克福公路上紧随敌军,但是就在距离拿破仑的大本营只有一日路程的时候,突然接到命令,要求他避开通往韦特劳(Wetterau)和兰河(Lahn)峡谷的直路,因为弗兰茨皇帝及其奥地利军队希望进入这座古老的加冕之城。结果,背后无忧的拿破仑领导军队穿越了艰难狭窄的伦山小路(Rhöngebirge)。数千人逃离,为了生存不得不抢劫,不少人被愤怒的农民杀死,但是核心力量成功抵达了哈瑙(Hanau)的美因河平原,并且突破了兰博伊(Lamboy)森林,在 30 日和 31 日击败了弗雷德(Wrede)率领的巴伐利亚-奥地利联军,后者试图阻止拿破仑前进。这位巴伐利亚将领,是莱茵联邦雇佣军队中最残暴自大的一位,他希望通过一场漂亮的胜仗获得反法联盟对巴伐利亚的好感,但是他在维尔茨堡贻误了战机,没能占领金齐希河(Kinzig)上的通道,而从那里可以轻而易举地切断拿破仑的退路。弗雷德曾经以为联军会紧追敌军,但是当他发现这种想法错误时,也并未弃战,因为巴伐利亚必须赢得新朋友的信任。于是,这位不忠的附庸给拿破仑造成了同德意志战役差不多的损失。尽管还是有 7 万人抵达莱茵河左岸，但拿破仑最后的力量也在这里土崩瓦解了：突然爆发的瘟疫不断削减人数；数周内，无一兵一卒的法国本土也可能受到攻击。拿破仑还丢掉了仍然散布在北德和波兰各个要塞的 19 万人。他提出如果联军放行，他将撤回奥得河和维斯图拉河一线的军队，但是联军看穿了他的把戏，绝不会让这个绝望的人再拥有一支军队。

比洛的军队兴高采烈地重新占领了西部省份。莱比锡战役的消息刚一传来，威斯特伐利亚的税收官冯·莫茨（von Motz）马上穿上旧制服，在米卢斯（Mülhausen）现身时就像一位尊贵的普鲁士县长；人们自然而然地听从他的命令。解放军处处受到人们的欢迎，其中以东弗里西亚的人们最热情，那里也是威廉三世最喜爱的地方。腓特烈时代的旗帜和徽章被人们小心地藏在埃姆登（Emden）市政大厅里气派的军械厅中，当布吕歇尔的骑兵及弗里丘斯率领的东普鲁士后备军进城时，它们又被重新拿了出来。过去的数年中，忠诚的芬克必须强行压抑自己的愤怒和悲伤，平静地生活在马克伯爵领地的住所里。法国人肯定已经有所觉察，芬克在哈姆（Hamm）举行的政治经济学读书会绝不仅仅只是讨论表面上的论题而已。法国人一度将他放逐到莱茵河左岸，因为，只要俄军仍然在奥得河这一侧，施泰因的朋友和继承者就不可以待在莱茵河右岸。他最终获得自由时，却经常希望能再度被捕。随后红骑兵的一份急信抵达哈姆，芬克马上赶往那里，向远至莱茵河的所有市长口授了一封信，要求他们再次服从合法领袖。他承担起威斯特伐利亚土地上所有老普鲁士领地的管理工作，并且未经仪式就将权威投射到一些被包围的地区，如多特蒙德（Dortmund）、林堡（Limburg）和科维（Corvey）。一阵清风吹遍了整个解放区。

春季，东部省份曾爆发了自我牺牲式的起义，现在西部省份也出现了同样激动人心的运动。两位最受尊重的地主发出了一份呼吁书，封面图案自然是普鲁士雄鹰，他们言辞激动地说："可爱的同胞们，当普鲁士人像救世主一样出现在我们周围的时候，有谁没被神圣的激情所淹没吗？"勃兰登堡人请求像这些真正的"阿米尼乌斯的子孙"一样，成为志愿者，组建后备军。在克莱沃，人们的反应同样热烈。这是一场伟大的国内庆典，是分裂已久的兄弟重逢，有

513

力驳斥了小诸侯国关于普鲁士是一个虚伪国家的流行观点。只有在明斯特地区的乡绅之中,对普鲁士异端的古老宗教仇恨才再次抬头。年轻人们兴奋地迅速参军,老普鲁士地区最热情,因为即便到了今天,经受过威廉一世严苛统治的地区,仍然随时准备履行兵役。在克莱沃和马克伯爵领地的大多数县中,根本没有必要正式征兵,因为光是志愿兵的数目就已经远远超过需求。甚至在已被威廉三世免除全境兵役的东弗里西亚,人们依然克服水手对兵役的仇恨,大批参军。结果,如此匆忙组成的军队,刚好有一部分被用于包围法军要塞。对于虔诚的勃兰登堡人来说,牧师宣讲的"上帝的千军万马",就是号召子民参加圣战;战争结束后,树立起了一座纪念性的十字架,上面刻着:"我们以上帝的名义揭竿而起!"在西部省份,民兵的使用都比东部更加频繁。东弗里西亚的民兵参与了围攻德尔夫寄尔(Delfzyl),克莱沃的民兵数周驻守韦塞尔。七年战争中忠心耿耿的老城布鲁尼(Brünen),人人都获得了一枚战争勋章。

事实证明,一旦人们能够控制命运,他们将变得多么守旧:所有人都希望返回古老美好的时代,享受古代的一切美好,甚至是等级制。这里同东部一样,特权阶层委员会在一个王室代表和一个特权阶层代表的监督下,征召后备军。但是地方等级马上宣布自己才是地方合法代表。解放之后,省行政长官冯·龙贝格(von Romberg)立刻召开马克伯爵领地议会,宣布:"我们将再次实施优越的等级宪法。"①旧封建派领袖冯·博德尔施文格-普勒滕贝格男爵(Baron von Bodelschwingh-Plettenberg)被派往法兰克福面见威廉三世,表达马克伯爵领地再次同普鲁士合并的喜悦,同时也请求在议会的意见出台前,不要改变古老的国家宪法。东弗里西亚特权阶层和骑士等级代表库普豪森(Kuyphausen),也在普王生日次日,写了一封意思差不多的信,语词温和地表示,东弗里西亚人民非常高兴能再次欢度"古老而光荣的节日",同时也很遗憾只能有一部分国民军上战场,而后备军更是没有动用;同时,特权阶层上书要

514

---

① 龙贝格写给马克伯爵领地的特权阶层的公开信,1813 年 11 月 22 日。——原注

求彻底废除法国制度，恢复古老宪法。[1] 哈登贝格的回复非常谨慎，说国王很高兴为如此忠于合法统治者和宪法的省份建立永恒幸福。哈登贝格没有给出任何明确承诺，因为如果这些在法国统治下废除已久的议会再次获得承认，那么近些年的改革计划又将如何实施？因此，在解放的时刻，古老等级制也卷土重来，连同勃兰登堡贵族的渴望，严重威胁到了普鲁士的民族统一大业。

在非普鲁士地区，贝格大公国的爱国主义情绪最热烈，因为它同马克伯爵领地上的普鲁士人保持了长期的睦邻友好关系。即便在腓特烈时代，公国新教徒也属于亲普鲁士派。现在整个公国都仇视拿破仑的总督，他刚刚在1814年初以极端残忍的手段镇压了一次叛乱计划。当尤斯图斯·格鲁纳（Justus Gruner）进入贝格大公国，热情地号召人民参与军备时，整个国家马上行动起来。年轻人像老普鲁士人一样迅速聚集起来。1月3日后备军就在米尔海姆（Mülheim）和七峰山（Seibengebirge）脚下，打算强行穿越莱茵河，这次行动不幸失败了，但是两位领袖博尔滕斯特恩（Boltenstern）和根格尔（Genger）却永远留在了贝格公国人民心中。这代表着一种严肃的政治意识在饱经摧残的莱茵河地区再度觉醒。痛苦的人民渴望马上废除所有外国统治，他们四处哭喊："外国法律滚开！"莱比锡战役的周年庆典上，杜塞尔多夫的人们焚烧了被视作法国暴政象征的断头台。格鲁纳则满足于重建军事系统，把所有法式方法都赶出了学校（充分表现了这个时代的理想主义倾向）；杜塞尔多夫古老而享有盛誉的伊拉斯特高级中学（Gymnasium Illustre）在德意志的立场上得以重建。拿破仑的各项间接税（droits réunis），以及最受德意志烟民们痛恨的政府烟草专营，都被废除了。行政和司法制度暂时没有改变，只是作为地方管理机构的县政府，按照德意志的方式被赋予了更大的独立性。[2] 整体上来说，贝格人民都感到满意，并且欣然承担起了临时政府安排的繁重任务：这个贫瘠的国家要在一年半的时间中，筹措出650万法郎作为战争税和强

515

---

[1] 库普豪森写给国王的请愿书，1814年7月25日。——原注
[2] 格鲁纳关于贝格大公国一般政府行政组织的报告，1814年1月24日。——原注

制公债。

莱茵河左岸的形势和民众情绪都已经彻底改变。12月联军进入阿尔萨斯的时候，处处受到阴暗狂热的憎恨。那里的人们还完全陶醉在拿破仑之鹰战无不胜的神话里，农民们甚至比90年代更加坚信，反法同盟的胜利将再次给他们带来什一税和徭役的痛苦。在下莱茵地区，这种公开的敌意虽然很少，但经历了二十多年的外国统治之后，还是相信法国不可摧毁。尽管一些人认为拿破仑帝国的崩溃不可避免，但没有谁渴望恢复旧国家。在大陆封锁政策下，手工业繁荣发展，也担忧丧失富饶的法国市场。上层社会的贵妇们在德意志土地上都时常折服于温文尔雅的法国人，在这里就更不掩饰她们对法国绅士风度的青睐。但是大众已经厌倦了外国统治。德意志军队处处受到隆重接待；人们很高兴废除可恶的各种间接税，可以同莱茵河对岸的同胞们恢复来往，民众还自发拆毁了海关。

一些有文化的年轻人深受新基督教-德意志浪漫主义影响，弥漫着乐观主义热情。年轻的费迪南德·瓦尔特（Ferdinand Walter）愉快地跟随顿河上的哥萨克人走上战场，一些更年长的人也自愿加入了普鲁士军队。但是这里并没有爆发大规模人民起义。占领者本身不太敢像对待德意志一样对待这里。《亚琛通讯》（Courrier d'Aix-la-Chapelle）用法语出版了一年之久，《下莱茵和莱茵中部报》（Journal du Bas Rhin et du Rhin Moyen）却用法德双语出版官方通告。新省长扎克就是莱茵兰人，知道如何同这些人打交道；他同他们一样，公开敌对所有封建特权，并且常年怀疑勃兰登堡贵族。扎克尽可能地让人们参与行政事务，数次召集老议员们（在这里也就是地区代表）在亚琛开会，为战争税和物资供应出谋划策；每个行政区都从该区选出一位无偿服务的代表，将人们的希望和不满传达给政府。① 但是取代法国统治的新官僚队伍、战争税不可避免的压力以及尚不安定的局势，很快唤起了人民的不满情绪。人们纷纷咒骂道"兔子尾巴长不了"。可想而知，要将这些已经半

516

----

① 扎克对于莱茵河中下游地区政府行政事务的综合报告，1816 年 3 月 31 日。——原注

法国化的土地纳入新德意志生命之中，还有多少艰难困苦。只有莱茵河左岸的克莱沃、默斯（Mörs）和吉德兰省（Guelderland）的老普鲁士人才全情投入祖国的建设事业，并在比洛的要求下，马上开始建设后备军。但是由于最高领袖贝纳多特仍盼望获得法国皇冠，于是突然发布禁令，不允许发动法国人参与对法兰西帝国的战争！

命运是多么奇妙！千年以前，我们的历史正是从这些美丽的莱茵河地区开始。现在，德意志波澜壮阔的生命力正从年轻的西北部殖民地向西涌回混乱的古老河道。莱茵河的儿女中，没有人比约瑟夫·格雷斯（Joseph Görres）更热情地欢迎西马克（Westmark）的新时代。对于这个急性子的人而言，眼下正是他波澜曲折的一生中最有收获、最幸福的时光；他从已经取得声誉的科研领域返回了年轻时的公共活动领域，并且在《莱茵之星》（Rheinische Merkur）上为新德意志主义摇旗呐喊。格雷斯的作品就如同多年前他宣传革命真理时一样，激烈、不羁和强大。他是伟大的演说家，语言大师，善于使用强大光辉的形象，拥有光明正大、自由不羁的热情，是民众意识的唤醒人，但是除此以外，他有一颗非政治的头脑，无法看透事物的本质，不理解当下复杂的政治关系。《莱茵之星》并不像他所说的那样，表达着莱茵两岸人民的心声，他们想再次成为祖国的血肉长城。实际上，对这种夸张的爱国主义语言，莱茵地区回应者寥寥。反响更加强烈的，还是北德。两年以来，遥远的科布伦茨一直是德意志出版业的堡垒。那些没有首都的人们，其政治生活重心便随偶发事件和个人性格而改变。法国愤怒地将格雷斯叫做联盟的第五个成员，霍夫堡的外交官也在他面前战栗。《莱茵之星》的传播范围很快超过了之间施勒策的《国报》（Staatsanzeigen），并且获得了有教养阶层的尊重，从那以后就没有哪家德意志报纸获得过如此声誉——因为一旦政党政治发展良好，就不可能有报纸拥有这么大的力量。《莱茵之星》是各个阵营的爱国者发表争论的平台，只要不是亲法立场，欢迎任何人发言，就连施泰因和格奈泽瑙都不吝有所贡献。

格雷斯只有在辩论文章中才展现出明确的政治倾向，而在现实中他只知道自己不想要什么。当他口诛笔伐莱茵联邦诸侯的阴谋和背叛,激烈批评蒙特格拉斯聘用的写手以及乔克(Zschokk)《奥劳尔报》(*Aarauer Zeitung*)上肤浅的启蒙思想时,这位老战士可谓得心应手。格雷斯毫不留情地,用辛辣的事实描述了导致旧帝国崩溃的罪魁祸首,指出拿破仑曾说过:"一个没有祖国的民族,一个四分五裂的政体,一群没有品格和目标的诸侯,一伙失去骄傲和力量的贵族——这些就是我轻松获得的战利品!"但他对德意志未来的计划,并不比卡利茨呼吁书中高调的言辞更加清晰。这位浪漫主义者热情地表达了复辟加洛林王朝的愿望,在从普鲁士大使馆得知二元化的计划后,他就将自己的帝国之梦与该计划结合了起来。但是在哈布斯堡的宗主权下,他也不可能实现这种双重领导权的艰难理想,因此在文章中,他以一些热心爱国者的名义提出了一系列多样化的国家宪法计划,以备读者选择。似乎只要政府建立起一致的良好目标,重组被解放的祖国就是轻而易举的事;而任何建议重启普奥间古老冲突的人,都是妖言惑众。只要提议者以正直的德意志精神谈论普奥之间的和谐、统一和自由,只要他展现出民族要求保民官所具有的骄傲自信,那么他关于德意志未来政治结构的所有提议都会受到欢迎。

在《莱茵之星》上发言的人都将自己视为民族代表,人们也相信这些朦胧的梦想更加真实,也远比内阁明智。格雷斯对外交官喊道:"某些全面而正义的工作必须要做,民族处处有坦诚之言,必须侧耳倾听!"《莱茵之星》确实发挥了一份报纸最大的功能,忠实地反映了现实,就像这一代人一样光明正大、有才干、青春洋溢、干劲满满,也没有被那些秘密目的所影响,而在交流更加成熟的时代,媒体往往追求这些见不得光的目标。狂热编辑的布道者情绪并没有太影响他。格雷斯对帝国大公家族表达的尊重,并不妨碍他赞颂普鲁士英雄。他要求德意志人修缮科隆大教堂,纪念祖国重建,还赞颂牺牲在拿破仑暴政下的殉道者教皇庇护七世,是解放战争中最伟大的英雄,这个浪漫主义时代并没有因此感到冒犯。在弗莱堡,罗特克(Rotteck)的《德意志报》(*Deutsche Blätter*)也有类似的趋势,这份发行量大的报纸上刊登着从总司令部获得的第一手战报。

汉诺威人、不伦瑞克人和黑森人都同老普鲁士省份的人民一

518

样，为收复旧领地而欢欣鼓舞。在不伦瑞克城门前，人们树立起了一座纪念堂，正好坐落在"不伦瑞克的韦尔夫"——威廉三世之前带着黑骑兵驻扎了四年之久的营地上。汉诺威人则再次为自己是不列颠人而感到骄傲，并且对精神错乱的英国国王表示热爱，而后者在五十年的统治时光中，从未屈尊驾临汉诺威。在卡塞尔，当热罗姆国王第二次逃跑的时候，阴险的选帝侯威廉马上占领了这里；市民们将他的马从马车上卸下，以人为马，亲自拉着这位国父前往祖先的城堡，粗脖子长辫子的威廉在车上放声大笑。民众对于这位君主的品质其实并没有什么幻想，但他仍是他们的首领，而这种爱何时需要原因呢？ 相比官方报纸上的谄媚之言，一个老农民的话可能更加恰当，他用令人难以忘怀的语言描述了衰落的小诸侯国中的家族情感："就算国王是个傻子，我们也希望他回来！"在黑森选帝侯威廉遭流放的岁月中，无数黑森战士用鲜血换来的王室财富被保存在法兰克福，由阿姆谢尔·罗斯柴尔德（Amschel Rothschild）家族持有，这个吝啬的王公这些钱打造了世界范围内的

519　商业帝国，却没有为德意志解放有所贡献。尽管如此，联盟还是视他为新朋友；威廉三世天性纯良，对这个在 1806 年首鼠两端的不忠邻人没有任何怨怼；霍夫堡在原则上赞成保护王室利益，就连施泰因也表示在黑森问题上非常尊重地方主义者的愿望。

黑森光复之后，马上开始了"七沉睡者"（Siebenschläfer）的愚蠢统治：最近七年连同"长官热罗姆"所创造的一切，都消失无踪。在这片韦尔夫家族的土地上，一场心怀不轨的复辟正在进行，不假思索地废除一切外国统治创造的事物，而普鲁士则在收复的省份合理慎重地建设制度。重新建立起来的西北部诸小国，在竭尽所能拖延之后，才顺从了联盟的军事要求。奥登堡和汉诺威，没有派一兵一卒上战场；希望担任志愿者的哥廷根学生被韦尔夫贵族政府粗鲁地拒绝了。黑森的统治者马上又玩起了在军事上的老把戏，让黑森人以佩戴铁头盔勋章为荣，就像普鲁士人以铁十字勋章为荣一样；但是后备军的装备工作进展异常缓慢，并且同中央行政委员会争吵不断，施泰因怒吼道："给我大炮，我不要任何原因！"直到1814 年 4 月，黑森国民军才召集起来，而彼时巴黎已经被占领了。

在西北部的诸侯之中，只有那些被归并的国家的君主才对德意

志事业表现出热情,因为他们希望通过在战争中的英勇行为重获王位。在安哈尔特的城堡中,公主们柔软的双手正在制作旗帜,这些旗帜将引导萨尔姆-萨尔姆(Salm-Salm)国家走向战场和胜利;但是比洛将军随即发出警告:如果威斯特伐利亚的小诸侯们胆敢表现出统治者的样子,他马上逮捕他们。汉萨同盟的城市比这些被归并的小国运气好。早在11月5日,不莱梅的古老议会就按职责召开会议;共和国的重建工作已经被正式提出,斯米特(Smidt)也被送到位于法兰克福的总部。这位娴熟的外交官马上恳请汉堡和吕贝克的市民向君主派遣代表,并且聪明地对奥地利政治家施加影响,使他们克服了对于共和政体的不信任。在布拉格的和平谈判期间,普鲁士已经提出了汉萨同盟城市的独立问题,并且问道,当汉堡民兵正在勇敢的梅特勒坎普(Mettlerkamp)领导下,在北方军中浴血奋战数月之时,怎么可以将汉堡视为敌对城市?三座城市获得了重建许可,但是由于施泰因的错误,第四个共和国城市——古老的加冕之都法兰克福——被引入了新的德意志君主国。德意志形势已经是一团乱麻,令人绝望,于是民族统一的拥护者全情投入重组一个并不适合独立生活的城市国家。施泰因一直对于这座帝国城市怀有特殊的钟爱之情,因而当周围的莱茵联邦诸侯将贪婪的双手伸向这座富饶的城市时,他便决心不计代价挽救美茵河畔美丽的法兰克福。

既然尘埃落定,莱茵联邦的成员便潮水般涌向联盟。如同之前在拉施塔特、巴黎、波兹南一样,德意志的高级贵族们乞求占领者的仁慈,只是这一次不再需要双手满捧钱财。当弗兰茨皇帝驾临法兰克福,民众把他当做德意志的统治者一样欢呼迎接;"我们的皇帝"这个名号再次对德意志人产生了强大的魔力。但是弗兰茨本人却不希望同这个"无意义的头衔"再有任何瓜葛。梅特涅对一名法国谈判人员承认,"以这种方式,德意志将比以往更加属于奥地利"。霍夫堡当前的德意志政策,就是依靠大多数诸侯倒向奥地利来掌控德意志联邦。因此,梅特涅就同那些被归并的国家之间存在不可调和的矛盾,他认为既然教会诸侯已经不存在了,那么这些奥地利老盟友的友谊也就不太重要了,所以他要将他的恩赐转移给他们幸运的继承人,也就是莱茵联邦的诸侯。外国宫廷的看法也类似,因为他们也都希望德意志受到削弱,同时他们同这些小国君主之间都有血缘和姻亲关系。王室成员间的这种家族关系至今都是德意志地方主义最强大的支柱,沙皇在法兰克福一次不留神地对施泰因说:"如果这些小君主都被废除,我要到哪里给我的儿子们娶新娘呢?"男爵马上愤怒地回答:"没想到陛下竟然将德意志视为俄国的种马场。"所有的普鲁士将军都像施泰因一样渴望严惩布吕歇尔所谓的"莱茵联邦的乌合之众"。约克进入威斯巴登(Wiesbaden)后,马上下令拆除拿骚的哨卡,一名内臣问他是否希望废黜君主,他直截了当地回答:"我还没有接到命令。"

521　　在法兰克福总部中,联盟国家将手放在悔过的莱茵联邦诸侯头上,并宴请巴伐利亚人弗雷德,因为战胜了哈瑙(Hanau),他就像一位意气风发的指挥官。莱茵联邦大一些的诸侯国君主中,除了两名拿破仑家族成员,只有达尔贝格被废黜,这绝不是因为他的工作毫无价值,而是因为他并非王室血脉,而且欧仁·博阿尔内被指定为他的继承人。达尔贝格的亲戚们随他一起倒台:冯·德尔·莱恩亲王(von der Leyen)是艾森伯格(Isenberg)的君主,曾用普鲁士叛徒和流氓组织了一支法国军队,奥地利为了平息威廉三世的怒火,只好牺牲掉了他。三年前,小一些的莱茵联邦威斯特伐利亚诸侯已经被拿破仑废黜了,现在也没有重新获得王冠,因为没有人支持他们的请求。"幸哉占有者"这句口号实在恰当,仍然在位的人都获得了恩惠;由于偶然性、偏袒和形势变化,神圣罗马帝国仍有二十多个体制各异的国家活过了拿破仑时代的风暴;让他们继续存在是一个近乎任性的决定。福斯坦堡(Fürstenberg)和荷亨洛赫(Hohenlohe)仍然被归并,罗伊斯(Reuss)和比克堡(Bückeburg)则保留王位;卖国求荣的小君主们也保住了自己肮脏的战利品。

　　在向法兰克福行进的过程中,梅特涅还同符腾堡达成了协议。11月2日签订的《富尔达条约》与《里德条约》类似,唯一的不同就是出于尊重普鲁士,包含了一条支持德意志未来联邦体制的条款。威廉三世加入联盟并且保留其主权和财产,"并处于某种政治关系的保障下,这种关系产生自一系列政治安排,这种安排将在未来和平时期产生、捍卫德意志的自由和独立"。在这段混乱无意义的话中,唯一清晰的观点就是对主权和国家现状的承认。在施泰因的要求下,同其他中间国家签订的条约中添加了更为明确的条款,尽管还是十分模糊。巴登、达姆施塔特、拿骚和黑森,必须保证履行为捍卫德意志独立而应尽的义务,并且接受为此而做出的领地分割,同时获得完全补偿。但是由于这些国家也被承诺可以保持现状和主权,那么这样的保证又有什么用呢? 因此,哈登贝格的二元计划,以及在上莱茵河建设奥地利友邦的计划,全面失败了;同时,现在仍然可以用作补偿普鲁士的德意志土地,也随着一个个新签订的条约而缩减。哈登贝格非常不满,但是由于他允许霍夫堡参与起草南德意志诸国条约,因此也无能为力。在经历了如此多的挫折之后,这个信任无极限的人对于维也纳宫廷的意图依然没有明确的认识。他谴责引导谈判的方式"有缺陷、愚蠢且急躁"[1],但他并不认为梅特涅如此行事是居心叵测,而是因为他正在机智、合理地追寻其在特普利兹宣告过的目标——保障所有德意志君主的独立。

决战六周以后,参与了 1803 年和 1806 年革命的所有诸侯都被宽恕了,所有臣服法国的德意志人都获大赦,并被吸收进了联盟之中。一些北德诸侯很庆幸自己从外国桎梏下被解放出来,其中最真诚地要数卡尔・奥古斯特。在过去的困苦岁月中,魏玛宫廷始终是德意志精神的中心。耶拿战争之后,拿破仑曾见过魏玛王妃,并被王妃的高贵举止所折服,但是后者却对他深恶痛绝。她像普鲁士的露易丝和巴伐利亚的卡洛琳一样,以贵族妇女敏锐的直觉嗅到了这个伟人身上的平庸本质。她的丈夫有同样的感觉,但是拿破仑不相信这个举止轻浮、寻欢作乐的君主敢有任何出格举动,也从未想象到数年中,他一直同普鲁士爱国者秘密接触。一旦魏玛大公获得自由,他马上作为俄国军官加入联军,对于他那位还沉浸在绝望中老朋友歌德,他只是伤心地说:"随他去吧,他太老了!"

南德宫廷的氛围则大不相同。他们只做那些必须之事,丝毫不敢冒险。蒙特格拉斯毫不掩饰地嫌弃"这种要命的德意志精神"。符腾堡的暴君禁止一切政治讨论,违者将被关押在一座要塞中,并

---

① 哈登贝格日记,1813 年 12 月 1 日。——原注

马上开除了在莱比锡临阵倒戈的将军，他的一名地方长官流露出一些德意志情感，他马上恶狠狠地说："凡是主子宣布为正确的一切，好臣民都有义务拥护。"他带着极为郁闷的心情从法兰克福返回。因为联盟没有赐给他一寸土地，以奖励他的弃暗投明。以前服务拿破仑得到的好处可多了！于是他马上同刚脱身的拿破仑恢复了秘密接触。巴登《卡尔斯鲁厄国报》（*Karlsruher Staatszeitung*）一直习惯称拿破仑为"皇帝陛下"，经过相当长的时间才开始直呼其名，最后称其为"敌人"。当这种改变不可避免的时候，卡尔大公表达了自己对于拿破仑最深切的失望。但是拿破仑知道怎么对付这些人，发誓只要他卷土重来，就一定会把他们的领地变成废墟，就像路易十四曾经摧毁普尔法茨那样。当达姆施塔特的路易斯大公宣布同占领者结盟时，拿破仑的大使旺德伊（Vendeuil）攥紧拳头咆哮道："大人，您会为此付出代价的！"

　　拿破仑的威胁确实起到了作用，就连莱茵联邦诸侯中准备充分的人都不敢轻举妄动了。在绝大多数地方，因为统治者的不信任，按照普鲁士的方式武装人民是不可能的。在巴伐利亚，志愿者再次被态度倨傲的官员遣送回家。符腾堡的君主不容忍志愿军或者后备军的存在，组建国民军也只不过是个让臣民解除武装的好借口，违者将遭监禁。这些宫廷最嫉恨的人就是施泰因，因为他在法兰克福提出暂时搁置他们的政府权威。就连他派遣到德意志中央行政委员会工作的优秀人才们，很快也被叫做"莫斯科的雅各宾党人"：被这样侮辱的人是普鲁士人弗里森和艾希霍恩，俄国人图尔格涅夫（Turgenieff），负责医疗服务的佐尔姆斯－劳巴克伯爵（Solms-Laubach），组织人民武装的吕勒·冯·利林施特恩。南德内阁狭隘自负的地方主义让他们严重低估了中央行政委员会的能力。当施泰因的官员们希望确认巴伐利亚医院的状况时，蒙特格拉斯威胁驱逐他们。符腾堡的腓特烈拒不承认他的医院中藏匿"外国"伤员。当奥地利将伤病员从过分拥挤的菲林根（Villingen）转移到罗特韦尔（Rottweil）时，符腾堡的有关官员却任由这些伤员躺在街上，直到医院大门被暴力打开。奥地利曾无条件恢复了这些宫廷的主权，可他们就是这样表达自己的友情。施泰因本人现在态度悲观：最好在和平之后再就德意志体制问题展开谈判，否则这个松散的德意志联盟很可能自发解散。为了让人民了解君主们的想法,施泰因让艾希霍恩出版了一部有关中央行政委员会的作品,开门见山地暴露了小诸侯们的罪恶。经此一事,莱茵联邦宫廷便与普鲁士结下了不共戴天之仇。

尽管南德人们也处处流露出光荣意识,不少出身有教养阶层的年轻人也将施泰因和格雷斯的话奉为金科玉律,但是席卷北德的热情风暴只在表面上打动了南德的普通人。南德对于外国统治的憎恨并没有像普鲁士一样深入骨髓,因为这里没有耻辱需要洗刷。当解放时刻到来,大多数人的确尽了义务,但是缺少强烈的行动欲,而这本来可以迅速推翻令人厌恶的政府。吕克特的歌曲生动地描绘了科堡(Coburg)后备军:"起初无声无息,如今使命召唤,我们整装待发!"战时无止境的苦难终于结束,人们都盼望着宁静与和平。在曼海姆的剧场中,颂扬民族军备的正式演出上,唱起了席勒的《骑士之歌》,不过由年轻英勇的爱国者冯·杜施(von Dusch)作出了一些改动:"只有武力方能获得和平。"

不幸的是,接下来的战争并没有让南北德团结起来。在南德,只有法兰克福的中央行政委员会的军政府根据哈登贝格的二元计划,被转交给了奥地利官员和军官;在阿尔萨斯,巴伐利亚人在没有询问施泰因的情况下,擅自控制了临时政府。俄国人和普鲁士人却在经历如此多的共同胜利后结成了真正的战友情谊。俄军崇拜威廉三世的英雄形象,后者会用俄语对他们讲话,俄军对"前进元帅"布吕歇尔也怀有相同的情感。但是普鲁士军人对于可以被上司任意扇耳光的俄国军官只是一般尊敬而已,但是却高度赞扬普通俄国士兵的英勇。普鲁士军人对巴伐利亚和符腾堡军队所知甚少,因为按照条约规定,他们被派遣进奥地利军队;只有巴登卫兵同普鲁士并肩战斗。结果,普鲁士和小诸侯国军队之间并没有建立深刻的同袍之情,但夏季战役血染沙场的记忆却依然鲜活,这实在是德意志的大不幸。灾难性的命运让这些小诸侯国军队对联军贡献甚微。他们中相当大一部分被派去封锁美因茨和谈不上光荣的弗兰德斯包围战,萨克森志愿军压根就没有看见敌军。巴伐利亚军和符腾堡军的确进入了巴黎,而且一贯英勇,但是他们并没有参与一场超越雷根斯堡、瓦格拉姆和博罗季诺大捷的光辉战役。

荣誉军团勋章之星在中间国家的老兵中间依然拥有威望。法兰克尼亚和黑森林（Schwarzwald）的农民中还流传着有关卡尔大公和90年代战役的故事，对于解放战争却一无所知。这群德意志人也没有达成全民起义的共识。只有在很久以后，历史研究和缓慢觉醒的统一愿望，才让南德对于解放战争产生了姗姗来迟的热情，而战争时期的人们却并没有达到这种程度。

当联盟国正同南德宫廷谈判时，后者也在内部协商战争的延续问题。如今，法国在他们面前不堪一击；后来内伊曾玩笑般说道，现实情况就是"联军可以事先在通往巴黎的所有道路上安置露营地"。拉德茨基在一份优秀的备忘录中指出了这样一个决定性事实：拿破仑已经没有军队了，因此冬季战役也不再令人畏惧。就连施瓦岑贝格也赞同入侵法国，不过这主要是因为他并没有预计到，他将为这支行进在德意志贫瘠土地上的大军提供巨大给养。他信心满满地说："我的底气来自从冰冻海洋到达达尼尔海峡的欧洲，巴黎还不是囊中之物吗？"格奈泽瑙干脆敦促普王赶在这个松散联盟解散之间迅速进军；如果同时从尼德兰和莱茵河中部进攻法国最薄弱的地区，那么法国东界上令人畏惧的三重防御要塞就不可能再保护拿破仑，反而会因为缺乏兵力驻守而成为拿破仑的不利条件。布吕歇尔从未怀疑，这场战争将在塞纳河上降下帷幕。他说："那个暴君劫掠偷窃了所有国家的首都；我们不应该那样做，但是荣誉要求我们让他在自己的巢穴里付出代价。"

在头脑简单的人看来，眼下的形势非常简单，就连绝不算英雄的约翰大公都认为占领巴黎势在必行。但是数世纪以来，外交界已经将法国本土不可能被攻克当成了颠扑不破的真理。就连一向走运的卡尔五世和欧根亲王放胆进入法国内陆后，都一无所获；1792战役中尽管法国军队措手不及，但结局依然十分悲惨。法国人贝纳多特和若米尼更是用最阴暗的调子描述进入法国的恐怖场景。克内泽贝克焦急地劝告，神明不该受到诱惑。约克抱怨自己英勇的军队怎么会有这么倒霉的祖国，并且要求至少让精疲力竭的军队短暂休整。就连威廉三世也不时有所胆怯。他在春季出兵时想要完成的目标——解放远至莱茵河的德意志地区，现在已经实现了；普王性格迟缓，因此需要很长一段时间才能真正理解眼下已

526

经完全改变的局势,才能明白只有彻底摧毁法国力量,才能保住已经获得的一切。维也纳宫廷最渴望迅速结束这场磨人的战争。

梅特涅早在 11 月初,就对《特普利兹条约》的意义和措辞提出了反对,并且同被俘的法国外交官圣艾尼昂(St. Aignan)展开了单独谈判,并向他保证不会真的考虑废黜拿破仑。如果拿破仑承认西班牙、意大利和荷兰的独立,法国就可以保持在其天然疆界——莱茵河、阿尔卑斯山和比利牛斯山——之间的传统地位,并且可以在没有任何正式宗主权的情况下,对小德意志诸侯国实施影响,就像所有大国对其周边较弱国家所具有的影响一样。如果双方可以就奥地利在意大利的边界达成共识,那么梅特涅所渴望的一切都将成真。解放莱茵河左岸根本就不在梅特涅的考虑范围中;他的观念依然没有超出古老边界政策追求力量均衡的机械教条。如果在怒气冲冲的法国和东方国家中间,建立几个被任意打造出的小国家,作为大国冲突的缓冲垫,那么梅特涅就心满意足了。但是奥地利是所有强大民族国家的天敌。英国驻法兰克福总部的全权大使阿伯丁勋爵,在所有大陆问题上盲目追随梅特涅的观点,并认为只要重建汉诺威和尼德兰,就足以满足英国利益。不过好在全权大使并没有决定权。于是波佐·迪博尔戈(Pozzo di Borgo)被派往伦敦,以争取摄政王的批准,而圣艾尼昂则在巴黎将梅特涅的和谈计划呈交拿破仑。

与此同时,迄今一直被奥地利政治家滞留在莱比锡的施泰因来到了法兰克福,马上全情投入继续战争的事业。他成功地说服了沙皇,后来也将普王争取了过来。拿破仑那么骄傲,不可能马上同意奥地利的提案。最后,当拿破仑宣布准备好和谈时,他提出了一个附加条件,即德意志小诸侯国和意大利必须以某种方式服从他的宗主权,总部此时主意已定,尽管没有打断谈判,却同时继续战争。联军每打赢一场新战,和平条件就必然变得更加棘手,因此施泰因赢得了这场游戏。随着联军信心与日俱增,人们普遍认为,可以在没有任何正式协商的情况下,至少获得左岸部分领土,并且有可能重建 1792 年边界。主战派大获全胜。当布吕歇尔辞别哈登贝格,离开法兰克福时,首相问他:"何处重逢?"他笑着回答:"巴黎

527

485

皇宫！"①

实际上，联军总参谋部的言辞和行为表明他们决心已定。他们似乎已经精确地计算到，12月1日进攻法国的宣言将让法国人的傲慢情绪爆棚，而在过去的二十年间，这种傲慢让全世界寝食难安。因此联军的战争宣言前所未有地用谄媚的词句推卸责任。他们说并不希望对法国开战，而是要消灭拿破仑过大的权力；他们希望法国依旧伟大、强壮和幸福，并承诺法国将获得比以往诸王统治时更大的领土，因为一个英勇的民族不应该因为在一次英勇战争中的不幸，就从已经获得的地位上跌落！

杜卡和郎根奥设计的战争计划同上面那些语句一样悲哀可鄙。当时有一种新观点认为，只有占领巴黎，才能占领中央集权化的法国，格奈泽瑙也支持该观点。奥地利军事专家已经在地图上标出了朗格勒高原（Langres），这片缓和的丘陵地带位于勃艮地高地的边界上，是三条流域的分水岭。他们假设拿破仑在指挥战争时会主要考虑地理问题，因而提出"在这块高原上发起冬季战役将迫使拿破仑谈和"。12月，大军开始缓慢移动，穿过巴登、阿尔萨斯和瑞士，远远迂回至朗格勒高原。与此同时，霍夫堡开始运作一些额外的目标：恢复瑞士的传统贵族统治，迫使敌军撤出意大利战场，后者对于奥地利远比对法国重要。这样一来，联军主力就偏离了通往胜利的康庄大道，奥地利军事家们为这种反常虚伪的战争计划辩解道，因为威灵顿将军正率军位于法国最西南角，靠近比利牛斯山，这样联军就可以获得他的援助。西里西亚的将领们希望让朗根奥忙于封锁美因茨而远离战场。布吕歇尔则在经历了漫长而激烈的争执后，才获准从莱茵河中部穿越法国边界。他从那里经由萨尔河和洛林地区，也即将抵达美丽的朗格勒高原。

这种老掉牙的无能策略给了拿破仑喘息之机，他获得了3个月时间重建军队，为避免一切决定性后果而重新规划战争。在法国温驯的立法机构中，尽管也有一些像莱内（Lainé）这样勇敢的人，大声表达国内普遍的反战情绪，但却受到了那位暴君的恐吓侮辱。帝国的一句谚语说得好：依靠言语恐吓的统治必不久远！拿破仑

① 哈登贝格日记，1813年12月16日。——原注

以一贯的谨慎进行军备,也指望外交谈判的成功和松散的反法联盟解体。他不断向梅特涅保证,战胜法国对奥地利没有好处,因为这会轻而易举地将欧洲实力均衡向不利于奥地利的方向转变。他写信给科兰古:"旧边界是对法国的侮辱;我们所占有的一切都无法与普、奥、俄、英在过去十年中赢得的相较。"他的谈判人员所提出的和平提议要"尽可能模糊,因为时间就是一切!"

　　就在这段时间,法军所顽强守卫的几个东北部要塞也落入了联军手中,其中包括但泽和托尔高。1814 年 1 月 13 日,年轻将领德巴德莱本(Bardeleben)发动一轮猛烈炮攻之后,陶恩钦率军占领了维滕贝格;这是解放战争的众多战役中唯一一场辉煌的围攻战。占领荷兰的意义更加重大。贝纳多特为了收获战利品挪威,11 月就从汉诺威行进至丹麦,比洛因而摆脱了他所厌恶的总司令;他从威斯特伐利亚前进至尼德兰,全世界马上领教了可以自由行动的北方军的威力。奥彭将军占领了杜斯博里(Doesborgh)要塞;科尔贝格兵团和王后龙骑兵,即古老的安斯巴赫-拜罗伊特龙骑兵团,又为他们的胜利桂冠增添了一片新叶。接下来阿恩海姆(Arnheim)也被占领,夺取了这条莱茵河和默兹河上的通道,黑措根布施(Herzogenbusch)势必门户洞开,就像大选帝侯时代一样,普鲁士军队将再次推翻法国在尼德兰的统治地位。比洛的猛烈攻势最初在安特卫普城下被遏制。卡诺(Carnot)是此处的指挥官,这位坚定的共和党人为了祖国大大控制住了党派偏见,坚守在这个重要的位置上直到和约缔结。

　　精明的荷兰人知道如何抓住时机。传统贵族成员始终准备着重建国家。他们发出信号,阿姆斯特丹的人民马上叛乱,在 11 月 15 日升起了奥兰治家族旗帜。法国官员逃跑,军队进入城堡要塞。古老统治家族的拥护者组成了一个"临时政府",并召回了奥兰治家族。古老口号"上吧!奥兰治"和新口号"威廉带来和平"响彻大地。这个不爱战争的商业国家用这些动作表明自己获得了解放,尽管残酷的血战还要留给普鲁士人和俄国人完成。

　　所有人都知道奥地利急于摆脱比利时,计划将一分为二的老尼德兰地区统一起来,这个方案已经在反法联盟战争期间被多次讨论。施皮格尔(Spiegel)甚至早在 1794 年就在为其辩护。这种想法

529

是旧式外交观念的自然产物,该观念只根据地理环境来确定国家疆界,并且在无视历史传统的情况下划分领土。英国的商业政策对此更是起到了推波助澜的作用。英国已经占领了荷兰殖民帝国,并且希望通过这块肥硕的战利品获得锡兰和好望角,那里对英国统治印度极其重要,同时还可以获得荷兰舰队和部分圭亚那。根据十八世纪的观念,荷兰人遭受的损失自然要从无主的德意志寻求补偿;因而德意志帝国的勃艮第地区就成了英国开出的安慰剂。美好的旧时光似乎又回来了,威廉明妮时代的传统,两个海军大国之间长期联盟的回忆,也都鲜活了起来。英国希望在强大的尼德兰地区寻找一个可靠盟友,在安特卫普港口占据一个可用于大陆战争的安全桥头堡;还希望奥兰治家族继承人和英王冠女继承人之间的联姻,可以前所未有地坚固两国间的联盟。同时,对于普鲁士军队中雅各宾主义的担忧,也增强了英国保守党内阁的观点:为了普遍和平,一个平和的商业国家必须将"刚愎自用"的好战之国与永不消停的法国分开。

530

因此,英国政治家积极拥护重建统一的尼德兰,这十分有利于英国,因此他们所投入的热情远远超过支持韦尔夫家族在汉诺威的扩张。1813年春,英国内阁就同奥兰治君主取得了联系,并着力说服欧洲各宫廷承认重建统一奥兰治国家的必要性。在外交界,尼德兰完全就是英国制造,每块新土地并入尼德兰时,人们都干脆说"那里变成了英国领土"。一个有经验的商人如果最后接受了只有开价一半的出价,那么他就会让出价者相信,他完全是看在客户本人的份上才做这笔买卖。同理,英国的商业政策也将真正的目标隐藏在追求自由和正义的豪言壮语背后。英国希望占据尼德兰的一半殖民地。但是卡斯尔雷勋爵却骄傲地宣布,他的祖国已经打算归还部分占领地,但是只有尼德兰扩大在欧陆的领土,英国才会兑现此项承诺,因为只有这样尼德兰才能对抗法国,保卫其所收复的部分殖民帝国领地。英国掠夺了尼德兰的海外财富,而这些正是其古老国力之基础,然后又声称欧洲应该感谢她的慷慨。新尼德兰地区成为"为欧洲而做出的安排";德意志再次放弃部分旧帝国领土,只是为保卫莱茵兰以对抗法国。同时,荷兰人的英雄主义精神被高度赞扬,并宣布欧洲有义务奖励荷兰的"贵族精神"。

英国制造的这个传说被认真地不断重复,最终联军总部都接受了它,"荷兰对欧洲的作用"在外交辞典中找到了一席之地。

比洛的辉煌胜利让普鲁士首次占据了一个有利地位,能够提议而不仅仅是乞讨;普鲁士现在可以向英国内阁宣布,如果英国要在处置被重新占领的土地问题上获得共识,就必须无条件同意普鲁士吞并萨克森。但是普鲁士并没有公开表达这个想法,因为此时普内阁也奉行欧洲权力均衡政策,与英国的尼德兰政策出发点一致。哈登贝格的所有和平提议中,都假设瑞士和尼德兰的职责之一必然是维持德法之间的和平,因为一旦开战,它们必然是法国入侵者的首要目标,而普奥则位于第二条防线上。尼德兰的扩张似乎最符合德意志的利益,因为哈登贝格仍然坚信荷兰与瑞士必将成为德意志的盟友。此外,尽管普鲁士军方无法原谅奥兰治亲王在埃尔福特的可耻投降,但他是霍亨索伦家族的近亲,因此几乎被视为普鲁士王室成员。而且在 1806 年战争中,奥兰治也的确因参战而失去了土地和人口,因此赐予其丰厚的奖励就似乎成了普鲁士的光荣义务。因为这些原因,哈登贝格和英国政治家同样热情地为奥兰治的事业奔走;当占领荷兰的消息传来,他眼含热泪地拥抱了尼德兰大使加格恩。对于欧洲各宫廷而言,成立这个缓冲国是普鲁士政治的成功,但绝不是让普鲁士蹬鼻子上脸的台阶。

走到这里,我们已经发现了哈登贝格的第二个重大失误;但是他的尼德兰之梦以及德意志二元计划,都不是个人过错,而是时代的问题。早在任何人胆敢梦想占领莱茵左岸很久以前,施泰因就将增强尼德兰视为欧洲必然之举,而且获得了广泛认同。后来,随着奥兰治家族对土地的贪婪暴露,不少人才开始怀疑。《莱茵之星》指责"这个最没有战争精神的德意志家族"不配获得广阔的领土;甚至卡斯尔雷都焦虑地写信询问这个商业民族是否能承担欧洲赋予的使命。路德维希·芬克(Ludwig Vincke)一直都在密切观察尼德兰事务,早就宣告这个被随意建构的国家必将灭亡。过去 250 年中让天主教比利时与新教荷兰水火不容的古老仇恨,在尼德兰再次觉醒。但是德意志外交官们丝毫没有考虑这些问题,哈登贝格无限信任英国政策。占领安特卫普之后,他马上同意将普俄在港口斩获的战船转交给英国。德意志现在还不懂海洋权力的重

531

532

要性,甚至没有人问这些昂贵的战利品可否变成普鲁士舰队的核心力量。

奥兰治亲王从一个大手大脚的人那里获得了这么大的好处,却依旧认为自己对欧洲的贡献没有得到足够的回报,还恬不知耻地构思了进一步扩张计划:很快尼德兰将是一个莱茵河左岸的国家,一个扩张至摩泽尔河的新勃艮第;也将是一个莱茵河右岸的国家,一个大拿骚,从杜塞尔多夫直至比伯拉赫(Bieberich)都将完全落入这个贪得无厌的家族手中。受尽法国官员欺压的莱茵河沿岸人民,对这个富有的荷兰家族怀抱美好憧憬,同时也惧怕普鲁士的军事压迫。奥兰治亲王同他的英国祝福者一样,深深不信任解放国家的人。几乎在英国同尼德兰往来信件的每一页上,我们都能发现这样焦虑的话语:普鲁士不应该获得卢森堡;普鲁士不应该获得能够"压制"尼德兰的强大莱茵省份,因为"狡诈的普鲁士不可能同重视荣誉感的英国和谐共处"。哈登贝格对韦尔夫和奥兰治政治家的这些敌意毫无觉察,仍然视奥兰治为盟友而竭尽所能,甚至准备将下莱茵一些完全属于德意志的土地送给尼德兰。

直到占领莱茵左岸已经指日可待的时候,普鲁士才提出明确的国家重建计划,因为现在德意志领土已经明显可以为普鲁士所用。哈登贝格马上抓住这个有利时机,开始对联盟国家提出普鲁士的领土要求。自从莱比锡战役,萨克森国王就落入了联盟的控制之中。当奥古斯特国王作为战俘被押解出城的时候,没人相信这个拿破仑最狂热的拥趸能再次成为联盟的朋友。拿破仑很感激他,当年冬天曾数次要求恢复奥古斯特的王位,因为抛弃这个忠诚的盟友对他的荣誉有损。奥古斯特曾盼望拿破仑的胜利可以让他扩大萨克森,也必然准备好一力承担法国战败所带来的后果。在这场正义之战中,萨克森的最后一个村庄都被占领了,根据国际法规定,萨克森现在完全由占领者支配。部分萨克森军队违抗王命临战倒戈,这种行为无论从政治还是军事观点上看,都没有实质性作用,对于眼下的现实也不会产生任何改变。在奥古斯特被俘之后,哈登贝格便竭力支持威廉三世成为萨克森国王和波兹南大公。

533　　占领萨克森为普鲁士提供了补偿。于是,普俄就波兰问题达成了完全共识。普鲁士拥有了一条防御良好的南部边界,由于东部依然无人防御,因此这条南部边界似乎更加重要;因此,一个在种族与文化、宗教和商业利益上,都同普鲁士密切联系的德意志省份,现在同普鲁士连在了一起。萨克森君主在近代所有危急关头都对祖国犯下不可饶恕罪行,对于德意志联邦未来的幸福而言,摆脱这样一个的家族,确实是万幸。不幸的是,不可能按照受拿破仑恩惠的程度来惩罚所有诸侯君主,因此如果能至少惩罚一个莱茵联邦诸侯,就最好不过了;而且 1866 年的经验也证明,这样杀鸡儆猴的行为可以对德意志高等贵族的情绪产生非常有益的影响。但是,所有支持萨克森并入普鲁士的理由,在维也纳宫廷看来,都不啻为不祥之兆。

　　萨克森问题充分暴露了普奥两国之间的利益冲突,只有哈登贝格那样天真的人才会上当受骗。目光敏锐的格奈泽瑙就从未怀疑过这个简单的事实。他很清楚,霍夫堡肯定希望尽可能地将北方军向东推移;奥地利一定不会将厄尔士山路交给普鲁士,后者因为拥有格拉茨伯爵领地的要塞已经威胁到了东波西米亚;奥地利也不可能牺牲天主教的萨克森诸侯家族,其不仅与皇室血脉相连,更是长久以来对付普鲁士的有利工具。而且,正当奥地利打算在中间国家中组建一支亲奥党派的时候,怎么可能同意废黜拿破仑的总督?10 月 29 日,根茨心急如焚地给梅特涅写信:“普鲁士的领土扩张计划已经路人皆知,这给我们造成的麻烦将远远超过同拿破仑的谈判。”拉德茨基在呈交法兰克福的秘密备忘录中指出,“按照普鲁士现在的表现”,一旦实现和平,就应该尽可能地削减其兵力。

　　但是现在还不是公开表达这些观点的时候。萨克森人民还在大声斥责阿尔伯特家族的罪恶;就连韦尔夫·明斯特(Welfe Münster)都说,奥古斯特不值得被尊重,只能被蔑视。任何人只要能看穿奥地利的虚情假意,就该明白洛林家族最真实的愿望:弗兰茨皇帝要求将被俘的萨克森国王转移到布拉格,其军队应该加入奥地利军。但是普俄却认为,奥古斯特应该被送往柏林,萨克森暂时由俄国接管。如果能够将普鲁士行政管理部门引入萨克森,那么这将成为两国合并的中间阶段,但眼下这是不可能的,因为没有奥地利的同意,无法实施全面占领。萨克森王室现在仍被围困在德累斯顿,处于法国军队的羽翼之下;一旦德累斯顿投降,弗兰茨

534

皇帝马上就会给他的亲戚在奥地利提供宅邸。安东尼亲王是弗兰茨皇帝的姐夫，已经开始在布拉格积极发起秘密行动，争取释放被俘的王兄；从一开始，奥古斯特的随从就将主要的希望寄托在奥地利身上。

哈登贝格对这些视若无睹。在皇帝逗留弗莱堡期间，哈登贝格将自己对萨克森的计划向梅特涅和盘托出。在一次气氛友好的晚宴上，狡猾的梅特涅几句好话就让他轻率地以为，普鲁士的计划得到了认可。[①] 弗莱堡人像欢迎他们的古代宗主一样欢迎弗兰茨皇帝。这个前奥地利省份一直是帝国家族治理得最好的地区之一；人民仍旧渴望这种宽松的统治；强大的天主教贵族不喜欢开明的巴登官僚，也不肯放弃古老的等级宪法。在这座迷人的城市，皇帝处处看到古老的奥地利痕迹：这里是多芬大道（Dauphinenstrasse），玛丽-安托瓦内特的婚礼仪仗队曾从此经过；那里是树立在马丁大门旁（Martinstore）的纪念碑，上面记载了90年代弗莱堡战役中的志愿兵姓名；还有美丽的老百货商店，市议会为了欢迎皇帝驾临专门修复了里面的哈布斯堡家族雕像。许多弗莱堡人讨厌为巴登人工作，便加入了奥地利军队。在秘密会谈中，人们乞求皇帝让他的孩子再次回到他慈父般的怀抱中，而且他们已经为重新统一铸造好了纪念章模型。弗兰茨皇帝从心底被这些忠诚人士的愿望所打动，但是梅特涅却依然坚持己见。他并不希望因此激怒莱茵联邦宫廷；而且在过去两年中，卡尔斯鲁厄（Kalsruher）内阁已经因为奥地利对弗莱堡的感情而坐立难安，但是霍夫堡始终未曾打算同巴登谈判收复这块前奥地利领土。哈登贝格忧愁地看到，对于他打算分配给奥地利的南德，奥地利完全没有兴趣。

法兰克福左右摇摆的日子结束后，联盟中的天然党派关系迅速重建。普俄希望展开决战，英奥则力求避免。联盟总部中的对抗不断紧张，两派处处摩擦。梅特涅在瑞士力图通过森夫特伯爵的调停，重建贝内家族（Berner）的古老贵族权力，以及他们对阿尔高州（Aargau）和沃州（Vaud）的宗主权。沙皇却正好相反，扮演着自由主义的祝福者，支持他的沃州导师拉阿尔普（Laharpe）的同胞；并

---

① 哈登贝格日记，1814 年 1 月 8 日。——原注

且同普鲁士异口同声地主张,应该承认这些新行政区的独立,而且最近几年中合法形成的新地区中,有一些应该在复辟时代得以保留。

军队行进缓慢,于是普鲁士政治家们拥有了大量时间讨论和平条款。克内泽贝克在弗莱堡起草了一份备忘录,他认为以霍夫堡的立场也能接受。当人们在西里西亚总部提出收回德意志温泉关——孚日山的要求时,奥地利外交家们却认真支持 12 月 1 日的宣言,该宣言在他们的观念中已经十分大胆了。因此克内泽贝克提出:"目前明确提出的观点是:法国将比以往君主统治时都更加强大,莱茵河也将成为法国边界的一部分,那么就让从巴塞尔到兰道一线的莱茵河成为边界。"①他只希望斯特拉斯堡可以作为自由城市回归德意志。至于普鲁士,他要求获得萨克森、威斯特伐利亚、贝格和莱茵河左岸,尤其是远至纳雷夫河的波兰领土。这个书呆子就是无法摆脱自己对俄国根深蒂固的憎恨。

哈登贝格本人首先希望明确获悉俄国的意图。因此,在弗莱堡和巴塞尔,他都像威廉三世经常所做的那样,急切地催促沙皇说清楚,俄国究竟需要多少波兰领土。但是在和平协约签订以前,沙皇是不会给出明确回答的,普鲁士只能独立采取行动。1814 年 1 月,哈登贝格在逗留巴塞尔期间,精确计算了普鲁士必须要获得的赔偿,并将此写成备忘录递交奥地利。普鲁士要求获得萨克森、西波美拉尼亚、从美因茨到尼德兰边界的莱茵河地区、直至瓦尔塔河的波兰领土;这个新国家的人口预计达到 1000 万至 1100 万。哈登贝格得到的唯一回复,是施塔迪翁伯爵用法语写的一封信。② 这个奥地利人以秘密朋友的口吻,按照众所周知的帝国式从容,指出普鲁士人口已经太多了,一定不能超过 1000 万。他还说出了一些谨慎的言论"支持倒霉萨克森选帝侯家族,我认为将其彻底驱逐出德意志似乎严重触犯了政治道德的义务"。他建议普鲁士满足于获得卢萨蒂亚和易北河右岸,结尾并无恶意地说道:"有时鄙人在政治问题上非常直率;还请阁下原谅这些肺腑之言。"哈登贝格马上

536

---

① 克内泽贝克就重建普鲁士的备忘录,1814 年 1 月 7 日。——原注
② 施塔迪翁写给哈登贝格的信,巴塞尔,1884 年 1 月 21 日。——原注

回复道:"在所有即将降临在萨克森的灾难之中,瓜分国家一定是最糟糕的。"①他明确坚持自己的要求,在结尾处还提到了刚刚到手的关于强占维滕贝格的报告,还谈到了普鲁士以武力获得的所有其他权利。因为梅特涅拒绝在缔结和约之前给予任何赞同,这场谈话也就这样结束了。

如果哈登贝格能够稍微谨慎一些,就能够看清施塔迪翁"肺腑之言"的动机。也就在这几天,他得到确切消息:起草了联军总参谋部计划、获得弗兰茨皇帝信任的萨克森人郎根奥,正在同萨克森保王党秘密接触。当谈到这些阴谋的时候,梅特涅马上说了一些安抚的话。尽管迹象如此之多,哈登贝格还是坚信奥地利的友谊。

轻信于人的哈登贝格还有一个重要愿望,也是奠基在这种一贯不稳定的基础之上。贝纳多特已经结束了丹麦战争,并且通过 1814 年 1 月 14 日的《基尔和约》强制获得挪威。因此,摄政王将瑞典属波美拉尼亚送给丹麦作为补偿,但去年夏天他已经向哈登贝格承诺将把此地将送给普鲁士。哈登贝格严厉指责贝纳多特背信弃义,他无论如何不会受此大辱。不过让他满意的是,很快他就收到了普特布斯亲王(Putbus)的来信,后者是瑞典属波美拉尼亚最重要的地主,以其同胞的名义加入了反对并入丹麦的正式抗议组织。② 但是这些问题还很遥远。当战争继续时,普鲁士已经胜券在握,却没有任何战利品。

第二节 冬季战役

1814 年新年夜,在莱茵河畔的科泊(Caub),西里西亚参谋部的军官们围坐在一起,推杯换盏间高谈阔论着时代巨变。就在这一年,约克将军在德意志东部边界另一边签订条约,宣布决战开始。当天,布吕歇尔带着约克的常胜军,站在德意志西马克的大门口,二十年前,他就在这里打响了解放莱茵河左岸的第一枪。门外寒风呼啸,俄军正在搭建一座浮桥,通向一个小岛,那里矗立着古老

---

① 哈登贝格给施塔迪翁的回信,1814 年 1 月 21 日。——原注
② 普特布斯亲王的备忘录,1814 年 1 月。——原注

普法尔茨的残破城墙。勃兰登堡伯爵及其志愿军静静地走过这座浮桥，午夜时分，站在左岸的人们开始爆发出震耳欲聋的欢呼。尽管命令部队保持静默，但是他们兴奋得难以自持；数年的渴望在这荣耀时刻即将得到满足，他们的幸福必须有处宣泄。第二天，快乐的普法尔茨人开始庆祝新年。普鲁士人所到之处都是音乐、歌声与欢笑；洪茨布吕克（Hundsrück）忠诚的新教徒永远是优秀的德意志人，他们带着真诚的谢意欢迎这些解放者。同时，圣普里斯特将军（St. Priest）也率俄军进入科布伦茨，当他抵达卡斯托尔教堂（Kastorkirche）附近时，看见那里有一座新喷泉，上面用夸张的铭文赞扬莫斯科的功业，他愉快地让人在下面写上"见证并赞同"。

　　西里西亚军队顺利穿越洛林。就像格奈泽瑙所预言的那样，所有要塞防御松懈，不可能给联军造成威胁。根据这场战役的特殊经验，公众很快得出结论，即要塞的时代已经一去不返。布吕歇尔在南锡（Nancy）心满意足地庆祝普王加冕日，许多不幸被俘的战友已经在这里被关押了两年多。他从南锡大胆向西南行进穿过马恩河（Marne），并于1月末抵达奥布河（Aube）畔的布列讷堡。于是，布吕歇尔的军队便插入了正从沙隆（Chalons）行军的拿破仑和联盟大军之间，后者经过一个多月终于到达了朗格勒高原。老英雄希望能够煽动犹豫不决的施瓦岑贝格同他一起夺取胜利。

　　朗格勒的总参谋部中再次暗流涌动、纷争不休。根据朗根奥的看法，占领朗格勒高原对于这场战争至关重要。现在联军已经成功抵达，此处的要塞不加抵抗便打开大门，但是联军仍旧无所作为。一个没有偏见的人不禁会认为，这场面向高山激流的战争非常愚蠢。只有足智多谋的战略家们才能坚持自己的原则。在他们看来，通过从莱茵河向朗格勒行军，"第二次战役"就已经被终结了，现在唯一需要考虑的事情是，是否有必要进行第三次战役。克内泽贝格将朗格勒高原的分水岭称作决不可跨越的卢比孔河。杜卡将军提议，应该通过包围美因茨，有计划地开展要塞战。施瓦岑贝格看不起布吕歇尔和格奈泽瑙的天真愿望：他们竟然蔑视所有战争艺术的法则，要向巴黎挺近；他认为这些普鲁士人的脑子"太简单，无法完成这件大事"：实际上他们的唯一目标只是舒舒服服待在巴黎皇宫餐厅里！施瓦岑贝格对沙皇的战争热情的判断与奥

538

495

地利宫廷一致："引导沙皇脚步的不是理性而是贪婪"；因为所有胜利都用来扩大俄国领地和重建普鲁士了。玛丽·露易丝用一封封温情脉脉的信件质问她父皇的灵魂，但是这对于铁石心肠的弗兰茨皇帝并不奏效，不过皇帝也越来越不安地感觉到，他将为外国利益而牺牲国力和个人安稳。复辟忠诚的教会诸侯已经完全不可能了，他又怎么可能为普鲁士重新占领莱茵河左岸？弗兰茨想要和平，希望战争可以迅速结束，希望人们能认可梅特涅在法兰克福承认的"自然疆界"。当听闻沙皇要废黜拿破仑时，他对于这场战争的厌恶变成了恐惧。废黜女婿不仅不利于奥地利家族，更让人害怕的是，无论谁接任拿破仑，沙皇都将对这个新法国政权实施决定性的影响。

539　　　许多奥地利政治家已经彻底接受了这些年的屈辱，因此旧欧洲的死敌视为公共秩序的支柱，认为废黜拿破仑是极具危险性、革命性和霸权性的行为。九年前，根茨还发出警告，让人们不要承认拿破仑的皇帝身份，现在却焦虑地高喊，如果法国被委派其他统治者，那么"一种原则将获得承认，而这种原则在历史上从未明目张胆地被表达，即国家依赖于人民是否愿意容忍现存统治。这种人民主权原则正是一切革命理论的核心"。根茨实在太激动了，甚至无法用语言表达对奥地利稳定和平政策的敬仰，对折腾不休的普鲁士的憎恨，以及对俄国的畏惧。西里西亚参谋部中的狂热分子们要打响巴黎战役时，他愤怒地呼喊，这场战役"本质上既是针对拿破仑皇帝，也是针对我们的"。当西里西亚的这群雅各宾分子们踏上征途时，他只希望拿破仑能够尽快缔结和约。"这群人已经迫使我们让步，其他任何出路都会被他们当做对拿破仑的胜利，更是对我们的胜利。如果这个早已不合时宜的反法联盟崩溃，我并不介意；但是它将如何崩溃，就不是一件无关紧要的事了。"

　　在这样一种氛围中，即将位于占领者脚下的法国首都，必然显得无法攻克。梅特涅并不像根茨一样看待拿破仑。但他担心"阿恩特们、雅恩们"，以及其他所有普鲁士煽动者，他们威胁要将巴黎变成废墟；他也担心沙皇的革命之梦，后者已经呼吁法兰西民族建立一个新政府；他最担心的还是俄国的波兰计划。梅特涅已经收到消息，沙皇正打算将阿尔萨斯交给奥地利，而将加利西亚占为己有。不过梅特涅巧舌如簧，几乎所有联盟总部的外交官都倒向了他。他打着干涉原则的旗号，巧妙地劝诫沙皇，那种在所有纯粹民族事务上弥漫的崇拜之情将阻止废黜拿破仑；所有的英国政治家，卡斯尔雷、斯图尔特、卡思卡特和阿伯丁都折服于他的明智审慎。尽管拿破仑本人拒绝了法兰克福的提议，但阿伯丁还是认为超出该提议范围肯定是没有意义的。英国内阁越来越坚信，羞辱俄国将是英国的下一个目标。但是梅特涅知道，放弃比利时尽管是奥地利的基本政策之一，但此举的精明之处，在于向亲爱的英国朋友表明，奥地利为它作出了巨大牺牲；由此他也将获得英国的完全信任。这样一来，英国政治家们又如何能看穿好皇帝弗兰茨脸上的面具呢？卡斯尔雷彻底被皇帝的情感所打动，描述了这位君主纯净无瑕、笔墨难书的品质。涅谢尔罗迭伯爵也倾向于主和派；哈登贝格谴责施泰因的阴暗，又轻信了奥地利迷人的友善，根本没有从过去要命的理想幻灭中吸取教训。即便一场战役已经在法国本土打响，联盟还是准备按照法兰克福的提议缔结和约。当时联军距离巴黎仅仅 8 天行军路程，战机千载难逢！

　　施瓦岑贝格的军队有 19 万人，布吕歇尔有 8.3 万人。尽管这些军队散布在日内瓦和摩泽尔河之间，但仍然具有绝对优势。拿破仑就如同他在 11 月承认的那样，已经不适合承担任何战争指挥任务，但是眼下形势有变。幸亏联盟一直犹豫不决，他才能组建一支新陆军，但是只有 7 万人，而且大多数人都是未经训练、士气低落的新兵；相反，联军中都是充满乐观胜利精神的老兵。在施泰因的帮助下，沙皇和威廉三世避免了在这种情况下缔结和约的耻辱。沙皇甚至威胁道，一旦有需要他将独自开战，威廉三世则声称将与沙皇同仇敌忾，于是奥地利只能部分作出让步，接受一份折衷计划：战争即将继续，但是同时也将在沙蒂永（Chatillon）召开和平大会；关于废黜拿破仑以及法国内政的问题都将被暂时搁置；在战争结束以前，不解决任何国家提出的赔偿问题。沙皇如此要求，不仅仅是因为他不想关闭波兰计划，也是因为将联盟维系在一起的纽带太脆弱了，不可能承受这么多棘手的问题。

　　梅特涅不情愿地接受了这些决定，施瓦岑贝格不情愿地执行这些计划。1 月 29 日在布列讷堡，布吕歇尔同拿破仑发生小规模冲

540

541　突，小胜一场；面对着这座城堡，布吕歇尔已经急不可耐，这位世纪英雄曾是这里的学徒，如今终于要考试了："得让法国人知道，德意志人已经学到了怎样的战争艺术！"由于普鲁士将领的极力敦促，总司令最终同意让联军的两个军支援布吕歇尔，并批准他在 2 月 1 日率军从特拉讷（Trannes）高地奔下，进攻拿破仑在拉罗蒂埃（La Rothière）的广阔阵线。施瓦岑贝格本人则率三分之二联军袖手旁观。但是布吕歇尔实际用于交战的军队已经超过了拿破仑麾下的 4 万人。在法军中路，萨肯率俄军冒着暴风雪直逼拉罗蒂埃，正面对抗皇家卫队。弗雷德和符腾堡王储击败了法军右翼；倒霉孩子久洛伊一如在莱比锡战役中一样，在敌军右翼没有太大作为，但还是在晚上获得了全面胜利。大部分法军四散奔逃。如果联军能够好好利用这场胜利，那么法国的覆亡就将无可挽回。萨肯得意洋洋地宣布："这是历史性的一天，拿破仑终于不再是人类之敌。""前进元帅"布吕歇尔第一次在正面战场上独自同拿破仑正面相逢；数个世纪以来，骄傲的法国第一次在本土遭受如此重创。这场战争震惊了敌友双方。拿破仑觉得大势已去，授权科兰古担任他在沙蒂永的全权大使，不计代价地挽救巴黎并缔结和约。就像他给兄长约瑟夫的信中所说，他认为这样的和约不过是一纸降书，发誓两年后将卷土重来。

　　奥地利再一次拯救了拿破仑。施瓦岑贝格并没有全力追击，反而分散了军队，表面上他这样做是因为给养不足，实际上则是因为奥地利想要摆脱这些西里西狂热分子。正当联盟大军沿塞纳河打击敌军的时候，布吕歇尔则转向东北行进至马恩河，从那里包抄拿破仑左翼。这位普鲁士老将兴奋地踏上征途，穿越寒冷稀树的香槟高原，其北方是马恩河谷爬满藤蔓的石灰岩，南方是塞纳河的美丽山丘。空旷的田野上寒风呼啸，大雨倾盆；军队在著名的"贫瘠香槟"泥泞道路上艰难跋涉，1792 年战役的老军官们都领教过这里
542　的糟糕地形。不久寒霜突降，士兵们不得不在这片树木稀少的地区寻找一切可以取暖的东西，焚烧废弃的房屋和谷仓。祸不单行，这支军队进入了美丽法国最臭名昭著的地区；普鲁士人都觉得，相比那些荒芜的地区，勃兰登堡的美丽平原就像花园一样；他们取笑那些像洞穴一样，一点也不舒适的房屋，灰泥糊墙，烟囱冒烟。但

是他们仍然很乐观,因为他们知道自己的常胜将军正领导他们走向巴黎,他们所有的苦难和挣扎都将胜利结束。

约克军团的勇士们自信心爆棚;在整个战争期间,立陶宛龙骑兵从未失手。谁能胜过老依桑格兰家族(Isegrimm)的霍伊里希们(Heurichs)?法国人不会念这个绰号,于是约克的队伍就以此在夜晚彼此确认。约克的骑兵在拉绍塞(La Chaussée)进攻了行进中的麦克唐纳的纵队,此后很长一段时间,士兵中都流传着这样的说法:拿破仑胸甲骑兵和马枪骑兵的铁骑,在勃兰登堡轻骑兵面前简直不堪一击;立陶宛骑兵和后备军骑兵轻易就夺下了可怕的波兰枪骑兵的旗帜,那可是拿破仑最优秀的骑兵队伍。约克迫使他的老上司麦克唐纳从沙隆撤退,后者命运多舛,一再承担最不幸的任务。随后约克回归西里西亚军队。

一个个军团向西前进,彼此间隔甚远。格奈泽瑙并没有在左翼设防,但是他已经从施瓦岑贝格处得知,维特根施泰因的军队将维持两支军队的联合,并且覆盖塞纳河右岸和西里西亚行军路线之间的广袤地区。但是总司令没有坚守承诺,在缓慢行进和多次休整后,还是向西移动到了塞纳河左岸,因此在施瓦岑贝格和布吕歇尔的军队之间就产生了一个巨大的空隙。2 月 13 日,由于弗兰茨皇帝的密令,总司令滞留在塞纳河左岸,这形同背叛。① 这个好皇帝,英国政治家们敬佩他的天真纯洁,他却并不希望联军的胜利扰乱已经风雨飘摇的和平谈判。

拿破仑感到自己奇迹般地被拯救于倾覆。他马上集结所有兵力向赛萨纳(Sezanne)进发,正好位于两股联军之间,出其不意地进攻西里西亚军左翼,并在 2 月 10 日到 14 日的五天中,凭借整合起来优势的兵力,逐个击溃了分散的各个西里西亚军团,打了一系列漂亮的胜仗。一开始,拿破仑将奥尔苏维夫(Olsuwieff)的疲软部队分散在尚波贝尔(Champaubert),因此插入了西里西亚军的纵队之间。11 日,由于约克的英勇牺牲,萨肯军队在蒙米拉伊

543

---

① 根据厄斯特赖希(Oesterreich):《亲历解放战争》(*Teilnahme an den Befreiungskriegen*,维也纳,1887 年,第 810 页),似乎并没有发布如此命令。参看德尔布吕克(Delbrück):《格奈泽瑙》(*Gneisenau*),卷 2,第 67 页。——原注

（Montmirail）才幸免于难；英勇的立陶宛人此时第一次领教了战争局势的瞬息万变。12日，前一天败于蒂耶里堡（Chateau Thierry）的将领们在激战后撤退至马恩河右岸。13日，拿破仑胜利进入被占领的城市，准备出其不意地好好接待最后几个尚未碰面的西里西亚军团，这些军团由陆军元帅亲自率领，对于前几天的巨变一无所知。2月14日，在艾托基（Etoges）和博尚（Bauchamps），幸运女神再次青睐法国。这场战役期间，情况一度非常糟糕，本来很容易导致整场战争惨淡收尾。布吕歇尔、格奈泽瑙、奥古斯特亲王、克莱斯特、格罗尔曼，德意志军队中几乎所有最优秀的将领，都在一个普鲁士步兵方阵中，被人数优势极大的敌军骑兵所包围。布吕歇尔已经打算自杀，因为他根本不愿意死于敌手。但是格罗尔曼却对军队发表了强大有力的演说，这位镇定自若的英雄人物，为绝望的人们增添了勇气；他们用刺刀搏击骑兵，掩护将领们撤入了附近的林中。这些军队一如既往地泰然自若，接受住了战场的考验。沉默瘦弱的英国人赫德森·洛（Hudson Lowe）经常同格奈泽瑙一道骑马，习惯了看见他带着同样冷静、沉闷、僵硬的表情，在空中挥舞马鞭，然而即便如此，这个英国人也发现面对这些衣衫褴褛、食不果腹的英雄，他找不到足够的语言表达崇敬之情。尽管将士们浴血奋战，联军最优秀的部队还是被击败了，损失了1.5万人和50门火炮。将领们并非没有过错，他们至少要认识到奥利地确实不值得信任。

法兰西帝国之星再次升腾闪耀。拿破仑率3万人成功袭击了一支人数两倍于己的敌军。奥斯特里茨的一幕再次上演，军乐声声，长长的战俘队伍被押解经过旺多姆圆柱，巴黎人兴奋地围观。当皇帝身着华丽蓝衣的副官跳上装饰奢侈的马匹，宣布不可征服的陛下的命令时，军队也像以前一样爆发出欢呼。因为施瓦岑贝格没有将麾下的强大骑兵队伍分拨一些给西里西亚军，所以就连法军中最弱小的骑兵部队，都可以再次讨论胜利的可能。军队和人民中的自信心奇迹般上升。精疲力竭的民众最初带着震惊和警惕看着这些高个子、金发碧眼的外国人进入法国；他们甚至还表流露出喜悦之情，因为他们认为这些外国人可能会废除帝国的苛捐杂税。但是法国人的爱国主义骄傲最终还是超过了党派间的仇

544

恨。入侵者找不到可靠的向导和间谍；骑兵们要当心法国铁匠钉马掌时会故意弄瘸他们的战马；妇女们表现得十分倨傲冷漠，一点也不和蔼可亲。随着战争继续，农民们也变得自信；第一场胜利的消息传来后，他们纷纷响应皇帝的号召，所有法国成年男子参军，处处团结一致对付外国人。但是这些小摩擦仅仅发生在荒郊野村。没有人比拿破仑更清楚，他的中央集权化官僚国家已经无法酝酿大范围的群众起义。他经常说"在法国，人民起义就是妄想，因为大革命已经消灭了贵族和教会，而我又消灭了大革命"。但是，同民众之间的摩擦依然让占领者大伤脑筋，双方都因永不休止的敌对而变得野蛮。

　　接下来的时间里，法国人展现出了民族性格中对外族的刻骨仇恨，尤其仇视普鲁士人，但是他们在以往无比自信的岁月中根本不了解这些外族。拿破仑已经习惯了不在信件中提及普鲁士；马雷曾在 1813 年 9 月秘密向战争部部长克拉克（Clarke）承认，那个备受轻视的弹丸之国让法国遭受了最严重的打击；骄傲如拿破仑，根本不可能承认这一说法。但是他和他的人民都清楚，普鲁士才是他们最可怕的对手。巴黎人玩笑般说普鲁士"一些人是乡巴佬，另一些是野狗"，还有更恶毒的说法，"普鲁士人都是狗"。俄、英、奥的胜利都被视为不幸，而普鲁士的胜利则被视为完全无法忍受的不义之举。这些情感不可避免地对普鲁士军队的情绪产生影响。在过去的岁月中，德意志军人尽管痛苦但仍不失温良谦和，如今这种品质也丧失殆尽。由于施瓦岑贝格的懈怠，战事延长，士气受到极大损伤；后备军的风纪更是一落千丈。村庄荒无人烟，偷窃惯犯俄国人又没有给普鲁士战友留下任何东西，因而抢劫变成了家常便饭。约克深受触动，马上谴责手下违反纪律，并给他们看勋章之星上的格言"各应得其所有，各宜得其所应得"。拿破仑四处散播谣言，说这些外国妖物的罪恶滔天；轻蔑地看待不断野蛮化的战争，声称这样反而更好，因为农民都将拿起武器。普鲁士军人在过去几周内最恶劣的行为，也远远比不上法国人在德意志犯下的罪行；拿破仑的元帅们比手下人更劣迹斑斑，而普鲁士军官则努力控制普通士兵的野蛮行为。不少德意志将领都两手空空地从富庶的法国返回。

545

换句话说,法国重获好运之时,古老的民族仇恨也再次觉醒,和平观念一去不返。拿破仑合理地认为自己皇位得保,国内也没有什么可以威胁到他。除了南部和西部的少数保皇派地区,波旁王朝的名字已经彻底被抹去了。法兰西已经是一个现代民族了,人们遗忘了攻占巴士底狱之前的一切古老记忆。如果说对于老皇室还有什么看法的话,那就是农民对什一税和各种间接税的愤怒回忆。人们将贝纳多特视为卑鄙的叛徒,除他之外谁能接手拿破仑的遗产呢? 如果拿破仑继续追击已经败退的西里西亚军,那么毫无疑问,这支大军将撤退到莱茵河,法兰西帝国也将因此获得辉煌和平。但是就如同施瓦岑贝格因胆怯而不敢摘取胜利果实一样,拿破仑也因自大而丧失了机会。他愉快地宣布:“西里西亚军队已经不再存在”;他觉得自己更加接近慕尼黑而非巴黎,并期待不久以后可以重获维斯图拉河。拿破仑还是没有理解布吕歇尔军队的抵抗精神。他并没有继续追击直至歼灭西里西亚军队,反而突然向南朝塞纳河进发,击败了若干孤立军团,迫使位于蒙特罗(Montereau)的符腾堡王储撤离塞纳河河谷的陡峭山坡,受到惊吓的施瓦岑贝格率领大军向塞纳河上游撤退,并急令布吕歇尔前来救援。

546 布吕歇尔和他卓越的战友们在这些磨难中表现得无比伟大。他们坦白承认过去的错误,决定再次力挽狂澜;施瓦岑贝格率大军穿越塞纳河的行为,直接造成了拿破仑进攻西里西亚军队;后来甚至当联军主力已经听到炮声在尚波贝尔和蒙米拉伊轰鸣两天,施瓦岑贝格仍然拒绝援助。即便如此,布吕歇尔仍然希望忘记这些事,他们只想胜利。艾托基战役四天以后,这支队伍终于恢复秩序,渴望一雪前耻。西里西亚军现在紧急向南行进,2 月 21 日抵达了塞纳河旁的梅里(Méry),布吕歇尔终于同大军会师。战士们满怀信心地期待莱比锡战役的胜利重现,他们将一击制敌。联军的人数几乎是法军的 3 倍:15 万对 6 万。

与此同时,外交官们正在沙蒂永和平谈判。只有大国派出了代表,因为随着世界帝国的衰落,腓特烈曾为国际社会建立的贵族体制迅速复兴。欧洲五寡头的局势变得日益明显;第二和第三等级的国家变得比以往更不重要,而哈登贝格感到骄傲的,正是他增强了祖国在列强中的实力。联盟想要恢复 1792 年的边界,在此基础上略作调整,同时提出条件:联盟各国应该独立决定如何分配拿破仑及其盟友交出的领地,不容拿破仑置喙。普俄完全坚持这一原则;这对于法国相当严厉屈辱,不过是为了羞辱战败国,而这正是德英的大众舆论所需要的。哈登贝格甚至不想让法国在和约缔结后参加确定新欧洲关系的全体大会。他毫不怀疑法国对于劲敌的仇恨,并且预见到一旦法国同以前的盟友勾结,将会在全体大会上产生极其危险和迷惑人的影响。但是梅特涅拒绝如此羞辱敌人,在激烈反对之后,他仅仅接受了最低限度的条件,即战利品的瓜分只能在联盟各国之中进行。一开始,当拉罗蒂埃的警报持续响起时,科兰古扮演着和事佬的角色。2 月 12 日,在特鲁瓦(Troyes)的总部,哈登贝格、梅特涅和卡斯尔雷宣布,如果拿破仑接受这些和平条件,那么将马上休战;只有俄国要求直捣巴黎。

沙蒂永大会一开始,英国就利用盟友对资金的需要,巧妙落实自己的商业政策。如果说拿破仑的统治有什么正义之处的话,那就是他一直在争取公海自由航行权力。只要有一个国家在大海上恣意妄为,只要海洋战争仍然是一种具有特权性质的掠夺行为,是人性的耻辱,那么这个疲惫世界所期待的势力均衡,就无法得到保障。普俄自从结成武装中立同盟,就始终坚持不压制中立贸易活动的人性化海权原则;这是腓特烈二世和叶卡捷琳娜女皇的理想,现在普俄希望整个欧洲都能予以承认。但是英国却认为这将威胁其权力基础。卡思卡特勋爵直言不讳地说,如果英国承认所谓武装中立原则,那么法国贸易将不会遭到毁灭,拿破仑将依然统治世界;在海洋问题上,除了"国际法"的普遍法则,大不列颠不会承认任何其他法律。事到如今,大陆三国不仅面临着其他更艰巨的问题,而且都需要资金援助战争。英国,这个富庶的盟友准备提供超过 500 万英镑的额外资助。结果,2 月 5 日会议一开始,英国就提出不讨论有关海洋法的问题。科兰古没有任何异议,因为他还有更重要的问题要处理。因此,历经沙蒂永、巴黎和维也纳和平谈判,现代国际法中最混乱肮脏的问题仍然悬而未决。对于伟大英国的热爱,蒙蔽了欧洲舆论,他们竟然认为在这一问题上英国无可指摘。

547

503

十九世纪德国史(第一卷):帝国的覆灭

一旦万事就绪,卡斯尔雷勋爵马上力图实现英国政治的另一个重要目标,确保充分完善尼德兰领土。虽然人们决定在和约缔结后再讨论所有赔偿问题,但并没有人反对英国的要求,因为谁都不想跟这个强大富庶的国家结仇,而且所有国家也同意建立尼德兰联合王国是欧洲局势的必然。2月15日,在特鲁瓦总部,一项提议被付诸实施:老荷兰共和国将被安置在奥兰治家族的世袭领地上,并且吞并比利时、部分德意志莱茵地区、科隆和亚琛。哈登贝格也基本同意这个提议,只是为德意志西北边界附加了一个条款,他并不想让丹麦过分深入纯粹德意志领土。①

548 　　同时,有关布吕歇尔遭遇的第一份报告也抵达了总参谋部。一些尖酸刻薄的言论随之而起:应该惩罚这一小撮狂妄自大的西里西亚军队,他们凭什么认为自己比杜卡和朗根奥更加英明神武?然而,布吕歇尔事件引发的警觉比这些讽刺更加危险。忧心忡忡的梅特涅要求迅速结束这场不幸的战争,事实上,奥地利甚至威胁撤出联盟。② 拿破仑的固执也与日俱增。第一场胜利之后,他马上撤回了科兰古的权力,并且禁止这位大使答应联盟提出的任何条件。他说:"我不习惯和囚徒达成协议。"联盟似乎面临解体。沙皇的自大和屈尊俯就助长了奥地利的骄傲。当哈登贝格听闻俄国人正在但泽建立势力,而且几乎不允许普鲁士战友进入此地,他也开始变得忧虑。只有一场大捷才能缓解当前浓重的火药味。但是,即便施瓦岑贝格再次同布吕歇尔会师之后,他也不愿意利用自己的优势兵力,反而马上放弃了决一死战的想法,马上下令撤到朗格勒高原,这无疑是梅特涅的紧急指示。两派之间的不和变得比以往更加激烈。威廉三世光明正大地当着施瓦岑贝格的面,指出了眼下的严峻局势,沙皇也强烈谴责阿伯丁和卡斯尔雷。

　　救星终于从西里西亚英雄们之中出现了。格罗尔曼上校对陆军元帅说,只要他们绑在奥地利战争会议上,就永远无法达成目标。如果西里西亚军队从联军主力脱离,再次向北朝马恩河进军,

---

① 哈登贝格日记,1814年2月15日;卡斯尔雷关于尼德兰问题备忘录,1815年1月25日。——原注

② 哈登贝格日记,1814年2月14日。——原注

加入正从比利时出发的比洛和文森格罗德（Wintzingerode）军团，然后共同挺近巴黎，又会怎样呢？这个计划如此简单、有力、大胆，就好像是沙恩霍斯特通过他学生之口说出来的一样。布吕歇尔愉快地接受了这个建议，马上写信给威廉三世和沙皇，请求他们的批准。2月25日，在巴尔河（Bar）召开的战争大会上，经过激烈的争论，布吕歇尔的建议终于被接受。于是从去年夏天就已经存在的特殊事态，终于得到了官方认可：西里西亚军队担任主攻，联军主力则持观望态度。威廉三世给他的陆军元帅写信道："从此以后，成败便系于大帅之手。"

　　布吕歇尔没有等到君主们同意，便兴奋地踏上了第二次向巴黎进军的征途，而在总参谋部里，古老的游戏还在日复一日地上演。哈登贝格抱怨道："我们的痛苦和奥地利的怀疑都已经达到了顶峰。"[①]拿破仑通过密信持续不断地对奥地利施加影响，弗兰茨皇帝热情地参与了这些违反协议的单独谈判，他的热情令人不安。贝尔蒂尔质问联军元帅："您仍然希望牺牲最优秀的士兵，去满足俄国险恶的复仇心理和英国的自私自利吗？"沙皇的可怕力量让维也纳日益感到压力。根茨在写给卡拉贾的信中指出，眼下的主要任务是确保东欧势力均衡，而且签订让法国占有莱茵河左岸的和约，无论如何比推翻他要安全一些。但是如果西里西亚军取得了胜利，那么除了废黜皇帝的女婿，还有别的可能吗？沙蒂永大会非常清楚地表明，绝不可能同拿破仑达成体面的和平协议。普鲁士军人呼喊着"打到拿破仑！"此时，拿破仑幸运的继承者已经出现在了历史舞台上：阿图瓦伯爵（Artois）[②]跟在联军后面来到法国，并且发现施泰因是他最热心的支持者。这位德意志政治家当然明白，复辟一个古老的统治家族要冒多么大的风险。沙皇厌恶波旁家族的执拗傲慢，普王对他们也无好感，联盟国家中只有英国摄政王表示将无条件地支持波旁王室的神圣权利，并且对旧王朝表现出高度热情。尽管如此，波旁王朝还是赢得了普遍支持，因为没人能推

①　哈登贝格日记，1814年2月27日。——原注
②　阿图瓦伯爵（Charles Philippe，1757—1836），即后来的查理十世（1824—1830）。——译注

荐其他拿破仑的继承者。

奥地利愈发不敢作声。不幸的是已经无法阻挡布吕歇尔的前进，因此必须确保施瓦岑贝格不敢作出任何决定。他的军队已经被不停的撤退和无目的的行军搞得无比疲惫。联合大军早在 12 月下半月就进入了法国，而直到两个多月后还未有一场战事。咫尺之遥的巴黎似乎就像幻象一样，这群挫败之人对其视而不见。拿破仑志得意满地对卫兵说："看看他们多怕我。"2 月 27 日，乌迪诺的小军队出现在巴尔河，登上了奥布河高地，施瓦岑贝格又一次回避交战，并撤离巴尔河，于是敌军便遍布城市以及奥布河谷。威廉三世终于失去了耐心，他克服了自己的胆怯，就像在库尔姆战役中一样，展现出了优秀的军事判断力。他迫使施瓦岑贝格下令出击。士兵们接到这个振奋人心的消息时，爆发出了阵阵欢呼。尽管奥地利发动进攻的时机太晚，而且只出动了一部分军队，不过还是赢得了一场胜利。这也是普鲁士王室的好日子，因为威廉三世的次子，威廉亲王首次陪伴父王走上战场。军官们神色满意地看着年方十七的阳光少年，无视猛烈的炮火，忠诚地履行副官之职，并且跟着著名的俄国卡卢加（Kaluga）军团强占了马勒潘高地（Malepin）。他们觉得威廉亲王很可能成为第二个海因里希亲王。不过将这个年轻英勇的年轻人同热爱艺术、没有军人气质、颇具才干的王储进行对比，是十分失礼的行为。

尽管总参谋部根据惯例不会趁胜追击，但是这场胜利还是在某种程度上恢复了联盟的士气。就像库尔姆战役后签订了《特普利兹条约》，巴尔河战役后也签订了《肖蒙条约》（Chaumont）。3 月 1 日，反法联盟已经再次正式成立了 20 年。西班牙、意大利、瑞士和版图扩大的尼德兰，都根据和约获得了完全独立；德意志主权国家"也结成了联邦同盟，共同守护和担保德意志的独立"。

此时，布吕歇尔已经抵达马恩河谷；拿破仑意识到巴黎陷入危险，于是马上尾随而来，西里西亚军队不得已迅速向北撤退，并且在苏瓦松（Soissons）同比洛会师。荷兰征服者的军队全副武装、粮草充足，在弗兰德舒适过冬，可拿破仑却无比惊讶地看到约克的小军队，那些肮脏饥饿、几乎被人遗忘的士兵出现在自己身边。将领们无意间想起曹恩道夫（Zorndorf）战役前几天，腓特烈大帝将自己

550

"精力旺盛的清沟工"和多纳的新军合并。未来前景广阔！普鲁士 551
军队已经仁至义尽且损失惨重，北方最优秀的青年都战死沙场。
就连格奈泽瑙召集人数稀少的队伍时，有时也会丧失一贯的乐观，
哀伤地问，这个财力枯竭、兵力弱小的国家，要如何挺过激烈的分
赃斗争？然而时机已经迫近。尽管拿破仑在克拉奥讷（Craonne）遭
受巨大损失，但他也迫使俄国人撤退；3 月 9 日清晨，浓雾弥漫，拿
破仑率军穿越莱特（Lette）的沼泽湿地，进攻岩石要塞拉昂（Laon），
那里是布吕歇尔军队的主要后备支援地点。这并不是决战。到了
晚上，约克和克莱斯特扑向敌军右翼的马尔蒙军团，并且在阿蒂斯
（Athis）爆发了一场激烈夜战，普鲁士人在经历了这么多灾难之后，
终于体会到了胜利的喜悦。首先，威廉亲王带领着东普鲁士军营
迅速前进，伴着振奋人心的军乐，摧毁面前的一切，势如破竹地穿
过乡村；随后，立陶宛人佐尔带领的勃兰登堡轻骑兵、佩戴骷髅标
志的黑骑兵，突然出现在惊慌失措的敌人面前。整个敌军都被打
散了，45 门大炮落入胜利者手中。在这些天的艰苦斗争中，约克有
了一个朋友；他发现这个同他并肩作战的诺伦多夫人头脑清醒，目
标明确，约克心中就感到温暖。不久之后，这些霍伊里希们就惊讶
地彼此告知，老英雄约克已经按照古代条顿战士的习俗和亲如兄
弟的克莱斯特一醉方休了。10 日清晨，拿破仑的命数已定。法军
右翼被摧毁后，他已经不可能抵抗人数 3 倍于他的联军；此时恰如
莱比锡战役，只有一条退路——穿越莱特的沼泽湿地！900 年前，
这座古老的岩石巢穴曾是年轻的法王唯一的领地和最后的避难
所，如今它也目睹了拿破仑帝国的覆灭。

　　现在人们都很清楚，布吕歇尔的火眼金睛和指挥能力对于德意
志军队无比重要。但是这位陆军元帅却病倒了，数周艰辛耗尽了
他的体力和精力，当他离开指挥岗位，参谋部里马上纷争四起，乱
成一团。普鲁士军队的力量来自一种过度的粗糙和强大的性格品
质，但是这种品质现在已经变得危险。无论约克、克莱斯特还是比
洛，都不曾服从梦想家格奈泽瑙。古老的敌视再次爆发，约克甚至
威胁要离开军队。但是在这次内部纷争中，格奈泽瑙却比以往更 552
加审慎；因为在付出了这么大的牺牲后，他实在不想引发新一轮流
血冲突。正是格奈泽瑙对于祖国未来的焦虑，才让他犯下了指挥

官生涯中的严重错误。既然拿破仑已经注定陨落,那么可以进一步裁撤军队吗?取悦奥地利家族的唯一方式,莫过于在和约缔结后,不让普鲁士拥有军队。拉德茨基在法兰克福就表达了这一友好愿望。博延也特别强调这一政治考虑,并力图说服他热情的友人。命运之神再一次拯救了拿破仑,他现在可以无后顾之忧地撤退,并且马上灵活地调兵遣将再次同联军针锋相对。施瓦岑贝格在取得巴尔河胜利之后,并未继续向巴黎进军,或者从后方威胁拿破仑,而是再次向南撤退。他的军队散布远至桑斯(Sens),美丽的约讷河(Yonne)河谷,远远离开了通往胜利的道路。普鲁士军人咆哮着质问,用最短的路线达到目的是否真的违背了那位奥地利将领的天性。接下来,这位犹豫不决的指挥官将一股弱小的法国军队驱逐出塞纳河,再次向北行进一小段路抵达奥布河。这场悲惨的战争似乎永远没有落幕的一天。

随后,维也纳宫廷的政策突然转变。6周以前,西里西亚军队的惨遇干扰了外交谈判的进程,但是现在形势逆转,外交谈判的中断严重刺激战争指挥。自从2月17日起,联盟的全权大使们就在眼巴巴地等待法国回应他们的最后通牒;3月10日,弗兰茨皇帝还在给女婿的信中,徒劳地劝他不要那么固执。直到3月15日,科兰古才给予一份明确答复,基本表示拒绝;在所有国家中,奥地利似乎最无法接受这份答复;因为拿破仑最终同意割让莱茵兰并解散莱茵联邦,只希望保留贝格和萨克森的主权,并坚持认为他的继子应该继续持有意大利王冠。就这样,糊涂的拿破仑故意激怒了联盟中唯一一个确实为他着想的国家,格奈泽瑙说:"拿破仑一个人胜过整个外交军团。"梅特涅不得不承认,失道者寡助,法兰西帝国已走到毁灭的边缘。3月19日,联盟宣布大会闭幕,奥地利的政策转变马上更加鲜明地表现在总部中。施瓦岑贝格带着前所未有的决心,宣布准备3月20号在奥布河畔阿尔西(Arcis-sur-Aube)进攻拿破仑。不过像以往一样,这种愉快想法的实施往往很懈怠;只有弗雷德的军队参与了此次战役。但是无论如何,拿破仑损失惨重,不得不于次日放弃战场,而且最棒的是,联盟大军已经再次恢复了士气。

受挫的拿破仑根据对敌人性格的了解,决心冒险一战;他远远

553

迂回而来包围了获胜的敌军右翼，并向东压进圣迪济耶（St. Dizier），以占领联军后方。拿破仑就是希望施瓦岑贝格因为担忧他的撤退路线而迅速撤到莱茵河。这个大胆举措如果发生在几周以前，一定会取得成功。但是现在，包括奥地利在内的所有国家，都觉得必须结束这一场不合时宜的闹剧。就像格奈泽瑙后来给吕歇尔的信中所说："我们最后进入巴黎，并不是因为力量有多优越，只是因为我们别无选择，是命运将联军推上了这条路。"3 月 24 日，布吕歇尔的哥萨克骑兵截获了拿破仑的一封信，在松皮（Sommepuis）的沙皇从中得知了敌军的意图；于是托尔马上要求向巴黎进军——之前很长一段时间里，沙皇都认为这是不可能的。通向巴黎的大路畅通无阻。弱小的抵抗力量很容易被制服；文森格罗德率一支强大的骑兵在后面迷惑拿破仑，让他看不清联军的行动。沙皇同意了，他也渴望一雪莫斯科之仇。同一天，威廉三世和施瓦岑贝格在维特里（Vitry）的战争会议上也表示赞同。

布吕歇尔收到决战命令时，他长舒了一口气，高声宣布："我们再不是孤军奋战了！"联盟在维特里发表宣言，要求法国自觉结束这个具有破坏性的帝国体系；只有如此方能保证欧洲和平。最后的桥梁被摧毁，甚至弗兰茨皇帝也放弃了自己的女婿；他仍然留在勃艮第，以避免亲自参与废黜拿破仑。3 月 25 日，西里西亚军和主力军同时在费尔尚普努瓦斯（La Fère Champenoise）赶跑了帕克托的军队，大军向西进发，穿过凶险的 2 月战场，再次走过那些被鲜血浸染的土地。法军尽管损失惨重，将领们还是拒不投降，最终演变为一场血腥屠杀。威廉三世和威廉亲王颤抖着目睹炮弹呼啸着在密集人群中撕开裂口，骑兵随后上前砍杀。最后，4000 人投降，5000 人战死沙场。这是一出不折不扣的歼灭战，人们经常在夸张的报告中描述，却很少真正经历；每当这一天被谈及，经历过的军官无不面如死灰。

直到此时，士气低落的联盟大军终于获得了胜利信心。就连克劳塞维茨也无法在去年春季战役惨败后，向联军证明事态的这一必然发展。有头脑的军官都知道，战争指挥上的过分懈怠，给德意志和俄国造成了大量不必要的损失；总参谋部被粉饰美化的官方报告，让军队觉得恶心。不过当胜利的曙光开始展现，人们都停止

554

509

了诅咒和仇视。有那么几天，拿破仑还幻想联军正跟着他向东行进；当他终于意识到自己的错误时，便迅速班师回朝，但也不可能及时赶到受威胁的首都，他的命运已经无法逆转。

现在站在联军面前的，只有马尔蒙和莫尔捷（Mortier）的疲惫军队。施瓦岑贝格的缓慢行军让他们有时间抵达巴黎。虽然玛丽·露易丝和罗马王已经逃到卢瓦尔，这两位元帅还是决定在首都城下同敌人决一死战。他们召集国民兵，以 3.4 万人占领了市区周围的乡村和陡峭高地，从北部和东部拱卫塞纳河右岸的市区。马尔蒙带领右翼远至宛赛纳森林（Bois de Vincennes），靠近塞纳河和马恩河交汇处；莫尔捷驻守乌尔克运河（Ourcq Canal）的另一边，他的最左翼延伸到了蒙马特尔高地（Montmartre）。尽管法军占领着优势地位，但是同 10 万联军的厮杀起初也没有占到便宜；但总参谋部永远不会在正确的时间地点发起行动，于是这场战争进行得异常残酷。3 月 30 日清晨，欧根亲王率俄军攻打法军中路，占领了庞坦村（Pantin），并努力占领罗曼维尔高原（Romainville），但是被击退了，他艰难推进，直到最后俄军与不幸滞留很远的普鲁士卫队前来支援。阿尔文斯莱本上校（Alvensleben）命令普鲁士卫队攻占庞坦的炮兵连，同时俄军武力强占拉雪兹神父公墓（Père Lachaise）。过了很久，对法军右翼的战争才打响。符腾堡王储在宛赛纳森林声名大振，他坚守阵地并且在下午将队伍推进到河边。在中午之前，西里西亚军队便加入了同敌军左翼的战斗。谁都不能阻止布吕歇尔带病参战。他戴着女式帽子和面纱隐藏自己燃烧的目光，加入这场混战，看着训练有素的西里西亚士兵像在默肯战役中一样，冒着猛烈的炮火冲锋陷阵。到了下午，联军全线获胜；年轻的威廉亲王已经到达巴黎的防御工事；克莱斯特的军队也用刺刀强占了蒙马特尔高地以及 5 个风车磨坊；在法军左翼，朗热隆率俄军沿蒙马特尔采石场的陡峭斜坡向上攀岩，抵达了顶端以梯形排列的炮兵阵营，副官竖起白旗，这场战役便结束了。巴黎投降。

将领们默默站在高地的风车旁，注视着这座被征服的城市，巴黎圣母院的方形塔和万神庙的穹顶在暮光中闪耀。比洛上校也带着他的立陶宛士兵登上高地，他履行了自己在提尔西特许下的诺言：让战士们看到敌人的首都。九个半世纪以前，奥托二世将自己的鹰旗升起在这块高地，武士们高喊"哈利路亚"，巴黎在怒吼中战栗；尽管后来英国人、西班牙人和一些德意志雇佣骑兵也曾逼近法国权力心脏，但是从未有一支德意志军队踏入巴黎。由于邻邦的强权和傲慢，德意志已经遭受了严重伤害，大选帝侯就曾说过，只有一场巴黎战役才能保证欧洲各国的自由，恢复永久势力均衡。如今，新罗马帝国已经被征服，充满无穷和平幸福的民族生活画卷，在这个疲于战争的世界欣喜的注视下缓缓展开。第二天，沙皇、威廉三世和施瓦岑贝格穿过纪念德意志战胜路易十四的圣马丁门，骑马进入联军司令部，德意志人相信，两个世纪的错误已经得到了弥补；然后这支队伍在群众的欢呼声中，沿着漂亮的林荫大道前往路易十五的宫殿，那里的断头台上血迹斑斑，随后他们前往香榭丽舍大街。谁能想象，两代人以后，普鲁士的旗帜将以相同的路线旧地重游？在那一天，没人比两位德意志大将更幸福，他们光荣地履行了曾在莱比锡市场花园许下的诺言。格奈泽瑙写道："爱国者所梦想的、自我主义者所不屑的，现在都变成了现实"；施泰因就相当直接地说："终于推翻了那家伙。"

556

第三节 和平 返乡

556

巴黎是法国不稳定因素的古老温床，那里比外省更早、更鲜明地呈现出对帝国的怒意。沉睡已久的批判和反抗欲望再次活跃起来；人们在立法机构中大声发表反对意见；大革命早期的宪政理念又复活了；天才的法兰西民族已经发现，包围政治生活的平静，其实是一种反常的压抑。拿破仑凭借对于民族性格的出色了解，建立了新法国的政府形式，在稳固的基础上建立起了中央集权制的官僚国家。但是这一宏大结构的顶峰并不稳定。一旦幸运女神抛弃了统治者，他必将了解到自己终究只是人们的选择，要亲身对这百万民众负责；仅仅利用个人野心实施的统治，不可能获得忠诚。早在2月，当法军带领香槟战场的战俘走过巴黎街道时，人们便不再像以前一样发出胜利的欢呼，反而报以悲伤和怜悯。3月战败后，巴黎的情绪彻底转变了；这种转变非常彻底、全面、无法抵抗，而且很早以前也发生过：当亨利四世同老教廷缔结和约时，当天主教巴黎人狂热进攻他们厌恶的异教徒时。

法兰西民族的直觉很准：现在只能复辟旧王朝。改革派和帝国人士积极为那被遗忘和轻视的波旁王朝奔走呼号，保皇党的声音反而没有这么热烈。联盟进入巴黎的时候，他们震惊地看见，民众正奋力从旺多姆柱上铲除拿破仑的辉煌形象，国民军也纷纷将人人羡慕的荣誉军团勋章系在马尾巴上，许多人在帽子上系上了白色的帽结。人们诅咒暴君，欢迎解放者。在旧时欧洲军队中，白色臂章是一种彼此识别的记号，而自负的法国人却认为这也代表对法国国王的尊重；对他们来说，联盟就像保皇党十字军，以法兰西民族之名审判暴君。普王驾临大剧院的时候，人们用歌声欢迎他："威廉三世万岁！英勇普军万岁！普鲁士救万民于水火！"就像斯塔尔夫人所描述的那样，老实人威廉三世彻底震惊了，因为这些人居然如此兴高采烈地愿意被征服。普军因为看到如此不忠的行为而更加厌恶法国。北德人无比轻蔑地说，法兰西民族最是狼心狗肺。他们并没有看见，法兰西民族善变的性格中，隐藏着某种不可摧毁、极具弹性的强大力量。德法两个民族没能建立起相互尊重的和平关系，是双方的不幸。这一代普鲁士政治家和将领们依然坚信，要同法国进行最后的清算，格奈泽瑙和施泰因直到临终都坚持这个看法。

占领者也享受着巴黎的奢侈生活。占领没有给巴黎市民带来丝毫不适，因为联盟看到他们如此恭顺，就命令军队驻扎在露天广场上；占领反而给巴黎带来了发轻松财的机会。许多富裕的英国家庭急忙迁往塞纳河，以长期享受这座城市的快乐生活；财富像河水一样涌来。巴黎大皇宫走廊的酒馆、林荫大道上的赌场生意兴隆，还接待了一位贵客——普鲁士陆军元帅。既然战争已经胜利结束，布吕歇尔也就重拾爱好。每天晚上，他都玩数小时纸牌，冷静下注，在牌桌上就像在战场上一样镇定好运。法国人尽管已经习惯了征兵的无礼粗俗，但还是看不惯普鲁士军队的做派。当普鲁士志愿军像王储一样兴奋地参观卢浮宫的艺术珍宝时，法国人不由地摇了摇头。对于这些德意志青年来说，牟利罗和拉斐尔的作品都不如梅姆灵（Memling）《末日审判》（Weltgericht）有吸引力，这幅描绘着严肃天使长的但泽名画,是拿破仑从玛利亚教堂偷来的;德意志青年涌入这里时,似乎就是在这些法国艺术珍品中间,他们才第一次真正领会了故乡的品质。而巴黎人则按照自己的方式,在吟诗作对和讽刺画中,排遣他们隐秘的、永远无法释怀的羞耻感。

他们所有的好感都给了沙皇。这位幸运的占领者沉湎在阿谀奉承之中,施泰因的影响力也日益下降。沙皇住在塔列朗的宅邸,老谋深算的主人不断赞美沙皇是"世纪第一人,一己之力解放了欧洲"。官员、学者,尤其是女士们,争先恐后地向这位温文尔雅的"和平天使"目送秋波。一个女性精神病院的女院长告诉沙皇,自从他到来以后,不少年轻女性都因为单相思而备受精神折磨,这极大地满足了沙皇的虚荣心。沙皇再次自诩为民族自由的保护人,幻想自己的慷慨将震惊世界,不过这也主要因为俄国并不能从法国获得直接利益。英国内阁对俄国满心嫉妒,因此希望通过精心体贴的行为,获得法国的友谊。奥地利长久以来就渴望不惜代价获得和平,于是也受到相似倾向的影响。结果,只有普鲁士孤军奋战,要求无情利用这场胜利。

联盟阵营内部这种分歧清楚地表现在同拿破仑的谈判上。3月25日,科兰古终于给梅特涅写信,用非常模糊的一般性字眼,表明自己已经获得了签署和约的权力。但是这封信太迟了,决战已经打响。联军进入巴黎以后,马上宣布不再同拿破仑签署协议,并要求议会组建临时政府。塔列朗为政府行为提出了一个简单原则:"人民不需要为倾覆的国家殉葬",这个原则带着恶意侮辱支持废黜拿破仑。在这个新法国,数千的官员和荣誉军团的骑士们顺理成章地迅速忘却了誓言。塔列朗认为自己的时机到来,希望以幼年拿破仑二世的名义摄政,但是他很快发现胜利者们并不支持这个计划,于是马上转向波旁家族,并且同自己高贵的客人——沙皇,就复辟皇室达成共识。

拿破仑在首都陷落后抵达枫丹白露,很快就被将领们抛弃了;尽管他的生命已经失去了意义,却也没有勇气自杀,于是在4月11日签署退位状。哈登贝格建议诸位君主,应该把这个危险人物流放到尽可能遥远的地方,普鲁士内阁也在接下来的几个月中徒劳

558

559

地提议，圣赫勒拿岛是最适合的流放地点。弗兰茨皇帝尽管已经不假思索地将女儿从失败者身边带走，但是他反对彻底摧毁拿破仑；英国人则指望其地中海舰队的警觉。真正决定事态发展的，是沙皇决定显示他的高贵。结果，他作出了一个难以置信的愚蠢决定，将那个强大、野心勃勃的人送到了厄尔巴岛。在那里，他平静地生活在易激动的法兰西和意大利民族之间，他同这两个民族都很亲近——这个巨人曾对奥热罗（Augereau）说："亚洲还需要一个统治者！"拿破仑被保留了身份尊严和一个君主的权利，因此也包括宣战权，他想象自己的生涯已经走到了终点，尤其当他途径法国南部的保皇党地区时，费尽周折才逃脱暴民的袭击。

沙皇现在有了新的自由原则，希望以法兰西民族的决议召回波旁家族，同时让其保证建立宪法。可是王位继承人及其弟阿图瓦伯爵都各怀鬼胎，后者也同时以"亲王"、"法兰西王子"的姿态驾临巴黎。波旁家族内部一直在怀疑，由于被称作路易十七的孩子去世，卡佩家族的王冠是否会在上帝的旨意下传给路易十八？路易并没有忘记沙皇曾将他驱逐出米陶（Mitau），于是努力向俄国之敌英国示好；他感到同摄政王以及高调保守党人十分合拍，他们都坚定支持法国皇室的神圣权利；路易还认为英国是家族复辟的大恩人。他乘一艘英国战舰离开英格兰，像一个合法君主进入法国，在行程中不顾沙皇劝阻，高调宣布自己的目标就是依靠王权，给他忠诚的臣民颁布宪章。3 月 3 日，路易抵达巴黎。这个肥胖且患有痛风的老人乘马车进入首都，同车的还有更年迈的孔代公爵和波旁公爵，其中一个包裹得严严实实，普鲁士军官打量着他们，心想这些老糊涂居然就是拿破仑的继承者。杜伊勒里宫前的阅兵同拿破仑过去盛大的胜利庆典构成了强烈对比；阳台上，老绅士在坐在扶手椅里，军队在下面恭顺地高喊"国王万岁！"最后，国王大方地点点头，宽慰地叹了一口气，然后说："我很高兴。"波旁家族认为王冠已经到手，于是带着天真的傲慢对待联盟君主，路易认为自己是基督教世界最杰出的君主，要求在自己的城堡里居于其他三位君主之前，可他所有的一切都拜他们所赐。

另一方面，胜利者们也认识到，这个从坟墓中复活的政权面临重大危机。他们越来越忧虑地看到，无论是转投保皇党门下的拿

560

破仑将领们卑躬屈膝的行为,还是贝里公爵扮演士兵的游戏,都不能消灭军队中的拿破仑主义情绪;他们也看到那些被免职的官员有多么愤怒,回国的流亡者和大众之间的鸿沟是多么难以弥合。从这个新政权上台的第一天,联盟就不相信它能长治久安。但是面对这些不详的信号,他们并没有得出结论:必须加强法国邻邦,以全面抵抗这个难以预料的国家。俄、英、奥的政治家们却认为要通过温和和平条件,缓和摆在老皇室面前的棘手问题。

同时,在德意志,阿恩特在小册子里发表的关于莱茵河的言论获得了诸多回应。积极的帝国爱国者加格恩写了一本特殊的小书《更正共同政治理念》(*Zur Berichtigung einiger politischen Ideen*),提出应该收复阿尔萨斯和洛林:这样一来,奥地利可以重获帝国皇冠;"普鲁士也能公正地获得稳定统治所不可缺少的空间,还能获得一种尊重,无它我们的未来将黯淡无光。"赫尔曼·托伊托尔德(Herman Teuthold)也写了一份《告民族书》(*Appell an die Nation*),表达了统一莱茵河左岸,建立勃艮第王国的愿望。《莱茵之星》和《德意志报》也表达了相似的观念。阿恩特、格雷斯及其友人都认同哈登贝格的观念,即奥地利必须守住在阿尔萨斯的边界,而普鲁士则防守摩泽尔河地区。当时有一首流行歌曲这样唱道:"上有奥地利卫兵,下有普鲁士英雄,莱茵河上,莱茵河上,我们的边疆固若金汤。"但是这一年中,并没有任何普遍和热切的愿望,要将德意志边界扩展到孚日山脉。然而还是有很多人同 1814 年一位文雅的诗人有同样的感觉:攻占如此辽远已经足够,我们是占领者而非复仇者。这场从涅曼河到塞纳河的辉煌胜利,已经超出了人们最大胆的幻想。很多人都表示,只要能恢复西北部的旧边界并惩处暴君,就已经很满意了。人们都希望那个科西嘉人死掉,报纸上也长篇大论地讨论哈摩狄阿斯和阿利斯托斋吞①。

事到如今,已经不可能再提出更加严苛的和平条件。沙皇一进

561

---

① 公元前 514 年,发生了哈摩狄阿斯(Harmodius)和阿利斯托斋吞(Aristogiton)刺死庇色斯特拉托次子希帕库斯(Hipparchus)的事件。这次刺死案件出于私仇,但是后来雅典人把这两个首先起来打倒僭主政体的人尊为英雄和早期民主制的代表。——译注

入巴黎,就宣布联盟希望复辟古老法兰西王国及其传统边界。这种保证被反复提出,很难置之不理,也不可能对友好的波旁家族施加比对拿破仑更严苛的条件。因此,普鲁士外交官们就不敢正式索取阿尔萨斯和洛林,尽管哈登贝格希望如此;普鲁士将领们也忧心忡忡地表示,如果一大块法国领土楔入从兰道到欣宁根(Hüningen)的丘陵地带,那么南德将岌岌可危。哈登贝格和施泰因都认为,能收回斯特拉斯堡和兰道就很好了,而且获得这些地区并不违背联盟之前的承诺。解放战争爆发伊始,尽管大部分阿尔萨斯由法国管辖,但整整四分之一地区仍然是德意志领地,其中包括 245 个乡以及 25.2 万居民。如果德意志放弃这块古老领地,放弃重新获得的美丽领土——萨尔韦登(Saarwerden)、吕策尔施泰因(Lützelstein)、拉波尔特施泰因(Rappoltstein)、默姆佩尔加德(Mömpelgard)、达格斯堡(Dagsburg)和哈瑙-利希滕贝格(Hanau-Lichtenberg),他们就能相当合理地要求获得斯特拉斯堡和兰道这两个上莱茵河要塞。然而,三个联盟国家一致反对普鲁士的这一合理要求。塔列朗巧舌如簧地保证,避免未来战争的唯一方法,就是尽量避免侮辱伟大和强盛的法兰西民族,沙皇、梅特涅和卡斯尔雷很快就听取了这些意见。

4 月 23 日,联盟就已经同法国签订了临时条约,规定法国官员立刻接手法国在 1792 年 1 月 1 日拥有的地区的行政工作;也规定只要法军从德意要塞撤出,联军就马上撤退。施泰因让哈登贝格注意到,这份条约绝不会让整个阿尔萨斯-洛林和勃艮第落入法国政府之手,因为古老的德意志领地散布其间;施泰因作为中央行政的首脑,马上下令,在摩泽尔河地区,1793 年就已占领的区域并不转交法国。[①] 但是普鲁士及其盟友,并不接受对该条约这种冠冕堂皇的解释。在这个风云变幻的时期,人们已经忘了,阿尔萨斯的四分之一仍然属于德意志,也正是从这里点燃了大革命战争之火。法国人始终坚称,两个世纪以来,上莱茵河地区一直属于法国,而外交界也普遍认同这种说法。无论如何,谁都不愿意追究这些艰巨的历史问题,于是决定将整个阿尔萨斯和整个摩泽尔河地区,马

562

---

① 施泰因写给哈登贝格的信,1814 年 3 月 11 日。——原注

上转交给法国官员。如此一来,和平会议召开以前,和约的基调就已经被确定了。联盟无视普鲁士的反对,已经同意以 1792 年 1 月 1 日的边界为准,但是个别需要修改的地方则要以占领者的利益为准。在法兰克福许下的诺言,即法国将比以往君主治下更为强大,现在被兑现了。

5 月 9 日,关于和平条约的谈判才正式开始,而此时在法国已经成立了被承认的国家政府。[①] 全权大使们在塔列朗的宅邸碰头。梅特涅、施塔迪翁、哈登贝格、洪堡、涅谢尔罗迭、拉祖莫夫斯基(Rassumoffsky)、卡斯尔雷、斯图尔特、阿伯丁和卡思卡特代表联盟。塔列朗已经被任命为外交部长,拉福雷(Laforest)直到 1806 年都在柏林代表拿破仑的利益,现在他们代表法王参加谈判。塔列朗一贯鲁莽,讶异地表示,人们竟然将无瑕的法国王室纹章同不虔诚的大革命三色旗相提并论,还可怜地反复重申,拿破仑曾经常提及:其他所有大国都进行了无节制的领土扩张;法国恢复 1792 年边界会严重延缓欧洲均势形成。这个聪明的法国人其实很清楚,所有大事都已经尘埃落定;在目前的状况下,解除武装的法国只能指望联盟的体贴;于是塔列朗很快就将自己的目标限制在尽可能完善 1792 年边界。和平会议的开会次数不多,时间也很短暂,中间还穿插着不少舞会、宴会和各种享乐活动,就好像他们在讨论一些不太重要的事;结果即便是从当时的档案中,也找不到太多信息。由于俄、英、奥争相向法国表示好感,因此不可能再提出比原始条件更苛刻的条件;唯一的问题是,狡猾的塔列朗能再给法国旧领土增添多少新地。法国人仍然不时表现傲慢:在 5 月 11 日的国会上,法国元帅们要求重启战事,这让普鲁士将领担心了很多天,害怕巴黎会爆发巷战。[②] 但是这片阴云很快就消散了,因为头脑冷静的路易国王没有理睬这个疯狂提议。

多亏哈登贝格的坚持,沙蒂永协议才得以保留,即被割让省份的安置问题完全由联盟做主。但是塔列朗成功地将该协议隐藏在和平条约的秘密条款中;于是法国便对该条款一无所知,以他们的

563

① 梅特涅写给哈登贝格的信,1814 年 5 月 8 日。——原注
② 格奈泽瑙写给哈登贝格的信,1814 年 5 月 13 日。——原注

傲慢根本不可能接受该条款。在关于边界的细节问题上，普鲁士其他三个体贴盟友为塔列朗准备了一个又一个惊喜。不仅所有实际上被法国包围的领地：阿维尼翁、威纳新（Venaissin）、莫彼加德（Mömpelgard）和阿尔萨斯的帝国领地都留在了法国手中，更在旧领土之外获得了几个珍贵的前哨：萨伏依和一块比利时领土，以及默兹河上的要塞吉维（Givet）。塔列朗极其顽强地在每一块土地上讨价还价；幸好洪堡力争到底，才为德意志保住了凯撒斯劳滕（Kaiserslautern）。[1] 但是维森堡一线和兰道飞地之间的普法尔茨旧领地却落入了法国之手；萨尔布吕肯（Saarbrücken）连同其无价的煤田和拿骚王室在圣阿努阿尔修道院（St. Arnual）的古老墓地，一同归法国所有，以完善其在萨尔路易（Saarlouis）的领土。这座忠诚的德意志新教城市陷入绝望。他们曾一直坚信地方总督格鲁纳（Gruner）的保证：说德语的人就永远是德意志人。勇敢洛林人抱怨着他们的糟糕处境，不仅打动了施泰因，也必将在每个德意志人心中引发深深的哀痛；施泰因还为萨尔布吕肯说了句好话：至少允许他们的子孙服务于德意志国家。[2] 瑞士也被善待，当然又是德意志买单：似乎做多少都无法增强德意志边境上这个著名的缓冲国。瑞士联邦获得了巴塞尔主教辖区，梅特涅也宣布准备将前奥地利领地弗里克塔尔（Fricktal），以及莱茵费尔德（Rheinfelden）和劳芬堡（Laufenburg）转让给瑞士。

日复一日，普鲁士政治家们不断同盟友无尽的慷慨作斗争，最终洪堡向梅特涅和涅谢尔罗迭直言，不要得寸进尺，德意志不会再割让一寸土地。[3] 但是塔列朗对自己的成就很满意：法国凌虐整个欧洲的这场战争持续了四分之一世纪，它也获得了 100 平方英里的土地和超过 100 万的人口。

沙皇完全陶醉于自己的慷慨形象，打算不惜违背所有国际法惯例，也要让法国免于战争赔款；法国的富强皆是掠夺而来，可沙皇

---

[1] 洪堡写给哈登贝格的信，1814 年 5 月 17 日。——原注

[2] 主管市长劳克哈德（Laukhard）写给格鲁纳的请愿书，萨尔布吕肯，1814 年 6 月 7 日；施泰因写给哈登贝格的信，1814 年 6 月 15 日。——原注

[3] 洪堡写给哈登贝格的信，1814 年 5 月 20 日。——原注

却认为从这个富足帝国剥夺其部分肮脏战利品是可耻的行为。这个令人震惊的看法居然还得到了奥英的支持，普鲁士在激烈反对之后也只能妥协，并被迫不再追究提尔西特的巨大牺牲。似乎人们在有意增强法国的傲慢妄想：国际法并不适用于法国。此外，普鲁士还要求偿还之前预付给法国的款项。按照财政部长非常保守的计算：普鲁士为大集团军向俄国进军支付了 1.36 亿法郎；1808 到 1812 年间，法国违背协议向普鲁士强制征收 1070 万法郎；此外还欠萨克森王国和但泽市 2300 万法郎，而这两地已经成为了普鲁士领土——共计 1.698 亿法郎。这笔钱对普鲁士财政至关重要；这场不对等的战争已经耗尽了普鲁士的财力，以致于哈登贝格在这样的紧要关头被迫紧急请求卡斯尔雷立刻提供一笔 10 万英镑的贷款！普鲁士所有的钱都用来维持法国军队，因此要求偿还无可非议。哈登贝格更是认为这一要求无懈可击，因为去年春天，正是因为法国拒绝按照协议付款，才让普鲁士有了宣战的正当理由。因此，战争期间，哈登贝格并没有要求联盟作出任何保证以支持他的要求。

这次疏忽的后果严重，但不如哈登贝格可靠的政治家也很有可能犯下这个错误，因为谁能相信联盟竟然不支持一项如此正当的要求？和平大会开始之前，普鲁士首次提出了这项要求，那时并无人反对。后来在 5 月 17 日的会议上，洪堡要求法国方面明确表态。拉福雷回答道，法王完全禁止他讨论这个问题，并且是在同沙皇商谈后下达了禁止令。[①] 接下来，普鲁士全权大使就从梅特涅和安斯泰特处秘密得知，奥英两国都同意不向法国提出任何金钱要求——他们也确实没有债要从法国讨，于是他们便不管普鲁士了。普鲁士就这样被盟友们彻底抛弃，洪堡曾隐含对哈登贝格的指责说道：普鲁士的合理要求本应在进入巴黎之前就更正大光明、更灵活地被实现。法王路易很清楚国民憎恨普鲁士，也因为他没什么可害怕其他三国，于是便傲慢地回答："我们宁愿花 3 亿法郎征战普鲁士，也好过花 1 亿满足其要求！"北德财力枯竭，兵马稀少，如何以一己之力重启战端呢？普鲁士已经无能为力了，只能忍受哈

565

---

① 洪堡写给哈登贝格的报告，关于 1814 年 5 月 17 日会议。——原注

登贝格的失误造成的后果。根据和平协议的第 18 和 19 号条款，欧洲国家宣布放弃对彼此的所有资金要求，除了个别私人要求以外，这对于奥地利和俄国而言并无大碍，对于普鲁士却意味着巨大牺牲。

和平大会召开期间，普鲁士不断催促施压，处处表现莽撞。威廉三世同他忠诚的子民一样，都认为法国无视国际法四处掠夺来的艺术珍宝，理应物归原主。他要求法国归还所有从普鲁士夺走的东西，包括书籍、艺术品和战利品，实际上也获得了口头保证。但是当洪堡开始同法国认真讨论，移交工作将在何时、以何种方式完成，塔列朗却明显表现出尴尬，声称他完全确信法王将归还一切，威廉三世应该就此与法王再讨论一次，很可能这位最高贵的绅士将亲自处理这件事。[1] 反复催促之后，柏林终于取得胜利；一天早晨，雅各布·格林无比幸福地坐在黄铜四马双轮战车[2]里吃早餐。腓特烈大帝的宝剑也重现天日，格林也以一位收藏家的才智，从卡塞尔图书馆找到了另一些珍品。这便是全部了。后来在夏季，奥尔森男爵（Oelssen）被国王派遣到法国取回普鲁士的艺术品时，法国却一连数月以各种理由搪塞他。[3] 由于其他三国并不支持普鲁士的要求，法王路易便觉得不必信守诺言。整个法兰西民族万众一心地支持他；每个法国人都认为归还赃物是奇耻大辱。这无比清晰地显示，法兰西帝国的掠夺战争已经严重破坏了民族的正义感，绝对有必要对其实施严厉惩罚，以让其想起和平国际关系的基本道德观念。

事已至此，联盟怎么可能立即开始着手安排普鲁士要求的领土赔偿？奥地利已经保住了自己的战利品。4 月 20 日，在一场指挥不力且不光彩的战役后，奥地利进入了威尼斯；同一天，米兰人民突然爆发起义推翻了意大利王国统治。弗兰茨皇帝就这样不费吹灰之力占领了意大利北部和中部，丝毫没有考虑过为普鲁士承担任何责任。尽管这样，哈登贝格还是尽忠职守：4 月 29 日，他将一

---

① 洪堡写给哈登贝格的信，1814 年 5 月 27 日。——原注
② 该四马两轮战车是勃兰登堡门上的重要装饰雕塑。——译注
③ 大使戈尔茨伯爵的报告，巴黎，1814 年 10 月 30 日。——原注

份详细的备忘录呈交联盟,其中表达了他在巴塞尔已经表达过的要求。[①]

在这份备忘录中,哈登贝格开头便明确保证,普鲁士对所有国家都满怀友善目的,除了对丹麦,因为普鲁士将不惜代价拿回刚刚被割让给丹麦的瑞典属波美拉尼亚。至于德意志,他要求建立一份联邦宪章,其主要目标必须是组建强大的军事系统,规范诸侯和臣属之间的关系,控制德意志司法体系和商业;该宪章将"具有宪法的地位"。荷兰和瑞士将同德意志联邦缔结永久同盟。俄国将获得一大半华沙及其 230 万居民;普鲁士将获得远至瓦尔塔河的波兹南地区,包括托伦(Thorn)以及 130 万居民;奥地利仅仅能获得 1809 年割让的新加利西亚、克拉科夫和扎莫希奇(Zamoscz),包括 70 万居民。除了这些波兰和北意大利领土,奥地利还将继续占据弗莱堡,那里是上莱茵河防守要地;这块前哨必须同奥地利领土直接联接,因此巴伐利亚、巴登和符腾堡必须割让部分领地,比如帕绍(Passau)和林道(Lindau);霍亨索伦和列支士敦的诸侯将被剥夺权利,他们的领土也将被用于同样的目的。如此一来,奥地利将比 1801 年多获得 170 万人口。普鲁士尽管万分不情愿,还是要宣布放弃安斯巴赫-拜罗伊特,同时要求获得威斯特伐利亚、贝格公国、整个萨克森以及从美因茨到韦塞尔的莱茵河地区。

因此,尽管受到外行人的指责,但哈登贝格绝没有低估莱茵河的军事意义;他的整个计划明显是针对法国而设。他估计重建的普鲁士国家的人口大概 1050 万,比 1805 年多了 60 万,不过这个数字明显过低。普鲁士就像前奥地利一样,其西部省份必须经由一条"地峡"同国家主体相连接;首相办公厅的地图上显示,部分汉诺威领土、哥廷根以南将划归普鲁士,以此将艾希斯费尔德地区(Eichsfeld)和威斯特伐利亚东部相连接。尼德兰除了获得比利时和卢森堡以外,还将获得一部分德意志莱茵兰;但是现在这项割让计划比以前要保守一些,奥兰治家族只获得了最西边的一条狭长领土及于利希要塞,这些德意志表亲还被转移到了莱茵左岸的卢

567

---

① 哈登贝格《欧洲未来安置计划》(*Plan pour l'arrangement futur de l'Europe*),1814 年 4 月 29 日。——原注

森堡边界。哈登贝格决心不允许这座莱茵峡谷要塞落入软弱的奥兰治家族手中。按他自己的说法，他极不情愿地为自己的国家要求获得这些危险的前沿要塞。他觉得普鲁士对于伟大祖国肩负重任。奥兰治政治家加格恩始终带着不信任的眼光，看着普鲁士在亚琛的临时政府一视同仁地对待重新获得的克莱沃和盖尔登这些老普鲁士领土，以及包括科隆和特里尔在内的主教辖区；这正是在为合并进行准备工作。最终，巴伐利亚将获得整个巴登北部，包括曼海姆和海德堡，以及莱茵河左岸的部分普法尔茨领土和施派尔，以此补偿割让给奥地利的省份。巴登宫廷则将从莱茵河左岸获得补偿；列强普遍对卡尔大公的松散统治颇有微词，而且他的王朝似乎也处于崩溃的边缘。

568　　这些就是哈登贝格的愿望。这份备忘录向奥地利证明了柏林内阁的忠诚友谊。伟大的普王以前曾数次口诛笔伐、刀剑相搏地反对奥地利西进；而现在，普鲁士却亲自将南德统治权交给了霍夫堡。哈登贝格提议为了德意志二元计划而牺牲普王的表亲，士瓦本的霍亨索伦家族；为了让奥地利在上莱茵河地区地位稳固，他甚至打算允许始终可疑的巴伐利亚进行危险的领土扩张；巴伐利亚由于拥有了巴登的普法尔茨地区，于是就可以让南德小国完全脱离北方，南方将彻底依赖奥地利和巴伐利亚。这些愚蠢的计划有着爱国主义的目标，即希望能够以此争取奥地利支持普鲁士重新占领阿尔萨斯；众所周知，莱茵河两岸高地富有的强大贵族，仍然活跃在奥地利人的记忆中。如果一股奥地利势力能插入巴伐利亚和法国之间，那么巴伐利亚的扩张行动也就没什么危险了。

　　幸运的是，奥地利拒绝了普鲁士友人的慷慨意图。梅特涅始终坚持自己的观念，即一定不能惊动南德诸邦。他并没有从普鲁士的备忘录中发现任何契合自己的提议；他既不想让俄国推进至波兰，也不愿意普鲁士向南穿越摩泽尔河；最不愿意将阿尔伯特家族的领地交给霍亨索伦家族。于是，梅特涅答复道，这些问题要到两个月后召开的和平大会上再解决。但是在私下里，他却着手准备从普鲁士手中夺取美因茨要塞，并且在 6 月 3 日同弗雷德达成协议，实施《里德条约》。巴伐利亚想要占领美因茨，并占领尽可能大的莱茵河左岸领土、巴登属普法尔茨以及能将这些同巴伐利亚本土连接在一起的地区。于是德意志最重要的要塞,莱茵河门户,就将属于巴伐利亚,这个仍然受控于蒙特格拉斯的国家,这个在柏林被当做法国坚强盟友的国家。迄今为止,普鲁士对这些仍一无所知。但是梅特涅却对英国开诚布公地解释道,他希望在莱茵河地区尽可能多地建立德意志国家,迫使它们保卫莱茵河。梅特涅说,奥地利和巴伐利亚再也不能将美因茨要塞交给普鲁士,更不能将美因河的统治权交给普鲁士,后者已经占据了莱茵河、易北河、奥得河和维斯图拉河!英国保守党人按照他们的一贯作风,愉快地接受了梅特涅的观点,也接受了梅特涅的保证:美因河将是一条奥地利河流;同时也不愿意在巴黎参与任何有关普鲁士诉求的谈判。

569

沙皇持同样的观点,尽管施泰因强烈支持哈登贝格的提议,并积极提议在法国尚未完全复原、奥地利兵力尚未增强之时,必须满足普-俄要求。沙皇仍不愿公开其波兰计划,就此施泰因也没有确切消息。很明显,这场大战已经成为了事关普鲁士存亡的战争。重建普鲁士需要同俄、奥、英-汉诺威、丹麦、瑞典、荷兰以及一系列德意志小国进行谈判;谈判将触及两个问题,分别涉及萨克森和波兰,而对此各方意见分歧甚大。现在处理这两个问题,就意味着事先解决了和平大会上最重要的任务。国际社会的新秩序就仰仗于普鲁士领土的变化;而我们这个中欧国家的重要性和危险性也正在于此。

后来施泰因斥责哈登贝格错过了一个大好机会,没有在人们还记得普鲁士军队赫赫战功的时候趁机获得战利品。可是普鲁士的友善态度似乎意味着别有用心,这让联盟对其诉求持保留态度。在奥英眼里,布吕歇尔和格奈泽瑙的胜利非但不是什么功劳,反而为他们怀疑、限制普鲁士及其野心提供了额外借口。事已至此,施泰因还大错特错地幻想,梅特涅已经准备割让萨克森。此外,哈登贝格凭什么迫使这些意见相左的宫廷许下任何有约束力的承诺呢?由于联盟国家已经相互保证,除非全体一致,否则不会缔结任何和约,因此普鲁士实际上也只能同意这些条款。普鲁士本来可以宣布,除非自己获得适当的赔偿安置,否则不会同意和约中对尼德兰和意大利命运的决议。但是这最后一张王牌早就没用了:普鲁士很早以前就同意了奥地利对北意大利的宗主权,也同意了增

570

强尼德兰。接下来的矛盾冲突本来不过是虚张声势，因为唯一能取得的成果只是从和约中剔除有关意大利和荷兰的条款，绝不可能提高普鲁士的地位，否则会让联盟更有疑心。

现在无论做什么都于事无补。5月31日，普鲁士和其他三个联盟国签订了一份协议，决定将一切有争议的问题移交和会处理。此时，维尔茨堡和阿沙芬堡仍然由巴伐利亚管理；贝格公国以及默兹河和摩泽尔河之间领地由普鲁士管理；摩泽尔河以南的土地由巴伐利亚和奥地利管理；英国和荷兰管理比利时土地；但是普鲁士和奥地利守军都守在美因茨，这明确表明此前的决议无效。面对自己的失败，哈登贝格唯一可以聊以自慰的，就是他最危险的敌人——法国，也无权置喙领土分配。但是这项决议的实际意义直接仰仗于联盟的默契。要是他们无法达成一致，那么一旦有个同法国存在千丝万缕纠葛的强国参与和会，则势必干预领土分配纠纷，并且很有可能不管所有约定而发表重大言论。这一苗头在巴黎已经初现端倪。沙皇和施泰因很快获悉，塔列朗、梅特涅和卡斯尔雷之间正在开展可疑的秘密交流；而且随着联盟关系逐渐松散，英奥也开始通过诉诸联盟以挫败普俄的计划。

因此，当联盟开始拉拢普鲁士最势不两立的敌人时，普俄之间的友谊也开始降温。沙皇廉价的慷慨已经让哈登贝格很不高兴，现在重建波兰的计划也不时泄露一二。据说，沙皇曾在塔列朗的宅邸中热情地谈论波兰自由；那位圆滑的法国政客需要俄国在谈判上予以支持，也就附和着表示赞同，这无疑助长了沙皇的热情。沙皇已经数次出席了波兰移民举行的庆典，享受他们崇敬的目光；并将曾在拿破仑麾下作战的波兰军团纳入自己的军队，让他们手持白鹰旗帜返回故乡。战争结束后，俄军马上急返波兰；同时，俄国东部的后备军也进入华沙。夏季，集结在布格河和纳雷夫河上的军队，已经两倍于沙皇投入反法战争的兵力；俄军将领们凶狠地说，他们倒想看看谁能从这么强大的兵力手中夺走波兰。据说，沙皇希望将整个华沙，或许还有立陶宛，统一到他的波兰王冠之下；奥地利仅将获得克拉科夫及其临近的一小块地区；能够割让给普鲁士的，只有远至普罗斯纳河的波兹南，然而并不包括老德意志城市托伦。尽管沙皇本人却一如既往地避免公开讨论波兰事务，但是这种私下帮助波兰的行为自然会让哈登贝格极其恼怒,他现在也开始倾听英国和奥地利外交官的意见。然而普鲁士的现实情况,非但不允许接受这些意见,还迫切要求同沙皇达成共识,因为普鲁士根本不可能从俄国以外的地方获得任何体面的支持。

　　5月30日签订的和平条约中,只简短交代了被占领地区的分配问题,而且都是已经达成共识的问题:莱茵河左岸地区将用于补偿荷兰、普鲁士和其他德意志国家;奥地利占领的意大利领土在西边将以提契诺河(Ticino)和马焦雷湖(Maggiore)为界;前热那亚共和国将并入重建的撒丁王国。剩下的所有问题仍然悬而未决。所以,奥地利无法实现其对意大利的所有奢望。教皇国沉默地通过了这份合约;但是自从5月24日教皇在拉丁世界的狂热欢迎下重返罗马,那么现在至少应该恢复教皇的部分领地。皮埃蒙特(Piedmont)是奥地利的宿敌,将热那亚转交给它,无疑将沉重打击霍夫堡;英国刚刚占领热那亚,就不假思索地宣布,准备将其交给维克托·埃马努埃尔国王(Viktor Emanuel)①,以此弥补其割让的萨伏依。俄国根据自己的传统政策,自然支持这项意大利计划;就连法国也抱支持态度,因为在联盟外交官中最具远见的塔列朗意识到,加强这些中间国家只会对法国有利。他之前就不曾对尼德兰王国的情况提出任何异议,如今更是努力尽可能增强奥法之间的南部缓冲国。英俄法三国的共同反对必然使奥地利让步。弗兰茨皇帝不得不忍受意大利计划半途而废;他多么希望占领教皇国,而且早在1799年,图古特就曾认真谋划世俗化"圣彼得的遗产"。梅特涅向英国内阁表达了正式抗议,细数英国保守党人的愚蠢无知,提醒英国人记住他们去年夏天在布拉格许下的承诺,并强调奥地利家族的首领对于教皇国拥有无可置疑的权利,他是罗马人的国王,德意志帝国的世袭皇帝和首脑。尽管如此,奥地利的主要目标都达到了:它在意大利的占领地扩大了四倍;哈布斯堡的亲族们再次定居在佛罗伦萨和摩德纳;意大利半岛从此以后将对奥地利军队敞开大门。整个意大利,除了皮埃蒙特,现在都由外国统治,

572

────────

① 维克托·埃马努埃尔一世(意大利语:Vittorio Emanuele I,1759—1824),萨伏伊公爵和萨东王国国王。——译注

这些统治者们同霍夫堡关系密切,组成了天然的利益集团。意大利王国的坏名声马上被清除了,马基雅维利的祖国从此变成了奥地利家族的家产。庄严古老的威尼斯共和国和热那亚共和国并没有实现重组,被拿破仑复苏的意大利民族精神本来很可能在这里获得庇护。

这个复辟的时代对所有共和国都心存敌意。如果在一个地方,没有任何君主能够宣称自己拥有上帝赐予的世袭权力,那么这里似乎也就不存在任何权威。新的欧洲国家体系完全拥有了君主国家大联盟的特征;在这种君主制国家关系中,五大国的影响力变得更大了:他们可以自行决定巴黎和平。至于后来他们允许西班牙、葡萄牙和瑞典同法国缔结和约,则不过是走个形式,因此这些海上强国便成了五大国联盟的下属;瑞士的命运甚至在没有咨询联邦的情况下就被决定了。

哈登贝格以一贯的官方得体态度,将和平协议告知留守柏林的外交部长戈尔茨伯爵,后者在一封公函中向普鲁士全体外交官员宣布:"我们现在可以满怀信心地期待,普鲁士的光荣与强大将完全实现。"[①]实际上,上层统治者之间的气氛却十分灰暗压抑。对于现在仍未彻底安定的国家局势,将领们公开表示忧虑。格奈泽瑙写信给哈登贝格,称如果没有美因茨和于利希,普鲁士将完全无法守住德意志西部边界。缪弗林声称弗雷德已经耀武扬威地说,美因茨将成为联盟未来的堡垒,他担心旧帝国糟糕的要塞防卫是否即将重演。"我们究竟将有什么样的安全保障?"他继续问道:"如果这些小诸侯们蔑视我们,而我们屈服,那么等待我们的将是多么悲惨的局面!如果我们不能获得同俄奥相同比例的扩张,如果我们任由自己被奥地利家族所愚弄,让他们随意夺走美因茨和于利希,我们实在对不起已经付出巨大牺牲的民族。"一场新的战争都好过如今这令人绝望的幻灭![②]

573

---

① 哈登贝格写给戈尔茨的信,1814 年 5 月 31 日;戈尔茨写给大使们的公函,1814 年 6 月 8 日。——原注
② 格奈泽瑙写给哈登贝格的信,1814 年 5 月 18 日;缪弗林写给格奈泽瑙的信,1814 年 5 月 17 日。——原注

尽管也有不少清醒的爱国者抨击和约条款,但是民众却没有这样那样的担忧。1814 年整个夏天,老普鲁士领土上都阳光普照、晴空万里。这个民族已经遭受了太多的苦难!就在几个月以前,柏林市民还能听见近在咫尺的枪炮声;田地荒芜,人民家徒四壁,几乎家家都失去了亲人;但是现在最辉煌的胜利终于到来;罪恶之都法国也被推翻,尽管有些待在家里的人还不知道胜利的消息。短短一年内实现这样的奇迹,谁还忍心出言责备呢?1814 年 4 月里阳光明媚的一天,副官什未林伯爵(Schwerin)带回了巴黎战役的消息,自从腓特烈大帝时代以后,柏林人就从没有这么高兴过。按照古老的腓特烈习俗,什未林在一队号兵的簇拥下骑马穿过波兹坦门;然后沿威廉大道经过登霍夫庄园(Dönhoff),他美丽年轻的妻子就站在窗口,已经兴奋得快要晕厥了。他随后前往最高行政长官莱斯托克(Lestocq)处,老莱斯托克已经无法再上战场,大方友好地赞美了这个年轻人,后者早在埃劳(Eylau)就远比他幸运。然后信使什未林继续前往诸公主和部长的宅邸。他所到之处,都被兴奋的群众所包围;人人都在欢呼:“信使来啦,信使来啦,巴黎投降啦!”人们还奔走相告:“那个信使就是什未林伯爵”,那个时代的人们还能知道其他人的长相。只有一个人没有加入柏林的盛大欢庆仪式——坏脾气的老陆军元帅卡尔克罗伊特(Kalckreuth);他在内心深处仍然是根深蒂固的法国人,并且用尖酸刻薄的玩笑对待新德意志主义,发泄自己的怨气。7 月又举行了一次庆典。所有柏林人都走上街头;在蒂尔加滕区(Tiergarten),数以千计的人们在温暖的夏夜里站了整整一夜,终于等到一辆由 20 匹马拉动的沉重马车在山呼海啸的欢呼声中到达;马车上是一个巨大的木箱,普鲁士人在上面写满了话语、名字、诗句、格言等等,欢迎这件经历了漫长旅途的货物回家。这件货物正是勃兰登堡门上的胜利女神雕像。在悲惨岁月中,柏林市民总是愤怒地看着勃兰登堡门上光秃秃的铁桩,那上面曾经系着一辆四马两轮战车;人们喜欢说起这样一个故事:当一个年轻人被问及看着这根铁桩作何感想,而他却不知如何回答时,被体操之父雅恩狠狠扇了一耳光。对于人民而言,这座被移走的胜利女神正是古老普鲁士荣誉的象征;经历艰苦奋战之后,终于再次夺回了她,也让一切回归正途。

574

　　欢呼声处处爆发。当普鲁士人穿过古老的希尔德堡豪森（Hildburghausen）大门，吕克特唱道："战马嘶鸣永难破；绅士凭礼勇士战。"不幸的汉堡直到和平协议签订都牢牢掌控在达武手中，不过现在可以松一口气了。多亏勇敢的丹麦上校布赫瓦尔德（Buchwald）仁慈，从汉堡被驱逐出的数千穷苦人才能在阿尔托纳（Altona）得到救济；但是五百多人已经不幸身亡了，长眠在奥腾森（Ottensen）教堂墓地阴冷的公墓之中。法国也没有归还从银行偷走的百万巨款，尽管在巴黎和会上，法王路易已经承诺将严肃追讨这笔钱，不过他自然没有这么做：波旁家族从各个方面向德意志人展现，他们是拿破仑的继承者，事实和荣誉不过是说说而已。

　　但是在家乡庆祝的这些人再怎么兴奋，也比不过班师回朝的军队中那难以言表的骄傲之情。将领们诚挚地送别军队，而这在以前腓特烈式的军队中闻所未闻。头发灰白的普特利茨上校（Putlitz）在离开勃兰登堡后备旅时写道："我希望未来可以同每位战友成为朋友，每个给我机会让我展示友谊的人，都让我感到真正的幸福。"狙击兵分队的遣散令，早在撤离巴黎之前就下达了。战争期间，普鲁士不允许豁免各区征兵义务，而 1814 年 5 月 27 日的内阁令则重新恢复豁免权，"既然伟大事业已经胜利达成"，就应该命令所有官员和教师回到自己的岗位上。国民生活的窘迫急切需要人们的关注。志愿兵们从粗野混乱的军营生活返回和平宁静的家乡，他们感到无比愉悦。美丽的莱茵河就在他们眼前，在绚烂春光中蜿蜒流转；莱茵河再次回归祖国，古老教堂的钟声阵阵，赞颂德意志的胜利。申肯多夫高呼的口号直接戳中了同志们的心："欢呼吧，奴役和纷争已经过去！祖国啊，我的灵魂沸腾；在你的光芒中，胜利终于属于我们！"普鲁士令人瞩目的成功，也让外国对于德意志的判断发生了巨大变化。斯塔尔夫人不无伤感地承认，东方现在似乎升起了自由之光；波茨措·迪·博尔哥伯爵和卡坡迪斯查斯（Capodistrias）也表示，欧洲文明的中心如今就在这片老德意志土地上，它充满忠诚、勇气和生命力——其他地方都已经是戈壁荒滩，唯独这里沃野千里。

　　英国的情况也是如此，当威廉三世和沙皇在梅特涅和布吕歇尔的陪同下，从巴黎出发拜访英国摄政王时，英国人将普鲁士人奉为时代英雄。正直的英国民众激情澎湃地围绕着布吕歇尔和格奈泽瑙，人们太狂热了，甚至一度威胁到了他们的人身安全；在民众心目中，唯有勇敢的哥萨克骑兵队长普拉托夫（Platoff）能跟他们相媲美。当那位陆军元帅在世的时候，英国人曾无数次举杯："为老布吕歇尔干杯！"但是，无论是威廉三世的正派举止，还是手下将士们的勇敢忠诚，都无法让高傲的摄政王满意。只懂得如何赢得上流社会青睐的梅特涅，却同英国保守党内阁的关系日益亲密。但是英国宫廷对于俄国的不满却逐渐发展成对个人交往的仇恨。韦尔夫家族的统治者最徒劳的举动，就是仇视沙皇；这个自由派的独裁者已经获悉，摄政王几乎不敢在大街上现身，而且伦敦民众总是言语恶毒地讽刺这个通奸者："您的妻子在哪儿啊？"[1]保守党人惊恐地听着沙皇就民族自由和民族幸福发表的豪言壮语；在他们看来，沙皇"半是傻子半是拿破仑"。也就在这几天，英国宫廷的一个珍贵愿望被挫败了，这让他们的愤怒迅速增长。那时年轻的奥兰治亲王已经抵达伦敦，将按照准备已久的计划同夏洛特公主订婚；每个人都希望威廉三世[2]的时代能重现，但是这个固执的小公主却另有打算。她当着整个宫廷的面，拒绝了一盘橘子，并大声宣布："我讨厌橘子（奥兰治）"，这意味着她决定留在英国。婚约就这样取消了。乔治四世震怒，他觉得是亚历山大的妹妹，能干的叶卡捷琳娜大公夫人[3]怂恿他的女儿这样做，[4]俄国人的傲慢让他忍无可忍，于是便向奥地利提出缔结反俄秘密同盟，不久之后梅特涅就将此事

576

---

① 英国摄政王威尔士亲王，即后来的乔治四世（1762—1830），1783 年曾未经英王批准秘密迎娶了一位名叫玛丽亚·费兹赫伯特（Maria Fitzherbert）的天主教女子，这段婚姻不仅在法律上无效，也不得公开。而他真正合法的妻子是 1795 年迎娶的布伦瑞克的卡洛琳，但婚后不久便分居，两人育有一女，即夏洛特公主。后来这段秘密婚姻还是曝光了，成为当时的一大丑闻。——译注

② 威廉三世（William III，1650—1702），也是奥兰治亲王，光荣革命后，同妻子玛丽二世共同加冕为英国国王。——译注

③ 叶卡捷琳娜大公夫人此时正随其兄沙皇访问英国，支持她的妹妹安娜女大公与奥兰治亲王，即后来的威廉二世联姻，因此摄政王怀疑她暗中破坏此次订婚仪式。——译注

④ 哈登贝格日记，1814 年 6 月 29 日。——原注

告知了洪堡。①

　　威廉三世在返程途中,访问了重新获得的讷夏泰勒(Neufchateller),那里忠诚的人民打心里感到高兴,这表明在普鲁士仁慈统治下,一种非天然的政治纽带已经生根。8月初,威廉三世重返柏林,军队也班师回朝。布吕歇尔热情的同胞们不给他任何时间缓解英国人欢庆活动带来的疲惫;他几乎要在每座城市对人民发表讲话,而且不仅要情绪饱满激昂,还要虔诚谦逊。他将一切荣誉都归于上帝,也没有人感觉这位新贵威风八面。当柏林后备军抵达柏林的时候,首都又掀起了一轮庆祝活动;根本不可能保持秩序,军营已经乱套了:妻子们上前拥抱丈夫,孩子们将父亲的步枪扛在肩上,军队就这样乱七八糟地进了城,人们戴着花环,战士和市民、男人和女人,所有人混在一起——这是一个真正的战斗民族。只有威廉三世不高兴,因为在阅兵的问题上,他无法容忍任何不庄重的举动。最终,8月7日,军队庄严进入柏林城,在简朴谨慎的普王授意下,只发生了一点点骚动。不仅如此,温和的威廉三世还安排被俘的奥古斯特尽快被送到腓特烈斯费尔德(Friedricksfelde),不要让胜利庆典刺痛他的心;就连申克尔(Schinkel)展示的凯旋军队和战利品都会触动普王温柔的心灵;他不允许任何侮辱败军的举动,在庆典前的一夜,就令人用大量的花环覆盖了法国旗帜和武器。

　　普鲁士人民的喜悦日日高涨,而和平会议的前景却逐渐暗淡。头脑清醒现实的威廉三世很快明白,他的维也纳友人其实并不愿意跟他共同统治德意志。他痛心地说:"他们只希望我成为奥地利皇帝的可靠顾问。"但是普鲁士政治家们仍不愿放弃德意志二元计划。克内泽贝克在巴黎期间曾提交一份备忘录,再次提议将弗莱堡及曼海姆交给奥地利家族,作为南德未来主要的军事基地。② 在维也纳政治家中,只有施塔迪翁赞同这个意见;他仍然站在帝国士瓦本伯爵的立场上,巧妙地告诉洪堡,如果奥地利放弃上莱茵河领土,"那么就不再是一个德意志国家了"。但是梅特涅心意已决,并

577

---

① 洪堡递交普王的报告,维也纳,1814年8月20日。——原注
② 克内泽贝克关于巴黎和会的备忘录(日期未知,写于巴黎)。——原注

且在 8 月,以少有的清晰口吻,向普鲁士大使宣布,他们提出的整个计划完全无法接受。就像施塔迪翁所说,奥地利"不再是一个德意志国家",而且这完全是奥地利宫廷的自愿选择以及对普鲁士热切意愿的反对。

在每一个悬而未决的重大领土问题上,梅特涅都和普鲁士针锋相对。就像他已经答应将美因茨交给巴伐利亚一样,在波兰问题上,他也没有同一腔赤诚的哈登贝格达成共识,反而认为后者的要求太低了,并提出要迫使俄国进一步向东收缩。霍夫堡非常清楚,萨克森与波兰问题之间存在千丝万缕的联系,普鲁士和俄国也是天然的利益联盟。6 月,弗兰茨皇帝对萨克森国王派来的使者策绍将军说,他(皇帝)认为废黜腓特烈·奥古斯特是不正当、不道德的行为:"我们发动战争的目的,就是为了让一切恢复原样。麻烦在于,俄国不愿意在波兰问题上做出任何让步,因此普鲁士也就希望从萨克森获得补偿。"他继续说,正是因为这样,他已经命令他的大使避免在和平会议上讨论这些问题;"因为我希望找到一条更好的解决之道。"策绍将军亲口对他的君主传递了这些观点:"此事不可笔述。"[1]冬季,萨克森政府的哥萨克骑兵捕获了一名萨克森密探,奥伊希特里茨男爵(Euchtritz)。从他身上的文件来看,似乎奥古斯特已经委任被解职的萨克森官员森夫特伯爵,就重建阿尔伯特家族统治的问题展开秘密谈判;森夫特和他被关押君主之间的通信居然都经过了奥地利驻柏林大使齐奇伯爵(Zichy)之手!弗兰茨皇帝在夏季时,就敦促普王将萨克森国王转移到奥地利,普鲁士并没有答应。据悉,萨克森的安东亲王将应其妻弟的邀请[2],于 7 月前往维也纳,在和会上维护其兄长的利益。几周之后,梅特涅亲自向另一名萨克森密探舒伦堡伯爵(Schulenburg)宣布,在萨克森问题上,普鲁士和奥地利的立场完全对立,舒伦堡伯爵最好可以作为萨克森"全权"大使出席和会,同时不再仅仅担任君主的传声筒,而是

578

---

①　参看策绍的回忆录,德累斯顿,1866 年,第 69 页。——原注
②　萨克森的安东·克雷门亲王(1755—1836),是腓特烈·奥古斯特一世的弟弟,即后来的安东一世,在 1787 年迎娶了神圣罗马帝国皇帝利奥波德二世的长女、弗兰茨皇帝的姐姐玛丽亚·特雷莎。——译注

一切以奥地利马首是瞻。腓特烈·奥古斯特马上完全赞同该提议。于是，洛林家族和阿尔伯特家族之间建立了牢固联盟。

英国内阁起初极不关心萨克森问题，也所知甚少。如果研究一下卡斯尔雷的信件，我们甚至想问问，子爵大人是否真的知道萨克森王国在哪里。至于内阁人士，因为视拿破仑为死敌，自然对莱茵联邦的君主们没有好感。只有摄政王，才对阿尔伯特家族流露出韦尔夫家族的天然情感。腓特烈·奥古斯特的探子们知道如何巧妙地培育这种情感。他们向英国宫廷表达了这样的观点：保守主义力量已经重建了合法的波旁家族，也不可能希望废黜同样合法的韦廷家族。最后，英国一如既往地只听信梅特涅和明斯特的建议，而哈登贝格也不太憧憬英国大臣们可以支持他对萨克森的要求，因为这些榆木脑袋的托利党人迟早会明白萨克森和波兰问题之间的牵连。

卡斯尔雷带着全副的愚蠢狂热投入波兰问题谈判。西方国家以前将瓜分波兰视为奇耻大辱，因为这场瓜分只在东方国家中进行，而现在他们终于可以一雪前耻。按照古老传统，英国的意愿将被视为欧洲的意愿，对于维斯图拉河地区具有决定性意义。1812年夏，施泰因曾建议英国内阁提前同沙皇就波兰边界问题达成共识，但他们无视这条谨慎建议；现在伦敦有不少声音在讨论建立一个民族王朝治下的独立波兰王国。内阁大臣们对他们自己谈论的话题其实也没有清晰的看法；唯一可以肯定的是，卡斯尔雷作为欧洲发言人，希望对抗俄国的野心。沙皇想要给予波兰一部宪法，这对于英国保守党人来说尤为用心险恶；威灵顿在巴黎时曾对普鲁士大使戈尔茨说："这将威胁到欧洲和平，尤其是现在，欧洲不少民族之中，过度的自由观念正自上而下传播，随之而来的社会动荡正蠢蠢欲动。"① 英国已经获得了渴望的一切：好望角、斯里兰卡、马耳他、黑尔戈兰岛和扩大了的汉诺威，都已收入囊中；还打造了强大的尼德兰国家。除了还想在维也纳谈判上获得伊奥尼亚群岛之外，在这个世界上，英国已经别无所求了；因此，在所有开明进步人士的掌声中，英国似乎就成了欧洲均势大公无私的维护者。

---

① 戈尔茨的报告，巴黎，1814 年 9 月 2 日。——原注

与此同时,卡斯尔雷同杜伊勒里宫往来密切。几周以后,沙皇已不再青睐波旁家族,他的傲慢激怒了路易十八,于是后者情愿支持英国对抗沙俄。卡斯尔雷建议波旁家族向其他大国公开法国对波兰问题的看法,同时询问大使威灵顿,法国是否准备以武力捍卫其立场。铁公爵威灵顿答复道:"如果英法两国能够达成共识,那么必然对和会产生决定性的影响;同时这种共识也有助于维护普遍和平的局面。"卡斯尔雷其实并不想同老盟友彻底决裂,相反,他始终怀疑法国野心不死。他很清楚,这块饱受蹂躏的土地多么渴望和平,也知道奥地利除了外交手段之外,不会用任何武器对付俄国。但是当他应邀前往法国介入波兰问题谈判时,却轻率地违反了《赖兴巴赫条约》和《特普利兹条约》;无论是精明的法国内阁,还是愚蠢的英国内阁,都知道轻易撕毁这些条约,将很可能导致联盟彻底解体。

英国也不赞成普鲁士在尼德兰问题上的计划。诸位君王逗留伦敦期间,联盟最终认可比利时和荷兰合并,但是无论荷兰还是他们的英国保护人,都不赞同哈登贝格提出的德荷永久同盟关系。奥兰治统治者希望成为独立君主,还能无偿享受普鲁士的军事保护。因此,他的政策追随两个目标:从他的普鲁士解放者手中夺走尽可能多的莱茵左岸德意志领土;让韦尔夫家族获得同荷兰接壤的东弗里西亚-威斯特伐利亚省份,由此形成一个封闭的威斯特伐利亚-奥兰治国家,在西北同普鲁士势均力敌。明斯特伯爵也朝同样的目的努力。韦尔夫家族的外交官们惊恐地听闻,一块普鲁士"地峡"将包围汉诺威南部;那块骄傲的韦尔夫领土绝不允许成为可恶邻居的飞地。

正当英国将精力虚耗在人为建构的尼德兰国家身上时,波旁家族则治国有方,以令人震惊的速度,让遭受羞辱的法国恢复了古老的国际地位,而英国同尼德兰国家的合作关系却在 16 年后再次破裂。塔列朗引导法国从拿破仑称霸世界的迷梦回归了传统国家政策,这些政策自亨利四世时代就同法国的所有偏见和习惯紧密联系在一起。法国将通过建设邻国、友善小国而增强自身力量。1814 年 9 月,塔列朗为自己的执政纲要写下的备忘录中,对该政策作出了最明晰的描述,这项政策也一直沿用至今。法国刚刚签署条约,承诺不参与决定任何领土问题;塔列朗马上寡廉鲜耻地起草

580

了一份重整欧洲版图的完整计划，就好像从未作出这项承诺。在法国的唆使下，《巴黎和约》中的该承诺一直处于秘密状态，因此普通民众并不知晓法国内阁背信弃义的行为。塔列朗的备忘录同哈登贝格的巴黎秘密备忘录完全一致，后者详细阐述了普鲁士的领土要求，并且完全以奥地利内阁的立场处理了所有德意志问题。因此，很有可能是梅特涅将这份普鲁士议案泄露给了塔列朗，这两位政治家可能也详细讨论了这件事。在这里，我们见识了奥地利的不忠，这种不忠以后还会在维也纳反复上演。

路易十八很清楚，普鲁士始终对拿破仑势力保持警惕，并且数次向联盟提议将拿破仑转移出厄尔巴岛；但是他也知道，普鲁士对于波旁家族的猜忌并不比对拿破仑少。此时普法宫廷之间似乎建立了友谊。贝里公爵希望可以获得美丽的普鲁士公主夏洛特的芳心，并且数次让戈尔茨伯爵提出了这个敏感的问题。① 不过威廉三世干脆不想知道这种联姻，于是令人不安的紧张情绪再次出现。路易十八完全有理由认为，他的国家需要他对这个正在壮大的德意志国家采取果断的敌视态度。

塔列朗备忘录的指导思想源于同样的理念。他首先指出，法国应该处处支持小国，然后提出了三个在原则上不可辨驳的国际法原则：主权对于国际法就等同于财产之于民法，主权决不能仅通过占领而获得，只能由主权当局放弃；从法律上讲，该条款只适用于承认它的国家；最后，除非在完全自由的情况下，否则放弃主权将被视为无效，这里还特别提到了被囚禁的萨克森国王。结论就是，普鲁士无权获得在《提尔西特和约》中合法割让的省份。另一方面，中间国家也可以合法保留拿破仑赐予自己的神圣帝国领土。因为这些被吞并的领土并非主权国家，只是帝国和皇帝的臣属，所以任何想要恢复这些领土的企图，都是不合法且危险的。"在此事上的片刻犹豫都足以让整个南德陷入动乱。"这份备忘录又用令人瞠目结舌的大胆逻辑证明，波旁家族的合法王朝必须延续莱茵联邦的政策，必须保护拿破仑建立的君主们。普鲁士的权力欲是德意志自由最大的威胁：对于这个贪得无厌的国家来说，所有的借口

---

① 戈尔茨的报告，巴黎，1814 年 7 月 20 日。——原注

都可以成立；它也不会受到任何良心的牵绊。如果普鲁士可以获得被承诺的 1000 万人口，那么很快就拥有了 2000 万人口，整个德意志都将臣服于普鲁士。因此，必须限制普鲁士在德意志的统治；如果建立一套明智的联邦体制，将联邦权威分割在尽可能多的国家手中，普鲁士对德意志的影响就必然受到限制。所以，必然要保护弱小的中间国家，扩大大一些的国家，尤其要恢复萨克森奥古斯特国王的统治，他同波旁家族的关系非常密切。"一旦获得萨克森，普鲁士就等于向彻底统治德意志的目标迈出了关键一步。"因此，美因茨也绝对不能再次成为普鲁士的要塞，而必须像卢森堡一样成为德意志联邦的要塞；更不能允许普鲁士向摩泽尔河以南扩张。法国必须协助荷兰尽可能沿莱茵河左岸扩张，同时必须支持黑森、巴伐利亚、尤其是汉诺威的要求，"以尽可能缩减普鲁士可能获得的领土"。由于波兰已然无望独立，而且只能走向无政府的混乱局面，因此必须恢复 1805 年的国家状况——"这意味着普鲁士对萨克森的所有要求都会被挫败，因此这也变得更加有必要。"而意大利独立则意味着，在意大利半岛上，将有更多的势力相互制衡：那不勒斯国王、篡位者缪拉必须将王位归还合法的波旁家族；托斯卡纳必须由波旁家族的另一支系继承；教皇继续保留教皇国省份（Legations）①，撒丁王国将被扩大，卡里尼亚诺（Carignano）一系将获得继承权。如此一来，法国可以在南部获得仅次于奥地利的重要影响力。如果要实施这些计划，英国是最好的盟友，因为英国在欧洲之外恣意放纵对领土的贪婪，却在欧洲实施保守主义政策。

582

塔列朗巧妙地起草了他的备忘录，并且将实现的愿望部分寄希望于所有君主中最强烈的正统主义者身上。塔列朗曾在革命互助会的庆典上谈论大弥撒，后来又作为拿破仑的左膀右臂，按照他自己的说法，扮演了"欧洲刽子手"的角色，现在又用最能取悦波旁家族的盛大仪式，捍卫其合法王权，将被占领、不可能为自己争取什么的法国，描述为所有贫弱、受压迫者的慷慨保护人；甚至提出如

① 教皇国省份（Papal Legations），在地理意义上特指从前教皇国某些特定的北部行政区域，尤其指费拉拉、博洛尼亚和罗马涅。——译注

果不能以和平手法控制俄国的话，那么法国将在波兰"为权利"而战。就像威灵顿很快注意到的那样，在诸国之中，此时唯有法国不反感战争主张。从德意志要塞返回的老兵们气急败坏地要求重新占领天然边疆。正如富歇（Fouché）所言，对"厄尔巴岛上危险疯子"的恐惧，以及国内不断增长的混乱，迫使路易十八承认，他应该再次用屡试不爽的军事手段，控制国内的党派热情。路易十八从心底赞成塔列朗的备忘录，他给波旁王朝的古老传统政策穿上了时髦的合法性外衣。法王尤其关心他的萨克森表兄；[①]他给被囚禁的奥古斯特写了鼓舞打气的信件，并且当塔列朗告别他前往维也纳时，还正式命令塔列朗不惜代价挽救波旁王朝最古老、最高贵的亲戚的世袭领地。

　　奥地利和西方国家也这样想。由于所有小德意志宫廷都强烈反对普鲁士扩张，因此很明显在巴黎和会以前，塔列朗期待数年的法-英-奥联盟就已经具备土壤。法奥之间唯一存在分歧的意大利问题，相比德意志也没那么要紧了。在这场欧洲高级会议上，普鲁士不可能期望实现所有要求，尽管这些要求可能是相当合理的。如果哈登贝格不想在和会上孤军奋战，他就必须要作出牺牲，同俄国达成明确共识。为了俄普双方的利益，波兰问题必然不会得以解决。哈登贝格将把卡利什、琴斯托霍瓦（Czenstochowa）以及普罗斯纳河与瓦尔塔河之间这些军事意义不大的领土转让给俄国，这不会伤害普鲁士的任何核心利益，相反，作为回报，普鲁士可以获得托伦市和库尔姆地区，并且在所有德意志领土问题上获得俄国的真心协助。如果冷静地考虑，沙皇的波兰王冠理想也没有多可怕。沙皇的波兰计划无疑是疯狂而愚蠢的，但是对普鲁士的危险远远没有对俄国本身那么大。波兰王冠将让沙皇陷入无休止的谈判之中，这必将占据并削弱俄国的精力；另一方面，普鲁士却可以有些信心地期望，通过严格公正的管理，遏制萨尔马提亚人的贪婪，捍卫治下的小小波兰领地。沙皇尽管陶醉在胜利之中，对目前危险的孤立处境却仍有着敏锐的直觉。在从伦敦返程途中，他在

___

① 路易十八的母亲是萨克森的玛丽亚·约瑟芬（Maria Josepha，1731—1767），所以跟萨克森王族是表亲。——译注

布鲁赫萨尔（Bruchsal）接见了梅特涅，并努力同霍夫堡就波兰未来达成共识；但是梅特涅却打起了太极。如果是一个有经验的、知道如何煽动沙皇虚荣心的普鲁士外交官，那么就很可能通过支持沙皇获得波兰王冠，从而合理划定东部边界；此外在美因茨和萨克森问题上，普俄这对古老盟友将精诚合作，因为俄国非常不愿意看见萨克森和奥地利亲近，从一开始就提出将萨克森交给普鲁士以弥补其失去华沙。

哈登贝格没有采取这样的措施，这实在是普鲁士的大不幸，因为在错误的道路上行进数月之后，他本来是唯一一个有可能将事态引向好结果的人。但是哈登贝格花了太久才克服沙皇的波兰计划在一开始给他造成的巨大影响：他认为不可估量的危险将从东方威胁普鲁士，并希望同英奥结盟，守护所谓的欧洲利益，在不放弃同俄国盟友关系的情况下，遏制沙皇的勃勃野心；而霍夫堡和英国内阁出于感谢，必将让他获得萨克森。但是哈登贝格没有意识到，这样一来他必将让国家陷入两难处境，并彻底丧失占领萨克森的理由。

8月20日，一份来自洪堡的详细报告让哈登贝格更加深陷自己的错误之中，这份报告关于维也纳宫廷的态度，是一份重要文件，无比清晰地证明了，即便是一位敏锐的学者、一位天赋极佳的政治家，如果蔑视作为大使的平凡使命，都会误解当时的外交关系。[①] 洪堡文辞娴熟地描述了奥地利的内部关系、行政腐败、经济混乱和意大利人不断增长的不满。但是他完全被梅特涅的花言巧语迷惑了，居然相信霍夫堡旨在调停。在波兰问题上，他充满信心地说，梅特涅相当肯定，由于俄国人同波兰人一样反对沙皇的计划，因此面对英奥普的一致反对，沙皇必然会让步。英奥必将以和平手段遏制俄国；为了完善此项共识，纽金特将军（Nugent）已经被派往伦敦，1810年也正是他让英奥两国缔结友好共识。此外，奥地利还希望加强军备，以形成"强硬态度"。洪堡觉得，普鲁士必然有着相同的目标，因为波兰并入俄国实在太危险了，而无论以谁的名义重建波兰王国，后果都将更加恐怖。在萨克森问题上，普鲁士并无惧于奥地利。尽管拉德茨基将军领导的主战派，因为放弃厄尔

584

---

① 洪堡写给威廉三世的报告，维也纳，1814年8月20日。——原注

士山通道而大发牢骚；也有些人提出奥地利应该实现自己在萨克森的扩张。"但是梅特涅能够正确地看待这一问题，希望普鲁士可以在德意志获得必要的领土完善，而弗兰茨皇帝对他言听计从。"由于时代的合法性精神并不能容忍粗暴废黜被俘的奥古斯特，因此洪堡向哈登贝格建议，萨克森国王应该在在教皇国省份获得补偿。剥夺萨克森家族在德意志的世袭领地，只能引发混乱；但是作为一位罗马涅（Romagna）国王，奥古斯特可以如同他在佛罗伦萨和摩德纳的表亲一样，心甘情愿地成为奥地利的附庸。但是洪堡天真地说，梅特涅认为这个提议包含着"极大的困难"。好像奥地利并不需要这个教皇国省份，弗兰茨皇帝更愿意看到他的亲人在南部建国。但是教皇绝不会同意割让领土，而顽固的奥古斯特国王由于害怕被逐出教会，也绝不敢接受。所以，洪堡完全无视洛林家族和阿尔伯特家族之间的秘密交流，也完全不了解奥地利对博洛尼亚（Bologna）和费拉拉（Ferrara）的计划。

585　　　在美因茨问题上，洪堡也被蒙在鼓里。他确实担心美因茨问题将更加复杂化，因为巴伐利亚也要求占据这个莱茵河要塞；但是洪堡相信可以从奥地利获得支持。因为他刚刚被特许观看了一份地图，那是奥地利政治家们为了安抚他而专门绘制的，"很可能是施塔迪翁的主意"，在这幅地图上，美因茨被划为普鲁士城市！最后，在德意志体制问题上，梅特涅"比在任何问题上都愿意相信他无限信任的哈登贝格"——洪堡如此严重地误解了霍夫堡的意图。但是哈登贝格却宁愿相信这份报告，因为它符合自己之前的所有想法。所以他完全相信了对手的话，尽管奥地利的萨克森计划已经露出马脚，戈尔茨也从巴黎报告说，奥地利大使邦贝莱伯爵（Bombelle）的发言已经明确表示，梅特涅希望重建阿尔伯特家族；[1]但是哈登贝格依然根据洪堡的报告形成了他的外交战略计划。

　　　哈登贝格随即给驻圣彼得堡的代办冯·舍勒上校（von Schöler）送去以一份官方文件和一封普王写给沙皇的信。[2] 同奥地利之间的交易很明显让威廉三世感到不安，于是他言辞恳切地请

---

①　戈尔茨的报告，1814 年 8 月 31 日。——原注
②　哈登贝格发给舍勒的文件，1814 年 8 月 26 日。——原注

求他高贵的朋友适可而止。这份按照洪堡的报告起草的文件,希望沙皇可以搁置他的波兰计划。"沙皇的目标纯粹、伟大、慷慨,但是我必须诚实地说,我相信他错了。"波兰人顽固不化,要求恢复1772 年边界,因此必然不能重建俄国掌控下的波兰,而应该重新瓜分这个国家;俄国可以吞并大部分波兰领土,只留下卡利什、琴斯托霍瓦、托伦和克拉科夫。普鲁士进一步要求尽快接管萨克森行政管理,并且马上独立实施萨克森体制改革,因为"只有寡头才欢迎"现存的古老、不合时宜的法律。

舍勒上校是个文学爱好者,就像那个尊崇美学的时代中许多军官一样,受过良好的教育、心地善良、文雅礼貌。他乐于接受自由主义观念,曾用一首藏头诗庆贺施泰因和舍恩的改革。在他看来,瓜分波兰不啻于是一场政治犯罪。"上帝已经决心将复原波兰作为政治史上永恒的纪念碑。"舍勒上校缺乏一种明确的、政治家的判断力以及对人性的深切认知。他曾在 1811 年这个重要时期认识了沙皇,见识了他最好的一面,并且非常欣赏这位君主的性格。在后来的战争期间,舍勒并没有见到沙皇,并且在沙皇返回后很长一段时间中,都没机会同沙皇秘密会面,因为沙皇刻意避免同外交官们有任何往来。所以当他突然得知沙皇的波兰计划时,幻梦马上破灭了。他很难理解,为何在其他方面乐于接受一切高贵事物的沙皇,却要自甘堕落实施名副其实的拿破仑政策,舍勒跟他的奥地利同行,科勒将军一样,坚信必须遏制沙皇的野心。

9 月 7 日,舍勒将普王的信交给沙皇。沙皇神情满意地接过信,但是当舍勒继续向他呈交哈登贝格的官方文件时,沙皇突然暴怒,说柏林的官员明显正同他们主人的意愿背道而驰。"我已经占领了华沙,并将以 70 万人守护我所有的一切——克拉科夫、托伦、琴斯托霍瓦和卡利什。"同时,沙皇还严肃起誓,在其他任何问题上都赞同普王的安排。沙皇承诺一旦和会开始,就将整个萨克森转交给普鲁士;此外,普鲁士无疑有权按照自己的意愿组织管理这些新省份,尽管老萨克森的名字和土地制度可能还将保留一段时间。就这样,即便在盛怒之下,沙皇还是作出了可靠的重大承诺,相反,奥英能够给予柏林宫廷的,就只有模棱两可的保证。

如果舍勒是一位精明的谈判人员,就会好好利用沙皇的这些承

586

诺,进一步缔结明确共识。但是舍勒只关心波兰问题,丧失了这个天赐良机。9月11日,沙皇传召舍勒,向他解释了自己那天的暴躁言论。这位大使在会面后,马上向沙皇递交了"一个简短而带有教诲意味的便条":"陛下,您最好的朋友只是出于感激之情,才不能随心所欲地表达自己的愿望。但是在我看来,皇帝陛下,普王这种高贵的克制就是在对您表达最强烈的要求,要求您尽可能满足您朋友的愿望。皇帝陛下,只要其他国家的独立不受威胁,只要刚刚获得的和平不受破坏,您的要求的正当性就建立在有利条件之上,欧洲应该并且实际上也感激您缔造了这种有利条件。俄国的内部力量和必要的安全自然无需争议,但是如果俄国优势过于巨大,日益强大于邻国,那么睦邻安全将受到威胁,陛下为欧洲所作出一切都将彻底失去意义。"[1]这样一张完全同沙皇想法背道而驰的便条,只能激起沙皇的蔑视,于是他马上打断了所有谈判。

舍勒在写给哈登贝格的报告以及内容详尽的《有关俄国需求之备忘录》(*Memoire über Rußlands Forderungen*)中,都以恐怖的笔触描述了沙皇的贪婪;真假信息混杂其间。他认为沙皇打算获得涅曼河,甚至整个东普鲁士,并提醒普鲁士警惕由库莱内夫将军(Kuleneff)率领仍驻扎但泽的俄国守军。自从《提尔西特和约》之后,沙皇就沉浸在"对时代精神的无限崇拜中";他甚至可能会给俄国颁布一部宪法,并无论如何都想重启祖辈的东方计划;他才是"拿破仑的好学生"。舍勒上校觉得普鲁士已经精疲力竭,无力将俄国人驱赶出华沙。首先必须不惜代价保卫和平,但是未来我们将被迫同奥地利共同对付俄国。

哈登贝格被舍勒在圣彼得堡描绘的悲惨画面所警示,又被洪堡从维也纳传递的乐观报告所鼓舞,于是决心倒向奥地利和英国,但是同时并不公开打破同俄国的关系。他在给洪堡的回复中表达了这一决定,[2]并且重申普鲁士的领土要求及其本人的二元计划。"我们需要萨克森。如果在这个问题上有一点让步,我将永远不会原谅自己。普鲁士已经为欧洲解放立下了汗马功劳,因此有理由

---

① 舍勒的报告,圣彼得堡,1814 年 9 月 7、10、12 日。——原注
② 哈登贝格写给洪堡的信,1814 年 9 月 3 日。——原注

要求各国尊重我们应得的利益。普奥联盟对于欧洲独立至关重要；如果政治家们想从以往不愉快的偏见中解放出来，就必须承认普奥利益相互一致，奥地利做什么都不如增强普鲁士，而普鲁士也愿意看见一个强大的奥地利。不过我痛苦地得知，当然也有证据向我表明，仍然有一些位高权重的人不理解这些重大事实，他们的行动仍然受到上个世纪政治观念的影响。"

588

哈登贝格随后还表达了自己对美因茨问题的看法。他指出，普鲁士绝不会将美因茨交给巴伐利亚，还将竭力制止巴伐利亚获得法兰克福和哈瑙。为了让梅特涅相信，还附上了一份克内泽贝克的备忘录，通过一大串冗长的军事知识，证明了一个道理：美因茨对于保卫德意志北部和中部不可或缺。梅特涅已经犯了错误，哈登贝格错的更离谱，居然希望可以通过取悦奥地利来获得巴伐利亚。"这会让巴伐利亚永不满足。那个国家像符腾堡一样对土地的欲望永不休止，已经变成了德意志政治体系中具有威胁性的有害因素。在这个体系内，在目前的事态下目标只有一个，为此普奥必须共同努力，实现它们的若干共同利益。它们必须分享力量和决定性影响力，并共同、同步地实施这种影响力。"正因如此，奥普必须掌握莱茵河左岸的领土。"毫无疑问，能够让德意志第二、第三等级的国家依靠、捍卫德意志体系，这是唯一的方法。如若不然，莱茵河左岸的小国将永远处于法国影响下，将永远制造麻烦，将不可避免地威胁到我们孜孜以求的平衡局面。"

字里行间，哈登贝格没有一句话冒犯梅特涅的计划，他仍然幻想自己同奥地利在同一条船上。哈登贝格完全盲目地将自己投入了错误朋友的怀抱，也让普鲁士走上了一条耻辱的错误道路。威廉三世则不然，他公开表示沙皇仍然是普鲁士最好的盟友，对此，哈登贝格在日记中，以一贯绝对正确的语气谴责国王的胆小懦弱。普王也一如既往地纵容首相为所欲为，但是他决定绝不容忍同俄国关系破裂，也多亏这条补救措施，不久后才让普鲁士重新走上了民族政治的道路。

与此同时，国家行政的整顿工作也在如火如荼地进行，甚至在边界地区确定之前就在进行了。哈登贝格感到自己的精力正在衰退，于是早在1813年11月就将财政部长的职位交给了表亲比洛

589

十九世纪德国史（第一卷）：帝国的覆灭

伯爵。1814 年 6 月 3 日，行政界迎来了一次重大改变：哈登贝格仍担任首相，同时亲自指导外交事务；他在法兰克尼亚时期的老伙计，冯·舒克曼男爵（von Schuckmann）担任内政部长；维特根施泰因伯爵管理新组建的警察部；冯·基尔赫艾森（von Karcheisen）继续担任司法部部长；比洛的亲密战友，少将冯·博延掌管军事。在博延的安排下，少将冯·格罗尔曼负责总参谋部。格罗尔曼是个雷厉风行的人，马上给总参谋部制定了一套制度，其中绝大多数沿用至今。普鲁士总参谋部并不像其他许多国家的军事系统那样，是一个独立的军队分支，有自己的独立成员，相反，它始终同军队的实际工作保持着密切联系；总参谋部的军官们在若干年后，会进入军队，并且根据他们的实际工作决定是否返回总参谋部。普王还委派了一个委员会，为整个军事系统制定基本制度，委员会成员有：战争部部长、哈登贝格、格奈泽瑙和格罗尔曼。

这些将领们一致同意，5 月 27 日的内阁令重新实施免除兵役的政策，只是一项权宜之计，以应对窘迫的国内经济形式。事实证明，普遍兵役取得了辉煌的成功；它应时代之需而生，有必要成为常设制度。正因如此，在普王的餐桌上，布吕歇尔要为此敬哈登贝格一杯酒。他说，正是首相唤醒了国家的新精神，在今天的普鲁士，没有人再知道市民和军人的分野在何处。格奈泽瑙还骄傲地提出，要为普鲁士打造一支世界上最强大、最具民族精神的军队，此外还要建立完全自由的科学文化事业以及合理的国家体制，将国家统一成一个充满生机的整体。"在军事、体制和科学上的三重优秀，才能让我们在列强中立于不败之地。"

不过，解放战争中的战士们大胆的政治理想，在吕勒·冯·利林施特恩所著的《战争论》（Vom Kriege）中得到了最崇高的表达。这是一部伟大的著作，对晚一辈的人来说，它构成了现代德意志军事体系的科学纲领，反对康德永久和平的学说，尤其反对康德视为基础的国家自然状态假说，《战争论》所用的证据都来自政治和法学历史，而这些已经逐渐成为了德意志有教养人士的常识。《战争论》精彩地论证了战争的不可毁灭性及其神圣必然性，战争将教育民族学会和平；《战争论》还为新世纪提出了"军队民族化和民族军事化"的任务。在一个自由国度，每一滴鲜血都必须渗入战争机器

590

542

之中；军队决不能被当做国家手中的武器，像一件冰冷的乐器一样躺在角落，直到有需要的时候才拿出来；相反，军队必须被当成国家的一只武装过的手，是国家有机体的鲜活组成部分，与社会生活息息相关。所有国家机构、所有科学和情感都应该同时热爱战争与和平；只有这样，民族的生命、勇气、忠诚和荣誉感才能永远鲜活。当其他所有国家，甚至普鲁士政治家，比如威廉·冯·洪堡，还在反复诉说普鲁士这个人造国家的古老传说的时候，吕勒这位勇敢的战士却宣告：身处这些行将就木的小国的不良传染环境中，只有普鲁士武装民族保持着爱国热情以及成为一个完整、有活力民族的骄傲决心。——这正是沙恩霍斯特所开创的东西。一种成熟的情感让德意志人又回到了充满阳刚气概的生活方式，重新学会真正尊重朴素人性中旺盛的意志力。

在普鲁士民众之中，对军事体系的看法也经历了彻底的转变。曾经令人害怕的蓝色制服现在成了荣誉的象征，多数人都承认，无论是出身高贵还是腰缠万贯的人，都不能让任何人免于任何繁重的市民义务。在爱国者中，人们语气轻蔑地谈论旧时光，那时人们居然害怕军队。吕克特讽刺地唱着："将士百战死，农夫举连枷，旁观默不语，旧主开笑颜。"

的确，大众对于未来军事体系的想象完全不同沙恩霍斯特的想法。甚至在战争期间，群众中也诞生了关于伟大年代的众多传说。因为对于职业军人的古老仇恨还未完全消散，后备军自然成了民族宝贝。成千上万的故事讲述着法军对非正规后备军的恐惧，人们很快开始想象后备军简直无所不能，正规军不过是狗尾续貂。出于这样的大众想象以及对和平的热切需要，一个观念应运而生：军事训练不过是游戏，一支服役时间尽可能短的国民兵队伍，就完全满足战争与和平的需要。高级官僚圈子中对此观念都不乏拥趸，比如舍恩就是其坚定支持者。

新战争部长博延面临的任务异常艰巨。1806 年战争以前，他就是普遍兵役的捍卫者，现在他希望这项伟大成就不要消逝在建立国民兵这种不切实际的梦幻中；他想为普鲁士提供一支强大、足以面对强邻的军队，同时不给紧张的财政增添负担。在过去的二十多年中，军事力量关系已经发生了对普鲁士极其不利的变化。

多亏威廉一世强制推行的征兵义务,腓特烈的军队一度是欧洲最强的。但是,由于周边国家纷纷按照自己的方式效仿普鲁士的强制征兵制度,人口优势就开始发挥作用;普鲁士是强国中人口最少的,因此只能希望不要被强邻甩下太远,同时还必须尽最大可能地发挥军队精神力量,以求在一定程度上弥补人口劣势。博延知道,后备军为了取得胜利付出了相当大的生命代价,也知道他们的训练相当不足,这一点在冬季战役中看得很清楚。沙恩霍斯特几乎不打算如此大规模地将后备军投入正面战场。仅仅是因为现实需要,因为春季战役的惨败,很可能也是因为格奈泽瑙的建议,威廉三世才决定在休战期间,将后备军及其各色军官投入陆军。在外国统治长期压迫下,民族仇恨与爱国热情很可能狂热起来,而这让经验不足的后备军拥有了取得胜利的能力,这完全是极端条件下的结果。博延太了解这个世界了,他知道如果君主未来发动一场目的不为大众所知的战争,不可能再有这样一支具有牺牲精神的队伍。但是普鲁士由于其地处中欧,而且拥有骄傲的腓特烈军事传统,因此总是被迫采取进攻,所以普鲁士需要一支强大的陆军;后备军还必须能执行境外任务,这样大军才能一举征服敌军领地。

592 　　考虑到这些问题,当务之急似乎是将后备军同常备军紧密相连。威廉三世现在可随意支配的军队是:数千训练有素且惯战的战士,还有一大批即将转业回家的可靠军官;如果要建设一支高效的后备军,那么现在时机正好。军队的重组工作自然而然地再次回到了沙恩霍斯特提出的简单伟大的理念上来,而他本人则是因为事态所迫才偏离了这一理念;他们承认,常备军是整个民族的军校,后备军基本上必须由过了服役期的人员组成。从前,博延、格奈泽瑙和格罗尔曼曾多次同沙恩霍斯特讨论武装整个民族的所有可能的方法。经过深思熟虑后,讨论中的问题都已找到解决之道;博延本人在数年中一直是"短期服役的士兵组成的预备军制度"的直接领导人和组织者。正是因为这数年的准备工作,这个军事委员会才能在几周内就完成了如此艰巨任务,而普王也能同样迅速地批准这些建议。

　　1814年9月3日,普王和所有部长共同签署发布了《兵役法》。这是普鲁士国家的一部基本法,也是立法史上划时代成就中的一项,它用雄辩的语言证明了一切历史本质上都是政治史,证明了历史学的任务并不是观察伏打(Volta)的蛙腿实验①，也不是从挖掘古陶器的学者的研究成果中追溯油灯和酒杯的发展史，而是研究民族大事，将国家视为一个有意志的个人。1814 年《兵役法》为之后数代普鲁士人确定了道德和政治观念，比任何科学技术发明都更加深刻地印入了民族最重要的习俗之中。

　　就像沙恩霍斯特提议的那样，《兵役法》的开头重复了威廉一世的不朽话语："所有生在普鲁士的人民都有义务保卫祖国。"但是这一次，老普鲁士将认真实施。威廉三世还记得，他忠诚的子民是如何团结一心、不分你我，共同解放了祖国，让祖国获得了今时今日的辉煌地位。那些让我们斩获成功、民族渴望保留的制度应该成为国家军事制度的基础，但是我们必须在不影响科学和工业进步的前提下完成该制度设置，因为"合法有序的国家军队才是永久和平最有效的保障"。《兵役法》并没有采取传统的 20 岁兵役制，而是要求所有年满 19 岁、体质合格的年轻人服兵役。他们将在常备军中服役 5 年，其中 3 年在军队，2 年作为预备役军人休假；年满 26 岁时，将被征召为后备军第一预备役，服役时间为 7 年。在战争期间，第一预备役要像常备军一样执行境外任务；他们还必须在指定的时间，在居住区域附近参加小规模演练，并且每年一次加入常备军分队参与长时演习。后备军第二预备役成员服役期也是 7 年，在和平时期他们将在个别日子在各自居住区集合；后备军通常也可用于"增强军队"，因此他们也有可能去执行境外任务。最后是关于国民兵，他们注定只能是最后的应急手段，以击退敌人进攻；他们包括所有从 17 岁到 50 岁、能够拿起武器的人。自行提供装备的有教养阶层的年轻人，只在常备军中服役 1 年，之后的 3 年进入后备军；他们可以被优先任命为后备军军官。分散的志愿狙击兵分队被取消了，但是我们尚不能冒险将普遍兵役的民主理念推演到极致：有文化的志愿狙击兵尽管可以有其他选择，但主要还

593

---

①　伏打[Volta，Alessandro (Giuseppe Antonio Anastasio)，1745—1827]，意大利科学家。1780 年发现两种不同的金属与蛙的肌肉接触就产生电流。1794 年发现产生电流并不需要动物组织。1800 年他展示第一个电池。1881 年物理学界将电动势能的单位命名伏特，以表示对他的纪念。——译注

是被分配到狙击兵和步枪兵的优秀兵团中。进一步的经验将会证明，更精致和较粗俗的人员的结合，对于军队的道德品质将有多么重要的价值。将军队和地方自治政府联结在一起的县委员会，继续存在于改变后的体制中：在每个县，军需替代品都由一个委员会负责供应，其组成人员有县长、一位军官以及城市和农村的数位有产阶级。

从未有现代国家在和平时期对民众提出如此苛刻的要求；普鲁士施加在公民身上的"血税"（Blutsteuer）①无疑比其他所有税收加起来都要严苛。就连普遍兵役的拥护者，听闻所有 39 岁以下的人，尽管拥有自由选择的住宅和职业，但仍然要随时准备服兵役时，都不敢相信自己的耳朵。《兵役法》彻底背离了一个和平发展社会的所有意愿和喜好，是一次史无前例的冒险，它能取得成功仅仅是因为后备军的大体框架已经成型，也因为战时激动人心的记忆还在发挥作用。威廉三世很清楚，新制度总会遭遇严重消极抵抗，因此命令要逐步、适度地实施《兵役法》。

594　　此外，万事都还在建设过程中。《兵役法》本身也承认，不可能让所有能拿起武器的人进入常备军，并且其中一部分必须马上被派往后备军中；但是目前关于每年征兵的数目并没有明确决定。唯一能够确定的是，目前糟糕的财政状况不允许组建一支强大的正规军；沉重的军事和经济问题无法支撑后备军大量增长，在压倒性的财政困难面前，这些问题都必须暂时被搁置。此外，就像《兵役法》假定的那样，只有经验才能证明，后备军军官是否确实能够不依赖正规军军官。尽管这些计划刚刚起步，但一切都木已成舟。《兵役法》为人民的道德教育提供了一套构思宏大的方法，非常适合发展民族的古老道德，如勇气、忠诚和责任感，还能克服民族的天然弱点，如顽固、偏私和立场暧昧。对于缺乏国家意识的一代人来说，国家现在就像在古代城邦居民眼中那样，成为了一个有机

---

① 血税，是指奥斯曼土耳其统治当局为了补充自身军力的不足，为了更加有效的镇压东南欧地区的反抗，实行的一项血腥制度。强制性地在东南欧征用六七岁的年轻男孩，将他们送到君士坦丁堡，实施割礼，并加入伊斯兰教，长大后编入土耳其军队，血腥屠杀、镇压自己的父母兄弟。这里意指普鲁士的征兵制度。——译注

体;国家首次以其激动人心的尊严和强大的力量,影响了千家万户。短期服役对于军队十分必要,更能让军官们绷紧神经;志愿军是一个的简单办法,让上层阶级承担起他们并不习惯的负担。威廉一世的古老观念同普鲁士国家的本质紧密联系,如今这种观念采取了一种符合新世纪民主观念、也适合这个不可摧毁的文化贵族的形式。

《兵役法》无可辩驳地证明了政府的和平意图;因为野心勃勃的政策不会建设一支大多数由后备军组成的陆军。但是全民征兵仍旧表达着坚定决心,要捍卫重新获得的大国地位。因此,所有周边国家都表示不安。尽管一些守旧派的将领们轻蔑地将其称为普鲁士"民兵体系",但是这支军队的战争事迹依然活跃在每个人的记忆中。法国战阵部长杜邦马上焦虑地向普鲁士大使打探消息,只收到了干巴巴的回复:"我们希望在不用维持一支大规模常备军的情况下,拥有可观的战斗力量。"[1]霍夫堡方面更加担忧,不仅仅是恐惧老对手的强大,更是从《兵役法》中看到了西里西亚军队中军事雅各宾主义的胜利,也嗅到了邪恶的民主目标。

但是博延却从《兵役法》中看到了解放战争的无价遗产。他骄傲地承认普鲁士国家的特质已经融入了这些制度,随着军事制度的发展,普鲁士将超越其他所有国家,因为当时没有任何国家胆敢将军队置于整个民族手中,奥地利及其满腹牢骚的意大利臣民尤其不敢。博延用伟大自由的情感理解他的工作;在他火热的灵魂中,忠诚地保留了施泰因和沙恩霍斯特时代的传统;但是这个最谦逊的男人却从未表露过这些,直到后备军成立 25 周年庆典之后许多年,他才以诗歌的形式回忆了格奈泽瑙关于"三重卓越"的话语:"三重卓越要保持:制度、科学和军事!"

沉默寡言的博延,像一个真正的东普鲁士人一样,用他的整个灵魂、深沉克制的感情,热爱着德意志;为了祖国,他曾经是美德会阴谋家中的一员,也被流放俄国。但是他不愿意为德意志联邦军事体制的模糊理想而牺牲普鲁士民族军队的特殊品质。在一份详

595

---

① 戈尔茨的报告,巴黎,1814 年 9 月 26 日。——原注

尽的备忘录中，①他向哈登贝格描述了德意志内部存在的四个基本军事体系：奥地利、莱茵联邦-法国、英国-汉诺威和普鲁士。普鲁士一定不能为了同这些外国军事力量妥协而丧失军队的德意志特征。"因为从各个国家的观点来看，必须用严刑峻法管理波西米亚、拉西亚（Raize）和布科维纳（Bukowina）的奴隶们，但是波美拉尼亚人和勃兰登堡人也要仅仅为了维持和谐而臣服于这些严酷统治吗？只要普鲁士人民的融洽关系以及贵族、市民的高尚文化能够被最大化地运用到军事体系之中，普鲁士就能保住在欧洲的地位。不管是谁，只要他想为某些流行的博爱理想牺牲普鲁士这些天然优势，那他就不仅是普鲁士的敌人，更居心叵测地想要摧毁普鲁士的意志力，而普鲁士正是凭此才从大选帝侯开始就在欧洲站稳了脚跟。"未来的德意志联邦可能将各县的军事权交付给大一些的贵族或者县领导人，还可能向所有联邦成员要求更大范围的兵役。"在解放战争中，普鲁士每百人中就有六人参军。比例巨大！谁还能付出更多？"必须禁止联邦干涉普鲁士军事。任何打算对德意志军事体制施加更多压力的人，都将伤害自身和德意志。

以上就是合理的普鲁士特殊主义观点，这同时也表达出一种谨慎的德意志情感。在一段时间内，小国家仍将保留法国或者英国体制，因为此刻它们无力也不愿放弃外国的赠礼。而在普鲁士，德意志军事体制，这个沙恩霍斯特的杰作，已经发展成熟，小国家们抛弃外国体制的一天指日可待。然后普鲁士国家军队就可能扩大成为一支德意志军队。这支军队的摇篮就在大格尔申；谁能算到它的未来是如此骄傲辉煌呢？博延始终坚信普鲁士军队有一天会获得比腓特烈军队更大的荣耀。

因此，正是在维也纳巴黎和会期间，普鲁士缔造了德意志历史上的一项辉煌成就：一个武装民族。

（卷一终）

---

① 博延关于德意志军事体制的备忘录。（日期不详，于和会期间提交哈登贝格）。——原注

译后记

对广大中国读者而言，近代普鲁士及其领导下的德意志绝对称得上是"最熟悉的陌生人"。说熟悉，是因为近代以来的中国总是跟它有着各种联系，尤其在军事和政治领域，时至今日，"铁血宰相俾斯麦"和马克思恐怕仍然是中国人最熟悉的近代德国人，更不要说早就跑进中学课堂里的康德和黑格尔。但它又是非常陌生的，因为仔细一查，就会发现国内其实并没有几本专门讲述德国近代历史的书籍，翻译过来的德语著作更是少得可怜。这样一来，就产生了一个很有趣的现象，即人们总是觉得对德意志和普鲁士有很多话要说，但这些观点其实很多都是道听途说。这种现象在史学领域尤为明显。尽管对德国历史和历史学的研究如今在国内已经逐渐壮大起来，但是相比德国哲学甚至德国艺术，仍然是非常小众的学问。我们不禁要问，都是德国思想文化的一部分，怎么差别就这么大？而且众所周知，十九世纪的德国是近代历史学科的发源地，以兰克为代表的德国历史学家对西方乃至中国的近代历史学以及学科建设，有着非常深远的影响。可是国内翻译过来的十九世纪德国历史学家的著作屈指可数，比起动辄全套迻译的德国哲学著作，实在令人汗颜。这是我决定翻译出版这套《十九世纪德国史》的原因之一。

促使我翻译这套著作的另一个原因，是因为它很特别。正如后世评论所言，这是一部"民族主义史学著作"，甚至包含"民族沙文主义"的内容，一味为国家辩护，立场过于狭隘；在史料考证和叙述风格上也偏离科学历史学的轨道，非但不客观，反而处处展现作者本人的偏见，时时表达他对德意志民族和普鲁士的热爱。但值得注意的是，这套著作诞生的背景是十九世纪德国，当时兰克的一句"如是直书"一度被奉为科学历史学的金科玉律。特赖奇克作为"普鲁士学派"的代表人物之一，似乎完全违背了祖师爷的谆谆教诲，也难怪学界多将该学派称为兰克学派的叛徒。但离经叛道并非这部著作值得翻译的原因，真正有趣之处在于，为何这样一部"离经叛道"的作品，会在读者群中如此受欢迎，乃至 2012 年这部书还在德国继续出版。究其原因，恐怕正是书中为科学历史学所不齿的"民族主义"和"国家立场"，特赖奇克给这些价值观念穿上了档案研究的外衣，又饰以极富风格的写作手法，因此令这部作品呈现出一种独特的气质：它用一段段档案、场景和人物细节描写博得读者的信任，又用一套套比喻、排比和诗歌般的语句打动读者的内心，让读者跟着历史人物和事件的走向，时而激动时而低调，最后真心感叹德意志民族跌宕起伏的历史之路，祝福它的明天会更好。这其中包裹着民族主义史学之所以长盛不衰的真正秘密——明确的价值观与情感共鸣。

本人认为，近代以来历史学科学化、专业化和制度化的过程，也是历史学逐渐自我设置藩篱的过程，最终的结果是所谓科学历史学越来越忽视传统史学的一大功能——价值传递。但忽视不代表不存在，科学历史学在选择研究对象、材料考订、文本撰写中本身就包含作者本身的价值立场，这就造成它一方面宣称科学客观，一方面又无法取消主观性的困境。此外，不再探讨历史人物的情感，不再将人物的情感视为历史的一种因素，更不再考虑读者的情感，也是科学历史学的一大弊病。因为情感催动是促使人们研究历史、将历史理性化、接受历史叙事的核心因素之一。《十九世纪德国史》正因为在这两方面都有不俗的表现，因而成为最受欢迎的历史著作。而且，随着我们对于兰克史学思想的研究不断深入，也会发现兰克本人也并非苦大仇深、张口档案闭口客观的历史学家，他也有着深刻的家国情怀和宗教信仰，他的著作中也承载着明确的价值观念和情感共鸣。因此，这部作品的特别之处在于，它诞生于我们所认为的历史科学萌发的时代,却违背了当下历史科学的诸多准则,所以我们需要藉由这样的著作,回到历史科学产生的源头甚至之前,为当下历史学的困境寻找答案。

当然,本人对书中的价值观念和情感取向也并非全然认同,章学诚的《文史通义》中说,"文所以动人者气,所以入人者情",气绝情灭文章也就死了,唯有"气平情正"才是真正优秀的作品应有的素质。

李娟

2018 年 12 月 23 日于兰州

上海三联人文经典书库

已出书目

1. 《世界文化史》（上、下） 〔美〕林恩·桑戴克 著 陈廷璠 译

2. 《希腊帝国主义》 〔美〕威廉·弗格森 著 晏绍祥 译

3. 《古代埃及宗教》 〔美〕亨利·富兰克弗特 著 郭子林 李凤伟 译

4. 《进步的观念》 〔英〕约翰·伯瑞 著 范祥涛 译

5. 《文明的冲突：战争与欧洲国家体制的形成》 〔美〕维克多·李·伯克 著 王晋新 译

6. 《君士坦丁大帝时代》 〔瑞士〕雅各布·布克哈特 著 宋立宏 熊莹 卢彦名 译

7. 《语言与心智》 〔俄〕科列索夫 著 杨明天 译

8. 《修昔底德：神话与历史之间》 〔英〕弗朗西斯·康福德 著 孙艳萍 译

9. 《舍勒的心灵》 〔美〕曼弗雷德·弗林斯 著 张志平 张任之 译

10. 《诺斯替宗教：异乡神的信息与基督教的开端》 〔美〕汉斯·约纳斯 著 张新樟 译

11. 《来临中的上帝：基督教的终末论》 〔德〕于尔根·莫尔特曼 著 曾念粤 译

12. 《基督教神学原理》 〔英〕约翰·麦奎利 著 何光沪 译

13. 《亚洲问题及其对国际政治的影响》 〔美〕阿尔弗雷德·马汉 著 范祥涛 译

14. 《王权与神祇：作为自然与社会结合体的古代近东宗教研究》

（上、下）　［美］亨利·富兰克弗特　著　郭子林　李　岩　李凤伟　译

15.《大学的兴起》　［美］查尔斯·哈斯金斯　著　梅义征　译

16.《阅读纸草，书写历史》　［美］罗杰·巴格诺尔　著　宋立宏　郑　阳　译

17.《秘史》　［东罗马］普罗柯比　著　吴舒屏　吕丽蓉　译

18.《论神性》　［古罗马］西塞罗　著　石敏敏　译

19.《护教篇》　［古罗马］德尔图良　著　涂世华　译

20.《宇宙与创造主：创造神学引论》　［英］大卫·弗格森　著　刘光耀　译

21.《世界主义与民族国家》　［德］弗里德里希·梅尼克　著　孟钟捷　译

22.《古代世界的终结》　［法］菲迪南·罗特　著　王春侠　曹明玉　译

23.《近代欧洲的生活与劳作（从 15—18 世纪）》　［法］G.勒纳尔　G.乌勒西　著　杨　军　译

24.《十二世纪文艺复兴》　［美］查尔斯·哈斯金斯　著　张　澜　刘　疆　译

25.《五十年伤痕：美国的冷战历史观与世界》（上、下）　［美］德瑞克·李波厄特　著　郭学堂　潘忠岐　孙小林　译

26.《欧洲文明的曙光》　［英］戈登·柴尔德　著　陈　淳　陈洪波　译

27.《考古学导论》　［英］戈登·柴尔德　著　安志敏　安家瑗　译

28.《历史发生了什么》　［英］戈登·柴尔德　著　李宁利　译

29.《人类创造了自身》　［英］戈登·柴尔德　著　安家瑗　余敬东　译

30.《历史的重建：考古材料的阐释》　［英］戈登·柴尔德　著　方　辉　方堃杨　译

31.《中国与大战：寻求新的国家认同与国际化》　［美］徐国琦　著　马建标　译

32.《罗马帝国主义》　［美］腾尼·弗兰克　著　宫秀华　译

33.《追寻人类的过去》 〔美〕路易斯·宾福德 著 陈胜前 译

34.《古代哲学史》 〔德〕文德尔班 著 詹文杰 译

35.《自由精神哲学》 〔俄〕尼古拉·别尔嘉耶夫 著 石衡潭 译

36.《波斯帝国史》 〔美〕A. T. 奥姆斯特德 著 李铁匠等 译

37.《战争的技艺》 〔意〕尼科洛·马基雅维里 著 崔树义 译 冯克利 校

38.《民族主义:走向现代的五条道路》 〔美〕里亚·格林菲尔德 著 王春华等 译 刘北成 校

39.《性格与文化:论东方与西方》 〔美〕欧文·白璧德 著 孙宜学 译

40.《骑士制度》 〔英〕埃德加·普雷斯蒂奇 编 林中泽 等译

41.《光荣属于希腊》 〔英〕J.C. 斯托巴特 著 史国荣 译

42.《伟大属于罗马》 〔英〕J.C. 斯托巴特 著 王三义 译

43.《图像学研究》 〔美〕欧文·潘诺夫斯基 著 戚印平 范景中 译

44.《霍布斯与共和主义自由》 〔英〕昆廷·斯金纳 著 管可秾 译

45.《爱之道与爱之力:道德转变的类型、因素与技术》 〔美〕皮蒂里姆·A. 索罗金 著 陈雪飞 译

46.《法国革命的思想起源》 〔法〕达尼埃尔·莫尔内 著 黄艳红 译

47.《穆罕默德和查理曼》 〔比〕亨利·皮朗 著 王晋新 译

48.《16 世纪的不信教问题:拉伯雷的宗教》 〔法〕吕西安·费弗尔 著 赖国栋 译

49.《大地与人类演进:地理学视野下的史学引论》 〔法〕吕西安·费弗尔 著 高福进 等译 〔即出〕

50.《法国文艺复兴时期的生活》 〔法〕吕西安·费弗尔 著 施诚 译

51.《希腊化文明与犹太人》 〔以〕维克多·切利科夫 著 石敏敏 译

52.《古代东方的艺术与建筑》 〔美〕亨利·富兰克弗特 著 郝

海迪　袁指挥　译

53.《欧洲的宗教与虔诚：1215—1515》　〔英〕罗伯特·诺布尔·斯旺森　著　龙秀清　张日元　译

54.《中世纪的思维：思想情感发展史》　〔美〕亨利·奥斯本·泰勒　著　赵立行　周光发　译

55.《论成为人：神学人类学专论》　〔美〕雷·S. 安德森　著　叶汀　译

56.《自律的发明：近代道德哲学史》　〔美〕J. B. 施尼温德　著　张志平　译

57.《城市人：环境及其影响》　〔美〕爱德华·克鲁帕特　著　陆伟芳　译

58.《历史与信仰：个人的探询》　〔英〕科林·布朗　著　查常平　译

59.《以色列的先知及其历史地位》　〔英〕威廉·史密斯　著　孙增霖　译

60.《欧洲民族思想变迁：一部文化史》　〔荷〕叶普·列尔森普　著　周明圣　骆海辉　译

61.《有限性的悲剧：狄尔泰的生命释义学》　〔荷〕约斯·德·穆尔　著　吕和应　译

62.《希腊史》　〔古希腊〕色诺芬　著　徐松岩　译注

63.《罗马经济史》　〔美〕腾尼·弗兰克　著　王桂玲　杨金龙　译

64.《修辞学与文学讲义》　〔英〕亚当·斯密　著　朱卫红　译

65.《从宗教到哲学：西方思想起源研究》　〔英〕康福德　著　曾琼　王涛　译

66.《中世纪的人们》　〔英〕艾琳·帕瓦　著　苏圣捷　译

67.《世界戏剧史》　〔美〕G. 布罗凯特　J. 希尔蒂　著　周靖波　译

68.《20世纪文化百科词典》　〔俄〕瓦季姆·鲁德涅夫　著　杨明天　陈瑞静　译

69.《英语文学与圣经传统大词典》　〔美〕戴维·莱尔·杰弗里（谢大卫）主编　刘光耀　章智源等　译

70.《刘松龄——旧耶稣会在京最后一位伟大的天文学家》　〔美〕斯坦尼斯拉夫·叶茨尼克　著　周萍萍　译

71.《地理学》〔古希腊〕斯特拉博 著 李铁匠 译

72.《马丁·路德的时运》〔法〕吕西安·费弗尔 著 王永环 肖华峰 译

73.《希腊化文明》〔英〕威廉·塔恩 著 陈 恒 倪华强 李 月 译

74.《优西比乌：生平、作品及声誉》〔美〕麦克吉佛特 著 林中 泽 龚伟英 译

75.《马可·波罗与世界的发现》〔英〕约翰·拉纳 著 姬庆 红译

76.《犹太人与现代资本主义》〔德〕维尔纳·桑巴特 著 艾仁 贵 译

77.《早期基督教与希腊教化》〔德〕瓦纳尔·耶格尔 著 吴晓 群 译

78.《希腊艺术史》〔美〕F·B·塔贝尔 著 殷亚平 译

79.《比较文明研究的理论方法与个案》〔日〕伊东俊太郎 梅棹 忠夫 江上波夫 著 周颂伦 李小白 吴 玲 译

80.《古典学术史：从公元前 6 世纪到中古末期》〔英〕约翰·埃 德温·桑兹 著 赫海迪 译

81.《本笃会规评注》〔奥〕米歇尔·普契卡 评注 杜海龙 译

82.《伯里克利：伟人考验下的雅典民主》〔法〕 樊尚·阿祖莱 著 方颂华 译

83.《旧世界的相遇：近代之前的跨文化联系与交流》〔美〕 杰 里·H.本特利 著 李大伟 陈冠堃 译 施诚 校

84.《词与物：人文科学的考古学》修订译本 〔法〕米歇尔·福柯 著 莫伟民 译

85.《古希腊历史学家》〔英〕约翰·伯里 著 张继华 译

86.《自我与历史的戏剧》〔美〕莱因霍尔德·尼布尔 著 方 永 译

87.《马基雅维里与文艺复兴》〔意〕费代里科·沙博 著 陈玉 聃 译

88.《追寻事实：历史解释的艺术》〔美〕詹姆士 W.戴维森 著 〔美〕马克 H. 利特尔著 刘子奎 译

89.《法西斯主义大众心理学》 〔奥〕威尔海姆·赖希 著 张
峰 译

90.《视觉艺术的历史语法》 〔奥〕阿洛瓦·里格尔 著 刘景联 译

91.《基督教伦理学导论》 〔德〕弗里德里希·施莱尔马赫 著
刘平 译

92.《九章集》 〔古罗马〕普罗提诺 著 应明 崔峰 译

93.《文艺复兴时期的历史意识》 〔英〕彼得·伯克 著 杨贤宗
高细媛 译

94.《启蒙与绝望:一部社会理论史》 〔英〕杰弗里·霍松 著
潘建雷 王旭辉 向辉 译

95.《曼多马著作集:芬兰学派马丁·路德新诠释》 〔芬兰〕曼多
马 著 黄保罗 译

96.《拜占庭的成就:公元330～1453年之历史回顾》 〔英〕罗伯
特·拜伦 著 周书垚 译

97.《自然史》 〔古罗马〕普林尼 著 李铁匠 译

98.《欧洲文艺复兴的人文主义和文化》 〔美〕查尔斯·G.纳尔
特 著 黄毅翔 译

99.《阿莱科休斯传》 〔古罗马〕安娜·科穆宁娜 著 李秀玲 译

100.《论人、风俗、舆论和时代的特征》 〔英〕夏夫兹博里 著
董志刚 译

101.《中世纪和文艺复兴研究》 〔美〕T.E.蒙森 著 陈志坚 等译

102.《历史认识的时空》 〔日〕佐藤正幸 著 郭海良 译

103.《英格兰的意大利文艺复兴》 〔美〕刘易斯·爱因斯坦 著
朱晶进 译

104.《俄罗斯诗人布罗茨基》 〔俄罗斯〕弗拉基米尔·格里高利
耶维奇·邦达连科 著 杨明天 李卓君 译

105.《巫术的历史》 〔英〕蒙塔古·萨默斯 著 陆启宏 等译
陆启宏 校

106.《希腊-罗马典制》 〔匈牙利〕埃米尔·赖希 著 曹明
苏婉儿 译

欢迎广大读者垂询,垂询电话:021-22895540

图书在版编目(CIP)数据

十九世纪德国史.第一卷,帝国的覆灭/(德)海因里希·冯·
特赖奇克著;李娟译.—上海:上海三联书店,2020.5
(上海三联人文经典书库)
ISBN 978 - 7 - 5426 - 6883 - 7

Ⅰ.①十… Ⅱ.①海…②李… Ⅲ.①德国-近代史-19世
纪 Ⅳ.①K516.4

中国版本图书馆 CIP 数据核字(2019)第 272312 号

十九世纪德国史(第一卷)：帝国的覆灭

著 者 / [德]海因里希·冯·特赖奇克
译 者 / 李 娟

责任编辑 / 黄 韬
装帧设计 / 徐 徐
监 制 / 姚 军
责任校对 / 王凌霄 张大伟

出版发行 / 上海三联书店
      (200030)中国上海市漕溪北路 331 号 A 座 6 楼
邮购电话 / 021 - 22895540
印 刷 / 上海展强印刷有限公司

版 次 / 2020 年 5 月第 1 版
印 次 / 2020 年 5 月第 1 次印刷
开 本 / 640×960 1/16
字 数 / 550 千字
印 张 / 36
书 号 / ISBN 978 - 7 - 5426 - 6883 - 7/K·558
定 价 / 128.00 元

敬启读者,如发现本书有印装质量问题,请与印刷厂联系 021 - 66366565